De Processibus Matrimonialibus

DE PROCESSIBUS MATRIMONIALIBUS

Fachzeitschrift zu Fragen
des Kanonischen Ehe- und Prozessrechtes

Herausgegeben von

Elmar Güthoff, Karl-Heinz Selge und Sabine Konrad

Schriftleitung: Elmar Güthoff

32. Band

Jahrgang 2025

Um aus dieser Publikation zu zitieren, verwenden Sie bitte diesen Link:
https://nbn-resolving.org/urn:nbn:de:bvb:384-opus4-1188645

Bibliografische Information der Deutschen Nationalbibliothek:
Die Deutsche Nationalbibliothek verzeichnet diese Publikation in der Deutschen
Nationalbibliografie; detaillierte bibliografische Daten sind im Internet über
dnb.dnb.de abrufbar.

Verlag:
BoD · Books on Demand GmbH, In de Tarpen 42, 22848 Norderstedt, bod@bod.de

© 2025
Elmar Güthoff, Karl-Heinz Selge, Sabine Konrad (Hrsg.)

Druck:
Libri Plureos GmbH, Friedensallee 273, 22763 Hamburg

ISBN: 978-3-8482-0839-5

INHALTSVERZEICHNIS

A. REFERATE

B. STUDIEN

* * *

DPM 32 (2025) 9-28

A. REFERATE*

PERSÖNLICHE EIGENSCHAFTEN MIT STÖRPOTENZIAL?! PROBLEME BEI DER AUSLEGUNG VON C. 1098 CIC[1]

von Georg Bier

1. EINLEITUNG

Zwei junge Leute kennen sich seit Jugendtagen. Während der Studienzeit entwickelt sich eine Liebesbeziehung; sie ziehen zusammen. Die Frau ist kontaktfreudig und gerne in Gesellschaft. Ihr Freund bevorzugt eine zurückgezogenere Lebensweise, zudem ist er intensiv mit seiner Doktorarbeit beschäftigt. So geht die Frau häufiger alleine aus. Auf einer Party lernt sie einen Mann kennen und beginnt mit ihm eine Affäre. Beide treffen sich regelmäßig alle zwei Wochen und schlafen miteinander. Ihrem Freund sagt die Frau nichts. Sie weiß: Ihr Verhalten ist „nicht in Ordnung". Gleichwohl fühlt sie sich angezogen vom „sprudelnden und lebendigen Wesen" ihres Liebhabers, sie genießt die Affäre und denkt nicht daran, sie zu beenden.

Ein knappes Jahr später heiratet die Frau ihren Freund standesamtlich. Die Affäre setzt sie fort. Erst zwei Monate nach der standesamtlichen Trauung und acht Wochen vor der kirchlichen Hochzeit endet die Affäre. Sie hatte zu diesem Zeitpunkt etwa ein Jahr gedauert. Ihrem Bräutigam verschweigt die Frau weiterhin die Wahrheit. Sie fürchtet, er werde sie dann nicht mehr heiraten. Die Heirat ist ihr wichtig; sie wünscht sich eine Familie. Ihr ist deutlich: Für eine Familiengründung bietet ihr Bräutigam eine solidere Grundlage als der Liebhaber. Der

---

* In dieser Rubrik werden die Referate der Studientagung *De Processibus Matrimonialibus* (DPM) des Jahres 2024 abgedruckt, die vom 21.11.2024-22.11.2024 in München stattfand.

[1] Geringfügig überarbeitete Fassung des Referats. Der Vortragsstil wurde beibehalten.

Bräutigam erfährt von alledem erst im Zuge des Ehenichtigkeitsverfahrens –
zweiundzwanzig Jahre nach der Eheschließung.

Über diese Ehesache hatten 2021 und 2023 zwei deutsche Diözesangerichte zu
entscheiden[2]. Sie verhandelten sie unter dem naheliegenden Klagegrund der
Täuschung[3]. Nach c. 1098[4] heiratet ungültig, wer eine Ehe eingeht

- irregeleitet

- durch eine zur Erlangung des Konsenses durchgeführte

- Täuschung

- über eine Eigenschaft des anderen Partners,

---

2   Die beteiligten Diözesangerichte haben dem Verfasser die anonymisierten Urteile zur
     Verfügung gestellt. Sie werden nachfolgend zitiert mit den Kürzeln „Urteil I" für die
     erstinstanzliche und „Urteil II" für die zweitinstanzliche Entscheidung, ergänzt um die
     Fundstelle in der jeweiligen Urteilsausfertigung. – Die vorstehende Wiedergabe der
     Sachlage folgt der Darstellung in Urteil I, 9-10. Sie wird in der zweitinstanzlichen Ur-
     teilsbegründung nicht korrigiert und ist insoweit als unstrittig anzusehen.

3   Geprüft wurde außerdem der für diesen Beitrag unbeachtliche Klagegrund des Aus-
     schlusses der Unauflöslichkeit der Ehe durch die Frau.

4   Grundlegend zu c. 1098: BOHLEN, B., Täuschung im Eherecht der katholischen Kirche.
     Canon 1098 CIC in der kanonistischen Wissenschaft und Judikatur. (BHMKCIC 9) Es-
     sen 1994; ROMANO, M. T., La rilevanza invalidante del dolo sul consenso matrimoniale
     (can. 1098 C.I.C.). Dottrina e giurisprudenza. (Tesi Gregoriana, Serie Diritto canonico
     44) Roma 2000. Eine ausführliche Kommentierung der Norm bietet Klaus LÜDICKE,
     MKCIC 1098 (Stand: Juli 2006). Aus der Fülle der Literatur vgl. zum Folgenden außer-
     dem HUBER, C., Der Ehenichtigkeitsgrund „Arglistige Täuschung" in der Rechtspre-
     chung der deutschsprachigen Offizialate von 1983 bis 1989. Eine vergleichende Unter-
     suchung zu c. 1098 CIC: AfkKR 159 (1990) 387-409; BIER, G., Probleme der Anwen-
     dung des „dolus" in der Rechtsprechung: DPM 1 (1994) 135-201; ZVOLENSKÝ, S., Der
     „Dolus" nach dem kanonischen Eherecht: Folia Theologica 7 (1996) 83-115; BOCCA-
     FOLA, K. E., Deceit and induced error about a personal quality: MonEccl 124 (1999)
     692-710, CASTELL, E. Frh. v., Der Gegenstand der absichtlichen Täuschung – eine An-
     frage: DPM 12 (2005) 13-27; ASSELIN, A., L'interrogation des parties et des témoins
     dans la cause en nullité de mariage selon la formulation du doute: StudCan 41 (2007)
     237-277; MINGARDI, M., Fatti circonstanzi e qualità personali in relazione all'errore do-
     loso: aspetti dottrinali: Quaderni di diritto ecclesiale 26 (2013) 486-501. Daneben
     kommentieren zahlreiche Beiträge die Rechtsprechung – insbesondere der Romana Rota
     – zu c. 1098, vgl. z.B. JOHNSON, J. G., Fraud and deceit in the Roman Rota: The first
     ten years: The Jurist 56 (1996) 557-585; ROMANO, M. T., Il dolo (can. 1098): La giuris-
     prudenza della Rota Romano nel consenso matrimoniale (1908-2008). Vatikan 2009,
     85- 104; WITZEL, R., La nullità del matrimonio ob dolum (can. 1098) nella giurispru-
     denza della Rota Romana. Aspetti probatori: Quaderni dello Studio Rotale 19 (2009)
     99-130; GHISONI, L., Creatività giuridica e derive positivistiche nell'interpretazione del
     can. 1098 CIC: Periodica 101 (2012) 491-500.

• die ihrer Natur nach die Gemeinschaft des ehelichen Lebens schwer stören kann[5].

Im vorliegenden Fall hat die Braut die voreheliche Affäre vorsätzlich verschwiegen. Sie schwieg, weil sie fürchtete, ihr Bräutigam werde sie sonst nicht mehr heiraten. Der Bräutigam kannte die Wahrheit nicht. Er war zurzeit der kirchlichen Heirat *irregeleitet* durch eine *Täuschung*, die von der Frau begangen wurde, *um den Ehewillen* des Bräutigams *nicht zu gefährden*. Drei von fünf Tatbestandsmerkmalen des c. 1098 sind erfüllt.

Das erstinstanzlich zuständige Diözesangericht hielt auch die beiden anderen Tatbestandsmerkmale für verwirklicht und stellte die Ungültigkeit der Eheschließung fest. Der nichtklagende Mann legte Berufung ein. Die Berufungsinstanz vertrat die Auffassung, bei dem Sachverhalt, über den getäuscht wurde, handle es sich nicht um eine Eigenschaft mit Störpotenzial. Die Nichtigkeit der Ehe stehe nicht fest.

Dieses Ergebnis überrascht möglicherweise auch Eherechtskundige. Wie kann es bei einer scheinbar so klaren Sachlage zu zwei entgegengesetzten Entscheidungen kommen?

Nachfolgend werden in einem ersten Schritt die Urteilsbegründungen dargestellt. Die daraus sich ergebenden Anfragen an die Entscheidungsgründe im Besonderen und an die geltende Rechtslage im Allgemeinen stehen im Mittelpunkt des folgenden Teils der Ausführungen. Abschließend werden einige Anregungen zum Umgang mit den aufgezeigten Problemen formuliert.

---

5   „Qui matrimonium init deceptus dolo, ad obtinendum consensum patrato, circa aliquam alterius partis qualitatem, quae suapte natura consortium totius vitae coniugalis graviter perturbare potest, invalide contrahit." – Die im Auftrag der Deutschen Bischofskonferenz erarbeitete Übersetzung (Codex des kanonischen Rechts. Lateinisch-deutsche Ausgabe. Kevelaer [10]2021) von c. 1098 ist ungenau: Ob der getäuschte Partner „infolge" der Täuschung geheiratet hat, ist – anders als die DBK-Übersetzung nahelegt – für die rechtliche Bewertung irrelevant; vgl. schon HUBER, Ehenichtigkeitsgrund (s. Anm. 4), 402; BIER, Probleme (s. Anm. 4), 153; CASTELL, Gegenstand (s. Anm. 4), 14, Fn. 1. Die Ehe ist auch nichtig, wenn die Täuschung nicht erforderlich gewesen wäre, um den Ehewillen der getäuschten Person sicherzustellen. Tatbestandserheblich ist ausschließlich die (möglicherweise unzutreffende) Überzeugung des Täuschenden, die Täuschung sei erforderlich gewesen, um den Ehewillen der getäuschten Person nicht zu gefährden, so auch LÜDICKE, MKCIC, c. 1098, Rn. 5. Von einer „gegen" die getäuschte Person „angewandten" Täuschung ist im lateinischen Gesetzestext ebenfalls nicht die Rede.

2. ENTSCHEIDUNGSGRÜNDE

Auf welche Entscheidungsgründe stützen sich die beiden Urteile?
Nach der Rechtsauffassung der ersten Instanz ist der Eigenschaftsbegriff des c. 1098 weit auszulegen. Im vorliegenden Fall sei die Eigenschaft, über die getäuscht wurde, die anhaltende Unaufrichtigkeit der Frau[6].

Zur Frage nach dem Störpotenzial dieser Eigenschaft finden sich im erstinstanzlichen Urteil keine aussagekräftigen Ausführungen. In der Rechtslage des Urteils wird c. 1098 paraphrasiert: Die in Rede stehende Eigenschaft müsse objektiv geeignet sein, die eheliche Lebensgemeinschaft schwer zu beeinträchtigen; wie die getäuschte Person das Störpotenzial subjektiv bewerte und ob sie auch bei Kenntnis der Wahrheit geheiratet hätte, sei unerheblich[7]. Welches objektive Störpotenzial die Eigenschaft „Unaufrichtigkeit" entfaltet, wird nicht dargelegt. Die Kammer bringt lediglich ihre Überzeugung zum Ausdruck, eine voreheliche Affäre, die noch nach der standesamtlichen Heirat und bis kurz vor der kirchlichen Trauung andauere, verletzte das Vertrauensverhältnis zwischen den Partnern. Die Frau sei deshalb verpflichtet gewesen, ihrem Bräutigam die Wahrheit zu offenbaren; dies wiederum hätte den Mann veranlassen können, die Beziehung zu beenden[8]. Dass und warum diese Folge hätte eintreten können, und inwiefern sich daraus ein Störpotenzial der Unaufrichtigkeit ableiten lässt, wird nicht erläutert, sondern als selbstverständlich vorausgesetzt.

Nach Auffassung der Berufungsinstanz liegt eine Eigenschaft im Rechtssinn nur vor, wenn es sich um ein der Person „anhaftende[s] Merkmal" handelt, das zum Zeitpunkt der Heirat ihrer „willensmäßigen Disposition […] entzogen" war, nicht jedoch, wenn es um willentlich beeinflussbare Charakterzüge gehe, die sich als eigenes Verhalten „jederzeit ändern können"[9]. Als Beispiel für einen beeinflussbaren Charakterzug spricht die Berufungsinstanz von „einer gewissen

---

6   Urteil I, 12: „Das Gericht geht […] bei der vom Recht geforderten ‚Eigenschaft, die das eheliche Leben schwer stören kann' von der anhaltenden […] ‚Unaufrichtigkeit' der Klägerin aus".

7   Vgl. Urteil I, 7, unter Rückgriff auf ein wörtliches Zitat, als dessen Quelle der MKCIC zu c. 1098 genannt wird. Eine genaue Fundstelle ist nicht angegeben, das Zitat ist in der Fassung vom Juli 2006 nicht auffindbar und entstammt vermutlich einer älteren Fassung. Der Sache nach wird Bezug genommen auf LÜDICKE, MKCIC, c. 1098, Rn. 5.

8   Vgl. Urteil I, 14.

9   Urteil II, 13. Diese Ausführungen finden sich nicht in der Rechtslage des Urteils, sondern bei den Entscheidungsgründen und dort wiederum als Zitat aus der Stellungnahme der Bandverteidigung. In der Rechtslage wird die täuschungsrelevante Eigenschaft demgegenüber unbestimmter umschrieben als „Charakterzug […], der das Verhalten einer Person über verschiedene Situationen hinweg in gleichbleibender Weise beeinflusst" (Urteil II, 6).

Affinität zu anderen Männern oder Frauen"[10]. Die Affäre der Frau ist nach Auffassung der Kammer Ausdruck einer solchen „Affinität" und mithin ein „Verhalten", das sie jederzeit beenden konnte. Zur Überzeugung der Berufungsinstanz wurde daher nicht über eine Eigenschaft im Sinne des c. 1098 getäuscht[11].

Obwohl sich damit weitere Überlegungen zum Störpotenzial erübrigen, äußert sich die Kammer auch dazu. Sie konstatiert, die Störung des Ehelebens müsse sich aus der Eigenschaft selbst ergeben können[12]. Eine geltend gemachte Eigenschaft müsse zudem ein objektives Störpotenzial für die Zukunft entfalten. Das sei nicht der Fall bei „volatilem Verhalten" und bei „abgeschlossenen Punkten der Lebensgeschichte"[13]. Ziel der Ehe sei „die gemeinsame Gestaltung der Zukunft, nicht die Bewältigung der Vergangenheit"[14]. Im Leben jedes Menschen könne es „dunkle Punkte" geben. Würden sie verschwiegen, sei die Ehe nur ungültig, wenn davon auch die Zukunft betroffen sei[15]. Die Affäre der Frau sei vor der kirchlichen Heirat beendet worden und habe deshalb „kein auf die Zukunft gerichtetes Potenzial mehr" besessen, „und zwar auch dann nicht, wenn man damit rechnen muss, dass eine vorherige Mitteilung an den Partner möglicherweise die Eheschließung verhindert hätte"[16].

3. ANFRAGEN

Dass zwei Gerichte in einer Ehesache zu entgegengesetzten Urteilen kommen, ist grundsätzlich nichts Besonderes. Im vorliegenden Fall sind die abweichenden Entscheidungen indes nicht durch Beweisschwierigkeiten oder eine unklare Beweislage begründet. Täuschung und Täuschungsziel sind unstrittig; die vorehe-

---

10 Urteil II, 13.

11 Vgl. Urteil II, 14: „Das Berufungsgericht teilt die Darlegung seines Ehebandverteidigers und ist der Meinung, dass in diesem Fall das Verschweigen einer Nebenbeziehung, die vor der Eheschließung beendet wurde, keine Eigenschaft im Sinne des c. 1098 CIC darstellt." Was gemeint ist, erschließt sich aus dem Zusammenhang der Urteilsbegründung; die Formulierung ist ungenau: Das „Verschweigen" von etwas ist offenkundig nicht eine Eigenschaft einer Person.

12 Vgl. Urteil II, 13.

13 Urteil II, 14.

14 Ebd.

15 Vgl. ebd.

16 Ebd.

liche Affäre der Frau ist zweifelsfrei bewiesen[17]. Beweisrechtliche Probleme im engeren Sinne gibt es nicht.

Ausschlaggebend für die gegensätzlichen Entscheidungen sind Unterschiede in der Bewertung der Frage, ob die voreheliche Affäre eines Partners als Eigenschaft verstanden werden kann und wenn ja, ob dieser Eigenschaft ein Störpotenzial für die eheliche Gemeinschaft zukommt. Dass es hinsichtlich der Auslegung dieser Tatbestandsmerkmale zu Meinungsverschiedenheiten kommen kann, liegt am Gesetzestext. Der Formulierung des c. 1098 fehlt es an Klarheit und Stringenz. Die Urteilsbegründungen illustrieren diese Defizite in exemplarischer Weise.

a) Eigenschaftsbegriff des c. 1098.

Die Initiatoren der Täuschungsnorm, unter denen der deutsche Kanonist Heinrich FLATTEN eine maßgebliche Rolle[18] spielte,[19] hatten vor allem ein Ziel: Sie wollten Brautleute davor schützen, durch betrügerische Machenschaften in eine Ehe hineinmanövriert zu werden, zu der sie sich bei Kenntnis des wahren Sach-

---

17 Ungeklärt bleibt lediglich, ob die Affäre acht Wochen vor der kirchlichen Eheschließung von der Frau aktiv beendet wurde oder ob sie im Sande verlief, weil es nicht mehr zu weiteren Treffen kam, vgl. Urteil I, 10.

18 Für Hugo SCHWENDENWEIN, Fragen um den naturrechtlichen Charakter eherechtlicher Normen: Ders. / Lüdicke, K. / Mussinghoff, H. (Hrsg.), Iustus Iudex. (FS Paul WESEMANN). (BHMKCIC 5) Essen o.J., 292-308, hier 302, war FLATTEN *der* Vorkämpfer für c. 1098.

19 FLATTEN widmete dem Thema 1956 seine Antrittsvorlesung als Professor in Tübingen: Irrtum und Täuschung bei der Eheschließung nach kanonischem Recht. Paderborn 1957. Es folgte 1960 eine ausführliche Diskussion darüber bei der Tagung der deutschsprachigen Offizialate in Bonn, die FLATTEN dokumentierte und weiterführte: Der error qualitatis dolose causatus als Ergänzung zu c. 1083 § 2 CIC: ÖAKR 11 (1960) 249-264. Diesen Beitrag publizierte FLATTEN – zur Verbreitung seiner Thesen im nicht-deutschsprachigen Raum – auch in lateinischer Sprache: Quomodo matrimonium contrahentes iure canonico contra dolum tutandi sint. Köln 1961. Alle drei Texte sind wiederveröffentlicht: Müller, H. (Hrsg.), Heinrich Flatten. Gesammelte Schriften zum kanonischen Eherecht. Paderborn1987, sie werden nachfolgend nach dieser Ausgabe zitiert, ebd., 123-179 (FLATTEN, Irrtum), 268-282 (FLATTEN, Error). Zur Auseinandersetzung mit FLATTENS Vorschlag durch andere zeitgenössische Kanonisten vgl. die Literaturangaben bei BIER, Probleme (s. Anm. 4), 135, Fn 3. FLATTEN hatte darüber hinaus Gelegenheit, seine Position als Konsultor der Arbeitsgruppe Eherecht (vgl. Comm. 1 [1969] 32) in die Redaktion des Gesetzestextes einzubringen. Für die Beratungen über eine Täuschungsnorm wählten die Konsultoren im Beisein FLATTENS (Comm. 32 [2002] 62) den von ihm (vgl. FLATTEN, Error 282) angeregten Formulierungsvorschlag als Ausgangspunkt (vgl. Comm. 33 [2001] 68).

verhalts nicht bereitgefunden hätten[20]. FLATTEN illustrierte den Schutzbedarf unter anderem am Beispiel einer Frau, deren evangelischer Bräutigam versprochen hatte, nach der Hochzeit katholisch zu werden, hernach aber deutlich machte, dies nie ernsthaft erwogen zu haben; am Beispiel einer Frau, deren Mann nach der Hochzeit als gesuchter Sparkassenräuber entlarvt wurde; am Fall eines angeblichen Studenten, der sich für sein juristisches Staatsexamen feiern ließ, bevor sich nach der Heirat herausstellte, dass er nicht einmal das Abitur erlangt hatte[21]. Im Zentrum dieser und anderer Beispiele stand die Täuschung als solche: „Gewiß arglistig getäuscht und doch für immer gebunden!",[22] so formulierte FLATTEN die Quintessenz der Beispielfälle. Er schlug deshalb zunächst vor, jede für die Eheschließung ursächliche Täuschung als nichtigkeitsrelevant anzusehen[23]. Um dem Einwand zu begegnen, dies könne eine Flut von Nichtigerklärungen zur Folge haben,[24] ergänzte FLATTEN später seinen Vorschlag: Gegenstand der Täuschung müsse eine Eigenschaft des Partners sein; enttäuschte Hoffnungen und Erwartungen dürften hingegen nicht zur Ehenichtigkeit führen[25]. Damit fiel allerdings eine Fallgruppe, die für die Notwendigkeit einer Gesetzesänderung ins Feld geführt worden war, sogleich wieder unter den Tisch, nämlich jene, bei der jemand den Partner durch leere Versprechungen täuscht – wie der evangelische Bräutigam, der seine Konversion zusagt[26].

---

20 FLATTEN, Error 272: „Unter all den vielen Kanones des CIC ruft *kein einziger so dringlich* nach Änderung oder Ergänzung wie c. 1083 § 2." (Hervorhebung im Original). Zum Verzicht des Gesetzgebers auf eine Täuschungsnorm vor dem CIC/1983 vgl. MÜLLER, M., Die rechtshistorischen Grundlagen der Nichtberücksichtigung des Ehenichtigkeitsgrundes der „arglistigen Täuschung" (cc. 1098 CIC; 812 CCEO) in den Normen des CIC/1917: DPM 15/16 (2008/2009) 469-486.

21 Vgl. FLATTEN, Error 268-269.

22 Ebd., 269.

23 Nach FLATTEN, Irrtum 155, soll „jede schwerwiegende Täuschung, die für den Eheabschluß kausal gewesen ist", zur Ehenichtigkeit führen. Der „Anbeginn einer Ehe sollte mit unerbittlichem Griff vor Lug und Trug abgeschirmt werden" (ebd., 162).

24 Vgl. FLATTEN, Error 274.

25 Vgl. FLATTEN, Error 275. Die Fixierung auf bestimmte Eigenschaften des Partners war zudem dem Umstand geschuldet, dass FLATTEN und ihm folgend auch andere Kanonisten davon ausgingen, der *error qualitatis dolose causatus* sei als „Ergänzung" zur Norm über den Eigenschaftsirrtum (c. 1083 § 2 CIC/1917; jetzt c. 1097 CIC) zu verstehen (so die Überschrift zu FLATTENS Artikel von 1960).

26 Auch andere Beispiele, die FLATTEN zu seinem Vorschlag veranlasst hatten (die Täuschung des Bräutigams, der den Vater seiner Braut ermordete, FLATTEN, Irrtum 123, oder die Täuschung der Braut über den Verursacher einer Schwangerschaft, FLATTEN, Error 269), waren nur bei äußerst großzügiger Auslegung als Täuschung über eine Eigenschaft zu verstehen, vgl. LÜDICKE, MKCIC, c. 1098, Rn. 13.

In der Folgezeit fand sich in allen Entwürfen zu c. 1098 die Beschränkung des Täuschungsgegenstands auf eine Eigenschaft, ohne dass bei den Redaktionsarbeiten jemals vertieft über den Sinn dieses Tatbestandsmerkmals oder über die inhaltliche Füllung des Eigenschaftsbegriffs diskutiert wurde[27]. Bis heute fehlt eine allgemein akzeptierte formale Umschreibung dessen, was dadurch erfasst ist[28]. In Rechtsprechung und Literatur werden sowohl enge als auch weite Interpretationen vertreten. Im Horizont einer engen Auslegung kommen ausschließlich persönliche Merkmale wie etwa Alter, Staatsangehörigkeit, Religionszugehörigkeit oder ansteckende Krankheiten in den Blick. Eine weite Auslegung des Eigenschaftsbegriffs lässt es zu, darunter auch Charaktereigenschaften zu subsumieren oder Umstände zu berücksichtigen, die eng mit einer Person verknüpft sind – wie zum Beispiel Überschuldung, Bildungshintergrund oder Vorstrafen[29].

Im hier zu erörternden Fall identifiziert die erste Instanz als rechtserhebliche Eigenschaft die Unaufrichtigkeit der Frau[30]. Diese Einschätzung wirft Fragen auf. Die Kammer macht nicht etwa geltend, die Frau sei grundsätzlich eine unaufrichtige Person. Unehrlich ist sie nur im Blick auf die voreheliche Affäre. Nun ist eine Täuschung aber stets ein Ausdruck von Unehrlichkeit. Bei jeder Täuschung durch den Partner[31] könnte dessen Unaufrichtigkeit als Eigenschaft geltend gemacht werden. Würde ihr ein Störpotenzial beigemessen, führte ausnahmslos jede Täuschung – egal worüber – zur Ehenichtigkeit[32]. Das läuft hin-

---

27 Ausgehend von FLATTENS Vorschlag wurde der Nichtigkeitsgrund im Verlauf der Redaktionsarbeiten als Spezialfall des durch eine Täuschung herbeigeführten Eigenschaftsirrtums erörtert und rechtssystematisch zunächst als weiterer Paragraph des alten c. 1083 CIC/1917 eingeordnet, vgl. Comm. 33 (2001) 66-77, 82-99, 108. Im Sakramentenrechtsschema von 1975 ist die Norm als c. 300 zwar von den Bestimmungen zum Eigenschaftsirrtum in c. 299 entkoppelt, nicht jedoch vom Konzept der Täuschung über eine *qualitas*. Zur Textgeschichte vgl. ausführlich LÜDICKE, MKCIC, c. 1098, Rn. 1.

28 Vgl. LÜDICKE, MKCIC, c. 1098, Rn. 13.

29 Vgl. BOCCAFOLA, Deceit (s. Anm. 4), 705. WITZEL, Nullità (s. Anm. 4), 114-115, konstatiert für die Rotarechtsprechung (bis 2009) eine bemerkenswerte Vielfalt von in Betracht gezogenen Eigenschaften.

30 Vgl. Urteil I, 12.

31 Nach dem Wortlaut von c. 1098 führt, sofern alle Tatbestandsmerkmale erfüllt sind, auch die Täuschung durch eine dritte Person zur Ehenichtigkeit.

32 JOHNSON, Fraud (s. Anm. 4), 577, Fn. 55, verweist auf zwei Urteile der Römischen Rota (c. Dorio-Marie HUOT, 24.11.1987: RRDec 79 [1987] 650-663; c. Francesco BRUNO, 26.10.1990: RRDec 82 [1990] 734-744), in denen ebenfalls die Aufrichtigkeit eines Partners als Gegenstand einer Täuschung untersucht worden sei. In beiden Fällen handelt es sich indes um Ehen, die vor 1983 geschlossen wurden, und in denen c. 1098 als Klagegrund nicht in den Blick kommt. Die Unaufrichtigkeit eines Ehepartners spielt al-

aus auf die ursprüngliche Idee von Kanonisten wie Heinrich FLATTEN, die der Gesetzgeber aber gerade nicht aufgegriffen hat[33].

Anschlussfähig erscheint die Auffassung des zweitinstanzlichen Gerichts, eine Eigenschaft im Rechtssinne liege vor, wenn es sich um ein der Person „anhaftendes" Merkmal handle, das „der willensmäßigen Disposition" dieser Person „entzogen" sei[34]. Allerdings hätte es dann nahegelegen zu erwägen, ob nicht eine lange andauernde, erst kurz vor der kirchlichen Trauung beendete voreheliche Affäre eine bestimmte Haltung zum Wert der Treue widerspiegelt. Diese Haltung wird landläufig als „Untreue" bezeichnet. Es geht nicht etwa um einen einmaligen, sogleich bereuten „Fehltritt",[35] es geht um die Manifestation der Untreue in einer treuewidrigen Beziehung, an der im Wissen um die Unvereinbarkeit mit der Hauptbeziehung festgehalten wird[36]. Die Untreue als Charakterzug, zum Ausdruck gebracht in der Haltung, Untreue sei zwar „nicht in Ordnung",[37] könne aber gleichwohl diskret praktiziert werden, *ist* ein der Person zum Zeitpunkt der Eheschließung „anhaftendes", ihrer „willensmäßigen Disposition entzogenes" Merkmal;[38] es wird auch durch die Beendigung der Affäre nicht ausgelöscht. In genau diesem Sinn ist umgangssprachlich von einem „untreuen" Menschen die Rede: In aller Regel wird damit nicht auf ein einmaliges Fehlverhalten oder auf einen aktuellen Fehltritt Bezug genommen, sondern eine Grundhaltung mangelnder Zuverlässigkeit markiert.

Grundsätzlich gilt: Verhaltensweisen können Ausdruck von Haltungen und damit von Eigenschaften sein[39]. Es ist stets zu prüfen, ob sich in einer Verhal-

---

lenfalls eine Nebenrolle, beide Fälle werden positiv entschieden wegen eines Irrtums über jene Eigenschaft, in Bezug auf die der Partner vorehelich unaufrichtig war.

33   Auch im Urteil der Berufungsinstanz wird dieser argumentative Schwachpunkt identifiziert, vgl. Urteil II, 12-13: Unaufrichtigkeit sei eine *qualitas personae* im Sinne des c. 1098 nur, wenn jemand ein notorischer Lügner und nicht bloß im Blick auf einen konkreten Gegenstand unaufrichtig wäre.

34   Vgl. Urteil II, 13.

35   Indes könnte auch ein solcher einmaliger „Fehltritt" bereits die Frage nach der Haltung zur Treue aufwerfen.

36   Es geht auch nicht um eine – wie es in der zweitinstanzlichen Urteilsbegründung (Urteil II, 13) verharmlosend heißt – „gewisse Affinität", um eine bloß ideelle Hinneigung zu anderen Männern, sondern um die Manifestierung dieser Hinneigung in einer treuewidrigen Beziehung. Es geht nicht bloß um eine „volatile" (ebd., 14) – das bedeutet dem Duden zufolge: um eine „flüchtige", „unbeständige", „sprunghafte" – Verhaltensweise, sondern um kontinuierliche Untreue.

37   So die Antragstellerin der erörterten Ehesache, vgl. Urteil I, 10.

38   Vgl. BOCCAFOLA, Deceit (s. Anm. 4), 705, der die „moral condition" einer Person als Eigenschaft im Sinne des c. 1098 ansieht.

39   Vgl. in diesem Sinne ASSELIN, Interrogation (s. Anm. 4), 258.

tensweise eine Eigenschaft manifestiert[40]. Dass „Untreue" als eine Eigenschaft in Betracht zu ziehen ist, kommt in beiden Urteilen aus unterschiedlichen Gründen nicht in den Blick.

b) Störpotenzial

Nicht alle Eigenschaften sind nach dem Willen des Gesetzgebers als Gegenstand einer Täuschung in Betracht zu ziehen, sondern nur jene, die ein Störpotenzial für die eheliche Gemeinschaft entfalten können.

Auch dieses Tatbestandsmerkmal wurde in den Gesetzestext aufgenommen, um die Möglichkeit von Nichtigkeitserklärungen einzuschränken[41]. Nicht jede Täuschung über ein noch so unbedeutendes Detail sollte zur Nichtigkeit der Ehe führen, sondern nur die Täuschung über eine Eigenschaft, die geeignet ist, das eheliche Leben schwer zu stören. Das Störpotenzial muss sich dabei objektiv aus der Natur der Eigenschaft selbst ergeben, nicht aus dem subjektiven Gewicht, das ein Partner der Eigenschaft beimisst[42]. Den Rechtsanwendern ist damit wie-

---

40   Vgl. LÜDICKE, MKCIC c. 1098, Rn. 13.

41   Vgl. ebd., Rn. 15. Anderer Auffassung ZVOLENSKÝ, Dolus (s. Anm. 4), 108, der den Anwendungsspielraum der Norm durch diese Klausel vergrößert sieht. Er begründet dies mit dem Hinweis, die Ehe sei auch nichtig, wenn sie nicht zu einer Störung der zu beurteilenden Ehe geführt habe; es genüge die Möglichkeit einer Störung. Diese Beobachtung ist zwar zutreffend; indes werden durch die Forderung eines objektiven Störpotenzials jene Eigenschaften als täuschungsrelevant ausgeschlossen, denen ein solches Störpotenzial nicht zukommt, obgleich eine Täuschung über diese Eigenschaften im Einzelfall gravierende Konsequenzen für das Verhältnis zwischen den Partnern haben kann. Vgl. dazu auch die nachstehenden Ausführungen.

42   JOHNSON, Fraud (s. Anm. 4), 584, konstatiert 1996 im Rückblick auf zehn Jahre Rotarechtsprechung zu c. 1098, nach Ansicht jedes Rotauditors müsse eine täuschungsrelevante Eigenschaft ein „objektives" Störpotenzial für die Ehe haben. Was „objektiv" bedeute, sei jedoch schwierig zu bestimmen; in der Praxis – so JOHNSONS Resümee – entstehe der Eindruck, die Richter würden ihre Entscheidung davon abhängig machen, in welchem Maß das gemeinschaftliche Leben beeinträchtigt wurde durch die Entdeckung einer Eigenschaft bzw. durch ihre An- oder Abwesenheit. ROMANO, Dolo (s. Anm. 4), 103, kommt in einer Analyse der Rotarechtsprechung bis 2008 – 12 Jahre nach JOHN-SON – ebenfalls zu dem Ergebnis, im Blick auf das Störpotenzial verweise die Rechtsprechung zwar „einhellig" auf objektive Kriterien; es gebe daneben aber auch Stimmen, die dieses Kriterium durch ein subjektives Kriterium flankieren. Vgl. auch einen von GHISONI, Creatività (s. Anm. 4), 498-499, referierten Fall, in dem die Täuschung über die Sterilität des Mannes nicht zur Ehenichtigkeit führte, weil die Frau nach Bekanntwerden des wahren Sachverhalts an der Ehe festhielt und mit ihrem Mann ein Kind adoptierte, woraus das Gericht folgert, die Eigenschaft habe für sie kein Störpotenzial besessen. In allen diesen Fällen wird die Nichtigkeit der Ehe – gegen die For-

derum ein Interpretationsspielraum eröffnet, der unterschiedlich genutzt werden kann.

Die erste Instanz vertritt im Kern die Ansicht, das Verschweigen einer relevanten Information und der damit verbundene Vertrauensbruch seien aus sich heraus geeignet, die eheliche Lebensgemeinschaft schwer zu belasten. Das entspricht der Lebenserfahrung: Die Erkenntnis, betrogen worden zu sein, kann zwischenmenschliches Vertrauen so tiefgreifend zerstören, dass ein gedeihliches Miteinander nicht mehr möglich ist. Der Gesetzgeber hat für die Nichtigkeit der Ehe gleichwohl etwas Anderes gefordert: Nicht der durch die Täuschung bewirkte Vertrauensbruch muss sich störend auswirken können, sondern die Eigenschaft, über die getäuscht wurde, hier die Untreue der Frau. Darauf geht das erstinstanzliche Urteil nicht ein.

Die zweite Instanz vermag der Untreue kein Störpotenzial zuzuerkennen, weil sie nicht die Eigenschaft, ein „untreuer Mensch" zu sein, in den Blick nimmt, sondern auf ein bloßes Fehlverhalten abstellt. Dieses Fehlverhalten kann nach Auffassung der Kammer schon deshalb keine Rolle spielen, weil es vor der kirchlichen Hochzeit beendet wurde und deshalb als „dunkler Punkt" der Vergangenheit die Zukunft des Ehelebens nicht betrifft[43]. Nun geht es in der Ehe zwar tatsächlich nicht vorrangig um die „Bewältigung der Vergangenheit, sondern um die Gestaltung der Zukunft"[44]. Allerdings können die „Schatten der Vergangenheit" sehr wohl die Zukunft verdunkeln. Das wird von der zweiten Instanz anerkannt, wenn sie beispielhaft das Vorstrafenregister eines Menschen als relevante Eigenschaft im Sinne des c. 1098 benennt[45]. Sie legt aber nicht dar, anhand welcher Kriterien zu entscheiden wäre, welche dunklen Punkte aus vorehelicher Zeit die Zukunft des Ehelebens betreffen und welche nicht. Dass andauernde voreheliche Untreue für die Zukunft des Ehelebens bedeutungslos

---

mulierung des Gesetzestextes – abhängig gemacht von einer Spekulation darüber, wie sich die getäuschte Person verhalten hätte, wenn sie die Wahrheit gekannt hätte.

43 Vgl. Urteil II, 14. Warum dem Zeitpunkt der Beendigung der Affäre entscheidendes Gewicht zukommen sollte, erschließt sich nicht. Wäre dieselbe Affäre eherechtlich relevanter, wenn sie – trotz bester Vorsätze der Frau, ihrem Ehemann treu zu bleiben – erst eine Woche nach der kirchlichen Hochzeit beendet worden wäre? Handelte es sich nicht auch in diesem Fall um ein Fehlverhalten, das die weitere Zukunft des Ehelebens nicht betrifft? Wie viele weitere Wochen müssten vergehen, bis das Fehlverhalten rechtserhebliche Auswirkungen auf die Ehe entfalten könnte? Solche Gedankenspiele führen nicht weiter. Entscheidend ist: Die Affäre hat stattgefunden zu einem Zeitpunkt, zu dem in einer Partnerschaft gegenseitige Treue als *praktizierte* individuelle Werthaltung erwartet wird und erwartet werden darf. Diese Werthaltung fehlte; über die dadurch zum Ausdruck kommende Eigenschaft der Person wurde getäuscht, das damit verbundene Störpotenzial bleibt in der Urteilsbegründung unberücksichtigt.

44 Ebd.

45 Vgl. ebd.

ist und kein Störpotenzial entfaltet, wird in der zweitinstanzlichen Urteilsbegründung lediglich behauptet[46]. Die Möglichkeiten, die c. 1098 für die Feststellung der Ehenichtigkeit bietet, werden damit auch von der zweitinstanzlichen Kammer weder beachtet noch ausgeschöpft. Wie aber lässt sich das Störpotenzial einer Eigenschaft bestimmen?[47]

Einen wichtigen Fingerzeig gibt c. 1084 § 3: Danach führt die Unfruchtbarkeit eines Ehepartners nicht zur Nichtigkeit der Ehe; eine Täuschung darüber kann jedoch nichtigkeitsrelevant sein. Die Sterilität eines Partners ist mithin eine Eigenschaft, die das Eheleben schwer stören kann. Existiert ihr Störpotenzial nur im Fall einer Täuschung? Sicherlich nicht: Es kann offenkundig werden, wenn beide Eheleute erst nach der Heirat von der Sterilität erfahren und sich nicht damit abfinden können, kinderlos bleiben zu müssen. Auch wenn die Partner schon vor der Heirat wussten, dass ihnen eigene Kinder versagt bleiben werden, und sie überzeugt waren, dieser Herausforderung gewachsen zu sein, könnte daraus im Verlauf der Ehe eine die eheliche Gemeinschaft gefährdende und womöglich zerstörende Überforderung entstehen.

Das Störpotenzial einer Eigenschaft wie der Sterilität besteht unabhängig davon, wer zu welchem Zeitpunkt davon erfährt. Nichtigkeitsrelevant soll es nach dem Willen des Gesetzgebers aber nur sein, wenn darüber getäuscht wurde. Existierte nämlich das Störpotenzial einer Eigenschaft ausschließlich in Verbindung mit einer Täuschung, wäre es ja nicht die Eigenschaft selbst, die ein Störpotenzial entfaltet, sondern das Täuschungshandeln. Auf jene Störung des partnerschaftlichen Vertrauensverhältnisses, die durch das Täuschungshandeln bewirkt wird, soll es nach dem Willen des Gesetzgebers aber gerade nicht angekommen[48]. Die Eigenschaft selbst muss ein objektives Störpotenzial besitzen. Das ist der Fall, wenn sie nicht nur im Fall einer Täuschung, sondern grundsätzlich geeignet ist, das Eheleben schwer zu stören.

Wussten die Partner vor der Heirat von einer Eigenschaft mit Störpotenzial oder wurden sie während der Ehe damit konfrontiert, mindert das nicht das Störpotenzial; es wirkt sich aber auf die Ehegültigkeit nicht aus, selbst wenn die Ehe

---

46 Das zweitinstanzliche Urteil besteht im Abschnitt „Entscheidungsgründe" weitgehend (zwei von drei Textseiten) aus einer lückenlosen wörtlichen Wiedergabe der Stellungnahme des Bandverteidigers, vgl. Urteil II, 13-14. Der Bandverteidiger hat von Amts wegen die Pflicht, alles vorzutragen, was vernünftigerweise gegen die Feststellung der Ehenichtigkeit spricht (c. 1432). Die Kammer hingegen hat das Beweismaterial umfassend zu würdigen und auch zu gewichten, was für die Klagebehauptung spricht. Ob und inwieweit dies im vorliegenden Fall geschehen ist, lässt die Urteilsbegründung nicht erkennen.

47 Vgl. zum Folgenden auch BIER, Probleme (s. Anm. 4), 186-190.

48 Darin besteht für LÜDICKE, MKCIC, c. 1098, Rn. 15, die „Pointe" der Norm.

wegen dieser Eigenschaft scheitert[49]. Wird einem Partner hingegen vorsätzlich die Möglichkeit vorenthalten, die Eigenschaft in die Entscheidung für oder gegen die Ehe einzubeziehen, ist die Ehe wegen einer Täuschung ungültig[50]. Mit Hilfe dieser Überlegung lässt sich das Störpotenzial einer Eigenschaft zuverlässiger beurteilen. Sobald nämlich eine Eigenschaft auch dann zu einem Risiko für das Gelingen der Ehe werden kann, wenn die Brautleute vorehelich darüber informiert sind, ist dies ein gewichtiges Indiz für ein Störpotenzial. So lässt sich auch erkennen und entscheiden, ob und in welchen Fällen ein „dunkler Punkt" aus der Vergangenheit das Eheleben überschatten kann. Die andauernde Untreue eines Partner in vorehelicher Zeit erweist sich vor diesem Hintergrund als zukunftsrelevant: Selbst wenn der Partner vorehelich darüber informiert würde, wäre der offenkundig gewordene Verstoß gegen die partnerschaftliche Treue geeignet, die Vertrauensbasis zwischen den Parteien nachhaltig zu erschüttern, Misstrauen gegenüber dem vormals untreuen Partner zu schüren, ihn mit Argwohn und Verdächtigungen zu verfolgen und insgesamt eine Atmosphäre zu schaffen, in der ein gedeihliches Miteinander trotz beiderseitigen Bemü-

---

[49] Zu beachten ist der Ausnahmefall einer Täuschung durch Dritte. Auch in diesem Fall erfahren womöglich beide Partner erst während der Ehe die Wahrheit, gleichwohl ist die Ehe gemäß c. 1098 in diesem Fall nichtig, da der Gesetzestext bezüglich der Identität der täuschenden Person keine spezifizierenden Anforderungen formuliert, vgl. dazu eingehender BIER, Probleme (s. Anm. 4), 178-182.

[50] Nach c. 1098 ist die Ehe in diesem Fall objektiv ungültig, auch wenn sie nicht scheitert – etwa weil der getäuschte Partner (wie in der vorliegend diskutierten Ehesache) niemals über die Täuschung aufgeklärt wurde, er sich nach Bekanntwerden der Täuschung damit arrangiert hat oder weil der Gegenstand, über den getäuscht wurde, für ihn ohne Bedeutung ist. Vgl. dazu aber oben Anm. 42. Anderer Auffassung auch BOCCAFOLA, Deceit (s. Anm. 4), 707, der fordert, aufseiten des Getäuschten müsse ein wirklicher Irrtum bezüglich des Gegenstands der Täuschung vorgelegen haben, da der Wortlaut des c. 1098 die „Irreführung" durch eine Täuschung fordere. Es indes das Wesen einer durch Täuschung bewerkstelligten Irreführung, dass die getäuschte Person regelmäßig gar nicht auf die Idee kommt, eine bestimmte Eigenschaft falsch einzuschätzen und diesbezüglich eine dezidiert irrige Überzeugung zu entwickeln. Wer beispielsweise selbstverständlich von der Zeugungsfähigkeit des Partners bzw. der Partnerin ausgeht, wird diesbezüglich im bloßen Unwissen verharren und nicht eine irrige Überzeugung ausbilden; eine Nichtigerklärung der Ehe wäre mithin ausgeschlossen. Bei der BOCCAFOLA geforderten Auslegung, in der das Konzept des durch die Täuschung induzierten Irrtums als Unterfall des Eigenschaftsirrtums weiterwirkt (vgl. dazu oben Anm. 25 und 27), verliert c. 1098 jede eigenständige Bedeutung. Insoweit folgerichtig – damit aber jeglichen Schutzzweck der Norm konterkarierend – konstatiert BOCCAFOLA, „deceit […] is not an autonomous ground of nullity" (ebd., 703), und erachtet es als „quite natural", die Nichtigkeitsgründe „Täuschung" und „Irrtum über eine direkt und hauptsächlich angestrebte Eigenschaft" (c. 1097) im Regelfall simultan geltend zu machen (vgl. ebd., 709). Ähnlich wie BOCCAFOLA argumentiert Mingardi, Fatti (s. Anm. 4), 487.

hens nicht gelingt. Es muss nicht so kommen. Aber weil es so kommen *kann*, handelt es sich um eine Eigenschaft, die als solche geeignet ist, die eheliche Gemeinschaft schwer zu stören[51].

Nach c. 1098 sollen nur jene Eigenschaften relevant sein, die *ihrer Natur nach* die Ehe schwer stören können. Gefordert ist mithin ein sachlicher Zusammenhang zwischen der Eigenschaft und jenen Elementen und Merkmalen, die das Wesen der Ehe ausmachen:[52] Unfruchtbarkeit konkurriert mit der Hinordnung der Ehe auf Elternschaft; Untreue ist unvereinbar mit der Wesenseigenschaft der Einheit und dem Wesenselement des Gattenwohls; eine schwerwiegende Erkrankung kann die Verwirklichung des Gattenwohls beeinträchtigen;[53] Gewalttätigkeit als Charakterzug, namentlich wenn er durch einschlägige Vorstrafen aktenkundig ist, steht in unübersehbarem Widerspruch zum Gattenwohl[54].

Wie aber verhält es sich, wenn in einem Vorstrafenregister nicht Gewalttaten verzeichnet sind, sondern Bagatelldelikte und Kleinkriminalität? Ist das Vorbestraftsein in diesem Fall seiner Natur nach geeignet, die eheliche Gemeinschaft schwer zu stören? Wie ist umzugehen mit dem von FLATTEN vorgestellten Fall des vermeintlichen Juristen ohne Abitur? Niemand wird ernstlich behaupten, die

---

51   Während der Ehe wird dem betrogenen Partner durch c. 1152 § 1 schon aufgrund eines einmaligen Ehebruchs das Recht zugebilligt, das eheliche Zusammenleben ohne weiteres zu beenden. Das Störpotenzial einmaliger Untreue wird vom Gesetzgeber so hoch veranschlagt, dass dadurch die Pflicht zur Wahrung des Zusammenlebens (c. 1151) verdrängt wird.

52   Vgl. BOCCAFOLA, Deceit (s. Anm. 4), 706.

53   Zur nochmaligen Verdeutlichung: Auch wenn die Brautleute einander bei der Heirat unter anderem Zusammenhalt „in Gesundheit und Krankheit" versprechen, kann eine schwere Krankheit oder eine schwere erbliche Gesundheitsbelastung für die Gestaltung des ehelichen Zusammenlebens zu einer Herausforderung werden, der die Partner möglicherweise nicht gewachsen sind. Dass sich dieses Störpotenzial in einer Ehe einstellen kann, gehört zu jenen Risiken, denen menschliches Leben unterworfen ist. Nichtig ist die Ehe, wenn und weil einem Gatten vorsätzlich die Möglichkeit genommen wurde, sich darauf einzustellen und sich dazu zu verhalten.

54   Es ist in diesem Fall unerheblich, wie lange die Bestrafung zurückliegt. Ein Mann, der vor vielen Jahren, vielleicht noch als Jugendlicher, wegen einer Vergewaltigung verurteilt wurde und seine Strafe verbüßt hat, kann nicht darauf verweisen, irgendwann einmal müsse einmal ein Schlussstrich unter Vergangenes gezogen werden, denn es gehe in der Ehe nicht um die Bewältigung der Vergangenheit, sondern um die Gestaltung der Zukunft. So zutreffend es ist, dass die Brautleute nicht verpflichtet sind, einander vor der Hochzeit eine „Lebensbeichte" abzulegen (Urteil II, 14): Im Blick auf Eigenschaften und Haltungen, die sich – wären sie bekannt – negativ auf das Gelingen der partnerschaftlichen Beziehung auswirken könnten und denen mithin ein Störpotenzial zukommt, besteht eine Offenbarungspflicht. Vgl. LÜDICKE, MKCIC c. 1098, Rn. 8, und BIER, Probleme (s. Anm. 4), 191-192.

Eigenschaft, nicht Akademiker zu sein, könne aus sich heraus das Eheleben stören[55]. Was ist mit einer Frau, die eine Schwangerschaft erfindet, um ihre kriselnde Beziehung zu retten und ihren Freund zur Heirat zu veranlassen? Sie täuscht darüber, dass sie nicht schwanger ist. Nicht schwanger zu sein ist sicher nicht eine Eigenschaft, die ihrer Natur nach geeignet wäre, das eheliche Zusammenleben schwer zu stören. Das Störpotenzial resultiert hier und im Fall des falschen Akademikers nicht aus der jeweiligen Eigenschaft, sondern aus dem Betrug darüber.

Die Beispiele illustrieren beispielhaft die Unzulänglichkeiten des c. 1098. Beabsichtigt war eine Norm, die Brautleute davor schützen sollte, durch Betrug und Täuschung um die Möglichkeit gebracht zu werden, sich in Kenntnis aller relevanten Fakten für oder gegen die Ehe zu entscheiden. Herausgekommen ist eine Norm, durch die diese Zielsetzung teilweise konterkariert wird.

Diese Willensbekundung des Gesetzgebers ist zur Kenntnis zu nehmen. Nachvollziehbar ist sie nicht. Warum sollte eine falsche Angabe bezüglich einer Eigenschaft nichtigkeitsrelevanter sein als ein betrügerisches Versprechen[56] in einer für den Partner wichtigen Angelegenheit? Warum sollte die vorsätzliche Lüge über eine Eigenschaft ohne Störpotenzial – die erfundene Schwangerschaft, ohne die es nicht zur Heirat gekommen wäre – rechtlich bedeutungsloser sein als das Verschweigen der eigenen Unfruchtbarkeit?

Die Tatbestandsmerkmale „Eigenschaft" und „Störpotenzial" sind zudem unscharf und in viele Richtungen interpretationsoffen. Welche problematischen Konsequenzen sich ergeben, wenn bezüglich dieser Merkmale unterschiedliche Konzeptionen vertreten werden, illustriert – ungeachtet der Argumentationsschwächen in beiden Urteilsbegründungen – der Ausgangsfall: Was für die einen eine Eigenschaft mit erheblichem Störpotenzial darstellt, ist für die anderen lediglich ein vorübergehendes Fehlverhalten ohne Bedeutung für das Eheleben. Im Ergebnis werden rechtstheoretische Kontroversen über Auslegungsfragen auf

---

55 Wo der berufliche Werdegang als Eigenschaft mit Störpotenzial benannt wird, vgl. z.B. ZVOLENSKÝ, Dolus (s. Anm. 4), 110, wird übersehen, dass sich in diesem Fall das Konfliktpotenzial für die Ehe nicht aus dem Werdegang selbst ergibt, sondern aus der Täuschung darüber.

56 Zu denken ist wohlgemerkt nur an Zusagen, die problemlos zu verwirklichen wären (z.B. Konversion), an deren Erfüllung der täuschende Partner indes zu keinem Zeitpunkt ernsthaft gedacht hat, nicht hingegen an das In-Aussicht-Stellen unbestimmter Entwicklungen in der Zukunft (z.B. berufliche Zielsetzungen, Reisepläne, Vermögensentwicklung). Vgl. als nicht-fiktives Anwendungsbeispiel den von CASTELL, Gegenstand (s. Anm. 4), 13-14, referierten Fall eines Mannes, der seiner Frau vorehelich zusagt, ihr vertraglich ein lebenslanges Wohnrecht in der in seinem Elternhaus befindlichen Ehewohnung einzuräumen, obwohl er fest entschlossen ist, diese Zusage nicht einzuhalten.

dem Rücken betroffener Personen und zu deren Nachteil und Schaden ausgetragen.

4. ANREGUNGEN

Der dargestellte Befund ist unbefriedigend. Wünschenswert und für die Gerichtspraxis hilfreich wäre eine einheitlichere Handhabung des c. 1098. Dazu abschließend und in der gebotenen Kürze einige Anregungen.

1. Der Ehekonsens ist nach c. 1057 § 2 jener Willensakt, durch den Mann und Frau sich gegenseitig vorbehaltlos schenken und annehmen. Wer täuscht, schenkt sich nicht vorbehaltlos, sondern vermittelt dem Partner vorsätzlich ein Trugbild seiner selbst, einen unvollständigen, wenn nicht gar falschen Eindruck von sich und seiner Persönlichkeit. Wer getäuscht wird, kann den anderen nicht so annehmen, wie er wirklich ist. Er bekommt nur ein Zerrbild des Partners präsentiert, er spricht sein „Ja" zu diesem Zerrbild, und nicht zu der tatsächlichen Person des Partners[57].

Der Akt, in dem die Brautleute gegenseitig erklären, einander zu schenken und anzunehmen, ist im Fall der Täuschung nicht ein Akt der gegenseitigen Schenkung und Annahme. Insoweit erfüllt dieser Akt nicht die in c. 1057 § 2 geforderten rechtlichen Voraussetzungen für einen Ehekonsens. Er stellt nur scheinbar eine Konsenserklärung im Sinne des c. 1057 § 2 dar. In Wirklichkeit kann er nicht begründen, was der Austausch des Ehekonsenses begründen soll: die Ehe zwischen den Brautleuten[58].

2. Vor diesem Hintergrund erscheint es geboten, das Tatbestandsmerkmal „Eigenschaft" weit auszulegen. Die vorbehaltlose Selbstschenkung an den Partner wird schon verweigert, wenn über wichtige Lebensumstände getäuscht wird. Eigenschaften können allgemein verstanden werden als die einer Person zum Zeitpunkt der Eheschließung anhaftenden, von ihr nicht willentlich beeinfluss-

---

57   Vgl. in diesem Sinne auch GHISONI, Creatività (s. Anm. 4), 493-497.

58   Vgl. BOCCAFOLA, Deceit (s. Anm. 4), 701-702, und LÜDICKE, MKCIC c. 1098, Rn. 35: „Wo diese Selbstschenkung bewusst nicht vorgenommen wird und dem anderen Partner zielgerichtet etwas vorgespiegelt wird, was der Wirklichkeit der eigenen Person nicht entspricht, kann man nicht mehr von einem Konsens im Sinne des Gesetzes sprechen." Allerdings verortet LÜDICKE diesen Konsensmangel allein beim täuschenden Partner (vgl. ebd., Rdn. 23 und 24), weshalb er bei der Täuschung durch eine dritte Person nicht einschlägig sei. Indes richtet sich auch bei einer Täuschung durch Dritte der Ehewille des Getäuschten nicht auf die „tatsächliche" Person des Partners, sondern auf ein Zerrbild dieser Person, was die durch c. 1057 § 2 geforderte gegenseitige ganzheitliche Annahme des Partners verhindert. Vgl. in diesem Sinne ASSELIN, Interrogation (s. Anm. 4), 258, die den Konsensmangel im Fall der Täuschung allerdings einseitig aufseiten der getäuschten Person lokalisiert.

baren Merkmale. Dazu können nach Lehre und kirchlicher Rechtsprechung auch Aspekte wie die Vermögenslage oder der Bildungsabschluss gezählt werden.

Die Persönlichkeit eines Menschen wird mitgeprägt durch Erfahrungen und Ereignisse aus seinem Vorleben, die ihn zu jener Person haben werden lassen, die er gegenwärtig ist. Deshalb können auch „dunkle Punkte" aus der Vergangenheit als Eigenschaften im Sinne des c. 1098 relevant sein.

Verhaltensweisen fallen zwar nicht unmittelbar unter den Eigenschaftsbegriff. Sie können aber Ausdruck bestimmter Werthaltungen und damit Eigenschaften im weiten Sinn sein. Deshalb ist stets zu prüfen, ob sich in einem zur Gewohnheit gewordenen Verhalten eine Eigenschaft manifestiert. Unter dieser Voraussetzung können auch Verhaltensweisen täuschungsrelevant sein.

3. Das Tatbestandsmerkmal „Störpotenzial" ist ebenfalls weit auszulegen. Eine Eigenschaft hat ihrer Natur nach Störpotenzial für eine Ehe, wenn sie in einer objektiv nachvollziehbaren Spannung zu einem Wesenselement oder einer Wesenseigenschaft der Ehe steht. Im Blick auf Eigenschaften wie Vermögenslage oder Bildungshintergrund ist auch der geforderte Zusammenhang zwischen Eigenschaft und ehelicher Lebensgemeinschaft weit zu interpretieren.

Im Blick auf „dunkle Punkte" der Vergangenheit bietet die Maxime „Es geht bei der Ehe nicht um Vergangenheitsbewältigung, sondern um Zukunftsgestaltung" keine zuverlässige Orientierung für die Bemessung des Störpotenzials. Die Vergangenheit kann – nicht nur in dem in der Literatur häufig angeführten Beispiel eines Vorstrafenregisters – das zukünftige Eheleben überschatten und darf bei der Bewertung des Störpotenzials nicht unberücksichtigt bleiben. Eine Eigenschaft, die das eheliche Zusammenleben selbst dann beeinträchtigen *könnte* (nicht: müsste), wenn die Brautleute vorehelich darum wüssten und sich bewusst darauf einließen, erweist dadurch ihr Störpotenzial und ist nicht ein vernachlässigbarer „dunkler Punkt" im Vorleben. Sie muss dem Partner vor der Eheschließung offenbart werden. Es sollte zu denken geben, wenn eine Prozesspartei glaubwürdig zu Protokoll gibt, sie habe getäuscht, weil sie andernfalls mit der Absage der Hochzeit habe rechnen müssen[59]. Gewiss handelt es sich dabei um eine zunächst subjektive Bewertung des Störpotenzials einer bestimmten Eigenschaft. Dass ihr *a priori* weniger objektives Gewicht beizumessen ist als der vermeintlich „objektiven" Bewertung durch ein Dreierkollegium, das diesbezüglich womöglich auch nur einem nicht näher begründeten „Bauchgefühl" folgt, darf bezweifelt werden.

---

[59] Vgl. LÜDICKE, MKCIC, c. 1098, Rn. 12: Eine Person, die „geschwiegen hat, um den Konsens nicht zu gefährden", wird „in der Regel erkannt haben, dass sie eine Pflicht zum Sprechen hatte."

4. Werden diese Anregungen aufgenommen, sollte die Feststellung der Ehenichtigkeit aufgrund von c. 1098 zumindest in der Mehrzahl jener Fälle möglich sein, in denen jemand zum Zweck der Konsenserlangung getäuscht wurde. Doch auch bei extensiver Auslegung der Tatbestandsmerkmale des c. 1098 gibt es Konstellationen, bei denen die Norm nicht anwendbar ist. Das betrifft jene Fälle, in denen über Eigenschaften getäuscht wird, denen auch bei großzügiger Interpretation kein Störpotenzial beigemessen werden kann (die nur vorgeblich schwangere Frau) oder in denen dem Partner in betrügerischer Absicht leere Versprechungen gemacht werden.

Wer über genügend eherechtliches Selbstvertrauen verfügt, kann sich damit behelfen, die Ehenichtigkeit in solchen Fällen über c. 1057 § 2 zu begründen und aufzuzeigen: Wegen der mangelhaften Selbstschenkung des Täuschenden und der infolgedessen defizitären Annahme durch den Partner ist ein Konsens im Rechtssinn und also eine gültige Ehe nicht zustande gekommen. Ob die Berufungsinstanz ein solches Urteil gegebenenfalls bestätigen würde, bliebe abzuwarten.

Nachhaltiger wäre eine Änderung des c. 1098. Kritik an der geltenden Fassung wird seit Jahren vorgetragen; Vorschläge für eine Neufassung der Norm liegen vor. Manche sind zurückhaltender formuliert und beschränken sich auf behutsame Modifikationen des Gesetzestextes;[60] der am weitesten gehende, konsequenteste und vor dem Hintergrund der hier vorgestellten Überlegungen am überzeugendsten wirkende Vorschlag plädiert für die Rückkehr zum ursprünglichen Grundgedanken: „Ungültig schließt die Ehe, wer sie eingeht auf der Grundlage einer zur Erlangung des Ehekonsenses begangenen Täuschung"[61].

---

[60] Rückblickend wenig überzeugend: BIER, Probleme (s. Anm. 4), 201. LÜDICKE, c. 1098, Rn. 35, schlägt vor, das Störpotenzial zu ersetzen durch das Konzept einer „Eigenschaft, deren Kenntnis den anderen nach den Wertvorstellungen seines Lebensbereichs von der Eheschließung abgehalten haben würde." Die Formulierung wird besser als der Gesetzestext jenen Eigenschaften gerecht, die nur in bestimmten Kulturkreisen von Bedeutung sind (z.B. die Unberührtheit der Braut), ist im Übrigen aber weniger eindeutig: Ob z.B. die Kenntnis von der Unfruchtbarkeit des Partners durchschnittliche Mitteleuropäer nach den Wertvorstellungen ihres Lebensumfeldes mehrheitlich von der Eheschließung *abhalten* wird, erscheint zweifelhaft. Wahrscheinlicher erscheint die Annahme, die Mehrzahl der damit konfrontierten Personen würde sich auf eine solche Herausforderung einlassen. Zuverlässig einschätzbar wäre die Reaktion auf eine entsprechende Information jedenfalls nicht.

[61] So kurz und bündig CASTELL, Gegenstand (s. Anm. 4), 27 (dort in lateinischer Sprache; Übersetzung GB). CASTELL ergänzt den Formulierungsvorschlag um einen weiteren (in seiner Zählung ersten) Paragraphen eines neuen c. 1098: „Wer eine Täuschung begeht, um den Konsens des anderen Partners zu erlangen, heiratet ungültig." (Übersetzung GB) Dadurch soll der Fall einer Täuschung durch Dritte berücksichtigungsfähig werden. Dieses Ziel wird im anderen Paragraphen aber schon erreicht durch die unpersön-

Dass der Gesetzgeber beabsichtigt, einen dieser Vorschläge in absehbarer Zeit umsetzen, ist derzeit allerdings nicht erkennbar.

Richterinnen und Richtern werden c. 1098 daher auch künftig möglichst kreativ[62] auslegen müssen,[63] wenn sie zu Urteilen kommen wollen, die nicht nur dem Buchstaben des Gesetzes entsprechen, sondern auch jener Sachlage gerecht werden, die für den betrogenen Partner durch eine Täuschung heraufbeschworen wird.

* * *

ABSTRACTS

Dt.: 40 Jahre nach Inkrafttreten des CIC wird die seinerzeit neu ins kanonische Eherecht aufgenommene Norm über die Ungültigkeit einer Eheschließung aufgrund von Täuschung (c. 1098) noch immer uneinheitlich interpretiert und angewendet. Auslegungsprobleme entstehen nicht zuletzt im Blick auf die Frage, was zu verstehen ist unter einer Eigenschaft, die geeignet ist, die Gemeinschaft des ehelichen Lebens schwer zu stören. Dies illustriert eine 2021 und 2023 in zwei Instanzen verhandelte Ehesache, in der zu entscheiden war, ob durch eine bis zur Eheschließung bestehende treuewidrige Beziehung der Braut die Tatbestandsmerkmale „Eigenschaft" und „Störpotenzial" verwirklicht wurden. Nach einer Analyse der beiden Urteilsbegründungen befasst sich Verf. grundlegender mit der Frage, wie diese Tatbestandsmerkmale zu verstehen sind. Er plädiert für

---

liche Formulierung „auf Grundlage einer Täuschung", die bezüglich der täuschenden Person keine Festlegung trifft. Hingegen sieht LÜDICKE, MKCIC, c. 1098, Rn. 35, durch diese Formulierung „den Rechtsgrund der Nichtigkeit: die Täuschung durch einen der beiden Partner" verunklart.

[62] Vgl. die Ermunterung zu juristischer Kreativität bei GHISONI, Creatività (s. Anm. 4), 493-497,

[63] JOHNSON, Fraud (s. Anm. 4), 584-585, warnt in seinem Beitrag von 1996 mit deutlichen Worten davor, sich vorschnell auf die Autorität der Römischen Rota und auf deren vermeintlich mustergültige Rechtsprechung zu berufen. Die Auditoren der Rota „sind nicht in allem einer Meinung; und wo sie nicht übereinstimmen, scheinen sie nicht immer dieselbe Sprache zu sprechen. Kanonistinnen und Kanonisten an erst- und zweitinstanzlichen Gerichten können auf der Suche nach *der* korrekten Auslegung von canon 1098 nicht einfach durch einen Band mit Rotaentscheidungen blättern. Und das Aufzählen von ein oder zwei Zitaten aus Rotaurteilen ist kein Ersatz für kritisches Denken". (Übersetzung GB; Hervorhebung im Original). Das könnte sich nach JOHNSONS Ansicht ändern, wenn sich irgendwann eine gefestigte Rechtsprechung zu c. 1098 entwickelt hat. Ob es dazu bereits gekommen ist, kann im Blick auf das Resümee bei ROMANO, Dolo (s. Anm. 4), 102-104, sowie auf die hier untersuchte Ehesache bezweifelt werden.

eine weite Auslegung des Eigenschaftsbegriffs, die auch jene Verhaltensweisen einer Person einbezieht, die sich zu Gewohnheiten verdichtet haben und damit zum manifesten Ausdruck von Werthaltungen geworden sind. Hinsichtlich des geforderten Störpotenzials geht es nicht um den durch eine Täuschung bewirkten Vertrauensverlust und die daraus resultierenden Konsequenzen für die Partnerbeziehung. Die Eigenschaft, über die getäuscht wurde, muss die eheliche Gemeinschaft auch gefährden können, wenn sie nicht Gegenstand einer Täuschung war, sondern den Partnern bereits vor der Heirat bekannt war oder für beide erst nach der Hochzeit offenkundig wurde. Kommt einer Eigenschaft ein solches Störpotenzial zu, besteht für die Brautleute die Verpflichtung zu gegenseitiger wahrheitsgemäßer Information. Das ursprüngliche Anliegen der Initiatoren des c. 1098, die Brautleute vor einer aufgrund von Betrug zustande gekommenen Ehe zu schützen, wird indes auch durch die von Verf. angeregte Auslegung nicht vollständig erreicht. Eine Neuformulierung der Norm erscheint wünschenswert.

Ital.: A 40 anni dall'entrata in vigore del CIC, la norma sulla nullità del matrimonio per inganno (c. 1098), appena introdotta nel diritto canonico matrimoniale, è ancora interpretata e applicata in modo incoerente. I problemi di interpretazione sorgono non da ultimo nel riconoscere un elemento in grado di turbare seriamente la convivenza nella vita coniugale. Ciò viene mostrato in una causa matrimoniale esaminata in due gradi di giudizio nel 2021 e nel 2023, in cui si doveva decidere se gli elementi costitutivi di „prerogativa" e „potenziale turbativo" fossero causati da una relazione della sposa infedele fino al momento del matrimonio. Dopo un'analisi delle due motivazioni della sentenza, l'autore affronta in modo più approfondito la questione di come questi elementi del reato debbano essere intesi. Sostiene un'interpretazione ampia del termine „prerogativa", che include anche quei comportamenti di una persona che si sono concretizzati in abitudini e sono quindi diventati l'espressione manifesta di un sistema di valori. Per quanto riguarda il potenziale turbativo richiesto, non si tratta della perdita di fiducia causata da un inganno e delle conseguenze che ne derivano per la relazione di coppia. La prerogativa su cui è stato fatto l'inganno deve essere in grado di mettere a repentaglio la relazione coniugale anche se non è stata oggetto di un inganno, ma era già nota ai partner prima del matrimonio o è diventata evidente a entrambi solo dopo il matrimonio. Se una prerogativa ha un tale potenziale turbativo, i coniugi sono tenuti a informarsi reciprocamente in modo veritiero. Lo scopo originario dei promotori del c. 1098 di proteggere gli sposi da un matrimonio frutto di frode, non è pienamente raggiunto dall'interpretazione proposta dall'autore. Una riformulazione della norma appare auspicabile.

ARTICLE 14 OF THE MIDI RULES OF PROCEDURE. A NEW PROCEDURAL PARADIGM?

by João Pedro Serra Mendes Bizarro

1. ARTICLE 14'S CIRCUMSTANCES AND THE CONCEPT OF NOTORIOUS

In 2015 Pope FRANCIS gave the Church a new matrimonial process for matrimonial nullity declaration. The way to gain access to it is express in c. 1683. The diocesan bishop himself is competent to judge cases of the nullity of marriage with the briefer process whenever:

„1° the petition is proposed by both spouses or by one of them, with the consent of the other;

2° circumstance of things and persons recur, with substantiating testimonies and records, which do not demand a more accurate inquiry or investigation, and which render the nullity manifest."

From this n° 2 and is circumstances the legislator had the need to explain what circumstances rather the way they should or would be used, in the Art. 14:

„Art. 14 § 1. Among the circumstances of things and persons that can allow a case for nullity of marriage to be handled by means of the briefer process according to cann. 1683-1687, are included, for example: the defect of faith which can generate simulation of consent or error that determines the will; a brief conjugal cohabitation; an abortion procured to avoid procreation; an obstinate persistence in an extraconjugal relationship at the time of the wedding or immediately following it; the deceitful concealment of sterility, or grave contagious illness, or children from a previous relationship, or incarcerations; a cause of marriage completely extraneous to married life, or consisting of the unexpected pregnancy of the woman, physical violence inflicted to extort consent, the defect of the use of reason which is proved by medical documents, etc.

§ 2. Among the documents supporting this petition are included all medical records that can clearly render useless the requirement of an *ex officio* expert."

From here the need of some clarification was born, since every canonist knows that some of these circumstances are not chapters of nullity, and for so, can´t render the nullity manifest.

When the initial petition (*libellus*) is presented at the Court of Law, the Judicial Vicar has to declare if the *libellus* has any *fumus boni iuris*, now with the *processus brevis*, it seems that he has to declare previous to the judgment the „manifest nullity", but isn't the judgment made upon the rule *iudex secundum probata iudicare debet*? At this procedural stage there can't be any judgment, also because the *processus brevior* is reserve to the Bishop.

This approach to the definition of *manifest* takes us to the classic institute of notorious (*notorius*) and this can, in fact, takes us to a misunderstanding of the use of the circumstances in art° 14. In the CIC 17[1] notorious was use as a mechanism that supress the need of more proof, as GRATIANUS pointed:

> „*nullus est condempnandus, nisi iudicio ordinabiliter habito aut conuincatur, aut reum se ipse confiteatur. Verum hec de illis intelligenda sunt, quorum crimina sunt occulta; ceterum que manifesta sunt iudiciarium ordinem non requirunt*"[2]

But in this case, we agree with Professor BERTOLINO when he sustain:

> „The need to connect the concept of the notorious to that of proof is felt by the classics themselves. We find in fact that Antonius de Brutrio had already defined the notorious *,probation indubitata et finite nulla discussion agens*' […] In fact, it seems to us that it is absolutely necessary to seek an autonomous configuration of the notorious, independently of the fact that it causes exemption from proof."[3]

Professor BERTOLINO sustain in is book that this institute of notorious changes with time, place of the occurrence and social status of the judge. In so much circumstances can be reed in this particular sense although not as something that dispense proof, but some knowledge that belongs to the judge patrimony and allows him to discern circumstances, substantiating testimonies and records as a way to allow the *processus brevior*.

---

1   Vgl. c. 1747 Non indigent probatione: „1° Facta notoria, ad normam can. 2197, nn. 2, 3; 2° Quae ab ipsa lege praesumuntur; 3° Facta ab uno ex contendentibus asserta et ab altero admissa, nisi a iure vel a iudice probatio nihilominus exigatur." CIC 1917.

2   Dict. Post. C. 14., Prohibitentur accusare, C. 1 II, q. 1: https://geschichte.digitale-sammlungen.de/decretum-gratiani/kapitel/dc_chapter_1_1301

3   BERTOLINO, R., Il notorio nell'ordinamnto giurico della chiesa. Torino 1965, 78-79. He states that the canonical doctrine moves between the concept of notorious and manifest as synonymous or figures radically opposites. Ebd., 352.

2. A POSSIBLE MISUNDERSTANDING: CIRCUMSTANCES – ART. ° 14 *RP* AS JURIDIC PRESUMPTION (*IURIS ET HOMINIS*).

Another aspect to be taken into consideration with this evidence is that it cannot be confused with the so-called Presumptions of fact[4]. This is a real risk that could arise from a lack of knowledge of the law and jurisprudence. It will be so much easier to create a *vademecum* with circumstances and the respective caput nullitatis and present some sentences already written, allowing the Judicial Vicar to change the names and addresses! Of course, this is not only misrepresenting the meaning of the reform, but it is the categorical non-application of the final scope of the law – the salvation of souls by the application of justice.

The Judicial Vicar, upon receiving the introductory indictment, should, when analysing it, put to use all his legal knowledge, his forensic experience but also other knowledge related to sociology, such as the social relationships of the family, the importance of faith in the social context, constitution of society (patriarchal, matriarchal, postmodern, gender issues, etc.) on the analyses that he has to make of the case.

All this knowledge may lead him to assume at the time of the facts under analysis and his acceptance of the libel, which, with greater or lesser weight, will influence the choice of the procedural route. Regarding this change in the Judicial Vicar's way of acting, and specifically about the possibility of a return to the Presumptions of fact, Roch Pagé makes a very harsh criticism: „Now, it will be much easier to find a ground, given the recourse to spurious presumptions of fact and the widened scope for arbitrary, unappealable decisions"[5].

These will have a greater or lesser importance according to the legal formation of the actors, but also with the clarification, for example, of the legal nature of the Rp.

As mentioned above, there is a strong probability of confusing circumstances, required by the regulation to make nullity evident, and evidence, which are different concepts.

We now play with two fundamental concepts, that of evidence and that of presumptions. These concepts, which are based on very subjective probabilistic calculations, will give the judge the ability to analyse the libel and judge its procedural viability.

---

4   Vgl. SUPREMUM SIGNATURAE APOSTOLICAE TRIBUNAL, Decretum, 13.12.1995, prot. N. 25651/94 V.T. „*praesumptiones facti pro causis nullitatis matrimonii*", 15-20 and SCICLUNA, C. J., The use of „Lists of presumptions of fact": Forum 7 (1996) 45-67.

5   PAGÉ, R., Questions regarding the Motu Proprio Mitis Iudex Dominus Iesus: The Jurist 75 (2015) 609.

Evidence is a certain fact that indicates and reveals the existence of another fact different from the first where there is a causal relationship between the two. It cannot be forgotten that we are talking about relative knowledge, as they involve a certain dose of uncertainty and error[6].

From this we can deduce both the evidentiary nature of the presumptions and their essential characteristics. The probative nature is defined as an indirect proof mediated through an empirical rational act. The essential characteristics are reasonableness and probability.

A feature that will be highlighted in the following points is that, contrary to the improper and illegal use given to the famous Lists of Presumptions of Fact,[7] used against the Law, the circumstances are used according to the law.

2.1. Analogy

Article 14 of the Rp can be treated as a human presumption (*praesumptio hominis*). A short marriage relationship is not a nullity chapter, but most Judicial Vicars will be in a position, due to their procedural experience, to be able to assume that this fact may be an indication that will value a related nullity chapter. It is the legislator himself, who in article 14 of the Rp now allows this conclusion. In fact, the evidence pointed by circumstances had previously been dealt by the legislation when it addressed the same issue for the documentary process now reinforced in this *processus* brevior.

We can find a few presumptions safeguarded by law regarding marriage, such as: marriage enjoys the favour of the law (c. 1060), the presumption of consummation (c. 1061 § 2), minimal knowledge of the nature of marriage (c. 1096 §§ 1 and 2), internal conformity of consent (c. 1101 § 1), marital perseverance in the presence of impediment (c. 1107), paternity (c. 1138 § 2) and pardon for the

---

6   „Mantengamos, pues, el principio general de que los conocimientos científicos, como todo conocimiento de pura razón, son *relativos* (porque en ellos caben la no exactitud y el error) y, además, de naturaleza solamente *probabilística y aproximativa* a un valor exacto, es decir, conocimientos que sólo *probablemente* se acercan a la realidad; son conocimientos que se obtienen mediante el procedimiento lógico de la inducción (a través de ellas pasa desde los hechos singulares observados a la formulación de afirmaciones generales) combinada con el procedimiento lógico de la deducción (con la que se desciende de los principios generales a lo particular) y la inducción-deducción sólo pueden producir conocimientos *probables*", García Faílde, J. J., Garantías procesales para el hallazgo de la verdad en el proceso canonico: Manzanares, J. (Hrsg.), Cuestiones básicas de derecho procesal canónico.: XII Jornadas de la Asociación española de canonistas, Madrid 22-24 abril 1992. Salamanca 1993,45.

7   Supremum Signaturae Apostolicae Tribunal, Decretum 13.12.1995, prot. N. 25651/94 V.T.: „*praesumptiones facti pro causis nullitatis matrimonii*".

spouse adulterer (c. 1152 § 2). These are important for the safeguarding of the matrimonial institution and are based, in most of them, on logic, biology and common sense.

Jurisprudence canonized a set of presumptions[8] which are an added value for the analysis of some chapters of marriage nullity and in some of them the presumption itself lies on the chapter itself or on the circumstances associated with it, for example the consensual incapacity can fall on the nature of the psychic anomaly or on the circumstances of marital life that may be indicative or revealing of the anomaly.

Article 14 of the *Rp* very visibly resembles the List of Presumptions of fact[9]. This list, which served to analyse cases of nullity, attributing to some *caput nullitatis* circumstances that led to previous presumptions of nullity[10]. In this list[11] we can find a good approximation to the circumstances pointed out by article 14 of the Rp to the extent that those List of Presumptions of Fact and those of article 14 are frequent realities in the causes of marriage nullity and, as already presented in the previous points of this dissertation, often referred to by the jurisprudence. Although they were seen as not being null chapters, they acted directly on the judge's ability to find moral certainty to dictate sentence. They have in common:

„Presumptions of fact are drawn from experience of live in a given society and culture and have to do with what generally is true regarding deliberation and capacity when certain circumstances are present. Presumptions alone do not constitute proof of given defect of consent, but they frequently clarify the significance of the facts in evidence and, together with that evidence, can bring us to moral certitude about the marriage's validity or nullity when the evidence alone would not have given rise to certitude"[12].

Here is a possible parallel between both, those that do not match, I leave in the first number omitted from the list of presumptions.

---

8   Vgl. PALOMBI, R., Il valore delle *praesumptiones*: I mezzi di prova nelle cause matrimoniale secondo la giurisprudenza rotali. Città del Vaticano 1995, 100-113.

9   SUPREMUM SIGNATURAE APOSTOLICAE TRIBUNAL, Decretum 13.12.1995, prot. N. 25651/94 V.T. „*praesumptiones facti pro causis nullitatis matrimonii*".

10   With the exception of presumption n.° 30, which serves to validate the marriage, for a long period of coexistence.

11   Vgl. SCICLUNA, The use (s. Anm. 4), 48-49.

12   Ebd., 51.

Presumptions of Fact[13]	Circumstances art.° 14
n.° 1 – teenage, sixteen or below	
n.° 2 – teenage, seventeen or eighteen	
n.° 3 – teenage, nineteen	
n.° 4 – pregnancy	- the cause of the marriage that is completely unrelated to conjugal life or an unforeseen pregnancy of the woman;
n.° 5 – [...]	- abortion sought to prevent procreation; - stubborn permanence in an extramarital relationship at the time of marriage or immediately afterwards; - the intentional concealment of sterility or a serious contagious disease or children born from a previous relationship or imprisonment;
n.° 6 – guilt over sexual activity in courtship	- the cause of the marriage that is completely unrelated to conjugal life or an unforeseen pregnancy of the woman;
n.° 7 – (do not exist)	
n.° 8 – first serious boy or girl	
n.° 9 – ignoring of immature behavior	- failure to use reason proven through medical documents;
n.° 10 – (do not exist)	
n.° 11 – rebound from other boy or girl	- the cause of the marriage that is completely unrelated to conjugal life or an unforeseen pregnancy of the woman;

---

13   SCICLUNA, The use (s. Anm. 4), 48-49.

n.° 12 – rebound from previous spouse's death;	- the cause of the marriage that is completely unrelated to conjugal life or an unforeseen pregnancy of the woman;
n.° 13 – rebound from recent divorce	- the cause of the marriage that is completely unrelated to conjugal life or an unforeseen pregnancy of the woman;
n.° 14 – rebound from a death in one's family	- the cause of the marriage that is completely unrelated to conjugal life or an unforeseen pregnancy of the woman;
n.° 15 – old maid anxiety	- the cause of the marriage that is completely unrelated to conjugal life or an unforeseen pregnancy of the woman;
n.° 16 – graduation time: „the thing to do"	- the cause of the marriage that is completely unrelated to conjugal life or an unforeseen pregnancy of the woman;
n.° 17 – severe conflicts in home life: „to get out of the house"	- the cause of the marriage that is completely unrelated to conjugal life or an unforeseen pregnancy of the woman;
n.° 18 – other friends marrying: „the thing to do"	- the cause of the marriage that is completely unrelated to conjugal life or an unforeseen pregnancy of the woman;
n.° 19 – sexual abused girl lacking discretion	- failure to use reason proven through medical documents;
n.° 20 – very brief courtship	
n.° 21 – courtship at a distance	
n.° 22 – serious desire to back out	
n.° 23 – divorce mentality excluding perpetuity	- that lack of faith that can generate the simulation of consent or the error that determines the will;
n.° 24 – severely defective model in parents' marriage	

n.º 25 – macho infidelity	
n.º 26 – severely handicapped party	- failure to use reason proven through medical documents;
n.º 27 – radical ethnic, cultural, or religious disparity	
n.º 28 – radical disparity of personalities	
n.º 29 – convalidation as a cure-all	
n.º 30 – validity of a long marriage[14]	
n.º 31 – very brief common life (less than 1 year)	- the brevity of marital coexistence;
n.º 32 – brief common life (1-2 years)	- the brevity of marital coexistence;
nº 33 – advancing maturity	- failure to use reason proven through medical documents;
n.º 34 – early breakup over a fact previously know	- the brevity of marital coexistence;
nn.º 35 – 39 (do not exist)	
n.º 40 – failure of good-faith marriage counseling	
n.º 41 – defensive refusal of counseling	
n.º 42 – defensive abandonment of consoling	
n.º 43 – sexually abused girl unable to assume	- (may be considered) – physical violence inflicted to extort consent;
n.º 44 – divorce mentality vitiating discretion	- that lack of faith that can generate the simulation of consent or the error that determines the will

If the Judicial Vicars, at the Courts, are not competent and well trained in canon law, there is a strong probability of falling and making a regular error that led to

---

14 This presumption is not for nullity! Is pro marriage.

the formulation and application of these presumptions. They should „examine these circumstances carefully and without prejudice, in a harmonious and broad view of the marriage experience, avoiding automatisms and undue presumptions"[15].

However, it is not worth devaluing the social conditioning to which the judicial Vicar is subject. Sociocultural conditions will play a predominant role in the analysis of circumstances, as these will have a greater or lesser influence on the evidence. In other words, these social conditions will influence, to a lesser or greater extent, the circumstances to be valued in a case of nullity of marriage, since the experience of moral, social and cultural criteria are not the same in Europe or Africa, or even within the same country, in big cities or in a small village in the interior[16].

2.2. Differences

1) At least three major significant differences between the circumstances and the presumptions are listed. A fundamental procedural difference, a substantive difference and finally a legal difference. Procedurally, the fundamental difference consists in the procedural position of the circumstances and the presumptions. The Presumptions of Fact were used at the end of the process, after the instruction and directly influenced the sentence „this list is, therefore, for the use of all those involved in the discussion or decision of the case",[17] in turn, the circumstances described in the Rp are used at the beginning of the process, in the introduction of the libel and its analysis, even before the decision to choose the procedural route. This analysis must result in evidence of nullity that later leads to its proof in the instruction supported by facts and documents. That is, the circumstances are subject to procedural verification.

---

15 „[...] dovrà esaminare con cura e senza pregiudizi tali circostanze, evitando automatismi e indebite presunzioni", FRANCHETTO, F., Il vicario giudiziale e il vicario giudiziale aggiunto: I soggetti del nuovo processo matrimoniale canonico. Città del Vaticano 2018, 143.

16 BONNET already affirmed it when referring to the „notorious": „Se il *notorium facti è un'evidenza peculiarmente qualificata dalla scientia plurium*, le altre fattispecie di notorietà trovano invece una diversa determinazione a renderle giuridicamente rilevanti come tali, sostituendosi più specialmente al vaglio critico della Comunità un differente esame non meno accurato e soddisfacente, come per esempio quello giudiziario per il delitto notorio di cui al can. 2197, 2° del codice, o lo stesso legislatore per la notorietà presunta. In altri termini la certezza evidente può diventare legalmente notoria in modi e vie diverse.", BONNET, P. A., Il giudizio di nullitá matrimoniale nei casi speciali. Roma, 73-74. BERTOLINO, R., Il notorio nell'ordinamento giuridico della Chiesa. Torino 1965.

17 „The list is therefore intended for the use of all those involved in arguing or deciding the case", SCICLUNA, The use (s. Anm. 4), 49.

Circumstances do not automatically lead to the assumption of a presumption of accomplished fact, as these vary from case to case. It has been pointed out by the Apostolic Signatura, in response to the Presumptions of Fact, that a circumstance, such as age or an unwanted and planned pregnancy, does not always lead to the same consequences and certainly does not lead to marital nullity by itself.

Circumstances, unlike presumptions, must be proved and not deduced or admitted as hypotheses. When they are certain and have a univocal meaning, they are capable of providing the judge with a credible source of knowledge of the basis of the simulation[18].

It is not surprising that for the circumstance to have value in the admission of the libel and in the procedural choice it must be based on evidence and testimonies.

2) The fundamental substantive difference results from the way in which the moral certainty of nullity is obtained. This certainty in the case of presumptions is obtained from an existing a priori certainty, for example being under 16 years of age, then the marriage is void, regardless of the nullity chapter.

In other hand, article 14 states that the circumstances may point to an evident nullity it is always required a later proof in the instructional phase.

The evidence that the libel must present will lead the judge to formulate not a presumption of matrimonial nullity, but the certainty that this libel has sufficient grounds to be accepted through the use of the *processus* brevior. SABBARESE proposes that „(…) circumstances and the facts, rather than making the nullity manifest, must make the nullity basis manifest; therefore it would have been better to have a text with the following content: *et fundamenum nullitatis manifestum reddant*"[19].

3) Finally, the most important difference, which is of a legal nature. While the circumstances of article 14 are in favour of the law, not violating the legal order, Presumptions of Fact are against the law, as they violate the principles that marriage enjoys the protection of the law and wrongly presumes that the existence of certain circumstances *always* lead to the existence of a marriage nullity.

---

18 „Le circostanze, a differenza delle presunzioni, devono essere provate e non dedotte o ammesse come ipotesi. Quando sono certe e hanno un significato univoco, sono in grado di fornire al giudice una fonte attendibile della conoscenza della fondatezza della simulazione", ARELLANO CEDILLO, A., Il valore presuntivo delle relazione extramatrimoniali. Quaestiones selectae de re matrimoniali ac processuali. Città del Vaticano 2018, 338.

19 SABBARESE, L., Il processo più breve: condizioni per la sua introduzione: Okonkwo, E. B. O. / Recchia, A. (Hrsg.), Tra rinnovamento e continuità. Le riforme introdotte dal motu proprio Mitis Iudex Dominus Iesus. Quaderni di Ius Missionale. Città del Vaticano 2016, 50.

However, this nullity cannot be based on a presumption, as it happens, which in turn is based on another presumption such as *praesumptum de praesumpto non admittitur*[20].

3 - TWO PROCEDURAL MECHANISMS – *BREVIOR* AND DOCUMENTARY – ARE THEY THE UNDER DIFFERENT NAME?

These two procedures – documentary process and *processus brevior* – have origin in the simplification of the entire *modus operandi* of canon procedural law. This is, moreover, the concept of a summary procedure, a simplified procedure that makes it possible for a judge to quickly decide without having to go through some additional steps and formalities. The gool is to achieve a greater simplicity of in the decision take process. This is not due to a merely simplistic criterion but is based in the fact that the causes admissible to these typologies are so obvious that they waive whole set of more complex actions to achieve the same goal. In both methods, we may find evidence of matrimonial nullity manifested in the *libellus*, as they both present: (i) an easy and immediate collection of evidence, (ii) a single judge and (iii) if the judge does not reach moral certainty, he is allowed to shift the process to follow the rules of the ordinary procedure, with no space for a negative sentence to the dubium. It would not be unreasonable to underline the notorious inspiration of the new *processus brevior* shaped in the documentary process[21].

These procedures are based in three keywords: *Evidence – Confirmation – Judgment*. Each of these keywords corresponds to a procedural time, which are similar in both procedures, allowing full correspondence with those fundamental moments of the procedural analysis.

Evidence – will correspond to the initial moment (presentation of the *libellus*, procedural choice and establishment of the dubium), / *Confirmation* – will correspond to the phase of the investigation and / *Judgment* – will correspond to the phase of issuing the sentence or the referral of the case to the ordinary process. This is so obvious that we can ask ourselves if „these procedures, so close but distinct from each other, could be merged into one?"[22].

---

20 SUPREMUM SIGNATURAE APOSTOLICAE TRIBUNAL, Decretum, 13.12.1995, prot. N. 25651/94 V.T. „*praesumptiones facti pro causis nullitatis matrimonii*", n° 2 a, 16.

21 Without, however, discarding the influence that the oral process has on the *processus brevior*.

22 Vgl. TOXE, R. P., *Les nouvelles procédures de Mitis Iudex Dominus Iesus* confinentelles à un procès documentaire portant sur le fond?: Gonçalves, B. (Hrsg.), Comprendre la réforme des procédures de nullité de mariage selon le motu proprio *Mitis Iudex*

In the introduction of the *libellus* there is a significant difference between the two mechanisms under procedural law. In the documentary, the case can be introduced by one of the parties or by the promoter of justice, „when the nullity is already disclosed and the marriage cannot or is not convenient" (c. 1674 § 1, 1); in turn, in the *processus brevior*, the case must be introduced jointly by the spouses „or by one of them, with the written consent of the other" (c. 1683 1st). If in the first typology the parties cannot be an obstacle to the choice promoting the case from procedural perspective, in the second scenario without their joint express consent the Judicial Vicar cannot refer the case to the *breviour*, even more, since he has the capacity to make the procedural choice, he can still invite one of the parties to accept the case and make, the until then initially respondent, to a co-author[23].

A significative difference lies also in the judge, because in the brevior the judge is the bishop, which at first glance may seem a novelty if one does not take into account that it is up to the Diocesan Bishop, first of all, to judge all the causes of his court. (c. 1419 § 1). But even the reasoning behind this attribution to the diocesan Bishop is not new in procedural law, as MONTINI[24] very well stated, since this safeguard of justice attributed to the Bishop already existed in cases of special proceedings.

Dominus Iesus. Colloque de la Faculté de Droit Canonique de l'Institut catholique de Paris. Paris 2019, 297-333.

23   Vgl. art.° 15 *Rp.*

24   In a lecture given at the Pontificia Universitas Gregoriana in honor of Professor BON-NET, states: „Sul Vescovo diocesano non posso non manifestare tutta la mia sorpresa nel leggere quanto il Prof. Bonnet scriveva in relazione all'Ordinarius quale ‚iudicem agens' nel processo documentale: ‚la mancanza di tutte le formalità giudiziali, richiesta dalla notorietà stessa della nullità, può trovare una sua non disprezzabile garanzia sostitutiva, senza alcun ingiustificato rallentamento dei tempi di giudizio, nell'intervento personale di colui al quale è integralmente affidata la responsabilità di una particolare Comunità ecclesiale'. Chiunque di loro avrà sentito riecheggiare in queste parole (anche ad litteram) quanto si legge nel Mitis Iudex Dominus Iesus in relazione al Vescovo diocesano protagonista del processus brevior: ‚Nos tamen non latuit, in quantum discrimen ex breviato iudicio principium indissolubilitatis matrimonialis adduci possit; eum nimirum in finem voluimus ipsum Episcopum in tali processu iudicem constitui, qui in fide et disciplina unitati catholicae cum Petro ob suum pastoris munus quam qui maxime cavet'", MONTINI, G. P., Il processo documentale nel diritto processuale canonico. Il contributo del Prof. Piero Antonio Bonnet (1979-2008), (pro manuscripto) 12-13, now published as Il processo documentale nel diritto processuale canonico. Il contributo del prof. Piero Antonio Bonnet (1979-2008) : Periodica de re canonica 110 (2021) 439-457.

Already in 1979 stated Prof. BONNET: „Every Ordinary, by virtue of the peculiar power which he is invested and within its limits in special cases a responsibility he is personally entrusted by the law to prevent the absence of a decision in almost all procedural guarantees, useless the lack of special analyses results from the absolute notoriety of the nullity of marriage, may result into damage to the pursue of the truth, fundamental for human life as that concerning the sacrament of marriage."[25].

3.1. Evidence

The requirements for the use of these two procedures are, above all, the evidence that the introductory indictment must be formally presented. In the documentary process it comes from a document, in the *processus brevior* it comes from circumstances supported by documents and witnesses. Although the caput nullitatis, in this case, diverge completely, we can foresee that in both cases it is necessary to provide evidence to trigger both of these typologies – *certo constet* (c. 1688) and *manifestam reddant* (c. 1683, 2°) and in both cases it goes far beyond the mere *fumus boni iuris* of the ordinary process. Another common fact to both processes is the readiness of gathering evidence, which should mostly be presented in the introductory *libellus* of the case. „While it is true that there is a difference between these two procedures with regard to the way in which evidence is collected, it is perhaps more in appearance than fundamental"[26].

An easy evidence of the above may be seen from the previous investigation (prejudicial or pastoral inquiry)[27] which in both cases is very useful for procedural speed, saving time in the instructional phase.

---

[25] „Ogni Ordinario, in virtù del peculiare potere del quale è investito, e nei limiti di questo, ha nei Casi speciali una responsabilità personalmente affidatagli dal diritto per evitare che la mancanza di quasi tutte le garanzie procedurali, rese inutili dalla notorietà della nullità matrimoniale, possa tradursi per qualche abuso in un danno qualunque per la verità, tanto più grave in fattispecie come queste che coinvolgono un giudizio su di una realtà tanto importante e fondamentale per la vita dell'uomo qual è quella relativa al sacramento del matrimonio", BONNET, P., Il giudizio di nullità matrimoniale nei casi speciali, 230.

[26] „S'il est vrai qu'il y a une différence entre les deux procédures au sujet des modalités pour colliger les éléments de preuve, elle est peut-être plus apparente que fondamental": TOXE, R. P., Les nouvelles procédures de *Mitis Iudex Dominus Iesus* confinent-elles à un procès documentaire portant sur le fond?: Gonçalves, B. (Hrsg.), Comprendre la réforme des procédures de nullité de mariage selon le motu proprio *Mitis Iudex Dominus Iesus*. Colloque de la Faculté de Droit Canonique de l'Institut catholique de Paris. Paris 2019, 297-333.

[27] With regard to this prejudicial inquiry, in the *processus brevior*, vgl. art. 2-5 *Rp*, with regard to the documentary process vgl. art.° 297 § 1 *DC*.

This similarity between the circumstances may be questioned, since at first glance the probatory force of the second method seems to be more evident than the first. Against this objection MONTINI argues:

„This objection largely depends on the superficiality in which the documental process is ordinarily seen, focusing on the document and without considering that the evidence force and nature attributed by the Legislator [1] to which can't be subject to contradiction, [2] that no dispensation is been given, and [3] only for certain caput *nullitatis*.

In items [1] and [2] we are far from the univocity of the document and the exclusion of any investigation under the instruction phase. Above all, the absence of granting an exemption is normally considered, as a negative fact, of extremely difficult proof as well as – according to the doctrine – it would not be originated under the codified law.

Congrua congruis referendo configures a similar situation from the formal procedure point of view as set forth in art. 14 § 1 from *Rp* based in the evidence of the *processus brevior*: the *brevis convictus coniugalis* [= document] must be accompanied by [1] witnesses and documents and [2] not requiring further investigations"[28].

For the *processus brevior*, the collection of evidence can take place in the instructional session, as we may be in the presence of testimonial evidence, which however will already be described in the *libellus* indicating its degree of knowledge and importance for clarifying the case. Or at the very most „in issuing the citation in accordance with c. 1685, by virtue of which the parties shall be informed that, if possible, they are to make available in, at least three days prior to the session for the instruction of the case, those specific points of the matter upon which the parties or the witnesses are to be questioned, unless they are already part of the *libellus*" (art 17 Rp). The *libellus* must „firstly set forth brief-

---

28   „Questa obiezione dipende per gran parte dalla superficialità con la quale ordinariamente si guarda al processo documentale, soffermandosi sul documento e senza considerare che l'evidenza che il Legislatore gli ha attribuito si ha se, al documento si aggiunge [1] che non sia soggetto a contraddizione o eccezione alcuna, [2] che non fu concessa la dispensa e tutto ciò [3] solo per determinati capi di nullità. Nel punto [1] e [2] siamo ben lontani dalla univocità del documento e dall'esclusione di ricerche e istruttorie. Soprattutto la mancanza di una concessione di dispensa è ordinariamente considerata, in quanto dato di fatto negativo, di difficilissima prova e per di più – secondo la dottrina – non sarebbe stata legata a documento dal prescritto codiciale. *Congrua congruis referendo* è la medesima situazione che si riscontra dal punto di vista formale nell'art. 14, §1 RP e nell'evidenza del *processus brevior*: il *brevis convictus coniugalis* [= documento] dovrà essere accompagnato da [1] *testimonia et instrumenta* e [2] non esigere ulteriore investigazione», G.P. MONTINI, «Gli elementi pregiudiziali del *processus brevior*": Prassi e sfide dopo l'entrata in vigore del M.P. *Mitis Iudex Dominus Iesus* e del rescriptum ex audientia del 7 dicembre 2015. Città del Vaticano 2018, 54-55.

ly, fully, and clearly the facts in which the petition is or grounded based" (c. 1684, 1°), since it is from this clear exposition that the evidence of nullity will arise, in which lies the necessary foundation for the use of this procedural methodology. To reinforce this same clarity, „the proofs, which can be immediately collected by the judge" (c. 1684, 2°) are also indicated and, „the documents, in an attachment, upon which the petition is based" (c. 1684, 3°).

In the documentary process, the documents that are presented and based upon which the nullity is argued – since it can't be „subject to contradiction or exception – clearly establish either (i) the existence of a diriment impediment or a defect of legitimate form, provided that it is equally certain that no dispensation was given, or (ii) the lack of a valid mandate of a proxy. In these cases, the formalities of the ordinary process are omitted except for the parties notification and the intervention of the Defender of the Bond" (c. 1688) – this is an evidence or a matter of proof but it does not mean that there cannot be witnesses, for example in the case of proving the absence of a canonical dispensation, or whether to prove the non-existence of a document, or a flaw in the procedural form. This documentary process, in some of its possibilities, is no less demanding than the *processus brevior*. *Provida Mater*, on the other hand, states that it can be proved in all other legal ways and not only through a legal document[29]. The absence of a dispensation Furthermore, *Provida Mater* strengthens the jurisprudence praxis in use in those days that an authentic interpretation of 1931[30] give us note:

> If, after Vatican II, the documentary process departed from what was foreseen in the *Provida Mater*, the two current procedures remain closed due to the fact that they go through two successive stages: the decision (usually of the Judicial Vicar) to initiate a summary procedure and the declaration of nullity issued by a single judge[31].

---

29 Art. 226 – „Quoties agatur de casus excepto ad normam cân. 1990, officialis, auditibus coniugibus, si comparuerint, et perpensis rebus, videat an impedimenti exsistentia seu de nullitatis causa ex certo et authentico documento, quod nulli contradictioni vel exceptioni obnoxium sit constet. De quo si sibi videatur constare, necnon pari certudine vel alio legitimo modo (Comm. Pont., 16 Aprilis 1931, ad I) appareat dispensationem concessam non fuisse, rem Ordinario deferat", *Provida Mater*: AAS 28 (1936) 358.

30 „D. I. Utrum par certitudo, de qua in canone 1990, haberi possit tantum ex certo et authentico documento, an etiam ex alio legitimo modo [...] R. Ad I. Negative ad primam partem, affirmative ad secundam.[...]." PONTIFICIA COMMISSIO AD CODICIS CANONES AUTHENTICE INTERPRETANDOS, Responsa ad dubia: AAS 23 (1931) 353-354.

31 „Si après Vatican II, le procès documentaire s'est éloigné de ce que prévoyait *Provida Mater*, les deux procédures actuelles restent proches par le fait qu'elles connaissent deux étapes successives : la décision (normalement du vicaire judiciaire) d'emprunter la voie d'une procédure sommaire et la déclaration de nullité par un juge unique", TOXE, *Les nouvelles procédures* (s. Anm. 22), 297-333.

3.2. Confirmation

As already noted, in the prejudicial phase, the single judge – documentary process – and the instructor – *processus brevior* – are asked to confirm the veracity of the evidence presented. This, together with the procedural rules that govern these procedures indicate that they „do not require a more accurate discussion or investigation and make the nullity evident" (c. 1683, 2°).

This confirmation arises, or must arise, from a brief instruction, not because the regulations so indicate, but because the evidence itself compels it. If the condition to initiate these mechamis is an evidence of or the existence of nullity, then its confirmation cannot result from a long and difficult process, but it must be fast and obvious, as a result of the same evidence.

However, this does not mean that the instruction of the *processus brevior* cannot be extended to a second session if, in the first, there is no time to adequately specify the facts that have been shown or presented. „The instructor, insofar as possible, collects the proofs in a single session and establishes a time limit of fifteen days to present the observations in favour of the bond and the defence briefs of the parties, if there's any" (c. 1686). It should be noted that if, during the investigation, facts arise that require a more in-depth investigation, according to the opinion of some canon law experts, this process should be placed under an ordinary process. Effectively, this process is based on evidence and speed, a longer investigation is beyond the scope of its scope.

In principle, there will be no need to publish the case files because „the parties and their advocates can be present for the examination of other parties and witnesses unless the instructor, on account of circumstances of things and persons, decides to proceed otherwise." (art. 18. § 1, *RP*).

For the documentary process, we do not formally have an instructional session, but we do have a contradictory that can arise from the *animadversions* of the Defender of the Bond or the opposition of a part to the evidence that has been presented.

Hence the need to publish the case file even if the canons do not properly indicate it – in both procedures (if the parties are not present at the procedural session of the *processus brevior*) – will safeguard the parties' right of defence and translate the process in an more transparent the court's action[32]. Publication, in turn, will be timely and necessary when the opposing party has presented elements

---

[32] It is interesting to compare the judgment of the European Court of Human Rights in its judgment against the Italian State for limiting the right of defence of an ecclesiastical judgment. Vgl. TRIBUNAL EUROPEU DOS DIREITOS DO HOMEM, sentença Pellegrini v. Italy, 20.06.2001: https://www.echr.coe.int/Documents/CLIN_2001_07_32_ENG_815323.pdf, 44-46.

against the evidence. In this case, before the judge's decision, the parties must be given the opportunity to express their own observations.

3.3 Judgment

After confirming the veracity of the evidence presented and the statements made, the judge, in the documentary process, and the Bishop, assisted by an advisor, in this last case only in a *processus brevior*, are empowered to make a judgment on the presented dubium.

One of the criticisms levelled at the *processus brevior* lies in the lack of legal knowledge of most diocesan Bishops[33]. In truth, this knowledge, although desirable, is not a *sine qua non* condition for making a judgment. The fact that we are under a summary proceedings based on factual and almost indisputable evidence presented, allow the diocesan Bishop to make a judgment if he is able to achieve moral certitude., „about the nullity of marriage is reached. Otherwise, he must be morally obliged to refer the case to an ordinary procedure" (c. 1687 § 1), where he will find officers of the Court duly trained in Canon Law. To reinforce this statement, one should note that the judgment carried out by the diocesan Bishop is assisted by an advisor, who does not replace the Bishop work, but who will be able to add some light on the procedural dynamics and on matrimonial law.

According to cc. 1687, 1688 and 1690 in these cases there is no room for a negative sentence regarding the proposed dubium, the judge must always issue a positive sentence or send it for ordinary examination.

A judgment following the model of the *processus* brevior could reach for such a negative conclusion, as imposed by the applicable law, would and would then be obliged to shift the matter to be ruled under an ordinary process[34]. However,

---

33 „The Bishop for whom c. 378 § 1, 5° requires that he is ,in possession of a doctorate or at least a licentiate in sacred scripture, theology, or canon law from an institute of higher studies approved by the Apostolic See, or at least truly expert in the same disciplines'. At the very least, the exercise of the post of judge in the *processus brevior* requires that the diocesan Bishop have a real knowledge of the substantial canonical discipline and matrimonial procedure: prudence should advise him to ensure that some of the participants in the *processus* brevior are in possession of the academic degree of Licentiate in Canon Law", CONGREGATION FOR CATHOLIC EDUCATION, Instruction, 29.04.2018.

34 In parallel with the documentary process, a case filed by ERLEBACH on 12.05.2000 declared the judgment of the first degree null and void with irremediable nullity for illegitimate use of the procedural typology. Vgl. MONTINI, G. P., L'uso illegittimo del *processus brevior*, 6-8. DERS., „La conclusione, pertanto, è che un uso illegittimo del processo documentale per mancanza del presupposto previsto dalla legge (can. 1688 §1) di un documento inoppugnabile che comporta la nullità del matrimonio, comporta la nulli-

there could be an affirmative sentence about the deceit (*dolus*) e.g., but this could be null, as MONTINI states:

„In the case that we have indicated [...], the Defender of the Bond alleges that the process did not consider the fact that have been alleged as being perpetrated ,ad obtinendum consensum' (can. 1098). In the initial evidence there was the certainty of the bridegroom's homosexuality, of his prenuptial denial when questioned by the author, of this discovery after the nuptials and the immediate interruption of marital coexistence, (....) but nothing about the intentionality of the intent (even in the absence of the defendant's judgment). It seems, therefore, that the diocesan Bishop, deciding in the affirmative, on the one hand gave an unjust sentence (appealable), but the same sentence can be withheld as null since it is based on evidence that did not exist (such as the Defender of the Bond with his allegation, even during the process, had pointed out)"[35].

The big difference between these two processes is that according to c. 1690, the ordinary examination takes place in the first instance after the appeal of the Defender of the Bond[36]. That is, in the *processus brevior*, if the diocesan Bishop does not reach moral certitude, he sends the case to ordinary examination, in the case of the documentary process it is not explicit in c. 1688 that if the judge, finding no basis, he should then also refer to the ordinary examination, but making a parallel with c. 1690 first, and now with c. 1687, it can be said that the procedural passage is identical in both cases. The fundamental point between the two procedures resides in the fact that the evidence of matrimonial nullity that the libel presents should easily lead the judge to a moral certitude. Moral certitude is

---

tà insanabile della sentenza (affermativa) in ragione del prescritto del can. 124 §1 secondo il quale la nullità dell'atto giuridico (sentenza) scaturisce dalla mancanza di ,quae actum ipsum essentialiter constituunt'", ebd., 9.

35   „Nel caso sopra accennato, il difensore del vincolo eccepisce che nel processo non si è considerato il fatto che il dolo richiede di essere perpetrato ,ad obtinendum consensum' (can. 1098). Nell'evidenza iniziale vi era la certezza dell'omosessualità del fidanzato, della sua negazione antenuziale su domanda dell'attrice, della sua scoperta dopo le nozze e dell'interruzione immediata della convivenza, peraltro brevissima (poco più di un mese), ma nulla circa l'intenzionalità del dolo (anche per l'assenza dal giudizio del convenuto). Appare perciò che il Vescovo diocesano, decidendo affermativamente, da un lato ha dato un giudizio ingiusto (appellabile), ma lo stesso giudizio può essere ritenuto nullo perché basato su un'evidenza che non esisteva (come il difensore del vincolo con la sua eccezione, già durante il processo, aveva fatto notare)", MONTINI, L'uso illegittimo del *processus brevior*, 16.

36   C. 1690 – „Iudex alterius instantiae, cum interventu defensoris vinculi et auditis partibus, decernet eodem modo, de quo in c. 1688, utrum sententia sit confirmanda, an potius procedendum in causa sit iuxta ordinarium tramitem iuris; quo in casu eam remittit ad tribunal primae instantiae."

one that is positioned between absolute certitude – where any doubt about the fact and the possibility of a contrary fact cannot occur - and probability – where the probability of the fact or its opposite to exist is not excluded – thus if it can be defined as the certitude that does not exclude the possibility of a contrary fact, it does exclude the probability of its existence[37].

Once the sentence has been issued, and with the derogation of the corresponding duo, there is the possibility of filing an appeal, which in the case of the documentary process is a right given to one of the parties or the Defender of the Bond, and in the case of the *processus brevior*, as the spouses present the *libellus* jointly, they will hardly appeal against the sentence, so it is up to the Defender of the Bond to do so. In both cases, we have a single judge, which is similar to the appeal procedure, in the first case it is presented to the Court of second instance (vgl. cc. 1689-1690) and in the second case „to the metropolitan or to the Roman Rota; if, however, the sentence was rendered by the metropolitan, the appeal is presented to the senior suffragan; if against the sentence of another bishop who does not have a superior authority below the Roman Pontiff, appeal is made to the bishop selected by him in a stable manner." (c. 1687 §3).

Because the *processus brevior* has some similarities with the oral process, as stated some authors, its greater similarity with the documentary process is reinforced in three fundamental points:

1) The apparent notoriety in the nullity *libellus*;

2) The criteria for admission to the case (Documentary – „a document subject to no contradiction or exception clearly establishes the existence of a diriment impediment or a defect of legitimate form, provided that it is equally certain that no dispensation was given or establishes the lack of a valid mandate of a proxy. In these cases, the formalities of the ordinary process are omitted except for the citation of the parties and the intervention of the Defender of the Bond (c.1688); *Brevior* – circumstance of things and persons recur, with substantiating testimonies and records, which do not demand a more accurate inquiry or investigation, and which render the nullity manifest" [c. 1683, 2°]);

3) The conclusion of both processes, where they can only consent to an affirmative sentence, or when they are sent back to the ordinary process. With this we can also reinforce the parallelism between them both.

The *processus brevior* assumes the brief process that was already carried out in the second instance, now with the possibility of being also analysed in the first instance.

---

37   On this topic vgl. allocutions by PIUS XII to the Roman Rota (1941, 1942, 1944) and Saint JOHN PAUL II (1980).

To demonstrate the *locus processualis* of circumstances in this new procedural form, we seek to find a causal link, or rather, a parallelism between the procedural evolution of the documentary process and the *processus brevior*. It is true that the *processus brevior* has a certain similarity with the oral process, mostly in relation with the instructional phase, however we find a greater parallel with the documentary process[38]. This is affirmed because in both processes two conditions are required: that the apparent notoriety of the nullity is already evident in the introductory libel and that the conclusion of both processes, can only consent to an affirmative sentence otherwise, if the Bishop, in the process brief, and the judge in the documentary process, are not able to achieve moral certainty, they must then refer the case to the ordinary process. We can also reinforce the parallelism between the two processes:

> The „ex notorio" procedure can, moreover, explain well the certainly exceptional modality provided for the documentary process not only, as it had been said, in the absence of the need for any stage of an evidentiary nature, but also in its other most striking particularities, such as the peculiar position of the spouses, the uniqueness of the judge, the conclusive sentence that is only affirmative and never negative, the very singular absence of the need for an appeal. That „ex notorio" can thus constitute a very precious hermeneutic key for a better and deeper understanding of the documentary process [39].

---

[38]   They share this opinion, of the procedural similarity between the documentary process and the shorter process, among other canon lawyers: MONTINI (Vgl. MONTINI, Gli elementi pregiudiziali del *processus brevior*) and BIANCHI, this last one stated: „Le norme del MIDI e delle RP appena richiamate si ispirano infatti a quanto dal Codice è previsto (ai cann. 1661-1664) debba avvenire nella istruttoria del processo orale. È peraltro chiaro che nella normativa all'esame si fa riferimento esclusivamente a una fase (appunto quella istruttoria) del processo orale, non a tutto quel tipo di processo che resta comunque vietato nella sua totalità per le cause matrimoniali [...] mentre il processo matrimoniale breve sarebbe più assimilabile a quello documentale, che obbedisce piuttosto alla logica della notorietà del titolo che sta alla base della domanda giudiziale[...]", BIANCHI, P., Lo svolgimento del processo breve: Redazione di Quaderni di diritto ecclesiale (Hrsg.), La riforma dei processi matrimoniali di Papa Francesco. Una guida per tutti. Milano 2016, 67-68.

[39]   „La procedura ‚ex notorio' può spiegare bene del resto il rito certamente eccezionale previsto per il processo documentale non soltanto, come si è appena detto, nella mancanza di qualsiasi fase necessaria di natura probatoria, ma anche nelle altre sue più vistose particolarietà, quali la peculiare posizione dei coniugi, l'unicità del giudice, la sentenza conclusiva solo affermativa e mai negativa, la singolarissima mancanza di una istanza necessaria di appello. Quella ‚ex notorio' può così costituire una preziosissima chiave ermeneutica per una migliore e più approfondita comprensione del processo documentale",BONNET, P. A., Il processo documentale (artt. 295-299): DERS. / GULLO, C., Il giudizio di nullità matrimoniale dopo l'istruzione Dignitas connubii. Parte terza. Città del Vaticano 2008, 762-763.

In a way, the *processus brevior* is brief process was as it would already be carried out in the second instance, insofar as the court of appeal, if it was not morally certain of the nullity, could refer the process to ordinary examination in the new instance[40].

In practice, the modus operandi is equal in both current special processes – documental process and *processus* brevior – with some particularities.

It is here that we can find one of the existing parallels between these two processes in the visibility that the document and the circumstances bring to serve as a full proof of nullity or at least to achieve moral certainty.

> „[…] under the assumption of the documentary process, the Legislator wanted the nullity to be evident, that is, to be a factual evidence resulting from the document, while the declaration of nullity will result from obtaining moral certainty. In a parallel way, in the presupposition of the *processus brevior*, the Legislator wanted the nullity to be evident, that is, to be proved from the *adiuncta causae*, while the nullity declaration will result from the attainment of moral certainty."[41].

However, the degree of evidence of the *processus brevior* must be identical to that of the documentary process but higher than that of the ordinary process, as otherwise the necessary conditions for the application of this procedural typology would not be met.

4. DOCUMENTS VS. CIRCUMSTANCES

Returning again to the possible analogy between *processus brevior* with the documentary process, one can find, *also* a parallel between the circumstances and the document.

The documentary process is only intended for specific situations where „it is certain that there is a direct impediment or lack of a legitimate form, provided

---

40   C. 1682 § 2. Si sententia pro matrimonii nullitate prolata sit in primo iudicii gradu, tribunal appellationis, perpensis animadversionibus defensoris vinculi et, si quae sint, etiam partium, suo decreto vel decisionem continenter confirmet vel ad ordinarium examen novi gradus causam admittat.

41   „[…] nel presupposto del processo documentale il Legislatore ha voluto che la nullità fosse evidente, *ossia* provata attraverso il documento, mentre la dichiarazione di nullità avrà esito al raggiungimento della certezza morale. In modo parallelo nel presupposto del *processus brevior* il Legislatore ha voluto che la nullità fosse evidente, *ossia* provata attraverso le *adiuncta causae*, mentre la dichiarazione di nullità avrà esito al raggiungimento della certezza morale", MONTINI, Gli elementi pregiudiziali del *processus brevior*, 54.

that it is equally certain that no waiver has been given, or that the attorney has not been given a valid mandate"[42].

The *processus brevior* is intended for those proceedings where „there are circumstances of facts and persons, supported by testimonies or documents, which do not require a more accurate discussion or investigation and make evident the nullity"[43].

A new similarity can be found between document and circumstances because, as foreseen under the law, inboth the document and the circumstances point to evidence of the nullity of the marriage to the point of allowing the Judicial Vicar to use a special process where some of the procedural procedures are waived due to the lack of further investigation in the preparatory phase.

In other words, in both typologies is easy to understand the easiness in which the case can be dealt with because of the evidence that the libel presents and the facility of collecting testimonial and documentary evidence. The *processus brevior* finds parallels of proximity and similarity with the documentary because what has just been stated about the evidence that the libel presents, the facility of collecting documentary evidence can find a parallel in the documentary process.

However, one cannot forget that the probative force of a document is greater than the probative force of circumstances, to the point that these have to be supported by documents and testimonies[44].

In both cases, circumstances and documents make the marriage nullity evident in the libel, and they constitute the way in which such evidence appears to the Judicial Vicar. Different will be the degree of certainty reached by the judge when the instructional phase ends and he declares the sentence.

---

42   C. 1688. Recepta petitione ad normam can. 1676 proposita, Episcopus dioecesanus vel Vicarius iudicialis vel Iudex designatus potest, praetermissis sollemnitatibus ordinarii processus sed citatis partibus et cum interventu defensoris vinculi, matrimonii nullitatem sententia declarare, si ex documento, quod nulli contradictioni vel exceptioni sit obnoxium, certo constet de exsistentia impedimenti dirimentis vel de defectu legitimae formae, dummodo pari certitudine pateat dispensationem datam non esse, aut de defectu validi mandati procuratoris.

43   C. 1683, 2°. Recurrant rerum personarumque adiuncta, testimoniis vel instrumentis suffulta, quae accuratiorem disquisitionem aut investigationem non exigant, et nullitatem manifestam reddant.

44   Vgl. c 1683, 2° e *Rp* art.° 14 § 2.

6. CONCLUSION

We made a journey and assumed the procedural parallelism between the documentary process and the *processus brevior*. We strayed from the route traced to compare the circumstances with the Presumptions of Fact because we believe that both can led to a misapplication of the legal norm when poorly managed, otherwise the second are even contrary to the law. Stated that the notorious presented by the circumstances is not to be taken as a proof of the matrimonial nullity but as an extra *fumus bonis iuris* that allows the judicial vicar to conduct the process with the *processus brevior*.

We can't find any trace of the circumstances being a new paradigm in canonical procedural rules, but and again, they can be very badly use if misunderstood. Even worth if taken in consideration that there is no longer the need of the doble sentence.

* * *

ABSTRACTS

Dt.: Im Jahr 2015 führte Papst FRANZISKUS mit der Veröffentlichung des Motu proprio *Mitis Iudex Dominus Iesus* (MIDI) eine neue Art von Sonderverfahren in das kanonische Eheprozessrecht ein. Trotz ihrer Neuheit stellt diese aber keine Innovation dar, da sie Parallelen zu anderen bestehenden Verfahrensarten aufweist. Ziel der vorliegenden Abhandlung ist es, einen Ansatz für eine korrekte Anwendung von Art. 14 MIDI aufzuzeigen und die Ähnlichkeiten zwischen dem *processus brevior* und dem Dokumentenverfahren herauszuarbeiten. Dabei soll auf ein mögliches Missverständnis hingewiesen werden, wonach die in diesem Artikel genannten Umstände als Tatsachenvermutungen angesehen werden können. Ein fundiertes Verständnis der entsprechenden prozeduralen Mechanismen soll zu einer angemessenen praktischen Anwendung dieses Verfahrens beitragen.

Ital.: Nel 2015, con la promulgazione del *Mitis Iudex Dominus Iesus* (MIDI), Papa FRANCESCO ha introdotto una nuova tipologia di procedura speciale nel diritto processuale canonico. Questa, nonostante la sua novità, non è una novità in quanto ha un parallelo in altre tipologie procedurali esistenti. Con questo breve articolo intendiamo indicare un possibile uso corretto dell'art. 14 delle Norme di Procedura e indicare la somiglianza tra il *processus brevior* e il Processo Documentario e tutto ciò per indicare un possibile malinteso delle circostanze come presunzioni di fatto. Una comprensione dei meccanismi procedurali di questo strumento può aiutare nella sua adeguata applicazione pratica.

Recht und Pflicht der Eltern zur religiösen Erziehung ihrer Kinder als Wirkung der Ehe nach c. 1136 CIC/83

von Andreas E. Graßmann

I. Hinführung – c. 1136 CIC/83 im Kapitel über die Wirkungen der Ehe

Das Konzept der *Erziehung* gründet darin, dass der als hilfsbedürftige Person zur Welt kommende Mensch ohne das unterstützende Eingreifen von Erwachsenen seine wesensgemäßen Anlagen nicht entfalten kann. Der primäre Ort der Erziehung der Kinder ist die Familie, wobei gleichermaßen sowohl das geistig-seelische als auch das leibliche Wohl der Kinder sowie die Pflege und Entwicklung der sozialen, kulturellen, intellektuellen und sittlich-religiösen Anlagen und Fähigkeiten zu beachten sind[1]. Dem trägt die kirchliche Rechtsordnung Rechnung, wenn sie insbesondere in c. 1136 CIC/83 den Eltern einerseits das Recht zur Erziehung ihrer Kinder zuspricht, andererseits aber gleichzeitig auch eine dementsprechende sehr strenge Pflicht formuliert. Im Kapitel über die Wirkungen der Ehe formuliert c. 1136 CIC/83, „[d]ie Eltern haben die sehr strenge Pflicht und das erstrangige Recht, nach Kräften sowohl für die leibliche, soziale und kulturelle als auch für die sittliche und religiöse Erziehung der Kinder zu sorgen."[2]

Das Zweite Vatikanum formuliert in LG 11, dass in der durch ihren Ehebund gestifteten Hauskirche „die Eltern durch Wort und Beispiel für ihre Kinder die

---

1   Vgl. dazu ausführlich: GRASSMANN, A. E., Interreligiöser Religionsunterricht: (un-) möglich? Die Implementierung eines interreligiösen Religionsunterrichts im öffentlichen Schulwesen Österreichs aus Perspektive des Kanonischen Rechts und des Religionsrechts. (KSuT 80) Berlin 2023, 45-119.

2   C. 1136 CIC/83; Vgl. lat.: „Parentes officium gravissimum et ius primarium habent prolis educationem tum physicam, socialem et culturalem, tum moralem et religiosam pro viribus curandi." Vgl. dazu inhaltlich weitgehend übereinstimmend c. 1113 CIC/17: „Parentes officium gravissimum et ius primarium habent prolis educationem tum physicam, socialem et culturalem, tum moralem et religiosam pro viribus curandi."

ersten Glaubensboten sein"[3] sollen. Die Eltern haben dabei sowohl das Recht als auch die schwerwiegende Pflicht, das Kind christlich zu erziehen und zu bilden. Die Erklärung über die christliche Erziehung *Gravissimum Educationis* bezeichnet die Eltern explizit „als die ersten und bevorzugten Erzieher ihrer Kinder"[4] sowie die christliche Familie als fundamentalen Ort der Ersterziehung der Kinder[5]. Die pastorale Konstitution *Gaudium et Spes* mahnt die Eltern, „in ihrer Würde und Aufgabe als Vater und Mutter die Pflicht der Erziehung, vornehmlich der religiösen, die ihnen in ganz besonderer Weise zukommt, sorgfältig [zu] erfüllen."[6]

Den Eltern kommt die Pflicht zur Versorgung und Erziehung ihrer Kinder nicht exklusiv als Ehegatten zu, sondern aufgrund ihrer Elternschaft[7]. Der einzig legitime Ort der Elternschaft ist jedoch die Ehe, sodass c. 1136 CIC/83 rechtssystematisch im Kontext der Wirkungen der Eheschließung das Recht und die Pflicht der Eltern herausstellt, für die Erziehung der Nachkommen zu sorgen und verantwortliche Entscheidungen zu treffen.

Offenkundig ist, dass die *ordinatio ad educationem prolis* kein genuines Wesenselement der Ehe i.S.v. c. 1055 § 1 CIC/83 darstellt, sondern vielmehr in sozialtypischer und moralischer Perspektive die Ehe beschreibt und dabei eine Folgepflicht der Ehegatten im Falle der Realisierung der Elternschaft statuiert.

---

3   Zweites Vatikanisches Konzil, Dogmatische Konstitution über die Kirche *Lumen gentium*, 21.11.1964. Verfügbar unter: http://www.vatican.va/archive/hist_councils/ii_vati can_council/documents/vat-ii_const_19641121_lumen-gentium_ge.html. Zuletzt geprüft am 26.11.2024, Art. 11 Abs. 2; Vgl. lat.: Concilium Vaticanum II, Constitutio Dogmatica de Ecclesia *Lumen Gentium*, 21.11.1964: AAS 57 (1965) 5-67, Art. 11.

4   Zweites Vatikanisches Konzil, Erklärung über die christliche Erziehung *Gravissimum educationis*, 28.10.1965. Verfügbar unter: http://www.vatican.va/archive/hist_councils ii_vatican_council/documents/vat-ii_decl_19651028_gravissimum-educationis_ge.html. Zuletzt geprüft am 26.11.2024, Art. 3 Abs. 1; Vgl. lat.: Concilium Vaticanum II, Declaratio de educatione christiana *Gravissimum educationis*, 28.10.1965: AAS 58 (1966) 728-739, Art. 3 Abs. 1; Vgl. auch: Päpstlicher Rat für die Familie, Charta der Familienrechte, 22.10.1983. Verfügbar unter: http://www.vatican.va/roman_curia/pontifical _councils/family/documents/rc_pc_family_doc_19831022_family-rights_ge.html. Zuletzt geprüft am 26.11.2024, Art. 5.

5   Vgl. Concilium Vaticanum II, *Gravissimum educationis*, Art. 3 Abs. 1.

6   Zweites Vatikanisches Konzil, Pastorale Konstitution über die Kirche in der Welt von heute *Gaudium et spes*, 07.12.1965. Verfügbar unter: http://www.vatican.va/archive/ hist_councils/ii_vatican_council/documents/vat-ii_const_19651207_gaudium-et-spes_g e.html. Zuletzt geprüft am 26.11.2024, Art. 48; Vgl. lat.: Concilium Vaticanum II, Constitutio pastoralis de ecclesia in mundo huius temporis *Gaudium et spes*, 07.12 1965: AAS 58 (1966) 1025-1115, Art. 48.

7   Dies war auch Bestandteil der Diskussionen der Kodex-Reformkommission. Vgl. LÜDI-CKE, MKCIC, c. 1136, Rn. 1 (Stand: November 2023).

Kindererziehung ist eine Pflicht der Eltern, wonach Ehegatten lediglich von dieser Hinordnung der Ehe betroffen sind, insofern sie Eltern sind[8]. In der Lehre gibt es dabei Stimmen, welche die Ansicht vertreten, der willentliche Ausschluss der elterlichen Erziehungspflicht sei als Ehenichtigkeitsgrund auf dem Fundament von c. 1101 § 2 CIC/83 anzusehen[9]. Die Rechtsprechung der Rota Romana tendiert dazu, die Pflicht zur Erziehung der Nachkommenschaft lediglich auf die physische Erhaltung einzuengen, und dabei der religiösen oder gar katholischen Erziehung keine Relevanz für die Frage nach der Nichtigkeit einer Ehe zuzusprechen[10].

Der folgende Beitrag nimmt das Elternrecht auf (religiöse) Erziehung in den Blick, welches über c. 1136 CIC/83 hinaus auch durch c. 226 § 2 CIC/83 über die Grundrechte und -pflichten der Laien und c. 793 § 1 CIC/83 über die katholische Erziehung ausgefaltet wird. Zunächst wird im Folgenden allgemein das Grundrecht der Christgläubigen auf eine christliche Erziehung skizziert, um darauf aufbauend den Erziehungsbegriff sowie das Erziehungsziel, von dem der Gesetzgeber im *Codex Iuris Canonici* ausgeht, darzustellen. Dies bildet die Grundlage, um die konkrete Pflicht und das Recht der Eltern zur Erziehung ihrer Nachkommen in den Blick zu nehmen, was im letzten Schritt des Beitrags in der Präsentation der konkreten kirchlichen Normierungslage zur Ersterziehung von Kindern und Jugendlichen münden soll.

---

[8]   Vgl. LÜDICKE, MKCIC, c. 1055, Rn. 44 u. 59 (Stand: November 2023); DERS., MKCIC, c. 1101, Rn. 98 u. 106 (Stand: November 2023).

[9]   Vgl. zur Diskussion: MUSSINGHOFF, H., Ausschluss der Erziehung als Ehenichtigkeitsgrund?: AfkKr 156 (1987) 63-94; STANKIEWICZ, A., L'esclusione della procreazione ed educazione della prole: Bonnet, P. A. / Gullo, C. (Hrsg.), Diritto matrimoniale canonico. Vol. II. Il consenso. (Studi Giuridici 61) Città del Vaticano 2003, 301-324; PICOZZA, P., L'esclusione dell'obbligo dell'educazione della prole: o.N. (Hrsg.), Prole e matrimonio canonico. (Studi Giuridici 62) Città del Vaticano 2003, 277-291; MONTAN, A., Esclusione della prole e della sua educazione nel matrimonio dei cattolici con battezzati al di fuori della chiesa cattolica o non battezzati: ebd., 293-314; MONETA, P., Il bonum prolis e la sua esclusione: ebd., 85-97; FRANCESCHI, H., Il „bonum prolis" nello stato di vita matrimoniale e le conseguenze canoniche in caso di separazione o di nullità matrimoniale: ebd., 29-64; DERS., „Bonum prolis" in the married state of life and the canonical consequences in case of separation or nullity of marriage: Forum. A review of canon law and jurisprudence 17 (2006) 385-434. Vor dem Hintergrund einer Eheführungsunfähigkeit i.S.v. c. 1095 3° CIC/83: VANZI, A., L'incapacità educativa dei coniugi verso la prole, come incapacità ad assumere gli oneri essenziali del matrimonio (can. 1095,3°): Periodica 95 (2006) 627-645.

[10]   Vgl. zur Übersicht: LÜDICKE, MKCIC, c. 1101, Rn. 108.

II. PFLICHT UND RECHT ZUR ERZIEHUNG VON KINDERN DURCH DIE ELTERN AUS SICHT DER KIRCHE

Die katholische Kirche formuliert im Zweiten Vatikanischen Konzil in der Erklärung *Gravissimum Educationis* in anthropologischer und naturrechtlicher Perspektive, dass aufgrund der Personenwürde jedem Menschen das Recht auf Erziehung zukommt[11]. Die Getauften besitzen darüber hinaus nach Art. 2 GE das Recht auf eine dezidiert christliche Erziehung[12]. Diese konziliaren Grundaussagen zur christlichen Erziehung wurden in den CIC/83 aufgenommen.

Im Rechtskorpus des kirchlichen Gesetzbuchs finden sich Hinweise auf eine Pflicht zur Erziehung von Kindern an vier Stellen, welche sich inhaltlich in zwei Richtungen entfalten. Auf der einen Seite stehen Bestimmungen, welche das elterliche Recht und die Verpflichtung normieren, ihre Kinder zu erziehen. Dies führt der Gesetzgeber speziell im Abschnitt über die Rechtswirkungen der Ehe[13] sowie allgemein und unabhängig vom Bestand der Ehe aus[14]. Losgelöst von familiären Beziehungen finden sich auf der anderen Seite Bestimmungen, welche neben den Eltern auch jene Personen zur Erziehung der Kinder verpflichten,

---

[11] Vgl. Concilium Vaticanum II, *Gravissimum educationis*, Art. 1, 1: „Alle Menschen, gleich welcher Herkunft, welchen Standes und Alters, haben kraft ihrer Personenwürde das unveräußerliche Recht auf eine Erziehung, die ihrem Lebensziel, ihrer Veranlagung, dem Unterschied der Geschlechter Rechnung trägt, der heimischen kulturellen Überlieferung angepaßt und zugleich der brüderlichen Partnerschaft mit anderen Völkern geöffnet ist, um der wahren Einheit und dem Frieden auf Erden zu dienen. Die wahre Erziehung erstrebt die Bildung der menschlichen Person in Hinordnung auf ihr letztes Ziel, zugleich aber auch auf das Wohl der Gemeinschaften, deren Glied der Mensch ist und an deren Aufgaben er als Erwachsener einmal Anteil erhalten soll."

[12] Vgl. ebd., Art. 2: „Alle Christen, die, durch die Wiedergeburt aus dem Wasser und dem Heiligen Geist zu einer neuen Schöpfung geworden, Söhne Gottes heißen und es auch sind, haben das Recht auf eine christliche Erziehung."

[13] Vgl. c. 1136 CIC/83: „Parentes officium gravissimum et ius primarium habent prolis educationem tum physicam, socialem et culturalem, tum moralem et religiosam pro viribus curandi."

[14] Vgl. c. 226 § 2 CIC/83: „Parentes, cum vitam filiis contulerint, gravissima obligatione tenentur et iure gaudent eos educandi; ideo parentum christianorum imprimis est christianam filiorum educationem secundum doctrinam ab Ecclesia traditam curare."

die an die Stelle der Eltern treten[15] bzw. die Sorge um die Katechese allgemein allen Gliedern der Kirche als Obliegenheit auferlegen[16].

1. Das Grundrecht der Gläubigen auf *christliche Erziehung*

Das Konzept der Erziehung in Bezug auf Kinder und Jugendliche ist dadurch charakterisiert, dass bei allem Wandel in den historisch dominierenden Bildungs- und Erziehungskonzepten[17] immer auch die weltanschauliche Ausrichtung als elementarer Bestandteil bewusster Erziehung mit dem Ziel eines bestimmten Menschenbilds fungierte. Die Negation einer transzendenten Zielsetzung der menschlichen Existenz resultiert notwendig in einer ausschließlich

---

15   Vgl. c. 793 § 1 CIC/83: „Parentes, necnon qui eorum locum tenent, obligatione adstringuntur et iure gaudent prolem educandi; parentes catholici officium quoque habent ea eligendi media et instituta quibus, iuxta locorum adiuncta, catholicae filiorum educationi aptius prospicere queant."

16   Vgl. c. 774 § 1 CIC/83, wobei nach § 2 wiederum die Eltern, sowie diejenigen Personen, welche an deren Stelle treten und die Paten primär in den Blick genommen und beauftragt werden.

17   Vgl. grundsätzlich für die Differenzierung der Konzepte *Bildung* und *Erziehung*: HÖRNER, W. / DRINCK, B. / JOBST, S., Bildung, Erziehung, Sozialisation. Grundbegriffe der Erziehungswissenschaft. (UTB Erziehungswissenschaft 3089) Stuttgart ²2010. In diesem Zusammenhang gilt es zu beachten, dass im Kanonischen Recht weder bezüglich der Terminologie noch hinsichtlich der inhaltlichen Ausgestaltung streng zwischen den Termini und dahinterstehenden Konzepten von *Erziehung* und *Bildung* abgegrenzt wird. Vgl. bspw.: WIJLENS, M., Elternschaft und *educatio*: Althaus, R. / Lüdicke, K. / Pulte, M. (Hrsg.), Kirchenrecht und Theologie im Leben der Kirche. (FS Heinrich J. F. REINHARDT). (MKCIC BH 50) Essen 2007, 441-457; LÜDECKE, N., § 68 Das Bildungswesen: HdbKathKR³, 989-1017, hier 989; AYMANS, W. / MÖRSDORF, K., Kanonisches Recht. Lehrbuch aufgrund des Codex iuris canonici. Verkündigungsdienst und Heiligungsdienst (Bd. III). Paderborn 2007, 94; Vgl. auch: WEISS, D., Das Recht der religiösen und weltanschaulichen Kindererziehung. Staatliche und kirchliche Regelungen (Linzer Kanonistische Beiträge 5) Linz 1995, 198 f.: „Die einzige Bestimmung, die eine andere Betrachtungsweise nahezulegen scheint, ist c. 795, der sich mit der Definition der ‚wahren Erziehung' befaßt und darunter ‚die umfassende Bildung der menschlichen Person' versteht. Betrachtet man allerdings hier den originalen lat Text des CIC/1983, so erkennt man, daß der verwendete Begriff ‚formatio' im Deutschen mit ‚Bildung' iS von ‚Gestaltung' zu übersetzen ist. Daraus wird ersichtlich, daß der Begriff der ‚Bildung' iSd CIC/1983 wenig mit einer bloß wissensbezogenen Bildung zu tun hat, wie dies im staatlichen Recht der Fall ist. Zwischen den Normen des CIC/1983 über die Erziehung und Bildung bestehen in diesem Punkt jedenfalls nur Unterschiede in sehr geringen Nuancen. Am ehesten läßt sich die in cc. 773ff geregelte katechetische Unterweisung jenem Bereich zuordnen, der als Bildung iSd staatlichen Diktion bezeichnet werden kann. Bei allen anderen Normen hingegen steht eindeutig der Erziehungsgedanke überwiegend im Vordergrund."

diesseitsbezogenen Betrachtung der menschlichen Existenz, die sich im Hier und Jetzt erfüllen muss, bevor sie durch den Tod jeglichen Sinn verliert.

Christliche Erziehung wird, da sich der Gläubige von Gott in seine Existenz, welche mit dem irdischen Leben beginnt und nach dem Tode ihre eschatologische Erfüllung findet, gestellt weiß, als umfassende Bildung der menschlichen Person verstanden. Inhalt und Durchführung der christlichen Erziehung müssen sich an diesem Heilsziel des Menschen ausrichten[18]. Christliche Erziehung intendiert eine ganzheitliche Erlangung der Reife der menschlichen Person, da der Mensch immer nur gleichzeitig als Person und Gläubiger gesehen werden kann, begnügt sich aber nicht lediglich mit der Vervollkommnung und Entfaltung der menschlichen Talente und Anlagen. Vielmehr strebt christliche Erziehung „auf ein ‚übernatürliches Vollendungsziel' hin, das durch ein Leben aus dem Glauben in dieser Welt erreicht werden soll."[19]

Die Spannung zwischen dem durch das Erlösungswerk Jesu Christi bereits angebrochenen neuen Zeitalter sowie dem „Noch-Nicht seiner zukünftigen Wiederkehr kennzeichnet die Grundsituation christlicher Erziehungswirklichkeit als wesenhaft im Glauben gründend."[20] Die Akzeptanz dieser eschatologischen Fundierung des christlichen Erziehungsziels ist die Prämisse für das Verständnis der Zuordnung der irdischen Realität und des kommenden Gottesreichs[21]. Im Letzten kann deshalb christliche Erziehung lediglich vor dem Horizont des Glaubens verstanden werden, wobei sie sich dadurch auszeichnet, dass sie den Glauben der Kirche voraussetzt und ebendiesen auch – im Sinne eines rational verantworteten Glaubens – zum Ziel der Erziehung hat. Sie ist somit „Erziehung aus dem Glauben und zum Glauben."[22]

Das Objekt, auf welches sich die Bemühungen zur christlichen Erziehung beziehen, ist die oder der Gläubige. Die sich aus der Würde der Person ableitende fundamentale Gleichheit aller Gläubigen[23] wird im CIC/83 insbesondere durch den – gegenüber dem CIC/17 neu aufgenommenen – Katalog der Pflichten und Rechte aller Gläubigen in den cc. 208–223 CIC/83 ausgedrückt. Im Rahmen dieses Katalogs der Pflichten und Rechte aller Gläubigen wird mit c. 217 CIC/83 erstmalig ein Grundrecht aller *christifideles* auf christliche Erzie-

---

18   Vgl. AYMANS/MÖRSDORF, KanR III (s. Anm. 17), 95; REES, W., Der Religionsunterricht und die katechetische Unterweisung in der kirchlichen und staatlichen Rechtsordnung. Regensburg 1986, 27.

19   REES, Religionsunterricht (s. Anm. 18), 27.

20   Ebd., 28.

21   Vgl. Concilium Vaticanum II, *Gaudium et spes,* Art. 39.

22   REES, Religionsunterricht (s. Anm. 18), 28 (Hervorhebung im Original).

23   Vgl. c. 208 CIC/83.

hung kodikarisch statuiert[24]. Diese Bestimmung bildet den Ausgangspunkt der gesamten materiell-rechtlichen Normierung des CIC/83 zum Bereich der christlichen Bildung und Erziehung.

Auch im säkularen Rechtsbereich gehört das Recht auf Erziehung zu den elementarsten Grundrechten und ist in zahlreichen Grund- und Menschenrechtskatalogen statuiert[25]. Jedoch ist das in c. 217 CIC/83 formulierte Recht auf christliche Erziehung als Christenrecht nicht mit den säkularen Grundrechten gleichzusetzen[26]. Vielmehr dient es im Sinne eines Gliedschaftsrechts als „einfachgesetzliches ‚Gemeinrecht' zur Verwirklichung der kirchlichen Zielsetzung."[27]

Als Begründung des Christenrechts auf Erziehung führt c. 217 CIC/83 die konziliare Lehre der Wiedergeburt mit Christus in der Taufe an, welche eine neue Seinsweise des Menschen bewirkt[28]. In der Taufe wird der Mensch zu einem evangeliumsgemäßen Leben berufen, wobei von diesem Ruf der ganze Mensch und sein ganzes Leben umfasst werden. Um in der Lage zu sein, „dieses evangeliumsgemäße Leben führen zu können, bedarf es der Erziehung im christlichen

---

24 Vgl. c. 217 CIC/83: „Christifideles, quippe qui baptismo ad vitam doctrinae evangelicae congruentem ducendam vocentur, ius habent ad educationem christianam, qua ad maturitatem humanae personae prosequendam atque simul ad mysterium salutis cognoscendum et vivendum rite instruantur."

25 Vgl. exemplarisch: Generalversammlung der Vereinten Nationen, Allgemeine Erklärung der Menschenrechte [= AEMR], 10.12.1948. Verfügbar unter: http://www.un.org /depts/german/menschenrechte/aemr.pdf. Zuletzt geprüft am 26.11.2024, Abs. 26; Konvention zum Schutz der Menschenrechte und Grundfreiheiten samt Zusatzprotokoll [= EMRK], 04.11.1950, BGBL 210/1958. Verfügbar unter: https://www.ris.bka.gv.at/Do kumente/BgblPdf/1958_210_0/1958_210_0.pdf. Zuletzt geprüft am 26.11.2024, 1. ZP, Art 2, Satz 1.

26 Vgl. SCHMITZ-STUHLTRÄGER, K., Das Recht auf christliche Erziehung im Kontext der katholischen Schule. Eine kanonistische Untersuchung unter Berücksichtigung der weltlichen Rechtslage. (Kirchenrechtliche Bibliothek 12) Berlin 2009, 388-391; Vgl. zum Verhältnis der allgemeinen Grund- und Menschenrechte zu den besonderen Christenrechten der cc. 211-223 CIC/83: REINHARDT, H. J. F., MKCIC, Einführung vor c. 208, Rn. 4 (Stand: November 2023). LUF, G., Grundrechte im CIC/1983: ÖAfKr 35 (1985) 107-131; PUZA, R., Katholisches Kirchenrecht. (Uni-Taschenbücher 1395) Heidelberg ²1993, 66-74.

27 LÜDECKE, Bildungswesen (s. Anm. 17), 990. So formuliert der Gesetzgeber daraus folgend in c. 223 § 2 CIC/83 das Recht der Kirche, in Hinblick auf das kirchliche *bonum commune* die Ausübung der Rechte der Gläubigen autoritativ zu regeln: „Ecclesiasticae auctoritati competit, intuitu boni communis, exercitium iurium, quae christifidelibus sunt propria, moderari."

28 Vgl. Concilium Vaticanum II, *Gravissimum educationis*, Art. 2.

Glauben",[29] weshalb die Gläubigen das subjektive Recht darauf haben, „die Heilsgeheimnisse zu erfahren und zu einem Leben danach angeleitet zu werden."[30]

Dem subjektiven Recht aller Gläubigen auf Erziehung entspricht neben dem Recht und der Pflicht, sich selbst zu bilden,[31] seitens der Kirche die Verpflichtung aller Seelsorger, dafür zu sorgen, dass alle Gläubigen eine Erziehung erhalten. Es besteht somit ein direkter Anspruch gegenüber denjenigen, welche zur Erziehung verpflichtet sind[32]. Das Grundrecht der Gläubigen „auf christliche Erziehung ist ein Recht in der Kirche."[33] Seiner weiten Auslegung des Begriffs *christifideles*[34] folgend, stellt Heinrich REINHARDT, da alle Getauften das Recht auf Erziehung nach c. 217 CIC/83 besitzen, die Frage nach dem je konkreten Adressaten des Rechtsanspruchs. REINHARDTS Interpretation, das Grundrecht auf christliche Erziehung nach c. 217 CIC/83 stelle „eine Pflicht der ganzen Kir-

---

[29] REINHARDT, MKCIC, c. 217, Rn. 1 (Stand: November 2023).

[30] AHLERS, R., § 17 Die rechtliche Grundstellung der Christgläubigen: HdbKathKR[3], 289-301, hier 297. Da die Gläubigen durch ihre Aufnahme in die Kirche Christi, welche nach ihrem ekklesiologischen Selbstverständnis lediglich in der katholischen Kirche wesensvollständig verwirklicht ist, gemäß c. 209 CIC/83 verpflichtet sind, die Gemeinschaft mit der Kirche zu wahren und die ihnen obliegenden Rechtspflichten mit großer Sorgfalt zu erfüllen, müssen sie das Recht haben, durch die Kirche mittels entsprechender Erziehung dazu befähigt und zugerüstet zu werden. Vgl. LÜDECKE, Bildungswesen (s. Anm. 17), 990; KRÄMER, P., Kirchenrecht I. Wort – Sakrament – Charisma. (Kohlhammer Studienbücher Theologie 24, 1) Stuttgart 1992, 51 f.

[31] Die Pflicht zur Bildung i.S.e. Aneignung von Kenntnis über die Lehre der Kirche, um diese im eigenen Leben zu beachten, sie zu verkündigen, zu verteidigen und sie dem Apostolat zugrunde zu legen, ist in c. 229 § 1 CIC/83 für die Laien formuliert: „Laici, ut secundum doctrinam christianam vivere valeant, eandemque et ipsi enuntiare atque, si opus sit, defendere possint, utque in apostolatu exercendo partem suam habere queant, obligatione tenentur et iure gaudent acquirendi eiusdem doctrinae cognitionem, propriae uniuscuiusque capacitati et condicioni aptatam." Durch den Vorbehalt *propriae uniuscuiusque capacitati et condicioni* kann diese Verpflichtung nicht vollumfänglich auf Kinder angewandt werden. Für Kleriker ist als *lex specialis* die Pflicht zur Weiterbildung nach c. 279 CIC/83 zu beachten.

[32] Dies sind zunächst und in erster Linie die Eltern, welche nach c. 226 § 2 CIC/83 ein dementsprechendes *Erziehungsrecht* für sich beanspruchen können. Dieses Recht wird durch den Gesetzgeber in c. 226 § 2 CIC/83 einerseits als *vornehmliches Recht*, andererseits aber auch als *schwerwiegende Pflicht* bezeichnet. Vgl. c. 226 § 2 Satz 1 CIC/83: „Parentes, cum vitam filiis contulerint, *gravissima obligatione tenentur et iure gaudent* eos educandi" (Hervorhebung durch Verfasser).

[33] REINHARDT, MKCIC, c. 217, Rn. 3 (Hervorhebung im Original).

[34] Vgl. REINHARDT, Einführung vor c. 217, Rn. 5.

che, und zwar jeder einzelnen Kirche bzw. kirchlichen Gemeinschaft"[35] dar, ist zu folgen. Für Katholikinnen und Katholiken besteht der Rechtsanspruch somit gegenüber der katholischen Kirche. Nichtkatholische Christinnen und Christen besitzen durch die in der Taufe erfolgte Eingliederung in ihre eigenen Kirchen oder kirchlichen Gemeinschaften[36] das Recht in ihrer eigenen Kirche oder kirchlichen Gemeinschaft[37].

Die konkrete Ausgestaltung ist Obliegenheit dieser Kirchen und kirchlichen Gemeinschaften[38]. Für das Recht der katholischen Kirche wird dies v.a. im Liber III – *De Ecclesiae munere docendi* im Titulus III – *De educatione catholica* in den cc. 793-821 CIC/83 vorgenommen. In diesem Teil des CIC/83 wird durch c. 794 § 2 CIC/83 die Verpflichtung zur allgemein christlichen Erziehung des c. 217 CIC/83 als Verpflichtung zur katholischen Erziehung auf die Rechtsordnung der katholischen Kirche hin spezifiziert[39]. Dies setzt sich an anderen Stellen fort, wenn bspw. den Pfarrern die besondere Sorge um die katholische Erziehung der Kinder und Jugendlichen aufgetragen wird[40] oder die Eltern, Paten und Seelsorger – auch hier v.a. die Pfarrer – zur katechetischen Unterweisung verpflichtet werden[41].

---

35   REINHARDT, MKCIC, c. 217, Rn. 5.

36   Vgl. für diese Unterscheidung: Congregatio pro Doctrina Fidei, Declaratio de Iesu Christi atque Ecclesiae unicitate et universalitate salvifica *Dominus Iesus*, 06.08.2000: AAS 92 (2000) 742-765, Nr. 17. Das Kriterium der Unterscheidung ist demzufolge der *gültige Episkopat und die ursprüngliche und vollständige Wirklichkeit des eucharistischen Mysteriums.*

37   Vgl. REINHARDT, MKCIC, c. 217, Rn. 3. Vgl. zur Frage nach dem Rechtsanspruch nichtkatholischer Christinnen und Christen auch: SCHMITZ-STUHLTRÄGER, Recht (s. Anm. 26), 393-396.

38   Vgl. REINHARDT, MKCIC, Einführung vor c. 204, Rn. 5 (Stand: November 2023).

39   Vgl. c. 794 § 2 CIC/83: „Animarum pastoribus officium est omnia disponendi, ut educatione catholica omnes fideles fruantur."

40   Vgl. c. 528 § 1 CIC/83: „Parochus obligatione tenetur providendi ut Dei verbum integre in paroecia degentibus annuntietur quare curet ut christifideles laici in fidei veritatibus edoceantur, praesertim homilia diebus dominicis et festis de praecepto habenda necnon catechetica institutione tradenda, atque foveat opera quibus spiritus evangelicus, etiam ad iustitiam socialem quod attinet, promoveatur peculiarem curam habeat de puerorum iuvenumque educatione catholica omni ope satagat, associata etiam sibi christifidelium opera, ut nuntius evangelicus ad eos quoque perveniat, qui a religione colenda recesserint aut veram fidem non profiteantur." Vgl. dazu: REES, W., Der Verkündigungsdienst in der Pfarrgemeinde mit besonderem Blick auf die Verantwortung des Pfarrers: Graßmann, A. E. / Rees, W. (Hrsg.), Der Pfarrer – ein herausgeforderter Amtsträger. Aufgaben, Rechte, Pflichten und Perspektiven eines kirchlichen Berufs. Regensburg 2023, 149-194.

41   Vgl. cc. 773-780 CIC/83.

2. Der Erziehungsbegriff und das Erziehungsziel des CIC/83

Der Terminus *educatio* i.S.v. Erziehung findet sich im Rechtskorpus des CIC/83 in unterschiedlichen Zusammenhängen. In den cc. 217 und 226 CIC/83 begegnet der Terminus der *educatio christiana*, in den cc. 793 und 794 CIC/83 derjenige der *educatio catholica*. Letzterer findet sich auch in der Überschrift des Titulus III – *De educatione catholica* im Liber III – *De Ecclesiae munere docendi*.

C. 795 CIC/83 bietet eine Definition des Konzepts der *educatio*, welche jedoch nicht i.S.e. Legaldefinition den Terminus als Rechtsbegriff bestimmt, sondern vielmehr vor dem Hintergrund der cc. 793 und 794 CIC/83 das Ziel umschreibt, welches durch das Mittel der Erziehung erreicht werden soll[42]. In c. 795 CIC/83 wird zu diesem Zweck die konziliare Formulierung[43] der *vera educatio* aufgegriffen,[44] um das Ziel der „umfassende[n] Bildung der menschlichen Person in Hinordnung auf ihr letztes Ziel und zugleich auf das Gemeinwohl der Gesellschaft"[45] zu statuieren. Wahre Erziehung soll nach kirchlichem Verständnis demzufolge die ganze „Person in allen ihren Dimensionen erfassen und prägen [...], insbesondere in ihrer übernatürlichen Ausrichtung auf das Heil und auf das ‚bonum commune' der Gesellschaft."[46] Die Definition der gesamten Gesellschaft sowie aller Menschen als Bezugsrahmen des Heilsauftrags der Kirche im Erziehungswesen wurzelt darin, dass das ganze irdische Leben des Menschen – insofern es mit der himmlischen Berufung verbunden ist – der kirchlichen Heilssorge überantwortet ist,[47] sodass sich in Folge aus Sicht der Kirche auch

---

[42]   Vgl. c. 795 CIC/83: „Cum vera educatio integram persequi debeat personae humanae formationem, spectantem ad finem eius ultimum et simul ad bonum commune societatum, pueri et iuvenes ita excolantur ut suas dotes physicas, morales et intellectuales harmonice evolvere valeant, perfectiorem responsabilitatis sensum libertatisque rectum usum acquirant et ad vitam socialem active participandam conformentur."

[43]   Vgl. Concilium Vaticanum II, *Gravissimum educationis*, Art. 1,1.

[44]   Vgl. SCHMITZ-STUHLTRÄGER, Recht (s. Anm. 26), 397; REES, Religionsunterricht (s. Anm. 18), 181.

[45]   C. 795 CIC/83.

[46]   MECKEL, T., Religionsunterricht im Recht. Perspektiven des katholischen Kirchenrechts und des deutschen Staatskirchenrechts. (Kirchen- und Staatskirchenrecht 14) Paderborn 2011, 128.

[47]   Vgl. Concilium Vaticanum II, *Gravissimum educationis*, Vorwort Abs. 3: „In der Erfüllung des Auftrags ihres göttlichen Stifters soll die heilige Mutter Kirche das Heilsmysterium allen Menschen verkünden und alles in Christus erneuern. Ihrer Sorge ist daher auch das ganze irdische Leben des Menschen aufgegeben, insofern es mit der himmlischen Berufung im Zusammenhang steht [...]."

die kirchliche Maßstabshoheit über die *vera educatio* und deren Ziele mitein-
schließt[48].

Katholische Erziehung hat das Ziel, den Menschen zu helfen, „zur Fülle des
christlichen Lebens zu gelangen"[49]. Diesbezüglich formuliert c. 217 CIC/83 als
Ziele der *educatio christiana* die Reifung der menschlichen Person, die Erkenntnis der Heilsgeheimnisse sowie die Lebensführung gemäß dem Evangelium. Der in c. 217 CIC/83 verbürgte Erziehungsanspruch der Getauften findet
in Übereinstimmung mit der konziliaren Lehre[50] sowie der Definition der *vera
educatio* des c. 795 CIC/83 eine ganzheitlich umfassende Umschreibung. Die
Erziehungsziele sind nicht lediglich auf die Vermittlung der christlichen Glau-
benswahrheiten beschränkt. Vielmehr gilt, wie Heinrich REINHARDT formuliert:
„Sowie die Taufe den ganzen Menschen in eine neue Seinsweise hebt, so ist der
ganze Mensch Träger dieses Erziehungsanspruchs."[51] Unter dem Konzept der
educatio ist somit aus Sicht der Kirche immer zugleich die individuelle, soziale
und religiöse Dimension der menschlichen Existenz erfasst,[52] um die Kinder
und Jugendlichen – welche in c. 795 CIC/83 als Objekte der *vera educatio* explizit in den Blick genommen werden – auf eine Art und Weise zu bilden, die es
ihnen ermöglicht, dass „sie ihre körperlichen, moralischen und geistigen Anlagen harmonisch zu entfalten vermögen, tieferes Verantwortungsbewußtsein
und den rechten Gebrauch der Freiheit erwerben und befähigt werden, am sozialen Leben aktiv teilzunehmen."[53]

---

48   Vgl. LÜDECKE, Bildungswesen (s. Anm. 17), 995.

49   C. 794 § 1 CIC/83.

50   Vgl. Concilium Vaticanum II, *Gravissimum educationis*, Art. 2.

51   REINHARDT, MKCIC, c. 217, Rn. 2.

52   Vgl. MECKEL, Religionsunterricht (s. Anm. 46), 128.

53   C. 795 CIC/83. Die umfassende Förderung aller Anlagen muss auch das Wecken von
Berufungen zu den verschiedenen Formen des Ordenslebens durch Eltern, Priester und
christliche Erzieher zum Ziel haben. Vgl. Concilium Vaticanum II, Decretum de ac-
commodata renovatione vitae religiosae *Perfectae caritatis*, 28.10.1965: AAS 58 (1966)
702-712, Art. 24; deutsch: Zweites Vatikanisches Konzil, Dekret über die zeitgemässe
Erneuerung des Ordenslebens *Perfectae caritatis*, 28.10.1965. Verfügbar unter:
http://www.vatican.va/archive/hist_councils/ii_vatican_council/documents/vat-ii_decre
e_19651028_perfectae-caritatis_ge.html. Zuletzt geprüft am 26.11.2024, Art. 24:
„Priester und christliche Erzieher sollen sich ernstlich darum bemühen, daß die Ordens-
berufe, sorgfältig und gewissenhaft ausgewählt, ein neues Wachstum erfahren, das den
Erfordernissen der Kirche voll entspricht. Auch bei der regelmäßigen Verkündigung ist
öfter auf die evangelischen Räte und den Eintritt in den Ordensstand hinzuweisen. Die
Eltern sollen eine Berufung ihrer Kinder zum Ordensleben durch eine christliche Erziehung pflegen und schützen." In Bezug auf die Förderung der Berufungen zum Klerikerstand obliegt die Pflicht nach c. 233 § 1 CIC/83 der ganzen christlichen Gemeinschaft.
Des Weiteren besteht darüber hinaus die Verpflichtung zur „Bekräftigung und Unter-

Das Bewusstsein um die Verantwortung erweist sich nach Auffassung des katholischen Gesetzgebers im christlichen Gehorsam gegenüber dem, was „die geistlichen Hirten in Stellvertretung Christi als Lehrer des Glaubens erklären oder als Leiter der Kirche bestimmen"[54]. In dieser Perspektive zeigt sich die *vera educatio* nicht in der Verwirklichung persönlicher Willkür, sondern vielmehr, gebunden an Recht und Lehre der Kirche, in der Orientierung „auf Gott und seine Kirche, auf die Bildung und Verwirklichung der Person und ihrer Heilsberufung in ‚geistlicher Freiheit' durch und für die Kirche [...]."[55] Das Konzept der *educatio catholica* strebt somit, wie Norbert LÜDECKE prägnant formuliert, nach dem zweifachen Ziel, „einerseits Menschen durch kirchliche Integration nach Gesinnung (Orthodoxie) und Verhalten (Orthopraxie) zu einem heiligmäßigen Leben zu befähigen und andererseits die Kirche in dem für sie als aus der Eucharistie lebender Gemeinschaft absolut unersetzbaren Priesterstand zu erhalten."[56]

Hinsichtlich der Frage, auf welchen Personenkreis sich das kodikarisch verbürgte Grundrecht auf Erziehung erstreckt, ist entgegen der Auffassung, dass die Termini *educatio christiana* und *educatio catholica* synonym zu verwenden sind,[57] festzuhalten, dass in Folge der Rechtsauffassung, welche den Begriff der *christifideles* auf alle Getauften ausdehnt, als Normadressaten der Grundpflichten und Grundrechtskataloge des Liber II – *De populo Dei* alle Getauften in den Blick zu nehmen sind. Das Recht auf eine *educatio christiana* kommt somit allen Christgläubigen auf der Grundlage der Taufe zu. Da die nichtkatholischen Gläubigen dieses Recht in ihren jeweiligen Kirchen und kirchlichen Gemeinschaften besitzen, wird aus diesem Grund im Text des c. 217 CIC/83 nicht von *educatio catholica*, sondern vom weiteren Konzept der *educatio christiana* gehandelt, da von diesem weiteren Begriff alle Getauften umfasst sind.

---

stützung in der jeweiligen Standeserziehung als Laie oder zum bzw. als Kleriker." (LÜDECKE, Bildungswesen [s. Anm. 17], 996).

54   C. 212 § 1 CIC/83. Vgl. auch: cc. 747-754 CIC/83. Katholisches Verantwortungsbewusstsein zeigt sich letztlich darin, in dem, was die geistlichen Hirten in Stellvertretung Christi in Lehr- und Disziplinarfragen bestimmen, „mit ‚richtigem Gewissen' zu handeln, das am Lehramt der Kirche gebildet ist." (LÜDECKE, Bildungswesen [s. Anm. 17], 996; mit Verweis auf: Concilium Vaticanum II, *Gravissimum educationis*, Art. 1 Abs. 2; Ecclesia Catholica, Katechismus der Katholischen Kirche. München u.a. 1993, Nr. 1785 u. 1792).

55   LÜDECKE, Bildungswesen (s. Anm. 17), 996 f.

56   Ebd., 997.

57   Bspw. vertreten von: AYMANS, W. / MÖRSDORF, K., Kanonisches Recht. Lehrbuch aufgrund des Codex Iuris Canonici. Verfassungs- und Vereinigungsrecht (Band II). Paderborn/u.a. ¹³1997, 105; REES, Religionsunterricht (s. Anm. 18), 27.

In der konkreten *educatio catholica* – im Rechtskorpus des CIC/83 v.a. im Liber III – *De Ecclesiae munere docendi* im Titulus III – *De educatione catholica* in den cc. 793-821 CIC/83 – wird schließlich das allgemeine Konzept der *educatio christiana* auf den Kontext der katholischen Orthodoxie und -praxie umgelegt. In diesem Teil des CIC/83 wird folglich durch c. 794 § 2 CIC/83 die Verpflichtung zur allgemein christlichen Erziehung des c. 217 CIC/83 als Verpflichtung zur katholischen Erziehung auf die Rechtsordnung der katholischen Kirche hin spezifiziert[58]. Vor diesem Hintergrund bedeutet die sehr schwerwiegende Pflicht der Eltern, ihre Kinder nach c. 226 § 2 CIC/83 christlich zu erziehen,[59] für katholische Eltern die Verpflichtung zur katholischen Erziehung ihrer Kinder sowie „für nichtkatholische christliche Eltern die Pflicht zur christlichen Erziehung ihrer Kinder gemäß der Lehre ihrer Kirche bzw. kirchlichen Gemeinschaft.“[60] Hier ist jedoch zu beachten, dass den Konzepten der *educatio christiana* und der *educatio catholica* aufgrund der im *ius divinum* gründenden Verpflichtung der ganzen Kirche zur Förderung der Ökumene auch eine ökumenische Bedeutung immanent ist[61].

3. Pflicht und Recht der Eltern zur Erziehung ihrer Kinder

Der CIC/83 stellt sich mit seinen Bestimmungen über die katholische Erziehung in die inhaltliche Linie des Zweiten Vatikanums, welches in seiner Erklärung über die christliche Erziehung die Eltern explizit „als die ersten und bevorzugten

---

58 Vgl. c. 794 § 2 CIC/83: „Animarum pastoribus officium est omnia disponendi, ut educatione catholica omnes fideles fruantur.“

59 Der Gesetzgeber statuiert hier eine *gravissima obligatione*. Vgl. c. 226 § 2 CIC/83: „Parentes, cum vitam filiis contulerint, gravissima obligatione tenentur et iure gaudent eos educandi; ideo parentum christianorum imprimis est christianam filiorum educationem secundum doctrinam ab Ecclesia traditam curare.“

60 REINHARDT, MKCIC, c. 226, Rn. 5 (Stand: November 2023).

61 Vgl. den Verweis auf den „Willen Christi“, welcher nach c. 755 § 1 CIC/83 die ganze Kirche in die Pflicht nimmt: „Totius Collegii Episcoporum et Sedis Apostolicae imprimis est fovere et dirigere motum oecumenicum apud catholicos, cuius finis est unitatis redintegratio inter universos christianos, ad quam promovendam Ecclesia ex voluntate Christi tenetur.“ Thomas MECKEL weist darauf hin, dass sich diese ökumenische Ausrichtung „beispielsweise in einer konfessionsverschiedenen Ehe [zeigt], in der die Kinder eines Katholiken, nachdem er nach Kräften alles getan hat, dass seine Kinder katholisch getauft und erzogen werden, schließlich nichtkatholisch getauft werden. Der katholische Partner hat sich auch in diesem Fall von seiner Seite aus weiter um die katholische Erziehung der Kinder zu bemühen, indem er sich an der insgesamt christlichen Erziehung seines Kindes beteiligt“ (MECKEL, Religionsunterricht [s. Anm. 46], 121).

Erzieher ihrer Kinder"[62] sowie die christliche Familie als fundamentalen Ort der Ersterziehung der Kinder bezeichnet[63]. Dem subjektiven Recht des Kindes auf eine christliche Erziehung stehen auf Seiten der Eltern sowohl das Recht als auch die Pflicht gegenüber, das Kind christlich zu erziehen und zu bilden,[64] was im Rechtskorpus des CIC/83 in cc. 793 § 1 u. 1136 CIC/83 als sehr strenge Pflicht und erstrangiges Recht normiert wird. Die spezifische Pflichtenbindung des elterlichen Erziehungsrechts stellt einen gravierenden Unterschied zum staatlichen Rechtsbereich dar. Während das staatliche Recht den Eltern aufgrund der verfassungsgemäßen Neutralität des Staats in religiösen Fragen die Bestimmung der Erziehung weitestgehend frei stellt, „besteht für die Kirche naturgemäß keine derartige Beschränkung. Demgemäß bindet auch der CIC/1983 – und zwar in c. 795 – die Eltern an ein positiviertes Erziehungsziel."[65] Diese Bindung an das Erziehungsziel entspricht dem Recht des Kindes gegenüber seinen Eltern auf eine *educatio christiana* gemäß c. 217 CIC/83[66].

Beide Eltern besitzen als Rechtswirkung der Ehe in Bezug auf ihre Kinder zu gleichen Maßen das Recht sowie die Pflicht zur Erziehung,[67] jedoch sind nicht

---

62 Concilium Vaticanum II, *Gravissimum educationis*, Art. 3 Abs. 1; Vgl. auch: Päpstlicher Rat für die Familie, Charta (s. Anm. 4), Art. 5.

63 Vgl. Concilium Vaticanum II, *Gravissimum educationis*, Art. 3 Abs. 1: „Den Eltern obliegt es, die Familie derart zu einer Heimstätte der Frömmigkeit und Liebe zu Gott und den Menschen zu gestalten, daß die gesamte Erziehung der Kinder nach der persönlichen wie der gesellschaftlichen Seite hin davon getragen wird. So ist die Familie die erste Schule der sozialen Tugenden, deren kein gesellschaftliches Gebilde entraten kann. Besonders aber sollen in der christlichen Familie, die mit der Gnade und dem Auftrag des Ehesakramentes ausgestattet ist, die Kinder schon von den frühesten Jahren an angeleitet werden, gemäß dem in der Taufe empfangenen Glauben Gott zu erkennen und zu verehren und den Nächsten zu lieben. Was gesunde menschliche Gemeinschaft und was Kirche ist, erfahren die Kinder zum erstenmal in einer solchen christlichen Familie; durch sie werden sie auch allmählich in die weltliche Gemeinschaft und in das Volk Gottes eingeführt. Daher sollen die Eltern wohl bedenken, wie entscheidend die echt christliche Familie für das Leben und das Wachstum des Gottesvolkes ist."

64 Vgl. KRÄMER, Kirchenrecht I (s. Anm. 30), 52; WIJLENS, Elternschaft (s. Anm. 17), 442-453; REES, Religionsunterricht (s. Anm. 18), 182.

65 WEISS, Recht (s. Anm. 17), 201.

66 Vgl. REES, Religionsunterricht (s. Anm. 18), 182: „Das Recht auf christliche Erziehung [iSd c. 217 CIC/83] wird […] vorrangig als Recht des zu Erziehenden, in zweiter Linie als das Recht der Erziehungsträger verstanden."

67 Vgl. c. 1135 i.V.m. c. 1055 § 1 CIC/83, weshalb die Kindererziehung von den Eltern gemeinsam ausgeübt werden soll.

lediglich Eltern in bestehender Ehe zur Erziehung ihrer Kinder[68] verpflichtet und berechtigt. Diesbezüglich statuiert c. 226 § 2 CIC/83 die sehr schwerwiegende Verpflichtung und das Recht zur Erziehung für alle Eltern unabhängig davon, „ob sie gültig oder ungültig oder überhaupt nicht verheiratet sind."[69] Das elterliche Erziehungsrecht sowie die diesbezügliche Pflicht erwächst nicht aus dem Eingehen einer gültigen Ehe, sondern gründet vielmehr im „generativen Zusammenwirken von Mann und Frau",[70] weshalb sich bisweilen auch die Bezeichnung ‚natürliches Elternrecht' findet[71]. Folglich ist das Recht zur Erziehung der Kinder und Jugendlichen durch die Kirche in erster Linie den Eltern zugesprochen[72] und wird kirchlicherseits als unmittelbar, unveräußerlich und unverletzbar qualifiziert[73]. Die Kirche wendet sich nachdrücklich gegen Forde-

---

[68]   Den leiblichen Kindern gleich zu achten sind Adoptiv- und Stiefkinder. Auch auf diese erstreckt sich das Elternrecht. Vgl. MUSSINGHOFF, MKCIC, c. 793, Rn. 2 (Stand: November 2023)

[69]   REES, Religionsunterricht (s. Anm. 18), 183.

[70]   LÜDECKE, Bildungswesen (s. Anm. 17), 994; vgl. auch Lüdicke, MKCIC, c. 1136, Rn. 1; WEISS, Recht (s. Anm. 17), 200; MUSSINGHOFF, Ausschluss (s. Anm. 9), 78.

[71]   Vgl. bspw. POTOTSCHNIG, F., § 67 Das Bildungswesen: HdbKathKR[1], 579-590, hier 579; Nach Auffassung von Heinrich MUSSINGHOFF „gründet [das Elternrecht] im Naturrecht (vgl. c. 226 § 2) und im sakramentalen Ehebund […]." (MUSSINGHOFF, H., Familienrecht im Codex Iuris Canonici: ÖAfKr 34 [1983/84] 96-130, hier 112) In der Frage nach der primären Zuständigkeit in Hinblick auf die Erziehung von Kindern und Jugendlichen vertritt die katholische Kirche traditionell den im *ius divinum naturale* fundierten Standpunkt, dass den Eltern sowohl der primäre Auftrag als auch das ursprüngliche Recht zur Erziehung der Kinder zukommt. Vgl. REES, Religionsunterricht (s. Anm. 18), 28 mit Verweis auf: LEO PP. XIII., Litterae encyclicae *Sapientiae christianae*, 10.10.1890: Leonis XIII Pontificis Maximi acta. Vol. VIII–X. ND Graz 1971, 10-41, hier 39; PIUS PP. XI., Litterae encyclicae *Divini illius magistri*, 31.12.1929: AAS 22 (1930) 49-86, 58 ff; deutsche Übersetzung vgl.: MAYER, S., Neueste Kirchenrechts-Sammlung. Die Gesetze der Päpste, die authentischen Auslegungen der kirchlichen Gesetze und die anderen Erlasse des Heiligen Stuhles seit Erscheinen des Codex iur. can. (1917) gesammelt, nach den Kanones des Cod. iur. can. geordnet und ins Deutsche übersetzt. Erster Band 1917-1929. Freiburg i.Br. u.a. 1953, 397-424; PIUS PP. XI., Litterae encyclicae *Casti connubii*, 31.12.1930: AAS 22 (1930) 539-592, hier 545; IOANNES PP. XXIII., Litterae encyclicae *Pacem in terris*, 11.04.1963: AAS 55 (1963) 257-304, hier 261.

[72]   Vgl. die Klassifizierung als *ius primarium* in c. 1136 CIC/83 sowie den Fokus auf die Eltern durch das Adverb *imprimis* in c. 226 § 2 CIC/83.

[73]   Vgl. REES, Religionsunterricht (s. Anm. 18), 29 mit Verweis auf: LEO PP. XIII., Litterae encyclicae *Rerum Novarum*, 15.05.1891: ASS 23 (1890/1891) 641-670, 646 f; PIUS PP. XI., *Divini illius magistri* (s. Anm. 71), 59; PIUS PP. XII., Litterae encyclicae *Summi pontificatus*, 20.10.1939: AAS 31 (1939) 413-453, hier 435; IOANNES PAULUS PP. II.,

rungen und Versuche, den Eltern die Erziehung ihrer Kinder zu entziehen und betont in ihrer Rechtsordnung – namentlich in den Kodizes von 1917[74] sowie 1983[75] und den Dokumenten des Zweiten Vatikanischen Konzils[76] – das elterliche Erziehungsrecht sowie die damit korrespondierende Pflicht zur Erziehung[77]. Gemäß der Lehre der Kirche steht den Eltern das primäre Recht auf Erziehung ihrer Nachkommen eindeutig zu. Dieses Recht kommt weder dem Staat noch der Gesellschaft, einer Partei oder einer Weltanschauungs- bzw. Religionsgemeinschaft zu.

Der rechtliche Anspruch auf eine *educatio christiana* nach c. 217 CIC/83 entsteht grundsätzlich durch die Taufe und besteht für die Gläubigen prinzipiell lebenslang. Aus der Natur der Sache heraus wird dieses Recht jedoch primär für Kinder und Jugendliche aktuell, da diese ein eminentes Recht auf Hilfe innehaben und dieses heiligen Rechts niemals beraubt werden dürfen[78]. Die Subjekte des Grundrechts der Gläubigen auf Erziehung gemäß c. 217 CIC/83 sind demnach in erster Linie die Minderjährigen, d.h. Kinder und Jugendliche[79]. Den subjektiven Rechtsanspruch besitzen Kinder und Jugendliche in erster Linie gegenüber ihren Eltern, welche ihrerseits sowohl das Recht als auch die Pflicht haben, das Kind christlich zu erziehen und zu bilden, sowie gegenüber der Kirche[80]. Die Aufgabe der christlichen Eltern, die christliche Erziehung ihrer Kinder gemäß der Lehre der Kirche zu gewährleisten, wird als besondere Teilhabe der Eltern am *munus sanctificandi* der Kirche charakterisiert[81].

Adhortatio apostolica *Familiaris consortio*, 22.11.1981: AAS 74 (1981) 81-191, hier 126.

[74] Vgl. u.a. cc. 1113 u. 1372 § 2 CIC/17.

[75] Vgl. v.a. cc. 226 § 2, 793 § 1 u. 1136 CIC/83.

[76] Vgl. v.a. Concilium Vaticanum II, *Gravissimum educationis*, Art. 3.

[77] Vgl. dazu: MUSSINGHOFF, Familienrecht (s. Anm. 71), 107-116.

[78] Vgl. Concilium Vaticanum II, *Gravissimum educationis*, Art. 1 Abs. 3: „Die Kinder und Heranwachsenden haben ein Recht darauf, angeleitet zu werden, die sittlichen Werte mit richtigem Gewissen zu schätzen und sie in personaler Bindung zu erfassen und Gott immer vollkommener zu erkennen und zu lieben. Daher richtet sie an alle Staatenlenker und Erzieher die dringende Bitte, dafür zu sorgen, daß die Jugend niemals dieses heiligen Rechtes beraubt werde."

[79] Vgl. LÜDECKE, Bildungswesen (s. Anm. 17), 997.

[80] Vgl. ebd.

[81] Vgl. c. 835 § 4 CIC/83: „[... P]eculiari modo idem munus [= Heiligungsdienst der Kirche] participant parentes vitam coniugalem spiritu christiano ducendo et educationem christianam filiorum procurando." Vgl. auch: GRASSMANN, A. E., Ius semper reformandum? Der Heiligungsdienst im Codex Iuris Canonici von 1983 vor dem Hintergrund des Zweiten Vatikanischen Konzils: ThPQ 172 (2024) 390-399, hier 394; HOL-

Das Elternrecht kann aus Sicht der Kirche auch Gegenstand von Limitierungen sein, welche sich einerseits aus dem *ius divinum naturale* ergeben können, demzufolge auch der Kirche und dem Staat Erziehungsrechte zukommen, sowie andererseits auch durch mangelnden Erziehungswillen bzw. Erziehungsunfähigkeit der Eltern bedingt sein können[82]. Letzteres gilt REES zufolge „insbesondere dort, wo die Familie als eine der Hilfe bedürftige Gesellschaft bei wachsender Differenzierung und Steigerung der Bildungsansprüche die Leistungen nicht mehr zu erbringen vermag, die von ihr für die Erziehung ihrer Kinder an sich gefordert werden müssen."[83] In diesen Fällen ist das Erziehungsrecht der Eltern – analog zum staatlichen Rechtsbereich[84] – nicht uneingeschränkt gewährleistet, sondern wird durch die Rechte des Kindes (auf Erziehung) begrenzt. Dem Grundrecht auf christliche Erziehung wird ein Vorrang vor dem elterlichen Sorge- und Erziehungsrecht zuerkannt.

Von etwaigen Limitierungen zu unterscheiden ist der Strafanspruch der Kirche gemäß c. 1367 CIC/83[85] in Fällen, in denen Eltern schuldhaft ihrer Pflicht zur christlichen Erziehung nicht nachkommen[86]. Die Verpflichtung der Eltern und

---

LERBACH, A., Art. Erziehungsrecht: LThK[3]. Band 3, 855 f., 856; REES, Religionsunterricht (s. Anm. 18), 182.

[82]   Vgl. LÜDECKE, Bildungswesen (s. Anm. 17), 994.

[83]   REES, Religionsunterricht (s. Anm. 18), 29.

[84]   Vgl. bspw. aus der bundesdeutschen Judikatur einen Beschluss des OLG Nürnberg. Demzufolge sind religiös motivierte Züchtigungen von Kindern mit der Rute als unzulässige körperliche Bestrafungen und Erziehungsmittel, die das körperliche und seelische Wohl der Kinder unmittelbar beeinträchtigen und das Kindeswohl nachhaltig gefährden, auch unter Berücksichtigung des grundrechtlich verbürgten Elternrechts nicht hinzunehmen. Die Glaubensfreiheit der Eltern sowie das Recht auf freie Religionsausübung finden in den zu schützenden Kinderrechten auf Achtung ihrer Menschenwürde und ihres Rechts auf körperliche Unversehrtheit ihre Grenzen und treten hinter diese zurück. Vgl. OLG Nürnberg, Beschluss v. 11.06.2015 – 9 UF 1430/14: Baldus, M. / Muckel, S. (Hrsg.), Entscheidungen in Kirchensachen. 65. Band. 1.1.-30.6.2015. Berlin u.a. 2019, 375-405.

[85]   Vor der Reform des kodikarischen Strafrechts (vgl. FRANCISCUS PP., Constitutio Apostolica *Pascite gregem dei* qua liber VI Codicis Iuris Canonici reformatur, 23.05.2021: Comm. 53 [2021] 9-12 [Liber VI, 17-40]) war der Straftatbestand im wörtlich identen c. 1366 CIC/83 normiert.

[86]   Vgl. c. 1367 CIC/83: „Parentes vel parentum locum tenentes, qui liberos in religione acatholica baptizandos vel educandos tradunt, censura aliave iusta poena puniantur." Vgl. zur historischen Entwicklung des Straftatbestands: REES, W., Die Strafgewalt der Kirche. Das geltende kirchliche Strafrecht – dargestellt auf der Grundlage seiner Entwicklungsgeschichte. (KSuT 41) Berlin 1993, 433.

Dass die Strafandrohung des c. 1367 CIC/83 den *Schutz des Rechtsanspruchs auf christliche Erziehung des Kindes gegenüber den Eltern* zum Ziel hat, ist in der einschlägigen

derjenigen, welche die Elternstelle vertreten, auf die Erziehungsziele der katholischen Kirche geht so weit, dass eine vorsätzliche Nichtwahrnehmung der Erziehungsverpflichtung als Straftat geahndet werden kann. Die Existenz dieser Strafandrohung kennzeichnet einerseits den hohen Stellenwert, welchen die katholische Kirche der elterlichen Erziehung beimisst sowie andererseits deren Unverzichtbarkeit für die Entwicklung des Kindes[87]. Um den diesbezüglichen Straftatbestand zu erfüllen, müssen die Eltern oder ihre Stellvertreter vorsätzlich aktiv werden, indem sie die Kinder bewusst einer nichtkatholischen Erziehung übergeben bzw. die nichtkatholische Taufe der Kinder veranlassen. Es handelt sich bei der Formulierung *baptizandos vel educandos* um zwei getrennt verwirklichbare Tatbestände. Die Tat kann in Bezug auf die *educatio catholica* vollendet werden, wenn Eltern – bzw. diejenigen, welche die Elternstelle vertreten – das Kind Personen zur Erziehung anvertrauen, welche es in nichtkatholischen Konfessionen oder Religionen erziehen sollen. Eine tatsächliche nichtkatholische Erziehung ist zur Vollendung des Tatbestandes nicht zwingend erforderlich, ausschlaggebend ist die diesbezügliche Intention der Eltern bzw. derjenigen, welche die Elternstelle vertreten[88]. Beide Tatbestände können korrigiert werden, indem die Kinder einer katholischen Erziehung zugeführt werden. Wilhelm REES weist in diesem Zusammenhang auf die Problematik hin, dass sich die Androhung der Strafe lediglich „auf eine nichtkatholische Taufe und Erziehung erstreckt. Dagegen verstoßen katholische Eltern, die ihre Kinder überhaupt nicht taufen lassen oder sie religionslos erziehen, weder gegen die Strafnorm des

---

Kommentierung der Norm weitgehend nicht in den Blick genommen. Vgl. ebd., 433-435; PAARHAMMER, H., Das spezielle Strafrecht des CIC: Lüdicke, K. / Paarhammer, H. / Binder, D. A. (Hrsg.), Recht im Dienste des Menschen. (FG Hugo SCHWENDENWEIN). Graz u.a. 1986, 403-466, 421 f.; AYMANS, W. / MÜLLER, L. / OHLY, C., Kanonisches Recht. Lehrbuch aufgrund des Codex iuris canonici. Vermögensrecht, Sanktionsrecht und Prozessrecht (Bd. IV). Paderborn 2013, 202 ; HOLLERBACH, A., Bemerkungen zum kanonischen Taufrecht: ZevKR 29 (1984) 145-169, 155 f.; Den Aspekt des Schutzes des Rechtsanspruchs der Gläubigen auf eine christliche Erziehung haben in ihrer Kommentierung bspw. berücksichtigt: MECKEL, Religionsunterricht (s. Anm. 46), 125; KRÄMER, Kirchenrecht I (s. Anm. 30), 122; und v.a. in Bezug auf Kinder: SCHMITZ-STUHLTRÄGER, Recht (s. Anm. 26), 402: „Hier ist zunächst zu betonen, dass sich der Canon [= c. 1367 CIC/83] an katholische Eltern richtet, die aktiv eine nichtkatholische Erziehung ihres Kindes betreiben und primär im Dienst des Rechtsschutzes des Kindes steht.“

87   Vgl. KRÄMER, Kirchenrecht I (s. Anm. 30), 52.

88   In Bezug auf den Tatbestand der nichtkatholischen Taufe ist die Tat vollendet, wenn das Kind in die Hände einer entsprechenden Person zum Zweck der nichtkatholischen Taufe übergeben wurde. Auch im Fall der nichtkatholischen Taufe ist die Absicht bestimmend, dass das Kind durch die Taufhandlung nicht in die *Ecclesia catholica* eingegliedert werden soll, nicht die Vollendung der Tat.

c. 1366 noch gegen eine andere entsprechende Strafbestimmung."[89] Als verpflichtendes[90] Strafmaß für die Verwirklichung des Tatbestands der nichtkatholischen Erziehung setzt der kirchliche Gesetzgeber eine Beugestrafe[91] oder eine andere gerechte Strafe[92] als Spruchstrafe[93] fest.

Unter dem Gesichtspunkt der Ökumene stellt c. 1367 CIC/83 eine der meistdiskutierten Normen des geltenden kodikarischen Strafrechts dar, was sich in der Frage nach dem Kreis der Normadressaten und insbesondere in der Frage der Anwendbarkeit des c. 1367 CIC/83 auf die Verhältnisse in konfessions- und religionsverschiedenen Ehen manifestiert. Klaus LÜDICKE weist darauf hin, dass die Tatbestände des c. 1367 CIC/83 lediglich von Katholikinnen und Katholiken iSd c. 11 CIC/83 als Täter verwirklicht werden können, da andere Personen nicht verpflichtet sind, ihre Kinder einer katholischen Erziehung zuzuführen. Als Täter kommen hier einerseits die Eltern der Kinder in den Blick, anderer-

---

89   REES, Strafgewalt (s. Anm. 86), 435; Vgl. auch: PAARHAMMER, Strafrecht (s. Anm. 86), 423: „Ein beträchtliches Problem ist schließlich noch darin zu sehen, daß die Strafdrohung des c. 1366 nur gilt, wenn eine Taufe und Erziehung in religione acatholica herbeigeführt wird. Lassen Eltern ihre Kinder überhaupt nicht taufen oder erziehen sie ihre Kinder religionslos, so passiert ihnen gar nichts. Hier weist das Strafrecht eine große Schwachstelle auf. Ob es hier nicht an der Ausgewogenheit fehlt?"

90   Im Einzelfall kann von einer Strafverfolgung nach c. 1341 CIC/83 abgesehen werden, prinzipiell ist jedoch Strafverfolgung und -verhängung verpflichtend. Vgl. diesbezüglich die Konjunktivform *puniatur*, ein *coniunctivus iussivus*, in c. 1367 CIC/83. In der kirchlichen Rechtssprache werden *coniunctivus iussivus* und *prohibitivus* regelmäßig als *Mussvorschriften* aufgefasst. Eine vom Grundsatz abweichende Interpretation ist zu beweisen. Vgl. AMANN, T., Gebot und Verbot in der Rechtssprache des CIC: Geringer, K.-T. / Schmitz, H. (Hrsg.), Communio in ecclesiae mysterio. (FS Winfried AYMANS). St. Ottilien 2001, 3-28, hier 10.

91   Die Beugestrafe der *Suspension*, welche anders als die *Exkommunikation* oder das *Interdikt* lediglich Kleriker treffen kann, kommt nur in Betracht, wenn der erziehungsverpflichtete Täter Kleriker ist.

92   Da das Strafmaß unbestimmt ist, dürfen gemäß c. 1349 CIC/83 keine *Strafen für immer* verhängt werden. In Bezug auf den konkreten Tatbestand gibt Hans Paarhammer zu Bedenken, dass als mögliche Strafen bspw. der Entzug der bischöflichen *missio canonica* im Falle von Religionslehrerinnen und -lehrern oder der Entzug des konkordatsrechtlich geforderten sog. *nihil obstat* des Bischofs im Fall von Hochschuldozentinnen und -dozenten der Theologie in Frage kommen könne. Darüber hinaus wäre jedoch nicht leicht vorstellbar, worin solch eine *alia iusta poena* bestehen soll. Vgl. PAARHAMMER, Strafrecht (s. Anm. 86), 423 mit Anm. 132.

93   Die Strafe tritt somit nicht von selbst ein, sondern ist in jedem Fall durch den Ortsordinarius zu verhängen, was eine Beurteilung des konkreten Einzelfalls erfordert. Vgl. c. 1314 CIC/83.

seits aber auch katholische Gläubige, welche die Elternstelle vertreten[94]. Konkret richtet sich die Strafandrohung an die Eltern in rein katholischen Ehen und an alleinerziehende katholische Elternteile, darüber hinaus aber auch an katholische Partner bzw. Elternteile in konfessions- bzw. religionsverschiedenen Ehen. In religions-[95] und konfessionsverschiedenen Ehen,[96] in welchen lediglich der katholische Partner zur religiösen Erziehung der Kinder verpflichtet ist, muss ebendieser die diesbezügliche Bereitschaft schon vor dem Eingehen der Ehe erklären, damit durch den Ortsordinarius die erforderliche Erlaubnis zur Eheschließung erteilt werden kann[97].

4. Kirchliche Vorgaben zur Ersterziehung von Kindern und Jugendlichen durch die Eltern

Aus Sicht der Kirche vollziehen sich die Hinführung zum sowie die Einübung in den Glauben für die Heranwachsenden in erster Linie im Rahmen der Familie. Das ganze Leben des Menschen wird dabei davon geprägt, was an diesem christlichen Lernort geschieht bzw. nicht geschieht. Die elterliche Verpflichtung zur christlichen Erziehung resultiert aus der Sorgepflicht, welche aus der natürlichen Elternschaft entsteht[98]. Das kirchliche Gesetzbuch nimmt Eltern in die Pflicht, u.a. auch für die sittliche und religiöse Erziehung ihrer Kinder zu sorgen[99]. Der CIC/83 gibt jedoch in diesem Zusammenhang nicht lediglich das

---

[94]   Wie Hans PAARHAMMER feststellt, ist der Kreis der möglichen Täter über die Eltern hinaus weit gefasst: „Neben den leiblichen Eltern sind auch die genannt, welche Elternstelle an einem Kind vertreten, z. B. Adoptiveltern, Vormund, dem rechtlich die Sorge für die Erziehung eines Kindes obliegt, dann auch jene, welche tatsächlich, ohne daß sie in rechtlicher Hinsicht Stellvertreter der Eltern sind, statt der Eltern die Erziehung von Kindern zu besorgen haben." (PAARHAMMER, Strafrecht [s. Anm. 86], 423).

[95]   Für das Eingehen einer religionsverschiedenen Ehe besteht hinsichtlich der Kautelen kein Unterschied zur konfessionsverschiedenen Ehe, da c. 1086 § 2 CIC/83 als Dispensvoraussetzung die Einhaltung der cc. 1125 u. 1126 CIC/83 fordert.

[96]   Vgl. cc. 1124-1129 CIC/83.

[97]   Vgl. c. 1125 1° CIC/83: „Eine solche Erlaubnis [= zum Eingehen einer konfessionsverschiedenen Ehe] kann der Ortsordinarius gewähren, wenn ein gerechter und vernünftiger Grund vorliegt; er darf sie nur erteilen, wenn die folgenden Bedingungen erfüllt sind: 1° der katholische Partner hat sich bereitzuerklären, Gefahren des Glaubensabfalls zu beseitigen, und er hat das aufrichtige Versprechen abzugeben, nach Kräften alles zu tun, daß alle seine Kinder in der katholischen Kirche getauft und erzogen werden;"

[98]   Vgl. REES, Religionsunterricht (s. Anm. 18), 29 f.

[99]   Vgl. c. 1136 CIC/83. Die Verantwortung der Eltern in Bezug auf die christliche Erziehung der Kinder wird dabei im materiellen Recht des CIC/83 stärker akzentuiert als noch im CIC/17. Vgl. REES, Religionsunterricht (s. Anm. 18), 183.

Ziel der *vera educatio* vor,[100] sondern auf dem Weg zur Erreichung des Erziehungsziels formuliert der kirchliche Gesetzgeber auch eine Reihe von Pflichten und Rechten der katholischen Eltern in Bezug auf die Erziehung ihrer Kinder. Das materielle Recht des CIC/83 impliziert für die Eltern die Verpflichtung, dem kindlichen Erziehungsanspruch durch entsprechende Erziehungsmaßnahmen gemäß den Normen[101] sowie dem verbindlichen Lehramt[102] der Kirche zu begegnen, um die Kinder adäquat in die Gesellschaft von Kirche und Welt einzuführen und sie zu aktiven Gliedern am Leib Christi, der Kirche, zu formen[103].

Diese Elternpflicht zur Erziehung ihrer Kinder wird entsprechend den Lebensphasen bzw. dem Lebensalter der Kinder sowie den Anforderungen an die Erziehung konkretisiert. Eltern sind dementsprechend bspw. dazu verpflichtet, ihre Kinder innerhalb der ersten Lebenswochen taufen zu lassen[104] sowie sie auf den Empfang der weiteren Initiationssakramente vorzubereiten[105]. Hinsichtlich der Frage nach der Inkorporation der Kinder in die Kirche durch das Sakrament der Taufe liegt das Recht zur Entscheidung bei den Eltern und kann und darf von der Kirche nicht missachtet bzw. ersetzt werden, was in Spannung zu c. 868 § 2 CIC/83 steht, demzufolge in Todesgefahr Kinder auch gegen den Willen der Eltern erlaubt getauft werden können[106].

---

[100] Vgl. c. 795 CIC/83.

[101] Vgl. c. 209 § 2 CIC/83.

[102] Vgl. cc. 212 § 1, 226 § 2, 747-754 CIC/83.

[103] Vgl. Concilium Vaticanum II, *Gravissimum educationis*, Art. 3 Abs. 1.

[104] Vgl. c. 867 § 1 CIC/83. In Todesgefahr ist ein Kind nach c. 867 § 2 CIC/83 jedoch *unverzüglich* zu taufen.

[105] Vgl. c. 914 CIC/83 für den erstmaligen Empfang der Eucharistie sowie c. 890 für die Firmung.

[106] Vgl. dazu HIEROLD, A. E., § 77 Taufe und Firmung: HdbKathKR3, 1152-1169, hier 1161; LÜDECKE, Bildungswesen (s. Anm. 17), 994; REES, Religionsunterricht (s. Anm. 18), 183, sowie v.a. HOLLERBACH, Bemerkungen (s. Anm. 86), 157-159, der dafür plädiert, von der Möglichkeit des c. 868 § 2 CIC/83 keinen Gebrauch zu machen. Im Rahmen der Reform des c. 868 CIC/83 durch den Eingriff in den Rechtskorpus des CIC/83 durch das MP *De concordia inter codices* (Vgl. FRANCISCUS PP., Litterae apostolicae motu proprio datae *De concordia inter codices*, 31.05.2016: AAS 108 [2016] 602-606) wurde die kanonistisch schwierige Bestimmung in Bezug auf das Elternrecht sowie auf die Gewissensfreiheit bei der Annahme des Glaubens (c. 748 § 2 CIC/83) nicht modifiziert. Vgl. dazu: ALTHAUS, MKCIC, c. 868, Rn. 4b (Stand: November 2023); Der Parallelnorm c. 681 CCEO fehlt der Zusatz „gegen den Willen der Eltern". Vgl. rechtshistorisch zu c. 868 § 2 CIC/83: REHAK, M., Utrum parvuli sint invitis parentibus baptizandi? Eine Spurensuche nach den Wurzeln des can. 868 § 2 CIC: ZRG Kan.Abt. 101 (2015) 258-316.

Des Weiteren sind sie als die ersten Katecheten ihrer Kinder zu einem vorbildlichen christlichen Lebensstil verpflichtet, um „durch Wort und Beispiel ihre Kinder im Glauben und in der Praxis christlichen Lebens zu bilden."[107] In der durch ihren Ehebund gestifteten Hauskirche „sollen die Eltern durch Wort und Beispiel für ihre Kinder die ersten Glaubensboten sein und die einem jeden eigene Berufung fördern, die geistliche aber mit besonderer Sorgfalt."[108] Das Fördern der Einübung in das christliche Leben der Kinder durch die Eltern manifestiert sich u.a. in der Wahl eines Namens, welcher christlichem Empfinden nicht fremd ist,[109] der Wahl von Tauf- und Firmpaten[110] sowie in der Mitsorge in der Vorbereitung auf den (erstmaligen) Empfang der Sakramente der Beichte und Eucharistie,[111] der Firmung[112] sowie im Einüben in eine rechte Bußgesinnung[113].

Durch das Erreichen des Unterscheidungsalters, welches vom Recht mit der Vollendung des siebenten Lebensjahres vermutet wird,[114] unterliegen die Minderjährigen nach c. 11 CIC/83 dem *ius mere ecclesiasticum* und sind somit von den Eltern zur Erfüllung ihrer Pflichten zu erziehen[115]. Mit zunehmendem Alter

---

107   C. 774 § 2 CIC/83.

108   Concilium Vaticanum II, *Lumen Gentium*, Art. 11 Abs. 2.

109   Vgl. c. 855 CIC/83; Vgl. hierzu: GRASSMANN, A. E., „Die Eltern, die Paten und der Pfarrer haben dafür zu sorgen, dass kein Name gegeben wird, der christlichem Empfinden fremd ist." (c. 855 CIC/1983). (Tauf-)Name und Namensgebung im Kirchenrecht: Rees, W. / Haering, S. (Hrsg.), Iuris sacri pervestigatio. (FS Johann HIRNSPERGER). (KSuT 72) Berlin 2020, 59–90; DERS., Das Patrozinium. Eine kirchenrechtliche Darstellung mit besonderer Berücksichtigung des titulus ecclesiae gemäß c. 1218 CIC/83. (Wissenschaft und Religion 27) Frankfurt a. M u.a. 2017, 293-311.

110   Vgl. cc. 874 § 1 1° u. 893 § 1 CIC/83; Vgl. hierzu: PAARHAMMER, H., „Speciali autem modo a patrinis". Überlegungen zum Patenamt im geltenden Kirchenrecht: ders. / Rinnerthaler, A. (Hrsg.), Scientia canonum. (FG Franz POTOTSCHNIG). München 1991, 377-398; DERS., Die rechtsgeschichtliche Entwicklung des Patenamtes vom Trienter Konzil bis zum CIC/1917: ÖAfKr 44 (1995-97) 166-196.

111   Vgl. c. 914 CIC/83; Vgl. hierzu: SZTYCHMILER, R., L'obbligo dei genitori di educare i figli alla vita eucaristica: IusEccl 2 (1990) 127-135.

112   Vgl. c. 890 CIC/83; Vgl. hierzu: BAILLARGEON, P. E., The Rights and Duties of Parents in the Sanctification of their Children: Canon Law Society of America Proceedings 54 (1992) 54-71; MORRISEY, F. G., The Rights of Parents in the Education of their Children (Canons 796-806): StudCan 23 (1989) 429-444.

113   Vgl. c. 1252 CIC/83; Vgl. MUSSINGHOFF, Ausschluss (s. Anm. 9), 83.

114   Vgl. c. 97 § 2 CIC/83.

115   So bspw. die *Sonntagspflicht* (c. 1247 CIC/83), die *Pflicht zur Jahresbeichte* (c. 989 CIC/83) oder auch die *Kommunionpflicht* (c. 920 CIC/83). Vgl. dazu: AHLERS, R., Die Kirchengebote: Althaus, R. / Hahn, J. / Pulte, M. (Hrsg.), Im Dienste der Gerechtigkeit

der Kinder wird – analog zum staatlichen Rechtsbereich – im kirchlichen Rechtsbereich das elterliche Erziehungsrecht durch wachsende Teilmündigkeiten der Minderjährigen begrenzt, sodass sich die Eltern in diesen Bereichen „auf Ratschläge beschränken [sollen], wo sie nicht mehr bestimmen dürfen."[116] Demzufolge können Minderjährige nach Vollendung des vierzehnten Lebensjahres „[i]n geistlichen und mit diesen zusammenhängenden Sachen [...] ohne Zustimmung ihrer Eltern oder ihres Vormundes klagen und sich verantworten, und zwar selbstständig [...]."[117] Ebenso können sie ab diesem Alter als Katechumenen den Ritus wählen, in welchem sie die Taufe empfangen wollen und somit auch die *Ecclesia sui iuris*, in welche sie durch die Taufe inkorporiert werden[118]. Minderjährige, welche die Taufe bereits empfangen haben, können nach Vollendung des vierzehnten Lebensjahres zur lateinischen Kirche zurückkehren, d.h. den lateinischen Ritus wählen, wenn ihre Eltern den Rituswechsel hin zu einer orientalischen *Ecclesia sui iuris* vollzogen haben[119]. Gültig können Minderjährige nach Vollendung des siebzehnten Lebensjahres zum Noviziat zugelassen werden[120]. Mit der Vollendung des 14. bzw. 16. Lebensjahres erlangen

---

und Einheit. (FS Heinrich J. F. REINHARDT). Essen 2017, 131–140. Wie Norbert LÜDE-CKE unter Verweis auf eine *Orientierungshilfe* des damaligen Päpstlichen Rats für die Familie betont, (vgl. Päpstlicher Rat für die Familie, Menschliche Sexualität: Wahrheit und Bedeutung. Orientierungshilfen für die Erziehung in der Familie, 08.12.1995. Verfügbar unter: http://www.vatican.va/roman_curia/pontifical_councils/family/documents /rc_pc_family_doc_08121995_human-sexuality_ge.html. Zuletzt geprüft am 26.11. 2024) haben sich die Eltern entsprechend der Lehre und den Empfehlungen der Kirche „besonders um die angemessene Sexualerziehung ihrer Kinder, nämlich zur Keuschheit in Ehe oder Jungfräulichkeit [zu] bemühen. Damit und indem sie ihre Kinder bei der Entwicklung wahrer Fraulichkeit und Männlichkeit mit ihren schöpfungsmäßig vorgegebenen Rollen in Kirche und Gesellschaft unterstützen und ihnen die Bedeutung der gläubigen Gesinnungseinigkeit für eine gelingende Partnerschaft und so für die richtige Partnerwahl vermitteln, leisten sie zugleich ihren Beitrag zur entfernteren, bereits in der Familie beginnenden Ehevorbereitung und zur Einhaltung des Ideals der religiösen und konfessionellen Endogamie (cc. 1086, 1124)." (LÜDECKE, Bildungswesen [s. Anm. 17], 998f; Vgl. auch: LÜDECKE, N., Die Ehe im Plane Gottes und seiner Kirche. Geschlechterverhältnis, Ehe und Ekklesiologie in kanonistischer Sicht: Heininger, B. (Hrsg.), Ehe als Ernstfall der Geschlechterdifferenz. Herausforderungen für Frau und Mann in kulturellen Symbolsystemen. (Geschlecht – Symbol – Religion 7) Berlin 2010, 115-137).

116 LÜDECKE, Bildungswesen (s. Anm. 17), 999; Vgl. auch: MUSSINGHOFF, Ausschluss (s. Anm. 9), 87.

117 C. 1478 § 3 CIC/83.

118 Vgl. c. 111 § 2 CIC/83.

119 Vgl. c. 112 § 1 3° CIC/83.

120 Vgl. c. 643 § 1 CIC/83. Diese Altersgrenze wurde durch den CIC/83 nach oben gesetzt. Im c. 555 CIC/17 war die Grenze mit der Vollendung des 15. Lebensjahres äußerst niedrig angesetzt. Vgl. MEIER, MKCIC, c. 643, Rn. 2 (Stand: November 2023).

weibliche bzw. männliche Jugendliche das kirchliche Alter der Ehefähigkeit,[121] sodass auch ohne Wissen oder gegen den begründeten Widerspruch der Eltern durch die Minderjährigen eine gültige Ehe geschlossen werden kann, wenn der Ortsordinarius die Trauerlaubnis erteilt[122].

III. SCHLUSSBEMERKUNGEN

Die Kirche erachtet das Feld der Erziehung als wichtige Aufgabe ihrer Sendung, um Kinder und Jugendliche dabei zu unterstützen, „zur Fülle des christlichen Lebens zu gelangen."[123] Der Gesetzgeber hat dazu im *Codex Iuris Canonici* von 1983 Rahmenbedingungen festgelegt sowie das Ziel christlicher bzw. katholischer Erziehung definiert. Dieser Rahmen muss partikularrechtlich insbesondere durch die Diözesanbischöfe einer praktikablen Ausgestaltung zugeführt werden, um den Eltern Hilfestellungen und Orientierung zu bieten.

Festzuhalten ist jedoch, dass der Kern, der Ursprung aller Erziehungsbemühungen in der Kirche von den Familien ausgeht. Der primäre Ort der Erziehung der Kinder ist die Familie. Die Eltern sind „die ersten und bevorzugten Erzieher ihrer Kinder."[124] Die christliche Familie stellt den fundamentalen Ort der Ersterziehung der Kinder dar. Dem trägt die kirchliche Rechtsordnung Rechnung, wenn sie insbesondere in c. 1136 CIC/83 den Eltern einerseits das Recht zur Erziehung ihrer Kinder zuspricht, andererseits gleichzeitig auch eine dementsprechende sehr strenge Pflicht formuliert.

In diese Richtung zielt Papst FRANZISKUS, der in seinem nachsynodalen Schreiben *Amoris laetitia* im Jahr 2016 formulierte: „Das Wohl der Familie ist entscheidend für die Zukunft der Welt und der Kirche."[125] Die Herausforderungen und Aufgaben, denen die Familien im Bereich der Erziehung begegnen, sind zentrale Handlungsfelder für die Zukunft der Kirche!

* * *

---

[121] Vgl. c. 1083 CIC/83.

[122] Vgl. c. 1071 6° CIC/83.

[123] C. 794 § 1 CIC/83.

[124] Concilium Vaticanum II, *Gravissimum educationis,* Art. 3 Abs. 1.

[125] FRANCISCUS PP., Nachsynodales Apostolisches Schreiben *Amoris laetitia*, 19.03.2016. Nr. 31; vgl. lat.: FRANCISCUS PP., Adhortatio Apostolica postsynodalis *Amoris laetitia*. 19.03.2016: AAS 108 (2016) 311-446, Nr. 31.

ABSTRACTS

Dt.: Der Beitrag nimmt das Elternrecht auf (religiöse) Erziehung in den Blick, welches über c. 1136 CIC/83 hinaus auch durch c. 226 § 2 CIC/83 über die Grundrechte und -pflichten der Laien und c. 793 § 1 CIC/83 über die katholische Erziehung ausgefaltet wird. Zunächst wird allgemein das Grundrecht der Christgläubigen auf eine christliche Erziehung skizziert, um darauf aufbauend den Erziehungsbegriff sowie das Erziehungsziel, von dem der Gesetzgeber im *Codex Iuris Canonici* ausgeht, darzustellen. Dies bildet die Grundlage, um die konkrete Pflicht und das Recht der Eltern zur Erziehung ihrer Nachkommen in den Blick zu nehmen, was im letzten Schritt des Beitrags in der Präsentation der konkreten kirchlichen Normierungslage zur Ersterziehung von Kindern und Jugendlichen mündet.

Ital.: L'intervento prende in considerazione il diritto genitoriale all'educazione (religiosa), il quale viene presentato sia nel c. 226 § 2 CIC/83 attraverso i diritti e gli obblighi fondamentali dei laici, che nel c. 793 § 1 CIC/83 attraverso l'educazione cattolica. Successivamente verranno delineati i diritti fondamentali dei credenti cristiani ad una educazione cattolica al fine di presentare il concetto di educazione e l'obiettivo educativo su di esso fondati che il legislatore emana nel *Codex Iuris Canonici*. Codesto è fondamentale al fine di considerare l'obbligo concreto e il diritto dei genitori all'educazione della loro prole. Nell'ultima parte dell'intervento ci si concentrerà sulla concreta situazione normativa ecclesiastica all'educazione primaria dei bambini e giovani

DER GRUNDSATZ *NE BIS IN IDEM* IN KIRCHLICHEN MISSBRAUCHSVERFAHREN

von Marc J. Kalisch

I. EINLEITUNG

Im Jahre 2007 erschien der US-amerikanische Spielfilm „Das perfekte Verbrechen" (Originaltitel: *Fracture*). Darin geht es um Ted Crawford – gespielt von Anthony HOPKINS –, einen wohlhabenden Ingenieur, der seine Frau wegen ihrer Affäre erschießt. Er gesteht die Tat sofort und wird verhaftet. Der ehrgeizige Staatsanwalt Willy Beachum – gespielt von Ryan GOSLING –, der kurz vor einem Karrieresprung steht, übernimmt den Fall, der zunächst eindeutig erscheint. Doch Crawford hat den Mord sorgfältig geplant und spielt ein Katz-und-Maus-Spiel mit Beachum, der zunehmend an seinen Fähigkeiten und der Beweislage zweifelt. Hierin wird der fünfte Zusatzartikel zur Verfassung der Vereinigten Staaten von Amerika von 1791, näherhin die *Double-Jeopardy*-Klausel, in spannender Weise aufgegriffen und einem breiteren Publikum näher gebracht.

Diese Klausel ist die Abbildung des Rechtsgrundsatzes *ne bis in idem*, der besagt, dass niemand wegen derselben Tat mehrmals strafrechtlich verfolgt oder bestraft werden darf.

Auch die kirchlichen Missbrauchsverfahren stoßen in der Öffentlichkeit aus bekannten Gründen immer wieder auf großes Interesse. Inwiefern hier ebenfalls der Rechtsgrundsatz *ne bis in idem* berührt werden kann, soll im Folgenden betrachtet werden.

Dabei wird besonders zu berücksichtigen sein, welchen Ursprungs der Grundsatz ist, und wie er in der Praxis angewandt wird. Dies wird auch an aktuellen Beispielen deutlich gemacht werden. Es soll dabei jedoch nicht um die Frage der Mehrfachbestrafung sowohl nach weltlichem als auch – meist nachgelagert – nach kirchlichem Strafrecht gehen, wie dies HALLERMANN[1] bereits herausgearbeitet hat. Demnach stellt die nachgelagerte kirchenrechtliche Ahndung von

---

[1] Vgl. HALLERMANN, H., Ne bis in idem. Kanonistische Überlegungen zu einem alten Rechtssprichwort angesichts problematischer Aspekte der Anwendung des kirchlichen Sanktionsrechts: Ohly, C. / Rees, W. / Gerosa, L. (Hrsg.), Theologia Iuris Canonici. (FS Ludger MÜLLER). (KStuT 67) Berlin 2017, 533-560.

sexuellem Missbrauch aufgrund der Eigenständigkeit des kirchlichen Strafanspruchs grundsätzlich keine Verletzung des Grundsatzes dar.

Der vorliegende Beitrag soll sich ausschließlich mit der innerkirchlichen Ahndung von sexuellem Missbrauch beschäftigen und lässt somit die mittlerweile
selbstverständliche strafrechtliche Befassung durch staatliche Behörden außen
vor.

II. HISTORISCHE ENTWICKLUNG DES GRUNDSATZES UND AUFNAHME IN DIE KIRCHLICHE RECHTSORDNUNG

II.1. Der Ursprung im römischen Recht

Der Grundsatz *ne bis in idem* hat seine Wurzeln nicht erst im römischen Recht
sondern bereits im antiken Griechenland des vierten vorchristlichen Jahrhunderts[2]. „In der athenischen Gesetzgebung bildet der Grundsatz [...] die Grundlage und den Ausgangspunkt der Reden des Demosthenes gegen Nausimachos."[3]

Im *Corpus Iuris Civilis* von Kaiser JUSTINIAN (482-565) findet sich die Rechtsregel dann in Bezug auf das vom Akkusationsprinzip geprägten Strafprozessrecht wieder, wenn auch in unterschiedlichen Kontexten und nicht immer explizit formuliert[4]. Die *res iudicata*, das Prinzip der Rechtskraft von Urteilen, spielt
dabei eine entscheidende Rolle. Einmal gefällte und rechtskräftige richterliche
Entscheidungen durften demnach nicht in Frage gestellt werden, um die Rechtssicherheit und den Rechtsfrieden zu gewährleisten.

Aber auch Ausnahmen vom Grundsatz werden im römischen Recht formuliert
nicht zuletzt aufgrund der Eigenheit des römischen Prozessrechts[5]. Auch der

---

2   Diese Annahme scheint in der Rechtswissenschaft umstritten zu sein (vgl. MANS-
     DÖRFER, M., Das Prinzip des ne bis in idem im europäischen Strafrecht. [Schriften zum
     Strafrecht 155] Berlin 2004, 54, Anm. 6).

3   SCHWARPLIES, G., Die rechtsgeschichtliche Entwicklung des Grundsatzes „ne bis in
     idem" im Strafprozess. Zürich 1970, 14, Anm. 35.

4   Z.B.: „res iudicata dicitur, quae finem controversarium pronuntiatione iudicis accipit:
     quod vel condemnatione vel absolutione contigit": Mommsen, T. (Hrsg.), Digesta Iusti-
     niani Augusti. Berlin 1870, D. 42, 1, 1; „si ex eadem causa saepius agetur, cum idem
     factum sit, exceptio vulgaris rei iudicatae opponitur": ebd., D. 47, 23, 3; „rebus enim
     iudicatis standum est": ebd., D. 38, 2, 12; „iisdem criminibus, quibus quis liberatus est,
     non debet praeses pati eundem accusari": ebd., D. 48, 2, 7 und „qui de crimine publico
     in accusationem deductus est, ab alio super eodem crimine deferri non potest": Krüger,
     P. (Hrsg.), Codex Iustiniani. Berlin 1877, C. 9, 2, 9.

5   Vgl. SCHWARPLIES, Die rechtsgeschichtliche Entwicklung (s. Anm. 3), 15 ff.

Kaiser war berechtigt, Ausnahmen im Sinne einer nochmaligen Untersuchung des Prozessstoffes anzuordnen bzw. als Gunsterweis zu gewähren, „und zwar im Wege der *restitutio damnatorum.* Diese Restitution beim Kaiser [...] diente [...] dem Schutz des unschuldig Verurteilten"[6] und war insofern auch nicht als reiner Gnadenakt, sondern als Rechtsanspruch angelegt. Dennoch „bleibt als Geist des römischen Rechts die unbedingte auctoritas rei iudicatae bestehen [...]."[7]

Bis ins zwölfte Jahrhundert hinein wurden die Ausnahmen in den sog. Paulussentenzen, einem rechtshistorischen Dokument vom Übergang des dritten zum vierten Jahrhundert, weiter ausgeprägt, sodass „eine zweite Anklage nach einem Freispruch nur dann zurückgewiesen wird, wenn sie vom ersten Ankläger ausgeht."[8] Dennoch wurden Ausnahmeregelungen zugunsten „freisprechender Urteile"[9] wieder stark eingeschränkt.

II.2. Weitere geschichtliche Entwicklung – insbesondere im kanonischen Recht

Aus diesen Paulussentenzen wird im neunten Jahrhundert das umfassende Prinzip des *ne bis in idem* abgeleitet und in die gefälschten Kapitularien (Reichsgesetzen) des Benedict LEVITA, aufgenommen, nachdem das römische Recht besonders zu konstantinischer Zeit grundsätzlich stark auf die Entwicklung des kanonischen Rechts Einfluss genommen hatte. In das *Decretum Gratiani* wurden die Stellen aus LEVITAS Kapitularien nicht übernommen, jedoch findet sich hier in C. 2 q. 1 c. 14 § 1 das Verbot einer zweiten Anklage während eines laufenden Prozesses[10]. Aber „wie es nach dem Urteil stünde, wurde bei Gratian offengelassen."[11]

„Inhaltlich wird das Prinzip auch im weiteren Verlauf seiner Entwicklungsgeschichte bis in das 13. Jahrhundert zunehmend umfassender verstanden. Dabei werden einerseits die vorhandenen Ausnahmen zu Lasten des Angeklagten weitgehend abgeschafft und nur solche zugunsten unschuldig Verurteilter zugelassen, andererseits soll eine mehrfache Strafe im selben Verfahren noch zulässig sein. Auf diesem in der Kanonistik und im Dekretalenrecht entwickelten

---

6   SCHWARPLIES, Die rechtsgeschichtliche Entwicklung (s. Anm. 3), 18.

7   Ebd.

8   MANSDÖRFER, Das Prinzip (s. Anm. 2), 55.

9   SCHWARPLIES, Die rechtsgeschichtliche Entwicklung, (s. Anm. 3), 20.

10   Vgl. LANDAU, P., Ursprünge und Entwicklung des Verbotes doppelter Strafverfolgung wegen desselben Verbrechens in der Geschichte des kanonischen Rechts: ZRG Kan.Abt. 56/1 (1970) 141.

11   Ebd.

Fundament baut später teilweise das weltliche Strafrecht auf [...]. Mit den Dekretalen von [...] [Innozenz] III. wird seit den ersten Jahrzehnten des 13. Jahrhunderts dann der Inquisitionsprozeß als neue Prozeßform [durch die Einführung der Offizialmaxime] eingeführt und mit ihm die Suche nach der Wahrheit in den Vordergrund gestellt [...]",[12] sodass es aufgrund des „Streben[s] nach materieller Wahrheit"[13] „zur völligen Aufhebung des Grundsatzes ‚ne bis in idem'"[14] kam. „Maßgebend für diese Veränderung waren neben dem aufkommenden Interesse des Staates an der gerechten Bestrafung jedes Verbrechers insbesondere politische Erwägungen [...]."[15]

Die Einführung der Instanzenentbindung[16] (*absolutio ab instantia*) sollte diese Veränderung rechtlich absichern. Sie bestand in der Äußerung eines Zweifels über Schuld bzw. Unschuld des Angeklagten von Seiten des Richters und führte zu „einer Art vorläufigen Einstellung des Verfahrens bis zum Aufkommen neuer Verdachtsmomente unter gleichzeitiger Verhängung einstweiliger Sicherungsmaßnahmen."[17] Sie stand ggf. auch im Zusammenhang mit der Folter.[18] Die Instanzenentbindung führte dazu, dass „der Entbundene bei Bekanntwerden neuer Indizien mit einem weiteren Verfahren wegen der gleichen Tat überzogen werden und nicht den Einwand der res iudicata erheben konnte."[19]

Durch den Einfluss des kanonischen Rechts auf die weltliche Rechtsentwicklung fanden sich diese Ansätze insbesondere im italienischen, spanischen und deutschen Recht wieder.

„Mitte des 18. Jahrhunderts führen reformatorische Ansätze gestützt durch aufklärerische englische und französische Einflüsse auch in Deutschland wieder zu

---

12   MANSDÖRFER, Das Prinzip (s. Anm. 2), 55.

13   SCHWARPLIES, Die rechtsgeschichtliche Entwicklung, (s. Anm. 3), 23.

14   Ebd., 22.

15   Ebd.

16   Das Rechtsinstitut der Instanzenentbindung scheint sich in den gerichtlichen Verfahren des Dikasteriums für die Glaubenslehre bis heute in gewisser Weise erhalten zu haben, wenn dort der Freispruch die Unterteilung in Freispruch aufgrund erwiesener Unschuld (*constat de non*) und Freispruch mangels hinreichender Gewissheit (*non constat*) erfährt (vgl. DIKASTERIUM FÜR DIE GLAUBENSLEHRE, Vademecum zu einigen Fragen in den Verfahren zur Behandlung von Fällen sexuellen Missbrauchs Minderjähriger durch Kleriker, 05.06.2022, Nr. 84).

17   MANSDÖRFER, Das Prinzip (s. Anm. 2), 56.

18   Vgl. SCHWARPLIES, Die rechtsgeschichtliche Entwicklung, (s. Anm. 3), 30.

19   Ebd.

einer Stärkung des Doppelbestrafungsverbots, so daß beispielsweise 1751 eine entsprechende Regelung in den Codex iuris Bavarici aufgenommen wird."[20]

In den *Codex Iuris Canonici* von 1917 hielt der Grundsatz in c. 1904 CIC/1917 nicht explizit Einzug[21]. Es scheint der inquisitorische Wahrheitsanspruch noch durchzuscheinen, wenn die Rechtsvermutung des wahren und gerechten Urteils aufgestellt wird. Die innere Rechtskraft des Urteils bewirkt das Doppelbestrafungsverbot. „Jedoch ist der „Zweck [...] jetzt primär die Vermeidung von Prozessen, nicht der Schutz des Beschuldigten."[22]

Auch durch den geltenden Kodex wird im Prozessrecht durch c. 1642 CIC/1983 am Rechtsgrundsatz *ne bis in idem* implizit festgehalten, wenn es heißt:

„§ 1. Ein rechtskräftig gewordenes Urteil erfreut sich der rechtlichen Beständigkeit und kann außer nach can. 1645, §1 direkt nicht angefochten werden.

§ 2. Es schafft Recht zwischen den Parteien und berechtigt zur Vollstreckungsklage und zur Einrede, die Sache sei rechtskräftig abgeurteilt; der Richter kann dies auch von Amts wegen feststellen, um eine erneute prozessuale Vorlage derselben Sache zu hindern."

Neben der Aufnahme des Grundsatzes in viele nationale Rechtsordnungen – insbesondere in Art. 103 Abs. 3 GG, findet sich der Rechtsgrundsatz *ne bis in idem* in Artikel 4 des 7. Zusatzprotokolls zur Europäischen Menschenrechtskonvention vom 22.11.1984 und in Art. 50 der Charta der Grundrechte der Europäischen Union.

III. RECHTSNATUR

III.1. Grundsätzliches

Im weltlichen Bereich ist der Grundsatz *ne bis in idem* dem positiven Recht gleichzusetzen[23]. „In der Feststellung, [...] ob [das Rechtssprichwort] [...] pro-

---

20   MANSDÖRFER, Das Prinzip (s. Anm. 2), 56.

21   C. 1904 CIC/1917: „§ 1. Res iudicata praesumptione iuris et de iure habetur vera et iusta nec impugnari directe potest.

§ 2. Facit ius inter partes et dat exceptionem ad impediendam novam eiusdem causae introductionem."

22   LANDAU, Ursprünge und Entwicklung (s. Anm. 10), 153.

23   Vgl. KIMMEL, R., Der Grundsatz „ne bis in idem", seine Rechtsnatur und sein Geltungsgebiet im Strafverfahren. Breslau 1926, 13.

zeßrechtlicher oder materiellrechtlicher Natur ist, liegt eine der viel umstrittenen Fragen in der Wissenschaft und in der Rechtsprechung."[24]

Durch das Verbrechen entsteht zwischen dem Staat und dem Täter ein besonderes materielles Rechtsverhältnis. Der Staat erhält aufgrund des Strafrechts den Anspruch auf Bestrafung. Diesen Anspruch setzt der moderne Staat innerhalb der Regeln durch, die er sich selbst auferlegt hat, um der Willkür Vorschub zu leisten und der Gerechtigkeit zu verhelfen. „Der Strafprozess hat also den Zweck, das Bestehen oder Nichtbestehen eines staatlichen Strafanspruchs, der nunmehr prozessual als staatliches Klagerecht in die äußere Erscheinung tritt, festzustellen [...]."[25] Trotz dieser engen Verwandtschaft von Strafrecht und Strafprozessrecht muss streng unterschieden werden zwischen den formellen bzw. prozessualen Normen, die „sich unmittelbar auf das Prozeßrechtsverhältnis"[26] beziehen, und den materiellen Normen, die „sich unmittelbar auf das Strafrechtsverhältnis beziehen"[27]. Das bedeutet: „Materiell ist eine Bestimmung dann, wenn sie das Vorhandensein oder Nichtvorhandensein eines staatlichen Strafanspruchs betrifft, prozessual dann, wenn sie sich bezieht auf das staatliche Klagerecht, d.h. auf die Art und Weise der Geltendmachung des Strafanspruchs."[28]

Somit ist auch zwischen der formellen und der materiellen Rechtskraft eines Urteils zu unterscheiden. Die formelle Rechtskraft schützt das gefällte Urteil vor abermaliger Verhandlung und entzieht die Prozessfrage einer erneuten Entscheidung. „Sie ist demnach nur von Bedeutung für den Einzelprozess [...]."[29] Um dem Urteil nun allgemein durchschlagende Wirkung zu verleihen, wurde die materielle Rechtskraft geschaffen, „welche bestimmt, dass die in einem Prozeß entschiedene Frage für alle Zukunft als unabänderlich festgestellt zu gelten hat"[30], also dem Rechtsgrundsatz *ne bis in idem* zur absoluten Geltung verhilft. Die materielle Rechtskraft des Urteils bewirkt also den Verbrauch der „Befugnis, die Tätigkeit der staatlichen Organe zur Verwirklichung des subjektiven Strafrechts in Anspruch zu nehmen",[31] da „sein Zweck, die Herbeiführung einer definitiven autoritativen Entscheidung, erreicht ist. Die Wirkung der materiellen Rechtskraft steht also in dem Verbrauch des Strafklagerechts. [...] Der Grund-

---

24   Kimmel, Der Grundsatz „ne bis in idem" (s. Anm. 23), 14.

25   Ebd., 15.

26   Ebd., 16.

27   Ebd.

28   Ebd.

29   Ebd.

30   Ebd.

31   Ebd., 17.

satz ne bis in idem berührt daher, da er sich ausschließlich auf die Begründung des Prozeßrechtsverhältnis bezieht, nicht das Bestehen des Strafanspruchs, sondern er verhindert die Durchsetzung desselben in einem neuen Prozeß."[32]
Als „negative Prozeßvoraussetzung für ein zweites Strafverfahren"[33] gehört der Grundsatz somit zu den prozessualen Normen.

Eine Übertragung dieser Kategorisierung in den kirchlichen Rechtsbereich hat im Hinblick auf die geschichtliche Entwicklung des Rechtsgrundsatzes als auch aufgrund der Stellung der entsprechenden Kanones im *Codex Iuris Canonici* sowohl von 1917 als auch von 1983 seine Berechtigung[34].

Speziell für das kirchliche Recht spielt jedoch eine weitere Frage eine entscheidende Rolle für die Anwendung des Rechtsprinzips *ne bis in idem*: welcher Quelle des Rechts gehört das Prinzip an? Denn unabhängig von der Herkunft und vom Fundament eines Rechtsprinzips ist für die Verwertbarkeit eines solchen Prinzips „die inhaltliche Qualität als allgemeines Rechtsprinzip verbunden mit seiner Harmonisierbarkeit mit den Grundgedanken, den fundamentalen Wertungen und Rechtsinstituten des kanonischen Rechts"[35] ausschlaggebend. Für die Rechtsanwendung bei konkreten „Lebenssachverhalte[n]"[36] eignen sich die Rechtsprinzipien im Gegensatz zu den Rechtsnormen nicht in unmittelbarer Weise. „Dennoch beansprucht das Rechtsprinzip auch für den Einzelfall Relevanz. Es enthält nämlich für die Bewertung der Lebenssachverhalte eine orientierende Tendenz und ist daraufhin angelegt soweit wie möglich verwirklicht zu werden (Optimierungsgebot). Dies ist im Einzelfall von weiteren Komponenten abhängig: insbesondere von den sonstigen rechtlichen und tatsächlichen Möglichkeiten der Verwirklichung und von der (möglichen) Konkurrenz mit anderen Rechtsprinzipien, woraus sich in der Regel das Erfordernis der Abwägung bzw. Harmonisierung und der gegenseitigen Begrenzung der einschlägigen Prinzipien ergibt."[37]

---

32 KIMMEL, Der Grundsatz „ne bis in idem" (s. Anm. 23), 17.

33 Ebd., 21.

34 So finden sich c. 1904 CIC/1917 in Buch IV – *De processibus* und c. 1642 CIC/1983 in Buch VII – *De processibus* wieder.

35 PREE, H., Generalia Iuris Principia im CIC/1983 und ihre Bedeutung für das kanonische Recht: AfkKR 172/1 (2003) 45.

36 Ebd., 44.

37 Ebd.

III.2. Göttliches oder menschliches Recht?

Die Unterscheidung zwischen göttlichem und menschlichem Recht geht auf
Franz SUÁREZ (16. Jahrhundert) zurück und gilt bis heute. Das göttliche Recht
führt sich direkt auf Gott zurück und gilt „als unverfügbar und in [...] [seinem]
Kern als unwandelbar"[38] und wird seinerseits wiederum in zwei Arten unterschieden: „Auf der einen Seite ist das *ius divinum positivum*, das Offenbarungs-
recht, das – nach traditioneller Diktion – von Christus und den Aposteln festgelegt wurde und den Schriften des Neuen Testaments und der *traditio divina* entnommen werden kann. Daneben steht das *ius divinum naturale*, das Naturrecht,
mit dem die in der menschlichen Natur grundgelegten und durch die Vernunft
ableitbaren Normen bezeichnet werden, zu denen z. B. das Tötungsverbot oder
die Menschenwürde zählen."[39]

Davon wird das menschliche bzw. das rein kirchliche Recht (*ius mere Ecclesiasticum*) unterschieden. Es geht in der Regel „allein auf den kirchlichen
Normgeber [...] oder auf normative [...] Gewohnheit"[40] zurück und kann deshalb auch von der zuständigen kirchlichen Autorität angepasst oder verändert
werden.

In der kirchlichen Rechtsordnung verbinden sich die beiden Elemente zwar „zu
einer einheitlichen Rechtsmaterie"[41] jedoch bleibt die Unterscheidung, welcher
Quelle einzelne Normen entspringen, weiterhin möglich und bei konkreten
Fragen der Rechtsanwendung auch geboten. „Das *ius divinum* ist kein Komplex
vorformulierter Regelungen; dessen Inhalt muss vielmehr in einem hermeneutischen Prozess den Werten, Haltungen und Gütern, die Jesus hinterlassen hat,
entnommen und in das kanonische Recht transformiert werden."[42] Der kirchliche Gesetzgeber macht durch explizite Formulierungen auf den Ursprung einer
Rechtsnorm oder eines Rechtsinstituts aus dem göttlichen Recht aufmerksam,
wenn dies auf einer sicheren Erkenntnis des kirchlichen Lehramts fußt. Dies
kann entweder direkt in einer Rechtsnorm[43] enthalten sein oder auf eine andere
lehramtliche Erklärung[44] außerhalb des Normtextes zurückgehen.

---

38   HECKEL, N., Recht oder Pastoral? Zum Wahrheitsanspruch des kanonischen Rechts –
     aufgezeigt am Beispiel irregulärer Verbindungen: TThZ 133/3 (2024) 173.

39   Ebd.

40   Ebd.

41   Ebd., 175.

42   Ebd., 179.

43   Vgl. ebd., 177, Anm. 38.

44   Vgl. ebd., 178, Anm. 41.

Was nicht diesem definierten Bereich des göttlichen Rechts angehört, stellt folglich das menschliche bzw. rein kirchliche Recht dar. Es darf freilich nicht im Widerspruch zum göttlichen Recht stehen und weist eine enge Verbindung zum göttlichen Recht auf. Das rein kirchliche Recht muss „von den Inhalten göttlichen Ursprungs gleichsam durchdrungen und geprägt sein."[45]

Zum menschlichen bzw. rein kirchlichen Recht gehören u.a. „Verfahrensregelungen und Formvorschriften."[46]

Da weder c. 1642 CIC/1983 und c. 1904 CIC/1917 auf das göttliche Recht Bezug nehmen, noch andere lehramtliche Einlassungen zum Rechtsgrundsatz *ne bis in idem,* die auf eine Zuordnung zum göttlichen Rechtsbereich schließen lassen, zu finden sind, gehört dieser Grundsatz zum rein kirchlichen Recht.

Auch der historische Befund gibt dieser Annahme recht, wenn man zwar bei GRATIAN „in D. 81 c. 12 ein Verbot eines doppelten Strafverfahrens finden [könnte], da dort ein Kapitel aus den Canones apostolorum aufgenommen wird, in dem mit der biblischen Begründung: *non iudicabit Deus bis in id ipsum* die Verhängung der Exkommunikation gegen einen Kleriker neben der Absetzung abgelehnt wird. Dieser Kanon war schon in vorgratianischen Sammlungen von Dionysius Exiguus an häufig aufgetaucht, ohne daß jemals daraus in den Rubriken die Folgerung der Unzulässigkeit zweier Verfahren gezogen worden wäre. Aber Gratian lehnt in Dict. post D. 3 c. 42 De pen. die Anwendung des Satzes für das Verhältnis von zeitlicher Strafe und der von Gott verhängten ewigen Sündenstrafe ausdrücklich ab: *Auctoritas illa Naum prophetae: ,Non iudicabit Deus bis etc.', non ostendit omnia, que temporaliter puniuntur, non ulterius a Deo puniendo,.* Gratian verwendet den biblischen Satz nur bei der Behandlung der Frage, ob für dasselbe Verbrechen zwei verschiedene kirchliche Strafen ausgesprochen werden dürften. Diese Frage scheint von ihm trotz des Satzes *Non iudicabit Deus bis in id ipsum* bejaht zu werden, da er dem aus den Canones apostolorum stammenden die Frage verneinenden Kapitel zwei weitere Kapitel unter der Überschrift *De eodem* folgen läßt, in denen die Verhängung zweier Strafen nebeneinander angeordnet wird (D. 81 c. 13 und c. 14). So hat bereits die Summa Parisiensis die Bedeutung von c. 12, D. 81 bei Gratian richtig erkannt, wenn sie schreibt, daß dieses Kapitel der Canones apostolorum durch die spätere Gesetzgebung der Kirche aufgehoben worden sei. Auch im Verhältnis des kirchlichen Strafverfahrens zum weltlichen wurde weder von Gratian noch von der nachgratianischen Kanonistik der Satz *Non iudicat Deus bis in id ipsum* angewandt, da ja das klassische kanonische Recht die Möglichkeit weltlicher Strafen nach der kirchlichen Bestrafung ausdrücklich etwa bei der Degradation von Klerikern vorsah; das *Privilegium fori* wurde von den Kanonisten im allge-

---

45 HECKEL, Recht oder Pastoral? (s. Anm. 38), 180.

46 Ebd., 176.

meinen nicht mit dem Prinzip der Unzulässigkeit doppelter Bestrafung begründet. Die Verhängung verschiedener Strafen für dasselbe Delikt war auch nach dem Dekretalenrecht durchaus möglich."[47]

Dass der kirchliche Gesetzgeber die Rechtsregel in Abwägung des „sog. Rechts der Wahrheit"[48] und des „Rechts des Subjekts"[49] schon immer als Verfahrensregel im Prozessrecht verortet und sie nicht etwa als allgemeines Recht der Gläubigen formuliert hat, deutet ebenfalls auf eine Abgrenzung vom göttlichen Recht hin.

Somit steht fest, dass der Rechtsgrundsatz *ne bis in idem* nicht dem *ius divinum* sondern dem *ius mere Ecclesiasticum* zuzurechnen ist und damit vonseiten der zuständigen kirchlichen Autorität davon abgewichen werden kann.

IV. Zwei Fallbeispiele

IV.1. Roger Vangheluwe

IV.1.a. Beschreibung des Falls

Roger VANGHELUWE wurde am 07.11.1936 in Belgien geboren und am 01.02.1963 zum Priester geweiht. Am 01.12.1984 wurde er von Papst JOHANNES PAUL II. zum 25. Bischof von Brügge ernannt.

Im April 2010 bot er dem Papst seinen Rücktritt als Diözesanbischof an, nachdem er öffentlich gestand, über viele Jahre hinweg als Kleriker seinen minderjährigen Neffen mehrmals sexuell missbraucht zu haben. Papst BENEDIKT XVI. akzeptierte am 23.04.2010 mit Verweis auf c. 401 § 2 CIC den Rücktritt[50].

Die Enthüllungen führten in Belgien und weltweit zu einem großen öffentlichen Aufschrei. Obwohl der Missbrauch eingeräumt wurde, wurde VANGHELUWE aufgrund von Verjährung nach weltlichem Recht nicht strafrechtlich belangt, was die Empörung in der Öffentlichkeit weiter anheizte. Wegen eines Vertuschungsvorwurfs wurde er jedoch später vom Berufungsgericht in Lüttich zu einer Geldstrafe in Höhe von 10.000 Euro verurteilt.

Am 12.04.2014 veröffentlichte der Heilige Stuhl eine Presseerklärung zu dem Fall. Hierin wurde bekannt, dass die Kongregation für die Glaubenslehre gegen

---

47 LANDAU, Ursprünge und Entwicklung (s. Anm. 10), 141 f.

48 PREE, H., Gelten die Menschenrechte auch im Inneren der Kirche?: AfkKR 185/1 (2016) 82.

49 Ebd.

50 Vgl. https://press.vatican.va/content/salastampa/it/bollettino/pubblico/2010/04/23/0247 /00571.html (abgerufen am 16.11.2024).

VANGHELUWE ein entsprechendes Verfahren führt und ein Aufenthaltsverbot für Belgien erlassen, sowie eine geistlich-psychologische Behandlung angeordnet hatte. Zudem wurde ihm die öffentliche Ausübung seines Priester- und Bischofsamtes untersagt[51].

Zwei Tage später, am 14.04.2014, gestand Roger VANGHELUWE in einer belgischen Fernsehsendung öffentlich, einen weiteren Neffen sexuell missbraucht zu haben[52].

In der Folge kam es zu keiner weiteren öffentlichen Erklärung des Heiligen Stuhls. Über eine gerichtliche Entscheidung eines Strafprozesses oder ein Urteil in einem Verwaltungsstrafverfahren gab es keinerlei weitere Informationen. Die belgische Bischofskonferenz scheint den Papst mehrmals um Entlassung aus dem klerikalen Stand des Bischofs Roger VANGHELUWE gebeten zu haben[53].

Auch der belgische Premierminister hat sich offenbar im Januar 2024 im Vorfeld des Besuchs des Heiligen Vaters im Königreich Belgien für eine Laisierung des Bischofs eingesetzt[54].

Fast zehn Jahre nach der letzten öffentlichen Erklärung des Heiligen Stuhls im Jahre 2014 veröffentlichte die Apostolische Nuntiatur in Belgien am 21.03.2024 eine Presseerklärung, dass der Fall des Roger VANGHELUWE vom Dikasterium für die Glaubenslehre erneut geprüft wurde (*un réexamen de l'affaire*[55]).

Im Vorfeld seien neue schwerwiegende Erkenntnisse (*nouveaux éléments graves*[56]) an das Dikasterium für die Glaubenslehre gelangt. Nach erneuter Prüfung sei dem Bischof sein Recht auf Verteidigung eingeräumt worden.

Diese Verteidigung sei vom Dikasterium für die Glaubenslehre gewürdigt worden und es habe dem Papst am 08.03.2024 den Vorschlag unterbreitet, Bischof Roger VANGHELUWE gemäß Art. 26 *Normae SST* (2021)[57] aus dem Kleriker-

---

51 Vgl. https://press.vatican.va/content/salastampa/it/bollettino/pubblico/2011/04/12/0210/00538.html (abgerufen am 16.11.2024).

52 Vgl. https://archive.ph/20120731014436/http://www.domradio.de/aktuell/72867/entruestung-in-belgien.html (abgerufen am 16.11.2024).

53 Vgl. https://www.cathobel.be/2024/03/roger-vangheluwe-reconduit-a-letat-laic/ (abgerufen am 16.11.2024).

54 Vgl. https://www.cathobel.be/2024/03/roger-vangheluwe-renvoye-de-letat-clerical-par-le-pape-francois/ (abgerufen am 16.11.2024).

55 https://www.bishop-accountability.org/wp-content/uploads/2024/03/c-2024-03-21-Vangheluwe-Nunciature-Statement.pdf (abgerufen am 16.11.2024).

56 Ebd.

57 Art. 26 *Normae SST* (2021): „Die Kongregation für die Glaubenslehre hat das Recht, in jedem Stand und Grad eines Verfahrens sehr schwerwiegende Fälle gemäß Artt. 2-6, bei

stand zu entlassen. Der Papst habe diesem Vorschlag zugestimmt und angeordnet, die Strafe zu verhängen. Am 20.03.2024 sei Roger VANGHELUWE die Entscheidung mitgeteilt worden. Er habe sie zur Kenntnis genommen und darum gebeten, an einem Ort der Zurückgezogenheit wohnen zu dürfen, ohne weiteren Kontakt zur Außenwelt, um sich dem Gebet und der Buße widmen zu können.

IV.1.b. Würdigung im Hinblick auf ne bis in idem

Zur Frage der Anwendung des Rechtsprinzip *ne bis in idem* in diesem Fall ergeben sich folgende Beobachtungen.

Da die Apostolische Nuntiatur in Belgien zwei Mal von einer erneuten Prüfung des Falls spricht, drängt sich der Verdacht auf, dass es in der Zwischenzeit bereits zu einem Abschluss des Verfahrens gekommen sein muss.

Bereits eingetretene bzw. verhängte Maßnahmen wie der Amtsverlust und das Aufenthaltsverbot in Belgien scheinen Bestrafung genug gewesen zu sein.

Welcher Art die neuen Elemente bzw. Erkenntnisse gewesen sind, bleibt offen. Von neuen Opfern, die auf weitere, noch nicht strafrechtlich behandelte Fälle schließen lassen würden, ist nicht die Rede.

Somit kann angenommen werden, dass es um dieselben Fälle geht, welche der Kongregation für die Glaubenslehre bereits seit 2014 bekannt waren. Das Dikasterium für die Glaubenslehre hat demnach das Verfahren erneut aufgenommen, um die neuen Elemente in das bereits abgeschlossene Verfahren einfließen zu lassen, um zum Schluss zu kommen, dass es sich nun um einen sehr schwerwiegenden und offenkundigen Fall handelt, damit gemäß Art. 26 *Normae SST* (2021) vorgegangen werden kann. Offenbar erschien der Kongregation für die Glaubenslehre der Fall im Jahre 2014 noch nicht schwerwiegend oder offenkundig genug, um damals bereits von Art. 21 § 2 2° *Normae SST* (2010) Gebrauch zu machen.

Eine Verletzung des Rechtsprinzips *ne bis in idem* scheint hier vorzuliegen.

---

denen die begangene Straftat offenkundig und dem Angeklagten die Möglichkeit zur Verteidigung gegeben worden ist, direkt dem Papst zur Entscheidung über die Entlassung aus dem Klerikerstand oder über die Absetzung zusammen mit der Dispens von der Zölibatsverpflichtung vorzulegen."

IV.2. Kaplan X

IV.2.a. Beschreibung des Falls

Ein weiterer Fall aus der Praxis sei hier in stark abgewandelter Form dargestellt. Kaplan X ist seit mehreren Monaten in der Pfarrei St. Marien tätig. Durch Mitteilung in Strafsachen erhält der Generalvikar im Jahre 2011 Kenntnis über ein Ermittlungsverfahren gegen X wegen Verbreitung, Erwerbs und Besitzes kinderpornographischer Schriften. Der Generalvikar eröffnet am gleichen Tag eine kanonische Voruntersuchung. Die staatlichen Ermittlungen haben einen Strafbefehl zu einer nicht unerheblichen Geldstrafe sowie ein Verbot der Beschäftigung, Beaufsichtigung, Anweisung und Ausbildung Jugendlicher zur Folge. Der Generalvikar erlässt im Sinne eines Verwaltungsaktes gegen X eine mitbrüderliche Ermahnung und ordnet eine Psychotherapie an. Die vorgeschriebene Information der Kongregation für die Glaubenslehre nach Art. 16 *Normae SST* (2010) unterbleibt.

Im Zuge der Aufarbeitung des geschehenen sexuellen Missbrauchs in der Diözese fällt der Fall und die unterbliebene Meldung auf und wird im Jahre 2022 an die Kongregation für die Glaubenslehre nachgemeldet, die zur Antwort gibt, dass die damals getroffenen Maßnahmen angemessen erscheinen.

Im Jahr 2024 erhält der Generalvikar Nachricht über den Verdacht des sexuellen Missbrauchs Minderjähriger durch denselben Priester X, der mittlerweile als Krankenhauskaplan eingesetzt ist. Die Vorwürfe beziehen sich auf dasselbe Jahr 2011, in dem X bereits wegen Verbreitung, Erwerbs und Besitzes von Kinderpornographie verurteilt wurde. Eine kanonische Voruntersuchung wird erneut eröffnet. Eine staatliche Ahndung der Vorwürfe findet aus verschiedenen Gründen nicht statt.

Die abschließende kirchenrechtliche Ahndung steht noch aus.

IV.2.b. Würdigung im Hinblick auf ne bis in idem

In Bezug auf die nach weltlichem Recht abgeurteilten Straftaten im Jahre 2011 unterblieb rechtswidrig die Meldung an die Kongregation für die Glaubenslehre. Somit war diese nicht in der Lage, ihre Alleinzuständigkeit[58] auszuüben. Stattdessen erließ der Generalvikar, ohne die dafür zuständige Kongregation angegangen zu haben, eine brüderliche Ermahnung im Sinne eines Verwaltungsaktes außerhalb der Grenzen seiner diesbezüglichen Entscheidungskompetenz[59] bzw.

---

[58]   Vgl. Art. 6 *Normae SST* (2010).

[59]   Vgl. cc. 35 und 48 CIC.

im Widerspruch zu Art. 16 *Normae SST* (2010). Somit kann dieser Verwaltungsakt als rechtswidrig und rechtlich unwirksam angesehen werden[60].

Die nachträgliche Feststellung der Kongregation für die Glaubenslehre über die Angemessenheit der damaligen Maßnahmen bewirkt keine Heilung gemäß Art. 11 *Normae SST* (2021), zumal darauf nicht Bezug genommen wird.

Demnach ist die Straftat von 2011 nach kirchlichem Strafrecht nicht durch ein rechtskräftiges Urteil geahndet, geschweige denn prozessual behandelt,[61] sondern, geht man entgegen der oben genannten Begründung von einer (nachträglichen) Rechtmäßigkeit aus, höchstens im Verwaltungsbereich geahndet worden.

Somit ist es ohne Verletzung des Rechtsgrundsatzes *ne bis in idem* möglich, einen gerichtlichen Strafprozess bezüglich beider Straftatbestände zu führen.

V. ZUSAMMENFASSUNG

Abweichungen vom Rechtsprinzip *ne bis in idem* sind, wie gezeigt wurde, generell möglich, da der Ursprung des Prinzips im rein kirchlichen Recht zu finden ist. Abweichungen finden sich auch in der Geschichte des kirchlichen Rechts in früherer und in neuerer Zeit und lassen auf eine entsprechende Rechtspraxis der Römischen Kurie schließen. Die vermeintliche Doppelbestrafung stellt nicht in jedem Fall eine Verletzung des Rechtsprinzip dar, sondern liegt in manchen Fällen an der „Doppelgleisigkeit von [...] Strafverfahren und Verwaltungsverfahren"[62].

Die kirchliche Autorität tut sich bei einer offensichtlichen Verletzung des Rechtsprinzip sicherlich nicht leicht, sondern ist bereit, dies nach Abwägung mit anderen Rechtsgütern wie der Wahrheitsfindung, die Ahndung von schweren Straftaten und die Genugtuung für Opfer von Straftaten zu leisten.

Im Bereich des sexuellen Missbrauchs Minderjähriger und schutzbefohlener Erwachsener hat in den letzten Jahren bzw. Jahrzehnten ohnehin eine klare Positionierung vonseiten der kirchlichen Autorität stattgefunden. Sie entspricht durchaus dem kirchlichen Auftrag, an der Seite der Kleinen und Verletzlichen zu stehen.

Papst FRANZISKUS betonte anlässlich seiner Apostolischen Reise nach Luxemburg und Belgien in seiner Predigt während der Sonntagsmesse im König-Baudouin-Stadion zu Brüssel am 29.09.2024 die unbedingte Notwendigkeit der Bestrafung von Tätern sexuellen Missbrauchs: „In der Kirche ist Platz für alle,

---

60   Vgl. c. 38 CIC.

61   Vgl. c. 1642 §§ 1 und 2 CIC.

62   LANDAU, Ursprünge und Entwicklung (s. Anm. 10), 156.

alle, alle, aber alle werden wir gerichtet werden, und es gibt keinen Platz für Missbrauch, es gibt keinen Platz für das Vertuschen von Missbrauch. Ich fordere alle auf: Vertuscht keinen Missbrauch! Ich ersuche die Bischöfe: Vertuscht den Missbrauch nicht! Die Missbrauchstäter sind zu verurteilen und ihnen ist zu helfen, damit sie von dieser Krankheit des Missbrauchs geheilt werden. Das Böse darf nicht versteckt werden: Das Böse muss ans Licht gebracht werden, damit es bekannt wird, wie es einige Missbrauchsopfer mutig getan haben. Es soll bekannt werden. Und der Täter soll gerichtet werden. Der Missbrauchstäter soll gerichtet werden, egal ob Laie, Laiin, Priester oder Bischof: er soll gerichtet werden.“[63]

∗ ∗ ∗

ABSTRACTS

Dt.: Das Rechtsprinzip *ne bis in idem* entstammt dem römischen Recht und hielt schon früh Einzug in die kirchliche Rechtsordnung. Ausnahmereglungen, die schon von Anfang an praktiziert wurden, führten durch den Inquisitionsprozess zugunsten der Wahrheitsfindung zwischenzeitlich zur völligen Abschaffung des Prinzips. Im Zuge der Kodifizierung des kirchlichen Rechts wurde dem Prinzip im Verfahrensrecht sein Platz eingeräumt. Als Teil des prozessualen Normbereichs von staatlicher Seite gehört der Grundsatz vonseiten des kirchlichen Rechtskreises dem Bereich des *ius mere Ecclesiasticum* an und steht insofern nicht absolut da, sodass in der Rechtspraxis der Kirche Abweichungen davon möglich sind. Diese Abweichungen fußen auf einer Abwägung verschiedener Rechtsgüter. Anhand zweier Fallbeispiele zeigt sich, wie eine Abweichung konkret aussehen kann und dass sie im Hinblick auf das Verbrechen des sexuellen Missbrauchs gerechtfertigt ist. Wenn die Kirche ihrem Auftrag, an der Seite der Verletzlichen zu stehen, nachkommen will, sind Abweichungen sogar teils geboten.

Ital.: Il principio giuridico del *ne bis in idem* deriva dal diritto romano e viene presto recepito dall'ordinamento canonico. Le eccezioni, praticate fin dall'inizio, hanno fatto sì che nel frattempo il principio venisse completamente abolito a seguito del processo d'inquisizione a favore dell'accertamento della verità. Nel corso della codificazione del diritto canonico, il principio è stato inserito nel diritto processuale. Rientrando da parte statale esso nell'area normativa procedurale, nella sfera del diritto ecclesiale appartiene allo *ius mere Ecclesiasticum* e

---

63   https://www.vatican.va/content/francesco/de/homilies/2024/documents/20240929-belgio-messa.html (abgerufen am 16.11.2024).

non è quindi assoluto, per cui nella prassi giuridica della Chiesa sono possibili deroghe da esso. Queste si basano su una ponderazione di vari beni giuridici. Due casi di studio mostrano come una tale deroga possa presentarsi in termini concreti e come sia giustificata in relazione al delitto di abuso sessuale. Se la Chiesa vuole adempiere alla sua missione di stare al fianco dei vulnerabili, a volte le deroghe sono addirittura necessarie.

EXCLUSIO INDISSOLUBILITATIS.
VERSTÄNDNIS, HEUTIGER KONTEXT UND
WELCHER GESETZGEBERISCH-PASTORALE
ANSATZ?

von Jean Olivier Nke Ongono

EINFÜHRUNG

In einer Rede auf dem Dritten Forum des von der Italienischen Bischofskonferenz (CEI) geförderten Kulturprojekts im Jahr 2000 brachte Kardinal Carlo MARTINI angesichts der immer zahlreicheren Anträge auf Erklärung der Nichtigkeit der Ehe und der unzähligen von den Zivilgerichten ausgesprochenen Scheidungen seine persönliche Sorge und die der gesamten Kirche zum Ausdruck. Er sagte u.a.: „Wir steuern auf eine moralische Katastrophe zu, der Mensch wird keine Regeln mehr haben, die Anomie wird zunehmen, die Familie wird zu einem Schatten ihrer selbst, zu einem Deckmantel für jede Form des Zusammenlebens."[1]

In der Tat, seit die Reformer des 16. Jahrhunderts die Lehre und Disziplin der katholischen Kirche über die Ehe in Frage stellten, indem sie die Sakramentalität der Ehe, die kirchliche Rechtsprechung über die Ehe und das Verbot der Wiederverheiratung nach einer Scheidung bei Ehebruch ablehnten,[2] wird die Lehre der Kirche über die Ehe gegenwärtig von den modernen Gesellschaften und Mentalitäten in Frage gestellt, die die Ehe lediglich als einen Vertrag betrachten, der jederzeit von den Parteien aufgelöst werden kann. Vor diesem Hintergrund werden Ehen heute leichter geschlossen und gebrochen. Die meisten zivilrechtlichen Systeme, auch wenn man nicht sagen kann, dass sie die Scheidung be-

---

1 MARTINI, Carlo M., Crescita della libertà e fede cristiana: Servizio Nazionale per il Progetto Culturale della CEI (Hrsg.), Libertà della fede e mutamenti culturali. Terzo Forum del progetto culturale. Bologna 2001.

2 Vgl. BEAL, J. P., Title VII. Marriage: Ders. / Coriden, J. A. / Green, T. J. (Hrsg.), New Commentary on the Code of Canon Law. New York 2000, 1237.

fürworten, schützen sie zumindest oder tolerieren sie[3]. In einem solchen Kontext schien es uns von großem Interesse, die Frage der *exclusio indissolubilitatis* zu untersuchen. In der Tat erleben wir in der heutigen Zeit eine Krise der Idee von Ehe und Familie. Es erscheint daher notwendig, die so genannte „Privatisierung" der Ehe zu untersuchen, die sich aus den Strömungen der freien Liebe und der sexuellen Liberalisierung ergibt[4].

Möglicherweise gibt es heute eine andere Art, sich der Ehe zu nähern, oder die Einstellungen und Entscheidungen der Menschen in Bezug auf diese Realität sind in Stil und Inhalt anders. Unser Ziel ist es nicht, anhand von Zahlen zu zeigen, dass die Dauerhaftigkeit der Ehe für viele Menschen heute weniger attraktiv ist. Vielmehr geht es darum, die anthropologischen und sozialen Gründe für den Wandel in der Einstellung zur Unauflöslichkeit der Ehe zu verstehen.

Was die Methode betrifft, so werden wir uns nicht auf eine rein analytische Betrachtung beschränken, sondern uns vielmehr bemühen, einen konkreten Blick auf die pastoralen und rechtlichen Herausforderungen zu werfen, die sich aus der gegenwärtigen Situation für die Gesamtkirche und die Teilkirchen ergeben.

Nachdem wir die *exclusio indissolubilitatis* definiert und analysiert haben, werden wir nacheinander drei Anliegen prüfen:

- Wie relevant ist die *exclusio indissolubilitatis* für die Kirche heute? Und was sind die anthropologischen Gründe, die diese neue Sachlage begünstigen?

- Welches könnten die legislativen und pastoralen Ansätze der Kirche sein? Schlüssel für eine neue Inkulturation der Wahrheit der Unauflöslichkeit.

- Wie könnten Pfarrer und Gemeinden konkret mit diesem Thema umgehen?

1. VERSTEHEN

Unsere Kanones, auf die sich die ständige Lehre der Kirche über die Unauflöslichkeit der Ehe bezieht, sind die folgenden:

„Can. 1055 § 1. Der Ehebund, durch den Mann und Frau unter sich die Gemeinschaft des ganzen Lebens begründen, welche durch ihre natürliche Eigenart auf das Wohl der Ehegatten und auf die Zeugung und die Erziehung

---

3   Vgl. MAYAUD, J. B. M., L'indissolubilité du mariage. Étude historico-canonique. Strasbourg 1952, 7.

4   Vgl. FRANCESCHI, H., Presentazione: VILADRICH, P.-J., Il consenso matrimoniale. Roma 2019, 19.

von Nachkommenschaft hingeordnet ist, wurde zwischen Getauften von Christus dem Herrn zur Würde eines Sakramentes erhoben.

§ 2: Deshalb kann es zwischen Getauften keinen gültigen Ehevertrag geben, ohne daß er zugleich Sakrament ist.

Can. 1056: Die Wesenseigenschaften der Ehe sind die Einheit und die Unauflöslichkeit, die in der christlichen Ehe im Hinblick auf das Sakrament eine besondere Festigkeit erlangen.

Can. 1057 § 2. Der Ehekonsens ist der Willensakt, durch den Mann und Frau sich in einem unwiderruflichen Bund gegenseitig schenken und annehmen, um eine Ehe zu gründen.

Can. 1101 §2. Wenn aber ein oder beide Partner durch positiven Willensakt die Ehe selbst oder ein Wesenselement der Ehe oder eine Wesenseigenschaft der Ehe ausschließen, ist ihre Eheschließung ungültig."

Diese klaren Hinweise des Kodex finden sich in den Worten von *Gaudium et Spes* 48 wieder:

„Die innige Gemeinschaft des Lebens und der Liebe in der Ehe, vom Schöpfer begründet und mit eigenen Gesetzen geschützt, wird durch den Ehebund, d.h. durch ein unwiderrufliches personales Einverständnis, gestiftet. So entsteht durch den persönlichen freien Akt, in dem sich die Eheleute gegenseitig schenken und annehmen, eine nach göttlicher Ordnung feste Institution, und zwar auch gegenüber der Gesellschaft. Dieser heilige Band unterliegt im Hinblick auf das Wohl der Gatten und der Nachkommenschaft sowie auf das Wohl der Gesellschaft nicht mehr menschlicher Willkür. Gott selbst ist ‚Urheber der Ehe'".

Auf der Grundlage dieser Referenztexte, die sowohl theologische Auffassungen als auch kanonische Formulierungen sind, stellen wir nun die Grundlagen und wesentlichen Punkte der Unauflöslichkeit der Ehe wie folgt heraus.

1.1. Der Begriff der Ehe selbst

Anders als der Kodex von 1917, der keine Definition der Ehe enthielt, beginnt der vorliegende Kodex seine Behandlung der Ehe mit einer Beschreibung oder Arbeitsdefinition. Diese Beschreibung, die weitgehend aus *Gaudium et spes* 48 stammt, ist im Wesentlichen eine theologische Aussage, die jedoch in juristischer Sprache ausgedrückt ist. Während der Hauptsatz dieses kanonischen Absatzes die traditionelle Lehre bekräftigt, dass Christus die Ehen der Getauften zur sakramentalen Würde erhoben hat, beschreibt der Nebensatz des Satzes die natürliche oder menschliche Realität der Ehe. Diese kanonische Beschreibung der Ehe erhebt somit den Anspruch, eine verbindliche Auslegung des Naturrechts zu sein und den Maßstab zu liefern, nach dem alle Ehen zu beurteilen sind, unabhängig davon, ob die Eheleute getauft sind oder nicht[5].

Die Erklärung der Unauflöslichkeit der Ehe als wesentliches Gut findet sich in der Tat im Begriff der Ehe selbst. In den ersten Kanones (cc. 1055-1057), mit denen der kirchliche Gesetzgeber den Abschnitt über die Ehe im CIC eröffnet, konzentriert er sich auf ein klares Verständnis dessen, was die Ehe ist und beinhaltet, wie sie zustande kommt und was ihre wesentlichen Merkmale sind. Dies ist ein nützlicher Weg, um subjektivistische und individualistische Ansätze zu vermeiden, die dazu neigen, sich ausschließlich auf die Freiheit der Person zu konzentrieren, eine Ehe einzugehen.

Mit der Beschreibung der Ehe als *consortium totius vitae* greift der Universalgesetzgeber zudem die klassische Definition des römischen Rechts (des Juristen MODESTINUS [D.23.2.1]) auf, wonach die Ehe die Verbindung von Mann und Frau und eine lebenslange Gemeinschaft (*consortium omnis vitae*) ist. Dies bringt eine Teilung des heiligen und des menschlichen Rechts mit sich. Die Qualifizierung dieses Konsortiums als „lebenslang" unterstreicht, dass die Schicksale der Eheleute untrennbar miteinander verbunden sind, in guten wie in schlechten Zeiten, in Krankheit und Gesundheit. C. 1096 bringt dies mit dem Begriff *consortium permanens* klar zum Ausdruck.

1.2. Die Unauflöslichkeit des ehelichen Bandes in Bezug auf die menschliche Freiheit

Eine der Hauptschwierigkeiten beim Verständnis der Unauflöslichkeit der Ehe ist der Freiheitsbegriff, der der Auffassung zugrunde liegt, dass die Ehe ein von den Parteien frei geschlossener Vertrag ist. Die Betonung liegt auf der freien Entscheidung der Vertragsparteien, ohne die Natur der menschlichen Freiheit zu berücksichtigen, die zwar die Fähigkeit zur Wahl voraussetzt, sich aber nicht in der Wahl erschöpft und keine absolute Fähigkeit ohne objektive Struktur ist[6]. So bedeutet die Verteidigung der zentralen Bedeutung des Einverständnisses der Ehegatten und der Notwendigkeit der Freiheit der Vertragsparteien für die Begründung einer echten Ehe keineswegs,[7] dass alles vom Willen abhängt. Wenn der einzige und ausschließliche Grund für die Eheschließung der Wille der Vertragsparteien ist, dann wäre es sehr schwierig, um nicht zu sagen unmöglich, zu argumentieren, dass dieser Bund, der allein auf einer freiwilligen Entscheidung

---

5   Vgl. BEAL, Title VII. Marriage (s. Anm. 2), 1240.

6   Vgl. JOHANNES PAUL II., Litteræ Encyclicæ Cunctis catholicae Ecclesiae episcopis de quibusdam quaestionibus fundamenta libus doctrinae moralis Ecclesiae Veritatis Splendor, 06.08.1993, n°49: AAS 85(1993) 1133-1228, 1172-1173.

7   Vgl. c. 1057 § 1.

beruht, nicht aufgelöst werden kann, wenn dieser Wille versagt. Wenn alles Freiheit ist, dann würde die Unauflöslichkeit der Ehe als eine Beschränkung der Freiheit durch die Natur, den kulturellen Kontext oder die positive Rechtsordnung verstanden werden.

Es stimmt zwar, dass die Vertragsparteien den Bund der Ehe durch ihre souveräne Zustimmung schließen, die durch keine menschliche Macht ersetzt werden kann, aber das bedeutet nicht, dass die Macht, sich unauflöslich zu verbinden, dem Willen gehört. Die Zustimmung ist nicht einfach die Entscheidung, sich in einer unauflöslichen, ausschließlichen und fruchtbaren Verbindung zu vereinen, sondern sie enthält den Verzicht auf die Möglichkeit, diese Verbindung in der Zukunft zu widerrufen. Der Wille, der sich im Austausch der Zustimmung manifestiert, gleicht nämlich einem Verzicht auf die Ausübung der eigenen Freiheit in der Zukunft. Das eheliche Einverständnis ist also die wirksame Ursache des ehelichen Bandes, aber es ist eine Ursache, die nicht im luftleeren Raum agiert; sie vereint zwei verschiedene Wirklichkeiten und muss sie zusammenhalten. Konkret bedeutet dies, dass die einigende Kraft des ehelichen Bandes nicht in der Stärke des Willens, sondern in der Struktur der Person selbst begründet ist. Unter diesem Gesichtspunkt ist es leichter, die Unauflöslichkeit der Ehe als objektive und immanente Bedingung jeder wahren ehelichen Verbindung zu verstehen, das heißt, der Wille ist das Instrument, das die Macht hat, zwei Personen zu vereinen und sie als Eheleute zu konstituieren, aber die Stärke des Bandes hängt nicht vom Willen ab, sondern von der Tatsache, dass das Wesen der wahren Gabe zwischen Mann und Frau darin besteht, wirklich unauflöslich zu sein. Aus diesem Grund hat der Wille, der die Macht hat, zu vereinen, nicht die Macht, zu trennen: Jedes Instrument dient seinem eigenen Zweck, und in der Natur der wahren ehelichen Gabe gibt es keine Möglichkeit, das Band zu lösen, das zwei Menschen als Mann und Frau vereint, sobald dieses Band vollendet ist. Auf diese Weise ist die unauflösliche Ehe kein Verzicht auf die Freiheit, sondern gerade das Ergebnis der richtigen Ausübung der menschlichen Freiheit. Daher darf die zentrale Bedeutung der freien Zustimmung – *consensus legitime manifestatus* – nicht andere wesentliche Realitäten verdecken, nämlich die sittliche Struktur der menschlichen Person und den sozialen Wert der Ehe, auf dem ihre Unauflöslichkeit beruht[8].

1.3. Anthropologische Grundlagen der Unauflöslichkeit der Ehe

Diese Auffassung begründet die Unauflöslichkeit der Ehe in ihrem Charakter als natürliche Institution. Erstens entspricht die Ehe in ihrer wesentlichen Verfas-

---

8   Vgl. FRANCESCHI, F. H., Valori fondamentali del matrimonio nella società di oggi: indissolubilità: Matrimonio canonico e realtà contemporanea. (Studi Giuridici 68) Città del Vaticano 2005, 221-222.

sung einem Vertrag oder einer gegenseitigen Verpflichtung zwischen den Eheleuten und einem öffentlichen Kompromiss als Grundlage der sozialen Gemeinschaft. Hier gibt es drei Elemente. Erstens die psychologische Komponente, da
die Ehe auf gegenseitiger Liebe beruht. Dies führt zur gegenseitigen Selbsthingabe. Diese bedingungslose Liebe führt zu einer gleichberechtigten Hingabe,
ohne zeitliche oder inhaltliche Begrenzung. Es ist eine unteilbare und ewige
Liebe. Diese psychologische Komponente des Ehebundes selbst impliziert die
Beständigkeit der Ehe. Das zweite Element ist die juristische Komponente, die
die Parteien zur Gerechtigkeit verpflichtet und zwischen ihnen ein Recht gegenüber dem anderen begründet. Bei dieser Verpflichtung gibt es keine Vorbehalte
oder Täuschungen, sie ist ein immerwährendes gegenseitiges Geschenk. Die
dritte Komponente ist rechtlicher oder sozialer Natur, da der Ehevertrag durch
das Gesetz und die öffentliche Gewalt sanktioniert wird, da er die Grundlage
jeder Gesellschaft ist. Die öffentliche Sanktionierung der Verpflichtung begründet ihre Dauerhaftigkeit und verleiht der ehelichen Verbindung Festigkeit und
Stabilität, die somit nicht nur eine private, s sondern auch eine öffentliche Verpflichtung ist, da sie das Leben und die Zukunft der Stadt betrifft.

1.4. Möglichkeiten zum Ausschluss der Unauflöslichkeit

Theologie und Kirchenrecht haben bestimmte Formen der Ehe identifiziert, die
die Unauflöslichkeit ausschließen.

Ehe auf Probe: Dies impliziert die Annahme eines zukünftigen Willens, dieses
experimentelle Zusammenleben in eine Ehe umzuwandeln, wenn die Bewertung
positiv ausfällt, oder es zu beenden, wenn die Bewertung negativ ist. Das Ziel
der Absicht ist daher nicht so sehr die Ehe, die in der Zukunft angenommen oder
abgelehnt wird, sondern vielmehr eine Nachahmung oder experimentelle Simulation einiger Aspekte des Ehelebens, deren Dauer als Experiment oder Test
grundsätzlich vorübergehend ist[9].

Ehe *ad tempus*: Die Parteien verneinen die Dauerhaftigkeit der Bindung, obwohl
sie vielleicht noch den Willen haben, eine feste Gemeinschaft zu begründen, d.h.
es kann der positive Wille bestehen, eine eheliche Gemeinschaft zu begründen,
die nicht auf Dauer, sondern auf Zeit angelegt ist. Das Ergebnis ist, dass die
Dauerhaftigkeit der Bindung durch die unbestimmte Zeitlichkeit einer „fortdauernden, aber reversiblen" Zustimmung ersetzt wird[10].

Ius divortiandi: Dies bedeutet, dass sich der Vertragspartner das Recht zur Auflösung des gültigen rechtlichen Bandes reserviert. Die Motive für die Ausübung
des *ius divortiandi* können vielfältig sein und sogar mit denen übereinstimmen,

---

9   Vgl. VILADRICH, Il consenso matrimoniale (S. Anm. 4), 381-382.

10 Vgl. ebd., 382-383.

die zum Ausschluss der Ewigkeit führen können, wie etwa der Verlust der Liebe, ein unglückliches Zusammenleben, der Wunsch, eine andere Person zu heiraten, usw. In diesem Fall hat der Vertragspartner keinen Willen, der der Beständigkeit entgegensteht, sondern er schafft eine Verbindung, damit sie von Dauer ist[11].

1.5. Die Rechtsprechung der Römischen Rota zur Unauflöslichkeit

Die Rechtsprechung der Römischen Rota ist sich in der Frage des Ausschlusses der Unauflöslichkeit zutiefst einig. Es gibt zwei Elemente:

Die ontologische Struktur der Ehe

Ein erstes Element der offensichtlichen Kontinuität in der Rechtsprechung der Römischen Rota ist die Bedeutung der Unauflöslichkeit für die ontologische Struktur der Ehe, für ihr „Wesen", das in einem metaphysischen und essentiellen Sinn verstanden wird. Für die Rota besteht kein Zweifel daran, dass *„matrimonii vinculum est indissolubile ex ipsa lege naturali"* und dass die Unauflöslichkeit absolut [...] *„ad ipsam matrimonii essentiam"* oder zu dem gehört, was andere die *substantia* der Ehe selbst nennen. Diese natürliche Grundlage des Prinzips der Unauflöslichkeit wurde von der Rechtsprechung der Rota immer wieder bekräftigt und in jüngster Zeit nachdrücklich betont, indem darauf hingewiesen wurde, dass die sakramentale Dimension der Ehe der Getauften weder die letzte noch die einzige Grundlage der Unauflöslichkeit ist. Es handelt sich um eine Naturgegebenheit, so dass es nicht nur ein wesentliches Merkmal der sakramentalen Ehen verstanden werden kann.

Ihr Ausschluss führt zur Nichtigkeit der geschlossenen Ehe.

Eine erste Konsequenz aus der Bedeutung der Unauflöslichkeit für das Wesen der Ehe ist die ungültigkeitsbegründende Bedeutung ihres Ausschlusses. Dies ist seit jeher die Praxis der Römischen Rota. Bereits in den ersten Jahrzehnten des zwanzigsten Jahrhunderts stellte die Rota fest, dass *„substantia [...] rei sine essentialibus proprietatibus stare nequit"*, weshalb *„qui matrimonium vult, velle illud debet perpetuum, et si solubile intendit, eo ipso non intendit matrimonium"*. Diese Grundsätze sind auch heute noch unbestritten. Die kanonische Norm zur Nichtigkeit des Einverständnisses aufgrund des Ausschlusses der Unauflöslichkeit (c. 1101.2) beruht auf *ipso iure naturae*, da ein solcher Ausschluss dem *obiectum formale essentiale* des ehelichen Einverständnisses etwas Wesentliches entzieht.

Eine zweite Folge der immanenten Bedeutung der Unauflöslichkeit der Ehe, die auch in der Rechtsprechung der Römischen Rota konstant ist, besteht darin, dass

---

11   Vgl. VILADRICH, Il consenso matrimoniale (S. Anm. 4), 382-383.

die Ehe an sich unauflöslich ist, und wer eine zeitlich begrenzte Beziehung
wünscht, will in Wirklichkeit keine Ehe.

*Wenn die Unauflöslichkeit der Ehe so zentral für das Verständnis der Ehe selbst
ist, dass ihr Ausschluss die Bindung untergräbt und ungültig macht, worin besteht dann ihr spezifischer Mehrwert für die Institution der Ehe?*

1.6. Die Mehrwerte der Unauflöslichkeit der Ehe

Treue und Glauben

Die Unauflöslichkeit des ehelichen Bandes ist ein Ansporn zur Treue. In der Tat
führt das Band der Treue immer zur Liebe oder enthält zumindest in seinem
Kern, ohne dass sich das Herz dessen bewusst ist, den Knoten der Liebe, der
über die Zeit hinaus gebunden ist. Die Annahme und das ständige Bewusstsein
der Unauflöslichkeit des ehelichen Bandes führt die Eheleute dazu, ihre ehelichen Pflichten mit größerer Treue zu erfüllen[12].

Ein Gut für die Kirche und für die Gesellschaft

Es darf nicht vergessen werden, dass die Ehe selbst eine soziale Realität ist. Sie
ist die Grundlage sowohl der bürgerlichen als auch der kirchlichen Gesellschaft
und erfüllt in beiden Ordnungen eine grundlegende Rolle. Folglich ist die Ehe
nicht nur ein persönliches Gut und auch nicht nur ein Recht des Subjekts in
einem privaten Bereich seines Lebens, sondern sie ist in der Tat ein wichtiger
Bestandteil des Gemeinwohls, sowohl in der bürgerlichen Gesellschaft als auch
in der kirchlichen Gemeinschaft, sowohl in der natürlichen Ordnung als auch in
der Ordnung der Gnade. Die Unauflöslichkeit der Ehe hat also soziale Vorteile,
sowohl in der bürgerlichen als auch in der kirchlichen Gesellschaft. Dieses Argument ist nicht konfessionell, da es über die Zugehörigkeit zu einer bestimmten
religiösen Gruppe hinausgeht und mit jedem Mitglied der Gesellschaft geteilt
werden kann, egal zu welcher Religion es sich bekennt[13]. Und die Vorteile, die
sich aus der Stabilität der Ehe ergeben, erstrecken sich nicht nur auf den privaten
Bereich, sondern auf die gesamte Gesellschaft, ob kirchlich oder zivil. In der Tat
ist die Unauflöslichkeit der Ehe eine unerschöpfliche Quelle der Ehrlichkeit im
Leben aller und der moralischen Integrität. Wenn die Unauflöslichkeit mit Ge-
lassenheit respektiert wird, sind das Glück und das Wohlergehen der Republik
gesichert, denn das ist es, was die Gesellschaft sein wird, unabhängig von den
Familien und Individuen, aus denen sie sich zusammensetzt, so wie der Körper
aus seinen Gliedern zusammengesetzt ist. Daher ist die Verteidigung der unver-

---

12   Vgl. SCOLA, A., Il matrimonio alla prova: Matrimonio canonico (s. Anm. 8), 28.

13   Vgl. BAÑARES, J. I., Commentary of c. 1056: Capparos, E. (Hrsg.), Exegetical Commen-
     tary on the Code of Canon Law. Vol. III/2, 1063-1064.

letzlichen Stabilität der Ehe ein großer Dienst sowohl für das private Wohl der Eheleute und der Kinder als auch für das öffentliche Wohl der menschlichen Gesellschaft. In diesem Licht sind die Worte von Papst PIUS XI. voller Bedeutung:

> „Wie zahlreich und wie wichtig die Vorteile sind, die sich aus der Unauflöslichkeit der Ehe ergeben, kann von niemandem übersehen werden, der auch nur einen Augenblick an das Wohl der Ehegatten und ihrer Nachkommen oder an das Wohl der menschlichen Gesellschaft denkt."[14]

Außerdem ist die Unauflöslichkeit der Ehe keine äußere Grenze, die den Eheleuten auferlegt wird. Sie ist vielmehr ein Gut für die Ehegatten selbst, für die Kinder und für die Gesellschaft. Und sie ist ein Gut, weil sie der ontologischen Struktur der Ehe und der ehelichen Gabe entspricht, die, um wirklich eine solche zu sein, ihre unbegrenzte Ausdehnung auch in der zeitlichen Dimension der von ihr geschaffenen Verbindung erfordert. Es handelt sich also um ein Gut, das genaue ethische und rechtliche Verpflichtungen mit sich bringt. Seine Verweigerung – selbst, wenn sie in gutem Glauben und *sub specie boni* erfolgt – schadet nicht nur dem anderen Beteiligten, den Kindern und der Gesellschaft, sondern auch dem Urheber dieser Verweigerung[15].

2. DER KONTEXT DER HEUTIGEN ZEIT

Ohne eine spezifische soziologische Forschung zur Frage der Ehe oder der Familie durchzuführen, fällt bei jeder ernsthaften Reflexion über die Themen Ehe und Familie zunächst die Radikalität und die Beschleunigung der Veränderungen auf, die in den letzten Jahrzehnten die säkularen Grundsätze und Modelle der Ehe in Frage gestellt oder zumindest in Frage gestellt haben. Dazu gehört die Unauflöslichkeit der Ehe[16]. Die neue Sicht des ehelichen Bandes ist das Ergebnis eines Paradigmenwechsels, der sich in den letzten zwei Jahrhunderten allmählich vollzogen hat. In der Tat hat die außergewöhnliche Verbindung, die in den letzten beiden Jahrhunderten zwischen Wissenschaft und Technologie – insbesondere in den letzten Jahrzehnten im Bereich der Biologie – erreicht wurde, zu einer Reihe von Trennungen im Bereich der Liebe, der Ehe und der Familie geführt: zwischen dem Paar und der Ehe, zwischen der Sexualität und der Fortpflanzung, zwischen dem Paar und der Elternschaft, zwischen der El-

---

14   PIUS XI, Enzyklika *Casti Connubii*, 31.12.1930): AAS 22 (1930) Nr. 13, 539-592.

15   Vgl. BIANCHI, P., L'esclusione dell'indissolubilità (can.1101): La Giurisprudenza della Rota Romana sul consenso matrimoniale (1908-2008). (Studi Giuridici 83) Città del Vaticano 2009, 212.

16   Vgl. MARANO, V., Matrimonio, famiglia e unioni di fatto nell'ordinamento comunitario. Linee di evoluzione e spunti ricostruttivi: Matrimonio canonico (s. Anm. 8), 57.

ternschaft und der Fortpflanzung, und schließlich zwischen der Paar-Familie und der sexuellen Differenz. Im Rahmen der Globalisierung treten Recht und Wirtschaft zunehmend an die Stelle von Religion, Philosophie und Soziologie[17]. Die Fähigkeit des Individuums, sich als autonome Subjektivität mit eigenem Handlungs- und Planungsspielraum zu begreifen, ist allmählich zum kulturellen Grundelement der Gegenwart geworden. Was sich durchgesetzt hat, ist in der Tat eine Kultur, die ganz auf Selbstdarstellung und Selbstverwirklichung beruht. Dank des wirtschaftlichen Fortschritts und des zunehmenden Demokratisierungsprozesses, den die gesellschaftliche Moderne ausgelöst hat, verfügt der Einzelne über enorme Ressourcen, um sein individuelles Handeln zu verbessern, ohne sich auf ein vorgegebenes religiöses oder kulturelles Element beziehen zu müssen, das oft als aufgezwungen empfunden wird[18].

Verschärft wird dies durch die fortschreitende Globalisierung, die die räumliche Trennung aufhebt, indem sie die Aufrechterhaltung der Grenzen zwischen sich und der Welt erschwert. Und selbst der Raum der häuslichen Intimität, der für viele nach wie vor ein grundlegender Ort der Verwurzelung ist, verändert sich unter dem Vorzeichen zunehmender Ambiguität, insbesondere dank der Allgegenwärtigkeit und weiten Verbreitung der Kommunikationstechnologien. Dies führt zu einer Schwächung der zeitlichen Verankerung in dem Sinne, dass die Umschichtung sozialer und kultureller Elemente zum Verlust des Gefühls eines gemeinsamen und geteilten Gedächtnisses führt, und selbst im Bereich der historischen Bezüge verliert der Einzelne den Kontakt zu einer Tradition, von der er sich distanziert, und muss seine eigene Geschichte rekonstruieren. Diese Situation erfordert konkrete Schritte und im Hinblick auf das hier behandelte Thema den Vorschlag neuer und angepasster Maßnahmen, die darauf abzielen, den Wert der Unauflöslichkeit der Ehe zu einer noch immer erstrebenswerten Wahrheit zu machen und nicht zu etwas, das einer fernen oder dunklen Vergangenheit angehört[19].

Es ist auch klar, dass die Entwicklung des von der Postmoderne geschaffenen sozialen und kulturellen Gefüges weit über den Säkularisierungsprozess hinausgeht, auf den die Kirche mit dem Zweiten Vatikanischen Konzil versucht hat, die richtigen Antworten für einen Dialog zu geben, der für ihren Evangelisierungsauftrag nützlich ist. Die Überwältigung aller institutionellen Bezüge einerseits und die Vervielfältigung der Sinnangebote, die dem Einzelnen im Namen

---

17   Vgl. MARANO, Matrimonio (s. Anm. 16), 57; CONGREGATION FOR THE DOCTRINE OF THE FAITH, Considerazioni circa I progetti di riconoscimento legale delle unioni tra persone omosessuali, 03.06.2003.

18   Vgl. VERSALDI, G., Il matrimonio in un mondo secolarizzato: prospettiva psicologica: Matrimonio canonico (s. Anm. 8), 35-36.

19   Vgl. ebd., 37.

einer unbegrenzten Freiheit und ohne objektive Kriterien zur Verfügung stehen, haben die andere, vom radikalen Säkularismus ausgehende Stoßrichtung begünstigt. Der Glaube, dass die Befreiung des Subjekts von allen Zwängen es automatisch reifer und glücklicher machen würde, hat zu der gegenwärtigen dramatischen und paradoxen Situation geführt, insbesondere innerhalb der Institution der Familie[20]. In diesem Zusammenhang gibt es vier ernsthafte und unmittelbare Hindernisse für die Institution der Ehe im Allgemeinen und für ihre Unauflöslichkeit im Besonderen. Das erste ist die vorherrschende Kultur des Individualismus und Relativismus, die zu einer weit verbreiteten und wiederkehrenden Mentalität geworden ist. Das zunehmende Freiheitsgefühl, das größere Bedürfnis, die eigene Persönlichkeit zu erkennen und zu verteidigen, die Spannungen zwischen den Eheleuten aufgrund des Wandels ihrer Rollen, die Andeutungen eines weit verbreiteten Hedonismus, die Unruhe der jungen Eheleute sowie die immer weiter verbreitete Vorstellung, dass die Ausübung der sexuellen Aktivität von jeder moralischen Norm getrennt werden muss und dass die wahre Liebe nicht nur innerhalb des Ehestandes erzwungen und begrenzt werden kann, haben unaufhaltsam zu einem Prozess der Aushöhlung der Institution der Ehe geführt. Und wenn man zu diesem Bild noch die Rechtfertigung von Formen des Lasters und der Verderbtheit hinzufügt, die seit jeher als der menschlichen Natur zuwiderlaufend angesehen werden und die stattdessen eine Homologisierung und Billigung neuer und noch nie dagewesener Formen der Paarbeziehung finden, wird die Sache noch ernster. Mein „Gewissen", meine persönliche „Freiheit" wird so zur absoluten Norm des Verhaltens und der existenziellen Entscheidungen. Alles basiert auf der Relativität der eigenen Erfahrung, der eigenen individualistischen Ansprüche. Und in dieser Perspektive geht auch der authentische Sinn der Beziehung zwischen Individuum und Gesellschaft verloren, was

---

20 Vgl. VERSALDI, Il matrimonio (s. Anm. 18), 39. In der Tat „führt der Drang der heutigen postmodernen Mentalität, die emotionale und subjektive Dimension zu verherrlichen, zum Ausschluss ihrer wesentlichen willentlichen Komponente aus der Bedeutung der Liebe, so dass nur die Erfahrung der Liebe als authentisch angesehen wird, die durch die Spontaneität gewährleistet ist, die den Automatismus der Liebe sicherstellen sollte. Auf diese Weise wird auch die Sexualität oft auf das Streben nach Vergnügen reduziert, wobei ihre Bedeutung auf die genitale Komponente reduziert wird und ihr hoher symbolischer Wert der Gemeinschaft der ganzen Person verloren geht. All diese Elemente schwächen mit Sicherheit den Aufbau eines Einverständnisses, das in der Lage ist, die eheliche Gemeinschaft gemäß den Merkmalen der Treue, Unauflöslichkeit und Fruchtbarkeit, die zur kanonischen Bedeutung der Ehe gehören, mit Leben zu erfüllen. Die Tendenz vieler Eheleute, auch wenn sie sich von der christlichen Ehe inspirieren lassen und beabsichtigen, in der Kirche zu heiraten, besteht darin, für sich selbst den Gegenstand des Einverständnisses zu erfinden, und zwar gemäß dem verzweifelten Subjektivismus, der der Kultur der Postmoderne eigen ist" (ebd., 43-44).

in unserem Fall die Ehe als unwiderruflichen und unauflöslichen Pakt in eine schwere Krise bringt[21].

In der letzten Veröffentlichung des Bandes *Decisiones seu Sententiae*[22] wird in keinem der 266 Urteile der Ausschluss der Unauflöslichkeit (*indissolubilitatis*) ausdrücklich als Nichtigkeitskriterium genannt. Die *exclusio indissolubilitatis* stellt einen Mangel der Einwilligung dar. Und wir können, mit Recht oder Unrecht, annehmen, dass zu den anderen Mängeln der Zustimmung auch der Ausschluss der Unauflöslichkeit gehört. Von den 266 Urteilen des letzten Bandes der *Decisiones seu Sententiæ* ist ein Hauptgrund für die Nichtigkeit eine Form des Zustimmungsmangels. In der Tat gibt es 84 Ursachen für mangelnde Zustimmung. Die pastorale Herausforderung, die der Ausschluss der Unauflöslichkeit der Ehe mit sich bringt, in Verbindung mit der Tatsache des exponentiellen Anstiegs der Scheidungsrate weltweit führt uns zu der Überlegung über die mögliche oder angemessene Antwort der Kirche.

Welchen legislativen und pastoralen Ansatz kann sie definieren, um auf diese Herausforderung wirksam zu reagieren?[23]

3. WELCHER PASTORAL-LEGISLATIVE ANSATZ?

3.1. Könnte es einen neuen Ansatz für die Begründung und Bedeutung der Unauflöslichkeit der Ehe geben?

Warum und wie sollte die Unauflöslichkeit im gegenwärtigen Kontext wieder vorgeschlagen werden? Kann sie trotz der weitverbreiteten Scheidungsmentalität, nach der die Unauflöslichkeit eine rechtliche Absurdität wäre, noch vorgeschlagen werden? Die Frage ist, wie man (katholischen oder nicht katholischen) Paaren helfen kann, die Unauflöslichkeit der Ehe nicht mehr als Auferlegung eines äußeren Gesetzes zu betrachten, das nur so lange zu rechtfertigen ist, wie

---

21   Vgl. PLOTTI, A., Significato e ruolo del matrimonio canonico nella società contemporanea: Matrimonio canonico e ordinamento civile. (Studi Giuridici LXXVIII) Città del Vaticano 2008, 12.

22   Vgl. ROTAE ROMANAE TRIBUNAL, Decisiones seu Sententiae. Selectae eas quae anno 2017 Prodierunt cura eiusdem Apostolici Tribunalis Editae. Vol. CIX, Città del Vaticano 2023.

23   Wir betrachten auch zivile Lebensgemeinschaften, weil, wie bereits gesagt, die Unauflöslichkeit der Ehe ein natürliches Datum ist und nicht ausschließlich ein Wert für Gläubige. Sie ist ein wesentlicher und positiver Wert für jede Ehe und jede Gesellschaft, auch wenn die Freizügigkeit der heutigen Zeit dazu führt, dass man sich weniger dazu bekennt.

man daran glaubt oder glauben will, sondern als einen der Ehe innewohnenden
Wert.

Angesichts der neuen Tendenzen und Rechtssysteme, die im Wesentlichen auf
dem Subjektivismus, auf einer individualistischen Anthropologie beruhen, wäre
es vielleicht angemessener, statt weiterhin die Unauflöslichkeit als unveräußer-
liches Dogma zu bekräftigen [das wahr ist und daher nicht abgeschwächt werden kann und darf], zu betonen, dass die Unauflöslichkeit ein wesentliches
Merkmal des ehelichen Bandes ist, wie auch der Grundpfeiler des gesamten Familienrechts, wie JOHANNES PAUL II. in seinem Brief an die Familien betont hat:

„Der Feststellung, dass der Mensch auf Erden die einzige von Gott um ihrer
selbst willen gewollte Kreatur ist, fügt das Konzil sogleich hinzu, dass er
*,sich selbst nur durch die aufrichtige Hingabe seiner selbst vollkommen fin-
den kann'* (*Gaudium et spes*, 24). Das könnte wie ein Widerspruch erscheinen, ist es tatsächlich aber nicht. Es ist vielmehr das große staunenswerte
Paradoxon der menschlichen Existenz: einer Existenz, die berufen ist, *der
Wahrheit in der Liebe zu dienen*. Die Liebe sorgt dafür, dass sich der Mensch
durch die aufrichtige Selbsthingabe verwirklicht: Lieben heißt, alles geben
und empfangen, was man weder kaufen noch verkaufen, sondern sich nur aus
freien Stücken gegenseitig schenken kann. Die Hingabe der Person verlangt
ihrer Natur nach beständig und unwiderruflich zu sein. Die Unauflöslichkeit
der Ehe entspringt hauptsächlich aus dem Wesen solcher Hingabe: *Hingabe
der Person an die Person*. In diesem gegenseitigen Sich-Hingeben kommt
der *bräutliche Charakter der Liebe* zum Ausdruck.“[24]

Auch die Unauflöslichkeit der Ehe wird hervorgehoben:

Das Wohl der Familie

Das eheliche Band begründet die familiäre Beziehung. Das bedeutet, dass die
persönliche Identität durch sie als einzigartige, einmalige, unwiederholbare und
unumkehrbare Identität aufgebaut und konstituiert wird. In der Tat gründet sich
die persönliche Identität des Kindes gerade auf die Identität der Eheleute, die in
ihrer Fülle nur insofern Eltern werden, als sie sich als Eheleute konstituieren.

Die Natur der ehelichen Liebe

Der wirksame Grund für die Bindung ist die persönliche Zustimmung der Ehegatten, die sich gegenseitig geben und empfangen. In diesem Austausch der Zustimmung wird die ganze Person gegeben und empfangen, und dieser Willensakt
ist mit jeder zeitlichen oder bedingten Einschränkung unvereinbar. Würde sich
eine Person nämlich etwas für die Zukunft vorbehalten oder die Möglichkeit,
sich anders zu entscheiden, würde sie sich nicht vollständig hingeben, und die

---

24 JOHANNES PAUL II., Brief an die Familien, 02.02.1994, Nr. 11.

gegebene Zustimmung würde verletzt. Darüber hinaus beinhaltet die eheliche Liebe die sexuelle Affektivität, die zumindest aus phänomenologischer Sicht die Liebenden dazu bringt, sich zu vereinen.

Das Wohl der Ehegatten

Das Wohl der Ehegatten, das eine der Endgültigkeiten des Ehevertrags darstellt, erfordert die Unauflöslichkeit des Bandes. Während zweiseitige Verträge widerruflich sind, weil die Vertragsparteien konkrete und äußere Güter anstreben, kann das Wohl der Eheleute, das mit der Selbsthingabe zusammenfällt, nicht ausgelöscht werden. Das bedeutet, dass, auch wenn die eheliche Gemeinschaft scheitern kann, die grundlegende eheliche Beziehung immer bestehen bleibt.

Der heilige Charakter der Bindung

Jede wahre Ehe, ob sakramental oder nicht, hat eine heilige Dimension und ist zur Vollkommenheit des Sakraments berufen und hängt nicht vom menschlichen Willen ab. Vor diesem Hintergrund schreiben die verschiedenen menschlichen Kulturen der Ehe spontan einen heiligen Charakter zu, auch wenn die Scheidungsmentalität zunimmt.

3.2. Auf dem Weg zu einem neuen kulturellen Verständnis der Unauflöslichkeit

Die Quellen sind sich nicht immer einig über die konkrete Lehre der frühen Kirche über die Unauflöslichkeit der Ehe. In der Tat scheint es an ernsthaften Beweisen zu mangeln, und einige patristische und exegetische Studien bestätigen, dass in den ersten Jahrhunderten keine Einigkeit über die absolute Unauflöslichkeit der ratifizierten und vollzogenen Ehe bestand. Ein gründliches Studium der theologischen und juristischen Quellen, das die Texte nicht aus ihrem Zusammenhang reißt, zeigt jedoch, wie die Kirche durch ihr Lehramt die von Matthäus zitierten Worte Christi (Mt 19,5) über die Unauflöslichkeit der Ehe fast einhellig interpretiert hat[25].

Diese Lehre Christi war neu, nicht in ihrem Wesen, sondern in ihrem kulturellen Verständnis. In der Tat war die Wahrheit dieses Grundsatzes bei seinen Zeitgenossen durch ihre Bräuche verdunkelt worden. Die Unauflöslichkeit wurde im zehnten Jahrhundert zum gemeinsamen Erbe der westlichen Kultur, als die Rechtsprechung über die Ehe in die Hände der Kirche gelegt wurde. Und so blieb es für viele Jahrhunderte. Ein aufmerksames Studium der Rechtsquellen zeigt, dass die absolute Unauflöslichkeit einer ratifizierten und vollzogenen Ehe bereits im Dekret von GRATIAN, in den Büchern der Dekretalen und im Konzil

---

25   Vgl. FRANCESCHI, Valori fondamentali (s. Anm. 8), 222. Diese Lehre ist im Katechismus der Katholischen Kirche, Nr. 1614-1615, gut wiedergegeben.

von Trient sehr deutlich zum Ausdruck kam. Ein aufmerksames Studium der lehramtlichen und juristischen Quellen der Kirche zeigt deutlich, dass die Kirche stets die Unauflöslichkeit der Ehe und insbesondere die absolute Unauflöslichkeit einer ratifizierten und vollzogenen Ehe bekräftigt hat. In der heutigen Zeit ist die Kultur der Unauflöslichkeit nach einem langen Prozess des Zerfalls der Einheit des kulturellen Verständnisses der Ehe aufgrund verschiedener historischer, politischer und philosophischer Entwicklungen wieder verloren gegangen[26]. In einem solchen Kontext ist die Kirche erneut aufgerufen, ein neues Werk der Inkulturation der Wahrheit dieses Prinzips zu beginnen, um die Ehe und die Gesellschaft als solche zu schützen. In diesem Licht sind die Worte von JOHANNES PAUL II. an die Römische Rota im Jahr 2000 von großer Bedeutung:

„Heute morgen will ich [...] angeregt mit euch über die Hypothese rechtlicher Relevanz der verbreiteten Scheidungsmentalität hinsichtlich einer eventuellen Ehenichtigkeitserklärung sowie über die Lehre von der absoluten Unauflöslichkeit der gültigen und vollzogenen Ehe und die Grenzen der Vollmacht des Papstes gegenüber einer solchen Ehe nachdenken. Im Apostolischen Schreiben *Familiaris consortio* [...] habe ich zunächst die positiven Aspekte der neuen Wirklichkeit der Familie hervorgehoben: ein stärkeres Bewußtsein der persönlichen Freiheit, eine vermehrte Aufmerksamkeit auf die personalen Beziehungen in der Ehe und auf die Förderung der Würde der Frau. Dann habe ich aber auch die negativen Aspekte genannt, die sich aus dem Herabsetzen einiger fundamentaler Werte und durch eine irrige theoretische und praktische Auffassung von der gegenseitigen Unabhängigkeit der Eheleute ergeben, und auf deren Folge, nämlich die steigende Zahl der Ehescheidungen, hingewiesen. An der Wurzel dieser negativen Erscheinungen, so schrieb ich, findet sich oft eine Zersetzung von Begriff und Erfahrung der Freiheit, die nicht als die Fähigkeit aufgefaßt wird, den Plan Gottes für Ehe und Familie zu verwirklichen, sondern vielmehr als autonome Kraft der Selbstbehauptung – für das eigene, egoistisch verstandene Wohlergehen und nicht selten gegen die Mitmenschen (Nr. 6). Ich habe daher die ‚Grundpflicht der Kirche‘ unterstrichen, ‚mit Nachdruck – wie es die Väter der Synode getan haben – die Lehre von der Unauflöslichkeit der Ehe erneut zu betonen‘ (Nr. 20). Dies auch, um den Schatten zu zerstreuen, welche einige im Bereich der theologisch-kanonistischen Forschung zutage getretene Meinungen auf die Unauflöslichkeit des Ehebandes zu werfen scheinen. Es handelt sich um Thesen, die eine Überwindung der absoluten Unvereinbarkeit von einer gültigen und

---

26 Man denke an die protestantische Reformation, die Französische Revolution, den Verlust des philosophischen Realismus, das Phänomen des Rechtspositivismus, die anhaltende und rasch zunehmende Säkularisierung der Gesellschaft usw.

Jean Olivier Nke Ongono

vollzogenen Ehe (vgl. CIC, can. 1061 § 1) und einer neuen Ehe eines der beiden Ehegatten zu Lebzeiten des anderen, befürworten."[27]

Welches sind nun die Schlüssel, um die Wahrheit der Unauflöslichkeit der Ehe zu reinkultivieren?

3.3. Die Wahrheit der Unauflöslichkeit: der Schlüssel zu einer neuen Inkulturation

Der Wunsch nach einer neuen Inkulturation der Wahrheit der Unauflöslichkeit wird von einer dreifachen Frage oder Sorge geleitet.

- Inwieweit ist es möglich, die Kultur der Unauflöslichkeit der Ehe als Gut und Wert wiederzubeleben?

- Welche Schlüssel könnten für eine neue Inkulturation der Unauflöslichkeit der Ehe in der heutigen Kultur vorgeschlagen werden?

- Oder hat die Kirche im Gegenteil keine andere Wahl, als sich einer Kultur zu beugen, in der die Unauflöslichkeit der Ehe inzwischen fast überall abgelehnt wird?

Die Vorschläge, die wir unterbreiten, gehen über die Zuständigkeit der Kirche hinaus und betreffen auch die Zivilgesellschaft. Ziel dieser Bemühungen ist es, zu dem Bewusstsein zu gelangen, dass die Unauflöslichkeit keine kirchenrechtliche Vorgabe ist, geschweige denn ein Erfordernis, das nur in den Bedingungen der Gläubigen begründet ist. *Was könnten dann Vorschläge aus kanonistischer Sicht sein?*

Vermeidung der Erklärung von Ehen für nichtig aus rein formalen Gründen. Förderung der Konvalidierung von Ehen, die bestätigt werden können.

Ein größeres Bewusstsein dafür, dass die Rettung einer Ehe, selbst einer nichtigen Ehe, die geheilt oder wiederhergestellt werden kann, immer gut für die Gesellschaft ist, könnte nicht nur die Arbeit der Richter bei der Erklärung der Nichtigkeit einer Ehe leiten, sondern auch die der Priester und der Gläubigen im Allgemeinen bei der Bewältigung von Ehekrisen. Angesichts von Scheitern und Krisen besteht die einzige Lösung – selbst, wenn die Nichtigkeit der Ehe feststeht – nicht darin, sie für nichtig zu erklären, sondern oft ist es unter Berücksichtigung des Wohls der Familie und der Gesellschaft insgesamt die beste Lösung, alles zu tun, um die Hindernisse zu beseitigen, die zur Nichtigkeit der Ehe geführt haben[28].

---

27   JOHANNES PAUL II., Ansprache an die Römische Rota anlässlich der Eröffnung des Gerichtsjahres, 21.01.2000, Nr. 2.

28   Vgl. FRANCESCHI, Valori fondamentali (s. Anm. 8), 231.

Im Eherecht ist eine Ehe zwar immer nichtig, bis die Parteien durch eine erneute Zustimmung eingreifen oder die Behörde durch eine *sanatio in radice* eingreift oder eine Konvalidierung erfolgt. Doch wie der Gesetzgeber selbst in c. 1156 § 2 einräumt: „Das Kirchenrecht verlangt diese Erneuerung für die Gültigkeit der Konvalidierung, auch wenn beide Parteien zu Beginn ihre Zustimmung gegeben und sie später nicht widerrufen haben", d.h. es wäre möglich gewesen, einen anderen Weg zu finden, um eine Ehe, die *ab initio* nichtig war, für gültig zu erklären, z.B. durch den Wegfall des Hindernisses, das ihrer Gültigkeit entgegenstand, und durch eine spätere Handlung, die den Willen, sich in der Ehe zu binden, klar zum Ausdruck brachte[29].

Die Bedeutung der Trennung von Ehegatten als Heilmittel zurückgewinnen

In einer Kultur, in der Ehe und Eheleben verwechselt werden, in der die Ehe die Tatsache des Zusammenlebens ist, hat die Trennung der Ehegatten *manente vinculo* ihren Sinn verloren und wird sogar oft nur noch als Voraussetzung für eine zivilrechtliche Scheidung verstanden. Ein Blick auf die Rechtsprechung des Tribunals der Römischen Rota zeigt, dass die Gründe für eine gerichtliche Trennung der Ehegatten bei den kirchlichen Gerichten praktisch verschwunden sind. In den Bänden der *Decisiones seu Sententiae* aus den ersten Jahren des zwanzigsten Jahrhunderts finden wir viele Trennungsgründe. In der neueren Rechtsprechung wird das Thema jedoch nur noch sehr selten und meist als Nebengrund behandelt[30].

Es könnte für die Kirche von Nutzen sein, die Gründe für die Trennung wiederherzustellen, auch wenn dies in einigen Fällen bedeuten kann, dass die Zivilbehörde aufgefordert werden muss, die zivilrechtlichen Auswirkungen der kirchlichen Entscheidung anzuerkennen. Die bilateralen Verträge, die der Heilige Stuhl mit den Staaten abschließt, könnten ausdrücklich einige Artikel zu diesem Thema enthalten. Der Rückgriff auf die Trennung in jenen extremen Fällen, in denen ein Zusammenleben als Ehepaar unmöglich oder sehr schwierig ist, könnte dazu dienen, den Menschen zu verdeutlichen, dass die Trennung der Ehegatten und ihre Folgen nicht einfach eine Tatsache oder ein wirtschaftliches Problem sind. Die Trennung der Ehegatten als kirchliches Rechtsmittel berücksichtigt und bewahrt den Wert der Unauflöslichkeit des ehelichen Bandes. Es ist also kein Widerspruch, wenn man bekräftigt, dass die Gründe für die Trennung der Ehegatten dem Bemühen um die Inkulturation der Unauflöslichkeit der Ehe dienen können, insofern sie ein nützliches Instrument für die Gläubigen sein können, um zu verstehen, dass auch in Fällen, in denen das Eheleben gescheitert

---

29   Vgl. Franceschi, Valori fondamentali (s. Anm. 8), 233.
30   Vgl. ebd., 234.

oder unmöglich geworden ist, eine persönliche Identität weiterbesteht, eine un-auslöschliche Identität, die der Ehegatten, die auf dem ehelichen Band beruht, das keine Autorität auflösen kann.

4. DIE UNAUFLÖSLICHKEIT DER EHE: NÄCHSTER SCHRITT

Angesichts des von Papst JOHANNES XXIII. angestrebten *aggiornamento* hat das Zweite Vatikanische Konzil die unveränderliche Bedeutung der kanonischen Ehe in einer der Zeit angepassten Sprache dargestellt, was in der 1983 verkünde-ten Revision des CIC gipfelte. Seit den letzten Jahrzehnten des 20. Jahrhunderts hat sich jedoch eine subjektive Bedeutung der Ehe als bloßer Vertrag zwischen den Parteien herausgebildet, die einige der klassischen Lehren über die Ehe in Frage stellt. Insbesondere wird eines der wesentlichen Merkmale der Ehe, näm-lich ihre Unauflöslichkeit, in Frage gestellt. Dies wirft eine doppelte Frage auf:

- Kann die Kirche legitimerweise Gesetze über die Unauflöslichkeit der Ehe erlassen?

- Reicht es aus, wenn die Kirche die Unauflöslichkeit der Ehe bekräftigt?

Um die Wahrheit / den Wert der Unauflöslichkeit wieder zu inkulturieren, ist es notwendig, die Art und Weise zu berücksichtigen, wie die Menschen denken, ohne davon auszugehen, dass sie weiterhin so denken, wie es die Tradition über-liefert hat[31].

Wie Papst JOHANNES PAUL II. in seiner Ansprache an die Rota im Jahr 2002 in Erinnerung rief, dürfen wir nicht in eine Scheidungsmentalität verfallen. Er sagt unter anderem:

„Das wesentliche Zeugnis vom Wert der Unauflöslichkeit wird mittels des Ehelebens der Eheleute gegeben in der Treue zu ihrem Ehebund durch die Freuden und Prüfungen des Lebens hindurch. *Der Wert der Unauflöslichkeit darf aber nicht als Objekt einer rein privaten Entscheidung betrachtet wer-den*: Er betrifft einen Grundpfeiler der ganzen Gesellschaft. Es sind die vie-len Initiativen zu ermutigen, die von den Christen und anderen Menschen guten Willens zum Wohl der Familien gefördert werden (zum Beispiel die Feier des Hochzeitstages); hingegen ist die Gefahr der Permissivität in grundsätzlichen Fragen, die das Wesen der Ehe und Familie betreffen zu vermeiden.“[32]

---

31   Vgl. VERSALDI, Il matrimonio (s. Anm. 18), 42.

32   JOHANNES PAUL II., Ansprache an die Römische Rota anlässlich der Eröffnung des Ge-richtsjahres, 28.01.2002, Nr. 9.

Anschließend präzisiert er, wie das Handeln der Gläubigen im öffentlichen Raum zur Verteidigung der Unauflöslichkeit aussehen sollte, wobei er einige grundlegende Linien aufzeigt[33]:

- Förderung von Gesetzen, die die Unauflöslichkeit der Ehe anerkennen.
- Vermeidung von Zusammenarbeit bei der Scheidung.

Dies geschieht durch die Vermittlungstätigkeit von Richtern oder durch die Vermeidung einer formellen Zusammenarbeit bei der Verbreitung von Scheidungen durch im Zivilrecht tätige Anwälte.

Tatsächlich wird die Unauflöslichkeit seit der frühen Kirche als wesentlich angesehen. Alle Väter haben sie gelehrt; und wenn wir sehen, dass die griechischen Väter die Ehescheidung in der Praxis zulassen, sind sich die lateinischen Väter einig, dass die Ehescheidung ein Vergehen ist[34]. Alle Konzilien und Päpste haben in ihren Briefen, Dekreten, Antworten oder Reskripten die Verpflichtung zur Unauflöslichkeit aufgenommen, die so in die kanonische Gesetzgebung eingegangen ist. Die Unauflöslichkeit wurde also von der Kirche seit ihren Anfängen bekräftigt und durch die Jahrhunderte hindurch beibehalten. Und nicht etwa, weil die Staaten die Ehescheidung befürworten oder begünstigen und damit die Unauflöslichkeit der Ehe leugnen, wird die Kirche den eigentlichen Charakter der Unauflöslichkeit der ehelichen Institution verwässern. In Wirklichkeit hat sie weder die Macht noch das Recht, dies zu tun. Es ist ein göttliches Gesetz, eine Tatsache der Natur. Die Unauflöslichkeit des Ehebandes ist ein natürliches göttliches Recht, ein positives göttliches Recht, und folglich kann das Kirchenrecht es nur aufrechterhalten und seine Verletzung sanktionie-

---

33 „Unter diesen Initiativen können diejenigen nicht fehlen, die auf die öffentliche Anerkennung der unauflöslichen Ehe in den zivilen Rechtsordnungen ausgerichtet sind (vgl. ebd., 17). Der entschlossene Widerstand gegen alle gesetzlichen und administrativen Maßnahmen, die die Scheidung einführen oder die Ehe mit den de facto Lebensgemeinschaften, sogar den homosexuellen Lebensgemeinschaften, gleichstellen, muss *mit einer konstruktiven Haltung* einhergehen, mittels rechtlicher Maßnahmen *die soziale Anerkennung der wahren Ehe im Bereich jener Rechtsordnungen zu verbessern*, die leider die Ehescheidung zulassen. Anderseits sollen *diejenigen, die im Bereich des Zivilrechts tätig sind*, es vermeiden, persönlich miteinbezogen zu werden, insofern dies eine *Mitwirkung an der Scheidung* impliziert. Für *die Richter* kann das sehr schwierig sein, weil die Rechtsordnungen keine Verweigerung aus Gewissensgründen anerkennen, die sie vom Urteilen befreien. Aus schwerwiegenden und angemessenen Gründen können sie deshalb entsprechend den *traditionellen Prinzipien der materiellen Mitwirkung am Bösen handeln*. Aber auch sie müssen wirksame Mittel finden, um die ehelichen Verbindungen zu begünstigen, vor allem durch einen *klug geführten Versöhnungsversuch*", ebd.

34 Vgl. Katechismus der Katholischen Kirche, Nrn. 2382-2386.

ren[35]. Es ist daher klar, dass der kirchliche Gesetzgeber die bestehende Norm der Unauflöslichkeit der Ehe nicht aufweichen kann. In der Tat ist weithin anerkannt, dass es im CIC sowohl göttliche als auch so genannte rein kirchliche Gesetze gibt. Während es sich bei den göttlichen Gesetzen um natürliche oder positive, von Gott gegebene Gesetze handelt, die nicht geändert oder gar aufgehoben werden können, da der kirchliche Gesetzgeber für sie nicht zuständig ist, können die rein kirchlichen Gesetze geändert werden.

Nachdem wir festgestellt haben, dass die Kirche nicht in der Lage ist, den Wert der Unauflöslichkeit der Ehe gesetzlich zu regeln, wollen wir nun überlegen, was sie seelsorgerisch tun kann:

- Was kann die Kirche dann seelsorgerisch tun?

- Wie können und sollten Priester diese Frage angehen?

Angesichts einer neuen Inkulturation des besonderen Charakters der Unauflöslichkeit der Ehe gibt es einige Themen, die erforscht werden müssen, um ihren Charakter und ihren Wert angemessen zu verstehen. Wenn Kanonisten und Seelsorger von der Unauflöslichkeit überzeugt sind und Wege finden, die Gläubigen zu überzeugen, ist ein großer Teil der Arbeit getan, denn auf diese Weise werden wir in der Lage sein, den Gläubigen Gründe für dieses Gut zu geben, und sie werden auch über die notwendigen Mittel verfügen, um allen Menschen mit ihrem Wort, aber vor allem mit ihrem Leben, das eigentliche Gut der Unauflöslichkeit der Ehe zu bezeugen[36]. Die Kultur der Unauflöslichkeit muss eine der Grundlagen der Ehepastoral der Kirche sein. In der Tat müssen die lehrmäßigen Aspekte vermittelt, geklärt und verteidigt werden. Wenn ein Ehepaar auf Schwierigkeiten stößt, muss das Verständnis der Seelsorger und der anderen Gläubigen mit Klarheit und Kraft verbunden werden, um daran zu erinnern, dass die eheliche Liebe der Weg zu einer positiven Lösung der Krise ist. Gerade weil Gott sie in einem unauflöslichen Band verbunden hat, können und müssen die Eheleute, indem sie alle ihre menschlichen Kräfte mit gutem Willen einsetzen, vor allem aber im Vertrauen auf die Hilfe der göttlichen Gnade, aus Momenten der Verwirrung gestärkt und erneuert hervorgehen. Andernfalls werden die Gläubigen in Ehekrisen nach Lösungen suchen, die ihrem eigenen Wohl, dem Wohl ihrer Kinder und dem Wohl der Gesellschaft zuwiderlaufen[37].

---

35   Vgl. MAYAUD, L'indissolubilité du mariage (s. Anm. 3), 8.

36   Vgl. JOHANNES PAUL II, Ansprache an die Römische Rota 2002 (s. Anm. 32), Nr. 5.

37   Vgl. ebd.

Betonen Sie, dass die Unauflöslichkeit ein Geschenk Christi an jede Ehe ist

Obwohl nur die Ehe zwischen zwei Getauften ein Sakrament im engeren Sinn ist, kann nicht behauptet werden, dass nur die sakramentale Ehe unauflöslich ist. Die Ehe der Ungetauften bleibt kein einfaches *institutum naturae*, denn jede Ehe folgt als natürliche Verbindung der menschlichen Natur, und jeder Mensch ist durch Christus radikal erlöst und dazu bestimmt, durch den Glauben und die Taufe ein Kind Gottes zu werden. Was als Sakrament eingesetzt wurde, ist die natürliche Ehe selbst, und es fehlt nur noch die Taufe beider Eheleute, um sie zu einem Sakrament in Aktion zu machen. Genau aus diesem Grund wird ihre Ehe *ipso facto* zu einem Sakrament, wenn zwei untreue Menschen die Taufe empfangen. In der heutigen Kultur wäre eine Erklärung der Unauflöslichkeit, die sich allein auf den juristischen Charakter des Ehebandes stützt, kein ausreichendes Instrument für eine neue Inkulturation der Wahrheit dieses Grundsatzes. Aus pastoraler Sicht ist es daher wichtig, den Berufungscharakter der Ehe und ihre Unauflöslichkeit aus dem Naturrecht selbst zu betonen.

Katechese über die Bedeutung der Nichtigkeit der Ehe

Eine angemessene Katechese über die Bedeutung der Nichtigkeit der Ehe und über die Treue zum Gut der Unauflöslichkeit könnte ebenfalls empfohlen werden. In der Tat ist es heute sehr wichtig, den Gläubigen die Bedeutung der Gründe für die Nichtigkeit der Ehe zu erklären, denn für viele wäre die Nichtigkeit der Ehe der Weg, eine Ehe nach dem Recht der Kirche aufzulösen. Schon die Verwendung des in der katholischen Welt weit verbreiteten Ausdrucks „Annullierung der Ehe" zeigt, wie schwer es zu verstehen ist, dass Richter – und im Falle einer ratifizierten und vollzogenen Ehe nicht einmal der Papst – keine Befugnis haben, eine gültig gefeierte Ehe zu annullieren oder aufzulösen[38]. In der Tat ist die Erklärung, dass die Richter eine Ehe, die von Anfang an nichtig war, für „nichtig" erklären, für die Gläubigen oft eine Entdeckung. Und dann gibt es noch die Notwendigkeit, dass die kanonischen Urteile wirklich im Dienst der Wahrheit der Unauflöslichkeit der Ehe stehen, insofern, als die Richter eine Ehe nur dann für nichtig erklären können, wenn sie die moralische Gewissheit über ihre Nichtigkeit erreicht haben ex c. 1608.

Eine gute voreheliche Katechese

Cc. 1063-1072 des CIC/83 definieren und beschreiben die Elemente, die die Seelsorge vor der Eheschließung ausmachen sollten. Es ist zwar festzustellen, dass die Anliegen in diesem Abschnitt des CIC/83 weiter gefasst sind als in dem parallelen Abschnitt des Kodex von 1917 (cc. 1019-1034),[39] doch betonen die

---

38 Vgl. FRANCESCHI, Valori fondamentali (s. Anm. 8), 233.

39 Der Kodex von 1983 betont noch stärker die angemessene Vorbereitung der Parteien auf eine gültige und fruchtbare Feier des Sakraments. Vgl. ROBITAILLE, L. A., Com-

Kanones dieses Abschnitts die Bedeutung der Ehevorbereitung und weisen auf eine mögliche Schwäche hin. In der Tat ist es schwierig, eine angemessene Vorbereitung auf die Sakramente und eine angemessene Betreuung der bereits Verheirateten gesetzlich zu regeln. Die cc. 1063 und 1072 und die *Vorbereitung auf das Ehesakrament*, die 1996 vom damaligen Päpstlichen Rat für die Familie veröffentlicht wurden, sind in ihrer Umsetzung auf den guten Willen und die Sorge der Seelsorger und der christlichen Gemeinschaft angewiesen. Es ist eine Herausforderung, dafür zu sorgen, dass die Empfehlungen dieser Kanones in jeder Diözese und in jeder Pfarrei richtig angewendet werden. Es ist jedoch nicht ungewöhnlich, ja sogar sehr üblich, in den *facti species* vieler Fälle, die der Römischen Rota zur Erklärung der Nichtigkeit vorgelegt werden, zu lesen, dass die Ehegatten vor der Eheschließung keine katechetische Vorbereitung hatten. Es stimmt zwar, dass eine solche Vorbereitung für die Gültigkeit der Ehe nicht obligatorisch ist, aber c. 1063, 2° stellt sie als Pflicht der Seelenhirten dar. Er lautet:

„Can. 1063 – Die Seelsorger sind verpflichtet, dafür zu sorgen, daß die eigene kirchliche Gemeinde den Gläubigen die Hilfe bietet, durch die der Ehestand im christlichen Geist bewahrt wird und in der Vollkommenheit vorankommt.

Dieser Beistand ist besonders zu leisten: […]

2° durch persönliche Vorbereitung auf die Eheschließung, durch welche die Brautleute in die Heiligkeit und in die Pflichten ihres neuen Standes eingeführt werden.“

Die Seelsorger auf den verschiedenen Ebenen des kirchlichen Lebens müssen dann dafür sorgen, dass die Vorbereitung auf die Ehe in der Ferne, in der Nähe und in der Nähe richtig erfolgt.

SCHLUSSFOLGERUNG

Die heutige Welt stellt große Herausforderungen an die Ehe, sei sie sakramental, zivil oder einfach natürlich. Deshalb ist die Bekräftigung ihrer Grundwerte im Lichte der Vernunft und des Glaubens ein wertvoller Dienst, den wir nicht nur der Kirche und der Zivilgesellschaft, sondern auch dem Menschen selbst erweisen[40]. Wir haben uns mit einer dieser Herausforderungen befasst: Ist die Unauflöslichkeit durch das Naturrecht vorgegeben? Mit anderen Worten, ist die Ehe wirklich unauflöslich? Und was kann/sollte die Kirche tun? Jeder nähert sich diesen Fragen und Antworten nach seinen eigenen Neigungen. Es ist daher nicht

---

mentary: Kapitel I. Seelsorge und die Dinge, die der Feier der Ehe vorausgehen müssen (cc. 1063-1072): Beal / Coriden / Green (Hrsg.), New Commentary (s. Anm. 2), 1261.

40   Vgl. SODANO, A., Al servizio della comunità cristiana, 9.

verwunderlich, dass es widersprüchliche Antworten gibt. Aber es reicht nicht aus, Gründe zu haben, selbst wenn sie gut sind, um Recht zu haben. Umgekehrt kann eine These schwerwiegende Einwände gegen sie haben, ohne dass sie aufhört, sicher zu sein oder das Richtige zu sein, was zu tun und zu behaupten ist. Die These vom Ausschluss der Unauflöslichkeit, die gute Argumente zu ihren Gunsten haben mag, ist dennoch nicht annehmbar oder legitim, weil sie der guten und natürlichen Ordnung widerspricht; und die These zugunsten der Unauflöslichkeit, trotz der Einwände, die einige Menschen gegen sie erheben mögen, setzt sich – nach unserem Verständnis und in Übereinstimmung mit der ständigen Lehre der Kirche – durch, weil sie mit der natürlichen Ordnung übereinstimmt, die vom Urheber der Natur gewollt ist[41]. In der Tat bleibt die Unauflöslichkeit der Ehe ohne Zweifel ein Wert, ohne den das eheliche Band seine tiefe Bedeutung verliert und die gesamte soziale Struktur gefährdet.

Das kanonische Eherecht, das durch eine interdisziplinäre Perspektive bereichert wird, hat der zeitgenössischen Kultur viel zu bieten, nicht nur, weil es seit Jahrhunderten die „normale" und akzeptierte Praxis ist, sondern weil es, in seinem ganzen Reichtum verstanden, die ganze Schönheit und den Reichtum der menschlichen Sexualität, der Familie und der Gesellschaft zum Ausdruck bringt. Es ist daher wichtig, eine Analyse der tiefsten Wurzeln der Krise vorzunehmen, die die Ehe als solche – und nicht nur ihr Wert der Unauflöslichkeit – in unserer Zeit erlebt. Das Ziel eines solchen Unterfangens wäre es, das gemeinsame Gewissen im Hinblick auf das gegenwärtige Verständnis von Liebe, Sexualität und Ehe zu reinigen.

* * *

ABSTRACTS

Dt.: Die Unauflöslichkeit der Ehe ergibt sich aus dem Naturrecht und gilt als solche für jede rechtmäßig geschlossene Ehe, ob sakramental oder nicht. Diese wesentliche Eigenschaft der Ehe (c. 1056) wurde von der Kirche ununterbrochen gelehrt. Die heutige Gesellschaft mit ihren „neuen" Werten, Ansichten und Ansätzen zum Leben und zur Schöpfung im Allgemeinen stellt die säkularen Prinzipien und Modelle von Familie und Ehe in Frage. Dazu gehört auch die Unauflöslichkeit der Ehe. Die Auffassung, dass das eheliche Band ein bloßer Vertrag zwischen zwei Personen ist, der auf deren freiem Willen beruht und daher von ihnen frei gebrochen werden kann, ist das Ergebnis eines Paradigmenwechsels, der sich in den letzten zwei Jahrhunderten allmählich vollzogen hat. Ein solcher Paradigmenwechsel, der in den Köpfen so vieler Menschen, ob ka-

---

41   Vgl. MAYAUD, L'indissolubilité du mariage (s. Anm. 3), 28.

tholisch oder nicht, Verwirrung stiften kann und dies auch tut, erfordert eine angemessene Antwort der Kirche. Die zugrundeliegende Frage ist dreifach: Wie relevant ist die *exclusio indissolubilitatis* für die Ehe? Was könnte die gesetzgeberische und pastorale Antwort der Kirche sein? Und wie könnten Seelsorger und Gemeinden konkret mit dieser Frage umgehen? Abgesehen von der Notwendigkeit und der Pflicht, den Wert der Unauflöslichkeit als natürliches Datum zu bekräftigen, wird es für die Kirche immer notwendiger, konkrete pastorale Maßnahmen zu definieren, die eine systematische und gute voreheliche Katechese ex c. 1063, 2°, und die Wiederentdeckung der Konvalidation der Ehe ermöglichen. In der Tat darf der Wert der Unauflöslichkeit nicht als Objekt einer rein privaten Entscheidung betrachtet werden.

Ital.: L'indissolubilità del matrimonio deriva dalla legge naturale e, in quanto tale, si applica ad ogni matrimonio che sia stato celebrato in modo legittimo, sia esso sacramentale o meno. Questa proprietà essenziale del matrimonio (c. 1056) è stata insegnata dalla Chiesa senza interruzioni. La società contemporanea, con i suoi „nuovi" valori, punti di vista e approcci alla vita e alla creazione in generale, mette in discussione i principi e i modelli secolari di famiglia e matrimonio. Tra questi c'è l'indissolubilità del matrimonio. La concezione del matrimonio come un mero contratto tra due persone, basato sulla loro libera volontà e quindi liberamente infrangibile da parte loro, è il risultato di un cambiamento di paradigma che si è verificato gradualmente negli ultimi due secoli. Tale cambiamento di paradigma, che può causare confusione nella mente di molte persone, cattoliche o meno, richiede una risposta adeguata da parte della Chiesa. La domanda di fondo è triplice: quanto rilevante è *l'exclusio indissolubilitatis* per il matrimonio? Quale potrebbe essere la risposta legislativa e pastorale della Chiesa? E come i pastori e le comunità potrebbero affrontare concretamente la questione? Oltre alla necessità e al dovere di riaffermare il valore dell'indissolubilità come dato naturale, è sempre più necessario che la Chiesa definisca azioni pastorali concrete che potrebbero includere una sistematica e buona catechesi prematrimoniale ex c. 1063, 2°, e la riscoperta della convalidazione del matrimonio. In effetti, il valore dell'indissolubilità non deve essere considerato come oggetto di una decisione puramente privata.

INNOVATIONS AND CHALLENGES IN THE
CANONICAL MATRIMONIAL PROCESS

by Luigi Sabbarese

FOREWORD

After 40 years from the coming into force of the Code for the Latin Church, and after almost ten years from the coming into force of the *Mitis Iudex Dominus Iesus* (*MIDI*),[1] which introduced a radical reform of matrimonial processes, I intend to examine some aspects that highlight the novelties and the innovations brought by the reform, which is nevertheless on a path of novelty in continuity, in view of a certain perfecting of the procedural norm, a path that is not without its fragilities and limitations.

1. THE RECENT HISTORY OF THE REFORM
OF THE CANONICAL MATRIMONIAL PROCESS

The recent history of the reform of the canonical matrimonial process for the Latin Church and the Eastern Churches owes its rapid implementation to the thrusts that emerged during and from the III Extraordinary General Assembly of the Synod of Bishops. Especially in Nos. 48-49 of the *Relatio Synodi*,[2] some proposals for a reform of the procedures were gathered and, dealing with the „streamlining of the procedure" for matrimonial cases, the active responsibility of the diocesan Bishop and the preparation and commitment of an adequate number of legal practitioners were reaffirmed. I am not in position to assess whether these two aspects constitute real progress in canonical matrimonial processes, but they certainly were and remain ever-present challenges that accompany every canonical process.

---

[1] FRANCIS, Litterae apostolicae motu proprio datae *Mitis Iudex Dominus Iesus*, quibus canones *Codicis Iuris Canonici* de causis ad matrimonii nullitatem declarandam reformantur, 15.08.2015: AAS 107 (2015) 958-970.

[2] SYNOD OF BISHOPS, III Extraordinary General Assembly, *Relatio Synodi*, 18.10.2014, No. 49: Enchiridion Vaticanum 30/1639-1640.

However, already in his address to the Apostolic Signature on 08.11.2013, the Pope had emphasized episcopal responsibility in the administration of justice:

„Your activity is aimed at fostering the work of the Ecclesiastical Courts, which are called to respond adequately to the faithful who turn to the Church's justice to obtain a just decision. You work to ensure that they function well, and you support the Bishop's responsibility to train suitable ministers of justice"[3].

The Synod's requests were acknowledged by the Pope, who set up a special commission on 27.08.2014 to draft a proposal to reform the canonical matrimonial process[4]. The Commission[5] concluded its work, which then resulted in the two m.p. *MIDI* and *Mitis et Misericors Iesus* (*MMI*),[6] which came into force on 08.12.2015 and replaced the canons regulating the matrimonial process in both the Code for the Latin Church and the Code for the Eastern Churches.

With the promulgation of the new laws on the canonical matrimonial process, there followed a series of questions and particular responses that in some way required further authoritative clarifications regarding the new normative framework in force; these clarifications converged both in interventions that had to make explicit the Pope's *mens* on the reform with the declaration published on 08.11.2015 in *L'Osservatore Romano* and with the rescript of 07.12.2015 regarding the fulfilment and observance of the new law of the matrimonial process,[7] and with the *Subsidium* published by the Roman Rota applying the m.p.

---

3 FRANCIS, Address *This Your Session*, to the Plenary Session of the Supreme Tribunal Apostolic Signature, 08.11.2013: AAS 105 (2013) 1152. The translation is mine.

4 It should be noted that the reforming instances of this process were already present even before the last two synodal assemblies; in fact, two commissions were at work at the Pontifical Council for Legislative Texts, one on matrimonial processes and one on matrimonial law, which concluded their work at the same time as that of the special papal commission.

5 Of this Commission we know the members (BONI, G., La riforma del processo matrimoniale canonico. Osservazioni e questioni aperte: Gruppo Italiano Docenti di Diritto Canonico [Hrsg.], La riforma del processo canonico per la dichiarazione di nullità del matrimonio. Milano 2018, 107-108, Anm. 9), but nothing is known of the *iter* of the work, nor of the drafts that led to the final text. The singularity of the preparatory phase, of which nothing is known and of which there appear to be no (consultable) minutes, makes it difficult, where necessary, to find the *mens legislatoris*.

6 FRANCIS, Litterae apostolicae motu proprio datae *Mitis Iudex Dominus Iesus*, quibus canones *Codicis Iuris Canonici* de causis ad matrimonii nullitatem declarandam reformantur, 15.08.2015: AAS 107 (2015) 958-970.

7 For the complexity and multiplicity of the framework of sources I refer, *ex multis*, BONI, La riforma (s. Anm. 5), 162-197, 217-231.

MIDI of January 2016,[8] and, finally, in other less formally demanding interventions[9].

In my opinion, all these post-motu proprio interventions constitute a strong limitation as they denounce a certain lack of clarity in the elaboration of the *dictio normae* and thus also in the application of the law itself[10].

According to other opinions, the work of the reform „was done most quickly[11] and the revision was carried out with relatively limited, if any, direct consulting"[12].

2. THE MAIN INNOVATIONS INTRODUCED WITH THE REFORM OF THE MATRIMONIAL PROCESS

The main innovations introduced in the *CIC* include:

a) for matrimonial cases not reserved to the Apostolic See, the modification of the equivalent titles[13] of jurisdiction for which, with regard to the domicile

---

8   It is strange, to say the least, that the marriage processes in the CIC and the CCEO have been updated with a double m.p. and not provided with a specific application aid for the MMI.

9   For example, the allocution of 26.11.2017 to the participants in a training course promoted by the Roman Rota (*Comm.* 49 [2017] 276-279). In the doctrine, there has been no lack of those who have even qualified this allocution as an authentic interpretation regarding the *processus brevior*; thus, for example: SALACHAS, D., L'applicazione del processus brevior e del processo documentale secondo il m.p. Mitis et Misericors Jesus nei matrimoni di mista religione e di disparità di culto: Periodica 108 (2010) 99.

10 A few authors have also noted how the amalgamation of certain canons to make room for the new canons on the *processus brevior* and not to change the overall numbering corresponds to „a questionable technique of normative production": SANTORO, R., Riforma del processo matrimoniale canonico e rafting normativo: il caso della nuova numerazione dei canoni: Foderaro, A. / Palumbo, P. (Hrsg.), Diritto canonico: persone, comunità, missione. A 40 anni dalla promulgazione del Codice per la Chiesa latina. Napoli 2024, 216.

11 DANIEL, W. L., An analysis of Pope Francis' 2015 Reform of the General Legislation Governing Causes of Nullity of Marriage: The Jurist 75 (2015) 431.

12 Ebd., 432. Also PAGÉ, Questions Regarding the Motu Proprio Mitis Iudex Dominus Iesus: ebd., 616.

13 See in doctrine SALVATORI, D., I fori competenti e le novità introdotte da Mitis Iudex Dominus Iesus. Studio delle fonti del can. 1672: analisi storico-comparativa. Roma 2021; DEL POZZO, M., I titoli di competenza e la „concorrenza materiale" alla luce del m.p. Mitis Iudex Dominus Iesus: IusEccl 28 (2016) 475.

and quasi-domicile of the plaintiff,[14] it is no longer provided that the parties must reside in the territory of the same Episcopal Conference and that the judicial vicar of the place of domicile of the defendant, after hearing the defendant, must agree;[15] the same simplification has also involved the criterion of the place where most of the evidence is to be gathered[16] (c. 1672);

b) the reinforcement of the principle, already foreseen in c. 1419, according to which the diocesan Bishop is the judge[17] of first instance for marriage nullity cases, for which the law does not expressly make an exception, being able to exercise judicial power personally or through others, according to the norm of law (c. 1673 § 1) and having to constitute for his diocese a diocesan tribunal for cases of marriage nullity, without prejudice to the possibility of access to another closer diocesan or interdiocesan tribunal (c. 1673 § 2);

c) the possibility that in the panel of judges, presided over by a cleric judge, the remaining judges may be lay persons[18] (c. 1673 § 3), while c. 1421 § 2,

---

14   MONTINI, G. P., Competenza e prossimità nella recente legge di riforma del processo per la dichiarazione della nullità del matrimonio: In Charitate Iustitia 34 (2016-2017) 33.

15   This simplification was hailed as pastoral care for the spouse who is a plaintiff and can choose the competent court. Thus PEÑA GARCÍA, C., La reforma de los procesos canónicos de nulidad matrimonial: el motu proprio *Mitis Iudex Dominus Iesus*: EstE 90(2015) 632-634; IZZI, C., Il processo canonico di nullità del matrimonio dalla codificazione post-conciliare alla riforma scaturita dalla riflessione sinodale sulla famiglia: EstE 97 (2022) 73-74, Anm. 73.

16   An important challenge affecting the evidentiary phase concerns the admission and admissibility of non-documentary evidence and thus all the various types of digital evidence. GIRAUDO, A., Prove e nuove tecnologie nel processo canonico: Aa.Vv., Matrimonio e processo: la sfida del progresso scientifico e tecnologico. Vatican City 2016, 273-294; BARCA, S., La prova digitale nel processo di nullità matrimoniale: Palombi, R. / Franceschi, H. / Di Bernardo, E. (Hrsg.), Iustitia et sapientia in humilitate. Studi in onore di Mons. Giordano Caberletti. Tomo II. Vatican City 2023, 603-625; ZAMBON, A., Il processo canonico di fronte alle nuove tecnologie: Aa.Vv., Sinodalità e processo canonico. Vatican City 2023, 39-58.

17   According to MONETA, P., La dinamica processuale nel m.p. „Mitis iudex": IusEccl 28 (2016) 40-41: the greater involvement of the Bishop can guarantee the celerity of the process and avoid laxity in the most delicate judgments.

18   In this context, the evolution of the exercise of judicial power, which after the 1983 Code and after the M.P. *MIDI* reform, increasingly saw the access of the laity, has been assessed as a „progressive marginalisation of judicial power". In this sense, for example, MONTINI, G. P., Questioni circa l'esercizio della potestà giudiziale: Sabbarese, L. (Hrsg.), La potestà nella Chiesa. Rome 2023, 127-133.

in regulating judgments in general, limits participation in the panel to a single lay person;[19]

d) the possibility of entrusting matrimonial cases to a single clerical judge, when it is not possible to constitute a collegial court in the diocese or in the neighbouring court (c. 1673 § 4), while the court of second instance must always be collegial (c. 1673 § 5);

e) the provision for appeal to the Metropolitan Court of second instance, subject to the provisions of cc. 1438, 1439 and 1444 (c. 1673 § 6);

f) prior to the acceptance of the case, instead of the spouses' attempt at conciliation,[20] it is now required that the judge must have reached the certainty that the marriage has irretrievably failed, so that it is impossible to re-establish conjugal cohabitation (c. 1675);

g) the possibility given to the judicial vicar, after hearing the defender of the bond, to convert the ordinary matrimonial proceedings into a shorter one when the defendant who has not signed the *libellus* does not manifest his position even after the second admonition (c. 1676 § 2); in this case he must proceed in accordance with 1685 (c. 1676 § 4);

h) the recognition of the value of full proof to the judicial confession and to the declarations of the parties, supported by possible credible witnesses of the same, to be evaluated by the judge considering all the clues and evidence, if there are no other elements to refute them (c. 1678 § 1); similarly, the testimony of a single witness can be fully authentic if it is a qualified witness who testifies on things carried out *ex officio*, or the circumstances of the facts and persons suggest it (c. 1678 § 2);

i) the abolition of the principle of the so-called „double conformity", providing that the judgment that has declared the nullity of the marriage for the first time, after the time limits laid down in cc. 1630-1633 have elapsed, becomes enforceable (c. 1679);[21]

---

19 In doctrine, this limitation may be overcome, and no difficulty is encountered in entrusting the office of sole judge or president of the panel of judges to a layman. See, for instance, Izzi, C., Il processo canonico di nullità del matrimonio dalla codificazione post-conciliare alla riforma scaturita dalla riflessione sinodale sulla famiglia: EStE 97 (2022) 1192.

20 On this subject, see SANTORO, R., Il tentativo di conciliazione nel diritto procedurale canonico: Diritto e religioni 1 (2012) 52-55.

21 On the doctrine's calls for the abrogation of double conformity of the judgment, see BETTETINI, A., Matrimonio e processo canonico: proposte per una innovazione nella tradizione: Jus-online 1 (2015) 1-16.

l) the consequent reform of the rules governing appeal, providing that: 1) the party who considers himself burdened, the promoter of justice and the defender of the bond have the right to file a complaint of nullity of the judgement or an appeal against the same in accordance with cc. 1619-1640 (c. 1680 § 1); 2) once the terms established by law for the appeal and its continuation have elapsed, after the higher court has received the judicial acts, the panel of judges must be constituted, the defence counsel must be appointed and the parties warned to present their observations within a pre-established period of time, after which the collegiate court must confirm the first-instance judgement with its own decree if the appeal is manifestly dilatory (c. 1680 § 2;);[22] 3) if the appeal is admitted, the same procedure must be followed as in the first instance, albeit with the necessary adaptations (c. 1680 § 3); 4) if a new ground of nullity of the marriage is introduced in the appeal, the Tribunal may admit it and judges on it as in the first instance (c. 1680 § 4);

m) the introduction of the shorter matrimonial process[23] before the diocesan Bishop (cc. 1683-1687),[24] *processus vere iudicialis*[25].

---

22   MONTINI, G. P., „Si appellatio mere dilatoria evidenter appareat" (cann. 1680 § 2 and 1687 § 4 MIDI): alcune considerazioni: Periodica 105 (2016) 663-699; DI BERNARDO, E., Problemi e criticità della nuova procedura: AA.VV., La riforma del processo matrimoniale ad un anno dal motu proprio Mitis Iudex Dominus Iesus. Vatican City 2017, 145-150; ERLEBACH, G., Algunas cuestiones sobre la apelación en las causas de nulidad matrimonial: Ius Communionis 5 (2017) 65-87; DEL POZZO, M., L'appello manifestamente dilatorio: AA.VV., Prassi e sfide dopo l'entrata in vigore del m. p. Mitis Iudex Dominus Iesus e del Rescriptum ex audientia del 7 dicembre 2015. Vatican City 2018, 83-117.

23   „It seems likely that the addition of this process will induce new confusion among the faithful and thus create new pastoral challenges": DANIEL, W. L., The Abbreviated Matrimonial Process before the Bishop in Cases of „Manifest Nullity" of Marriage: The Jurist 75 (2015) 546, Anm. 10.

24   PEÑA GARCÍA, C., El nuevo proceso „brevior coram episcopo" para la declaración de la nulidad matrimonial: MonEccl 130 (2015) 567-593; MUSSELLI, L., Diritto matrimoniale: DERS. / TEDESCHI, M., Manuale di diritto canonico. Bologna 2005, 278-279; NAPOLITANO, E., Il processus brevior nella lettera apostolica motu proprio datae Mitis Iudex Dominus Iesus: MonEccl 130 (2015) 549-566; SABBARESE, L. / SANTORO, R., Il processo matrimoniale più breve. Disciplina canonica e riflessi concordatari. Bologna 2016; SABBARESE, L., Il processo più breve: condizioni per la sua introduzione, procedura, decisione: Okonkwo, E. B.O. / Recchia, A. (Hrsg.), Tra rinnovamento e continuità. Le riforme introdotte dal motu proprio Mitis Iudex Dominus Iesus. Vatican City 2017, 39-58.

25   Against the risk, warned in doctrine, of perceiving it or even using it as a sort of administrative procedure, abbreviated, that is, simple and lacking the minimal procedural

3. THE PASTORAL THRUST, I.E., PRIOR COUNSELLING AND INTRODUCTION OF THE CASE

Judicial pastoral care and the preliminary investigation represent „a decisive direction of the reform [which] consists in the most pastoral orientation to be given to judicial activity"[26]. All the more reason why such an orientation must be reflected in the consultation prior to the introduction of a case[27].

The *Procedural Rules* (*PR*), for the correct and accurate application of the law renewed with m.p. *MIDI*, in articles 2-5, offer provisions regarding pastoral enquiry to guide the faithful in the verification of the validity of their marriage and the possible introduction of the cause[28].

With the promulgation of the m.p. *MIDI* and the *PR,* the need to provide effective services and increasingly well-prepared people to accompany, discern and integrate the faithful who are experiencing broken marriages and wounded family situations has strongly re-emerged. In this context, reflection is opened on the preliminary or pastoral enquiry, an aspect which is partly new and certainly fascinating, and the responsibility of parish priests in particular is clarified, not without that of Bishops and other operators, in an attempt both to eradicate that false aporia between law and pastoral and to reconsider the concept of judicial pastoral care, without confusing pastoral accompaniment and procedural activity, by making false emphases and overly creative interpretations[29].

---

guarantees. Vgl. DEL POZZO, M., I titoli di competenza e la „concorrenza materiale" alla luce del m. p. Mitis Iudex Dominus Iesus: IusEccl 28 (2016) 475; IZZI, C., Il processo canonico di nullità del matrimonio dalla codificazione post-conciliare alla riforma scaturita dalla riflessione sinodale sulla famiglia: EstE 97 (2022) 1192.

26 BERNARDO, E. di., Problemi e criticità (s. Anm. 22), 118.

27 And it appears in the entire *CIC*, as argued by ORTAGLIO, L., La spinta pastorale del Codice di Diritto Canonico: Foderaro / Palumbo (Hrsg.), Diritto canonico (s. Anm. 10), 77-84.

28 The preliminary or pastoral enquiry, aimed at knowing the condition of the separated or divorced faithful and gathering what may be useful for a possible trial, whether ordinary or shorter, will take place within the diocesan marriage ministry; This enquiry will be entrusted to persons deemed suitable by the local Ordinary, for instance the parish priest himself or the one who prepared the spouses for the celebration of the marriage, who must, among other things, enquire whether the parties are in agreement to request the nullity; the enquiry closes with the libellus, to be presented to the competent court if necessary.

29 Vgl. ARROBA CONDE, J. M., Sfide attuali del diritto processuale canonico: AA.Vv., Il diritto canonico nella missione della Chiesa. Vatican City 2020, 115.

In the *PR*, necessary according to Pope FRANCIS for the correct and accurate application of the new matrimonial norm, the expression „prejudicial or pastoral enquiry" appears for the first time in Article 2,[30] on the meaning of which there has been some debate.

Preliminary or pastoral investigation may be understood as that specific action of the Church that intends to accompany, discern and integrate the matrimonial situations of those faithful who are experiencing crises or difficulties and wish to verify the possibility of overcoming such situations either by restoring conjugal and family life or by ascertaining the validity or otherwise of their marriage.

This investigation is prejudicial insofar as it deals with the various preparatory aspects that concern the examination of things and/or persons before the intervention of a judge. In fact, there is no mention of the judicial request at this stage (c. 1501) precisely because it is a preliminary stage, where the intervention of a judge is not envisaged to examine a case judicially. Precisely because the intervention of the judge is not yet foreseen, the canon which prohibits the judge from gathering evidence before the dispute is contested (c. 1529) must not be invoked. The preliminary investigation serves for the eventual introduction of the judicial process.

On the other hand, such an enquiry has as its primary purpose the salvation of the souls of the faithful, and it is the duty of pastors to know the condition of the faithful in matrimonial crisis, especially of the separated and divorced faithful who doubt the validity of their marriage or who have matured the conviction of its nullity (cf. *PR, proemium* and art. 2), to offer the ecclesial community support in order to return to a dutiful participation in Christian life.

However, the attention and discernment of complex matrimonial situations with a view to achieving serenity of conscience must not succumb to the temptation to superficially use or even eliminate another type of technical discernment that is properly carried out in the process[31].

In this sense, canonical doctrine rightly does not automatically consider the failure of a marriage to be interchangeable with its nullity. In knowing and accompanying these faithful in their different conditions, one must be able to distinguish reparable conditions, with the appropriate juridical-pastoral care, from irreparable ones, for which a different kind of juridical-pastoral care would be needed.

---

30   Vgl. TUPPUTI, E., L'indagine pregiudiziale o pastorale alla luce del m.p. Mitis Iudex Dominus Iesus. Applicazione nelle diocesi della Puglia. Vatican City 2021.

31   Vgl. ARROBA CONDE, J. M., Servizio alla persona e tecnica giudiziale nel diritto canonico: Boni, G. / Camassa, E. / Cavana, P. / Turchi, V. (Hrsg.), Recte sapere. Studi in onore di Giuseppe Dalla Torre, Bd. I. Turin 2014, 19-36.

It is not always the case that the outcome of the preliminary or pastoral enquiry should require the opening of a matrimonial nullity trial.

However, should there be a matrimonial process to be applied, it would be appropriate to gather the elements necessary to be able to start and conduct it. For the initiation of the process for the declaration of matrimonial nullity, the grounds of nullity and the circumstances listed in *PR* art. 14 must be taken into consideration. In fact, *PR* art. 2 proposes a second way forward, that is, the collection of elements useful in the celebration of the judicial process for the declaration of matrimonial nullity: ordinary or shorter process (and also the documentary process which is part of the judicial processes for matrimonial nullities, although it is not expressly mentioned in *PR* art. 2).

If there is a doubt of matrimonial nullity, a doubt that the pastoral-juridical competence of the parish priest and his co-workers are not able to accompany with clear indications, with a view to initiating the nullity process, the parish priest may invite the spouse(s) to turn to the integrated diocesan counselling, or to find trusted lawyers who can offer adequate accompaniment.

If the outcome of the accompaniment reveals facts relevant to initiating the matrimonial process, the libellus (c. 1501) is drawn up with the useful elements available. It is up to the canonists or other experts in the field, present in the integrated advisory commission, to draw up the libellus to be presented for the introduction of the matrimonial declaration process, although the admission of the libellus is up to the judicial vicar (cc. 1675 and 1676 § 1, *PR* art. 15). There is nothing to prevent the trusted lawyer, possibly chosen by one of the parties (which bypasses the integrated diocesan counselling but not the parochial counselling) from drafting the libellus for his client. In that case, diocesan-level counselling would not be necessary, parish-level counselling having been sufficient. Otherwise, once the drafting of the booklet is completed, it is handed over to the spouse for presentation to the competent court (*PR* art. 4 and c. 1672) or to his lawyer, if he already has one. Before handing it over to the Court, there is nothing to prevent the booklet from being revised by the spouse or/and his/her lawyer to make some useful changes for his/her presentation without going back to the integrated counselling committee.

On the other hand, if the investigation reveals other outcomes, which have nothing to do with matrimonial nullity proceedings, they will be dealt with through the appropriate procedures.

The preliminary or pastoral enquiry and the trial to declare a marriage null and void are realities of a different nature and operate with precise aims from each other. While the process to declare a marriage null and void aims to establish the truth about the legal existence or otherwise of a marriage, the preliminary phase has more purposes, such as, for instance, gathering the elements useful for the judicial process, or researching the different elements underlying the crisis, discerning the spouses` past and present marital status, or even accompanying them towards a just and equitable „solution", respecting the spouses` personal journey and the Church's indications. It seems more important to focus attention and expertise on the quality of the well-prepared and conducted prejudicial or pastoral pathway, rather than dwelling on the length of it.

In the context of the prejudicial or pastoral enquiry, there has been a growing attention to the role of parish priests,[32] recovered and more direct protagonists of that pastoral proximity that sees them involved in accompanying, discerning and integrating conjugal and family fragilities that may also require a peculiar intervention of judicial verification of the validity or otherwise of a marriage. The parish priest accompanies, with due caution and competence, both the phase preceding the introduction of a case, and the celebratory phase of the process, as well as the concluding phase, especially where the ecclesiastical court ruling has confirmed the validity of a failed marriage.

Unlike the diocesan Bishop, who has his own sphere of intervention in the matrimonial process, both because he is *iudex natus* of his own court and because he is competent to judge the nullity in the *processus brevior*, for the parish priest, it must be said that he has no role in the matrimonial process in the strict sense of the term, except when he is summoned as a witness, either by a party or *ex officio*, or he is asked for information on the credibility and religiosity of the parties and the witnesses in the case, as was already the case before the reform of the procedure.

The preliminary consultative function, which can be carried out by parish priests as well as others entrusted with this task, must sooner or later meet with a technical comparison so that precise indications can be given on the individual cases; and this cannot be done in an approximate, hasty manner and without any canonical preparation in this regard. Such preparation is urgent, especially since the important purpose of the preliminary or pastoral investigation is to identify the circumstances of *PR* art. 14, for a possible shorter trial.

Enhancing the value of the parish office in the process and accompaniment of spouses entails giving back its proper place to the function of pastoral proximity which the parish priest, as his own pastor, exercises perhaps more than the bishop, since he is entrusted with a *certain communitas fidelium* (c. 515 § 1) and

---

32   Vgl. SABBARESE, L., Il ruolo del parroco nella riforma del processo matrimoniale canonico: AA.Vv., Le „Regole procedurali" per le cause di nullità matrimoniale. Linee guida per un percorso pastorale nel solco della giustizia. Vatican City 2019, 71-93.

must seek to know and accompany the faithful entrusted to his care (c. 529 § 1)[33].

The pastoral care of proximity, as the red thread of the recent reform, belongs in itself to the sensitivity of the conciliar Church and its legislator.

A further field of intervention for parish priests, a field more naturally connected with the preparation of the cause, is that of family pastoral work at the parish level or perhaps more realistically at the inter-parish or diocesan level.

In the context of family pastoral care, a specific, but unfortunately unknown and inapplicable, area of intervention concerns the conclusion of the canonical process for the declaration of the nullity of a marriage and the conclusions of the operative part of the judgement, with the relative pastoral care also after the conclusion of the canonical process: both when the nullity is proven and (especially) when the nullity is not proven, the responsibility of the parish priests to continue discerning and accompanying does not cease, thus signifying even more effectively the criterion of pastoral proximity and effectively qualifying the identity and activity of the Ecclesiastical Courts as pastoral offices to all intents and purposes.

During the preliminary investigation, legal situations may also arise that can be traced back to administrative procedures: dissolution of a sacramental marriage by non-consummation or dissolution of the natural bond *in favorem fidei*.

Therefore, the preliminary enquiry as a counselling service is not reserved exclusively for the Catholic faithful, but must also be open to non-baptized persons who wish, on the basis of *PR* art. 2, to verify the nullity of their marriage, in the case of a marriage with a cult disparity, for instance, or to verify the possibility of dissolving a natural bond *in favorem fidei* with a view to a canonical marriage with a new Catholic partner.

An important aspect to emphasize is that in the case of judicial verification of a failed marriage, the ecclesiastical court does not judge the persons and their acts from a moral point of view of guilt, but aims to reach the juridical truth on the validity of the consent at the time of the marriage: whether there were, therefore, defects of consent, dispensable impediments or a defect of form. Therefore, especially when the preliminary investigation is oriented towards the introduction of a canonical case, it is indispensable to ensure a technical-juridical character to the investigation itself; in addition to moral and spiritual support, it is

---

33   The criterion of accompaniment and the criterion of proximity are better understood if contextualized in the pontifical magisterium preceding the *MIDI*, namely in the Apostolic Exhortation EG (*Evangelii gaudium*), which presents accompaniment as becoming companions on the journey and in life, adopting a shared path and goal. Vgl. FRANCIS, Apostolic Exhortation *Evangelii gaudium*, 24.11.2013: AAS 105 (2013) 1019-1137.

also necessary to guarantee the spouses the competence that the preliminary or pastoral investigation must assume because of and in view of the preparation of the libellus.

A specific contribution of the parish priest, and the Bishop with him, could be to undertake, in a spirit of authentic conversion of structures, a kind of specific training, albeit not in the complete and demanding form of an academic type.

Finally, it is useful to reiterate that a fundamental aspect of the link between pastoral care, especially that of accompanying irregular or merely difficult situations, and the activity of the Tribunals is precisely the preliminary or pastoral enquiry, referred to in *PR* art. 1-5. To understand this connection, it is indispensable that the investigation is not oriented from the beginning and only to the opening of a trial for the declaration of the nullity of a marriage. This is because not every failed marriage is automatically a null marriage; the accompaniment of spouses in crisis, in the context of a unitary marriage pastoral – an important novelty[34] of the m.p. *MIDI* –, entails assistance in overcoming crises and, when possible and according to the concrete situations, the decision for the separation of the spouses, for the restoration of conjugal life, for the validation or sanctioning of the marriage, or the initiation of technical advice with a view to preparing and introducing the case libellus.

Bridging the gap between pastoral and legal should also be considered during the trial and when it has ended, even if the outcome of the case is negative.

Therefore, the pastoral significance of canon law must be grasped, and likewise the close link between pastoral dimension and juridical dimension, a link that is based not only on the integral concept of the person, but also on a correct ecclesiological vision, which envisages a connatural unity between the mystery dimension and the historical dimension of the Church of Christ. From this point of view, the historical-legal dimension is revealed as an intrinsic aspect of the pastoral: both are aimed at *salus animarum*; and postulates a relationship of reciprocal immanence: law participates in the pastoral *munus* of Christ who builds the community and preserves it in the order and respect of just relations. Such pastoral action cannot be conceived, nor can it operate without justice, which is properly an expression of charity.

---

34 Vgl. Izzi, C., Il processo canonico di nullità del matrimonio dalla codificazione post-conciliare alla riforma scaturita dalla riflessione sinodale sulla famiglia: EstE 97 (2022) 1190.

4. THE CENTRALITY OF THE DIOCESAN BISHOP
IN THE PROCESS, ESPECIALLY IN THE *PROCESSUS BREVIOR*

The reform of the canonical matrimonial process has introduced a series of in-novations[35] among which the introduction of a shorter trial before the Bishop is of significant importance, due to its being the concrete implementation of the instances of procedural celerity and episcopal propinquity „among the faithful entrusted to him" that emerged in a pressing manner during the work of the Synod of Bishops[36].

In particular, within the *Relatio Synodi* of the III Extraordinary General Assembly of the Synod of Bishops, in Part III, *The Comparison: Pastoral Perspectives*, under the heading „Healing Wounded Families",[37] in dealing with the situation of divorced persons, moreover repeatedly placed at the center of the reflection of the doctrine,[38] besides gathering a series of proposals for a reform of the procedures, also in the perspective of a streamlining of the matrimonial cases, some always valid requirements were re-proposed, especially the responsibility of the diocesan Bishop and the preparation and commitment of an adequate number of legal practitioners.

This need was also emphasized by Pope FRANCIS in the above-mentioned address to the Apostolic Signature on 08.11.2013[39].

The Synod of Bishops gave further support to the concrete implementation of this last element cited by the Pope, which characterizes the *mission of* the Apos-

---

35   Vgl. BONI, G., La recente riforma del processo di nullità matrimoniale. Problemi, criti-cità, dubbi (parte prima): Stato, Chiese e pluralismo confessionale 9 (07.03.2016), 1-78; DERS., La recente riforma del processo di nullità matrimoniale. Problemi, criticità, dubbi (parte seconda): Stato, Chiese e pluralismo confessionale 10 (14.03.2016), 1-76; DERS., La recente riforma del processo di nullità matrimoniale. Problemi, criticità, dubbi (parte terza): Stato, Chiese e pluralismo confessionale 11 (21.03.2016), 1-82.

36   Vgl. PUNDERSON, J. R., Accertamento della verità „più accessibile e agile": prepara-zione degli operatori e responsabilità del Vescovo. L'esperienza della Segnatura Apo-stolica: Sabbarese, L. (Hrsg.), Sistema matrimoniale canonico in Synodo. Vatican City 2015, 88-90.

37   Vgl. SYNOD OF BISHOPS, III Extraordinary General Assembly, *Relatio Synodi*, 18.10.2014, Nos. 44-54: Enchiridion Vaticanum 30/1635-1645.

38   Vgl. DE PAOLIS, V., I divorziati risposati e i sacramenti dell'eucaristia e della penitenza, in Permanere nella verità in Cristo. Matrimonio e comunione nella Chiesa cattolica. Siena 2014, 169-197; ORTIZ, M. A, La pastorale dei fedeli divorziati risposati civilmente e la loro chiamata alla santità: ERRÀZURIZ, C. J. / ORTIZ, M. A., Misericordia e diritto nel matrimonio. Roma 2014, 99-129.

39   Vgl. FRANCIS, *This Your Session* (s. Anm. 3), 1152.

tolic Signature,[40] which demands that the responsibility of the diocesan Bishop be *emphasized*,[41] making it necessary to correct the text of the *Relatio post disceptationem,* which read: demands that the responsibility of the diocesan Bishop be *increased*[42].

The direct intervention of the diocesan Bishop in the exercise of the jurisdictional function does not represent a new responsibility imposed by some disciplinary law, being by its very nature an integral part of the Bishop's office in his *munus pastorale*, as the shepherd of the flock entrusted to him[43].

In this perspective, even the Congregation for Bishops, in its *Directory for the Pastoral Ministry of Bishops*, reaffirmed that „the responsibility of governing the diocese rests on the shoulders of the Bishop"[44], and therefore even if he normally exercises this judicial power *per alios*, through his own Tribunal (c. 1419) or, together with other Bishops, in an interdiocesan tribunal (c. 1423), the diocesan Bishop is responsible for moderating and supervising the exercise of judicial power.

The exercise of this supervisory power, in the case of the metropolitan or diocesan court, lies directly with the Bishop as moderator of his court, whereas in the case of the interdiocesan court, it lies with the *coetus* of Bishops or the moderating Bishop chosen by them[45].

Bishops, in view of the importance and difficulty of matrimonial nullity cases, in addition to promoting the preparation of suitable legal practitioners for their Tribunals, must also perform a supervisory function, ensuring that those chosen to perform this function devote themselves to their activity with diligence and in accordance with the law[46].

---

[40]   Vgl. DE PAOLIS, V., Amministrazione della giustizia e situazione dei Tribunali ecclesiastici: Revista Española de Derecho Canonico 64 (2007) 339-377.

[41]   Vgl. SYNOD OF BISHOPS III Extraordinary General Assembly (s. Anm. 37), No. 49.

[42]   SYNOD OF BISHOPS, XIV Ordinary General Assembly, *Relatio post disceptationem,* 13.10.2015, No. 44: OssRom, 13.10-14.10.2015, 5.

[43]   This principle constitutes the concrete implementation of the teachings of the Second Vatican Council, made explicit in LG 27.

[44]   CONGREGATION FOR BISHOPS, Directory *Apostolorum successores*, 22.02.2004, No. 160: Enchiridion Vaticanum 22/1965.

[45]   Vgl. PONTIFICAL COUNCIL FOR LEGISLATIVE TEXTS, Instruction *Dignitas connubii,* 05.01.2005, artt. 24 § 1 and 26: Enchiridion Vaticanum 23/97 and 99.

[46]   Vgl. PONTIFICAL COUNCIL FOR LEGISLATIVE TEXTS, Instruction Dignitas connubii, art. 33: Enchiridion Vativanum 23/106.

In this perspective, Pope FRANCIS' reform significantly emphasizes this responsibility of the diocesan Bishops, not only when they directly exercises their judicial power in the shortest trial,[47] but also in the profiles closely linked to the organization of the judicial apparatus within the particular Church entrusted to them.

The current c. 1673 sanctions, in fact, that „in each diocese the judge of first instance in cases of nullity of marriage, for which the law does not expressly make an exception, is the diocesan Bishop, who can exercise judicial power personally or through others, in accordance with the norms of law" (§ 1) and that he „shall constitute for his diocese the diocesan tribunal for cases of matrimonial nullity, without prejudice to the faculty for the same Bishop to have access to another neighboring diocesan or interdiocesan tribunal" (§ 2)[48]. This norm re-proposes for the matrimonial sphere what was already sanctioned in c. 1419 § 1 for judgments in general, overcoming, in fact, the advisability for the Bishop not to exercise this power personally, unless special reasons require it, provided by the Pontifical Council for Legislative Texts in art. 22 § 2 of the Instruction *Dignitas connubii*[49].

It is obviously not a question of claiming what the current legal system already provides for when it states that they can decide to reserve for themselves the cases they consider opportune (c. 1419). This reservation, however, does not exempt the Bishop from following and correctly applying the established universal procedural rules, since „if it is true that the judicial procedure for the declaration of the nullity of a marriage is not in itself divine law, it is equally true that it has developed in response to divine law, which requires an effective and appropriate instrument to arrive at a correct judgement on the request for nullity"[50].

It follows that the discipline of the canonical matrimonial process, as a whole, „is not contrary to a truly pastoral or spiritual approach to a supposed matrimonial nullity but safeguards and promotes the fundamental and irreplaceable

---

47 Bua, as someone has observed in doctrine „many of them are not canonist or, even if they are, may have limited experience in the judicial forum or experience only in the distant past": DANIEL, W. L., The Abbreviated Matrimonial Process before the Bishop in Cases of „Manifest Nullity" of Marriage: The Jurist 75 (2015) 553.

48 On the controversial application of § 2 of c. 1673, I refer to DI BERNARDO, Problemi e criticità (s. Anm. 22), 121-126.

49 Vgl. MINGARDI, M., Il ruolo del Vescovo diocesano: QdE, La riforma dei processi matrimoniali di Papa Francesco. Una guida per tutti. Milan 2016, 96-97.

50 BURKE, R. L., Il processo di nullità canonica del matrimonio come ricerca della verità: Dodaro, R. (Hrsg.), Permanere nella verità in Cristo. Matrimonio e comunione nella Chiesa cattolica. Siena 2014, 201-202. The translation is mine.

justice without which it is impossible to show pastoral charity. [...] For its respect of law and a judgement in conformity with truth, the canonical process of marriage nullity is, therefore, a necessary element of the pastoral charity to be shown to those who assert the nullity of matrimonial consent"[51].

The provision of an extraordinary judicial procedure[52] or, rather, a shorter one, as outlined in the m.p. *MIDI*, constitutes the concrete translation of the proposals to increase the pastoral dimension of the cases, to streamline them as far as possible and to enhance the role of the Bishop, even though it is a solution presented in clear opposition to the proposal for an administrative route to be entrusted to the Bishop himself.

This fact further supports the responsibility of the diocesan Bishops, who are entrusted with the delicate task of implementing and bringing to life this important legislative reform in the particular Churches entrusted to them.

One of the main criteria that guided the reform of the canonical matrimonial process resides in the recovered centrality of the Bishop's judicial function[53]. In fact, § 1 of c. 1673 repeats almost literally the provision of c. 1419 § 1. The Bishop is the natural judge of the diocesan court of first instance; he judges personally or through others. Alongside the diocesan Bishop are also those equated to him by law, listed in c. 368 (also c. 381 § 2). He is competent to judge all cases, except those expressly excluded by law.

The shorter trial before the Bishop, in accordance with criteria 3 and 4 set out in the proem of m.p. *MIDI*,[54] is perhaps the most critical innovation of the reform[55].

---

51   BURKE, Il processo di nullità (s. Anm. 50), 205-206. The translation is mine.

52   ARROBA CONDE, J. M., Le proposte di snellimento dei processi matrimoniali nel recente Sinodo, 74.

53   The attribution to the Bishop of the personal exercise of the judicial function constitutes a real innovation, especially with respect to other norms that suggested, instead, that the bishopric should abstain from judging personally, as, for example, we read in the instruction *Dignitas connubii*, art. 22 §§ 1-2: Enchiridion Vaticanum 23/95. By all means, the new law must be composed with the provisions of cc. 1448-1451 of the *CIC* and art. 67-70 of the Instruction *Dignitas connubii:* Enchiridion Vaticanum 23/140-143.

54   „The Bishop himself is a judge. [...] It is therefore hoped that [...] he does not leave the judicial function in matrimonial matters completely delegated to the offices of the curia. This applies especially in the shorter process, which is established to resolve the most evident cases of nullity. [...] to be applied in cases where the accused nullity of the marriage is supported by particularly evident arguments".

The doctrine has not failed to point out certain critical aspects of the pre-trial phase in the *processus brevior*.

One can discuss the advisability/necessity of resorting to the institute of rogatory letters in a trial that should by its very nature be shorter, to be held in a single hearing/session,[56] in respect of proximity.

Having reaffirmed the principle of the maximum celerity of the shortest trial, which provides for the gathering of evidence in a single hearing/session, established the necessary competence of the instructor who guides the procedural machine, recourse to the institute of rogatory letters must be commensurate with the two aforementioned conditions-characteristics of the shortest trial form.

There is then to be considered the necessity of resorting to an *ex officio* expert opinion; such a means of proof would undermine one of the conditions of procedural due process in the shorter form of a trial, i.e. the evidence of nullity. Here, too, it will be difficult to observe the celerity typical of the shorter form of proceedings. The submission of a prior expert's report merely indicates that the patron has ascertained the clinical soundness of his hypothesis before introducing the case; such an expert's report should not be considered sufficient for the activation of the shorter form of proceedings, even when it is drafted by an expert known to the court. The expert report in such a case constitutes a strengthening element of the *fumus boni iuris*[57].

Finally, reference may be made to a possible supplementary enquiry. If it were necessary to resort to it, it would be admitted that the case lacks obvious nullity and the case would have to be remitted for ordinary examination, at the request of the parties or the judicial vicar[58].

---

55   See, for all, MONTINI, G. P., Aspetti problematici e punti critici nell'applicazione del processus brevior: Franceschi, H. / Ortiz, M. A. (Hrsg.), Ius et matrimonium IV. Roma 2023, 221-256.

56   Vgl. BIANCHI, P., Lo svolgimento del processo breve: la fase istruttoria e di discussione della causa: QdE, La riforma dei processi matrimoniali di Papa Francesco. Milan 2016, 73-74.

57   Vgl. BIANCHI, P., Lo svolgimento del processus brevior: Gruppo Italiano Docenti di Diritto Canonico (Hrsg.), La riforma (s. Anm. 5), 308-309; DEL POZZO, M., Il processo matrimoniale più breve davanti al Vescovo. Roma 2021, 244.

58   For the different positions in doctrine, I refer to BIANCHI, Lo svolgimento (s. Anm. 57), 309-312; DI BERNARDO, Problemi e criticità (s. Anm. 22), 140; MONTINI, G. P., Gli elementi pregiudiziali del processus brevior: consenso delle parti e chiara evidenza di nullità: AA.Vv., Prassi e sfide dopo (s. Anm. 22), 62-63.

Once the preliminary investigation of the case is complete, the observations of the bond defender and, if there are any, of the parties, the case passes to the diocesan Bishop for decision.

Having received the acts, the Bishop, who acts as sole judge, proceeds with a series of fulfilments with a view to achieving moral certainty regarding the case: he consults with the instructor and the councilor; he evaluates the observations in defense of the bond; if there are any, he also evaluates the parties' defense briefs.

If after these acts the Bishop reaches moral certainty, then he issues the final judgement. If not, that is, if the necessary moral certainty cannot be reached from the acts, the Bishop must refer the case for ordinary examination.

In the case of a diocesan court, no problem arises in identifying the Bishop competent to give the judgment. But in the case of an interdiocesan tribunal, „if the case is heard in an interdiocesan tribunal, the Bishop who must pronounce the sentence is the one of the place on the basis of which jurisdiction is established in accordance with can. 1672. If there is more than one, the principle of proximity between the parties and the judge is to be observed as far as possible" (*PR*, art. 19). This establishes the criterion of proximity, new in the canonical sphere, which perhaps needs to be clarified with the help of practice, jurisprudence and canonical science.

If the Bishop, after consultation with the instructor and the examination of the *pro vinculo* defenses and the parties' pleadings, if any, has not been able to reach moral certainty, he must refer the case back to the ordinary examination.

In this case, c. 1687 § 1 establishes that the Bishop may not issue a negative judgement, but must allow the parties to have access to an ascertainment of the truth concerning the validity or otherwise of their marriage according to the ordinary process.

If the diocesan Bishop has reached moral certainty and intends to declare the marriage null and void, he will issue the final judgment, the full text of which will be signed by the Bishop himself and the notary, will contain the reasons in a brief and orderly manner, and will be notified to the parties as soon as possible, that is, within a month from the date of the decision, as art. 20 § 2 *PR* specifies.

It is useful here to at least mention some critical issues that specifically affect the *coram Episcopo* decision-making phase[59].

This seemed to be the most critical aspect of the shorter trial: both because the Bishop is invested with a technical competence that he does not always possess,

---

[59]   Vgl. Di BERNARDO, Problemi e criticità (s. Anm. 22), 142-144; BIANCHI, Lo svolgimento (s. Anm. 57), 318-324.

nor should he possess, and because anomalous practices are established that illegitimately provide for the exercise of the delegable judicial function in the shorter trial.

That being said, it should not be excluded that the Bishop may be assisted by the instructor or assessor in drafting the judgment, provided that it is then the Bishop himself who produces the arguments or at least reviews the judgment personally without merely signing it.

Of course, if the *petitio iudicialis* in the shorter trial is initiated by both parties or by only one of them but with the consent of the other, it will be difficult for the parties to appeal. Therefore, if the Bishop cannot pronounce a negative judgment, it is solely up to the defender of the bond to exercise the right of appeal.

C. 1687 § 3, which introduced a new discipline, determines that the appeal can be made either to the Metropolitan or to the Roman Rota. While the appeal to the Roman Rota constitutes a law that reflects a very ancient principle that has always allowed appeals to the Holy See,[60] the appeal to the Metropolitan constitutes a concrete application of one of the inspiring criteria of the reform desired by Pope FRANCIS.

In concrete terms, the appeal system is regulated according to the subject issuing the sentence; therefore, if the sentence is issued by the diocesan Bishop, the appeal must be made to the Metropolitan or to the Roman Rota; if the sentence is issued by the Metropolitan, an appeal is made to the oldest suffragan see,[61] if the sentence is issued by a Bishop immediately subject to the Apostolic See, an appeal is made to the Bishop permanently designated by the latter.

An appeal is also subject to an assessment of admissibility by the person who is competent to admit it, pursuant to § 3 above, since if the appeal is based on merely dilatory reasons, it must be dismissed *in limine* by decree; if, on the other hand, it is admitted, the case goes to ordinary second instance.

In the end, it must be noted that, with reference not only to the shorter trial but also to judicial matrimonial proceedings, there is a „progressive problematization of judicial power in matrimonial matters"[62].

---

[60]   This principle was also reiterated in the Rescript of Pope Francis, *The Entry into Force*, on the Completion and Observance of the New Law of the Matrimonial Process, 07.12.2015: „Recognizing the Roman Rota, in addition to the *munus* proper to it of ordinary appeal of the Apostolic See [...]": AAS 108 (2016) 5.

[61]   As determined by the PONTIFICAL COUNCIL FOR LEGISLATIVE TEXTS, Particular Response about the *Suffraganeus antiquior* in the new can. 1687 § 3 *Mitis Iudex*, Prot. 15155/2015, 15.10.2015: www.delegumtextibus.va

[62]   Vgl. MONTINI, Questioni circa l'esercizio (s. Anm. 18), 133-136.

5. THE PROXIMITY PRINCIPLE

The reform implemented by Pope FRANCIS, in the perspective of the desired pastoral conversion of ecclesiastical judicial structures, has placed the diocesan Bishop at the center of the canonical matrimonial process.

In particular, Pope FRANCIS, in reaffirming the principle according to which 'the Bishop himself is judge', states: „In order that the teaching of the Second Vatican Council may finally be translated into practice in an area of great importance, it has been decided to make it evident that the Bishop himself in his Church, of which he is the pastor and head, is for this very reason judge among the faithful entrusted to him. It is therefore to be hoped that in both large and small dioceses, the Bishop himself will offer a sign of the conversion of ecclesiastical structures, and not leave the judicial function in matrimonial matters completely delegated to the offices of the curia. This is especially true in the shorter process, which is established to resolve the most evident cases of matrimonial nullity"[63].

In this respect, in order to balance the procedural streamlining with the fundamental principle of *favor matrimonii,* Pope FRANCIS specifies: „It has not escaped my notice, however, how much an abbreviated trial could jeopardize the principle of the indissolubility of marriage; precisely for this reason, I wanted the Bishop himself to be the judge in such a trial, who by virtue of his pastoral office is, with Peter, the greatest guarantor of Catholic unity in faith and discipline."[64]

Despite the good intentions of the new law, however, the principle of proximity has not failed to question doctrine. For example, the question may be raised as to whether the appeal to the Roman Rota, provided for in c. 1687 § 3, together with the appeal to the Metropolitan, can really be considered an application of the principle of proximity; or, whether recourse to the third-instance court for the *nova causae propositio*, even in the case of an enforceable judgment issued by a first-instance court, can favor the application of proximity[65].

In addition to the critical remarks on the principle of proximity, there is also to be highlighted the effectiveness of this principle that can operate between the

---

63 FRANCIS, Litterae apostolicae motu proprio datae *Mitis Iudex Dominus Iesus*: AAS 107 (2015) 559-560.

64 Ebd., 560.

65 Vgl. IZZI, Il processo canonico (s. Anm. 15), 1193. Even if the *dictio normae* indicates that this recourse is not preceptive – „potest" says the canon – and the doctrine points out that the previous legislation admitted the jurisdiction of the Court of Second Instance. Thus, for example, ZANETTI, E., Commentary on c. 1681: QdE, Codice di Diritto Canonico Commentato. Milan [6]2022, 1353.

court and the party, as suggested by art. 7 § 2 of *PR*, by implementing different and specific verification and guarantee activities: verifying the actual domicile or quasi-domicile of the plaintiff in the territory within the jurisdiction of the court seised and not a fictitious domicile or quasi-domicile; guaranteeing the proximity of the court to both parties, especially to the one that is more distant geographically or for other reasons through the procedural instruments already provided (c. 1418; art. 7 § 2 *PR*), such as letters rogatory, judicial access, the publication of documents in another court in the vicinity or in another place near the party.

In doctrine, some authors have also ventured possibilities in which the implementation of the principle of proximity is urgently needed: the judge may suggest to the author of the libellus to bring the case before a Court closer to one or both parties; he may ask the Apostolic Signature for an extension of jurisdiction, when none of the competent Courts is close, or a transfer of the case to another Court, when proximity has been hindered in order to hinder the other party[66].

6. NEW PERSPECTIVES AFTER THE PROMULGATION OF THE M.P. *MITIS IUDEX DOMINUS IESUS*

C. 1673, as amended by *MIDI,* is new and has no counterpart in the *CIC*, except for § 1 which repeats almost literally the provisions of c. 1419 § 1. It reaffirms that the Bishop is the natural judge of the diocesan court of first instance and judges personally or through others. Alongside the diocesan bishop are also those equated to him by law, listed in c. 368 (also c. 381 § 2). He is competent to judge all cases, except those expressly excluded by law.

The new c. 1673 provides that for matrimonial nullity cases, the Bishop can make use of the Tribunal he has set up for his own diocese, or he can access another diocesan or interdiocesan Tribunal which is closer.

For the first case, it is no longer necessary to apply to the Apostolic Signature to request and obtain the extension of jurisdiction, while for the second case, the provisions of c. 1423 must be observed. Several diocesan Bishops can constitute an interdiocesan or regional Tribunal, the moderation of which can be entrusted to the Bishops of the dioceses concerned as *coetus* or to a Bishop chosen by them as moderator of the Tribunal.

Cases for the declaration of the nullity of a marriage are judged by a Collegial Tribunal which, according to cc. 1425-1426, is composed of three judges (five

---

66 Vgl. MONTINI, G. P., Competenza e prossimità nella recente legge di riforma del processo per la dichiarazione della nullità del matrimonio: In Charitate Iustitia 34 (2016-2017) 37.

judges for the most difficult cases). The College is obligatory in contentious cases of the nullity of sacred ordination and marriage and in contentious cases of dismissal from the clerical state and excommunication. It judges according to a turn; it is presided over by a clerical judge, while the other collegial judges may be lay people[67].

This is what the new c. 1673 § 3 establishes: the integration of the judging panel with two out of three lay judges not only reconfirms the favor to be accorded to the panel with respect to the monocratic judge, but also removes „the Conferences of Bishops from the faculty to allow lay judges, which is now allowed to all Courts"[68]. This aspect constitutes, definitely, a notable opening compared to the *CIC*, which does not allow (only one) lay judge in a judging college of three or five judges: in fact, c. 1421 § 2 provides for this, which conditions the judicial function of a lay person in a judging college to the sole case of necessity and the permission of the Conference of Bishops.

- One might now ask how doctrine has accepted or interpreted the opening brought by FRANCIS' m.p. with the new c. 1673 § 3.

- There is an obvious acceptance of the openness of the new m.p., which allows the presence of two lay judges in a panel of judges. For some, however, this openness is not sufficient[69] and has gone further, calling, for example, for the admission of three lay judges,[70] or of the lay monocratic judge[71]. Such an opening could be a solution to the „chronic lack of

---

67   About the participation of lay people to the judicial power, see OKONKWO, E. B.O., The judicial power and its exercise by laypersons in marriage nullity process: limits and prospects: DPM 31 (2024) 103-118; MANCINI, L., L'esercizio della potestà giudiziale nella Chiesa da parte di Fedeli laici. Sviluppo e interpretazione della normativa canonica. Rome 2023.

68   MONTINI, G. P., Gli studi di Diritto Canonico alla luce della riforma del processo matrimoniale: Educatio Catholica 4 (2018) 13.

69   Thus, for example, MONETA, P, Introduzione al diritto canonico. Turin 2016, 150, who assesses the reform as „still too restrictive".

70   Vgl. BONI, La recente riforma (parte terza) (s. Anm. 35), rivista telematica (www.statoechiese.it), no. 11/2016, 21.03.2016, 17; TAVANI, A.P. , I cambiamenti del diritto canonico attraverso l'evoluzione del ruolo dei laici nella funzione giudiziaria: Il diritto ecclesiastico 128 (2017) 634; Ders., I laici e la funzione giudiziaria: AA.VV., I soggetti del nuovo processo matrimoniale canonico. Vatican City 2018, 197.

71   Vgl. BONI, La recente riforma (parte terza) (s. Anm. 70), 19-20; LLOBELL, J., I processi matrimoniali nella Chiesa. Roma 2015, 116; TAVANI, I laici (s. Anm. 70), 198.

trained personnel"[72]. Even, in a *de iure condendo* perspective, part of the doctrine has advocated entrusting the laity with a function close to that of the judicial vicar as well as that of a rotal auditor[73].

- Certainly, today the line that admits, by reason of baptism, the participation of the laity in the power of governance in those spheres that do not require sacred orders is prevailing.

- The exercise of judicial power of governance by the laity does not imply that this power should be considered *eo ipso* „inferior" compared to, for example, the power of governance of the Ordinaries, who exercise it in all spheres of government, including legislative and executive power. Judicial power is undoubtedly a power exercised on the base of historical facts brought before the court and therefore entails a sort of technical discretion limited to the procedural context, but this does not mean that it must be concluded that it is of lesser importance or entails less demanding discernment and decision-making.

BRIEF CONCLUSION

In the light of the foregoing, it is currently possible to assess the canonical matrimonial process in relation to its reform and its impact on current procedural law through a few aspects:

The refinement of the technical/regulatory instruments will be all the more effective the more it will have been shared during the maturation and preparation of the reforms;

Standards should always be updated, although one should not overdo it, nor should one update individual institutes by „attacking" the Code and losing sight of the congruity of the whole;

Regular update is necessary for the administration of justice, but it is not sufficient: it must be followed by more than adequate preparation of practitioners in the field of justice.

---

[72] NAVARRO, L., Il ruolo dei laici nella prassi dei Tribunali e alla luce dei più recenti documenti magisteriali: AA.Vv., Le „Regole procedurali" (s. Anm. 32), 107.

[73] Vgl. TAVANI, I laici (s. Anm. 70), 199-200. More in general on the openings of the m.p. *Mitis Iudex Dominus Iesus* and the unexpressed potential about the laity and judicial power, I refer to REA, F. S., L'esercizio della potestà giudiziaria del fedele laico per una „Chiesa in uscita": Commentarium pro Religiosis 99 (2018) 324-359; SÁNCHEZ, R. R., Juez único, jueces laicos y asesores en el motu proprio „Mitis Iudex Dominus Iesus": Revista Española de Derecho Canónico 75 (2018) 235-272.

This latter aspect of the training and preparation of legal practitioners constitutes a perennial challenge of the Church in every age[74].

* * *

ABSTRACTS

Dt.: Die Geschichte der letzten Reform der Ehenichtigkeitsverfahren hat in der Lehre großes Interesse geweckt, sowohl aufgrund einiger eingeführter Neuerungen als auch wegen der Art und Weise, wie die Reform durchgeführt wurde, und vor allem aufgrund bestimmter Aspekte, die viele Zweifel aufwarfen und verschiedene klärende Maßnahmen erforderten, um eine korrekte Anwendung des Gesetzes zu gewährleisten.

Nach der Darlegung der wichtigsten Neuerungen, die durch das Motu Proprio *Mitis Iudex Dominus Iesus* eingeführt wurden, richtet der Beitrag den Fokus auf den „pastoralen Impuls", den der Gesetzgeber der Reform verleihen wollte, indem er eine vorherige Beratung im Rahmen der vorgerichtlichen oder auch pastoralen Untersuchung einführte. Anschließend geht der Autor auf die zentrale Rolle des Diözesanbischofs im Verfahren, insbesondere im *processus brevior*, ein sowie auf das Prinzip der Nähe und auf die neuen Perspektiven, die durch die Reform eröffnet wurden, und hebt dabei sowohl Vorteile als auch bestehende Grenzen hervor.

Ital.: La storia della recente riforma dei processi matrimoniali ha interessato molto la dottrina sia per alcune storiche novità introdotte, sia per il modo con cui la riforma è stata portata avanti, sia, soprattutto, per certi aspetti che hanno suscitato tanti dubbi e hanno richiesto svariati interventi di chiarificazione al fine di garantire una corretta applicazione della legge.

Enunciate le principali innovazioni apportate dal m.p. *Mitis Iudex Dominus Iesus*, l'articolo focalizza l'attenzione sulla spinta pastorale che il Legislatore ha voluto dare alla riforma, introducendo la consulenza previa tramite l'indagine pregiudiziale o pastorale; l'Autore si sofferma, poi, sulla centralità del Vescovo diocesano nel processo; specie nel *processus brevior*, sul principio di prossimità e sulle nuove prospettive avviate dalla riforma, evidenziando vantaggi e limiti.

Engl.: The history of the recent reform of matrimonial trials has greatly interested the doctrine both for some historical innovations introduced, and for the way in which the reform was carried out, and, above all, for certain aspects that have

---

74 Vgl. DEL POZZO, M., L'impatto della riforma sul diritto proceduale vigente: AA.VV., La riforma del processo (s. Anm. 22), 79-80.

raised many doubts and have required various interventions of clarification to guarantee correct application of the law.

Considering the main innovations brought by the m.p. *Mitis Iudex Dominus Iesus*, the article focuses attention on the „pastoral push" that the Legislator wanted to give to the reform, introducing prior consultancy through the preliminary or pastoral investigation; the Author then focuses on the centrality of the diocesan Bishop in the process, especially in the *processus brevior*, on the principle of proximity and on the new perspectives launched by the reform, highlighting advantages and limitations.

B. STUDIEN

DAS ZEHNJÄHRIGE JUBILÄUM DER REFORM DES EHEPROZESSRECHTS – FÜR DAS WOHL DER GLÄUBIGEN UND ZUM HEIL IHRER SEELEN. DIE ANSPRACHE PAPST FRANZISKUS' VOM 31. JANUAR 2025 AN DIE MITGLIEDER DES GERICHTS DER RÖMISCHEN ROTA ZUR ERÖFFNUNG DES GERICHTSJAHRES

von Anna-Maria Bader

In seiner am 31.01.2025 an die Mitglieder des Gerichts der Römischen Rota gerichteten Ansprache[1] weist Papst FRANZISKUS bereits im ersten Absatz nach der Begrüßung auf das dieses Jahr stattfindende zehnjährige Jubiläum der Promulgation der beiden MP *Mitis Iudex Dominus Iesus*[2] (MIDI) und *Mitis et misericors Iesus*[3] (MEMI) vom 15.08.2015 zur Reform des Eheprozessrechts hin, das er zum Anlass nehmen möchte, um in dieser Ansprache „den Geist in

---

[1] Vgl. FRANZISKUS, Ansprache vom 31.01.2025 an die Römische Rota. Italienischer Originaltext: https://press.vatican.va/content/salastampa/it/bollettino/pubblico/2025/01/31/0093/00188.html (Stand: 02.02.2025), zudem erschienen: OssRom 66 (2025) 31.01. 2025, n. 25, 2; dt. Übersetzungstext in diesem Band.

[2] Vgl. FRANZISKUS, MP *Mitis Iudex Dominus Iesus* [MIDI], 15.08.2015: AAS 107 (2015) 958-970 [samt *Ratio procedendi*]; dt. Übersetzungstext: AfkKR 184 (2015) 510-524; DPM 21/22 (2014/2015) 466-479.

[3] Vgl. FRANZISKUS, MP *Mitis et misericors Iesus* [MEMI], 15.08.2015: AAS 107 (2015) 946-957.

Erinnerung zu rufen, der diese Reform durchdrungen hat"[4].[5] Dabei thematisiert
der Papst – unter vielfältiger Bezugnahme auf vergangene Ansprachen und
päpstliche Schreiben – unterschiedliche Aspekte im Zusammenhang mit der
Eheprozessrechtsreform, die sich in zwei Bereiche einteilen lassen: So greift er
einerseits bedeutende prozessrechtliche Veränderungen, die durch die Reform
vorgenommen wurden, sowie deren Begründung auf, schärft aber andererseits
zentrale allgemeine Prinzipien, Kriterien und Voraussetzungen für die (gelungene) Anwendung des erneuerten Eheprozessrechts ein.

Aus den verschiedenen prozessrechtlichen Veränderungen, die durch MIDI bzw.
MEMI vorgenommen wurden,[6] wählt der Papst in seiner Ansprache besonders
zwei aus: So betont er die gestärkte Stellung und Rolle sowie die Verantwortung
des Diözesanbischofs im Bereich des kirchlichen Eheprozessrechts, auf die er an
mehreren Stellen der Ansprache näher eingeht: Der Diözcsanbischof stehe „im
Zentrum der Reform" und sei für die Rechtsprechung und Rechtspflege in seiner
Diözese verantwortlich[7]. Dabei sei er nach FRANZISKUS nicht nur „Garant für

---

4   Bei der nachfolgenden Zitation ohne Fußnoten handelt es sich um die in diesem Band
     dokumentierte deutsche Übersetzung der diesjährigen Ansprache des Papstes vom
     31.01.2025 an die Römische Rota.

5   Vgl. im italienischen Original: „lo spirito que ha permesato tale riforma".

6   Vgl. dazu bspw.: ARELLANO CEDILLO, A., Die Normen für die Anwendung von *Mitis
     Iudex*: DPM 30 (2023) 15-39; SCHÖCH, N., Synopse der Veränderungen gegenüber dem
     bisher geltenden Eheprozessrecht: DPM 23 (2016) 325-361; ZUMBÜLT, M., Änderungen
     im Ehenichtigkeitsprozess durch das MP Mitis Iudex Dominus Iesus: KuR 22 (2016)
     93-113; LÜDICKE, K., Die Reform des kirchlichen Ehenichtigkeitsprozesses. Inhalt und
     Bedeutung: DPM 23 (2016) 141-177 (mit vielen weiterführenden Literaturangaben in
     Anm. 15); DERS., Der kirchliche Ehenichtigkeitsprozess nach der Reform 2015. Eine
     Kompilation der Instruktion „Dignitas connubii" und des Motu Proprio „Mitis Iudex
     Dominus Jesus". (BHMKCIC 78) Essen [2]2022; MÜLLER, L., Das kirchliche Ehenich-
     tigkeitsverfahren nach der Reform 2015. Paderborn 2017; JUNGBLUT, N., Prozessöko-
     nomie vs. Wahrheitsfindung?! Die Veränderungen des Ehenichtigkeitsprozesses durch
     das Motu Proprio *Mitis Iudex Dominus Iesus*: DPM 27/28 (2020/2021) 407-438;
     HÖRTING, G. K., Mitis Iudex Dominus Iesus: Das Motuproprio von Papst Franziskus
     über die Reform des kanonischen Verfahrens für Ehenichtigkeitserklärungen im Codex
     Iuris Canonici vom 15. August 2015. Pastorales Anliegen – Kirchenrechtliche Normie-
     rung – Praktische Erfahrung: Rees, W. / Haering, S. (Hrsg.), Iuris sacri pervestigatio.
     (FS Johann HIRNSPERGER). Berlin 2020, 143-156; HIEROLD, A. E., Mitis Iudex. Anmer-
     kungen zum Handeln des kirchlichen Richters: Ohly, C. / Rees, W. / Gerosa, L. (Hrsg.),
     Theologia Iuris Canonici. (FS Ludger MÜLLER). Berlin 2017, 561-570; vgl. weiter-
     führend: Musso, L. / Fusco, C. (Hrsg.), La riforma del processo matrimoniale ad un an-
     no dal Motu Proprio Mitis Iudex Dominus Iesus. Città del Vaticano 2017; Gruppo ita-
     liano docenti di diritto canonico (Hrsg.), La riforma del processo canonico per la dichia-
     razione di nullità del matrimonio. Mailand 2018.

7   Vgl. c. 381 § 1 i.V.m. c. 391 §§ 1 und 2 CIC/1983.

die Nähe des Gerichts", sondern er übe auch die Aufsicht über sein Gericht aus[8] und agiere im 2015 neu eingeführten *processus brevior,* also in Verfahren, in denen die Nichtigkeit der Ehe offenkundig ist (bzw. zu sein scheint), *personaliter* als Richter[9]. Nicht übersehen werden darf allerdings, dass ein Diözesanbischof diesen Aufgaben nur dann in geforderter Weise nachkommen kann, wenn er über die entsprechend notwendigen (Fach-)Kompetenzen verfügt[10].

Diese Aussagen erinnern, ohne dass der Papst explizit darauf verweist, an zwei reformleitende Prinzipien, die in MIDI genannt werden: „Der Bischof selbst ist Richter" (III.)[11] und „Der kürzere Prozess" (IV.)[12].[13] Vor dem Hintergrund der

---

[8] Dies entspricht der kodikarischen Vorgabe in c. 1419 § 1 CIC/1983. Vgl. weiterführend: BURKE, R. L., Il Vescovo come moderatore del tribunal: IusEccl 23 (2011) 13-31; HANSEN, F., Judicial Power and the Diocesan Bishop: CLS of Great Britain and Ireland (Hrsg.), Newsletter 184 (2015) 92-106.

[9] Vgl. c. 1419 § 1 i.V.m. c. 1673 § 1; cc. 1683-1687 CIC/1983. Vgl. weiterführend: DENNEMARCK, B., Der Diözesanbischof als „milder Richter"? Anmerkungen zum Motu Proprio Mitis Iudex Dominus Iesus: Graulich, M. / Meckel, T. / Pulte, M. (Hrsg.), Ius canonicum in communione christifidelium. (FS Heribert HALLERMANN). Paderborn 2016, 273-286; SCHÖCH, N., Der kürzere Prozess vor dem Diözesanbischof: DPM 23 (2016) 363-397; MÜLLER, Ehenichtigkeitsverfahren (s. Anm. 6), 36-53; FRANK, E., Juger ou faire juger: L'évêque diocésain juge dans le procès plus bref et le nouveau rôle du vicaire judiciaire à la lumière du Motu Proprio Mitis Iudex Dominus Iesus: RDC 67 (2017) 121-138; SNETHLAGE, C. C., Der Bischof als Richter: DPM 29 (2022) 137-170; HEBDA, B. A., Reflections on the Role of the Diocesan Bishop Envisioned by *Mitis Iudex Dominus Iesus*: Martens, K. (Hrsg.), Justice and Mercy Have Met. Pope Francis and the Reform of the marriage Nullity Process. Washington DC 2017, 65-85; HAHN, J., Das kirchliche Richteramt. Rechtsgestalt, Theorie und Theologie. Essen 2017, 350-354.

[10] Zu Recht weist AMBROS deshalb darauf hin, dass auch ein Diözesanbischof „unbeschadet der Befähigung zum Richterdienst, die ihm aufgrund der Bischofsweihe *de iure et de facto* zukommt, auf entsprechende Fachkompetenzen angewiesen ist, um diesen Dienst angemessen und fruchtbar ausüben zu können. Falls er kein Kirchenrechtsstudium absolviert hat, kann er sich diese auf unterschiedliche Weise aneignen: Theoretisches Wissen durch Selbststudium und Fortbildungsveranstaltungen, praktische Kompetenzen durch Vermittlung des Gerichtsvikars sowie der im *processus brevior* vorgesehenen Beisitzer. Der Bischof wird nämlich nur dann zur moralischen Gewissheit über die Nichtigkeit einer Ehe kommen können, wenn er – mit Unterstützung seiner Mitarbeiter – das kanonische Recht auf den Einzelfall anzuwenden weiß." (AMBROS, M., Die kirchliche Gerichtsbarkeit zwischen örtlicher Nähe und Professionalität: Otter, J. / Walser, M. [Hrsg.], Iustitia et Ius. [FS Elmar GÜTHOFF]. St. Ottilien 2023, 120-142, 132; Kursivsetzung im Original); vgl. ebenso: JUNGBLUT, Prozessökonomie (s. Anm. 6), 421 f.; MINGARDI, M., Il ruolo del vescovo diocesano: Redazione di Quaderni di diritto ecclesiale (Hrsg.), La riforma dei processi matrimoniali di Papa Francesco. Una guida per tutti. Mailand 2016, 91-105; vgl. auch die Forderung des c. 378 n. 5 CIC/1983.

[11] „III. – Der Bischof selbst ist Richter. – Damit in diesem Aufgabenfeld mit großer Bedeutung endlich die Lehre des Zweiten Vatikanischen Konzils in die Praxis umgesetzt

im IV. Prinzip erwähnten möglichen Gefährdung der Unauflöslichkeit der Ehe durch die Einführung des *processus brevior* sind wohl ebenso die wiederkehrenden Hinweise des Papstes zu verstehen, so auch gegen Ende seiner Ansprache, wenn er betont, dass „die im Ehebund vereinten Ehegatten die Gabe der Unauflöslichkeit empfangen, die kein Ziel ist, das sie durch eigene Anstrengung erreichen müssen, und auch keine Einschränkung ihrer Freiheit, sondern ein Versprechen Gottes, dessen Treue jene der Menschen ermöglicht". Dabei zeigt sich zudem eine gewisse Parallele zur Ansprache des Papstes an die Mitglieder der Römischen Rota zur Eröffnung des Gerichtsjahres vom 27.01.2023,[14] in der insbesondere das Anliegen des Papstes deutlich wurde, „die im *ius divinum positivum* begründete Unauflöslichkeit der Ehe zu schützen."[15]

---

werden kann, wird mit Klarheit festgestellt, dass der Bischof selbst in seiner Kirche, für die er zum Hirten und zum Haupt bestellt ist, Richter der ihm anvertrauten Gläubigen ist. Es wird deshalb gewünscht, dass in den großen und kleinen Diözesen der Bischof selbst ein Zeichen für die Neuausrichtung der kirchlichen Strukturen sei [vgl. FRANZISKUS, Apostolisches Schreiben *Evangelii Gaudium*, n. 27, in: AAS 105 (2013), 1031] und er die richterliche Funktion auf dem Gebiet der Ehen nicht einfachhin den von ihm delegierten Ämtern der Kurie überlässt. Dies möge besonders im kürzeren Prozess Geltung finden, der eingeführt wird, um die eindeutigeren Nichtigkeitsfälle zu lösen."

12   „IV. – Der kürzere Prozess. – Über den nunmehr wieder agileren Ablauf des Eheprozesses hinaus hat man eine kürzere Prozessform entworfen – zusätzlich zu jenem Dokumentenverfahren, wie es derzeit in Geltung ist –, welche in den Fällen anzuwenden ist, in denen die behauptete Ehenichtigkeit von besonders offenkundigen Argumenten gestützt wird. Es ist Uns allerdings nicht entgangen, wie sehr ein abgekürztes Verfahren das Prinzip der Unauflöslichkeit der Ehe gefährden könnte; genau deshalb haben Wir gewollt, dass in diesem Prozess der Bischof selbst als Richter tätig werde, der kraft seines Hirtenamtes mit Petrus in besonderer Weise Garant der katholischen Einheit im Glauben und in der Disziplin ist."

13   Vgl. hierzu u.a.: ARELLANO CEDILLO, Normen (s. Anm. 6), 19 f.

14   Vgl. FRANZISKUS, Ansprache an die Römische Rota vom 27.01.2023: AAS 115 (2023) 174-178; dt. Übersetzungstext: DPM 30 (2023) 301-304.

15   Vgl. SELGE, K.-H., Die Ehe als Lebensbund zur Geltung bringen. Theologische Erinnerungen, praktische Implikationen und pastorale Ermutigungen. Die Ansprache Papst Franziskus' vom 27. Januar 2023 an die Mitglieder des Gerichts der Römischen Rota zur Eröffnung des Gerichtsjahres: DPM 30 (2023) 285-300, 286. Dabei betont SELGE, dass die Unauflöslichkeit der Ehe nicht nur in MIDI und MEMI deutlich zum Vorschein kommt, sondern auch in der Vergangenheit von FRANZISKUS immer wieder hervorgehoben und bekräftigt wurde (vgl. ebd., bes. 287 Anm. 9). In diesem Zusammenhang zu sehen ist auch das von FRANZISKUS nachfolgend gewählte Zitat aus der Ansprache von JOHANNES PAUL II. an die Römische Rota vom 29.01.2002, der dort erklärte, dass „jedes gerechte Urteil über die Gültigkeit oder Nichtigkeit der Ehe […] ein Beitrag zur Kultur der Unauflöslichkeit sowohl in der Kirche als auch in der Welt" sei (vgl. JOHANNES PAUL II., Ansprache an die Römische Rota vom 29.01.2022: AAS 94 [2002] 340-346; dt. Übersetzungstext: DPM 10 [2003] 187-192, 190).

In einem weiteren Abschnitt weist der Papst außerdem auf die Pflicht der Bischöfe hin, „die Gläubigen über die Existenz dieses Verfahrens als mögliches Heilmittel für die Notlage, in der sie sich befinden", zu informieren. Es sei betrüblich festzustellen, dass viele Gläubige die Möglichkeit zur Führung eines Ehenichtigkeitsverfahrens überhaupt nicht kennen würden.

Schließlich zeige sich – so FRANZISKUS weiter – die Fürsorge des Bischofs für die ihm anvertrauten Gläubigen insbesondere im Bestreben, möglichst gut ausgebildete und geeignete Kleriker und Laien als Mitarbeiterinnen und Mitarbeiter an sein Diözesangericht[16] zu berufen[17].

Die zweite große, durch MIDI bzw. MEMI vorgenommene eheprozessrechtliche Veränderung, auf die FRANZISKUS in seiner Ansprache näher eingeht, ist die Abschaffung des Prinzips der *duplex sententia conformis*[18]. So habe er, „um zu

---

16   FRANZISKUS spricht hier explizit von einem vom jeweiligen Bischof einzurichtenden Diözesangericht, für das dieser verantwortlich ist, und geht nicht auf die Möglichkeit oder ggf. sogar Notwendigkeit zur Einrichtung von Interdiözesangerichten ein (vgl. c. 1423 CIC/1983; GÜTHOFF, E., Interdiözesangerichte erster Instanz als Alternative zu den Diözesangerichten: Ohly, C. / Haering, S. / Müller, L. [Hrsg.], Rechtskultur und Rechtspflege in der Kirche. [FS Wilhelm REES]. Berlin 2020, 557-570). Dabei scheint der Papst eher auf der Linie des Art. 22 § 3 DC zu stehen, in dem gefordert wird, dass jeder Diözesanbischof sein eigenes Diözesangericht errichten müsse, was durch die zurückhaltendere Formulierung in c. 1673 § 2 CIC/1983 ausgeglichen wird. Da sich allerdings „die Einrichtung von eigenen Gerichten oder der Anschluss an ein Nachbargericht für manche Diözesen nicht lohnt oder als problematisch erweist, stellen Interdiözesangerichte, die effizienter als Diözesangerichte arbeiten können, auch nach dem Motu Proprio Mitis Iudex Dominus Iesus eine sinnvolle Alternative zu Diözesangerichten dar" (Ebd., 569). Zudem bleibt die Möglichkeit bestehen, durch eine *prorogatio competentiae* der Apostolischen Signatur (vgl. Art. 35 n. 3 *Lex propria;* Art. 24 § 1 DC) einem anderen Diözesangericht die Vollmacht zu übertragen, auch die Streitsachen einer anderen Diözese rechtmäßig zu behandeln. Dem Diözesanbischof bleibt demnach ein legitimer Beurteilungsspielraum zur Prüfung, ob er alle Voraussetzungen zur Errichtung eines Diözesangerichts *ad normam iuris* erfüllt oder eine andere Option wählt, wobei „er sich sinnvollerweise von den Prinzipien der örtlichen Nähe sowie der Professionalität in seinem Handeln leiten lassen [wird]" (AMBROS, Gerichtsbarkeit [s. Anm. 10], 142) und darauf achten muss, ob er überhaupt genügend geeignetes Gerichtspersonal zur Verfügung hat, selbst wenn Papst FRANZISKUS in MIDI (sowie in seiner diesjährigen Ansprache an die Römische Rota) örtliche Gerichtsstrukturen zu präferieren scheint (vgl. ebd.).

17   Vgl. cc. 1420-1422 CIC/1983. Dass mit der Aufgabe der Auswahl des Gerichtspersonals eine hohe moralische Verantwortung einhergeht, betonte bspw. bereits JOHANNES PAUL II. in seiner Ansprache an die Römische Rota von 2005 (vgl. JOHANNES PAUL II., Ansprache an die Römische Rota vom 29.01.2005: AAS 97 [2005] 164-166).

18   Vgl. dazu exemplarisch: LÜDICKE, Reform (s. Anm. 6), 150-156; JUNGBLUT, Prozessökonomie (s. Anm. 6), 414 f.; MECKEL, T., Mitis iudex et iustus iudex? Papst Franziskus reformiert das Eheprozessrecht: IKaZ 45 (2016) 76-86, 77 f.; ZUMBÜLT, Ände-

vermeiden, dass sich aufgrund zu komplexer Verfahren das Sprichwort ‚summum ius summa iniuria' (Cicero, De Officiis I,10,33) bewahrheitet, das Erfordernis einer doppelten übereinstimmenden Entscheidung abgeschafft und dazu ermutigt, die Fälle, in denen die Nichtigkeit [der Ehe] offenkundig ist, schneller zu entscheiden"[19]. Auch diesbezüglich lässt sich wieder an ein reformleitendes Prinzip aus MIDI erinnern, denn: „I. – Ein einziges, rechtskräftiges Urteil hinsichtlich der Nichtigkeit. – Zunächst wird festgelegt, dass für die Ehenichtigkeit nicht mehr länger eine doppelte, übereinstimmende Entscheidung erforderlich ist, damit die Parteien zu einer neuen kirchlichen Eheschließung zugelassen werden, sondern dass dafür die vom ersten Richter gemäß Rechtsnorm erreichte moralische Gewissheit genügt."[20]

Genau diese beiden Aspekte – die Rolle des Diözesanbischofs und die Abschaffung des Erfordernisses der *duplex sententia conformis* – betonte der Papst auch bereits im Jahr 2016 in einer Ansprache an die Teilnehmer eines Kurses, den das Gericht der Römischen Rota veranstaltet hat, in nahezu übereinstimmender Formulierung[21].

Deutlich wichtiger, als die prozessrechtlichen Aspekte der Reform aufzugreifen und zu bewerten, scheint es dem Papst in seiner Ansprache allerdings zu sein, einige zentrale Prinzipien und Kriterien sowie Voraussetzungen für eine (gelungene) Anwendung des 2015 erneuerten Eheprozessrechts hervorzuheben bzw. in

---

rungen (s. Anm. 6), 104-109; ASSENMACHER, G., Schnellere sowie leichter zugängliche Prozesse unter sicherer Wahrung des Prinzips der Unauflöslichkeit. Ein Jahr Erfahrungen mit *Mitis Iudex Dominus Iesus* in Deutschland: DPM 24 (2017) 7-26, 10-13.

19 Vgl. zur Bedeutung des Sprichworts *summum ius – summa iniuria* im kanonischen Recht: NELLES, M., Summum ius – summa iniuria? Eine kanonistische Untersuchung zum Verhältnis von Einzelfallgerechtigkeit und Rechtssicherheit im Recht der Kirche. St. Ottilien 2005.

20 Vgl. MIDI, Proömium.

21 Es handelt sich dabei um die Ansprache, die von Papst FRANZISKUS an einer anderen Stelle der vorliegenden Rede zitiert wird, vgl. FRANZISKUS, Ansprache an die Teilnehmer eines Kurses, den das Gericht der Römischen Rota veranstaltet hat, vom 12.03.2016: AAS 108 (2016) 484 f.; dt. Übersetzungstext: https://www.vatican.va//content/francesco/de/speeches/2016/march/documents/papa-francesco_20160312_corso-rota-romana.html (Stand: 02.02.2025): „Am 15. August vergangenen Jahres sind die Dokumente *Mitis Iudex Dominus Iesus* und *Mitis et misericors Iesus* promulgiert worden, die die Arbeitsergebnisse der am 27. August 2014 eingerichteten Sonderkommission aufgenommen haben: fast ein Jahr an Arbeit. Diese Regelungen haben einen vorrangig pastoralen Zweck: Sie sollen die Fürsorge der Kirche gegenüber jenen Gläubigen zum Ausdruck bringen, die eine rasche Prüfung ihrer ehelichen Situation erwarten. Insbesondere wurde die doppelte, übereinstimmende Entscheidung abgeschafft und der sogenannte kürzere Prozess eingeführt, der die Gestalt und die Rolle des Diözesanbischofs [...] als Richter in Eheprozessen wieder in den Mittelpunkt stellt. So wurde die Rolle des Bischofs oder Eparchen in Ehesachen weiter aufgewertet [...]."

Erinnerung zu rufen, was schon daran deutlich wird, dass diese Aspekte den um-
fangmäßig größten Teil der Ansprache ausmachen:

So bezieht sich FRANZISKUS gleich zu Beginn – unter Verweis auf die von den
Synodenvätern in der Dritten Außerordentlichen Generalversammlung der Bischofssynode am 18.10.2014[22] aufgebrachten und in n. 48 der *Relatio Synodi*
festgehaltenen Forderungen – auf das zentrale Anliegen der Reform, die Ehenichtigkeitsverfahren „zugänglicher und schneller zu gestalten"[23]. Ergänzend
dazu führt der Papst etwas später ein Zitat aus dem Proömium von MIDI an, das
ebenfalls die Geschwindigkeit der Prozesse in den Vordergrund rückt[24]. Hintergrund dieses Anliegens mag wohl nicht nur die Tatsache sein, dass in der Praxis
die Vorgabe des c. 1453 CIC/1983, wonach alle Streit- und Strafsachen in erster
Instanz in einem Jahr und in der zweiten Instanz innerhalb von sechs Monaten
zum Abschluss gebracht werden sollen,[25] oftmals überschritten wird, sondern
auch die mit ANDREAS WEISS zu treffende Feststellung: „Die Langsamkeit der
kirchlichen Gerichte verstört die Menschen zutiefst und ermüdet sie, der daraus
entstehende Schaden für das Ansehen ihrer Gerichtsbarkeit ist enorm."[26] Nach

---

22 Vgl. Bischofssynode: Generalsekretariat (Hrsg.), III Conventus Generalis Extraordinarii
    Episcoporum Synodi: „Provocationes pastorales aetatis nostrae de re familiari in Evan-
    gelizationis conexu": Relatio Synodi. Città del Vaticano 2014: AAS 106 (2014) 887-
    908; dt. Übersetzungstext, aus dem in diesem Beitrag zitiert wird: Sekretariat der Deut-
    schen Bischofskonferenz (Hrsg.), Die pastoralen Herausforderungen der Familie im
    Kontext der Evangelisierung. Texte zur Bischofssynode und Dokumente der Deutschen
    Bischofskonferenz. Bonn 2014 (AH 273), 141-175.

23 Im italienischen Original ist hier die Rede von „di rendere i processi più accessibili e
    agili", was ein nahezu wörtliches Zitat aus n. 48 der *Relatio Synodi* von 2014 darstellt
    („di rendere più accessibili ed agili"). Vgl. dazu n. 48 der *Relatio Synodi*: „Eine große
    Zahl der Synodenväter hat die Notwendigkeit unterstrichen, die Verfahren zur Aner-
    kennung der Nichtigkeit einer Ehe zugänglicher und schneller zu gestalten [...]".

24 Denn mit MIDI wollte der Papst Bestimmungen erlassen, „durch die keinesfalls die
    Nichtigkeit der Ehen befördert werden soll, sondern die Geschwindigkeit der Prozesse
    und nicht minder eine gerechte Einfachheit" (MIDI, Proömium). Es handelt sich hierbei
    um den Auszug aus dem Proömium von MIDI, der auch in die diesjährige Ansprache
    des Papstes aufgenommen wurde. Der Verkürzung der Prozessdauer sollte bspw. auch
    die Abschaffung der verpflichtenden *duplex sententia conformis* dienen (s.o.), vgl.
    LÜDICKE, Reform (s. Anm. 6), 175.

25 Vgl. GÜTHOFF, E., § 109 Gerichtsverfassung und Gerichtsordnung: HdbKathKR[3], 1661-
    1672, 1670; vgl. dazu auch den Grundsatz des Prozessrechts *quam primum, salva iusti-
    tia* (vgl. c. 1453 CIC/1983).

26 WEISS, A., Wie langsam darf der kirchliche Richter sein? Zum Rechtsschutz gegen
    überlange Gerichtsverfahren im kirchlichen Ehenichtigkeitsprozess: Otter / Walser
    (Hrsg.), Iustitia et Ius (s. Anm. 10), 235-247, 235. Dass die Geschwindigkeit der Ehe-
    nichtigkeitsverfahren allerdings kein neues Anliegen ist, sondern eher einem „Dauer-
    thema" gleicht, zeigen bspw. das sog. Ehevotum des Zweiten Vatikanischen Konzils

Ansicht des amtierenden Dekans der Römischen Rota sei die Schnelligkeit deshalb „das erste und wichtigste operative Ziel der Prozessrechtsreform"[27], denn: „Die Leidenssituation und die existenziellen Interessen, die den Ehenichtigkeitsverfahren zugrunde liegen, verdienen eine rasche und sorgfältige Prüfung."[28]

Im Zusammenhang mit dem Kriterium einer einfacheren Zugänglichkeit zum Verfahren und zum Gericht stellt FRANZISKUS in seiner Ansprache auch auf das bereits in MIDI geforderte Prinzip der Nähe zwischen Gericht bzw. Gerichtspersonal und Gläubigen (das sog. *principium proximitatis*) ab,[29] dessen Garant der Diözesanbischof sei, das er aber ansonsten in seiner Ansprache nicht näher bestimmt.

Eine solche Nähe zwischen Gericht und Gläubigen darf allerdings nicht ausschließlich als räumliche bzw. örtliche Nähe verstanden werden, selbst wenn dies einen wünschenswerten Idealfall darstellt[30]. Eine physische Nähe, dass bspw. die Parteien sowie Zeuginnen und Zeugen eine lediglich kurze Wegstrecke zurücklegen müssen, um zum Gericht zu gelangen, wiegt allerdings keinesfalls die – vielfach entscheidendere – zwischenmenschliche Nähe auf, wie sie

---

(LThK² Bd. 14, 596-606) und weitere Stimmen aus der Wissenschaft. Vgl. exemplarisch: FLATTEN, H., Das Ärgernis der kirchlichen Eheprozesse. Paderborn 1965; ZIRKEL, A., Quam primum – salva iustitia. Müssen kirchliche Eheprozesse Jahre dauern? St. Ottilien 2003; WEISS, A., Schnell und gut! Eine Replik auf Adam Zirkel, Quam primum – salva iustitia. Müssen kirchliche Eheprozesse Jahre dauern?: DPM 11 (2004) 125-139; MAMBERTI, D., „Quam primum, salva iustitia" (c. 1453). Celeridad y justicia en el proceso de nulidad matrimonial renovado: Ius Communionis 4 (2016) 183-201; vgl. zudem die Forderung in n. 48 der bereits erwähnten *Relatio Synodi* von 2014.

27   ARELLANO CEDILLO, Normen (s. Anm. 6), 16.

28   Ebd.

29   Vgl. MIDI, Proömium: „Die Dringlichkeit der Reform wird genährt von der sehr großen Zahl von Gläubigen, die wegen physischer oder moralischer Ferne zu oft von den juridischen Strukturen der Kirche abgehalten werden, obwohl sie wünschen, dem eigenen Gewissen zu folgen; die Liebe und die Barmherzigkeit machen es daher erforderlich, dass die Kirche selbst sich als Mutter in die Nähe jener Kinder begibt, die sich als getrennt betrachten."; vgl. zudem Art. 7 § 1 *Ratio procedendi* zu MIDI: „Die in can. 1672 angeführten Titel der Zuständigkeit sind gleichwertig, wobei soweit wie möglich das Prinzip der Nähe zwischen Richter und Parteien zu beachten ist." Hierbei handelt es sich um die einzige explizite Erwähnung des Prinzips der Nähe zwischen dem Gericht und den Prozessparteien im Zusammenhang mit MIDI.

30   Dass die fehlende örtliche Nähe der Gläubigen zum zuständigen kirchlichen Gericht dennoch ein gewichtiges praktisches Problem darstellen kann, das viele Gläubige belastet, betont bspw. DANEELS, F., A First Approach to the Reform of the Process for the Declaration of Nullity of Marriage: Martens (Hrsg.), Justice and Mercy (s. Anm. 9), 5-26.

zwischen dem Gerichtspersonal und den am Verfahren beteiligten Gläubigen bestehen soll[31]. Deshalb kann nur in den kirchlichen Gerichten, in denen den hilfesuchenden Menschen freundlich, verständnisvoll, einfühlsam und kompetent begegnet wird, um sie dadurch wirklich „zu Christus zu begleiten, der der milde und barmherzige Richter ist", von einer tatsächlichen „Nähe (der Gläubigen) zum Gericht" gesprochen werden.

AMBROS merkt zudem zu Recht an, dass „dieses Prinzip der örtlichen Nähe der kirchlichen Gerichtsbarkeit in einem Spannungsverhältnis zum Grundsatz der Professionalität der in der Rechtspflege Tätigen, dem tatsächlichen Vorhandensein der Voraussetzungen für die Übernahme eines Dienstes am kirchlichen Gericht sowie ihrer Rückbindung an die Metaprinzipien von Wahrheit und Gerechtigkeit [steht]. Nicht zuletzt ist das Grundrecht der Gläubigen auf ein gerechtes Verfahren zu nennen, das eine entsprechende Fachkompetenz in der kirchlichen Rechtspflege voraussetzt (vgl. c. 221)."[32] Daran ändert auch die Feststellung nichts, dass das Prinzip der Nähe in MIDI auf mehrfache Weise umgesetzt wird, nämlich durch die Fokussierung des Ehenichtigkeitsverfahrens auf das Gericht I. Instanz, die Priorisierung von Diözesan- und Metropolitangerichten, die persönliche Ausübung des Richteramtes durch den Bischof, insbesondere im *processus brevior,* und die Vereinfachung hinsichtlich der Feststellung der Zuständigkeiten (vgl. c. 1672 CIC/1983)[33].

Ein weiteres zentrales Kriterium, das FRANZISKUS in seiner Ansprache aufgreift, ist die Kostenfreiheit des Verfahrens,[34] denn durch diese – so erklärt der Papst anhand eines Zitats aus dem Proömium von MIDI – mache die Kirche „die unentgeltliche Liebe Christi sichtbar [...], durch die wir alle erlöst worden sind."[35]

---

31   In diesem Zusammenhang fordert deshalb wohl ARELLANO CEDILLO, Normen (s. Anm. 6), 17: „Die Nähe soll die physische oder moralische Distanz überbrücken oder überwinden, die nicht selten in so vielen Teilen der katholischen Welt Menschen von der kirchlichen Justiz fernhält."

32   AMBROS, Gerichtsbarkeit (s. Anm. 10), 121.

33   Vgl. ebd., 121-130.

34   Vgl. hierzu auch: FRANZISKUS, Ansprache an die Römische Rota vom 23.01.2015: AAS 107 (2015) 182-185; dt. Übersetzungstext: DPM 23 (2016) 403-405, 405: „Die Sakramente sind unentgeltlich. Die Sakramente schenken uns die Gnade. Und ein Eheverfahren betrifft das Sakrament der Ehe. Wie sehr möchte ich, dass alle Verfahren unentgeltlich wären!"; vgl. zudem zu diesem Anliegen des Papstes exemplarisch: LÜDICKE, Reform (s. Anm. 6), 171; JUNGBLUT, Prozessökonomie (s. Anm. 6), 427; ASSENMACHER, Prozess (s. Anm. 18), 16 f.; ZUMBÜLT, Änderungen (s. Anm. 6), 102-104; ORTIZ HERRAIZ, J., La „gratuidad del proceso",: Revista general de derecho canonico y de derecho eclesiastico del estado 41 (2016) 1-12.

35   MIDI, Proömium.

Damit rekurriert der Papst ein weiteres Mal in seiner Ansprache explizit auf ein die Reform leitendes Prinzip aus MIDI[36].

Darüber hinaus müssen die Verfahrensnormen, so FRANZISKUS, „einige grundlegende Rechte und Prinzipien garantieren, vor allem das Verteidigungsrecht und die Rechtsvermutung zugunsten der Gültigkeit der Ehe."[37] Gerade die Betonung des *favor iuris* der Ehe deckt sich mit den oben bereits thematisierten Anmerkungen von FRANZISKUS zum Schutz der Unauflöslichkeit der Ehe, dem auch c. 1060 CIC/1983[38] dient.

Weiter hebt der Papst in seiner Ansprache hervor, dass das Ziel eines jeden Verfahrens in der Wahrheitsfindung bestehe. Schließlich gehe es nicht darum, „das Leben der Gläubigen unnötig zu verkomplizieren und ebensowenig ihre Streitlust anzufachen, sondern nur der Wahrheit zu dienen"[39]. Alle an den kirchlichen Ehenichtigkeitsverfahren Beteiligten „müssen daher objektiv nach der Wahrheit suchen, die einzig und allein Klarheit gibt, ob die Ehe gültig oder ungültig geschlossen worden ist."[40]

Zusammenfassend lassen sich demnach folgende Prinzipien und Kriterien in der Ansprache des Papstes finden, die seiner Ansicht nach für eine gelungene Umsetzung und Anwendung des erneuerten Eheprozessrechts beachtet und gewährleistet sein müssen: die Zugänglichkeit und Schnelligkeit bei der Verfahrensführung, die Nähe zwischen Gericht bzw. Gerichtspersonal und Gläubigen, die Kostenfreiheit des Verfahrens, das Verteidigungsrecht, die Rechtsvermutung

---

36   Vgl. MIDI, Proömium: „VI. – Die den Bischofskonferenzen eigene Aufgabe. – [...] Zusammen mit dem Ziel der Nähe des Richters mögen die Bischofskonferenzen unter Wahrung der gerechten und würdigen Vergütung der Gerichtsmitarbeiter so weit wie möglich dafür sorgen, dass die Kostenfreiheit der Verfahren sichergestellt werde und die Kirche als erkennbar großzügige Mutter gegenüber den Gläubigen in einer mit dem Seelenheil derart eng verbundenen Materie die unentgeltliche Liebe Christi sichtbar macht, durch die wir alle erlöst worden sind."

37   ARELLANO CEDILLO verbindet dieses Anliegen mit dem Kriterium der Einfachheit, denn: „Der Verweis in der *ratio legis* auf die *iusta simplicitas* zeigt, dass die Förderung der Einfachheit nicht zu einer Beeinträchtigung der wesentlichen Garantien und des Rechts auf Verteidigung führen darf." (ARELLANO CEDILLO, Normen [s. Anm. 6], 17; Kursivsetzung im Original).

38   C. 1060 CIC/1983: „Die Ehe erfreut sich der Rechtsgunst, deshalb ist im Zweifelsfall an der Gültigkeit der Ehe so lange festzuhalten, bis das Gegenteil bewiesen wird."

39   Hier greift FRANZISKUS auf ein Zitat aus der Ansprache von BENEDIKT XVI. an die Römische Rota vom 28.01.2006 zurück; vgl. BENEDIKT XVI., Ansprache an die Römische Rota vom 28.01.2006: AAS 98 (2006) 135-138; dt. Übersetzungstext: DPM 14 (2007) 289-292; vgl. hierzu: STOCKMANN, P., Die erste Ansprache von Papst Benedikt XVI. vor der Rota Romana im Spiegel seiner Ehelehre: DPM 14 (2007) 153-179.

40   JUNGBLUT, Prozessökonomie (s. Anm. 6), 436.

zugunsten der Gültigkeit der Ehe und die Wahrheitsfindung als Ziel eines jeden Verfahrens.

Dass die hier genannten Prinzipien und Kriterien nicht einzeln oder isoliert betrachtet und umgesetzt werden dürfen, macht FRANZISKUS insbesondere dadurch deutlich, dass er auf eine Aussage PAULS VI. zurückgreift, die dieser im MP *Causas Matrimoniales*[41] von 1971 getroffen hat, und in dessen Licht FRANZIS-KUS auch seine Eheprozessrechtsreform sehen möchte, denn: Keinesfalls soll und dürfe die Umsetzung des reformierten Eheprozessrechts dazu führen, die Nichtigkeit von Ehen bzw. deren Feststellung zu befördern,[42] sondern es sei entscheidend, die Ehenichtigkeitsverfahren „leichter zugänglich und damit pastoraler zu gestalten, ohne dass dies auf Kosten der Kriterien der Wahrheit und der Gerechtigkeit"[43] gehe. Auch wenn demnach die Schnelligkeit in der Verfahrensführung ein hohes Gut darstellt, muss sie dennoch gegenüber der Wahrheitsfindung und der Verwirklichung der Gerechtigkeit im Verfahren stets zurücktreten[44]. Die prozessrechtlichem Maximen müssen „in einem austarierten Verhältnis zueinanderstehen"[45] und „Schnelligkeit darf ‚nicht an die Stelle der

---

41 Vgl. PAUL VI., MP *Causas matrimoniales*: AAS 63 (1971) 441-446.

42 Papst FRANZISKUS greift an dieser Stelle auf ein Zitat aus dem Proömium von MIDI zurück: Mit diesem MP wollte der Papst nach eigener Aussage Bestimmungen erlassen, „durch die keinesfalls die Nichtigkeit der Ehen befördert werden soll, sondern die Geschwindigkeit der Prozesse und nicht minder eine gerechte Einfachheit, damit nicht wegen der verspäteten Urteilsfindung das Herz der Gläubigen, welche die Klärung des eigenen Standes erwarten, lange von den Dunkeln des Zweifels bedrückt werden."

43 An dieser Stelle zitiert der Papst wörtlich aus der Ansprache von PAUL VI. an die Römische Rota vom 30.01.1975, vgl. PAUL VI., Ad Praelatos Auditores et Officiales Tribunalis Sacrae Romanae Rotae, a Beatissimo Patre novo litibus iudicandis ineunte anno coram admissos. Die 30 mensis ianuarii a. 1975: AAS 67 (1975) 179-183; ital. Text abrufbar unter: https://www.vatican.va/content/paul-vi/it/speeches/1975/documents/hf_p-vi_spe_19750130_sacra-romana-rota.html (Stand: 01.02.2025); dt. Übersetzung durch die Autorin.

44 Dies deckt sich mit einer Aussage, die der Papst in seiner Ansprache am 23.11.2024 an die Teilnehmer eines von der Römischen Rota veranstalteten Kurses getätigt hat (vgl. https://www.vatican.va/content/francesco/it/speeches/2024/november/documents/20241 123-corso-rota-romana.html), denn: „[N]on si possono interpretare le norme attuali sui processi matrimoniali come se, nella doverosa ricerca della prossimità e della celerità, esse implicassero un affievolimento delle esigenze della giustizia." („Man kann die aktuellen Normen bezüglich der Ehenichtigkeitsverfahren nicht so interpretieren, als würden sie, bei der notwendigen Suche nach Nähe und Schnelligkeit, eine Vernachlässigung der Gerechtigkeitsanforderungen implizieren." [Übersetzung durch die Autorin]). Vgl. dazu bspw. auch: WESEMANN, P., Das erstinstanzliche Gericht und seine pastorale Aufgabe: Grocholewski, Z. / Cárcel Ortí, V. (Hrsg.), Dilexit Iustitiam. Studia in honorem Aurelii Card. Sabattani. Città del Vaticano 1984, 91-118, 109 f.

45 WEISS, Rechtsschutz (s. Anm. 26), 236.

Gründlichkeit treten'"[46], denn nur so lässt sich ein wahres und gerechtes Urteil finden[47].

Hinsichtlich der Voraussetzungen, die FRANZISKUS in seiner Ansprache für eine gelungene Umsetzung des Eheprozessrechts als notwendig angibt, lässt sich zuerst auf die bereits erwähnte Information der Gläubigen über die Existenz von Ehenichtigkeitsverfahren abstellen, denn nur wenn die Gläubigen von dieser Möglichkeit überhaupt wissen, können sie auch davon Gebrauch machen.

Eine zweite zentrale Voraussetzung wird deutlich, wenn der Papst betont, der Bischof habe an sein Gericht gut ausgebildetes und geeignetes Personal zu berufen,[48] denn: „Die Investition in die Ausbildung dieser Fachkräfte – auf wissenschaftlicher, menschlicher und geistlicher Ebene – kommt stets den Gläubigen zugute, die das Recht auf eine sorgfältige Prüfung ihrer Anträge haben". Bemerkenswert ist, dass es dem Papst nicht nur um eine wissenschaftliche Ausbildung des Gerichtspersonals geht, die selbstverständlich unabdingbar ist,[49] die aber in

---

46 WEISS, Rechtsschutz (s. Anm. 26), 236. Dabei muss der Grundsatz gelten: „so kurz wie möglich, aber so gründlich wie nötig" (ebd., 239). Ansonsten unterliegt ein zügiges Verfahren „immer der Gefahr, auf Kosten der Gründlichkeit, der Tiefe der Untersuchung durchgeführt zu werden" (ZUMBÜLT, Änderungen [s. Anm. 6], 93).

47 Vgl. WEISS, Rechtsschutz (s. Anm. 26), 236. Als materiell-rechtliches Kriterium gibt WEISS deshalb an: „Der Ehenichtigkeits- wie Strafprozess sollte nicht mehr Zeit in Anspruch nehmen, als erforderlich ist, um die erforderliche Gewissheit über die Prozessfrage zu erlangen." (Ebd., 239). Vgl. in diesem Zusammenhang auch zum Rechtsschutz gegen überlange Gerichtsverfahren samt einem kommentierten Vorschlag *de lege ferenda*: ebd., 239-247.

48 Diese Forderung steht in engem Zusammenhang mit den bzw. bedingt sich durch die anderen, mit MIDI erfolgten Veränderungen: die Abschaffung der verpflichtenden *duplex sententia conformis* als „Kontrollinstanz"; die verstärkte Stellung und Rolle des Diözesanbischofs und die Forderung nach der Einrichtung eines Diözesangerichts, für deren Erfüllung geeignetes Gerichtspersonal eine *conditio sine qua non* darstellt (vgl. AMBROS, Gerichtsbarkeit [s. Anm. 10], 135). Weiter hat die Ausstattung eines Gerichts ebenso Einfluss auf andere, bereits erwähnte wichtige Kriterien, wie die Prinzipien der Nähe von Gericht und Gläubigen und der Schnelligkeit der Verfahren; denn: „Ein Gericht mag zwar örtlich nah und damit auf den ersten Blick leicht zugänglich für die Gläubigen sein. Wenn allerdings das Gericht nicht die erforderliche personelle Ausstattung hat, werden auch an einem Diözesangericht Prozesse Jahre dauern. Außerdem müssen die am Gericht Tätigen fachlich kompetent sein. Nur dann werden sie fähig sein, ein Eheverfahren innerhalb eines angemessenen Zeitraums durchführen zu können." (Ebd., 138).

49 Vgl. hierzu die akademischen Mindestvoraussetzungen in den cc. 1420 § 4, 1421 § 3, 1435 CIC/1983. Unter einer wissenschaftlichen Ausbildung darf allerdings nicht (nur) eine einmalige (und abgeschlossene) akademische Ausbildung verstanden werden. Gefordert und notwendig ist vielmehr eine andauernde Fortbildung und ein lebenslanges Lernen, denn: „Neben einer soliden Vermittlung des kanonischen Ehe- und Prozess-

diesem sensiblen Bereich nicht ausreicht, so dass die am Gericht Tätigen auch auf einer menschlichen[50] und geistlichen[51] Ebene ausgebildet und geschult werden müssen, denn es braucht „nicht nur kanonistisches Wissen und psychologische Kenntnisse, sondern eine Grundhaltung, die getragen ist von Einfühlungsvermögen und bergender Zuwendung"[52]. Nur eine solche ganzheitliche Ausbildung des Gerichtspersonals, die den gesamten Menschen in den Blick nimmt, wird es ermöglichen, dass diejenigen, die an den kirchlichen Gerichten tätig sind, auch die vom Papst in der diesjährigen Ansprache geforderten Eigenschaften mitbringen und die entsprechenden Werte verinnerlichen können:

rechts bedarf es einer Kenntnis der Ehejudikatur, wie sie leitlinienhaft von der Römischen Rota [...] vorgelegt wird. Diese *formatio* hat zunächst im Rahmen der universitären kanonistischen Ausbildung zu geschehen, dann aber auch auf den verschiedenen kirchenrechtswissenschaftlichen Fortbildungsveranstaltungen sowie durch das Studium der kirchenrechtswissenschaftlichen Literatur. [...] Dies gehört zu den Erfordernissen einer qualitativ hochwertigen Ehejudikatur." (SELGE, K.-H., Können Ehenichtigkeitsprozesse schaden? Plädoyer für eine Qualitätsoffensive Ehejudikatur. Eine Problemanzeige im Anschluss an die Ansprache Papst Franziskus' vom 18. Februar 2023 an die Teilnehmer eines vom Gericht der Römischen Rota veranstalteten Lehrgangs: Otter / Walser [Hrsg.], Iustitia et Ius. [s. Anm. 10], 201-223, 213 f.).

50 Auf dieser Ebene fordert bspw. SELGE unter Bezugnahme auf NOTKER KLANN (Institutionelle Beratung, ein erfolgreiches Angebot. Von den Beratungs- und Therapieschulen zur klientenorientierten Intervention. Feldstudie zur Ergebnisqualität in der Partnerschafts- und Eheberatung. Freiburg i.Br. 2002, 25) folgenden Katalog von Kernkompetenzen: „Zunächst ist die Eignung zu personal-seelsorglicher Begleitung unabdingbar, zu der wesentlich folgende Befähigungen gehören: ,Wahrnehmungskompetenz [...], Fähigkeit, Beziehungen zu gestalten [...], Belastungsfähigkeit, Kritikfähigkeit.'" (SELGE, Qualitätsoffensive Ehejudikatur [s. Anm. 49], 219); vgl. auch: RAMBACHER, S., Im Dienst an der Wahrheit und am Menschen. Standortbestimmungen, Überlegungen und Perspektiven zum kirchlichen Richteramt: DPM 19/20 (2012/2013) 357-369.

51 In der Linie mit diesem Erfordernis und für dessen tieferes Verständnis sind auch einige Aussagen der Ansprache des Vorjahres zu sehen, in der FRANZISKUS u.a. betonte: „Das Gebet des Richters ist wesentlich für seine Aufgabe. Wenn ein Richter nicht betet oder nicht beten kann, ist es besser, er geht einer anderen Tätigkeit nach." (vgl. FRANZISKUS, Ansprache an die Römische Rota vom 25.01.2024: AAS 116 [2024] 239-242; dt. Übersetzungstext: DPM 31 [2024] 211-214). Vgl. dazu auch die zugehörige Kommentierung: SELGE, K.-H., Die Verwiesenheit der *lex agendi* auf die *lex orandi* und die *lex credendi*. Die Ansprache Papst Franziskus' vom 25. Januar 2024 an die Römische Rota zur Eröffnung des Gerichtsjahres: DPM 31 (2024) 197-210, 204-206. Die hohe Bedeutung des Gebets im Zusammenhang mit der kirchlichen Rechtspflege thematisierte der Papst zudem bereits in seiner Ansprache an die Römische Rota von 2022, vgl. FRANZISKUS, Ansprache an die Römische Rota vom 27.01.2022: AAS 114 (2022) 247-252, 251 f.; dt. Übersetzungstext: DPM 29 (2022) 306-310, 310.

52 SELGE, Qualitätsoffensive Ehejudikatur (s. Anm. 49), 214.

So betont der Papst, das Gerichtspersonal müsse die Arbeit „mit Gerechtigkeit und Sorgfalt ausführen" und die eheprozessrechtlichen Normen mit Klugheit anwenden, was zwei große Tugenden verlange, nämlich „die Klugheit und die Gerechtigkeit, die von der Liebe inspiriert sein müssen. Es gibt eine enge Verbindung zwischen Klugheit und Gerechtigkeit, denn die Ausübung der ‚prudentia iuris' zielt auf die Erkenntnis dessen ab, was im konkreten Fall gerecht ist". Diese Aussage des Papstes stammt jedoch nicht aus der diesjährigen Ansprache, sondern wurde von ihm aus seiner Ansprache im vergangenen Jahr zitiert,[53] was auf eine gewisse Kontinuität der beiden Ansprachen schließen lässt. Der von FRANZISKUS hier verwendete Begriff der *prudentia iuris* findet sich zudem u.a. bereits in einer Ansprache von BENEDIKT XVI. an die Römische Rota von 2008[54].

Die an den Ehenichtigkeitsverfahren beteiligten Personen sollen sich überdies „der ehelichen und familiären Wirklichkeit mit Ehrfurcht" nähern, weil die Familie ein lebendiger Abglanz der Liebesgemeinschaft des dreifaltigen Gottes sei, wozu FRANZISKUS auf *Amoris Laetitia* 11[55] verweist.

---

[53]   Vgl. FRANZISKUS, Ansprache vom 25.01.2024 (s. Anm. 51): „Die Unterscheidung des Richters erfordert zwei große Tugenden: Die Klugheit und die Gerechtigkeit, die von der Nächstenliebe informiert sein müssen. Es besteht eine enge Verbindung zwischen Klugheit und Gerechtigkeit, da die Ausübung der *Prudentia iuris* darauf abzielt, das zu kennen, was im konkreten Fall richtig ist. Es handelt sich also um eine Klugheit, die keine diskretionäre Entscheidung betrifft, sondern um eine deklarative Handlung über das Vorhandensein oder Nichtvorhandensein des Gutes der Ehe; daher muss eine juristische Klugheit, um wirklich pastoral zu sein, gerecht sein. Die richtige Unterscheidung beinhaltet eine Handlung der pastoralen Liebe, auch wenn das Urteil negativ wäre. Und auch ein Risiko."

Vgl. zur Auslegung dieser Vorgabe: SELGE, Verwiesenheit (s. Anm. 51), 206 f.: „Die gerichtliche Unterscheidung habe objektiv zu sein, d.h. frei von jedem Vorurteil, sei es für oder gegen eine Ehenichtigkeitserklärung. Dies bedeute, sowohl einem Rigorismus zu wehren, der für eine affirmative Entscheidung eine absolute Sicherheit verlange als auch von einer Haltung abzusehen, die irrigerweise meine, dass eine Ehenichtigkeitserklärung immer der richtige Weg sei. [...] Zwischen Klugheit und Gerechtigkeit bestehe ein enges Verhältnis. Die Klugheit sei darauf ausgerichtet zu erkennen, was konkret richtig sei. Dies bedeute, dass die Klugheit ‚Eifer für die Gerechtigkeit' [Zitat aus: KALDE, F., Der Richter und sein Ruf. Zu einer Voraussetzung richterlicher Tätigkeit: DPM 1 [1994] 33-51, 35] verlange. Nur eine Entscheidung, die gerecht sei, sei auch pastoral."

[54]   Vgl. BENEDIKT XVI., Ansprache an die Römische Rota vom 26.01.2008: AAS 100 (2008) 84-88; dt. Übersetzungstext: DPM 15/16 (2008/2009) 640-643, 642.

[55]   Vgl. FRANZISKUS, Nachsynodales Apostolisches Schreiben *Amoris Laetitia* vom 19.03.2016: AAS 108 (2016) 311-446; dt. Übersetzungstext: Sekretariat der Deutschen Bischofskonferenz (Hrsg.), Nachsynodales Apostolisches Schreiben *Amoris Laetitia*

Letztlich sei die Tätigkeit des Gerichtspersonals der Römischen Rota jedoch – so FRANZISKUS resümierend im letzten Abschnitt seiner Ansprache – „eine Aufgabe von großer Verantwortung, aber vor allem von großer Schönheit", da alle Beteiligten dadurch mithelfen können, „zwischenmenschliche Beziehungen zu reinigen und wiederherzustellen", was gewiss ebenso für die Tätigkeit an allen anderen kirchlichen Gerichten gilt. Als *peregrinantes in spem*, als Pilger der Hoffnung, soll ihre tägliche Arbeit zudem mit einer Hoffnung erfüllt sein, die gemäß Röm 5,5 nicht zugrunde gehen lässt, so dass der Papst mit dieser Aussage den Bogen zum Heiligen Jahr schlägt, in dem sich die Kirche im Jahr 2025 befindet[56].

Neben all den genannten Aspekten weist die diesjährige Ansprache des Papstes an die Römische Rota zur Eröffnung des Gerichtsjahres aber noch ein weiteres Spezifikum auf, nämlich die stete Betonung dessen, worauf die Ehenichtigkeitsverfahren und letztlich das gesamte kanonische (Eheprozess-)Recht ausgerichtet ist: auf das Wohl der Gläubigen[57] und insbesondere auf ihre *salus animarum*,[58] denn „Papst Franziskus hat mit seiner Reform das oberste Gesetz der gesamten kirchlichen Rechtsordnung gemäß c. 1752 unterstrichen: Die gesamte Rechts-

---

über die Liebe in der Familie. (VApSt 204) Bonn 2016, 15, n. 11: „Der dreieinige Gott ist Gemeinschaft der Liebe, und die Familie ist sein lebendiger Abglanz."

[56] Das Heilige Jahr begann mit der Öffnung der Heiligen Pforte im Petersdom am 24.12.2024. Für weitere Informationen siehe: https://www.iubilaeum2025.va/de.html (Stand: 02.02.2025).

[57] Treffend titelt deshalb der *Osservatore Romano* den Abdruck der diesjährigen Ansprache mit „Nelle cause matrimoniali mirare al bene dei fedeli", vgl. OssRom 66 (2025) 31.01.2025, n. 25, 2.

[58] Vgl. zur Bedeutung der *salus animarum* im kanonischen (Prozess-)Recht exemplarisch: HAERING, S., Kirchenrecht – Das Heil der Seelen als höchste Norm: Hilpert, K. / Leimgruber, S. (Hrsg.), Theologie im Durchblick. Ein Grundkurs. Freiburg i.Br. 2008, 204-215, 214; WIJLENS, M., *Salus animarum suprema lex:* Mercy as a legal principle in the application of canon law?: The Jurist 54 (1994) 560-590; HERRANZ, J., *Salus animarum, principio dell'ordinamento canonico:* IusEccl 12 (2000) 291-306; SNETHLAGE, Bischof (s. Anm. 9), 168: „Das Ziel und der Zweck aller kirchlichen Gewalt entspringt der Sendung der Kirche: Dem Heil der Seelen (c. 1752 CIC/83). Zu diesem Zweck führt die Kirche gerichtliche Verfahren"; JUNGBLUT, Prozessökonomie (s. Anm. 6), 412: In jedem kanonischen Prozess „soll es vor allem auch um das Heil der Seelen gehen. C. 1752 hält fest, dass das Heil der Seelen oberstes Gesetz sein muss. [...] Der Eheprozess kann demnach als Heilswerkzeug der Kirche dienen, deren Ziel das Heil der Seelen ist."; D'ANGELO, E. O., La *salus animarum* y el proceso canónico matrimonial: EstEcl 81 (2006) 673-698. Letzterer verweist dort auch auf verschiedene Ansprachen PIUS' XII., PAULS VI. und JOHANNES PAULS II., die allesamt auf die *salus animarum* als höchstes Ziel des (Prozess-)Rechts verweisen (vgl. ebd., 675 f.).

ordnung, ihre Interpretation und ihre Anwendung steht unter dem Licht bzw. der Maßgabe der *salus animarum* der Gläubigen"[59].

Und diesem obersten Ziel, das sich wie ein roter Faden durch die gesamte Ansprache des Papstes zieht, haben auch alle zuvor erwähnten Veränderungen, Prinzipien, Kriterien und Voraussetzungen, die der Papst genannt hat, zu dienen und sich darauf auszurichten. So verweist FRANZISKUS bereits zu Beginn der Rede auf die Synodenväter der Bischofssynode von 2014 und deren dringliches Anliegen, „die pastorale Neuausrichtung der Strukturen zu vollenden", wozu er die Forderung von *Evangelii Gaudium* 27 aufgreift[60]. Und diese pastorale Neuausrichtung der Strukturen müsse, so FRANZISKUS in seiner Ansprache weiter, „notwendigerweise auch die Rechtspflege betreffen, damit sie bestmöglich auf jene reagieren kann, die sich an die Kirche wenden, um Klarheit über ihre eheliche Situation zu gewinnen"[61]. Dazu verweist der Papst auf seine Ansprache an

---

59   MECKEL, Mitis iudex (s. Anm. 18), 84 (Kursivsetzung im Original).

60   Vgl. FRANZISKUS, Apostolisches Schreiben *Evangelii Gaudium* vom 24.11.2013: AAS 105 (2013) 1019-1137; dt. Übersetzungstext: Sekretariat der Deutschen Bischofskonferenz (Hrsg.), Apostolisches Schreiben *Evangelii Gaudium* über die Verkündigung des Evangeliums in der Welt von heute (VApSt 194), Bonn 2013, 26, n. 27: „Ich träume von einer missionarischen Entscheidung, die fähig ist, alles zu verwandeln, damit die Gewohnheiten, die Stile, die Zeitpläne, der Sprachgebrauch und jede kirchliche Struktur ein Kanal werden, der mehr der Evangelisierung des heutigen Welt als der Selbstbewahrung dient. Die Reform der Strukturen, die für die pastorale Neuausrichtung erforderlich ist, kann nur in diesem Sinn verstanden werden: dafür zu sorgen, dass sie alle missionarischer werden, dass die gewöhnliche Seelsorge in all ihren Bereichen expansiver und offener ist, dass sie die in der Seelsorge Tätigen in eine ständige Haltung des ‚Aufbruchs' versetzt und so die positive Antwort all derer begünstigt, denen Jesus seine Freundschaft anbietet."

Vgl. zum Zusammenhang von Evangelisierung und kirchlicher Ehejudikatur auch: SELGE, Qualitätsoffensive Ehejudikatur (Anm. 49), 205.

61   Mit der Betonung eines inneren Zusammenhangs zwischen der Ausübung der richterlichen Tätigkeit und der pastoralen Sorge der Kirche stellt sich FRANZISKUS ganz in die Reihe seiner Vorgänger, vgl. hierzu als *pars pro toto*: JOHANNES PAUL II., Ansprache an die Römische Rota vom 18.01.1990: AAS 82 (1990) 872-877; BENEDIKT XVI., Ansprache vom 28.01.2006 (s. Anm. 39); BENEDIKT XVI., Ansprache an die Römische Rota vom 22.01.2011: AAS 103 (2011) 108-113. Vgl. zur pastoralen Ausrichtung und Zielsetzung der kirchlichen Gerichte unter Verweis auf die Ansprache von Papst FRANZISKUS an die Römische Rota vom 24.01.2014 (vgl. AAS 106 [2014] 89 f.) auch: OTTER, J., Die Rota Romana in der neuen Kurienkonstitution Praedicate Evangelium: DPM 29 (2022) 211-226, 211-213; SELGE, Qualitätsoffensive Ehejudikatur (s. Anm. 49), 208 („Seitens der Ehejudikatur sollte den Mitarbeitern immer bewusst sein, dass ihre Arbeit einen starken pastoralen Bezug besitze."); HÖRTING, *Mitis Iudex* (s. Anm. 6), 156; MECKEL, Mitis iudex (s. Anm. 18), 84; SANDERS, R., Damit das Ehenichtigkeitsverfahren ein Ort der Heilung werden kann. Gedanken aus der Sicht eines Eheberaters: DPM 24 (2017) 131-164; BIER, G., Das kirchliche Eheverfahren zwischen prozessrechtlichen

die Römische Rota vom 23.01.2015,[62] in der er ebenso klarstellt, dass die „Funktion des Rechts [...] auf die *salus animarum* ausgerichtet"[63] ist.

Auch in den darauffolgenden Abschnitten seiner Ansprache wird deutlich, wie sehr dem Papst daran gelegen ist, das Eheprozessrecht zum Wohl der Gläubigen und zu ihrem Seelenheil anzuwenden. So soll auch der 2015 eingeführte *processus brevior* „als Ausdruck der Sorge um die *salus animarum*" angesehen werden, die Tätigkeit der kirchlichen Gerichte soll (mehr) in die diözesane Pastoral eingebunden werden und die gesamte „Reform wurde geleitet – und ihre Umsetzung muss geleitet werden – von der Sorge um das Heil der Seelen", wie bereits das Proömium von MIDI betonte[64]. Denn wir, so erklärt FRANZISKUS weiter, „sind herausgefordert durch den Schmerz und die Hoffnung so vieler Gläubiger, die Klarheit über die Wahrheit ihrer persönlichen Situation und folglich über die Möglichkeit einer vollen Teilnahme am sakramentalen Leben suchen."

Unter Verweis auf seine Ansprache an die Teilnehmer des vom Gericht der Römischen Rota veranstalteten Kurses vom 12.03.2016[65] macht der Papst außerdem deutlich, dass gerade den Menschen, die eine unglückliche eheliche Erfahrung gemacht haben und nun ein Ehenichtigkeitsverfahren führen, dieser Weg erleichtert und ihnen geholfen werden müsse[66]. Schließlich darf nicht

---

Vorgaben und pastoralem Anspruch. Ein Dilemma: Lebendige Seelsorge 69 (2018) 209-213.

62 Vgl. FRANZISKUS, Ansprache vom 23.01.2015 (s. Anm. 34). Dort wollte der Papst „zu einem immer größeren und immer leidenschaftlicheren Bemühen in eurem Dienst zum Schutz der Einheit der Rechtsprechung in der Kirche auffordern. Wie viel Pastoralarbeit zum Wohl vieler Ehepaare, vieler Kinder, die oft Opfer dieser Vorgänge sind! Auch hier bedarf es einer pastoralen Neuausrichtung der kirchlichen Strukturen [...], um allen, die sich an die Kirche wenden, um Licht in ihre eigene Ehesituation zu bringen, das *opus iustitiae* anzubieten. Das ist eure schwierige Sendung, ebenso wie die aller Richter in den Diözesen: das Heil der Menschen nicht in den engen Wegen des Legalismus zu verschließen. Die Funktion des Rechts ist auf die *salus animarum* ausgerichtet" (vgl. ebd., 404 f.; Kursivsetzung im Original).

63 Ebd., 405 (Kursivsetzung im Original).

64 Vgl. MIDI, Proömium: „Die Sorge um das Seelenheil, die – heute wie gestern – das oberste Ziel der Institutionen, der Gesetze und des Rechts bleibt, bewegt den Bischof von Rom, den Bischöfen dieses Reformdokument [= MIDI] vorzulegen."

65 Vgl. FRANZISKUS, Ansprache vom 12.03.2016 (s. Anm. 21).

66 Der gesamte Abschnitt, auf den sich der Papst in seiner diesjährigen Ansprache hier bezieht, lautet in dt. Übersetzung (vgl. ebd.): „Es ist wichtig, dass die neue gesetzliche Regelung in ihrer Absicht und ihrem Geist besonders von Seiten der Mitarbeiter der Kirchengerichte aufgenommen und vertieft wird, um den Familien einen Dienst der Gerechtigkeit und der Liebe zu leisten. Für viele Menschen, die eine unglückliche eheliche Erfahrung gemacht haben, stellt die Verifizierung von Gültigkeit oder Ungültigkeit der

„wegen der verspäteten Urteilsfindung das Herz der Gläubigen, welche die Klärung des eigenen Standes erwarten, lange von den Dunkeln des Zweifels bedrückt werden"[67]. Vielmehr seien diese Verfahren zu führen „mit dem Ziel des Wohls der Gläubigen und in dem Wunsch, Frieden in ihr Gewissen zu bringen". Nur so könne diese „Arbeit der Unterscheidung über das Vorhandensein oder Nichtvorhandensein einer gültigen Ehe"[68] wirklich zu einem wahren „Dienst an der *salus animarum* [werden], da sie den Gläubigen ermöglicht, die Wahrheit ihrer persönlichen Wirklichkeit zu erkennen und anzunehmen."

Die Ansprache von Papst FRANZISKUS an die Mitglieder der Römischen Rota vom 31.01.2025 erweist sich somit als Interpretationsschlüssel für ein tieferes Verständnis der 2015 vorgenommenen Reform des Eheprozessrechts und zeigt, von welchen Prinzipien und Werten der Papst die Umsetzung und Anwendung desselben durchdrungen und bestimmt sehen möchte. Stets und über allem hat dabei das gesamte erneuerte Eheprozessrecht auf das Wohl der Gläubigen und das Heil ihrer Seelen, das im kanonischen Recht stets das höchste Gesetz sein muss (*salus animarum suprema lex*, vgl. c. 1752 CIC/1983), ausgerichtet zu sein.

So kann die vorliegende Ansprache des Papstes auch als eindringlicher Aufruf gesehen werden, der sich an alle am Gericht Tätigen und an alle, die in irgendeiner Weise an den Ehenichtigkeitsverfahren mitwirken, richtet, auf dass sie in jedem einzelnen Verfahren nach einer echten Balance zwischen der Gewährleistung eines zugänglichen und schnellen Verfahrens und der Suche nach einem wahren und gerechten Urteil, das stets das Ziel eines jeden Prozesses zu bleiben hat, streben. Nur so kann ihr Dienst immer mehr zu einem wahren Dienst zum Wohl der Gläubigen und zum Heil der Seelen werden.

* * *

ABSTRACTS

Dt.: Papst FRANZISKUS nimmt in seiner Ansprache an die Mitarbeitenden des Gerichts der Römischen Rota aus dem Jahr 2025 das zehnjährige Jubiläum der Promulgation der beiden MP *Mitis Iudex Dominus Iesus* und *Mitis et misericors Iesus* zum Anlass, den Geist in Erinnerung zu rufen, der diese Reform durchdrungen hat. Dabei geht er nicht nur auf prozessrechtliche Veränderungen ein, wozu die Aufwertung der Bedeutung und Rolle des Diözesanbischofs als Rich-

---

Ehe eine wichtige Möglichkeit dar; und diesen Menschen muss geholfen werden, damit sie diesen Weg wesentlich leichter gehen können."

67 Hier greift der Papst auf ein Zitat aus dem Proömium von MIDI zurück.

68 Vgl. FRANZISKUS, Ansprache vom 25.01.2024 (s. Anm. 51). Vgl. zur Unterscheidung als Aufgabe des Richters auch die Bemerkungen in Anm. 53.

ter, v.a. im 2015 neu eingeführten *processus brevior,* und die Abschaffung der verpflichtenden *duplex sententia conformis* zählen, sondern ruft zentrale Kriterien, Werte und Voraussetzungen in Erinnerung, die eine gelungene Anwendung des erneuerten Eheprozessrechts erst ermöglichen, so bspw. das Prinzip der Nähe von Gericht und Gläubigen, die Geschwindigkeit des Verfahrens und insbesondere die Notwendigkeit von ganzheitlich ausgebildetem und geeignetem Gerichtspersonal. Nur so können die Ehenichtigkeitsverfahren zum Wohl der Gläubigen und zum Heil ihrer Seelen geführt werden, was stets das höchste und wichtigste Ziel sein muss.

Ital.: Papa FRANCESCO, nel suo discorso al Tribunale della Rota Romana in occasione dell'inaugurazione dell'anno giudiziario 2025, prende spunto dal decimo anniversario della promulgazione dei due MP *Mitis Iudex Dominus Iesus* e *Mitis et misericors Iesus* per ricordare lo spirito che ha permeato questa riforma. In tal senso, egli non si sofferma solo sui cambiamenti sostanziali connessi ad essa, come la valorizzazione dell'importanza e del ruolo del vescovo diocesano quale giudice, soprattutto nel *processus brevior,* e l'abolizione dell'obbligo della *duplex sententia conformis,* ma richiama in particolare i criteri centrali, i valori e i presupposti che rendono possibile una corretta applicazione del rinnovato diritto processuale matrimoniale. Tra questi, ad esempio, il principio della prossimità tra tribunale e fedeli, la celerità del procedimento e, soprattutto, la necessità di un personale giudiziario adeguatamente formato e qualificato. Solo così i processi di nullità matrimoniale possono essere condotti per il bene dei fedeli e per la salvezza delle loro anime, che deve sempre costituire il fine supremo e più importante.

DPM 32 (2025) 165-180

KANONISCHER SCHADENSERSATZ- UND STRAFPROZESS. MIT BESONDEREM BLICK AUF DIE STELLUNG DER OPFER.

von Burkhard Josef Berkmann

1. MÖGLICHKEITEN EINES OPFERSCHUTZES

Verschiedene Wege sind denkbar, um Opfer von Straftaten in prozessualer Hinsicht zu schützen. Historisch betrachtet, mussten Opfer oder ihre Verwandte Delikte selbst ahnden. Dagegen ist es als Fortschritt in der Rechtsentwicklung zu begrüßen, dass die Strafverfolgung einem öffentlichen Ankläger übertragen wurde. Dadurch wurde sie objektiver und von Rachegelüsten entlastet[1]. Sie hing nicht weiter von der Willensstärke und dem Durchsetzungsvermögen des Opfers ab[2]. Zugleich wurde dieses geschützt, indem es aus der vordersten Front des Rechtsstreits genommen wurde. Neuerdings mehren sich hingegen Stimmen, die einen höheren Schutz des Opfers gerade dadurch anstreben, dass ihm im Strafprozess wieder eine Parteistellung eingeräumt wird. Wie dies zu bewerten ist, hängt davon ab, welche Rechte ihm konkret verliehen werden sollen. Eine volle Parteistellung bringt aber auch die Beweislast und das Prozessrisiko mit sich.

Die kirchliche Rechtsordnung kennt diesbezüglich wenige Instrumente. Einzelne Rechte[3] werden Opfern, insbesondere bei Sexualdelikten,[4] schon nach geltendem Recht gewährt. Darüber hinaus eröffnet c. 1596 § 1 CIC jedem, der ein rechtliches Interesse hat, die Möglichkeit, einem Rechtsstreit beizutreten. Zum

---

1   Vgl. MONTINI, G. P., *La struttura del processo penale giudiziale canonico*: QDE 35 (2022) 357-377, 366 f.

2   Vgl. REHAK, M., *Rezeption oder Nichtrezeption der Betroffenenperspektive im kirchlichen Strafrecht*: Meckel, T. / Pulte, M. (Hrsg.), Das neue kirchliche Strafrecht zwischen Kontinuität und Diskontinuität. Münster 2023, 177-216, 191.

3   Eine Darstellung solcher Rechte findet sich bei MONTINI, Struttura (s. Anm. 1), 368-370.

4   Z.B. BURGUN, C., *Réflexions à l'occasion de la création du futur tribunal canonique pénal national*: Danto, L. (Hrsg.), Personne, droit et justice: la contribution du droit canonique dans l'expérience juridique contemporaine. Paris 2024, 335-350, 342 f.; SCICLUNA, C. J., *The Rights of Victims in Canonical Penal Processes*: PerRCan 109 (2020) 493-503, 495 und 498.

einen kann er Nebenintervenient werden, um einer Streitpartei zu helfen. Im Strafprozess läge es nahe, dass er dem Kirchenanwalt hilft. Obwohl dieser das nicht brauchen wird,[5] könnte es ein Bedürfnis des Opfers sein. Das Opfer könnte zudem ein rechtliches Interesse daran haben, Herabwürdigungen und Falschdarstellungen durch den Beschuldigten zu korrigieren[6]. Zum anderen kann er Partei werden, die ihr eigenes Recht verteidigt. Es sind vielfältige Rechte des Opfers denkbar, die mit einer Straftat zusammenhängen: Recht auf Leben, Würde und Freiheit (Titel VI vor c. 1397) sowie den guten Ruf (c. 220 CIC)[7]. Unter diesen Rechten ist das Recht auf Schadensersatz von besonderer Bedeutung.

Folgerichtig ermöglicht c. 1729 § 1 CIC unter Verweis auf c. 1596 CIC, dass der Geschädigte im Strafprozess die Streitklage auf Schadensersatz stellen kann. Damit erhält er Parteistellung[8]. Inwiefern darin ein Schutz des Opfers gesehen werden kann, wird im vorliegenden Artikel untersucht.[9]

2. Unterschied zwischen Schadensersatz und Bestrafung

Zunächst sind Straf- und Schadensersatzrecht voneinander zu unterscheiden. Das ist ein Prinzip, das sich in der kontinentaleuropäischen Rechtsentwicklung

---

5   Die Stellung des Kirchenanwalts ist zwar besonders gegenüber dem Ordinarius zu schwach ausgestaltet, vgl. Bamberg, A., Causes pénales et bien public. Pour une révision du rôle du promoteur de justice: D'Arienzo, M. / Buonomo, V. / Échappé, O. (Hrsg.), Lex rationis ordinatio. Studi in onore di Patrick Valdrini. Cosenza 2022, 151-162, 157; BERKMANN, B. J., Gewaltenteilung in der Kirche – Chancen und Grenzen eines Reformprinzips : AfkKR 189 (2022) 283-387, 344; DANTO, L., Le tribunal pénal canonique interdiocésain de la Conférence des Evêques de France. Présentation et analyse: Transversalités 168 (2024) 85-98, 95 f. Es wäre aber die falsche Lösung, diesen Mangel durch eine Streithilfe des Opfers ausgleichen zu wollen.

6   MADERO nennt als Beispiel Diffamierungen und Verleumdungen, vgl. MADERO, L., Commento al can. 1596: Marzoa, A. / Miras, J. / Rodríguez-Ocaña, R. (Hrsg.), Comentario exegético al código de derecho canónico (Bd. IV/2). Pamplona ³2002, 1470-1474, 1472.

7   Dank gebührt Stefan KORTA für den Gedankenaustausch zu diesem Thema.

8   Die damit verbundenen Rechte werden im Detail aufgeführt bei MONTINI, G. P., The Rights of Alleged Victims in Canonical Penal Procedures. Current Penal Procedural Canon Law: Scicluna, C. J. / Wijlens, M. (Hrsg.), Rights of alleged victims in penal proceedings. Provisions in canon law and the criminal law of different legal systems. Baden-Baden 2023, 19-38, 25-28.

9   Der Geschädigte ist nicht unbedingt identisch mit dem Opfer der Straftat, vgl. PAPALE, C., Il processo penale canonico. Commento al Codice di diritto canonico, libro VII, parte IV. Città del Vaticano 2007, 175.

unter christlichem Einfluss herausgebildet hat, bis heute fortwirkt und auch für das kanonische Recht gilt[10].

Im Bereich des Strafrechts ist zu beachten, dass die Begehung einer Straftat immer ein Verstoß gegen die öffentliche Ordnung der Kirche ist und daher mit Strafen geahndet wird. Diese stellen keinen Schadensersatz dar, aber wenn durch die Straftat zudem ein Schaden eintritt, z.b. an der körperlichen oder geistigen Unversehrtheit oder am guten Ruf Dritter, so haben die geschädigten Personen das Recht, gerichtlich auf Ersatz des erlittenen Schadens zu klagen (vgl. cc. 1729-1731 CIC)[11]. Was der kirchlichen Gemeinschaft geschuldet wird, ist die Strafe; was dem Opfer geschuldet wird, ist Schadensersatz. Dass die AK *Pascite gregem* den Schadensersatz nicht unter den Strafzwecken anführt, ist daher kein Mangel,[12] sondern Ausdruck der Trennung beider Bereiche.

Schadensersatz muss nicht auf einer Straftat beruhen. Umgekehrt muss eine Straftat keine Schadensersatzpflicht auslösen. Eine Straftat verletzt die kirchliche Gemeinschaft, ihre Ahndung ist der kirchlichen Autorität vorbehalten, Anklage erhebt der Kirchenanwalt. Opfer haben im Verfahren keine Parteistellung. Die Strafe bezweckt unter anderem die Wiederherstellung der kirchlichen Gemeinschaft. Die kirchliche Autorität entscheidet auch über den Nachlass der Strafe.

Ein schädigender Akt verletzt hingegen die Rechtsgüter eines anderen Rechtssubjekts. Diesem ist es anheimgestellt, ob es ein Verfahren anstrengt, um Schadensersatz zu begehren, oder ob es darauf verzichtet. Wenn er keinen Antrag stellt, kann ihm kein Schadensersatz zugesprochen werden[13]. Schädiger und Geschädigter sind Parteien im Verfahren. Schadensersatz bezweckt den Ausgleich zwischen Rechtssubjekten. Er kann mitunter die härtere Sanktion sein als eine Strafe. Die Pflicht zur Schadensersatzleistung kann vererbt werden, die Strafe hingegen nicht. Die Römische Rota tadelte die Vermischung der unterschiedlichen Natur von Straf- und Streitprozess in einer untergeordneten Instanz[14].

Es ist richtig, die geschützten Rechtsgüter zu betrachten. Gewiss brachte die Reform durch *Pascite gregem* einen Wandel bei einem bestimmten Delikt, nämlich

---

10 Vgl. PREE, H., Schadenersatz. Common law und civil law im Vergleich: AfkKR 182 (2013) 353-385, 357-359.

11 Vgl. PREE, H., Responsabilidad de la administración eclesiástica: DGDC VI, 983–991, 984

12 So aber BORRAS, A., Le nouveau droit pénal général (cc. 1311-1363), nihil novi sub sole?: SC 56 (2022) 245-277, 248 und 264.

13 Sentencia c. MCKAY, 23.07.2010: IusEccl 25 (2013) 92-107, Nr. 27.

14 Sentencia c. PINTO, 25.02.2005: RRDec 97 (2013) 122-132, Nr. 7.

dem sexuellen Missbrauch gemäß c. 1398 CIC. Jetzt steht weniger der Schutz des Zölibats als vielmehr der Schutz der Würde, Freiheit und Integrität der Minderjährigen im Zentrum. Daraus folgt aber nicht notwendig, dass das Opfer deswegen Partei im Strafprozess werden müsste[15]. Die neuen Schutzgüter haben nämlich zwei Dimensionen. Sie betreffen nicht nur das Individuum, sondern nach wie vor auch die Gemeinschaft. Daher kann ihre Ahndung nicht in die Hände des Individuums gelegt werden. Soweit ihre Verletzung die kirchliche Gemeinschaft berührt, erfordert sie eine öffentliche Strafverfolgung. Soweit die individuelle Dimension der besagten Güter verletzt ist, erweist sich der Ersatz des Schadens als gebotenes Mittel, wobei es vor allem um immaterielle Schäden gehen wird.

3. NEUGEWICHTUNG DURCH *PASCITE GREGEM*

Die Reform des kodikarischen Strafrechts durch die AK *Pascite gregem* führte dazu, dass in Buch VI des CIC nun häufiger von Schadensersatz die Rede ist[16]. Die einzelnen Stellen sind unterschiedlich zu bewerten.

Bei einigen neuen Delikten findet sich nun die gleichlautende Klausel „*firma damnum reparandi obligatione*", nämlich in den cc. 1376 §§ 1 und 2; 1377 §§ 1 und 2; 1378 §§ 1 und 2 und 1393 § 2 CIC[17]. Dabei handelt es sich durchwegs um Amts- und Vermögensdelikte. Die Klausel drückt aus, dass unabhängig von einer Bestrafung noch eine Schadensersatzpflicht bestehen kann, und beugt der Meinung vor, dass mit der Strafe alles bereinigt sei. Damit nimmt das Kirchenrecht die Dimension des Schadensersatzes mehr als bisher in den Blick, ohne die beiden Bereiche zu vermischen. Eine detailliertere Regelung des Schadensersatzes erfolgt damit nicht, wofür das VI. Buch aber auch nicht der richtige Ort wäre[18]. Die Beschränkung auf Amts- und Vermögensdelikte mag darin begründet sein, dass es dabei um materielle Schäden geht[19]. Sie übersieht aber, dass zu

---

15 So aber BUSTOS, M. / MANUEL, C., El nuevo orden procesal en los delitos de abusos de menores desde la perspectiva del „justo proceso": Anuario de derecho canónico 12 (2023) 25-121, 83-85.

16 Vgl. BERNAL, J., Aspectos más relevantes de la reforma del Derecho penal canónico: Ius communionis 10 (2022) 205-224, 211.

17 Vgl. HALLERMANN, H., Kontinuität und Reform. Ein erster Einblick in den textus recognitus des Liber VI: Graulich, M. / Hallermann, H. (Hrsg.), Das neue kirchliche Strafrecht. Einführung und Kommentar. Münster 2021, 19-52, 38.

18 Daher lässt sich an *Pascite gregem* nicht kritisieren, dass der Schadensersatz zu kurz komme, wie es BORRAS, Droit pénal (s. Anm. 12), 650 es tut.

19 Vgl. Vgl. ALTHAUS, R., Das neue kirchliche Strafrecht – Streiflichter: Theologie und Glaube 111 (2021) 205-211, 209 f.

den härtesten Schadensersatzverfahren, welche die Kirche erlebt, solche gehören, die aus Sexualdelikten herrühren, und dass immaterielle Schäden ebenfalls ersetzt werden müssen.

Durch *Pascite gregem* wurde in c. 1349 CIC ein Verhältnismäßigkeitsprinzip eingeführt, wonach unbestimmte Strafen an der Schwere des Ärgernisses und des Schadens bemessen werden sollen[20]. Die Tatsache, dass der Täter den Schaden bereits behoben hat, kann zu einer Milderung oder zum Entfall der Strafe führen (c. 1344 °2 CIC), und lässt vermuten, dass er von der Widersetzlichkeit abgelassen hat (c. 1347 § 2 CIC).

Von besonderem Interesse für den Nachlass der Strafe ist die Leistung des Schadensersatzes. Beim Nachlass im Rahmen des Bußsakramentes kann der Beichtvater die Wiedergutmachung des Schadens auferlegen (c. 1357 § 2 CIC). Der Nachlass im *forum externum* wird seit der AK *Pascite gregem* an die Wiedergutmachung des Schadens gebunden (c. 1361 § 4 CIC). Dieselbe Bestimmung fügt hinzu, dass der Täter auch durch die Strafen nach c. 1336 §§ 2-4 CIC zur Widergutmachung bzw. Rückgabe gedrängt werden kann[21]. Dieser Fortschritt in der Rechtsentwicklung bewirkt eine stärkere Sanktionierung des Schadensersatzes in der kanonischen Rechtsordnung. Die Klausel „*prudenti arbitrio Ordinarii*" lässt dem Ordinarius einen Ermessensspielraum, der notwendig ist, weil manche Schäden so hoch sind, dass ein Mensch sie normalerweise nicht vollständig ersetzen kann (z.B. Schäden in Millionenhöhe durch fahrlässige Vermögensverwaltung). Andererseits kann der Nachlass der Strafe nicht ausnahmslos vom Ersatz des Schadens abhängig gemacht werden. Dieser setzt nämlich voraus, dass er von der geschädigten Person überhaupt verlangt und angenommen wird[22]. Indem sie dies verweigert, könnte sie den Nachlass verhindern. Daher ist es wichtig, dass c. 1347 § 2 CIC das ernsthafte Versprechen genügen lässt und c. 1361 § 4 CIC dem Ordinarius einen Ermessensspielraum gewährt.

4. ENTWICKLUNGEN IN DER RECHTSPRECHUNG DER RÖMISCHEN ROTA

Grundsätzlich gibt es folgende Arten von Schadensersatzverfahren: der ordentliche Streitprozess, eine Schadensersatzklage innerhalb eines Strafprozesses, der

---

20   Vgl. ARRIETA, J. I., A Presentation of the New Penal System of Canon Law: The Jurist 77 (2021) 245-267, 250; VISIOLI, M., I nuovi delitti del libro VI e i loro principi direttivi: QDE35 (2022) 299-323, 311.

21   Vgl. GRAULICH, M., Kommentar zum erneuerten Strafrecht. cc. 1354-1399 CIC: Graulich / Hallermann (Hrsg.), Das neue kirchliche Strafrecht (s. Anm. 17), 178.

22   Vgl. MONTINI, Struttura (s. Anm. 1), 375.

hierarchische Rekurs und der verwaltungsgerichtliche Prozess sowie die friedliche Streitbeilegung.

Wegen der systematischen Einordnung von Kapitel III „Schadensersatzklage" in Teil IV „Strafprozess" des Buches VII war längere Zeit strittig, ob die streitige Schadensersatzklage nur im Rahmen eines Strafprozesses erhoben werden kann. Die Rechtsprechung der Römischen Rota ist in diesem Punkt uneinheitlich, zeigt aber eine klare Tendenz. Die Judikate werden im Folgenden chronologisch präsentiert.

In einer älteren Rechtssache verlangte der Kläger von mehreren Bischöfen Schadensersatz wegen Diffamierung und Beleidigung, stellte aber zugleich klar, dass er keine strafrechtliche Verurteilung anstrebt[23]. Die Rota verstand die cc. 1729 ff. CIC so, dass die Schadensersatzklage der Strafklage untergeordnet sei und nur nach, aber nicht vor dieser erhoben werden könne. Die Nebensache (Schadensersatz) könne nicht ohne die Hauptsache (Strafprozess) angegangen werden. Nach Aufhebung der Strafsache könne die Verantwortung des mutmaßlichen Schädigers nicht festgestellt werden. Wenn die Verleumdung nicht feststeht, könne es auch keinen Schadensersatz aus Verleumdung geben. Zwar sei ein Delikt gemäß c. 128 CIC nicht die einzige Anspruchsgrundlage für Schadensersatz, aber unter den vom Kläger in dieser Sache angeführten Begriffen *diffamatio* und *iniuria* können nur Straftaten verstanden werden, die sich nicht auf andere Schadensersatztitel zurückführen lassen als auf c. 1390 § 3 CIC[24]. Obwohl zuvor eine quasi denknotwendige Abhängigkeit des Schadensersatzes von der Feststellung der Straftat behauptet wurde, fügt die Rota aber an, dass der Gesetzgeber auch eine andere Regelung treffen könnte[25]. Schließlich wurde die Klage nicht zugelassen, weil sie einer Grundlage entbehrte[26].

Ganz anders urteilte die Rota in einer späteren Sache, die deswegen von großer Relevanz ist, weil der Kläger Schadensersatz sowohl *ex contractu* als auch *ex delicto* begehrte. Es handelte sich um einen Priester, dem in einem Ordenshaus eine Wohnung überlassen wurde. Er half einem alten und kranken Ordenspriester bei der Erfüllung seiner Aufgabe als Rektor eines Marienheiligtums. Ein neuer Ordensoberer setzte aber einen anderen Rektor ein und entzog dem Priester die Wohnung, weil er angeblich von einem Diözesanbischof *a divinis* suspendiert worden sei[27]. Der Priester verlangte nun Schadensersatz wegen nicht vergüteter Dienste und wegen Verleumdung. Ersteres lehnte die Rota ab, weil

---

23   Vgl. Decretum c. SERRANO RUIZ, 01.03.1991: RRDecr. 9 (2003) 25-32, Nr. 1 und 4.

24   Ebd., Nr. 4.

25   Ebd., Nr. 5.

26   Ebd., Nr. 10.

27   Sententia c. PINTO, 26.03.1999: RRDec 91 (2005) 222-231, Nr. 2 f.

die Dienste nach ihrer Einschätzung nicht aufgrund eines Vertrags, sondern aus Nächstenliebe erbracht wurden[28]. Zweiteres gewährte sie hingegen, obwohl kein Strafverfahren geführt wurde. Der Kirchenanwalt prüfte zwar eine Anklage wegen des Delikts gemäß c. 1390 CIC, sah aber davon ab, weil die Anhaltspunkte nicht ausreichten[29]. Die Rota bejahte gleichwohl die Schadensersatzpflicht, weil der neue Ordensobere mit leichter Fahrlässigkeit *(imprudentia)*[30] das Recht auf guten Ruf verletzte[31]. Der Priester war nämlich in Wirklichkeit nicht *a divinis* suspendiert, sondern es war ihm in einer Diözese die Feier von „Heilungsgottesdiensten" untersagt. Der Obere hätte den Vorwurf prüfen müssen und ihn nicht an zuständige Stellen weitergeben dürfen – auch nicht unter Vertraulichkeitsvorbehalt. Die zugrundeliegende Rechtsfrage berührt die Rota erst gegen Ende, wenn sie den Kirchenanwalt lobt, dass er den Straf- mit dem Schadensersatzprozess vermischt *(permiscens),* aber hinzufügt, dass letzterer auch unabhängig *(etiam autonoma)* von ersterem existieren könne, wie indirekt aus c. 1731 CIC hervorgehe[32]. Im Ergebnis lässt sich also festhalten, dass die Rota ohne Strafprozess außervertraglichen Schadensersatz zugesprochen hat[33].

Nach einer weiteren Rotaentscheidung hätte die streitige Schadensersatzklage hingegen nur in einem Strafverfahren eingebracht werden können[34]. Ein Ordenspriester begehrte von einem Diözesanbischof Schadensersatz wegen Diffamierung. Er hielt es für möglich, die Frage des Schadensersatzes von der Frage des Deliktes der Diffamierung zu trennen. Was Bischöfe betrifft, ist die Römische Rota für Streitsachen zuständig (c. 1405 § 3 Nr. 1 CIC), während Strafsachen dem Papst vorbehalten sind (c. 1405 § 1 Nr. 3 CIC). Da c. 1729 § 1 CIC die Schadensersatzklage lediglich *(dumtaxat)* im Strafprozess gewähre, folgerte die Römische Rota, dass ihre Unzuständigkeit für den Strafprozess auch die Unzuständigkeit für den Schadensersatz nach sich ziehe. Daher wies sie die Klage *a limine* zurück, ohne die Möglichkeit einer separaten Streitklage zu erwägen.

Ein Dekret c. ERLEBACH behandelte die Klage eines Botschafters, der vom Rektor eines päpstlichen Kollegs Schadensersatz wegen Diffamierung begehrte.

---

28   Ebd., Nr. 18 f.

29   Ebd., Nr. 5.

30   Für eine Bestrafung wäre Vorsatz erforderlich gewesen (c. 1321 § 3 CIC). Für Schadensersatz genügt nach c. 128 CIC hingegen Fahrlässigkeit.

31   Ebd., Nr. 20.

32   Ebd., Nr. 21.

33   Vgl. VIEJO-XIMENEZ, J. M. / AMADO QUINTANA, A., A Proposito de la Sentencia Coram Pinto de 26 Marzo de 1999. Notas sobre la Responsabilidad Contractual y la Responsabilidad Aquiliana en Derecho Canonico: IusCan 63 (2023) 841-880, 867.

34   Vgl. Decretum c. FUNGHINI, 30.07.2001: QdStR 12 (2002) 172.

Hier wird unterschieden: Eine direkte Schadensersatzklage ist nur möglich, wenn der Schaden aus einem illegitimen Rechtsakt hervorging (c. 128 CIC), während im Falle eines Delikts zuerst ein Strafprozess eingeleitet werden muss[35]. Das Dekret erläutert, dass eine Schadensersatzklage nach vorkodikarischer Rechtslage ohne Weiteres möglichgewesen sei, sich die Rechtslage nun aber geändert habe. Es stützt sich auf die cc. 1729 f. CIC und auch das Dekret c. SERRANO RUIZ vom 01.03.1991[36].

In einem späteren Urteil wurde jedenfalls klargestellt, dass selbst wenn Straf- und Streitklage miteinander verbunden werden, sie voneinander unabhängig bleiben[37]. Dieses Dekret erwähnt die vorausgegangene Vorschrift des c. 2210 CIC/1917 und setzt sich mit kontroversen Autorenmeinungen auseinander. Es begründet die Unabhängigkeit beider Prozesse mit folgenden Argumenten: In c. 1729 § 1 CIC darf „*posse*" nicht mit „*debere*" verwechselt werden; gemäß c. 1730 CIC kann das Strafurteil bereits ergehen, bevor über den Schadensersatz geurteilt wird; eine Berufung in der Schadensersatzsache ist möglich, selbst wenn sie in der Strafsache nicht möglich ist; es sind zwei Richtersprüche erforderlich; gemäß c. 1731 CIC erzeugt ein reiner Strafprozess kein Recht für die geschädigte Person. Gleichzeitig erklärt die Rota den Zusammenhang zwischen den beiden Verfahren, obwohl es sich quasi um zwei Hauptverfahren[38] handelt: Der Streitprozess hängt vom Strafprozess ab, was den Nachweis der Schadensursache betrifft[39]. Denn es geht nicht um irgendwelche *(quaevis)* Schäden, die der geschädigten Person von der beschuldigten zugefügt wurden, sondern nur um solche, die nachweislich die Folgen der Straftat sind. Daher reicht es nicht aus, dass die Partei den Schaden anlässlich *(occasione)* der Straftat erlitten hat. Vielmehr ist erforderlich, dass die Straftat genau *(specifice)* zum fremden Schaden gesetzt wurde.

Wenig später gelangte die Rota überhaupt zu dem Schluss, dass Schadensersatz unabhängig von einem Strafverfahren eingeklagt werden kann[40]. Als Grund wird angegeben, dass zu den Rechten, die gemäß c. 1400 § 1, 1° CIC Gegenstand eines Gerichtsverfahrens sind, auch der Anspruch auf Schadensersatz gemäß c. 128 CIC gehört. Außerdem wird darauf hingewiesen, dass auch die Apostolische Signatur unabhängig von einem Strafprozess Schadensersatz zu-

---

35   Decretum c. ERLEBACH, 10.01.2003: RRDecr. 21 (2014) 1-6, Nr. 3.

36   Ebd.

37   Vgl. Sententia c. MCKAY, 23.07.2010 (s. Anm. 13), Nr. 10.

38   Ebd., 22: „processus hi sunt revera duo, ambo insuper principales".

39   Ein wichtiger Grund, der gegen die Trennung der beiden Prozesse spricht, ist zu finden bei: BAURA, E., Il risarcimento del danno causato da un'autorità ecclesiastica: IusEccl 32 (2020) 630-672, 635.

40   Vgl. Sententia c. MONIER, 21.11.2008: RRDec 100 (2016) 346-357, Nr. 6 und 9.

sprechen kann, der sich aus einem Verwaltungsakt ergibt (Art. 123 *Pastor bonus*, jetzt Art. 197 *Praedicate Evangelium*)[41].

Eine Abweichung von der beschriebenen Entwicklung der Rechtsprechung stellt ein Urteil c. ARELLANO CEDILLO dar. Es zitiert das Dekret c. ERLEBACH vom 10.01.2003, indem es die dortige Unterscheidung zwischen Schadensersatz aus einem illegitimen Rechtsakt bzw. aus einem Delikt wiederholt[42]. Dem darf jedoch kein zu großes Gewicht beigemessen werden. Es handelt sich um eine beiläufige Erwähnung, die nicht entscheidungsrelevant war, weil es in dieser Sache ohnehin um Schadensersatz aus einem ungültigen Vertrag ging. Ein Ordenspfarrer schenkte alle Immobilien seiner Pfarrei dem Orden, dem er angehörte, ohne die zur Gültigkeit erforderlichen *licentiae* einzuholen. Gestützt auf das Prinzip, dass eine Partei, die bewusst einen ungültigen Akt setzt, der anderen Partei deren Vorteile aus dem Vertrag belassen muss, wurde Schadensersatz zugesprochen[43]. Noch aus einem anderen Grund ist das Gewicht dieses Urteils zu relativieren, denn schon im folgenden Jahr vertrat der Rotarichter ERLEBACH, auf den es sich beruft, die andere Position.

Dieses neue Dekret c. ERLEBACH[44] ist von besonderem Interesse, weil es wie schon das Dekret c. FUNGHINI vom 30.07.2001 einen Schaden betrifft, der aus dem Delikt eines Bischofs entstanden ist. Im Unterschied zum ersten Dekret hält die Rota nun aber die beiden Prozesse auseinander. Zwar wiederholt sie anfangs, dass sie für Strafsachen von Bischöfen nicht zuständig ist. Anschließend betont sie aber, dass der Kläger die Klageschrift eindeutig als Streitsache bezeichnet hat, und versteht dies in dem Sinne, dass er sich nicht gemäß c. 1729 § 1 CIC als Zivilpartei bzw. Drittintervenient an einem Strafprozess beteiligen möchte[45]. Sie zitiert die Rotaanwältin mit den Worten: „Da eine Streitsache – keine Strafsache – vorliegt, steht die Kompetenz der Römischen Rota mit Sicherheit fest." Schließlich führt sie die Stellungnahme des *Promotor iustitiae* an, die sie als sehr gut bezeichnet und die zu dem Schluss kam, dass die Schadensersatzklage selbstständig sei und daher angenommen werden kann, obwohl der Schaden durch das Delikt eines Bischofs verursacht wurde. Dasselbe vertraten der frühere *Promotor iustitiae* und ein Rechtsexperte, der vom Rotadekan konsultiert wurde. Allein der Anwalt des Bischofs war der gegenteiligen Ansicht[46]. Letzten

---

41 Ebd., Nr. 6.

42 Sententia definitiva c. ARELLANO CEDILLO, 03.05.2017: RRDec. 109 (2023) 173-184, Nr. 8.

43 Ebd., Nr. 15.

44 Decretum c. ERLEBACH, 05.06.2018: IusEccl 32 (2020) 623-629, Nr. 3 und 4.

45 Ebd., Nr. 3.

46 Decretum c. ERLEBACH, 05.06.2018: IusEccl 32 (2020) 623-629, Nr. 3.

Endes erklärte sich die Rota trotzdem für unzuständig. Der Grund hierfür war aber nicht, dass es keine selbstständige Schadensersatzklage gäbe, sondern weil der Bischof in Ausübung der Verwaltungstätigkeit handelte. Für Schäden, die von einem Verwaltungsakt verursacht sind, ist nämlich die Apostolische Signatur zuständig[47].

Die acht soeben besprochenen Rotajudikate zeigen eine Entwicklung hin zu der Erkenntnis, dass Schadensersatz, selbst wenn er auf einem Delikt beruht, auch unabhängig von einem Strafprozess eingeklagt werden kann. Das ging indessen schon aus dem relativ frühen Urteil c. PINTO vom 26.03.1999 hervor und wird vom jüngeren Urteil c. ARELLANO CEDILLO vom 03.05.2017 nicht umgestoßen.

Die Rechtslage im CIC wäre ohnehin klar, denn c. 1729 § 1 erwähnt nur eine Möglichkeit (*potest*), ohne zu sagen, dass es die einzige Möglichkeit wäre. Vielmehr gilt, dass die Gläubigen ihre Rechte – somit auch Schadensersatzansprüche – im zuständigen kirchlichen Forum geltend machen können (cc. 221 § 1 und 1491 CIC). Andernfalls wäre Schadensersatz, der nicht *ex delicto*, sondern z.B. *ex contractu* erwächst, nicht einklagbar. Auch wenn der Schadensersatzanspruch auf einem Delikt beruht, kann er nicht nur gegen den unmittelbaren Täter geltend gemacht werden, sondern möglicherweise auch gegen die juristische Person, der er zuzurechnen ist, wenn sie eine *culpa in eligendo* oder *in vigilando* trifft. In einem solchen Fall ist ohnehin nur eine getrennte Klage möglich[48]. Auch wenn der Strafprozess mit einem Freispruch endet, sind verschiedene Konstellationen denkbar, in denen trotzdem Schadensersatz zugesprochen wird[49]. Dieser setzt nämlich nur Fahrlässigkeit voraus (c. 128 CIC), die meisten Delikte aber Vorsatz (c. 1321 § 3 CIC).

Wenn der Schaden aber mit einem Delikt zusammenhängt, eröffnet c. 1729 CIC eine günstige Möglichkeit, als Opfer Parteistellung zu erhalten[50]. Dies – und nicht die reelle Aussicht auf Schadensersatz – dürfte in manchen Fällen sogar das entscheidende Motiv sein, eine solche Klage zu erheben. Auch die Aposto-

---

47 Ebd., Nr. 4.

48 Vgl. RIEGER, R. M., Verjährung im kanonischen Recht. Studien zum Telos eines Rechtsinstituts. Sankt Ottilien 2021, 258.

49 Vgl. PAPALE, Processo penale canonico (s. Anm. 9), 180; MONTINI, Struttura (s. Anm. 1), 365. Anderer Ansicht ist LÜDICKE, K., c. 1730: MKCIC (Stand: Juli 1992), Rn. 4.

50 Vgl. REISSMEIER, J. J., Sexueller Missbrauch im kirchlichen Strafrecht. Verfahren – Zuständigkeiten – Strafen. Eine Handreichung. Innsbruck 2012, 81; RIEGER, R., De gravioribus delictis Congregationi pro Doctrina Fidei reservatis. Anmerkungen aus der Praxis zu den schwerwiegenderen Straftaten bei der Feier der Sakramente und gegen die Sitten, deren Behandlung der Glaubenskongregation vorbehalten ist: ÖARR 59 (2012) 327-345, 343.

lische Signatur lässt Schadensersatzanträge vor, während und nach einem Strafprozess zu[51]. Für reservierte Strafsachen ist die Zuständigkeit des Glaubens-
dikasteriums gemäß Art. 1 SST/2021 zu beachten[52]. Wird das Strafverfahren
auf dem Verwaltungsweg geführt, ist eine adhäsive Schadensersatzklage nicht
möglich; in diesem Fall bleibt der verletzten Partei nur eine eigenständige
Streitklage[53]. Über die Schadensersatzfrage kann gemäß c. 1718 § 4 CIC mit
dem Einverständnis der Beteiligten aber schon in der Voruntersuchung entschieden werden, so dass es nicht darauf ankommt, ob in der Strafsache anschließend der Gerichts- oder Verwaltungsweg eingeschlagen wird[54]. Die Tatsache, dass die Schadensersatzklage autonom ist, stärkt die Stellung des Opfers,
weil es nicht darauf angewiesen ist, dass überhaupt ein Strafprozess geführt
wird. Wenn jemand entgegen der Rota-Rechtsprechung meint, eine Schadensersatzklage sei unabhängig vom Strafprozess nicht möglich,[55] schätzt er den Umfang der Rechte der Geschädigten in der kanonischen Ordnung falsch ein und
tadelt deren schwache Stellung zu Unrecht.

5. UNTERSCHIEDLICHE VERJÄHRUNGSFRISTEN

Aus der Unterscheidung von Straf- und Schadensersatzprozess ergibt sich die
Frage, ob für sie auch unterschiedliche Verjährungsfristen gelten. Für ein Opfer
könnte es günstig sein, auch hinsichtlich des Schadensersatzes von den längeren
Fristen des Strafrechts zu profitieren[56]. Kann es gemäß c. 1729 § 1 CIC eine
Schadensersatzklage auch dann noch mit einem Strafprozess verknüpfen, wenn
der Strafprozess erst nach Verjährung des Schadenersatzes geführt wird?

Wenn man den Grundsatz ernst nimmt, dass es sich um zwei verschiedene, voneinander unabhängige Prozesse handelt, die miteinander verbunden werden
können, aber nicht müssen, so folgt, dass auch unterschiedliche Verjährungsfristen gelten. Das ist die einhellige Meinung in der Kanonistik[57]. Im CIC fehlt

---

51 Vgl. MONTINI, Rights (s. Anm. 8), 23.

52 Vgl. Sententia definitiva c. STANKIEWICZ, 25.02.2005: RRDec 97 (2013) 133-143.

53 Vgl. KLÖSGES, J., Opferperspektive im kanonischen Prozess? Prozessrechtliche Stand-
ortbestimmung zur Möglichkeit der Klage auf Schadenersatz nach Verletzung durch eine Straftat: Kirche & Recht 28 (2022) 59-73, 63.

54 Vgl. NÚÑEZ GONZÁLEZ, G., Procesos penales especiales. Los delicta graviora: IusCan
53 (2013) 573-620, 610.

55 Z.B. SCICLUNA, Rights (s. Anm. 4), 499.

56 So ein Desiderat *de iure condendo* von PAPALE, Il processo penale canonico (s. Anm.
9), 182.

57 Z.B. BAURA, Risarcimento (s. Anm. 39), 634; MONTINI, Rights (s. Anm. 8), 36; PAPA-
LE, Il processo penale canonico (s. Anm. 9), 182.

zwar eine ausdrückliche Regelung. Diese Lücke kann aber geschlossen werden, indem gemäß c. 19 CIC auf die *lex lata in similibus* von c. 1154 1° CCEO zurückgegriffen wird: „Wenn eine Strafklage durch Verjährung erloschen ist, ist dadurch nicht die Streitklage zur Widergutmachung von Schäden erloschen, die in der Straftat begründet ist." Ebenso muss das Umgekehrte gelten. Auf die Verjährung der Schadensersatzansprüche hat es keinen Einfluss, ob das Adhäsionsverfahren oder ein separates Streitverfahren gewählt wird[58]. Die Römische Rota hatte in einer Rechtsache zu prüfen, ob Schadensersatz zugesprochen werden kann, obwohl die Strafklage schon verjährt war. Sie lehnte den Schadensersatz ab. Der Grund war aber nicht, dass der Anspruch schon verjährt gewesen wäre, sondern dass noch gar kein Schaden entstanden war[59] und kein Antrag gestellt wurde[60].

Die Verjährung von Strafklagen ist in c. 1362 CIC normiert. In der Regel gilt eine Frist von drei Jahren, bei bestimmten schweren Delikten eine Frist von sieben Jahren und bei Sexualdelikten betreffend Minderjährige zwanzig Jahre. Die Fristen beginnen mit Begehung der Tat zu laufen. Für Straftaten, deren Verfolgung dem Glaubensdikasterium vorbehalten sind, gilt Art. 8 SST d.h. eine Frist von zwanzig Jahren. Diese beginnt beim sexuellen Missbrauch Minderjähriger mit Vollendung des 18. Lebensjahres zu laufen. Das Dikasterium kann die Verjährungsfrist in bestimmten Fällen aufheben.

Im Unterschied dazu legt der CIC keine Verjährungsfristen für Schadensersatzforderungen fest, sondern rezipiert über c. 197 das jeweilige Zivilrecht[61]. Daher können an dieser Stelle nur Beispiele angeführt werden. In Deutschland beträgt die regelmäßige Verjährungsfrist drei Jahre (§ 195 BGB[62]), jedoch dreißig Jahre, wenn Schadensersatzansprüche auf der vorsätzlichen Verletzung des Lebens, des Körpers, der Gesundheit, der Freiheit oder der sexuellen Selbstbestimmung beruhen (§ 197 BGB). In Österreich verjährt der Anspruch auf Schadensersatz in der Regel nach drei Jahren, bei bestimmten Straftaten nach dreißig Jahren (§ 1489 ABGB[63]). Solche Fristen laufen normalerweise nicht schon ab dem Schadensereignis, sondern ab Kenntnis durch die geschädigte Person. Außerdem

58   RIEGER, Verjährung (s. Anm. 48), 258.

59   Sententia c. MCKAY, 23.07.2010 (s. Anm. 13), Nr. 24.

60   Ebd., Nr. 25 und 27.

61   Vgl. RIEGER, Verjährung (s. Anm. 48), 258; IHLI, S., Die Strafverfahren: HdbKathKR³, 1733-1748, 1744.

62   Bürgerliches Gesetzbuch vom 18.08.1896 i.d.F. v. 22.12.2023.

63   Allgemeines bürgerliches Gesetzbuch: JGS Nr. 946/1811 i.d.F. BGBl. I Nr. 33/2024.

können sie aus bestimmten Gründen gehemmt oder unterbrochen werden[64]. Schließlich kann auf den Einwand der Verjährung verzichtet werden[65]. Im Ergebnis können Schadensersatzansprüche in vielen Fällen noch lange nach dem Schadensereignis geltend gemacht werden.

Die Annahme, dass ein kirchlicher Strafprozess noch geführt werden kann, wenn der zivile Schadensersatzanspruch bereits verjährt ist, stimmt also nicht generell. Vielmehr trifft in zahlreichen Fällen sogar das Gegenteil zu,[66] so dass die Rezeption des Zivilrechts im Kirchenrecht für die geschädigte Person vorteilhaft ist. Außerdem stellt der Einklang zwischen der staatlichen und der kirchlichen Rechtsordnung einen Vorteil dar[67]. Sonst könnte ein kirchliches Gericht noch Schadensersatz zusprechen, wenn dieser vor einem staatlichen nicht mehr einklagbar und damit durchsetzbar wäre. Andererseits bedeutet dieses Ergebnis freilich auch, dass die Verknüpfung der beiden Prozesse gemäß c. 1729 § 1 CIC nur dann möglich ist, wenn keine der beiden Klagen verjährt ist[68]. Nur in einem solchen Fall kann das Opfer die Möglichkeit nutzen, auf diese Weise Parteistellung zu erlangen.

6. VERGLEICH MIT DER NEBENKLAGE IN DEUTSCHLAND

Ein Vergleich mit dem staatlichen Recht kann aufschlussreich sein. Als Beispiel kann an dieser Stelle das deutsche Recht dienen. Es kennt ähnlich dem Kirchenrecht ein Adhäsionsverfahren. Der durch eine Straftat Verletzte kann etwaige Schadensersatzansprüche entweder im Zivilprozess oder im Strafverfahren, sog. Adhäsionsverfahren, geltend machen (§§ 403-406c StPO[69]). Im Falle strafrechtlicher Verurteilung gibt das Gericht dem Schadensersatzantrag im Strafurteil statt, soweit er begründet ist[70].

---

64 Vgl. BERKMANN, B. J., Maßnahmen der Österreichischen Bischofskonferenz bei Missbrauch und Gewalt. Zivilrechtliche Aspekte: Ohly, C. / Rees, W. / Gerosa, L. (Hrsg.), Theologia Iuris Canonici. (FS Ludger MÜLLER). Berlin 2017, 473-494, 482.

65 Eine eingehende Prüfung dieser Aspekte erfolgte in einer Rechtssache, der ein mehrjähriger sexueller Missbrauch eines Knaben durch einen Ordenspriester und Pfarrer zugrunde lag, vgl. OGH 7 Ob 25/21h (26.01.2022).

66 Vgl. RIEGER, Verjährung 8 (s. Anm. 48), 257; KLÖSGES, Opferperspektive (s. Anm. 53), 71.

67 Anderer Ansicht NÚÑEZ GONZÁLEZ, Procesos penales especiales (s. Anm. 54), 610 f.

68 Vgl. RIEGER (S. ANM. 48), Verjährung, 259.

69 Strafprozeßordnung vom 12.09.1950 i.d.F. v. 27.3.2024.

70 WERNER, R., Adhäsionsverfahren: Weber, K. (Hrsg.), Rechtswörterbuch. München 32_2024.

Außerdem gibt es ein spezifisches Instrument, das dem Kirchenrecht unbekannt ist, die so genannte Nebenklage (§§ 395-402 StPO). Sie ist ein Mittel des Opfer-schutzes[71]. Damit soll insbesondere vermieden werden, dass der Verletzte auf die passive Funktion des Zeugen reduziert wird[72]. Der Nebenkläger kann sich aktiv am Verfahren beteiligen, durch Erklärungen, Fragen, Anträge und gegebe-nenfalls Rechtsmittel auf das Verfahrensergebnis einwirken, seine Sicht der Tat und der erlittenen Verletzungen einbringen und seine Interessen aktiv vertre-ten[73]. Er muss aber nicht die Interessen der Staatsanwaltschaft vertreten[74]. Die Eigenschaft, Zeuge zu sein, hindert die Stellung als Nebenkläger nicht[75]. Durch die Beteiligung am Verfahren soll sich das Opfer gegen ungerechtfertigte Schuldzuweisungen und Herabwürdigungen schützen sowie seine besonderen Belastungen verdeutlichen können[76]. Ob die Nebenklage zudem die Funktion von Rache und Vergeltung erfüllen soll, wird hingegen kontrovers diskutiert[77].

In Wirklichkeit ist die Nebenklage aber weder eine echte Klage noch ein selbst-ständiges Verfahren, sondern setzt die Anklage durch die Staatsanwaltschaft voraus[78]. Was die Rechtspraxis betrifft, werden Nebenklagen heute auf rund 12.000 Fälle veranschlagt, wobei eine besondere Häufigkeit bei Opfern von Sexualstraftaten auftritt[79]. Seitdem bei besonders schweren Straftaten unabhän-gig vom Einkommen ein Opferanwalt auf Staatskosten beigeordnet wird, wurde der Zugang zur Nebenklage erleichtert[80]. Indessen werden die Aktivitäten des Nebenklägervertreters im Verfahren oftmals als nicht sonderlich hoch angese-hen[81].

Manche Stimmen wollen im Kirchenrecht noch mehr Opferrechte, als die deut-sche Nebenklage gewährt. Eine realistische Betrachtung derselben dämpft aber zu hohe Erwartungen.

---

71 ALLGAYER, A., § 395 StPO: Barthe, C. / Gericke, J. (Hrsg.), Karlsruher Kommentar zur Strafprozessordnung. München ^{9}2023, Rn. 1.

72 WERNER, R., Nebenklage: Weber (Hrsg.), Rechtswörterbuch (s. Anm. 70).

73 ALLGAYER, § 395 StPO (s. Anm. 71), Rn. 1.

74 Ebd.

75 Ebd., Rn. 4.

76 WEINER, B., § 395 Befugnis zum Anschluss als Nebenkläger: Graf, J. P. (Hrsg.), BeckOK StPO mit RiStBV und MiStra, 51. Edition, Rn. 2.

77 Ebd., Rn. 3.

78 ALLGAYER, § 395 StPO (s. Anm. 71), Rn. 1.

79 WEINER, § 395 (s. Anm. 76), Rn. 8.

80 WEINER, § 395 (s. Anm. 76), Rn. 8.

81 Ebd.

7. DESIDERATE

Schon nach geltender Rechtslage hat ein Opfer in einem Verwaltungsstrafverfahren noch weniger Rechte als in einem Strafprozess[82]. Eine Parteistellung,
auch als Kläger von Schadensersatz, kommt nur in einem gerichtlichen Prozess
in Betracht. Bevor eine Erweiterung der Rechte des Opfers angegangen wird,
wäre es das vordringlichere Erfordernis, Strafprozesse anstelle von außergericht-
lichen Verfahren zu favorisieren.

Es ist zu begrüßen, dass *Pascite gregem* die Aufmerksamkeit für Schadensersatz
erhöht, ohne diesen zu einem Teil des Strafrechts zu machen. Oft wird bemän-
gelt, dass das kirchliche Schadensersatzverfahren in der Praxis irrelevant sei,
weil es im Unterschied zum staatlichen Verfahren zu keinem durchsetzbaren
Titel führe. Das ist aber ein zu pauschaler Einwand, denn es gibt mehrere Motive für Geschädigte, ein kirchliches Verfahren zu führen. Ein häufiges Motiv
wurde in diesem Beitrag dargelegt: Als Opfer einer Straftat können sie im Rahmen eines kirchlichen Strafprozesses durch ein adhäsives Schadensersatzverfahren Parteistellung (c. 1729 CIC) erhalten. Hinzu kommt, dass *Pascite gregem*
einen weiteren Anreiz für die Leistung von Schadensersatz geschaffen hat: Nach
c. 1361 § 4 CIC darf ein Strafnachlass nicht gewährt werden, bis der Täter den
entstandenen Schaden wiedergutgemacht hat. Bei strenger Handhabung durch
die Ordinarien, kann diese Bestimmung die Bedeutung des Schadensersatzes
und damit die Berücksichtigung der Opfer im Kirchenrecht erhöhen.

Das durch *Pascite gregem* erneuerte Strafrecht schenkt dem Schadensersatz
größere Aufmerksamkeit, beschränkt sich aber – wie es im Strafrecht auch nicht
anders zu erwarten ist – auf die Ersatzpflicht des unmittelbaren Täters, ohne die
Haftung der Institution zu reflektieren. Daher wäre ein Ausbau des Schadenser-
satzrechts außerhalb von Buch VI zu empfehlen.

* * *

ABSTRACTS

Dt.: Wie dieser Beitrag zeigt, ist der Ersatz von Schäden, die von einem Delikt
verursacht wurden, zwar nicht das einzige Mittel, um den Opfern rechtlichen
Schutz zu bieten, aber das wichtigste. Dies deswegen, weil der Schadensersatz
auf Wiederherstellung der Gerechtigkeit gegenüber dem Individuum abzielt, die
Strafe indessen gegenüber der kirchlichen Gemeinschaft als ganzer. Lange Zeit
wurde diskutiert, ob die Schadensersatzklage nur im Rahmen eines Strafprozesses erhoben werden kann. Judikate der Römischen Rota zeigen unterschiedliche

---

[82]   Vgl. SCICLUNA, Rights (s. Anm. 4), 499.

Ansätze, tendieren aber dazu, dass Schadensersatz unabhängig von einem Strafprozess eingeklagt werden kann. Auch die Apostolische Signatur lässt die Forderung von Schadensersatz vor, während und nach einem Strafprozess zu. Es ist zu begrüßen, dass *Pascite gregem* das Bewusstsein für den Schadensersatz geschärft hat, ohne diesen mit dem Strafrecht zu vermischen. Damit wird die Perspektive der Opfer indirekt hervorgehoben.

Ital.: Come dimostra questo contributo, il risarcimento dei danni causati da un delitto non è l'unico strumento per offrire alle vittime una tutela giuridica, ma è il più importante. Ciò è dovuto al fatto che il risarcimento cerca di rendere giustizia all'individuo, la pena invece alla comunità ecclesiale nel suo complesso. Nel corso del tempo, la Rota ha riconosciuto sempre più l'azione per il risarcimento come azione autonoma, migliorando così la tutela giuridica delle vittime. Per un certo lasso di tempo si è discusso se l'azione per la riparazione dei danni potesse essere promossa solo nell'ambito di un processo penale. Infine però, la Rota è giunta alla conclusione che il risarcimento dei danni può essere richiesto indipendentemente dal processo penale. Anche la Segnatura Apostolica consente di chiedere il risarcimento dei danni prima, durante o dopo un processo penale. È da apprezzare il fatto che la *Pascite gregem* sensibilizzi sul tema del risarcimento senza renderlo parte del diritto penale. In questo modo si enfatizza indirettamente la prospettiva delle vittime.

DIE ANERKENNUNG VON AUSLÄNDISCHEN URTEILEN IN DER VATIKANISCHEN RECHTSORDNUNG

von Enrico Giarnieri

1. VORÜBERLEGUNGEN ZUR ANERKENNUNG UND DELIBATION AUSLÄNDISCHER URTEILE IN DER VATIKANISCHEN RECHTSORDNUNG

Die Zivilprozessordnung des Staates der Vatikanstadt aus dem Jahr 1946 widmet dem Thema „Ausländische Urteile" in den Artikeln 740-745 einen eigenen Titel, nämlich den Titel III.

Diese Normen orientieren sich an den Artikeln 796 ff. der italienischen Zivilprozessordnung von 1942, deren eingehende Prüfung auch aus der Perspektive einer vergleichenden Untersuchung verschiedener Rechtsordnungen zweifellos von Interesse ist.

Wenn man vorab auf das italienische Recht achtet, ist anzumerken, dass man mit den Artikeln 796-805 der Zivilprozessordnung von 1942 Zeuge der Verkündung des allgemeinen Grundsatzes ist, wonach die Urteile oder die anderen Handlungen ausländischer Organe der Gerichtsbarkeit bindende und vollziehbare Wirkungen in Bezug auf Vermögenswerte, die sich im Hoheitsgebiet des Staates befinden, oder auf Beziehungen, die dort bestehen, erst nach einer Kontrolltätigkeit und einer Wirksamkeitserklärung durch ein italienisches Gericht erlangen[1].

Insbesondere handelt es sich hierbei um ein Sonderverfahren, das mit einer Ladung vor dem Berufungsgericht eingeleitet und als „Anerkennungsurteil" bezeichnet wird[2].

---

[1] Vgl. CONSOLO, C., Stichwort Sentenze straniere (riconoscimento): Il Diritto. Enciclopedia Giuridica del Sole 24 Ore. Milano 2007, 324-342; D'ALESSANDRO, E., Il riconoscimento delle sentenze straniere. Milano 2007; VIGONI, D., Riconoscimento della sentenza straniera ed esecuzione all'estero della sentenza italiana. Torino 2013; FRADEANI, F., Artt. 796-805. Efficacia delle sentenze straniere ed esecuzione di altri atti di autorità straniere (l. 31 maggio 1995 n. 218). Bologna 2020.

[2] Vgl. ARELLANO CEDILLO, A., La Corte di Appello dello Stato della Città del Vaticano: Papanti-Pelletier, P. / Diddi, A. / Carnì, M. (Hrsg.), Annali di diritto vaticano. Vatikanstadt 2023, 45-46.

Die Besonderheit dieses Verfahrens liegt in der funktionalen Zuweisung der Zuständigkeit an das Berufungsgericht mit einer einzigen Instanz. Dabei handelt es sich um ein ordentliches Verfahren, da die Anerkennung im Wege der Klage, also im Rahmen eines Rechtsstreits, herbeigeführt wird. Tatsächlich stellt die Person, die ein Urteil anerkennen lassen will, die gleiche Frage, die sie in der ersten Instanz dem ausländischen Richter vorgelegt hätte, wenn vor dem ausländischen Richter kein vorausgehender Prozess stattgefunden hätte, oder beabsichtigt zumindest, durch diesen Verfahrensweg dasselbe gerichtliche Ziel zu erreichen.

In diesem Zusammenhang ist hervorzuheben, dass die lateinische Etymologie *delibare* wörtlich den Akt des „Verkostens" bezeichnet und begrifflich die Idee der überlegten Akzeptanz von etwas Fremdem und Unbekanntem innerhalb des eigenen Körpers umreißt[3].

Es wurde klar beobachtet, dass derselbe Begriff der Anerkennung:

> *„non deve trarre in inganno, e far pensare a un interesse pubblico di carattere più o meno amministrativo: l'interesse pubblico, come in tutta la funzione giurisdizionale, è pregiudiziale, ed è tutelato nella norma stessa che condiziona l'efficacia della sentenza straniera alla delibazione"*[4].

Nicht unerheblich ist auch der Umstand, dass der Begriff „Anerkennungsurteil" in Art. 941 der italienischen Zivilprozessordnung von 1865 enthalten war und dass er, obwohl er nicht in die Zivilprozessordnung von 1942 übernommen wurde, das oben genannte Verfahren weiterhin genau bezeichnet.

Aus dem Gesagten ergibt sich für den Juristen ein erstes Ergebnis von erheblicher Bedeutung, nämlich die Tatsache, dass es der italienische Staat seit Beginn seiner Existenz akzeptiert:

> *„di assumere l'attività compiuta da organi giurisdizionali stranieri per l'attuazione della legge al livello dell'attività degli organi proprii facendo obbligo ai propri organi di esaminare quella attività straniera per riconoscerla ove risponda a determinate condizioni, riconoscimento dal quale prenderà vita una volontà dello Stato di contenuto conforme alla sentenza straniera."*[5].

Die zweite Tatsache, die für den Juristen und insbesondere für den Experten der Rechtsvergleichung von Interesse ist, besteht in dem, was als „Treue" des vati-

---

3	„Delibo est idem fere quod libo, particulam de aliqua re leviter sumo, leviter attingo; et praecipue de cibis usurpatur pro degustare" (FORCELLINI, A., Stichwort Delibo: Lexicon totius latinitatis. Patavii 1940, 50).

4	SATTA, S., Diritto processuale civile. Padova 1959, 621-622.

5	CHIOVENDA, G., Principii di diritto processuale civile. Le azioni. Il processo di cognizione. Napoli 1980, 931.

kanischen Kodexsystems – in Fragen der Anerkennung ausländischer Urteile – gegenüber der oben genannten Ausrichtung der italienischen Gerichtsordnung vor der Reform von 1995 bezeichnet werden kann. Letztere hat bekanntlich mit Art. 73 des Gesetzes vom 31.05.1995, Nr. 218 tatsächlich die oben genannten Artikel 796 ff. der italienischen Zivilprozessordnung aufgehoben, die seit 1942 das „Anerkennungsverfahren" ausländischer Urteile und Maßnahmen regelten.

Im Gegenzug und für das, was hier von Interesse ist, wurde auch Art. 800 der italienischen Zivilprozessordnung von 1942, welcher die Wirksamkeitserklärung ausländischer Schiedssprüche in Italien vorsah, durch das Gesetz Nr. 25 vom 05.01.1994 aufgehoben, welches die Artikel 839 und 840 zum italienischen Gesetzbuch hinzufügte und zu einer anderen Regelung hinsichtlich der Anerkennung und Vollstreckung ausländischer Schiedssprüche führte.

Auf diese Weise wurde vom Grundsatz der „klugen Öffnung" der italienischen Gerichtsordnung nach außen mit dem Gesetz Nr. 218 von 1995 zu einer „allgemeinen Öffnung" derselben Ordnung durch einen Mechanismus der automatischen Wirksamkeit ausländischer Urteile, die rechtskräftig geworden sind und bestimmte in Art. 64 festgelegte Bedingungen erfüllen, übergegangen[6].

Bei Nichteinhaltung, Anfechtung oder Antrag auf Zwangsvollstreckung blieb ein ähnliches Verfahren wie in der vorherigen Gesetzgebung bestehen (Art. 67, Absatz 1, Gesetz Nr. 218 von 1995).

2. ANERKENNUNG UND VOLLSTRECKUNG AUSLÄNDISCHER ZIVILURTEILE IN DER VATIKANISCHEN ZIVILPROZESSORDNUNG

Auch für die vatikanische Rechtsordnung gelten die Grundsätze der Anrufbarkeit der Rechtskraft und die Anerkennung ausländischer Urteile ausschließlich im Wege des präventiven Anerkennungsverfahrens.

Aus der Prüfung des wörtlichen Inhalts der Artikel 740-742 der vatikanischen Zivilprozessordnung von 1946 in Bezug auf Zivilurteile ergibt sich der folgende rechtliche Rahmen.

Erstens ist aufgrund von Art. 740 Abs. 1 unabdingbare Voraussetzung für die Anerkennung des Urteils einer ausländischen Organs der Gerichtsbarkeit, dass sie von einem „Organ der Gerichtsbarkeit" des Ursprungsstaats stammen. Dies beinhaltet den Ausschluss der Anerkennung von Entscheidungen von Steuer- oder Verwaltungsbehörden.

---

6   Vgl. FUMAGALLI, L., *Riconoscimento di sentenze straniere:* Baratta, R. (Hrsg.), *Diritto internazionale privato.* Milano 2010, 415.

Die zweite unabdingbare Voraussetzung für die Anerkennung eines ausländischen Urteils im Vatikan ist das Fehlen der Anhängigkeit und Entscheidung des Rechtsstreits vor und durch ein Organ der Gerichtsbarkeit des untersuchten Kleinstaates.

Einerseits entspricht die Unmöglichkeit der Anerkennung des ausländischen Urteils bei Vorliegen einer innerhalb der vatikanischen Rechtsordnung durch die Ausübung der richterlichen Funktion ihrer Organe gebildeten Rechtskraft dem, was in den internationalen Gepflogenheiten vorgesehen ist.

Andererseits erweist sich die Frage nach dem Zusammenhang zwischen der Anhängigkeit des Falles vor einem vatikanischen Organ der Gerichtsbarkeit und dem Vorliegen des ausländischen Urteils in demselben Fall als bedeutsam. In dieser Hinsicht schließt die Gesetzgebung des Vatikans die Vollziehung des ausländischen Urteils im Vatikan immer dann aus, wenn im Staat Vatikanstadt ein Verfahren, auch nach einer rechtskräftigen Entscheidung in der ursprünglichen Rechtsordnung, eingeführt wird.

Ein weiteres von Nr. 3 des ersten Absatzes von Art. 740 c.p.c. vorgeschriebenes Element für die Anerkennung eines ausländischen Urteils im Vatikan ist die Rechtmäßigkeit des ausländischen Verfahrens.

Es wird erwartet, dass die Einhaltung dieser Rechtmäßigkeit durch die Einhaltung der Verfahrensgesetze des Staates gewährleistet wird, dem das Gericht angehört, das den Rechtsstreit entschieden hat.

Im Einzelnen ist es erforderlich, dass „die Parteien in der Verhandlung ordnungsgemäß geladen, oder rechtlich anwesend oder vertreten oder rechtlich abwesend waren".

Die soeben zitierte Regelung verlangt auch eine Gewährleistung der Unabhängigkeit der Richter sowie der „Ernsthaftigkeit der Beweisregeln".

Die folgenden Nummern 4 und 5 desselben Absatzes von Art. 740 c.p.c. schreiben jeweils den Ausschluss der Anerkennung der für vorläufig vollstreckbar erklärten ausländischen Entscheidung und die Erhebung der Klauseln „öffentliche Ordnung" oder „inneres öffentliches Recht des Staates" oder „gute Sitten" zu grundlegenden Kriterien vor, die der Inhalt der ausländischen Entscheidung für ihre Anerkennung in der vatikanischen Rechtsordnung respektieren muss[7].

Es gibt noch mehr. Der letzte Absatz von Nr. 5 des oben genannten ersten Absatzes von Art. 740 c.p.c. beschränkt die Anerkennbarkeit der ausländischen Entscheidung im Vatikan auf die Tatsache, dass diese „nicht über Angelegen-

---

7 Vgl. BARILE, G., Stichwort Ordine pubblico: Enciclopedia del diritto, vol. XXX. Milano 1980, 1106-1124. Für eine Einordnung der Grundsätze und Normen der Verfassung, die in der vatikanischen Rechtsordnung gelten, vgl. DALLA TORRE, G., Lezioni di diritto vaticano. Torino 2020, 50-53.

heiten entscheidet, die der kirchlichen Gerichtsbarkeit vorbehalten sind". Diese Einschränkung unterstreicht und definiert eine Art Schutzklausel, die durch die besondere Primärquelle der vatikanischen Rechtsordnung, nämlich das kanonische Recht, repräsentiert wird[8].

Weiter geht es mit der Analyse des letzten Teils des Inhalts von Art. 740 c.p.c., dessen zweiter Absatz sich mit der sogenannten internationalen Zuständigkeit befasst, deren umstrittene Fragen offenbar vom vatikanischen Gesetzgeber durch die Anwendung der allgemeinen Grundsätze über die Zuständigkeit der Gerichte gelöst werden könnte, welche für die internen Gerichtsstände der allermeisten Rechtsordnungen gelten.

Die Aspekte, die das Anerkennungsverfahren charakterisieren, werden in den Art. 741 und 742 c.p.c. geregelt.

Die erste Norm bestimmt in Absatz 1 den natürlichen Gerichtssitz beim Berufungsgericht, an dem der Antrag auf Anerkennung eines ausländischen Urteils gestellt werden muss, unbeschadet der Bereitstellung der erforderlichen Beteiligung des Staatsanwalts.

Der oben genannte Antrag kann auch zur Erlangung einer Vorabentscheidung im Falle einer Rechtshängigkeit vor dem vatikanischen Richter gestellt werden, wenn die Frage der Vollziehung des ausländischen Urteils vor diesem Fall entschieden werden muss.

In einem solchen Fall kommt es zur Unterbrechung der Hauptsache, mit der Zuweisung der Parteien an den Richter der Berufungsinstanz mit dem Ziel, die Zwischensache zu entscheiden.

Art. 742 c.p.c. legt die Entscheidungsmodalitäten des Berufungsgerichts fest und sieht vor, dass dieses nach Anhörung oder Ladung der Parteien durch Beschluss entscheidet.

Gegen den diesbezüglichen Beschluss kann Beschwerde eingelegt werden. Anschließend entscheidet derselbe Berufungsrichter mit einem Urteil über die vorgelegte Beschwerde unter Anwendung der Bestimmungen der vatikanischen Zivilprozessordnung, die für das ordentliche Prüfungsverfahren vorgesehen ist.

Es ist hervorzuheben, dass die Beschwerde zwar Anlass zu einem summarischen Verfahren gibt, der Widerspruch der Partei gegen die oben genannte Entscheidung dazu jedoch ein Verfahren begründet, das vollständig durch das streitige Prinzip gekennzeichnet ist, wobei den Parteien die Möglichkeit gegeben wird, Anträge und Einreden vorzulegen und die Verteidigung des Beklagten ge-

---

8   Vgl. DERS., L'ordinamento giuridico vaticano e il diritto canonico: Aa.Vv. (Hrsg.), Winfried Schulz in memoriam. Schriften aus Kanonistik und Staatskirchenrecht, Vol. I. Frankfurt a.M. 1999, 160.

gen die angebliche Ungerechtigkeit gewährleistet ist, die sich aus der Anerkennung eines ausländischen Urteils ergibt.

Es ist auch wichtig hervorzuheben, dass der vatikanische Gesetzgeber die Frage nach dem Inhalt der dem Berufungsrichter übertragenen Befugnisse ungeklärt gelassen hat, d.h. ob dieser zu einer erneuten Prüfung der Sache selbst oder nur über seine Veränderung in taxativ vom Gesetz vorgesehenen Umständen schreiten darf.

An diesem Punkt erscheint es angebracht, auf die völkerrechtlich vorgeschriebenen Befugnisse eines Gerichts im Fall einer Vollstreckbarerklärung hinzuweisen: das heißt, der Berufungsrichter ist verpflichtet, die Einhaltung und Übereinstimmung des ausländischen Urteils mit den gesetzlichen Vorgaben des Staates zu prüfen, der zur Anerkennung schreitet, einschließlich der unverletzlichen Grenzen der öffentlichen Ordnung und der guten Sitten.

3. ANMERKUNGEN ZUR DIESBEZÜGLICHEN VATIKANISCHEN RECHTSPRECHUNG

Die Untersuchung der vatikanischen Rechtsprechung bezüglich der Artt. 740-742 ist ein wertvoller, aufschlussreicher Indikator für die Besonderheit der Justiz des Kleinstaates im Hinblick auf die dortige Anerkennung ausländischer Urteile.

Insbesondere werden hier – ohne Anspruch auf Vollständigkeit – einige Anerkennungsbeschlüsse des Vatikanischen Berufungsgerichts sowie ein wichtiges Urteil des Vatikanischen Kassationsgerichts zu Ehesachen, zum Arbeitsrecht und zu Fragen verfahrenstechnischer Natur in Erinnerung gerufen.

Es ist wichtig zu beachten, dass der erste Eingriff des Vatikanischen Berufungsgerichts in Bezug auf die Anerkennung eines ausländischen Urteils durch die Verordnung Nr. 2 von 1949 zustande kam, welche „die Bestimmung des Zivilgerichts von Rom, mit der die einvernehmliche persönliche Trennung der Ehegatten genehmigt wird, im SCV für vollziehbar erklärt"[9].

In diesem Fall haben die Berufungsrichter eine Prüfung vorgenommen, damit keine Konfliktelemente zwischen der zivilen Trennung und der öffentlichen Ordnung, dem inneren Recht des Vatikanstaates oder den guten Sitten vorliegen, wie in es in Art. 740, § 1, Nr. 5 c.p.c. vorgesehen ist.

Auch in Ehesachen kommt den Beschlüssen des Vatikanischen Berufungsgerichts Nr. 73 von 2002 und Nr. 93 von 2012 erhebliche rechtliche Bedeutung zu.

---

9 VENTRELLA MANCINI, C., La Corte d'Appello dello Stato della Città del Vaticano. Pluralità di funzioni e vocazione interordinamentale. Bari 2020, 55.

In Bezug auf den ersten Beschluss hat das betreffende Gericht in dem Sinn entschieden, dass Nr. 3 von Art. 740 c.p.c. kein Hindernis für die Durchsetzbarkeit der italienischen Entscheidung im Vatikan darstelle. Dies liegt daran, dass der:

„titolo esecutivo si era formato a seguito di un regolare procedimento giudiziale davanti al giudice italiano, nel corso del quale le parti erano state regolarmente citate, rispettate le condizioni relative all'indipendenza del giudice e alla serietà delle norme circa la prova"[10].

Was den zweiten Beschluss betrifft, so hatte der Verfahrensweg die Anerkennung des vom Gericht in Rom erlassenen bürgerlichen Trennungsurteils im Vatikan zum Gegenstand, während das Berufungsverfahren vor dem italienischen Richter noch anhängig war.

In diesem Zusammenhang lehnte das Vatikanische Berufungsgericht den Antrag auf Anerkennung ab, da das Urteil des italienischen Gerichts, dessen Vollstreckbarkeit im Staat Vatikanstadt beantragt wurde, noch nicht in Rechtskraft erwachsen war.

Was die Frage der Lohnpfändung betrifft, so ist der Beschluss Nr. 11 des Vatikanischen Berufungsgerichts von 1965 erwähnenswert, in dem es um die Vollziehung des Urteils des Gerichts von Rom im Staat Vatikanstadt ging, das den Beklagten zum Schadensersatz für die verspätete Rückgabe des Mietobjekts und zur Zahlung der Kosten und Gebühren für jede Phase des Prozesses verurteilt hatte, wobei der Gläubiger gleichzeitig ermächtigt wird, die Schulden gegenüber Dritten zu pfänden.

In diesem Zusammenhang betonten die Berufungsrichter des Vatikans sowohl die Regelungsautonomie der vatikanischen Rechtsordnung als auch die Unanwendbarkeit der italienischen Gesetze über die Pfändung von Löhnen, Gehältern und Pensionen von Mitarbeitern der öffentlichen Verwaltungen des italienischen Staates.

Bedeutsam ist auch das Urteil des Vatikanischen Kassationsgerichtshofs Nr. 35 von 2017, unter Berücksichtigung des Gegenstands des Urteils, welches durch eine einstweilige vom Vatikanischen Berufungsgericht erlassene Anordnung gebildet wird und nicht – wie üblich – durch ein Urteil oder einen Beschluss[11].

Konzentriert man sich auf die wichtigsten rechtlichen Aspekte des betreffenden Urteils, so lassen sich diese im Wesentlichen in den vier vom Beschwerdeführer vorgebrachten Aufhebungsgründen finden.

---

10   VENTRELLA MANCINI, La Corte d'Appello (s. Anm. 9), 57.

11   Ebd., 66-67, welche sich eingehend mit dem betreffenden Verfahren in der Sache selbst auseinandersetzt.

Erstens wird die Verletzung oder falsche Anwendung des Gesetzes in Bezug auf Art. 740, § 1 c.p.c. geltend gemacht. Das Kassationsgericht lehnt dieses Argument ab, da es dieses für unbegründet hält, und stützt sich dabei auf die Auffassung, dass:

> „*il decreto impugnato, pretendendo di risolvere una questione pregiudiziale o preliminare di ammissibilità della richiesta di efficacia e forza esecutiva, ossia la questione dell'interesse ad agire, ha logicamente, legittimamente e di fatto deciso di omettere l'esame dei requisiti per la medesima efficacia e forza esecutiva, di cui all'art. 740, § 1, nn. 1°-5°, e comunque di fatto ha deciso di non esaminarli neppure in forma subordinata*"[12].

Der zweite vom Beschwerdeführer vorgebrachte Grund für die Aufhebung beruht auf der Verletzung oder falschen Anwendung des Gesetzes in Bezug auf Art. 742, §§ 1-2, c.p.c., in dem Teil, in dem es heißt, dass das:

> „*corte d'appello pronunzia sulle domande di cui all'art. 741 con ordinanza in camera di consiglio, intese o citate le parti*" und dass die "*ordinanza è soggetta a reclamo avanti la stessa corte d'appello, che pronunzierà sul medesimo con sentenza, osservate le norme di procedura prescritte dal presente Codice per i giudizi di cognizione*"[13].

Der Kassationsgerichtshof erachtet auch dieses Argument für die Beschwerde für unbegründet und weist sie ab, weil sie:

> „*non rileva nel caso la forma attraverso la quale si è espressa la Corte di appello*"[14].

Nach Ansicht der Legitimitätsrichter ist die Verwendung der Form des Dekrets bei der Ablehnung des Antrags auf Wirksamkeit und Vollzugskraft einer „ausländischen gerichtlichen Entscheidung" im Vatikanstaat von Seiten des Berufungsgerichts tatsächlich nicht rechtswidrig.

Ebenso für unbegründet erachtet und daher abgewiesen wurde ein weiteres Motiv für die Beschwerde, das sich auf die Verletzung oder falsche Anwendung des Gesetzes in der Sache auf Art. 436 § 1, c.p.c. in Bezug auf die „*competenza della sezione esecutiva del Tribunale di Prima Istanza*" bezog, um die Beziehungen einer juristischen Person mit dem Vatikanstaat zu prüfen.

In diesem Punkt ist der genaue Hinweis des Kassationsgerichts zur Unterscheidung zwischen dem Antrag auf Wirksamkeit und der Vollstreckbarkeit einer ausländischen Strafe und dem anschließenden Antrag auf Vollstreckung

---

12   CORTE DI CASSAZIONE, Urteil v.18.01.2018, RG. n. 35/17, Pres. e Rel. MAMBERTI [inedita], 5.

13   Ebd.

14   Ebd.

derselben Strafe hinzuweisen. Diese Unterscheidung setzt einerseits eine Unterscheidung auch zwischen zuständigen Organen der Gerichtsbarkeit voraus, schließt jedoch andererseits nicht die Beweisaufnahme des Organs der Gerichtsbarkeit aus, das zur Prüfung des Antrags sowohl auf Wirksamkeit als auch auf Vollzugskraft zuständig ist:

„in ordine alla prova dell'interesse ad agire sia in ordine alla verifica che la sentenza non contenga disposizioni contrarie all'ordine pubblico o al diritto pubblico interno dello Stato, o al buon costume“[15].

Der Grund für die Beschwerde, welcher hingegen akzeptiert wird, ist jener, der auf der Verletzung oder falschen Anwendung des Gesetzes gemäß Art. 2 c.p.c. in Bezug auf das Interesse des Beschwerdeführers am *„riconoscimento nello Stato della Città del Vaticano del provvedimento del Giudice italiano“* gründet. Gemäß dem Kassationsgerichtshof kam es im Fall zur falschen Anwendung des Gesetzes:

„nel momento in cui il decreto impugnato abbia preteso di rigettare la richiesta di efficacia e forza esecutiva della sentenza straniera per mancanza di interesse ad agire pur avendo esplicitamente ammesso nel decreto stesso che era possibile intuire dalla richiesta l'esistenza di un interesse e la natura stessa dell'interesse alla richiesta giurisdizionale“[16].

4. AUSLÄNDISCHE SCHIEDSSPRÜCHE, AUSLÄNDISCHE ANORDNUNGEN ZUR SICHERSTELLUNG UND DIE VOLLSTRECKBARKEIT AUSLÄNDISCHER ÖFFENTLICHER RECHTSHANDLUNGEN SOWIE FÄLLE AUS DER RECHTSPRECHUNG

Aufgrund von Art. 743 c.p.c. haben im Ausland ergangene Schiedssprüche den Wert, der durch jenes Gesetz anerkannt wird, unter dessen Geltung sie ergangen sind, und können ihre Wirksamkeit und Vollzugskraft innerhalb der vatikanischen Rechtsordnung ausschließlich durch eine Entscheidung gemäß von Art. 742 und unter stetiger Beachtung der Bestimmungen der Artt. 740 und 741 erlangen.

Ausgehend vom Inhalt von Art. 743 wurde die interpretative Frage nach der Wirksamkeit eines ausländischen Schiedsspruchs dadurch gelöst, dass der im Ausland ergangene Schiedsspruch als „ausländisch“ betrachtet wurde.

---

15   CORTE DI CASSAZIONE, Urteil v.18.01.2018, RG. n. 35/17, Pres. e Rel. MAMBERTI [inedita], 9.

16   Ebd., 6-7.

Innerhalb der hermeneutischen Koordinaten dieses Konzepts der Anerkennung des ausländischen Schiedsspruchs liegt die Tragweite des Beschlusses des Vatikanischen Berufungsgerichts Nr. 70 aus dem Jahr 2000[17].

Diese Entscheidung geht vom gemäß den Bestimmungen des Art. 743 c.p.c. gestellten Antrags auf Anerkennung eines für vollziehbar erklärten Schiedsspruchs aus, mit dem einem Rechtssubjekt aufgrund des Titels, den er *iure successionis* von einem Elternteil geerbt hatte, die Qualifikation „Adliger" zuerkannt wurde. Folglich hatte die besagte Person die Genehmigung erhalten, sich am *Higher Institute of Noble Law* in der Kategorie „Justiz" eintragen zu lassen.

Eine ablehnende Position nahm der Rektor des oben genannten Instituts ein und begründete dies damit, dass der Antragsteller nicht über die für die Eintragung erforderliche Voraussetzung, d.h. über die persönliche Eigenschaft „adlig" verfügt. Es wurde tatsächlich festgestellt, dass das Dekret zur Verleihung des Adelstitels an den Elternteil des Beschwerdeführers durch UMBERTO II. von Savoyen am 13.06.1946 erlassen worden war, d.h. nach Ende des Königreiches und der Titel deshalb von einem Ex-Monarchen verliehen wurde, und daher lediglich eine Anerkennung freundschaftlicher Wertschätzung darstellte. Das Berufungsgericht verneinte seinerseits aus drei Arten rechtlicher Gründe die Vollstreckbarkeit des oben genannten Schiedsspruchs im Vatikan.

Der erste lag, gemäß den kombinierten Bestimmungen der Artt. 453 § 2 und 740 § 1 Nr. 4 c.p.c., in der Unvereinbarkeit des Schiedsspruchs mit der Rechtsordnung des italienischen Staates. Dies liegt daran, dass die XIV. Übergangsbestimmung der italienischen Verfassung die Nichtanerkennung von Adelstiteln und deren Wert vorsieht, wenn sie vor dem 28.10.1922 als qualifizierender Teil des Namens vorliegen.

Der zweite Grund beruht auf der Vorschrift von § 2 des Art. 696 c.p.c. – auf den seinerseits Art. 743 c.p.c. Bezug nimmt –, und zur Unzulässigkeit zum schiedsrichterlichen Verfahren bei den standesamtlichen Erklärungen führte, zu denen natürlich die Verleihung von Adelstiteln gehört.

Drittens wurde die Unzuständigkeit des Berufungsgerichts erklärt, da nur der Papst befugt sei, Adelstitel in der vatikanischen Rechtsordnung zu verleihen und anzuerkennen, unter Androhung der absoluten Nichtigkeit der Entscheidung.

Nach diesen Hinweisen auf die mögliche Anerkennung ausländischer Schiedsurteile im Vatikan ist es notwendig, sich kurz auf die wichtigsten kritischen Fragen im Zusammenhang mit ausländischen Sicherungsmaßnahmen zu konzentrieren, für welche die Bestimmung von Art. 744 c.p.c. gilt.

Gemäß Absatz 1 liegt es in der Zuständigkeit des Berufungsgerichts, den gerichtlichen Sicherungsmaßnahmen der ausländischen Autorität und den in

---

17   Vgl. VENTRELLA MANCINI, La Corte d'Appello (s. Anm. 9), 70.

Art. 453 § 2 genannten ausländischen Maßnahmen und Urkunden die Vollstreckbarkeit zu erteilen, unbeschadet einer anders lautenden internationalen Übereinkunft.

Absatz 2 von Art. 744 c.p.c. sieht außerdem vor, dass der Präsident in dringenden Fällen zur Durchführung der im vorstehenden Absatz genannten einstweiligen gerichtlichen Anordnung einen Beschluss erlassen kann, der nach Anhörung und Ladung der Parteien durch einen Kammerbeschluss ratifiziert werden muss.

Daher kommt auch für die Anerkennung ausländischer Sicherungsmaßnahmen das Anerkennungsverfahren vor dem Berufungsrichter zur Anwendung. Diesem obliegt die Aufgabe zu prüfen, ob die Sicherungsmaßnahme auf der Grundlage der Gesetze des Ursprungsstaats des Richters, der sie erlassen hat (Art. 453 c.p.c.), tatsächlich vollstreckbar ist, und ob die in Art. 741 c.p.c. genannten Voraussetzungen erfüllt sind.

Da die Länge des oben genannten komplexen Verfahrens dazu führen könnte, dass der Zweck, der mit der Sicherungsmaßnahme erreicht werden soll, nämlich den Rechtsschutz *hic et nunc* mit einem gestrafften Verfahren sicherzustellen, zunichte gemacht werden könnte, hat der vatikanische Gesetzgeber für dringende Fälle dem Präsidenten des Berufungsgerichts die Befugnis verliehen, ausländische Maßnahmen per Dekret für vorläufig vollstreckbar zu erklären.

In Anbetracht dessen, was gerade gesagt wurde, scheint der Beschluss des Berufungsgerichts Nr. 90 von 2010 aus der Sicht der Rechtsprechung gewiss von Interesse zu sein, der den Antrag auf Anerkennung einer einstweiligen Anordnung im Staat Vatikanstadt zum Gegenstand hatte.

In diesem konkreten Fall beantragte ein bekanntes Bankinstitut die Anerkennung der einstweiligen Anordnung eines italienischen Zivilgerichts in der vatikanischen Rechtsordnung, die einem Mitarbeiter des Kleinstaats die Zahlung eines Geldbetrags auf der Grundlage inzwischen aufgelaufener Schulden auferlegte.

Der Beklagte im Verfahren widersprach der Annahme des Antrags mit der Begründung, er verstoße gegen die öffentliche Ordnung im Sinne von Art. 16 des Gesetzes Nr. 218/1995 zur Reform des Systems des internationalen Privatrechts, in Anbetracht dessen, dass die in der oben genannten einstweiligen Anordnung berechneten Interessen im Widerspruch zu den Bestimmungen von Art. 1284 des italienischen Zivilgesetzbuches sowie Art. 2 des Gesetzes Nr. 108/1996 zu stehen schienen.

Es muss betont werden, dass das Gericht in diesem Fall auf die Gründe der öffentlichen Ordnung achtete, welche die Anerkennung der Anordnung, angesichts der Relevanz des Urteils in der kanonischen und der vatikanischen Rechtsordnung verhindern, was durch Art. 740 § 1, n. 5 c.p.c. bestätigt wird.

Nach Ansicht der Berufungsrichter ist das Kriterium der öffentlichen Ordnung:

> *„è di trascendentale valore e da tener presente in tutte le disposizioni ed atti giuridici vigenti nello Stato poiché trattasi di norma costituzionale di rango superiore, come si deduce dalla sua pur implicita inclusione tra i principi generali del diritto, a cui fa riferimento il CIC, assunto come prima fonte normativa e primo criterio interpretativo nel nostro ordinamento (cf. art. 1 della legge LXXI citata e il can. 19 del CIC)"*[18].

Der Vatikanische Gerichtshof setzt das Konzept der öffentlichen Ordnung um, das von den besten italienischen Zivilrechtlern entwickelt wurde und sowohl als Mittel zur Verhütung von Unordnung als auch als Pflicht des Staates zur Achtung der Grundprinzipien verstanden wird[19].

Es ist anzumerken, dass dieser Begriff naturgemäß schwer zu definieren ist: Im Hinblick auf das vatikanische Verfassungssystem stellt der Inhalt von Art. 740 c.p.c., Absatz 1, Nr. 5 zweifellos einen sehr nützlichen Regulierungsindikator dar, in dem die Substanz der öffentlichen Ordnung als „positives" und „integratives" Element innerhalb einer Gesamtschau näher bestimmt wird, welche auch die Begriffe des inneren öffentlichen Rechts des Staates und der guten Sitten umfassen.

In einem solchen Interpretationskontext ist daher einerseits der fließende Umfang des Begriffs der öffentlichen Ordnung, der maßgeblich von den ständigen Veränderungen der sozialen Ordnung beeinflusst wird, und andererseits der Grad seines „Widerstands" im Hinblick auf die konstituierenden Prinzipien der vatikanischen Ordnung oder auf die von außen kommenden Anforderungen nicht zu vernachlässigen.

Einen Beweis für das gerade Beobachtete stellt die Bedeutung des Begriffs des Widerspruchs gegen zwingende Normen, die öffentliche Ordnung und die guten Sitten für das Rechtsordnung des Vatikans dar, bis zu dem Punkt, an dem das Berufungsgericht in dem oben genannten Fall den Schwerpunkt auf den Umstand gelegt hat, aufgrund dessen Wucher „schon immer ein von der christlichen Tradition abgelehntes Verbrechen" war. Es sieht die Ablehnung des vom italienischen Gericht erlassenen Antrags auf Anerkennung der einstweiligen Anordnung wegen Verstoßes gegen die öffentliche Ordnung vor.

Was außerdem den Antrag auf Anerkennung einer einstweiligen gerichtlichen Sicherstellung anbelangt, so erscheint es angebracht, hier an den Beschluss des Vatikanischen Berufungsgerichts Nr. 57 von 1997 zu erinnern, dem entspre-

---

18   Vgl. Ventrella Mancini, La Corte d'Appello (s. Anm. 9), 71.

19   Vgl., u.a. Badiali, G., Ordine pubblico e diritto straniero. Milano 1963; Benvenuti, P., Comunità statale, comunità internazionale e ordine pubblico internazionale. Milano 1977; Martines, T., Diritto costituzionale. Milano 1990, 728.

chend der nachfolgende Beschluss Nr. 75 von 2002 derselben Berufungsrichter interpretiert werden muss. In diesem Zusammenhang ist es wichtig, sich daran zu erinnern, dass es sich um eine Aktiengesellschaft handelt, welche gemäß den Artikeln 740 ff. c.p.c. sowohl die Anerkennung der einstweiligen Anordnung des Zivilrichters von Rom im Vatikan beantragt, die vollstreckbar geworden und an einen Mitarbeiter des Vatikans ergangen ist, als auch die Tatsache, dass dieser auf die Anträge um Rückerstattung der gemäß dieser Anordnung geschuldeten Beträge nicht antwortete, weshalb die einstweilige gerichtliche Sicherstellung der der Beklagten zustehenden Beträge angeordnet wurde.

Es ist festzuhalten, dass das Berufungsgericht im vorliegenden Fall zwar die oben genannte einstweilige Anordnung in Anbetracht des Vorliegens der gesetzlichen Voraussetzungen als vollstreckbar anerkennt, gleichzeitig aber den Antrag auf einstweilige gerichtliche Sicherstellung aufgrund des absoluten Fehlens der in Art. 907 c.p.c. genannten Voraussetzungen ablehnt: Tatsächlich gab es zwischen mehreren Personen keinen Streit über Eigentum oder Besitz, die Sache war weder der Gefahr einer Veränderung, des Diebstahls oder der Verschlechterung ausgesetzt, noch wurde sie vom Schuldner zu seiner Entlastung angeboten.

Schließlich kann aus reinen Gründen der Vollständigkeit der Erläuterungen eine Erwähnung des Inhalts der Artt. 744 und 745 c.p.c. neben Art. 453 c.p.c., nicht übersehen werden, aus denen hervorgeht, dass ausländische öffentliche Rechtshandlungen, die nach dem Recht, nach dem sie erstellt wurden, vollstreckbar sind, auch im Hoheitsgebiet des Staates Vatikanstadt als vollstreckbar gelten, wenn sie im Rahmen des ordentlichen Anerkennungsverfahrens als solche erklärt werden.

5. ABSCHLIESSENDE ZUSAMMENFASSENDE ANMERKUNGEN

Wenn man die Fäden der bisherigen juristischen Überlegungen zur Anerkennung ausländischer Urteile in der vatikanischen Rechtsordnung zusammenführt, so scheinen sich drei Schlüsselkonzepte zu ergeben, um die sich das gesamte behandelte Thema mit seinen kritischen Fragen dreht: die nicht zu vernachlässigende Eigentümlichkeit des Rechts des Staates Vatikanstadt, die daraus resultierenden äußeren Grenzen der Anpassung ausländischer Urteile und Anordnungen an das Verfassungssystem des Vatikans und die Auswirkungen auf die bearbeitete Materie der Rechtsprechung des Kleinstaates.

Das vatikanische Recht zeichnet sich zwar durch die Merkmale der Originalität und der Grundsätzlichkeit aus, die jedoch das kanonische Recht (*rectius*: die kanonische Rechtsordnung), also das Recht eines anderen Subjekts des Völkerrechts, d.h. den Heiligen Stuhl, als erstes Bezugskriterium für die Interpretation der Vatikanischen Rechtsordnung anerkennen[20]. Es steht in der Tat außer Zweifel, dass:

„la vigenza nello S.C.V. del diritto canonico non procede da un rinvio, sia pur ricettizio, ma da un rapporto ben più intimo e ben più organico, il quale neppure è suscettibile di classificazione, perché rappresenta un fenomeno unico nel mondo giuridico. Occorre appena ricordare che il diritto canonico imperante nella Città del Vaticano non è quello solo vigente al momento della creazione del nuovo Stato, ma è anche quello che sia emanato in seguito"[21].

Ohne Berücksichtigung dieser Grundtatsache können die Komplexität der bestehenden Beziehungen zwischen ausländischen Urteilen und Beschlüssen und der mögliche Einfluss ihrer Wirkungen auf die vatikanische Rechtsordnung nicht vollständig verstanden werden.

Die Grenze der Achtung der öffentlichen Ordnung – neben verschiedenen anderen Hinderungskriterien – zum Zwecke der Einfügung der Wirkungen ausländischer Urteile und Anordnungen in das Rechtssystem des Staates Vatikanstadt stellt ein Sicherheitsventil dar, das geeignet ist, die Wahrung des Wesensgehalts des Rechts des Kleinstaates, trotz seiner ständigen Änderungen zu gewährleisten.

Mit anderen Worten: man ist Zeuge des typischen Phänomens jedes Verfassungssystems, bei dem die Begründung und der Geist des Gesetzes der Entwicklung der gesellschaftlichen Stimmung folgen und daher die formalen Änderungen der Bestimmungen rechtfertigen.

Dies gilt auch für das vatikanische Recht, das zwar seine ihm innewohnende Eigentümlichkeit in Bezug auf das System der Quellen und Leitungsorgane bewahrt, sich aber wie eine Ziehharmonika öffnet – auch durch die Verwendung des Kriteriums der öffentlichen Ordnung als Filter für die Anerkennung ausländischer Urteile und Rechtshandlungen – in Hinblick auf andere und unterschiedliche Erfahrungen mit Rechtsordnungen. Aus dieser Perspektive stellen die untersuchten Fälle aus der Rechtsprechung einen wesentlichen Lackmustest für die von der Vatikanischen Gerichtsbarkeit vorgenommene sorgfältige Abwägung zwischen der wahrgenommenen Notwendigkeit dar, einen echten und wirksamen Schutz für die Parteien zu garantieren, welche die Anerkennung von Be-

---

20   Insbesondere im Gesetz über die Quellen Nr. LXXI vom 01.10.2008 (vgl. BENEDETTO XVI, legge n. LXXI sulle fonti del diritto, 11.10.2008: AAS Supplemento 79 [2008] 65-70) Art. 1, Absatz 1, lautet: "L'ordinamento giuridico vaticano riconosce nell'ordinamento canonico la prima fonte normativa e il primo criterio di riferimento interpretativo".

21   CAMMEO, F., Ordinamento giuridico dello Stato della Città del Vaticano. ND der Ausgabe von 1932. Vatikanstadt 2005, 174.

schlüssen von Organen der Gerichtsbarkeit anderer Staaten erfordert, und das umsichtige Engagement, welches darauf abzielt, die ursprüngliche Natur einer Rechtsordnung zu bekräftigen, die in erster Linie auf Prinzipien und Gesetzen basiert, die ihre Wurzeln im kanonischen Recht haben[22].

* * *

ABSTRACTS

Dt.: Dieser wissenschaftliche Beitrag untersucht die Frage der Anerkennung ausländischer Urteile in der vatikanischen Rechtsordnung sowohl im Lichte der Bestimmungen der vatikanischen Zivilprozessordnung als auch der Rechtsprechung der vatikanischen Gerichte. In diesem Zusammenhang werden auch theoretisch-praktische Überlegungen rund um ausländische Schiedssprüche, ausländische Sicherungsmaßnahmen sowie die Vollstreckbarkeit ausländischer öffentlicher Urkunden angestellt. All dies unter Beibehaltung einerseits der Besonderheit des vatikanischen Rechts im Vergleich zu anderen staatlichen Rechtsordnungen und andererseits der rechtsvergleichenden Aspekte in Bezug auf die Anerkennung ausländischer Entscheidungen innerhalb des vatikanischen Kleinstaat.

Ital.: Il presente contributo scientifico esamina la questione del riconoscimento delle sentenze straniere nell'ordinamento vaticano alla luce sia delle disposizioni del codice di procedura civile vaticano sia della giurisprudenza dei tribunali vaticani. A questo proposito vengono svolte considerazioni teorico-pratiche anche sui lodi arbitrali stranieri, sulle misure cautelari straniere nonché sull'esecutività degli atti pubblici stranieri. Tutto ciò tenendo presenti, da un lato, la specificità del diritto vaticano rispetto ad altri ordinamenti statali, e dall'altro i profili interordinamentali relativi alla delibazione delle decisioni straniere all'interno del micro-Stato Vaticano.

Engl.: This scientific contribution examines the issue of the recognition of foreign sentences in the Vatican legal system in light of both the provisions of the Vatican code of civil procedure and the jurisprudence of the Vatican courts. In this regard, theoretical-practical considerations are also carried out around foreign arbitral rulings, foreign precautionary measures as well as the enforceability of foreign public documents. All this while maintaining, on the one hand, the specificity of Vatican law compared to other state systems, and on the other hand the inter-ordinal profiles relating to the deliberation of foreign decisions within the Vatican micro-State.

---

22 Vgl. PICARDI, N., Lo Stato Vaticano e la sua giustizia. Bari 2009.

DIE ROLLE DES KIRCHENANWALTS DES HÖCHSTGERICHTS DER APOSTOLISCHEN SIGNATUR BEI DER GEWÄHRUNG DES VOLLSTRECKBARKEITSDEKRETS VON KIRCHLICHEN EHENICHTIGKEITSURTEILEN

von Enrico Giarnieri

1. BESONDERHEITEN DES VIELFÄLTIGEN AMTES DES KIRCHENANWALTS IN DER KANONISCHEN RECHTSORDNUNG

Oberhalb der neuen Türen der Büros, die sich auf den breiten Eingangssaal des Renaissance-Sitzes des Höchstgerichts der Apostolischen Signatur öffnen, hebt sich die feierliche hölzerne Inschrift ab, welche die eingeprägte Amtsbezeichnung des „*Promotor justitiae*" enthält[1].

Sie geht auf den Monat Mai vor über fünfzehn Jahren zurück, bei der ich – aufgrund meines Amtes – zum ersten Mal die Person von Msgr. Gian Paolo MONTINI, *Kirchenanwalt* des Höchsten Organs der Gerichtsbarkeit des Heiligen Stuhles, kennenlernte. Die Erinnerungen, welche die Gelegenheit charakterisierten, sind auch heute noch lebendig[2].

Wenn man diese Tür mit der genannten Aufschrift durchschreitet, erinnert man sich an die Ruhe und das Gewicht des Amtes des Kirchenanwalts, zusammen mit seiner Menschlichkeit, die sich im klugen Zuhören auf die Bitten der Gläu-

---

1   Für den Nachvollzug der historischen Entwicklung und der architektonischen Struktur des Palazzo della Cancelleria, des Sitzes der Apostolischen Signatur siehe, unter anderem FROMMEL, C.L., Il Palazzo della Cancelleria: Valtieri, S. (Hrsg.), Sisto IV e Giulio II. Il palazzo dal Rinascimento a oggi, Atti del Convegno Internazionale di Studi (Reggio Calabria 1988). Roma 1989, 29-54; ORBICCIANI, L., Palazzo della Cancelleria. Roma 2010, 7-56.

2   Der Zeitrahmen, der im vorliegenden Beitrag in Betracht gezogen wird – insofern er sich auf die Personen bezieht, welche das Amt des Kirchenanwalts ausgeübt haben – umfasst die Jahre 2008 bis 2024. Im Besonderen sah das genannte Amt die Aufeinanderfolge, in chronologisch aufsteigender Richtung, von Msgr. Gian Paolo MONTINI, den Zisterzienser P. Sebastiano PACIOLLA und Msgr. Paweł MALECHA (gegenwärtig Kirchenanwalt).

bigen und in seinem profunden Wissen über die besonderen Aspekte des Gesetzes sowohl der katholischen Kirche als auch der staatlichen Rechtsordnung, darunter jener des Vatikanstaates, zeigt[3].

Durch die Übertragung der Ebene der Erinnerung auf jene des Rechts wird die Relevanz der Kombination „Schutz des Gemeinwohls – korrekte Rechtspflege" in Bezug auf das Amt des Kirchenanwalts deutlich. Seine Rolle, der Sinn seines Amtes, seine Funktionen und Aktivitäten sind in der Tat von der Sehnsucht nach Gerechtigkeit durchdrungen, die durch Barmherzigkeit gemildert wird, welche ein typisches Merkmal der kanonischen Ordnung ist[4].

Dies ist so wahr, dass sich einerseits die Daseinsberechtigung des Amtes des Kirchenanwalts um den Begriff des „Gemeinwohls" dreht und andererseits die Rolle dieses Amtes im Schutz des Gemeinwohls in seinen vielfältigen Arbeitsbereichen zum Ausdruck kommt, bald der Anklage in Strafsachen, bald der Überwachung der Einhaltung von Verfahrensgesetzen, bald des allgemeinen Rechtsschutzes.

Es besteht kein Zweifel daran, dass bei dieser Perspektive ein untrennbarer Zusammenhang zwischen dem Begriff des Gemeinwohls und seiner dynamischen Umsetzung durch die Einhaltung der Bestimmungen des kanonischen Gesetzgebers auf der Regelungs-Ebene besteht.

Es ist wichtig, den nicht zu vernachlässigenden Hinweis hinzuzufügen, aufgrund dessen das Amt des Kirchenanwalts in jeder Hinsicht mit der prozessrechtlichen Figur des Staatsanwalts vergleichbar ist. Das letztgenannte Element stellt eine Besonderheit gegenüber dem Amt des Richters für sich allein betrachtet dar und begrenzt den Tätigkeitsbereich des Kirchenanwalts.

In dieser Hinsicht sind einige Bestimmungen des Kodex des kanonischen Rechts und der Instruktion *Dignitas connubii* für den Interpreten hilfreich, aus denen sich die Grundsätze des obligatorischen Charakters der Konstituierung dieses besonderen „Staatsanwalts" innerhalb der kanonischen Rechtsordnung und der obligatorische Charakter seines Einschreitens in Fällen der Ehenichtigkeit ergibt. Dabei wird Bezug genommen auf das, was in den cc. 1430 und 1431 sowie den Artt. 53 und 57 von *Dignitas connubii* vorgeschrieben ist.

---

3   Der Vollständigkeit halber sei an dieser Stelle daran erinnert, dass Msgr. Gian Paolo MONTINI ebenso das Amt des Kirchenanwalts am Kassationsgerichtshof des Vatikanstaates von 1998 bis 2019 ausübte.

4   Es wird genau auf die Rolle Bezug genommen, welcher innerhalb der kanonischen Rechtsordnung der Billigkeit (*aequitas*) zukommt, die vom berühmten Kirchenrechtler Heinrich VON SEGUSIO, bekannt als Kardinal OSTIENSIS, bezeichnet wurde als „*iustitia dulcore misericordiae temperata*" (vgl. HENRICUS DE SEGUSIO CARDINALIS HOSTIENSIS, *Aurea Summa*. Coloniae 1612, col. 1666, Liber V, Titulus *De dispensationibus*).

Die Vielschichtigkeit der Funktionen des Kirchenanwalts wird auch durch die historische Entwicklung seines Amtes bestätigt: Die ursprüngliche Pluralität der Amtsbezeichnungen (*procurator curiae ad excessus corrigendos, procurator, promotor excessum, procurator fiscalis*) geht einher mit der anfänglichen Rolle des Inquisitors und den darauffolgenden Funktionen des Vorantreibens von:

„*cause disciplinari e criminali dei chierici, e la tutela dell'osservanza della legge nello svolgimento dei processi*"[5].

Diesbezüglich sind in der Lehre einige Fixpunkte deutlich ausgemacht worden, die sich in der historischen Rekonstruktion rund um die Figur des Kirchenanwalts wiederfinden. Der erste von ihnen:

„*sta nel fatto che la figura di un organo stabile pro legis tutela nasce nell'ambito della procedura inquisitoria [...] In secondo luogo si deve notare l'assoluta diversificazione temporale e territoriale del suo sviluppo. Se ci riferiamo alla curia [...] romana, in essa si notano tre ufficiali (procuratore del fisco, avvocato del fisco, avvocato dei poveri) dalle competenze non nettamente distinte [...] In terzo luogo si dovrà far attenzione a non trasporre con troppa facilità concetti giuridico-istituzionali propri della dogmatica processuale contemporanea a epoche storiche piuttosto lontane [...] Ciò vale per il fin troppo facile accostamento del promotore di giustizia al pubblico ministero, delle funzioni dell'uno e dell'altro*"[6].

Aus regulatorischer Sicht und im Lichte dessen, was der aktuelle Kodex des kanonischen Rechts vorsieht, ist das erwähnenswert, was man in äußerster Zusammenfassung als die aktuelle „funktionale Zweiteilung" des Amtes des Kirchenanwalts definieren kann.

Insbesondere nach den Bestimmungen des c. 1721 tritt in Strafsachen die Figur des Kirchenanwalts als echter und eigentlicher Mitarbeiter des Gerichts hervor, der für die Einleitung und Ausübung der Strafklage verantwortlich ist.

Wenn es sich hingegen um Streitsachen handelt, in denen eine konkrete Wahrscheinlichkeit einer Gefährdung des Gemeinwohls besteht, zeigt sich die Tätigkeit des Kirchenanwalts durch die Klage (denken Sie an die Bestimmungen des c. 1674) oder die Ausarbeitung eines Gutachtens oder einer Stellungnahme *pro rei veritate* über die Auslegung und Anwendung von Verfahrensnormen mit dem Gegenstand des Gemeinwohls.

---

5   RAMOS, F. J. / MORAL CARVAJAL, D., Diritto processuale canonico, Vol., Parte statica. Roma 2017, 318.

6   MIELE, M., Il promotore di giustizia nelle cause di nullità del matrimonio: Gherro, S. (Hrsg.), Studi sul processo matrimoniale canonico. Padova 1991, 145-146.

2. „BÜRGERLICHE WIRKUNGEN" DER NICHTIGKEIT VON KONKORDATSEHEN UND FUNKTIONEN DES KIRCHENANWALTS DES HÖCHSTGERICHTS DER APOSTOLISCHEN SIGNATUR

Bei der Betrachtung des Amtes des Kirchenanwalts innerhalb des Höchstgerichts der Apostolischen Signatur kann im Rahmen des Konkordats in Bezug auf die Erteilung des Vollstreckbarkeitsdekrets zum Zwecke der Anerkennung kirchlicher Ehenichtigkeitsurteile vorab festgestellt werden, dass die Ausdehnung des Wirkungsbereichs des Kirchenanwalts, auf den wir uns später konzentrieren werden, dreifach ist. Zunächst lässt sich erkennen, dass es einen besonders vorantreibenden Charakter hat, der mit der Aufsichtstätigkeit über die ordnungsgemäße Rechtspflege in der Kirche verbunden und darauf ausgerichtet ist, welche der Apostolischen Signatur[7] obliegt, wenn es darum geht, das auf den Erlass/die Gewährung des Vollstreckbarkeitsdekrets gerichtete Verfahren im Bereich der sogenannten bürgerlichen Wirkungen durchzuführen[8].

Die Tätigkeit des Kirchenanwalts kommt im Bereich der zivilrechtlichen Anerkennung kanonischer Ehenichtigkeitsurteile weiter in der Aufforderung – von Seiten des Staatssekretariats – zur Ausarbeitung konsultativer Stellungnahmen bei Vorliegen kontroverser Fragen technisch-rechtlicher Art über die *res mixta* der Konkordatsehe zum Ausdruck.

Drittens lässt sich die Tätigkeit des Inhabers des Amtes des Kirchenanwalts der Apostolischen Signatur in ihrer tatsächlichen Auswirkung auf die Inhalte der Gerichtspraxis zusammenfassen, welche die Arbeit des obersten Organs der Gerichtsbarkeit des Heiligen Stuhls in Fragen der Auslegung und Definition der gegebenen oder fehlenden Übereinstimmung mit dem Konkordat bei Ehesachen charakterisiert, für deren kanonischer Nichtigkeit von den Parteien die Anerkennung in Italien beantragt wird.

Gleichzeitig erscheint für die Zwecke dieser Studie der Regelungsrahmen innerhalb der Apostolischen Signatur sowie des Konkordats interessant, der sich auf

---

7   Vgl. MAMBERTI, D., Le molteplici competenze del Supremo Tribunale della Segnatura Apostolica in favore della giustizia nella Chiesa: Franceschi, H. / Ortiz, M. A. (Hrsg.), Ius et Matrimonium III. Temi di diritto matrimoniale e processuale canonico. Roma 2020, 15-23.

8   In Bezug auf die begriffliche Unterscheidung zwischen „Aufsicht" und „Kontrolle" der Apostolischen Signatur in Hinblick auf die korrekte kirchliche Rechtspflege im Fall der Gewährung ihres Vollstreckungsdekrets sei es mir erlaubt, zur Vertiefung auf die Überlegungen zu verweisen, welche sich finden in GIARNIERI, E., Matrimonio e decreto di esecutività della Segnatura Apostolica. Coordinate ermeneutiche per una lettura interordinamentale. Bari 2024, 81-84.

das Thema des *decretum exsecutivitatis in ordine ad effectus civiles obtinendos* und den Beitrag des Kirchenanwalts bezieht.

In diesem Zusammenhang ist zu bedenken, dass die normativen Quellen, die das von der Apostolischen Signatur erteilte Vollstreckbarkeitsdekret regeln, von Art. 8 Nr. 2 der Vereinbarung zur Änderung des Konkordats von 1929 und von der *Lex propria Supremi Tribunalis Signaturae Apostolicae*, die von BENEDIKT XVI. mit dem Motu proprio am 21.06.2008 erlassen und von Papst FRANZISKUS am 02.03.2024 mit den *Litterae Apostolicae motu proprio datae Munus Tribunalis*, insbesondere Kapitel VI mit den Artikeln 119-121 gebildet werden.

Aus der ersten der beiden zitierten Quellen kann keine ausdrückliche Erwähnung der Figur des Kirchenanwalts entnommen werden, sondern lediglich der entsprechende Hinweis auf die ausschließliche Zuständigkeit des „höheren kirchlichen Kontrollorgans" hinsichtlich der Bestätigung der sogenannten „Vollstreckbarkeit" des kanonischen Urteils,[9] während die entsprechenden Bestimmungen der *Lex propria* ausdrücklich die spezielle Funktion des Kirchenanwalts der Apostolischen Signatur sowohl im Rahmen des Verwaltungsverfahrens zur Erteilung des Vollstreckbarkeitsdekrets als auch im Rahmen der besonderen Hypothesen des Widerrufs oder der Aussetzung letzterer abgrenzen.

In jedem Fall muss bedacht werden, dass das Amt des Kirchenanwalts der Apostolischen Signatur, abgesehen von den soeben berichteten Quellen, durch Art. 7 der *Lex propria* bestimmte werden, kraft dessen:

„§ 1. *Promotor iustitiae, quem saltem duo Substituti adiuvant, intervenit in causis et quaestionibus rectam administrationem iustitiae spectantibus.*

§ 2. *In causis iudicialibus et contentiosis administrativis dimicat super partes pro iustitia et veritate; in causis vero poenalibus et disciplinaribus, mandante Praefecto, promovet actionem.* § 3. *Vices Secretarii impediti vel absentis agit.* § 4. *A munere cessat septuagesimo quinto aetatis expleto anno.*"

---

9   Es empfiehlt sich an dieser Stelle in Hinblick auf das Anerkennungsverfahren, die Unterscheidung zwischen der Vollstreckung des kirchlichen Urteils und seiner Vollstreckbarkeit in Erinnerung zu rufen. Denn es wurde bemerkt, dass die Vollstreckung eine Einrichtung ist „destinato a fare da ponte o mediazione tra il piano giuridico o giudiziale e il piano reale" (MONTINI, G. P., De iudicio contentioso ordinario. De processibus matrimonialibus. Roma 2009, 543), während die Vollstreckbarkeit genau genommen eine Möglichkeit aufzeigt, die vorläufige kirchliche Rechtskraft zu erlangen, um die eigenen Wirkungen in eine andere Rechtsordnung einzufügen.

In Bezug auf die unterschiedliche Funktion des Vollstreckungsdekrets eines kirchlichen Urteils einerseits und des Dekrets der Vollstreckbarkeit der Apostolischen Signatur andererseits siehe GIARNIERI, E., Il decreto di esecutività della Segnatura Apostolica tra la ,doppia conforme' e la riforma del processo matrimoniale canonico: Archivio giuridico online 1 (2022/1) 315-320.

3. DER KIRCHENANWALT UND DIE AUFSICHT ÜBER DIE RECHTSPFLEGE IN DER KIRCHE IM LICHT DER VORGANGSWEISE BEI DER ENTSTEHUNG UND GEWÄHRUNG DES VOLLSTRECKBARKEITSDEKRETS DER APOSTOLISCHEN SIGNATUR

In Bezug auf die erste der oben genannten Funktionen, welche der Kirchenanwalt bei der Apostolischen Signatur innehat, muss an Art. 35 der *Lex Propria* erinnert werden, in welcher die allgemeine Aufgabe der Aufsicht des Organs der Gerichtsbarkeit *de quo* in Hinblick auf die ordnungsgemäße Rechtspflege in der kanonischen Rechtsordnung normativ konkretisiert wird.

In diesem Zusammenhang ist auch die herausragende und spezifische „konkordatäre Funktion" der Signatur zu sehen, die, wie bereits erwähnt, in der Bescheinigung der Vollstreckbarkeit des kanonischen Urteils besteht.

Mit anderen Worten bedeutet dies, dass einerseits die Kontrolle über die Einhaltung einiger Grundprinzipien des kanonischen Verfahrens dem zuständigen zivilen Berufungsgericht bei der Anerkennung übertragen wird.

Andererseits und in Ermangelung einer strengen konkordatären Verpflichtung hinsichtlich der Bescheinigung der Rechtmäßigkeit des kanonischen Verfahrens durch die Apostolische Signatur bleibt eine Art ungeschriebene Verpflichtung des „höheren kirchlichen Kontrollorgans" bestehen, die Eignung kanonischer Urteile für die Zwecke ihrer Anerkennung im zivilrechtlichen Bereich unter dem Gesichtspunkt der Verfahrensgarantien sicherzustellen. Aus diesem Grund hat die Signatur auf Veranlassung des Kirchenanwalts ein Rundschreiben herausgegeben, in dem darauf hingewiesen wird, dass sie:

> „*interverrà, con tutti gli strumenti consentiti dalla sua natura di Tribunale Supremo, cui è affidata la sorveglianza sulla retta amministrazione della giustizia nella Chiesa (cf. art. 124, 1°, Cost Ap.* Pastor bonus*), in caso di eventuali abusi di cui giunga a conoscenza, al fine di riparare, per quanto è possibile, provate violazioni dei diritti delle parti in causa*"[10].

Um ein umfassendes Bild der tatsächlichen Achtung dieser Rechte zu erhalten, stellt der Kirchenanwalt der Apostolischen Signatur die Vollstreckbarkeit des Urteils durch eine formelle Überprüfung der Rechtmäßigkeit des Verfahrens zur Erteilung der Ehenichtigkeitsentscheidung sicher.

Auf diese Weise übt das Höchstgericht seine eigene allgemeine Funktion von Art. 35 *Lex propria* aus. Diese Funktion kommt in der Tat in der Initiative der Organisation und Koordination des Kirchenanwalts bei der Übermittlung präzi-

---

10   Lettera Circolare su talune questioni riguardanti la tutela del diritto di difesa nel processo di nullità del matrimonio, 08.10.2003: IusEccl 15 (2003) 869.

ser Anzeigen, Mahnungen und Hinweise an die mit den einzelnen Fällen befassten kirchlichen Gerichte über Fehler und materielle Versäumnisse zum Ausdruck, die bei der Ausübung ihrer gerichtlichen Funktion aufgetreten sind.

Man denke beispielsweise an die verschiedenen Arten von Feststellungen, welche die Signatur aufgrund eines knappen und begründeten Gutachtens des Kirchenanwalts zur Berichtigung der falschen Angabe des Datums der Ausstellung eines Gerichtsurteils[11] oder der Trauung[12] oder des Namens der Pfarrei,[13] in der die Ehe geschlossen wurde, oder des Geburtsdatums der Ehegatten[14] sowie des Nachnamens einer oder beider Parteien,[15] wie sie im Anfangsteil oder im Text der Entscheidung von Seiten der Organe der Gerichtsbarkeit ausgedrückt werden, an die oben genannten Stellen übermittelt.

Es gibt auch Fälle, in denen der Kirchenanwalt Maßnahmen ergreift, indem er Mahnungen zur Klärung der Gründe für die Zuständigkeit eines Gerichts zur Behandlung einer Nichtigkeitssache[16] oder der Gründe für die Diskrepanz bei der Angabe des Taufnamens einer Partei zwischen dem, was in der jeweiligen kanonischen Trauungsurkunde und dem, was in dessen zusammenfassendem Auszug enthalten ist, abgibt[17].

Weiter wird die Rolle des Kirchenanwalts für die ordnungsgemäße Rechtspflege in den Gerichten der Kirche konkret durch die unverzügliche Aufforderung – an die einzelnen Organe der kirchlichen Gerichtsbarkeit – zur Übermittlung fehlender, aber für die Gewährung des Vollstreckbarkeitsdekrets unbedingt erforderlicher Dokumente zum Ausdruck gebracht[18].

Ähnlich verhält es sich mit den Interventionen des Kirchenanwalts im Falle der fehlerhaften Übermittlung einer Heiratsurkunde anstelle des angeforderten zusammenfassenden Auszugs oder bei fehlender Angabe des Datums des Erlasses des Dekrets über den Aktenschluss im Text des kanonischen Nichtigkeits-Urteils[19] oder der falschen Identifizierung der Parteien des kanonischen Prozes-

---

11 Vgl. Prot. Nr. 43498/10 EC. La sigla ‚EC' sta per ‚Effetti Civili'.

12 Vgl. Prot. Nr. 43526/10 EC.

13 Vgl. Prot. Nr. 42768/09 EC; 43042/09 EC.

14 Vgl. Prot. Nr. 43512/10 EC; 43545/10 EC.

15 Vgl. Prot. Nr. 43221/09 EC; 43329/09 EC.

16 Vgl. Prot. Nr. 41642/08 EC; 42907/09 EC; 42944/09 EC.

17 Vgl. Prot. Nr. 41565/08 EC; 41803/08 EC; 42697/09 EC.

18 Vgl. Prot. Nr. 43062/09 EC.

19 Vgl. Prot. Nr. 43500/10 EC.

ses[20] oder darüber hinaus bei der Übermittlung eines Urteils, bei dem einige Seiten fehlen an das Höchstgericht der Apostolischen Signatur[21].

Zusätzlich zu den oben genannten Fällen erfolgt die Intervention des Kirchenanwalts der Signatur, wenn während des Verfahrens zur Erteilung des Vollstreckbarkeitsdekrets einige kritische Fragen auftauchen, die bei der Entscheidung über des Erlass des genannten Dekrets stärker berücksichtigt werden müssen.

Genau im Art. 119 § 2 der *Lex propria* der Signatur heißt es in diesem Zusammenhang: „*Si ad rem dubium oriatur*", muss ein komplexes Verfahren befolgt werden, das unter anderem die Verpflichtung des Kirchenanwalts zu einer vorausgehenden Stellungnahme vorsieht, um die fristgerechte Erteilung des Vollstreckbarkeitsdekrets sicherzustellen.

Auch in den seltenen Fällen, in denen die Aussetzung und/oder der Widerruf des oben genannten Dekrets bei Vorliegen eines schwerwiegenden Grundes erfolgt, ist – gemäß Art. 120 § 2 der *Lex propria* – die Stellungnahme des Kirchenanwalts, der dem Präfekten der Signatur seinen eigenen Standpunkt zur Verfahrensangelegenheit darlegt, zusätzlich zu den erforderlichen Stellungnahmen des Sekretärs und des Bandverteidigers des Obersten Organs der Gerichtsbarkeit des Heiligen Stuhls vorgeschrieben.

4. DIE BERATENDE TÄTIGKEIT DES KIRCHENANWALTS IM BEREICH DER KONKORDATSEHE UND UNTER DEM ASPEKT „GESUNDEN KOOPERATION" ZWISCHEN KIRCHE UND STAAT

Von äußerst großem Interesse ist die zweite Reihe von Aufgaben des Kirchenanwalts der Apostolischen Signatur, die sich in seiner beratenden Funktion zu den Problemen zusammenfassen lässt, welche den Bereich des konkordatären Eherechts kennzeichnen, mit dem Ziel, die sogenannte *sana cooperatio* zwischen dem Heiligen Stuhl und Italien zu fördern[22].

Insbesondere soll hier auf die Rolle verwiesen werden, die der Kirchenanwalt in Bezug auf die Leitlinien der Rechtsprechung des Kassationsgerichtshofs hinsichtlich der Grenzen des *ordre public*, welche die Anerkennung kirchlicher Urteile zur Ehenichtigkeit in der italienischen Rechtsordnung behindern, gespielt hat und immer noch spielt.

Aus der gerichtlichen Praxis des Höchstgerichts der Apostolischen Signatur in den unzähligen Fallkonstellationen bei der Erteilung des Vollstreckbarkeits-

---

20   Vgl. Prot. Nr. 43471/10 EC.

21   Vgl. Prot. Nr. 43462/10 EC.

22   DALLA TORRE, G., Lezioni di diritto ecclesiastico. Torino 2019, 59.

dekrets geht die „konkordatäre Zweckbestimmung" dieses Dekrets deutlicher hervor.

Zum Zeitpunkt der heiklen Konfrontation zwischen dem Staat und der katholischen Kirche über den Inhalt einer *res mixta* wie der konkordatären Ehe erweist sich die Tätigkeit des Kirchenanwalts der Signatur bei der Vorbereitung von Gutachten mit beratendem Charakter – die an die zuständigen Stellen der Zweiten Sektion des Staatssekretariats übermittelt werden –als wertvolles und unersetzliches schriftliches Erbe des direkten Schutzes der legitimen Rechte und Gerechtigkeitserwartungen der Gläubigen und gleichzeitig als formeller Akt des Respekts aus verständlichen Gründen – seitens des Staates – des Schutzes und der Bekräftigung seiner Zuständigkeit.

Daher ist der Verweis – *ex plurimis* – auf die Arbeit, die der Kirchenanwalt der Signatur in Bezug auf den Inhalt des umstrittenen Urteils Nr. 1343 vom 20.01.2011 der Ersten Zivilsektion des Kassationsgerichtshofs leistete, nicht zu vernachlässigen, der die Anerkennung des kirchlichen Urteils der Nichtigerklärung einer langjährigen Ehe ablehnte. Diesbezüglich entschieden die Richter der Piazza Cavour:

„i giudici italiani non possono procedere alla delibazione in Italia della sentenza ecclesiastica di nullità del matrimonio concordatario quando la convivenza tra i coniugi si è protratta per lunghi anni o, comunque, per un periodo di tempo considerevole. Questo perché una volta che il rapporto matrimoniale prosegue nel tempo è contrario ai principi di ordine pubblico rimetterlo in discussione adducendo riserve mentali, o vizi del consenso, verificatisi nel momento delle nozze"[23].

In dieser Hinsicht wird der Standpunkt der Apostolischen Signatur im Brief vom 04.03.2011 deutlich, der an den damaligen Staatssekretär des Vatikans gerichtet und vom Kirchenanwalt verfasst wurde, und dessen Schlussfolgerungen:

„convergono nell'opportunità di un intervento di Codesta Segreteria di Stato considerato il rischio piuttosto grave di uno svuotamento unilaterale della normativa pattizia riguardante le dichiarazioni di efficacia nella Repubblica Italiana delle sentenze di nullità di matrimonio pronunciate dai tribunali ecclesiastici [...] La recente menzionata sentenza [...] sembra non tener conto della ,specificità dell'ordinamento canonico dal quale è regolato il vincolo matrimoniale, che in esso ha avuto origine' [...], pretendendo di subordinare il riconoscimento delle pronunce ecclesiastiche alla esistenza di condizioni

---

23   CORTE DI CASSAZIONE, Urteil v. 20.01. 2011, Nr. 1343: Guida al diritto 18 (2011/7) 70-73. Mit diesem Urteil nimmt der Kassationsgerichtshof die Beschwerde der Frau an, welche sich gegen den Antrag des Ex-Ehemanns stellte, der auf die Anerkennung der bürgerlichen Wirkungen für die durch das kirchliche Gericht in der Berufungsinstanz mit einem Dekret der Römischen Rota bestätigte Nichtigkeitserklärung ihrer Ehe, die zwanzig Jahre gedauert hatte, in Italien abzielte (vgl. Prot. Nr. 32998/01 EC).

estranee al diritto canonico ed assunte direttamente dalla ordinaria norma-
tiva civile italiana [...] L'intervento suggerito presso lo Stato italiano da
parte della Santa Sede [...] potrà avere l'effetto indiretto [...] di circoscrive-
re la portata di tale pronuncia che, nella sua testualità, lascia spazi inter-
pretativi ulteriori, ma soprattutto metterà al sicuro da ogni possibile ambi-
guità o fraintendimento l'intenzione che originariamente ha guidato le Parti
nella stipulazione della normativa pattizia"[24].

Ein weiterer und bedeutsamer Eingriff des Kirchenanwalts der Signatur in der
oben genannten komplexen Angelegenheit wurde in Bezug auf das Urteil der
Vereinigten Sektionen des Kassationsgerichts vom 17.07.2014, Nr. 16379, vorgenommen, wonach:

„*La convivenza coniugale che si sia protratta per almeno tre anni dalla data*
di celebrazione del matrimonio concordatario crea una situazione giuridica
disciplinata da norme costituzionali, convenzionali e ordinarie di ordine
pubblico italiano, che sono fonti di diritti inviolabili, di doveri inderogabili,
di responsabilità, anche genitoriali, e di aspettative legittime tra i compo-
nenti della famiglia. Pertanto, non può essere dichiarata efficace nella
Repubblica Italiana la sentenza definitiva di nullità di matrimonio pronunci-
ata dal Tribunale ecclesiastico per qualsiasi vizio genetico accertato e di-
chiarato dal giudice ecclesiastico per contrarietà all'ordine pubblico interno
italiano. La relativa eccezione deve però essere sollevata dalla parte nel giu-
dizio di delibazione a pena di decadenza"[25].

Bei dieser Gelegenheit brachte das Höchstgericht der Apostolischen Signatur
mit einem Schreiben vom 03.09.2014 an den Assessor des Staatssekretariats im
Wesentlichen den Inhalt des Votums des Kirchenanwalts zum Ausdruck und
hoffte darauf, dass die:

„*costituzione di un ristretto gruppo di studio che valuti attentamente il pro-*
nunciamento in oggetto per suggerire una linea di reazione, che potrebbe
giungere a comprendere la richiesta di rinegoziazione con lo Stato italiano
del punto dell'Accordo concordatario recentemente pregiudicato dalla Corte
di Cassazione italiana"[26].

24　Vgl. Prot. Nr. 45109/11 VAR. Die Abkürzung „VAR" gibt zusammenfassend den Sek-
　　tor „Varie" innerhalb der Apostolischen Signatur an.

25　CORTE DI CASSAZIONE, Urteil vom 17.07.2014, Nr. 16379: *Foro italiano* 138 (2015/2)
　　588-590.

26　Vgl. Prot. Nr. 49512/14 VAR.

5. DER BEITRAG DES KIRCHENANWALTS ZUR ENTWICKLUNG DER PRAXIS DER APOSTOLISCHEN SIGNATUR IM BEREICH DER VOLLSTRECKBARKEITSDEKRETE VON NICHT KONKORDATÄR GESCHLOSSENEN EHEN

Der Beitrag des Kirchenanwalts zur Entwicklung der Gerichtspraxis des Höchstgerichts der Apostolischen Signatur im Hinblick auf die Gewährung oder Ablehnung des Vollstreckbarkeitsdekrets bei Vorliegen von Anträgen im Zusammenhang mit nicht konkordatär geschlossenen Ehen erweist sich als von erheblicher Bedeutung.

Die zahlreichsten Fälle betrafen Ehen, die innerhalb der Grenzen des Staates Vatikanstadt von italienischen Staatsbürgern geschlossen wurden.

Einerseits gab es die anfängliche negative Ausrichtung, die der Kirchenanwalt vorschlug und die sich die Apostolische Signatur folglich mit der Verweigerung der Erteilung des Vollstreckbarkeitsdekrets zu eigen machte. Dabei wird – wie sich aus den vom Kirchenanwalt erstellten Gutachten hervorgeht – davon ausgegangen, dass die Bestimmungen des Konkordats auf den dargestellten Fall nicht anwendbar sind und dass die Anwendbarkeit des Regelungssystems des internationalen Privatrechts für die antragstellende Partei aufgeschoben wird.

Wenn wir nun in das Detail gehen, so hielt es der Kirchenanwalt für pflichtgemäß:

„far presente che, visti l'art. 1 lett. a) della L. 7.6.1929, n. II, ,Legge sulle fonti del diritto nello Stato della Città del Vaticano' [...], l'art. 8 nn. 1-2 dell',Accordo di modificazione del Concordato Lateranense' del 18 febbraio 1984, non possono essere applicate, nel caso, le norme di cui al citato ,Accordo'. Pertanto, il matrimonio in questione a tutti gli effetti deve considerarsi un matrimonio civile e non un matrimonio ,concordatario'"[27].

Der Kurswechsel ist seit 2005 zu beobachten und der vom Kirchenanwalt ausgehende Impuls in diese Richtung war entscheidend. Tatsächlich wurde das beantragte Vollstreckbarkeitsdekret auf der Grundlage der folgenden praktischen Bemerkungen des Kirchenanwalts erteilt:

„dall'estratto per riassunto del Registro degli atti di matrimonio risulta che il matrimonio [...] è stato trascritto, o più correttamente, registrato nella ,parte 2, serie C' del medesimo Registro, in quanto cioè matrimonio contratto all'estero: è stato infatti celebrato nella basilica di S. Pietro [...]. Si può pertanto discettare se questo matrimonio sia concordatario. Secondo il decreto di conferma esso è senz'altro concordatario"[28].

---

27 Prot. Nr. 32299/01 EC e 39927/07 EC.

28 Prot. Nr. 37267/05 EC.

Die Offenheit für die Erteilung des Vollstreckbarkeitsdekrets in ähnlichen Fällen wurde vom Kirchenanwalt unter entsprechender Berücksichtigung sowohl der besonderen Tatsache der Universalität und Personalität der kanonischen Rechtsordnung als auch der Möglichkeit, soweit als möglich und konkret die Erwartungen einer materiellen Gerechtigkeit den einzelnen Gläubigen gegenüber zu erfüllen.

Daher muss die Praxis der Signatur, die darauf abzielt, ein Vollstreckbarkeitsdekret zu erlassen, das im Wesentlichen keinen Bezug zur „konkordatären Klausel" des Art. 8 Nr. 2 des Villa-Madama-Abkommens von 1984 zwischen dem Heiligen Stuhl und Italien hat, aus dieser grundlegenden Perspektive verstanden werden. Mit dieser Vorgangsweise zeigt das oben genannte Dokument die verfahrenstechnische Flexibilität, die dem Obersten Organ der Gerichtsbarkeit der katholischen Kirche im Namen der Verwirklichung des Endziels der kanonischen Rechtsordnung innewohnt, die im Seelenheil besteht.

Die Ergebnisse der analysierten Entwicklung der von der Apostolischen Signatur verfolgten Praxis haben auch die Fälle der in anderen Staaten wie England,[29] Indien,[30] Rumänien,[31]und der Republik San Marino[32] kirchlich geschlossenen Ehen geprägt, für deren Nichtigerklärung das Vollstreckbarkeitsdekret zur Anerkennung zivilrechtlicher Wirkungen in Italien[33] beantragt wurde.

6. ABSCHLIESSENDE ANMERKUNGEN

Wenn wir die Fäden der bisher durchgeführten Überlegungen zusammenführen, so kann man abschließend eine Vielfalt von funktionellen Facetten der Tätigkeit des Kirchenanwalts im Bereich des Konkordats feststellen, in dem die Tätigkeit des Höchsten Gerichtshofs der Apostolischen Signatur erfolgt, und zwar durch die Erteilung eines Vollstreckbarkeitsdekrets kirchlicher Ehenichtigkeitsurteile im Sinne von Art. 8 Nr. 2 des Abkommens von 1984 zur Änderung des Konkordats zwischen dem Heiligen Stuhl und der Italienischen Republik.

Es besteht kein Zweifel, dass es zwei symmetrische Seiten gibt, welche die Arbeit des Kirchenanwalts in diesem Bereich charakterisieren.

---

29   Vgl. Prot. Nr. 27850/97 EC.

30   Vgl. Prot. Nr. 41899/08 EC.

31   Vgl. Prot. Nr. 43965/10 EC.

32   Vgl. Prot. Nr. 35566/04 EC, 36092/04 EC, 37027/05 EC, 39941/07 EC, 41589/08 EC, 43307/09 EC, 44587/10 EC, 44790/10 EC.

33   Zur Vertiefung in Bezug auf die Erfahrung mit den genannten Staaten, erlaube ich mir, auf das zu verweisen, was geschrieben steht in GIARNIERI, E., Matrimoni non concordatari e decreto di esecutività dall'osservatorio del Supremo Tribunale della Segnatura Apostolica: Il diritto di famiglia e delle persone 51 (2022/2) 885-897.

Auf der einen Seite gibt es die direkte Durchführung – im Amt des Kirchenanwalts – der ordnungsgemäßen Aufsicht über die Rechtspflege durch die kirchlichen Gerichte und die Römische Rota, insofern sie im Verwaltungsverfahren innerhalb der Signatur von großem Interesse ist und auf die Erteilung / Gewährung des Vollstreckbarkeitsdekrets abzielt.

Andererseits gibt es den treibenden und aufwertenden Charakter der im Konkordat vorgesehenen Verpflichtung – *ex latere Sanctae Sedis* – des Kirchenanwalts im Bereich der Erlangung bürgerlicher Wirkungen der Nichtigkeitserklärung registrierter kanonischer Ehe.

Die Entwicklung und Redaktion durchdachter Rechtsgutachten mit dem Ziel, die kritischen Fragen der konkordatären Gesetzgebung in der sich verändernden Realität von Ehe und Familie zu erfassen, Interventionen beratender Art unter Beachtung der Vorschriften der „Internen Verfassung" der Apostolischen Signatur bei Vorliegen besonders komplexer und von den gewöhnlichen Fällen abweichender Sachverhalte bei der Vorbereitung des Vollstreckbarkeitsdekrets sowie die Ausübung von Disziplinar- und Kontrollbefugnissen hinsichtlich der korrekten Durchführung der kanonischen Ehenichtigkeitsverfahren, repräsentieren in extremer Synthese die – ich würde sagen „dynamischen" – Grundlagen des alten und edlen Amtes des Kirchenanwalts im Mikrokosmos der Konkordatsehe unter dem Gesichtspunkt ihrer pathologischen Phase der kanonischen Nichtigkeit und der Einfügung der Auswirkungen letzterer in die staatliche Rechtsordnung.

Dabei handelt es sich um solide Grundlagen, die – im Fall des Bereichs der „bürgerlichen Wirkungen" – auf der juristischen Erfahrung beruhen, welche im Laufe der Zeit von der Rechtsprechung und Praxis der Signatur entwickelt wurden, und die – dank der stillen und sorgfältigen Arbeit des Kirchenanwalts – noch aufmerksamer für die wesentliche Achtung der Grundrechte der *cives-fideles* bei der Anerkennung der unverzichtbaren Grundsätze des streitigen Verfahrens sowohl in kanonischen als auch in zivilen Gerichtssälen sind, welche innerhalb der Koordinaten eines Prozesses interpretiert werden, der von Billigkeit inspiriert ist und die berechtigten Erwartungen eines ganzheitlichen Schutzes der menschlichen Person in den Vordergrund stellt.

* * *

ABSTRACTS

Dt.: Die vorliegende Studie betrifft das Amt des Kirchenanwalts am Höchstgericht der Apostolischen Signatur bezüglich der Erteilung des Vollstreckbarkeitsdekrets für kirchliche Ehenichtigkeitsurteile im Licht des Konkordats. In diesem Zusammenhang werden die Merkmale des vielfältigen Amtes des Kirchenanwalts innerhalb der kirchlichen Rechtsordnung sowie das Ausmaß der Einbeziehung des vom Kirchenanwalt selbst ausgeübten gerichtlichen und beratenden Tätigkeit sowohl bei der Aufsicht über die Rechtspflege in der Kirche als auch im Hinblick auf das Verfahren zur Entstehung und zum Erlass des oben genannten Vollstreckbarkeitsdekrets der Signatur in Bezug auf Konkordatsehen und nicht konkordatäre Ehen untersucht.

Ital.: La trattazione in oggetto riguarda l'ufficio del Promotore di giustizia del Supremo Tribunale della Segnatura Apostolica nell'ottica concordataria della concessione del decreto di esecutività delle sentenze ecclesiastiche di nullità matrimoniale. In proposito vengono esaminate le caratteristiche del multiforme ufficio del Promotore in seno all'ordinamento canonico nonché il grado d'incidenza dell'attività giudiziaria e consultiva svolte dallo stesso Promotore sia nella vigilanza sull'amministrazione della giustizia nella Chiesa sia alla luce del procedimento di formazione ed emanazione del riferito decreto di esecutività della Segnatura in riferimento a matrimoni concordatari e non concordatari.

Engl.: The discussion in question concerns the office of the Promoter of Justice of the Supreme Tribunal of the Apostolic Signatura in view of the concordat of granting the decree authorizing the execution of ecclesiastical sentences of matrimonial nullity. In this regard, the characteristics of the multifaceted office of the Promoter within the canonical system are examined as well as the degree of incidence of the judicial and consultative activity carried out by the Promoter himself both in the vigilance over the administration of justice in the Church and in light of the process of forming and issuing the aforementioned decree of the Signatura in reference to concordat and non-concordat marriages.

BEEINFLUSSUNG DER PARTNERWAHL DURCH EINNAHME ORALER KONTRAZEPTIVA?

von Cäcilia Giebermann

In klinischen Studien geht es, seit orale Kontrazeptiva für einen großen Teil der Bevölkerung erhältlich sind,[1] immer wieder um die Frage, inwieweit diese Medikamente, die in den weiblichen Zyklus eingreifen, die Partnerwahl beeinflussen. Im katholischen Eherecht wurde diese Frage nach Literaturkenntnis der Verfasserin noch nicht diskutiert.

Zunächst ist in vereinfachter Weise der naturgemäße Ablauf des weiblichen Zyklus darzulegen:

Er beginnt mit dem ersten Tag der Menstruation. Einige Tage später folgt die Follikelphase: Das FSH (Follikelstimulierende Hormon) bewirkt, dass eine Eizelle[2] und die sie umgebende Schutzhülle, der Follikel, heranwachsen. In dieser Phase steigt ebenfalls das Östrogen. Wenn ein Follikel groß genug ist, um in die Ovulation überzugehen, wird diese durch das LH (Luteinisierende Hormon) ausgelöst.

Bei der Ovulation wird nur die Eizelle aus dem Eierstock ausgestoßen, sie wartet nun im Eileiter auf Befruchtung. Der Follikel verbleibt jedoch im Eierstock und verwandelt sich in das *Corpus luteum*, welches der Phase nach der Ovulation den Namen gibt: Lutealphase. Das *Corpus luteum* beginnt, Progesteron (das Hormon zum Aufbau und Erhalt einer *gestatio*) zu produzieren.

---

1 In Deutschland wurde ein orales Kontrazeptivum, „Anovlar", erstmals 1961 zugelassen. Vorgesehen war nur eine Verschreibung für verheiratete Frauen mit Menstruationsstörungen. Die empfängnisverhütende Wirkung wurde lediglich als Nebenwirkung aufgeführt. Seit Ende der 60er Jahre verschreiben Gynäkologen orale Kontrazeptiva gezielt und regelmäßig zur Empfängnisverhütung. Nicht übersehen werden sollte, dass die Präparate zum Teil weiterhin zur Behandlung von Menstruationsstörungen und Endometriose eingesetzt werden – dann teilweise mit dem Ziel, die grundsätzliche Gebärfähigkeit zu erhalten. Daneben werden orale Kontrazeptiva auch zur Behandlung hormonell bedingter Akne verschrieben.

2 Zunächst wachsen mehrere Eizellen heran, aber in der Regel wird nur eine groß genug, um in die Ovulation überzugehen. Gelingt dies zwei Eizellen, so entstehen zweieiige Zwillinge.

Wenn die Eizelle im Eileiter befruchtet wird, wächst und produziert das *Corpus luteum* weiter. Das Progesteron steigt bis zum Ende der Schwangerschaft an, die Produktion wird ab der zehnten Gestationswoche von der Plazenta übernommen.

Wenn die Eizelle nicht befruchtet wird, bildet sich das *Corpus luteum* ungefähr am zwölften Tag nach der Ovulation zurück. Es produziert kein Progesteron mehr, was dem Körper signalisiert, dass keine Schwangerschaft eingetreten ist. Die Schleimhaut der Gebärmutter, die sich für die erwartete befruchtete Eizelle aufgebaut hatte, wird ausgestoßen und es kommt wieder zur Menstruation.

Orale Kontrazeptiva greifen in diesen Zyklus ein[3]. Sie enthalten – teils ausschließlich, teils in Kombination – als Wirkstoff ein Gestagen, also ein dem Progesteron nachgebildetes Hormon. Sie hemmen im Hypothalamus die Freisetzung des Gonadotropin Releasing Hormons, welches in der Hypophyse die Freisetzung von LH und FSH bewirkt. Durch diese Hemmung werden also weniger LH und FSH ausgeschüttet, so dass es nicht zum regulären Hormonstatus der Follikelphase und zu keiner Ovulation kommt. Vielmehr wird dem Körper mit der Zugabe von Gestagenen eine Schwangerschaft suggeriert.

Der Monatszyklus hat nicht nur Auswirkungen auf die primären und sekundären Geschlechtsmerkmale der Frau, sondern bedingt häufig seelische Schwankungen. Diese treten noch deutlich stärker in der Schwangerschaft auf, wenn im Verlauf der *gestatio* das Progesteron weiter ansteigt.

Eine dieser seelischen Veränderungen ist der sog. „Nestbautrieb": Mit zunehmendem Progesteron bereitet die Frau ihr Zuhause auf das Kind vor. Sie umgibt sich mit Menschen, von denen sie Hilfe bei der Versorgung ihres Kindes erwarten kann. Dabei wird die eigene Herkunftsfamilie wichtiger. Eine Schwangere sucht also unter dem Einfluss des stark erhöhten Progesterons die Nähe von Menschen, die ihr verwandt oder sonst genetisch ähnlich sind. Sie präferiert nun auch männliche Partner, von denen sie eine gute Versorgung erwarten kann.

Umgekehrt gilt als gesichert, dass Frauen während ihrer Ovulation Männer bevorzugen, die ihnen genetisch verschieden sind[4]. Damit erhöhen sie ihre Chance auf gesunden Nachwuchs[5].

---

3   Auch andere hormonbasierte Kontrazeptiva, etwa Implantate oder Pflaster, greifen in den Zyklus ein. Hier gibt es jedoch nicht genügend empirische Daten für die zu diskutierende Frage nach dem Einfluss auf die Partnerpräferenz.

4   Studien legen zudem nahe, dass Frauen während der Ovulation auf Männer begehrenswerter wirken als in der Lutealphase. Dies ist hier nicht zu vertiefen.

5   Die *ovulatory shift hypothesis* besagt, dass sich die Vorliebe von Frauen gegenüber Männern in der perovulatorischen Phase unterscheidet von jener zu anderen Zeitpunkten ihres Menstruationszyklus. Ging man zunächst davon aus, dass sie sich perovulatorisch generell männlicher wirkenden Partnern zuwenden, so präzisierten einige Studien diesen Unterschied mit Blick auf die genetische Unterscheidung. Vgl. GANGESTAD, S. W. / THORNHILL, R. / GARVER-APGAR, C. E., Women`s sexual interests across the

Während Frauen also zum Zeitpunkt der Ovulation Partner bevorzugen, die ihnen genetisch möglichst verschieden sind, sprechen viele Studien dafür, dass sie sich in der Lutealphase wie auch in der Schwangerschaft eher Partnern zuwenden, die ihnen genetisch ähneln.

Es ist zu fragen: Trifft das nur auf die natürliche Lutealphase und auf die Schwangerschaft zu oder auch auf den Zustand der Frau bei Einnahme oraler Kontrazeptiva?

Die klinischen Studien dazu zeigen insgesamt eine Signifikanz dieses Unterschiedes in der Partnerpräferenz[6].

Was das Attraktivitätsempfinden betrifft, gibt es zahlreiche Studien, die sich konkret mit der Bewertung der männlichen Stimme, des männlichen Geruchs[7]

---

ovulatory cycle depend on primary partner developmental instability: Proceedings. Biological sciences 272 (2005) 2023-2027; JONES, B. C. / DEBRUINE, L. M. / PERRETT, D. I. / LITTLE, A. C. / FEINBERG, D. R. / LAW SMITH, M. J., Effects of menstrual cycle phase on face preferences: Archives of Sexual Behavior 37 (2008) 78-84. Der Artikel kommt in seinem Abstract zu der Feststellung: „… there is compelling evidence that the function of the effects of menstrual cycle phase on preferences for apparent health and self-resemblance in faces is to increase the likelihood of successful pregnancy."

6   Etwa: ALVERGNE, A. / LUMMAA, V., Does the contraceptive pill alter mate choice in humans: Trends in Ecology & Evolution 25 (2010) 171-179; PIETROWSKI, D., Einfluss von HLA-Klasse-I-Übereinstimmungen und oralen Kontrazeptiva auf die Wahrnehmung von Körpergerüchen und die Partnerwahl. Dresden 2018.

7   Zur Geruchswahrnehmung hat ein Forscherteam um Claus WEDEKIND eine Studie zum Haupthistokompatibilitätskomplex (MHC) durchgeführt, welcher sowohl den Körpergeruch als auch die Wahrnehmung desselben beeinflusst. Männliche und weibliche Probanden wurden nach humanen Leukozytenantigenen (HLA, HLB und HLDR) eingeteilt, die für die Immunreaktion mit zuständig sind. Diese Antigene werden im klinischen Alltag bestimmt, um die Abwehrreaktion bei einer Organtransplantation gering zu halten. Nachdem die Probanden gemäß diesem Merkmal für genetisch ähnliche bzw. verschiedene Immunreaktion eingeteilt waren, trugen die männlichen Studienteilnehmer über einen definierten Zeitraum ein Kleidungsstück. Dieses wurde im Anschluss durch die weiblichen Teilnehmer olfaktorisch beurteilt. Sie bewerteten den Geruch der Textilien als angenehmer, wenn sie von MHC-verschiedenen Männern getragen worden waren. Dieses Ergebnis kehrte sich jedoch um, wenn die Probandin orale Kontrazeptiva einnahm. WEDEKIND, C. / SEEBECK, T. / BETTENS, F. / PAEPKE, A. J., MHC-dependent mate preferences in humans: Proceedings. Biological sciences 260 (1995) 245-249.

Eine ähnliche Studie führte ein Forscherteam um Craig ROBERTS durch, es kam im Jahr 2008 zu dem Ergebnis: „If odour plays a role in human mate choice, our results suggest that contraceptive pill use could disrupt disassortative mate preferences." ROBERTS, S. C. / GOSLING, L. M. / CARTER, V., PETRIE, M., MHC-correlated odour preferences in humans and the use of oral contraceptives: Proceedings. Biological sciences 275 (2008) 2715-2722. Einige Jahre später erklärte ROBERTS bereits entschiedener: „Hormonal variation over the menstrual cycle alters women`s preferences for phenotypic indicators of men`s genetic or parental quality. Hormonal contraceptives suppress these shifts, in-

oder Gesichtes[8] durch die Frau in Abhängigkeit von ihrem Hormonstatus befassen.

Wenn also durch Einnahme oraler Kontrazeptiva der Zyklus so beeinflusst wird, dass der Körper jene Hormonschwankungen, welche mit der Follikelphase und der Ovulation einhergehen, nicht durchlebt, so kann eine Frau daran gehindert sein, einen Partner zu wählen, mit dem sie – bei natürlich einsetzender Follikelphase und Ovulation – durch genetische Verschiedenheit eine große Chance auf gesunde Nachkommen hat.

Dieser evolutionsbiologische Aspekt ist dem katholischen Eherecht nicht fremd: Das Ehehindernis der Blutsverwandtschaft geht mindestens zum Teil auf die Erkenntnis zurück, dass genetisch sehr verschiedene Partner wahrscheinlich gesunde Kinder haben werden – und umgekehrt[9].

Ein Blickpunkt, der seit Jahrhunderten für ein Ehehindernis relevant ist, müsste nun, nachdem seit ungefähr 60 Jahren orale Kontrazeptiva zur Empfängnisverhütung zur Verfügung stehen und zahlreiche Studien ihren Einfluss auf die Partnerwahl bestätigen, auch auf seine Bedeutung für die Konsensfähigkeit der Nupturienten überprüft werden dürfen:

---

ducing different mate preference patterns among users and non-users. This raises the possibility that women using oral contraception … choose different partners than they would do otherwise" ROBERTS, S. C. / KLAPILOVÁ, K. / LITTLE, A. C. / BURRISS, R. P. / JONES, B. C. / DEBRUINE, L. M. / PETRIE, M. / HAVLÍČEK, J., Relationship satisfaction and outcome in women who meet their partner while using oral contraception: Proceedings. Biological sciences 279 (2021) 1430-1436.

8   Die unterschiedliche Präferenz mehr oder weniger männlich wirkender Gesichter untersuchte ein Forscherteam um Anthony LITTLE: Probandinnen wurden zweimal, im Abstand von mehreren Monaten, Bilder von Gesichtern gezeigt, welche mithilfe Computergrafiktechniken so manipuliert worden waren, dass sie mehr oder weniger männlich wirkten. Die Versuchsgruppe begann nach dem ersten Beurteilen der Bilder die Einnahme oraler Kontrazeptiva, die Kontrollgruppe nicht. Im Ergebnis lehnt sich die Studie an die Erkenntnisse zur Geruchspräferenz (vgl. ROBERTS, MHC-correlated odour preferences [s. Anm. 7]) an: „Our … study represents the first experimental demonstration that pill initiation changes visual preferences for a trait associated with mate-quality, complementing within-subject demonstrations that pill use can change odour preferences for genetic similarity". (LITTLE, A. C. / BURRISS, R. P. / PETRIE, M. / JONES, B. C. / ROBERTS, S. C., Oral contraceptive use in women changes preferences for male facial masculinity and is associated with partner facial masculinity: Psychoneuroendocrinology 38 [2013] 1777-1785).

9   Vgl. HALBIG, C., Das Ehehindernis der Blutsverwandtschaft. Seine unterschiedliche Ausdehnung im Verlauf der Geschichte in Hinsicht auf volkstümliche Anschauungen und medizinische Erkenntnisse. Würzburg 1994. Vgl. LÜDICKE, MKCIC, c. 1091, Rn. 7; LÜDECKE, N., Die rechtliche Ehefähigkeit und die Ehehindernisse: HdbKathKR[3], 1282-1314, 1307; LANZINGER, M., Verwaltete Verwandtschaft. Eheverbote, kirchliche und staatliche Dispenspraxis im 18. und 19. Jahrhundert. Wien u.a. 2015, 81-90.

Wenn eine Frau über Jahre und auch zur Zeit des Beginns der Partnerschaft orale Kontrazeptiva eingenommen hat, dann war sie dadurch womöglich beeinträchtigt in ihrer Fähigkeit, einen passenden Partner für die Ehe und insbesondere für die Familiengründung zu wählen. Dies bemerkt sie womöglich beim Absetzen der Kontrazeptiva (gerne ja bald nach der Heirat), wenn sie zu ihrem natürlichen Zyklus zurückkehrt.

Aus Sicht der Verfasserin könnte in derartigen Fällen überlegt werden, ob eine Frau womöglich durch die Einnahme besagter Präparate in ihrer Partnerwahl rechtserheblich eingeschränkt war im Sinne des c. 1095 n. 2 CIC.

In Anbetracht der Komplexität der Fragestellung sei an dieser Stelle nur andeutungsweise der Gedanke vorgetragen, dass in Analogie zu anderen, von der Rota-Judikatur beschriebenen Tatbeständen auch durch die Einnahme oraler Kontrazeptiva die Aufmerksamkeit durch unbewusste Einflüsse derart beeinflusst wird, dass die volitiven Fähigkeiten im Zusammenhang mit der Partnerwahl maßgeblich eingeschränkt sind und infolgedessen eine realitätsbezogene Entscheidung verhindert wird. Werden also insofern die Gründe des eigenen Handelns und Entscheidens nicht durchschaut, ist eine freie Wahl sowie eine sachgerechte Bewertung des Für und Wider hinsichtlich der Entscheidung zur Ehe nicht mehr möglich. Ähnlich wie bei heftigen Emotionen hat man es hier mit einer psychische und physiologische Phänomene umfassenden Reaktion des Organismus zu tun. Diese Emotionen können sich auf den gesamten Organismus der betreffenden Person auswirken und ggf. so stark sein, dass die volitiven Fähigkeiten beeinträchtigt sind[10].

Dabei ergibt sich die Nichtigkeit der Ehe „aus der Tatsache, dass der Verstand dem Willen[11] kein erstrebenswertes Objekt anbietet. Ohne ein Objekt, das dem Willen Einsicht, Erfüllung und Glück verheißt, kann dieser nicht tätig werden"[12]. Dies geschieht unterschwellig, ist der betreffenden Person nicht bewusst und verhindert daher eine verantwortete Lebensentscheidung umso nachhaltiger.

* * *

---

10   Vgl. hierzu den Bericht von HUBER, J., Verstand und Wille in der menschlichen Freiheit. Philosophisches, Psychologisches und Kanonistisches zur discretio iudicii: Mirabelli, C. / Feliciani, G. / Pree, H. (Hrsg.), Winfried Schulz in memoriam. Schriften aus Kanonistik und Staatskirchenrecht. Teil 1. (AIC 8) Frankfurt a.M. 1999, 383-406, 395.

11   Vgl. hierzu bereits SRR 05.04.1979 c. STANKIEWICZ: SRRD 72 (1979) 167-188, 169, n. 4.

12   HUBER, J., Motivation und Kausalität. Zur inneren Freiheit der Eheschließenden: Althaus, R. / Kalde, F. / Selge, K.-H. (Hrsg.), Saluti hominum providendo. (FS Wilhelm HENTZE). (BHzMKCIC 51) Essen 2008, 125-139, 138.

ABSTRACTS

Dt.: Zyklusabhängig variiert die Partnerpräferenz der Frau: Zur empfängnis-offenen Zeit werden nach evolutionsbiologischer Annahme Partner bevorzugt, von denen möglichst viele gesunde Nachkommen zu erwarten sind. Je unter-schiedlicher das Immunsystem des Partners, exprimiert in den MHC-Genen und unbewusst wahrgenommen z.b. im Geruch, desto wahrscheinlicher ist gemein-same gesunde Nachkommenschaft. In der auf die Ovulation folgenden Gesta-tionsphase sowie während einer Schwangerschaft präferiert die Frau hingegen Personen, die ein ihrem eigenen ähnliches Immunsystem haben, etwa ihre Fami-lie, von der sie sich Unterstützung bei der Aufzucht ihrer Kinder erhoffen kann. Auch bei der Partnerwahl wendet sie sich nun immunähnlichen Männern zu.

Orale Kontrazeptiva ahmen den Zustand einer Schwangerschaft nach und kön-nen die Wahrnehmung des Partners ins evolutionsbiologisch gesehen ungünstige Gegenteil beeinflussen, was sich erst bei Beendigung der Hormoneinnahme und Rückkehr zum ursprünglichen Empfinden der Frau als nachteilig erweist. Je nach Sachlage könnte durch die Einnahme oraler Kontrazeptiva die Fähigkeit der Frau zur abgewogenen Partnerwahl rechtserheblich eingeschränkt sein.

Ital.: La preferenza del partner di una donna varia a seconda del ciclo mestruale: secondo la biologia evolutiva, nel periodo in cui il concepimento è aperto si privilegiano i partner da cui ci si può aspettare il maggior numero possibile di figli sani. Tanto più diverso è il sistema immunitario del partner, espresso nei geni MHC e percepito inconsciamente, ad esempio nell'odore, quanto più è probabile che insieme abbiano una prole sana. Nella fase gestazionale successiva all'ovulazione e durante la gravidanza, invece, la donna predilige le persone che hanno un sistema immunitario simile al suo, come la sua famiglia, da cui può aspettarsi un sostegno nella crescita dei figli. Anche nella scelta del partner, la donna si orienta verso uomini con un sistema immunitario simile al suo.

I contraccettivi orali imitano lo stato di gravidanza e possono influenzare la per-cezione del partner in modo evolutivamente sfavorevole, che si rivela svan-taggioso solo quando la donna smette di assumere gli ormoni e torna alla sua percezione originale. A seconda delle circostanze, l'uso di contraccettivi orali può limitare significativamente la capacità di una donna di fare una scelta equilibrata del partner.

DPM 32 (2025) 217-261

DAS INKONSUMMATIONSVERFAHREN.
DARSTELLUNG, PRÜFUNG UND DESIDERATE

von Nina Jungblut

1. EINLEITUNG

Am 30.08.2011 promulgierte Papst BENEDIKT XVI. das Motu Proprio *Quaerit Semper* und übergab damit die Zuständigkeit für die Verfahren zur Gewährung der Bitte um Auflösung gültig geschlossener, aber nichtvollzogener Ehen und für die Weihenichtigkeitssachen an ein beim Gericht der Römischen Rota eingerichtetes neues Amt. Da seit dieser Verlagerung kein *Regolamento* für das Amt erlassen wurde, gelten für das Inkonsummationsverfahren weiterhin die durch die Sakramentenkongregation am 20.12.1986 veröffentlichten *Litterae circulares de processu super matrimonio rato et non consummato*, die um die Normen zum ordentlichen Streitverfahren und zum Ehenichtigkeitsverfahren zu ergänzen sind, „soweit sie mit der besonderen Art dieser Verfahren in Einklang gebracht werden können" (c. 1702 CIC/1983).

Im Folgenden sollen die für dieses Verfahren relevanten Normen analysiert sowie erkennbare Desiderate aufgestellt werden. Hierzu ist einleitend zunächst der Frage nachzugehen, welche Bedingungen eine absolut unauflösliche Ehe bewirken und auf welcher kirchenrechtlichen Grundlage die Auflösung einer gültigen, aber nichtvollzogenen Ehe möglich sein kann. Sodann werden die Normen zum Inkonsummationsverfahren – untergliedert in die Abschnitte der Verfahrenseinleitung, der Durchführung der Beweiserhebung sowie des Verfahrensabschlusses – näher analysiert und überprüft. Auch wenn das bei der Römischen Rota eingerichtete Offizium erst nach Abhandlung dieser Normen explizit behandelt wird, ist indes klar, dass es in seinen Arbeiten an die zuvor ausgewerteten Normen gebunden ist. Zugleich ist es nur folgerichtig, dass jedes auf diözesaner Phase den Anforderungen des Rechts nachkommende Verfahren den Prozessabschnitt auf Ebene des Apostolischen Stuhls nicht nur in zeitlicher Perspektive beschleunigen, sondern auch mögliche Fehler vorbeugen kann. So werden in diesen Verfahren zumindest ansatzweise zwei Prinzipien deutlich: das Zusammenwirken von Universalkirche und Teilkirchen[1] sowie das durch *Praedicate Evangelium* profilierte Prinzip der Dezentralisierung[2].

In Anbetracht des in Kapitel 3 Gesagten soll sich abschließend noch einmal eigens sowohl der Art – päpstlicher Gnadenerweis *sui generis* – als auch der rechtlichen Form – Reskript – der Gewährung der Bitte um Auflösung zugewandt werden.

2. ABSOLUTE UNAUFLÖSLICHKEIT GÜLTIGER UND VOLLZOGENER EHEN

Gemäß der Norm des c. 1056 CIC/1983 ist die Unauflöslichkeit eine Wesenseigenschaft der Ehe. Sie ist dem Wesen der Ehe so eigen, dass sie zum Rechtsinstitut „Ehe" unabdingbar dazugehört. Ohne diese Wesenseigenschaft könnte das Rechtsinstitut nicht bestehen[3] und so würde eine Dispens von diesem Grundsatz zur Auflösung des Rechtsinstituts der Ehe führen[4]. Die Eigenschaft der Unauflöslichkeit gilt für alle Ehen und im Besonderen für die christliche Ehe, da sie als Sakrament eine besondere Festigkeit erreicht[5]. Da gemäß c. 1055 § 2 CIC/1983 die sakramentale Ehe nur zwischen zwei Getauften geschlossen werden kann, ist an dieser Stelle zu analysieren, ob die Auflösung einer Ehe wegen Nichtvollzugs einer sakramentalen Ehe vorbehalten oder auch im Falle nichtsakramentaler Ehen möglich ist. Luigi CHIAPPETTA regt in seinem Kommentar zum Kodex des kanonischen Rechts an, dass der Apostolische Stuhl über den Nichtvollzug von Ehen zwischen zwei Katholiken, die entweder dem lateinischen oder auch dem östlichen Ritus angehören, sowie von Ehen zwischen Katholiken und getauften Nichtkatholiken abzuwägen hat[6]. Ungetaufte werden im Kommentar CHIAPPETTAS nicht aufgeführt. Mit Blick auf den CIC/1983 ist jedoch zu konstatieren, dass die Norm des c. 1142 CIC/1983 die Auflösung von einer nichtvollzogenen Ehe betont und dies unabhängig davon, ob die Ehe sak-

---

1   Vgl. Vat II, LG 23.

2   Vgl. Papst FRANZISKUS, Constitutio Apostolica *Praedicate Evangelium*, 19.03.2022: AAS 114 (2022) 375-455, Nr. II, 2. Trotz erkennbaren Ansätzen der Dezentralisierung in diesem Verfahren liegt die eigentliche Entscheidung über diesen Gnadenerweis *sui generis* beim Papst.

3   Vgl. KAISER, M., Können Ehen aufgelöst werden?: DPM 2 (1995) 39-67, 41; GÜTTLER, M., Die Ehe ist unauflöslich. Eine Untersuchung zur Konsistenz der kirchlichen Eherechtsordnung. (BzMKCIC 34) Essen 2002, 7.

4   Vgl. SOCHA, H., MKCIC, c. 86, Rdnr. 7 (Stand: September 2016).

5   Vgl. GÜTTLER, Kirchliche Eherechtsordnung (s. Anm. 3), 7.

6   Vgl. CHIAPPETTA, L., Il Codice di diritto canonico. Bd. III: Libro VII e indice analitico. Bologna ³2011, Nr. 5779.

ramentaler Natur ist oder nicht. Joaquín LLOBELL verweist dahingehend auf ein Treffen der Sakramenten- und Glaubenskongregation im Jahr 1987, in welchem der Sakramentenkongregation die Verfahrenszuständigkeit hinsichtlich der Auflösung nichtvollzogener Ehen, einschlussweise der nichtsakramentalen Ehen, zugesprochen wird[7]. Die Erweiterung der Zuständigkeit der Sakramentenkongregation auf Ehen zwischen Getauften und Ungetauften liegt bereits in einem Antwortschreiben in Form eines Reskripts *ex audientia Sanctissimi* vom 15.07.1973 vor[8]. Die einengende Auffassung, der zufolge die Sakramentalität einer Ehe unabdingbare Voraussetzung für die Auflösung wegen Nichtvollzugs derselben ist,[9] muss daher zurückgewiesen werden. Vielmehr können kirchenrechtlich gültig geschlossene Ehen wegen Nichtvollzugs aufgelöst werden – unabhängig davon, ob sie besondere Festigkeit durch ihren sakramentalen Charakter erlangt haben. Denn auch für eine halbchristliche Ehe, bei deren Zustandekommen vom Ehehindernis der Religionsverschiedenheit dispensiert wurde (c. 1086 § 1 CIC/1983), kann eine Auflösung qua Inkonsummationsverfahren schon aus pastoraler Sicht zum Interesse werden[10].

Das unerlässliche Erfordernis einer absoluten Unauflöslichkeit der Ehe ist folglich, dass sie kanonisch gültig geschlossen wurde und vollzogen ist (c. 1141

---

7   Vgl. LLOBELL, J., Das Motu Proprio *Quaerit semper* über die Gewährung der Dispens von einer nicht vollzogenen Ehe und die Weihenichtigkeitssachen: DPM 19/20 (2012/2013) 155-175, 164 mit Verweis auf CONGREGATIO PRO SACRAMENTIS ET CONGREGATIO PRO DOCTRINA FIDEI, Conventus de competentia circa inconsummationem matrimonii, 07.04.1987: Congregatio de Cultu Divino Et Disciplina Sacramentorum (Hrsg.), Collectanea documentorum ad causas pro dispensatione super „rato et non consummato" et a lege sacri coelibatus obtinenda, inde a Codice Iuris Canonici anni 1917. Città del Vaticano 2004, Nr. 51, 124 f.

8   Vgl. SECRETARIA STATUS, Rescriptum ex audientia, 15.07.1973: AAS 65 (1973) 602.

9   Vgl. SCHÖCH, N., Ist die Auflösung der nichtvollzogenen Ehe von Getauften noch zeitgemäß? Überlegungen zur Aktualität eines Verwaltungsverfahrens: Egler, A. / Rees, W. (Hrsg.), Dienst an Glaube und Recht. (FS MAY). (KST 52) Berlin 2006, 561-595, 579 f.

10 Soll die Ehe wegen Nichtvollzugs aufgrund einer anvisierten Eheschließung mit mindestens einem Getauften in kanonischer Form und daher *in favorem fidei* aufgelöst werden, könnte aus Gründen der Prozessökonomie in diesem Fall auch das *Privilegium Petrinum* Anwendung finden. Zur selben Schlussfolgerung ist ebenso die Glaubenskongregation gekommen, deren Überlegungen zum Vorzug der Auflösung in *favorem fidei* gegenüber den Nichtvollzugsverfahren durch Papst JOHANNES PAUL II. bestätigt und schließlich der Kongregation für die Sakramente mitgeteilt wurden; vgl. CONGREGATIO PRO DOCTRINA FIDEI, Prot. N. 32/A/71m Lettera al Prefetto della Congregatio pro Sacramentis, 10.06.1987: Congregatio de Cultu Divino Et Disciplina Sacramentorum (Hrsg.), Collectanea (s. Anm. 7), Nr. 51, 125.

CIC/1983)[11]. Die absolute Unauflöslichkeit dieser *matrimonium ratum et consummatum* liegt dabei in der Relation zwischen dem Grundsatz der Freiheit des Konsensaustausches als Voraussetzung für die gültig geschlossene Ehe und dem Prinzip der ehelichen Hingabe, die sich in der sexuellen Vereinigung vollendet und darin zugleich Abbild der Vereinigung Christi mit seiner Kirche ist[12]. Beide Akte bewirken eine „Qualität absoluter Unauflöslichkeit"[13]. Der gegenseitige Konsensaustausch als Willensakt sowie die gegenseitige Schenkung als körperlicher und geistiger Vereinigung schließen sich folglich nicht aus, sondern tragen vielmehr zur Verwirklichung der eigenen Person in der ehelichen Gemeinschaft bei[14]. Nicht allein die gültig geschlossene, sondern die in c. 1061 § 1 CIC/1983 benannte geschlechtlich vollzogene Ehe symbolisiert die unauflösliche Beziehung zwischen Christus und seiner Kirche in seinsmäßiger Weise als unauflösbaren Lebensbund, sodass die Ehe als Symbol für diese Beziehung als unauflösbar zu gelten hat[15]. Die Pastorale Konstitution *Gaudium et Spes* bezeichnet in Nr. 48 diese innige Beziehung der Partner „als gegenseitiges Sichschenken zweier Personen", das „die unbedingte Treue der Gatten und (...) ihre unauflösliche Einheit" fordern. Diese Liebe, so in GS 49, umfasse den Leib als auch die Seele. Das ganze Wesen der Ehe setzt somit die freie und gegenseitige Ganzhingabe der Ehepartner voraus, die sich in der Bereitschaft zeigt, sich als geschlechtliche Personen zu schenken[16]. Der zuvor gegebene Konsens inkludiert daher auch die Sexualität, die durch den ehelichen Vollzug verwirklicht wird. Die Fülle der Ehe ergibt sich demnach aus der leiblichen Vereinigung:

> „in quanto tale, ha capacità di manifestare integra mente il dono della propria persona attraverso l'accettazione dell altro e, di conseguenza, possiede tutte le virtualità per risultare atto veramente personale e interpersonale, mutuamente plasmante, dalla profondità, le persone dei coniugi. Per identica ragione, solo all'effettiva comunicazione della sessualità coniugale si addita pienamente il carattere simbolico del matrimonio, quale segno indefettibile, nella comunione spirituale tra gli sposi, dell'unione di Cristo e la Chiesa".[17]

---

11   Vgl. Selge, K-H., Ehe als Lebensbund. Die Unauflöslichkeit der Ehe als Herausforderung für den Dialog zwischen katholischer und evangelisch-lutherischer Theologie. (AIC 12) Frankfurt a.M. 1999, 267.

12   Vgl. Conde, M. A., La coppia coniugale nella medicina canonistica. Il matrimonio rato et non consumato: Barbieri, C. (Hrsg.), La coppia coniugale. Attualità e prospettive in medicina canonistica. (Studi giuridici 74) Città del Vaticano 2007, 259-290, 261.

13   Selge, Die Unauflöslichkeit der Ehe (s. Anm. 11), 275.

14   Vgl. Conde, La coppia coniugale (s. Anm. 12), 270.

15   Vgl. Selge, Die Unauflöslichkeit der Ehe (s. Anm. 11), 276 und 344.

16   Vgl. Conde, La coppia coniugale (s. Anm. 12), 264 f.

17   Ebd., 271 f.

Der Sexualakt der Gatten muss jedoch Voraussetzungen erfüllen, um als vollzogener Eheakt im Sinne des bereits erwähnten c. 1061 § 1 CIC/1983 gelten zu
können. Demzufolge soll der Ehevollzug a) auf menschliche Weise erfolgen;
b) für Zeugung von Nachkommenschaft geeignet und c) auf die Ehe hingeordnet
sein sowie d) dazu führen, dass die Ehegatten zu einem Fleisch werden. Der
actus coniugalis bezeichnet die Vereinigung von körperlicher und geistiger Beziehung, die aber nur durch den gültigen Ehebund vollends zum Ausdruck gebracht werden kann[18]. Die bei diesem ehelichen Akt übertragene Flüssigkeit
muss weder zeugungsfähiges Material beinhalten noch muss der Akt an sich be-
friedigend sein[19]. Der eheliche Akt muss vielmehr auf menschliche Weise
(*humano modo*) vollzogen werden. Dennoch bedarf es zu diesem Akt nicht aller
Charakteristiken des *humano modo* (z.B. „Liebe, Gefühl, Respekt"[20]). Vielmehr
muss der Akt *virtualiter* gewollt und nicht durch physische Gewalt oder moralischen Zwang herbeigeführt worden sein[21]. Unabdingbare Voraussetzung ist
somit der in Freiwilligkeit[22] und mit Vernunft gesetzte Willensakt[23]. Der auf
menschliche Weise vollzogene Akt muss zudem für die Zeugung von Nachkommen zumindest geeignet sein (*per se aptus ad prolis generationem*), da die
Ehe ihrer Natur nach gemäß c. 1055 § 1 CIC/1983 auf Nachkommenschaft hingeordnet ist (*ad quem natura sua ordinatur matrimonium*)[24]. Dieses mit dem
ehelichen Akt verbundene Ziel stellt eine „grundsätzliche Bestimmung" und
keine „rechtliche Bedingung für den konkreten Vollzug der Ehe"[25] dar. Unfruchtbarkeit und Verhütung haben daher keinerlei Auswirkungen auf den kon-

---

18 Vgl. CONDE, La coppia coniugale (s. Anm. 12), 277.

19 LÜDICKE, K., MKCIC, c. 1061, Rdnr. 6 (Stand: Juli 2006).

20 SCHÖCH, Aktualität des Verwaltungsverfahrens (s. Anm. 9), 567.

21 CONGREGATIO PRO SACRAMENTIS, ProtNr. 1400/86 Litterae circulares de processu super
matrimonio rato et non consummato, 20.12.1986: MonEccl 112 (1987) 423-434, 423.

22 Vgl. LÜDICKE, MKCIC, c. 1061, Rdnr. 10 (Stand: Juli 2006).

23 Vgl. CONDE, La coppia coniugale (s. Anm. 12), 281 f. und LA MORGIA, M. C., La dispensa dal matrimonio rato e non consumato nella legislazione vigente. Attuazione del
M.P. „Quaerit semper". Rom 2015, 33 f: „Il matrimonio è ,rato e consumato' insieme
quando, dopo la celebrazione è intervenuto tra i coniugi un vero atto coniugale, com-
piuto in umano modo, cioè conforme alla dignità della persona, con libertà senza violenza e inganno o in stato di incoscienza, ovvero come afferma il Navarrete che la copu-
la sia a) un actus umano, b) fatto non a seguito di violenza fisica, c) posta animo marita-
li".

24 Vgl. LÜDICKE, MKCIC, c. 1061, Rdnr. 8 (Stand: Juli 2006).

25 RAMBACHER, S., § 91 Nichtigerklärung, Auflösung und Trennung der Ehe:
HdbKathKR[3], 1382-1403, 1397.

kreten Vollzug der Ehe[26]. Der Akt muss für eine Zeugung offen sein, auch wenn diese zugleich nicht erfolgen muss. Vielmehr wird im Austausch des Ehekonsenses versprochen, „den Partner an der eigenen sexuellen Intimität durch einen vollständigen ehelichen Akt teilhaben zu lassen, welcher ein Element oder eine Wesenseigenschaft der Ehe darstellt, was hingegen für die tatsächlich erfolgte Zeugung von Nachkommenschaft nicht gilt"[27]. Auch jener Akt, der nicht zur Zeugung von Nachkommenschaft geeignet ist, ist folglich ein vollzogener Eheakt, da er als solcher zur Zeugung von Nachkommen an sich fähig ist[28]. Anders ist in diesem Zusammenhang das Recht auf Nachkommenschaft zu behandeln, dessen willentlicher Ausschluss zur Feststellung der Ehenichtigkeit führen kann (vgl. c. 1101 § 2 CIC/1983)[29].

Durch den auf menschliche Weise vollzogenen ehelichen Akt, der für die Zeugung von Nachkommen geeignet und auf den die Ehe ihrer Natur nach hingeordnet ist, werden die Gatten zu einem Fleisch (*quo coniuges fiunt una caro*). Durch den Vollzug des ehelichen Aktes wird die gesamte eheliche Gemeinschaft mit ihrer „gegenseitigen psychosexuellen und zwischenmenschlichen Integration" real, die für das in c. 1055 § 1 CIC/1983 grundgelegte Gattenwohl unabdingbar ist. Daher besteht die Anforderung an beide Partner, diesen Akt, der für das Gattenwohl unverzichtbar ist, zu erfüllen. Beide Partner sollen ihre Liebe zueinander durch geistige und auch körperliche Weise verwirklichen. Darin eingeschlossen ist die Form der sexuellen Vereinigung[30]. Eine nichtvollzogene Ehe ist daher „eine starke Einschränkung der von den Gatten mit der Ehe erstrebten Erwartungen"[31]. Aus dieser Überzeugung heraus begründet sich letztlich die für die konkrete Rechtspraxis relevante Konsequenz, dass auch nur ein Gatte um Auflösung der nichtvollzogenen Ehe bitten kann und dies gar in Unabhängigkeit davon, ob der andere dieser Bitte zustimmt oder nicht (vgl. cc. 1142, 1697 CIC/1983). Dennoch darf zugleich nicht außer Acht gelassen werden, dass die Auflösung der nichtvollzogenen Ehe zu einer Veränderung der Rechtsstellung beider Ehegatten führen wird[32].

---

26 Eine Ausnahme mit Blick auf die Verhütung stellt jedoch jene Methode dauerhafter Verhütung dar, die den Vollzug des zuvor definierten *actus coniugalis* verhindert. In diesem Fall muss die Bitte um Dispens vonseiten der Partei eingereicht werden, gegen deren Willen Präservative benutzt wurden sind; vgl. dazu RAMBACHER, § 91 Nichtigerklärung (s. Anm. 25), 1398, Anm. 69.

27 SCHÖCH, Aktualität des Verwaltungsverfahrens (s. Anm. 9), 565.

28 Vgl. LÜDICKE, MKCIC, c. 1061, Rdnr. 7 (Stand: Juli 2006).

29 Vgl. SCHÖCH, Aktualität des Verwaltungsverfahrens (s. Anm. 9), 574.

30 Vgl. ebd., 564.

31 LÜDICKE, MKCIC, c. 1697, Rdnr. 5 (Stand: November 1991).

32 Vgl. GÜTTLER, Kirchliche Eherechtsordnung (s. Anm. 3), 58.

3. AUFLÖSUNG NICHTVOLLZOGENER EHEN DURCH PÄPSTLICHEN GNADENAKT

In ihrer ehelichen Gemeinschaft verkörpern die Ehegatten das Abbild des drei-einen Gottes. Die Unauflöslichkeit der Ehe ist daher nicht nur Rechts-, sondern auch Lebensqualität, die durch keine rechtliche Handlung aufgelöst werden kann. Die Wesenseigenschaft der Unauflöslichkeit der Ehe gründet im ehelichen Wesen selbst. Sie gilt folglich „der nichtsakramentalen Ehe in gleicher Weise (…) wie der sakramentalen und der nichtvollzogenen Ehe in gleicher Weise wie der vollzogenen"[33]. Fehlt jedoch das Element des Vollzugs zur absoluten Un-auflöslichkeit der Ehe, kann diese „aus Gründen des Seelenheiles durch den Papst auf Grund seiner Stellvertretergewalt in Sachen Naturrecht aufgelöst wer-den"[34].

Seinen rechtlichen Ursprung findet das Nichtvollzugsverfahren maßgeblich in dem von Papst ALEXANDER III. reglementierten Kompromiss zwischen der Konsens- und der Kopulatheorie, dem zufolge die Ehe durch den fehlerfreien Konsensaustausch gültig geschlossen ist, aber so lange als auflösbar zu gelten habe, bis sie vollzogen wurde[35]. Hierbei verweist Papst ALEXANDER III. auf die Heiligen, die nach Eheabschluss, aber vor dem ehelichen Vollzug ihre Frauen verlassen, um als Religiose zu leben (X 3,32,2). Der Ehekonsens führt demnach zur Existenz der Ehe, die aber noch keine volle Unauflöslichkeit besitzt. Papst ALEXANDER III. betont damit eine grundsätzliche Lösbarkeit der nichtvoll-zogenen Ehen, auch unabhängig vom Stand des Religiosen[36]. Joaquín SEDANO verweist dennoch auch auf eine Differenzierung zwischen der Konsens- und Kopulatheorie, die unter Papst ALEXANDER III. zu verzeichnen sei. So verweise der Papst in der Dekretale *Ex publico* eindeutig auf die Kopulatheorie (X 3,32,7), während er hingegen andere Entscheidungen mit der Konsenstheorie begründe (z.B. X 4,4,3)[37]. Die auch im geltenden Recht nachweisbare Kom-promisslösung zwischen der Konsens- und Kopulatheorie hat, entgegen der

---

33 KAISER, Ehen (s. Anm. 3), 65.

34 STAMM, H-M., Das Verfahren zur Erlangung der Dispens von der nichtvollzogenen Ehe: DPM 5 (1998) 75-85, 77.

35 Vgl. SELGE, Die Unauflöslichkeit der Ehe (s. Anm. 11), 275 f.

36 Vgl. SAURWEIN, E., Der Ursprung des Rechtsinstitutes der päpstlichen Dispens von der nicht vollzogenen Ehe. Eine Interpretation der Dekretalen Alexanders III. und Ur-bans III. (Analecta Gregoriana 215) Rom 1980, 37 und 39.

37 Vgl. SEDANO, J., Die päpstliche Dispens von der nicht vollzogenen Ehe in der klassi-schen Kanonistik: AfkKR 184 (2015) 75-101, 89 f.

Überzeugung von Winfried AYMANS und Klaus MÖRSDORF,[38] zumindest doch eine Verweisstelle in der Offenbarung, wenn es in Gen 2,24 heißt, dass Mann und Frau ein Fleisch werden. Anhand dieses Verweises als auch mit Blick auf die kodikarischen Grundlagen wird deutlich, dass die geistige aber auch die körperliche Einheit der Ehegatten zu einer absoluten Unauflöslichkeit ihrer Gemeinschaft führen[39]. Mit Verweis auf c. 1061 § 1 CIC/1983 ist daher der eheliche Akt, durch den die Gatten zu einem Fleisch werden, eine unabdingbare Voraussetzung zum Vollzug der Ehe und damit auch zu deren absoluten Unauflöslichkeit.

Doch auch der Auffassung, der zufolge die gegenseitige Annahme der Ehepartner bereits durch den Konsensaustausch in einer absoluten Weise zu verstehen ist, kann zumindest an einzelnen Stellen Zustimmung entgegengebracht werden. Markus GÜTTLER etwa betont, dass die Annahme durch den gegenseitigen Austausch des Konsenses weder an eine Bedingung geknüpft noch beschränkt werden könne, weil der Konsens an sich eine „gesamtpersonale Selbstschenkung"[40] darstelle. Daher habe:

> „für die Frage nach der Wirkursache der Unauflöslichkeit der Ehe (…) diese Alleinursächlichkeit des Konsenses zur Konsequenz, daß auch die Unauflöslichkeit der Ehe durch den Konsens, durch die Willensübereinkunft der Gatten bewirkt wird. Wenn dieser Akt der gegenseitigen Selbstschenkung und Annahme die Begründung der Ehe in ihrer Vollgestalt ist und keiner irgendwie gearteten Ergänzung bedarf, kann es nicht anders sein, als daß auch die Unauflöslichkeit der Ehe durch den Konsens bewirkt wird"[41].

GÜTTLER begründet die absolute Unauflöslichkeit der ehelichen Gemeinschaft durch den Konsensaustausch mit der im II. Vatikanischen Konzil erarbeiteten Ehetheologie, in der das Paradigma der Ehe als Vertrag sowie die starke Betonung der ehelichen Fruchtbarkeit überwunden und vielmehr die Ehe als Liebesgemeinschaft und Bund verdeutlicht würde. Auch der CIC/1983 sehe, so GÜTTLER, kein Recht auf den Leib des Partners und auch keine Pflicht zur Erfüllung des Geschlechtsverkehrs vor[42].

Umso wichtiger erscheint es mit Blick auf diese differenziellen Aspekte, die Auflösung nichtvollzogener Ehen nicht als subjektives Recht, sondern als Gna-

---

38   Vgl. AYMANS, W. / MÖRSDORF, K., Kanonisches Recht. Lehrbuch aufgrund des Codex Iuris Canonici. Bd. III: Verkündigungsdienst und Heiligungsdienst. Paderborn u.a. [13]2007, 360 f.

39   Vgl. SAURWEIN, Rechtsinstitut der päpstlichen Dispens (s. Anm. 36), 37.

40   GÜTTLER, Kirchliche Eherechtsordnung (s. Anm. 3), 109.

41   Ebd., 111.

42   Vgl. ebd., 112-114.

denakt zu suggerieren, der dem Wohl der Ehegatten unter gleichzeitigem Ausschluss eines Ärgernisses für die *Communio* dienen soll[43]. Vergleicht man die Zahlen der weltweiten Nichtigerklärungen mit denen des Auflösungsbescheides wegen Nichtvollzugs aus dem Jahr 2021 wird ein deutliches Ungleichgewicht erkennbar. Im ordentlichen Prozess erster Instanz wurden insgesamt 40.490 Nichtigkeitsfälle abgeschlossen. Im selben Jahr sind weltweit hingegen nur 115 Gesuche um Auflösung wegen Nichtvollzugs positiv durch den Apostolischen Stuhl entschieden worden[44]. Nikolaus SCHÖCH regt an, dass Nichtvollzugsverfahren oftmals dann durchgeführt würden, wenn die vorliegenden Gründe (z.B. psychische Erkrankung) nicht so schwerwiegend seien, dass sie eine Ehenichtigkeit zur Folge hätten, zugleich aber den für das gegenseitige Gattenwohl und das Gut der Nachkommen relevanten ehelichen Akt verhindern[45]. Joaquín SEDANO kritisiert dieses Vorgehen in der Praxis, da der Nichtvollzug hierbei vielmehr ein Indiz für den mangelhaften Ehewillen – bedingt z.B. durch eine psychische Krankheit – sei, der zur Nichtigkeit der Ehe führe. In diesen Fällen aufgrund der zeitlichen Perspektive ein zügigeres Nichtvollzugsverfahren einzuleiten, das frei von gemeingerichtlichen Bindungen agieren kann, sei sachlich nicht korrekt und lasse negativ auf die Unauflöslichkeit der Ehe und auf die Vollmacht des Papstes blicken[46]. Umso wichtiger scheint auch hier der kirchliche Auftrag, die Unauflöslichkeit gültig geschlossener und vollzogener Ehen zu betonen sowie die geltenden Bestimmungen zum Nichtvollzugsverfahren zu befolgen. Wie in keiner anderen päpstlichen Ansprache dieses Jahrtausends ist ein Papst in so eindringlicher Art und Weise auf die Unauflöslichkeit einer gültig geschlossenen und vollzogenen Ehe eingegangen wie Papst JOHANNES PAUL II. In seinen Worten an die Römische Rota anlässlich der Eröffnung des Gerichtsjahres am 21.01.2000 betont er die Grundpflicht der Kirche, die Unauflöslichkeit der Ehe zu lehren[47]. Auch der Papst als Stellvertreter Christi und Inhaber der *plena sacra potestas* besäße keine Vollmacht, die über das natürliche oder positive göttliche Recht hinausreichen könne. Eine Auflösung gültig geschlossener und vollzogener Ehen sei daher unter keinen Umständen möglich und immer abzulehnen[48]. Schon im Apostolischen Schreiben *Familiaris consortio* hob er mit Verweis auf Nr. 48 der Konstitution *Gaudium et Spes* die Lehre

---

43 Vgl. CONDE, La coppia coniugale (s. Anm. 12), 284.

44 Vgl. SECRETARIA STATUS, Rationarium generale Ecclesiae. Annuarium statisticum Ecclesiae 2021. Città del Vaticano 2023, 431 und 485.

45 Vgl. SCHÖCH, Aktualität des Verwaltungsverfahrens (s. Anm. 9), 594.

46 Vgl. SEDANO, Die päpstliche Dispens (s. Anm. 37), 99.

47 Vgl. Papst JOHANNES PAUL II., Allocutio, 21.01.2000: AAS 92 (2000) 350-355; dt. Übers.: OssRom (dt.) 30 (2000) 8 f., Nr. 2.

48 Vgl. ebd., Nr. 8.

von der „Endgültigkeit jener ehelichen Liebe (...) [hervor, die] ihr Fundament und ihre Kraft in Jesus Christus hat"[49]. Die Liebe Christi zu seiner Kirche sollen die Partner in einer Ehe verwirklichen.

4. *OFFICIUM DE PROCESSIBUS DISPENSATIONIS SUPER MATRIMONIO RATO ET NON CONSUMMATO*

Bereits in einem Reskript vom 13.02.1942 spricht Papst PIUS XII. dem Dekan der Rota Romana die Vollmacht zu, auch ohne vorherige Erlaubnis des Papstes das Nichtvollzugsverfahren an die Römische Rota in solchen Fällen ziehen zu können, in denen sie in einem ersten ihr zugesprochenen Ehenichtigkeitsverfahren negativ entschieden hat, zwischenzeitlich hierzu aber weitere und schwerwiegende Gründe vorgelegt werden konnten[50].

Die ordentliche Übertragung dieser Verfahren von der Kongregation für den Gottesdienst und die Sakramentenordnung auf ein bei der Römischen Rota eingerichtetes Amt wurde mit dem Motu Proprio *Quaerit semper* initiiert, das am 01.10.2011 in Rechtskraft erwachsen ist. Es ergänzt Art. 126 PB um zwei weitere Paragraphen[51]. Während in Art. 200 § 2 PraedEv keinerlei Vorgehensweise zu diesem Amt geschildert ist, wird noch in Art. 126 § 2 PB betont, dass jenes Amt „zusammen mit dem Votum des Bischofs und mit den Anmerkungen des Bandverteidigers sämtliche Akten entgegen[nimmt], (...) sie gemäß einer besonderen Vorgehensweise [prüft] und (...) gegebenenfalls dem Papst die Bittschrift um Gewährung der Dispens vor[legt]."

Mit *Quaerit semper* sind somit alle Kompetenzen einem Amt bei der Römischen Rota übertragen worden, die sich auf die Verfahren zur Gewährung von Dispensen bei einer gültigen, aber nichtvollzogenen Ehe und für die Weihenichtigkeitssachen erstreckt. Die Hauptfunktion der Rota als ordentliches Gerichtsorgan bleibt trotz dieser Verlagerung bestehen,[52] so vor allem auch, weil dieses Amt

---

49 Papst JOHANNES PAUL II., Adhortatio Apostolica *Familiaris consortio*, 22.11.1981: AAS 74 (1982) 81-191. (VApSt 33), Nr. 20.

50 Vgl. KILLERMANN, S., Die Rota Romana. Wesen und Wirken des päpstlichen Gerichtshofes im Wandel der Zeit. (AIC 46) Frankfurt a.M. ²2011 mit Verweis auf Papst PIUS XII., Rescriptum, 13.02.1942: Ocha, J. (Hrsg.), Leges Ecclesiae post Codicem iuris canonici editae. Bd. VI. Rom 1987, Sp. 7507, Nr. 4604.

51 Vgl. FRANZISKUS, PraedEv (s. Anm. 2), Art. 200 §§ 1 und 2.

52 Vgl. OTTER, J., Die Rota Romana in der neuen Kurienkonstitution „Praedicate Evangelium": DPM 29 (2022) 211-226, 213.

nicht *stricto sensu* zur Römischen Rota gehört und unabhängig von ihr agiert[53]. Dies zeigt bereits die im Motu Proprio verwendete Präposition *apud*, die nicht auf die Integration in der Römischen Rota, sondern auf eine Hinzufügung des Amtes bei der Römischen Rota rekurriert[54]. Das Amt also weist administrative Aufgaben auf, die das Wesen der Rota als Gerichtshof nicht beschädigen: „es ist einfach bei ihr angesiedelt"[55]. Vielmehr noch ist positiv festzustellen, dass die Hinzufügung dieses Amtes zwar nichts am Wesen und an der Struktur des Gerichtshofes verändert, es aber selbst Verfahrenszüge der Römischen Rota übernimmt, die Verwaltungs- und Gerichtsverfahren miteinander verschmelzen lassen: „Dieser Gnadenakt [Auflösung der nichtvollzogenen Ehe durch den Papst], also eine Entscheidung, auf die niemand einen Rechtsanspruch hat, stellt einen Verwaltungsakt dar, der jedoch in prozessualer Weise vorbereitet wird"[56]. Er beginnt nicht mit einer Klage, sondern mit dem Antrag auf Auflösung des Ehebandes, die einen Gnadenakt ganz eigener Art darstellt.

Im *Annuario Pontificio* aus dem 2012 wird dem Amt für die Behandlung zur Gewährung der Dispens einer gültigen und nichtvollzogenen Ehe und zur Feststellung der Nichtigkeit einer heiligen Weihe ein Büroleiter, ein Sachbearbeiter sowie ein Sekretariatsmitarbeiter zugeschrieben[57]. Letzterer ist im *Annuario Pontificio* aus dem Jahr 2023 nicht mehr aufgeführt[58]. Das Amt teilt sich in zwei Sonderkommissionen, deren Kommissare vom Büroleiter des Amtes ernannt werden und hauptberuflich etwa in Dikasterien oder als Professoren der Päpstlichen Universitäten tätig sein können. Die erste Kommission befasst sich mit Weihenichtigkeitssachen. Die zweite – für diesen Beitrag relevante – Kom-

---

53 Vgl. CHACON, R. R., Quaerit semper? Nuevas competencias para el Tribunal de la Rota Romana?: Revista general de derecho canónico y derecho eclesiástico del estado 28 (2012) 1-30, 7. Zudem ist mit SALVATORI, D. (Competenza e prassi dell'ufficio super rato della Rota Romana e prassi delle curie diocesane: Periodica 113 [2024] 267-298, 279) darauf hinzuweisen, dass schon mit dem Beispiel der Apostolischen Signatur eine Verzahnung von gerichtlichen und administrativen Funktionen an einem der Gerichte des Apostolischen Stuhls ohne Bedenken gegeben ist; siehe dazu FRANZISKUS, PraedEv (s. Anm. 2), Art. 194.

54 Vgl. LA MORGIA, La dispensa (s. Anm. 23), 97 und CHACON, Quaerit semper (s. Anm. 53), 4 und 6.

55 OTTER, Die Rota Romana (s. Anm. 52), 221.

56 AYMANS, W. / MÖRSDORF, K. / MÜLLER, L., Kanonisches Recht. Lehrbuch aufgrund des Codex Iuris Canonici. Bd. IV: Vermögensrecht. Sanktionsrecht und Prozeßrecht. Paderborn u.a. 2013, 553.

57 Vgl. SECRETARIA STATUS, Annuario Pontificio per l'anno 2012. Città del Vaticano 2012, 1210 und LLOBELL, Quaerit semper (s. Anm. 7), 160.

58 Vgl. SECRETARIA STATUS, Annuario Pontificio per l'anno 2023. Città del Vaticano 2023, 1219.

mission ist zuständig für die Verfahren zur Gewährung der Dispens von einer gültig geschlossen und nichtvollzogenen Ehe.[59] Von denen im *Annuario Pontificio* aufgeführten *Commissari deputati alla decisione* stimmen 21 von 36 Personen mit den unter der Römischen Rota aufgeführten Mitarbeitern überein. Fünf von 16 Übereinstimmungen gibt es hinsichtlich der *Commissari deputati alla difesa del vincolo*. Mit der Übertragung dieser wichtigen Aufgaben an ein Amt bei der Rota Romana wurde zudem ein Kurs für kanonische Verwaltungspraxis für Verfahren zur Gewährung der Dispens von einem *matrimonium ratum non consummatum* und für die Weihenichtigkeitssachen etabliert (*Studio di prassi canonico-amministrativa per le cause del matrimonio rato et non consumato e della nullità della Sacra Ordinazione*). Leiter dieses Studiums ist der Dekan der Rota; der Segretario dieses Kurses ist zugleich der Büroleiter des Amtes[60].

5. INKONSUMMATIONSVERFAHREN

Die in den *Litterae circulares* sowie im CIC/1983 aufgeführten Normen zum Nichtvollzugsverfahren sind um die Normen des ordentlichen Streitverfahrens und die Normen zum Ehenichtigkeitsverfahren, die mit der Natur dieses Verfahrens vereinbar sind, zu ergänzen[61]. Hinsichtlich des Abschnittes zur Beweiserhebung (Nrn. 8-20 der *Litterae circulares*) verweist darauf explizit die Norm des c. 1702 CIC/1983. Das Inkonsummationsverfahren ist in drei Abschnitte untergliedert, die im Folgenden näher erläutert und analysiert werden: a) die Verfahrenseinleitung, b) die Durchführung der Beweiserhebung sowie c) der Verfahrensabschluss.

5.1. Verfahrenseinleitung

5.1.1. Zuständigkeiten

Die ordentliche Zuständigkeit zur Entgegennahme der Bittschrift um Auflösung der Ehe kommt dem Diözesanbischof des Wohnortes oder des Nebenwohnsitzes des Bittstellers zu. Stellt dieser fest, dass die Bittschrift begründet ist, hat er die Verfahrensdurchführung anzuordnen (c. 1699 § 1 CIC/1983). Das in der Norm des c. 1699 § 1 CIC/1983 verwendete Verb *debet* zeigt an, dass der Diözesanbischof die Durchführung des Verfahrens unabdingbar und pflichtgemäß anzuordnen hat, sobald das Bittgesuch begründet erscheint[62]. Die Annahme des Bitt-

---

59 Vgl. LLOBELL, Quaerit semper (s. Anm. 7), 159 f.

60 Vgl. SECRETARIA STATUS, Annuario Pontificio 2023 (s. Anm. 58), 1220 f.

61 Vgl. CONGR. SACRAMENTIS, Litterae circulares (s. Anm. 21), 423.

62 Vgl. GÜTTLER, Kirchliche Eherechtsordnung (s. Anm. 3), 59.

gesuchs braucht hingegen kein förmliches Dekret. Es genügt die stillschweigen-
de Annahme. Im Falle einer Ablehnung ist gemäß c. 1699 § 3 CIC/1983 ein
Dekret zu erlassen[63]. Die Ablehnung des Antrags durch den Bischof ist jedoch
nicht endgültig. Ist der fälschlicherweise nicht zuständige Bischof angegangen
worden, kann ein neuer Antrag beim zuständigen Diözesanbischof eingereicht
werden. Ist der Antrag aus anderen Mängeln abgelehnt worden, steht es dem
Bittsteller zu, Beschwerde beim Apostolischen Stuhl einzulegen[64].

Für die Zuständigkeiten in Ehenichtigkeitsverfahren nennt die Norm des c. 1672
n.F. CIC/1983 drei Gerichte, die angegangen werden können: a) das Gericht des
Eheschließungsortes (°1); b) das Gericht des Wohnsitzes oder Nebenwohnsitzes
des Klägers oder des Nichtklägers (°2) sowie c) das Gericht, an dem die meisten
Beweise zu erheben sind (°3). In Ehenichtigkeitsverfahren können diese Gerichte gleichberechtigt angegangen werden, sodass hier ein konkurrierender Gerichtsstand vorliegt. Es obliegt dem Kläger zu entscheiden, welches Gericht er
angeht[65]. Soll das Nichtvollzugsverfahren hingegen am Ort der meisten Beweise durchgeführt werden, liegt eine außerordentliche Zuständigkeit vor, die
der Zuweisung der Römischen Rota sowie der Zustimmung des Diözesanbischofs des Wohnsitzes oder des Nebenwohnsitzes bedarf[66]. Dass die Bitte um
Gewährung der außerordentlichen Zuständigkeit an die Römische Rota über den
Bischof des Wohnsitzes oder des Nebenwohnsitzes erfolgen sollte, ist mit Blick
auf seine erforderliche Zustimmung die einzig logische Konsequenz[67].

Da der Bischof in diesem Verfahrensabschnitt im Sinne des c. 375 § 1 CIC/1983
an die Stelle der Apostel tritt und kraft seiner eigenberechtigten ordentlichen
Gewalt handelt, ist er darin frei, diese Handlung auch durch andere ausüben zu
lassen (c. 1700 § 1 CIC/1983)[68]. Hierzu überträgt er die Verfahrenserhebung
ständig oder in Einzelfällen an das Gericht seiner oder einer fremden Diözese
oder einem geeigneten Priester[69]. Der *sacerdos* schließt damit die Gruppe der
Laien und Diakone aus[70]. So ist es etwa möglich, dass der Offizial ein Spezialmandat für alle Nichtvollzugsverfahren erhält. Dieser nimmt folglich die Bittschrift entgegen und ernennt die Personen, die am Verfahren beteiligt werden

---

63 Vgl. CHIAPPETTA, Il Codice (s. Anm. 6), Nr. 5784.

64 Vgl. LÜDICKE, MKCIC, c. 1699, Rdnr. 7 (Stand: November 2012).

65 Vgl. GÜTHOFF, E., § 109 Gerichtsverfassung und Gerichtsordnung: HdbKathKR[3],
    1661-1672, 1661 f.

66 Vgl. CONGR. SACRAMENTIS, Litterae circulares (s. Anm. 21), Nr. 1.

67 Vgl. LÜDICKE, MKCIC, c. 1699, Rdnr. 3 (Stand: November 2012).

68 Vgl. CHIAPPETTA, Il Codice (s. Anm. 6), Nr. 5784.

69 Vgl. CONGR. SACRAMENTIS, Litterae circulares (s. Anm. 21), Nr. 5.

70 Vgl. LÜDICKE, MKCIC, c. 1700, Rdnr. 3 (Stand: November 1991).

sollen. Das Spezialmandat selbst muss zu den Akten gelegt werden[71]. Im Falle der Übertragung an das Gericht einer fremden Diözese bedarf es der Zustimmung des entsprechenden Diözesanbischofs[72]. Auch wenn für Streitsachen, die das Weihe- oder Eheband betreffen, das Kollegialgericht gesetzlich vorgeschrieben ist (z.B. c. 1425 § 1 °1 CIC/1983) und eine Ausnahme in erstinstanzlichen Verfahren – durch Einsetzung eines Klerikers als Einzelrichter – nur möglich ist, wenn das Kollegialgericht nicht eingerichtet werden kann und die Erlaubnis der zuständigen Bischofskonferenz vorliegt (cc. 1673 § 4 n.F., 1425 § 4 CIC/1983),[73] wird mit der Norm des c. 1700 §1 CIC/1983 diese kollegiale Struktur im Nichtvollzugsverfahren nachweisbar nicht vorausgesetzt[74].

5.1.2. Wiederaufnahme der ehelichen Gemeinschaft

Nachdem die Bittschrift entgegengenommen wurde[75] und bevor der Untersuchungsführer sich dieser Sache annimmt (c. 1695 CIC/1983), soll der Bischof den anderen Ehegatten über den Antrag informieren und wenn er Hoffnung auf Erfolg sieht, um eine Versöhnung der Ehegatten bemüht sein[76]. Dieser Versöhnungsversuch gilt als die persönliche und seelsorgliche Pflicht des Bischofs, die er delegieren kann[77]. Klaus LÜDICKE setzt diese Norm mit der Grundpflicht aller Gläubigen gleich, Rechtsstreitigkeiten zu vermeiden[78]. Sowohl in den *Litterae circulares* als auch in c. 1695 CIC/1983 ist Voraussetzung für dieses Bemühen die Hoffnung auf Erfolg, die in den ohnehin sehr selten geführten Nichtvollzugsverfahren wohl nur in den wenigstens Fällen vorliegen wird. Auch die Norm für das Ehenichtigkeitsverfahren definiert, dass vor Annahme der Sache der Richter zumindest überzeugt sein muss, dass jene Ehe irreparabel gescheitert ist und die eheliche Lebensgemeinschaft nicht mehr wiederhergestellt werden kann (c. 1675 n.F. CIC/1983). Hierbei hat der Richter jenem Versöhnungsversuch, wie er noch in c. 1676 a.F. CIC/1983 gefordert war, nicht mehr nachzugehen. So wäre es ratsam, auch die Norm des c. 1695 CIC/1983 in ähnlicher Weise zurückhaltender zu formulieren. Mit Blick auf beide Verfahren ist doch klar zu

---

71   Vgl. SCHÖCH, Aktualität des Verwaltungsverfahrens (s. Anm. 9), 585.

72   Vgl. RAMBACHER, S., § 111 Die Eheverfahren: HdbKathKR³, 1687-1721, 1714, Anm. 75.

73   Mit Ausnahme des Urkundenprozesses gemäß c. 1688 n.F. CIC/1983.

74   Vgl. CHIAPPETTA, Il Codice (s. Anm. 6), Nr. 5785.

75   Vgl. CONGR. SACRAMENTIS, Litterae circulares (s. Anm. 21), Nr. 4.

76   Vgl. AYMANS / MÖRSDORF / MÜLLER, KanR IV (s. Anm. 56), 555.

77   Vgl. GÜTTLER, Kirchliche Eherechtsordnung (s. Anm. 3), 63.

78   Vgl. LÜDICKE, MKCIC, c. 1695, Rdnr. 1 (Stand: November 1991).

bedenken, dass nicht wenige Ehegatten solche Verfahren anstreben, die bereits bürgerlich geschieden sind und auch in neuen Partnerschaften leben[79].

Das Bemühen um Wiederherstellung der ehelichen Gemeinschaft darf daher unter keinen Umständen zu einer Verfahrensverschleppung führen. Vielmehr muss dafür plädiert werden, in diesem Abschnitt des Verwaltungsverfahrens kongruent die Norm des c. 1505 § 1 i.V.m. c. 1506 CIC/1983 zu befolgen, der zufolge eine Klageschrift innerhalb eines Monats angenommen oder abgewiesen werden muss[80].

5.1.3. Schwierige Fälle

Treten Fälle besonderer Schwierigkeiten in rechtlicher oder moralischer Perspektive auf, soll sich der Diözesanbischof an den Apostolischen Stuhl wenden und ihn um Rat bitten (c. 1699 § 2 CIC/1983). Hierbei ist davon auszugehen, dass der zuständige Bischof die Sachlage nicht beurteilen kann oder ihm Sachverhalte als problematisch erscheinen. In diesen Fällen ist es ratsam, den Apostolischen Stuhl noch vor Beweiserhebung zu konsultieren, um Weisungen oder Ratschläge, die auf Zielvorstellungen oder auf eine offensichtlich festzustellende geringe Erfolgsquote des Verfahrens hinweisen, direkt zu berücksichtigen[81]. Auch die Praxis zeigt, dass eine Beweisergänzung kaum mehr erforderlich ist, nachdem sich der Diözesanbischof in schwierigen Fällen schon zu Beginn des Verfahrens an den Apostolischen Stuhl gewandt hat[82]. Die *Litterae circulares* verweisen in Nr. 2 exemplarisch auf sieben Fälle besonderer Schwierigkeit: „onanistischer Gebrauch der Ehe, zugelassenes Eindringen ohne Ejakulation, Empfängnis durch Absorption von Sperma, künstliche Befruchtung und andere Methoden, die nach heutiger wissenschaftlicher Kenntnis vorkommen können, Vorhandensein von Nachwuchs, Mangel an menschenwürdiger Weise des Ehevollzugs, Gefahr des Ärgernisses oder wirtschaftlicher Schäden in Verbindung mit der Gewährung der Gnade". Einsichtig wird anhand dieser Beispiele, dass eine Nachweiserbringung in solchen Fällen als kaum möglich erscheint (z.B. Eindringen ohne Ejakulation). Hinzu kommt zudem der Anstieg künstlicher Befruchtungen, deren Relation zum Nichtvollzug einer Ehe ein solches Verfahren vor ganz eigene Herausforderungen stellt[83].

---

79 Vgl. LÜDICKE, MKCIC, c. 1675, Rdnr. 2 (Stand: September 2016).

80 Vgl. LÜDICKE, MKCIC, c. 1695, Rdnr. 2 (Stand: November 1991).

81 Vgl. LÜDICKE, MKCIC, c. 1699, Rdnr. 8 (Stand: November 2012) und STAMM, Erlangung der Dispens (s. Anm. 34), 80, Anm. 22.

82 Vgl. SCHÖCH, Aktualität des Verwaltungsverfahrens (s. Anm. 9), 589.

83 Vgl. ebd., 572 und grundsätzlich den Beitrag von ENGEL-RIES, B., Inkonsummationsverfahren und In-vitro-Fertilisation. Eine Problemanzeige: DPM 30 (2023) 41-85.

5.1.4. Nichtvollzugsverfahren – Nichtigkeitsverfahren

Hinsichtlich der Zuordnung von Nichtvollzugs- sowie Nichtigkeitsverfahren nennen die *Litterae circulares* die Möglichkeit, dass a) aus der Bitte um Dispens von der nichtvollzogenen Ehe in ein Ehenichtigkeitsverfahren (Nr. 3) sowie b) aus einem gerichtsanhängigen Ehenichtigkeitsverfahren in ein Nichtvollzugsverfahren übergeleitet werden kann (Nr. 7). In solchen Fällen sind die gesonderten Regeln zur Zuständigkeit des entsprechenden Gerichtsortes (Nr. 5) zu beachten. Grundsätzlich ist festzuhalten, dass auch im Falle eines negativen Urteils nach einem Nichtigkeitsverfahren ein Bittgesuch um Auflösung wegen Nichtvollzugs gestellt werden kann[84].

Wenn aus der Bitte um Auflösung der nichtvollzogenen Ehe ein Zweifel an der Gültigkeit derselben Ehe hervortritt, kann der zuständige Bischof dem Bittsteller raten, Klage einzureichen[85]. Wenn das Gesuch um Dispens von der nichtvollzogenen Ehe rechtlich gut begründet ist, kann er die Durchführung des Nichtvollzugsverfahren anordnen. Durch die in Nr. 3 der *Litterae circulares* verwendete Konjunktion *aut* werden diese zwei Verfahren als zwei Optionen vor Augen geführt. Eine Priorisierung wird hierin nicht erkennbar. Wenn auch aus Gründen der Prozessökonomie – zumindest bei einem offenkundigen Nichtvollzug – das Nichtvollzugsverfahren priorisiert werden könnte, ist dennoch zu betonen, dass die Frage des Vollzugs bei einer von vornherein nichtigen Ehe irrelevant wird und es deshalb als angebracht erscheint, ein Ehenichtigkeitsverfahren zumindest von der Sachlogik her primär zu vollziehen. Ein Schreiben des Staatssekretariats in Form eines Reskripts *ex audientia Sanctissimi* vom 01.06.1983 erwähnt diesbezüglich, dass es auch im Falle einer Auflösung der Ehe wegen Nichtvollzugs den Parteien zustehe, den Nichtigkeitsprozess fortzuführen oder zu beginnen[86]. Selbst bei Ablehnung des Bittschreibens ist es möglich, ein Nichtigkeitsverfahren weiterzuführen oder gar einzuleiten[87]. Treten im Nichtvollzugsverfahren Zweifel an der Impotenz auf, kann diese jedoch keinen

---

84 Vgl. SCHÖCH, Aktualität des Verwaltungsverfahrens (s. Anm. 9), 584.

85 Vgl. GÜTTLER, Kirchliche Eherechtsordnung (s. Anm. 3), 64.

86 Vgl. SECRETARIA STATUS, Prot. N. 99/510 Rescriptum (1.61983): Ochoa, J. (Hrsg.), Leges Ecclesiae post Codicem iuris canonici editae. Bd. VI. Rom 1987, Nr. 4980, Sp. 8646

87 An dieser Stelle sei lediglich angemerkt, dass bei einem durch die Römische Rota getroffenen negativen Urteil im geführten Ehenichtigkeitsverfahren ein Votum ohne diözesane Beweiserhebung an den Papst ergehen kann, das sich für die Auflösung der Ehe wegen Nichtvollzugs ausspricht; vgl. zu diesem Verfahren GHISONI, L., Lo scioglimento del matrimonio rato et non consumato. Dalla Congregazione per il Culto Divino e la Disciplina dei Sacramenti al Tribunale della Rota Romana: Atti del XLIV Congresso Nazionale di Diritto Canonico, Assisi 3-6 settembre 2012, Lo scioglimento del matrimonio canonico. (Studi Giuridici Series 101) 161-178, besonders 168-172.

Klagegrund im Ehenichtigkeitsverfahren darstellen. Nikolaus SCHÖCH regt hingegen an, dass aus der Bitte um Dispens wegen Nichtvollzugs nur zu einem Nichtigkeitsverfahren übergeleitet werden sollte, wenn die moralische Gewissheit in Hinblick auf den Nichtvollzug nicht vorliegt[88].

In Nr. 7 der *Litterae circulares* ist ebenso die Möglichkeit vorgesehen, aus einem Ehenichtigkeitsverfahren in ein Nichtvollzugsverfahren überzuleiten. Bei Vorliegen eines wahrscheinlichen Zweifels am Nichtvollzug der Ehe kann das Gericht durch Dekret im Einverständnis beider Ehegatten und nach Dispensantrag von der nichtvollzogenen Ehe durch einen oder beide Gatten das Nichtigkeitsverfahren aussetzen, das zugleich zu jeder Zeit durch Antrag der Parteien weitergeführt werden kann[89]. Die Klage wird in diesem Fall nicht zurückgenommen (c. 1524 CIC/1983) und auch die Rechtsanhängigkeit kann durch Fristverzug nicht erlöschen (c. 1520 CIC/1983).[90] Zur Erlangung der Dispens erweitert das Gericht die Aufnahme von Beweisen und sendet Akten der Beweisaufnahme mit Dispensantrag, der Schrift des Bandverteidigers, dem Bericht des Gerichts und des bischöflichen Votums an die Römische Rota[91]. Unerwähnt bleibt jedoch, dass hierbei das Gericht den zuständigen Diözesanbischof um Erlaubnis fragen müsste, der gemäß c. 1699 § 1 CIC/1983 über die Anordnung des Verfahrens entscheidet. Klaus LÜDICKE erwähnt diese Problematik zumindest indirekt, in dem er konstatiert, dass „das Gericht (…) normalerweise nicht von sich aus die Befugnis [hat], ein Nichtvollzugsverfahren zu führen. Vielmehr erwirbt es sie erst durch die Zuweisung einer Sache durch den Diözesanbischof"[92]. Ebenso ist darauf hinzuweisen, dass in c. 1681 a.F. CIC/1983 ebenso wie in Nr. 7 der *Litterae circulares* die Zustimmung der Parteien erforderlich ist, um den Nichtigkeitsprozess auszusetzen und die Beweiserhebung zum Nichtvollzugsverfahren zu ergänzen. Die Norm des c. 1678 § 4 n.F. CIC/1983 hingegen spricht nur noch von der Anhörung der Parteien. Da es nur eine Partei braucht, die den Dispensantrag an den Apostolischen Stuhl richtet,[93] fokussiert sich das vorliegende Problem auf jene Partei, die die Bitte um Dispens nicht einreicht. Genügt es, wenn diese nur angehört wird oder ist deren Einverständnis vorauszusetzen? Da gemäß c. 1697 CIC/1983 die Auflösung einer gültigen, aber nichtvollzogenen Ehe durch nur einen Gatten erbeten werden kann, ist hierbei von einer Anhörung auszugehen.

---

88 Vgl. SCHÖCH, Aktualität des Verwaltungsverfahrens (s. Anm. 9), 583 f.
89 Vgl. ebd., 582.
90 Vgl. LÜDICKE, MKCIC, c. 1678, Rdnr. 32 (Stand: September 2016).
91 Vgl. CONGR. SACRAMENTIS, Litterae circulares (s. Anm. 21), Nr. 7.
92 Vgl. LÜDICKE, MKCIC, c. 1678, Rdnr. 30 (Stand: September 2016).
93 Vgl. ebd., Rdnr. 31 (Stand: September 2016),

Auch hinsichtlich des Gerichtsortes können durch Verfahrensänderungen Änderungen – konkret neue Zuständigkeiten – entstehen. Gemäß der Norm des c. 1700 § 2 CIC/1983 ist das Nichtvollzugsverfahren bei dem Gericht zu führen, welches zugleich über die Nichtigkeit der Ehe entscheidet und dies unabhängig davon, ob das Nichtvollzugsverfahren der Klage auf Nichtigkeit folgt oder ihr vorausgeht[94]. Unklar bleibt an dieser Stelle jedoch, welches Gericht zuständig ist, wenn das Nichtvollzugsverfahren zunächst geführt wird und mit diesem Verfahren kein Gericht, sondern ein geeigneter und zugleich nicht gerichtsansässiger Priester betraut ist. Ist in diesem Fall das Gericht des Diözesanbischofs oder das des Priesters anzugehen? Bei einem Übergang vom Nichtigkeitsverfahren auf ein Nichtvollzugsverfahren bleibt hingegen das bereits angegangene Gericht verantwortlich (c. 1700 § 2 CIC/1983), auch wenn es gemäß c. 1699 § 1 CIC/1983 die ordentliche Zuständigkeit nicht besitzt[95]. Der zuständige Bischof kann die Zuordnung gemäß c. 1700 § 1 CIC/1983 folglich nur dann frei ausüben, wenn dem Nichtvollzugsverfahren kein Nichtigkeitsverfahren vorausgegangen ist.

Solch ein Übergang ist – unter der Prämisse, dass begründete Zweifel am Nichtvollzug vorliegen – immer möglich[96]. Sicherlich erleichternd für den Wechsel ist das Vorliegen von Impotenz, aber auch das Faktum, dass die Ehegatten nie zusammengelebt haben oder die Jungfräulichkeit der Frau zum Zeitpunkt der Trennung durch den Arzt attestiert ist[97]. Vor allem mit Blick auf das Vorliegen von Impotenz sollte jedoch erneut angefragt werden, ob ein Nichtigkeitsverfahren dem Nichtvollzugsverfahren nur aus sachlogischen Gründen – eine nichtige Ehe kann weder vollzogen noch nicht vollzogen werden – vorgezogen werden sollte[98]. Joaquín LLOBELL, der deutliche Kritik am leichtfertigen Umgang mit der ehelichen Unauflöslichkeit durch Nichtvollzugsfahren übt, stellt daher fest:

> „Die rein feststellende Natur der Ehenichtigkeitssachen und damit die Unauflöslichkeit des Bandes wird auf dem gerichtlichen Weg besser geschützt als auf dem Verwaltungsweg, weil bei letzterem die moralische Gewissheit sowohl *in iure* als auch *in facto* (Art. 247 § 2 DC) geschwächt und einer prob-

---

94 Vgl. CONGR. SACRAMENTIS, Litterae circulares (s. Anm. 21), Nr. 5 und LÜDICKE, MKCIC; c. 1700, Rdnr. 2 (Stand: November 1991).

95 Vgl. SCHÖCH, Aktualität des Verwaltungsverfahrens (s. Anm. 9), 582.

96 Gemäß c. 1936 § 2 CIC/1917 war der Übergang zum Nichtvollzugsverfahren beim Klagegrund der Impotenz nur möglich, wenn das Beweismaterial für eine Nichtigkeitserklärung nicht ausreichend schien.

97 Vgl. SCHÖCH, Aktualität des Verwaltungsverfahrens (s. Anm. 9), 582.

98 Vgl. LÜDICKE, MKCIC, c. 1678, Rdnr. 29 (Stand: September 2016).

lematischen ‚pastoralen Ermessensfreiheit' Raum gegeben werden könnte"[99].

5.1.5. Antrag

Wie bereits hinsichtlich der Zuständigkeit zur Entgegennahme der Bittschrift gemäß c. 1699 § 1 CIC/1983 festgestellt, hat der Diözesanbischof die Verfahrensdurchführung anzuordnen, wenn das Bittgesuch als begründet erscheint. Lehnt er dieses ab, kann Beschwerde an den Apostolischen Stuhl gerichtet werden[100]. Ordnet er die Verfahrensdurchführung an, wird in den Prozess der Beweisaufnahme (*instructio processus*) übergeleitet[101].

Das Nichtvollzugsverfahren ist kein gerichtlicher Prozess, sondern ein Verwaltungsvorgang, dem keine Klage, sondern ein Antrag vorausgeht[102]. Da die nichtvollzogene Ehe eine gültig geschlossene Ehe ist, besteht kein Recht auf die Gewährung der Bitte, auch wenn zugleich ein Anspruch auf Bearbeitung des Antrags gemäß der geltenden Normen gegeben ist[103]. Der Antrag kann auch gegen den Willen des anderen Ehegatten gestellt werden. Dieser ist über die Folgen seiner Ablehnung zu unterrichten (Art. 153 § 4 DC). Zugleich besitzt er weiterhin die Möglichkeit, eine Aussage abzulegen[104]. Der Gesetzgeber rekurriert mit dieser grundsätzlichen Regel in c. 1697 CIC/1983 auf jene Einschränkung, die durch einen Nichtvollzug gegeben ist: Dem Ausschluss der Geschlechtsgemeinschaft als Wesenseigenschaft der Ehe gemäß c. 1061 CIC/1983 sowie der generellen Möglichkeit einer Nachkommenschaft, auf die die Ehe gemäß c. 1055 § 1 CIC/1983 hingeordnet ist. Auch wenn sich das Verständnis der ehelichen Gemeinschaft durch die Lehre des II. Vatikanischen Konzils geändert hat, verlieren die beiden genannten Aspekte nicht an Bedeutung[105].

Während die Bittschrift im Nichtvollzugsverfahren gemäß c. 1697 CIC/1983 nur durch die Gatten selbst gestellt werden kann, können Nichtigkeitsklagen gemäß c. 1674 § 1 °2 n.F. CIC/1983 im Interesse der Öffentlichkeit auch durch den Kirchenanwalt erhoben werden. Hierzu ist erforderlich, dass die Nichtigkeit der Ehe öffentlich bekannt ist und deren Gültigmachung als nicht möglich oder un-

---

99   LLOBELL, Quaerit semper (s. Anm. 7), 174.

100 Vgl. STAMM, Erlangung der Dispens (s. Anm. 34), 80.

101 Vgl. AYMANS / MÖRSDORF / MÜLLER, KanR IV (s. Anm. 56), 555.

102 Vgl. GÜTTLER, Kirchliche Eherechtsordnung (s. Anm. 3), 57 und LÜDICKE, MKCIC, c. 1697, Rdnr. 1 (Stand: November 1991).

103 Vgl. LÜDICKE, MKCIC, c. 1697, Rdnr. 2 (Stand: November 1991).

104 Vgl. SCHÖCH, Aktualität des Verwaltungsverfahrens (s. Anm. 9), 584.

105 Vgl. LÜDICKE, MKCIC; c. 1697, Rdnr. 5 (Stand: November 1991).

zweckmäßig erscheint[106]. Ein Nichtvollzugsverfahren aufgrund eines Antrags ohne Beteiligung der Ehegatten aus Interesse am öffentlichen Wohl einzuleiten, ist hingegen nicht möglich[107]. Klaus LÜDICKE begründet dies damit, dass der Vollzug der Ehe keine Pflicht der Partner ist und die Gültigkeit per se vorhanden ist, auch wenn sie zugleich durch einen päpstlichen Gnadenakt aufgelöst werden kann[108]. Hierzu ist anzumerken, dass es zwar keine Pflicht der Gatten zum ehelichen Akt im Sinne von Zwang geben kann, wohl aber haben die Ehegatten durch den Austausch des Konsenses das versprochen, was im ehelichen Vollzug vollendet werden soll: die ganzheitliche – geistige und körperliche – Einswerdung der beiden Partner.

Liegt der Antrag einer der Parteien vor und wurde dieser durch den Diözesanbischof als begründet beurteilt, hat dieser die Durchführung des Verfahrens anzuordnen und hierzu den Untersuchungsführer (*instructor*),[109] den Ehebandverteidiger sowie den Notar (c. 1561 CIC/1983) zu benennen[110]. Eine für die Parteien nicht unbedeutende Funktion übernimmt ein Rechtskundiger, der je nach Schwierigkeit des Falles vom zuständigen Diözesanbischof zugelassen werden kann[111].

5.1.6. Iurisperitus

Gemäß der Norm des c. 1701 § 2 CIC/1983 ist ein Rechtsbeistand nicht zugelassen. Da es sich hierbei um kein gerichtliches Verfahren handelt und folglich auch Prozesshandlungen entfallen, in denen ein Rechtsbeistand tätig wird, sei Markus GÜTTLER zufolge weder die Funktion eines Anwaltes noch der eines Prozessbevollmächtigten nötig[112]. In ordentlichen Streit- und Strafverfahren kommt es der Partei gemäß c. 1481 § 1 CIC/1983 zu, einen Anwalt und einen

---

106 Vgl. GÜTTLER, Kirchliche Eherechtsordnung (s. Anm. 3), 57.

107 Während in c. 1973 CIC/1917 noch nicht darauf verwiesen wird, dass eine Zustimmung des anderen Partners nicht erforderlich sei, wurde in der Kodex-Reformkommission hingegen darüber diskutiert, ob der Papst Ehen wegen Nichtvollzugs lösen könne, wenn gar keiner der beiden Partner dies beantragt habe, vgl. dazu PONTIFICIA COMMISSIO CODICI IURIS CANONICI RECOGNOSCENDO, Coetus studii „De Matrimonio". Sessio XIV, 13.-18.12.1971: Comm 34 (2002), 119-145, 140 f.

108 Vgl. LÜDICKE, MKCIC, c. 1697, Rdnr. 2 (Stand: November 1991).

109 An dieser Stelle sollte im Deutschen von Untersuchungsführer sowie im Lateinischen von *instructor* (vgl. c. 1704 § 1 CIC/1983), nicht aber von Richter (*iudex*) (vgl. c. 1703 CIC/1983) gesprochen werden; vgl. dazu auch LÜDICKE, MKCIC, c. 1704, Rdnr. 1, Stand: November 1991.

110 Vgl. STAMM, Erlangung der Dispens (s. Anm. 34), 82.

111 Vgl. SCHÖCH, Aktualität des Verwaltungsverfahrens (s. Anm. 9), 582.

112 Vgl. GÜTTLER, Kirchliche Eherechtsordnung (s. Anm. 3), 68.

Prozessbevollmächtigen zu beauftragen. Der Anwalt führt die rechtskundige Beratung aus und verteidigt Partei, während der Prozessbevollmächtigte die Prozessschritte vornimmt und darin die Partei in deren Namen vertritt. Nicht selten werden diese beiden Funktionen durch ein und dieselbe Person ausgeübt[113]. Mit Blick auf das Nichtvollzugsverfahren wäre zu analysieren, ob auch hier ein Rechtsbeistand zugelassen werden sollte. Da die Parteien kein Recht auf eine Auflösung haben, sondern lediglich die Bitte um Dispens einreichen können, ist es zumindest zu unterstützen, dass sich die Parteien selbst – und nicht in Vertretung durch einen Prozessbevollmächtigten – am Verfahren beteiligen sollten.

In Nichtvollzugsverfahren kann nach Zustimmung des Bischofs jedoch die Unterstützung eines Rechtskundigen ermöglicht werden. Zuständig zu dessen Zulassung ist jener Diözesanbischof, der den Antrag entgegennimmt und die erforderlichen Akten, die Anmerkungen des Ehebandverteidigers sowie sein eigenes Votum an den Apostolischen Stuhl weiterleitet (c. 1705 § 1 CIC/1983). Die offene Formulierung in c. 1701 § 2 CIC/1983 lässt darauf schließen, dass sowohl der zuständige Bischof den Parteien einen Rechtskundigen zuweisen kann, aber auch die Parteien diesen selbst wählen können[114]. Der Rechtskundige vertritt nicht die Parteien, sondern begleitet sie und hilft, die „Sache einzuführen, Beweise zu sammeln und, im Falle eines negativen Ausgangs der Sache, sie unter Beachtung der Vorschriften erneut vorzulegen"[115]. Der Rechtskundige ist demnach nicht befugt, an Vernehmungen der Parteien, Zeugen und Sachverständigen teilzunehmen oder die Akten des Verfahrens einzusehen, die noch nicht offengelegt sind (vgl. c. 1677 § 1 n.F. CIC/1983).

5.2 Durchführung der Beweiserhebung

Die Beweiserhebung auf Ebene der Diözese soll umsichtig, dennoch aber möglichst zügig vonstattengehen[116]. Hierzu sind alle Beweise zulässig, die der Sache dienlich sind[117]. Dass all jene Beweise, die nützlich erscheinen, eingebracht werden können, ist hierin nicht in einem rechtlichen, sondern moralischen Sinne zu verstehen. Die Beweismittel, die vorgelegt werden, müssen auf moralisch einwandfreie Weise entstanden sein (z.B. ohne Zwang),[118] wenngleich

---

113 Vgl. LÜDICKE, MKCIC, c. 1481, Rdnr. 2 (Stand: März 1988).

114 Vgl. LÜDICKE, MKCIC, c. 1701, Rdnr. 8 (Stand: November 1991).

115 CONGR. SACRAMENTIS, Litterae circulares (s. Anm. 21), Nr. 6 mit Bezug zu c. 1705 § 3 CIC/1983.

116 Vgl. RAMBACHER, Eheverfahren (s. Anm. 72), 1713.

117 Vgl. CONGR. SACRAMENTIS, Litterae circulares (s. Anm. 21), Nr. 14.

118 Vgl. GÜTTLER, Kirchliche Eherechtsordnung (s. Anm. 3), 78 und LÜDICKE, MKCIC, c. 1527, Rdnr. 2 (Stand: Mai 1989).

auch die rechtliche Zulässigkeit von Beweismitteln relevant sein muss (z.B. Zeugnisunfähigkeit eines Zeugen). Gemäß der Norm des c. 1527 § 1 CIC/1983 können all jene Beweise eingeführt werden, die zur Sache – und somit auch zur Feststellung der objektiven Wahrheit – beitragen sowie zulässig sind. Ergeht aus dem Beschluss der Römischen Rota die Forderung, weitere Beweise vorzubringen, wird dies mit Anmerkungen hinsichtlich neu zu erbringender Beweise (z.B. weitere ärztliche Gutachten, Aussage eines bisher schweigenden Partners) dem zuständigen Diözesanbischof mitgeteilt[119]. Hierin zeigt sich, „dass das Dispensreskript einen Gnadenakt darstellt, auf den kein Rechtsanspruch besteht, obwohl die Ablehnung der Gnade nur bei ernsthaften Bedenken gegen den Nichtvollzug, das Bestehen des gerechten Grundes oder die Abwesenheit von Ärgernis erfolgt. In der Praxis handelt die Kongregation [bzw. nun die Römische Rota, N.J.] so, als würde es sich tatsächlich um einen Rechtsanspruch handeln"[120].

Die *Litterae ciruclares* nennen zwei Formen der Argumente im Beweiserhebungsverfahren: die nicht-physischen Argumente (*argumenta moralia*) in den Nrn. 8 bis 14 sowie die physischen Argumente (*argumenta physica*) in den Nrn. 15 bis 20, auf die im Folgenden näher einzugehen ist. Zuvor sei lediglich angemerkt, dass in der Literatur nicht selten dem moralischen Argument größere Bedeutung beigemessen wird, da der Wert, der vor allem den Parteiaussagen in diesem Verfahren zugesprochen wird, eine unersetzbare Größe besitzt. Gleichwohl ist – vor allem auch mit Blick auf eine Prozessökonomie – die Bedeutung der *argumenta physica* nicht zu schmälern, da sie für die Feststellung des Nichtvollzugs der Ehe unabdingbar werden können[121].

5.2.1. *Glaubwürdigkeitszeugnisse, Glaubwürdigkeitszeugen und andere Urkunden*

In Nr. 8 der *Litterae circulares* werden Zeugnisse über die Glaubwürdigkeit und Bewährung der Parteien und der Zeugen durch den Pfarrer vorausgesetzt. Sind diese nicht aufzubringen, soll die Römische Rota über andere Urkunden zur Bewertung der Aussage befinden. Da nicht jeder Pfarrer die Gläubigen seines Territoriums kennen kann, ist es nur folgerichtig, neben den pfarramtlichen Glaubwürdigkeitszeugnissen auch das Einholen anderer Urkunden zu ermöglichen. Die Glaubwürdigkeitszeugnisse sollen der Bestätigung der Aussagen dienen und so zur Bildung der moralischen Gewissheit beitragen. Dabei ist in der Natur der Sache liegend nicht zu vergessen, dass ein Nichtvollzug einen Nichtakt darstellt, der nur selten (z.B. durch medizinische Untersuchung) bewie-

---

119   Vgl. CONGR. SACRAMENTIS, Litterae circulares (s. Anm. 21), Nr. 26.

120   SCHÖCH, Aktualität des Verwaltungsverfahrens (s. Anm. 9), 591.

121   Vgl. CONDE, La coppia coniugale (s. Anm. 12), 288.

sen werden kann[122]. Es ist daher ebenso einleuchtend, dass es für den Nichtvollzug keine Augenzeugen, sondern lediglich Zeugen vom Hörensagen geben kann. Umso wichtiger erscheinen hierin wiederum die Glaubwürdigkeitszeugen, die der kirchliche Gesetzgeber auch in Nichtvollzugsverfahren einführt[123]. Neben Sachzeugen treten in diesem Verfahren somit ebenso reine Glaubwürdigkeitszeugen auf[124].

Nach Abschluss der Vernehmung fertigt der Untersuchungsführer ein Eindruckszeugnis über die Glaubwürdigkeit der Parteien und Zeugen sowie über die Glaubwürdigkeitszeugnisse und weitere Urkunden an[125]. Zu bedenken ist, dass es in diesen Verfahren meist um sensible Themen geht. Umso sinnvoller ist es, dass hinsichtlich der Parteien- und Zeugenaussagen sowie der Glaubwürdigkeitszeugnisse und anderer Urkunden der kirchliche Gesetzgeber mit c. 1572 CIC/1983 klare Kriterien festlegt, die den Beweiswert einer Aussage oder eines Zeugnisses würdigen sollen und somit auch dem Vernehmungsführer als Leitfaden dienen, „der im Anschluss an die Vernehmung ein Zeugnis über seinen Eindruck von der Glaubwürdigkeit der Zeugen ausstellen sollte"[126]. Demnach soll die Würdigung der Parteien- und Zeugenaussagen a) unter Beachtung der persönlichen Verhältnisse (z.B. Stellung innerhalb der Kirche und Gesellschaft)[127] und der sittlichen Lebensführung der Parteien und Zeugen (z.B. guter Ruf und Ansehen)[128] vollzogen werden (°1); b) prüfen, ob der Zeuge ein Augen- und Ohrenzeuge ist (°2); c) und die Parteien und Zeugen beständig und standhaft in ihren Aussagen sind (°3); d) sowie feststellen, ob die Aussagen durch Mitzeugen oder andere Beweise bestätigt werden können (°4).

Hinsichtlich der Beweiskraft von Parteiaussagen ist mit Verweis auf c. 1536 CIC/1983 zudem darauf hinzuweisen, dass in Sachen des öffentlichen Interesses diese grundsätzlich keinen vollen Beweis schaffen können. Zwar wurde diese Richtlinie hinsichtlich der Ehenichtigkeitsverfahren durch das Motu Proprio *Mitis Iudex Dominus Iesus* geändert, sodass für diese Verfahren das gerichtliche Geständnis und Erklärungen der Parteien volle Beweiskraft haben können, wenn nicht andere Elemente hinzukommen, die sie abschwächen (c. 1678 § 1 n.F. CIC/1983). Für das hier zu analysierende Nichtvollzugsverfahren kann diese

---

122 Vgl. GÜTTLER, Kirchliche Eherechtsordnung (s. Anm. 3), 71.

123 Vgl. CONGR. SACRAMENTIS, Litterae circulares (s. Anm. 21), Nr. 13. Vgl. dazu auch c. 1678 § 1 n.F. CIC/1983.

124 Vgl. RAMBACHER, Eheverfahren (s. Anm. 72), 1714.

125 Vgl. CONGR. SACRAMENTIS, Litterae circulares (s. Anm. 21), Nr. 13.

126 LÜDICKE, MKCIC, c. 1572, Rdnr. 3 (Stand: April 1990).

127 Vgl. ebd., Rdnr. 5 (Stand: April 1990).

128 Vgl. ebd., Rdnr. 6 (Stand: April 1990).

Norm aber nicht zur rechtlichen Grundlage werden, da der kirchliche Gesetzgeber mit der Angemessenheit des Grundes und somit dem Ausschluss eines öffentlichen Ärgernisses zur Gewährung der Bitte um Auflösung ein klares Erfordernis setzt.

5.2.2. Anhörung

Weigern sich die Parteien oder Zeugen vor dem Untersuchungsführer auszusagen, kann dieser zur Vernehmungsdurchführung Kleriker oder Laien beauftragen, oder (*aut*) „ihre Erklärung vor dem öffentlichen Notar (…) verlangen oder [*aut*] in einer anderen rechtmäßigen Weise, wie etwa durch einen Brief",[129] wenn dessen Identität und Originalität sichergestellt ist. Mit dieser Norm wird zugleich auf c. 1528 CIC/1983 verwiesen, dem zufolge die Parteien und Zeugen ebenso von einem vom Richter bestimmten Laien angehört werden oder (*aut*) sie eine vor einem Notar oder auf eine andere rechtmäßige Weise geleistete Erklärung vorlegen können. *Laicus* im Sinne des c. 1528 CIC/1983 bezeichnet die Funktion eines Nicht-Richters. Auch in den *Litterae circulares* gehe es Markus GÜTTLER zufolge um „den Nicht-Richter (…). Zwar könnte man bei oberflächlicher Betrachtung annehmen, daß die Hinzufügung des *ecclesiasticus* für den *laicus* die Begrifflichkeit ‚Nicht-Kleriker' impliziert. Offensichtlich ist dies jedoch nicht gemeint. Vielmehr ist die Beauftragung eines Klerikers, der nicht zum Gerichtspersonal gehört, oder eines anderen Laien (im Sinne von ‚Nicht-Richter') angestrebt"[130]. An dieser Stelle wäre also davon auszugehen, dass auch Laien (Nicht-Richter, die keine Kleriker sind) diese Aufgabe ausüben können. Durch die in beiden Normen verwendete Konjunktion *aut* wird ersichtlich, dass den Parteien und Zeugen hierin zwei Optionen vorgeführt werden, aus denen sie frei wählen können. In der Beweiswürdigung sind jedoch die Gründe zu beachten, wegen denen Zeugen oder auch Parteien ihre Aussage nicht vor dem Untersuchungsführer getätigt haben[131].

Wenn es in der Anhörung um das Erforschen der objektiven Wahrheit geht, ist der abzulegende Eid ebenso unersetzbar[132]. Der kirchliche Gesetzgeber bestimmt daher, dass der Voreid, zumindest (*saltem*)[133] aber der Nacheid zu er-

---

129   CONGR. SACRAMENTIS, Litterae circulares (s. Anm. 21), Nr. 9.

130   GÜTTLER, Kirchliche Eherechtsordnung (s. Anm. 3), 72.

131   Vgl. LÜDICKE, MKCIC, c. 1528, Rdnrn. 3 und 4 (Stand: Mai 1989).

132   Vgl. GÜTTLER, Kirchliche Eherechtsordnung (s. Anm. 3), 74.

133   Der kirchliche Gesetzgeber betont den Voreid als primär zu wählenden Weg. An dieser Stelle kann zumindest angefragt werden, ob ein Schwur auf eine bereits gemachte Aussage zweckdienlicher sein kann als die Ablegung eines Eides, die Wahrheit sagen zu wollen. So wäre eine zu Beginn vollzogene Eidesbelehrung durch den Untersuchungsführer und eine nach Vernehmung erfolgende Eidablegung als Bekräftigung der zuvor

bringen ist (c. 1532 CIC/1983). Da dies in Fällen, in denen das öffentliche Wohl betroffen ist, vorausgesetzt werden muss, ist es nur folgerichtig, dass auch die *Litterae circulares* in Nr. 11 den Voreid verlangen[134].

Um die objektive Wahrheit zu erforschen, hat der Untersuchungsführer zudem Fragen zu stellen, die er selbst aufgestellt oder die ihm der Bandverteidiger vorgelegt hat. Innerhalb der *Litterae circulares* wird hingegen nicht die Möglichkeit erwähnt, Fragen durch die Parteien zuzulassen. Mit Verweis auf c. 1564 CIC/1983 werden jedoch die rechtlichen Anforderungen an die Fragen definiert. Demnach sollen diese a) kurz sein, um sich auf das Eigentliche fokussieren zu können,[135] b) das Auffassungsvermögen des Befragten widerspiegeln, indem der Untersuchungsführer sich auf sein Gegenüber einstellt und Fragen an die Situation anpasst,[136] c) immer nur einem Punkt nachgehen, um darauf auch die Antwort zuordnen zu können,[137] d) keine irreführenden Aspekte enthalten, die woanders hinleiten könnten,[138] e) nicht hinterlistig sein, indem sie die Befragten zu etwas Bestimmten hinführen,[139] f) keine Suggestivfragen sein[140] und g) auch nicht zu einer Herabsetzung der Befragten und aller anderen Personen führen. Die Fragen sollen daher stets auf die Sache an sich gerichtet sein und keine moralische Wertung abgeben[141]. Besonders für das Nichtvollzugsverfahren sind diese in c. 1564 CIC/1983 genannten Anforderungen unabdingbar, stellen sie doch die Voraussetzungen für eine gute und *richtige* Kommunikation zwischen Untersuchungsführer und Befragten dar.

Mit der Norm des c. 1702 CIC/1983 ist die Pflicht gegeben, in einem Nichtvollzugsverfahren beide Parteien zu vernehmen (*uterque coniux audiatur et serventur*)[142]. Doch muss von dieser Pflicht in dem Maß Abstand genommen werden,

---

getätigten Aussagen ein zumindest denkbares Vorgehen, wenn es auch Gründe geben mag, die die Priorisierung des Voreides bekräftigen; vgl. dazu auch LÜDICKE, MKCIC c. 1532, Rdnr. 5, (Stand: Juli 2005).

134 In Nr. 11 der *Litterae circulares* (s. Anm. 21) wird der Terminus des Vor- oder Nacheides nicht verwendet. Aufgrund der verwendeten Phrase könnte auch an eine Eidesbelehrung zu Beginn der Vernehmung gedacht werden. Aufgrund des ausbleibenden Verweises auf einen Nacheid ist davon aber nicht auszugehen.

135 Vgl. LÜDICKE, MKCIC, c. 1564, Rdnr. 5 (Stand: April 1990).

136 Vgl. ebd., Rdnr. 4 (Stand: April 1990).

137 Vgl. ebd., Rdnr. 6 (Stand: April 1990).

138 Vgl. ebd., Rdnr. 7 (Stand: April 1990).

139 Vgl. ebd., Rdnr. 8 (Stand: April 1990).

140 Vgl. ebd., Rdnr. 9 (Stand: April 1990).

141 Vgl. ebd., Rdnr. 10 (Stand: April 1990).

142 Vgl. AYMANS / MÖRSDORF / MÜLLER, KanR IV (s. Anm. 56), 556.

dass die Gatten nur „wenn irgend möglich"[143] zu vernehmen sind. Auch wenn es Beweise braucht, um positiv über den Antrag auf Auflösung entscheiden zu können, kann der Untersuchungsführer keinen der beiden Ehegatten zum Erscheinen zwingen. Erscheinen sie demnach nicht, hat er sie als abwesend zu erklären. Zu beachten ist jedoch, dass im Nichtvollzugsverfahren keine Ladung vor Gericht gemäß c. 1507 § 1 CIC/1983 erfolgt und daher auch die Abwesenheit vielmehr wegen Nichterscheinen bei einer Befragung zu erklären ist[144]. Findet sich die belangte Partei – bzw. die nichtbittstellende Person – nicht ein, kann das Verfahren bis zum Endurteil und dessen Vollstreckung fortgesetzt werden (c. 1592 § 1 CIC/1983). Erscheint die belangte Partei im Laufe des Verfahrens oder nach Aktenschluss vor Fällung des Urteils doch, sind die Normen zum ordentlichen Streitverfahren zu beachten (cc. 1593, 1600 CIC/1983). Die Frage der Inanspruchnahme möglicher Rechtsmittel oder gar der Nichtigkeitsbeschwerde gegen ein Urteil gemäß c. 1593 § 2 CIC/1983 ist hingegen in diesen Verfahren – zumindest mit der Entscheidung des Papstes – belanglos, da es gegen einen päpstlichen Gnadenakt *sui generis* keine Rechtsmittel geben kann. Bei unentschuldigter Abwesenheit nach rechtmäßiger Ladung des Klägers – bzw. der bittstellenden Person – hingegen, wird bei Fernbleiben nach erneuter Ladung vermutet, dass dieser auf den Rechtszug verzichtet hat (c. 1594 CIC/1983).

5.2.3. Aktenoffenlegung

Der kirchliche Gesetzgeber sieht in den Normen zum Nichtvollzugsverfahren keine Aktenoffenlegung vor. Der Untersuchungsführer kann jedoch, wenn dies die Beweislage für den Bittsteller oder den anderen Ehegatten erfordert, die Offenlegung der Akten den Parteien zur Einsicht gewähren (c. 1703 § 1 CIC/1983). Mit dieser Regelung wollte die Kodex-Reformkommission der Beeinflussung von Zeugen entgegensteuern und weiterhin betonen, dass es keinerlei subjektive Rechte auf die Auflösung eines Ehebandes wegen Nichtvollzugs gäbe[145]. Eine Beeinflussung der Zeugen ist jedoch kaum zu befürchten, da zu diesem Zeitpunkt die Beweiserhebung bereits abgeschlossen ist. Zwar kann durch die Aktenoffenlegung ein Schaden entstehen, so etwa in der Beziehung zwischen Parteien und Zeugen oder auch im Ansehen einzelner beteiligter Personen, doch soll andererseits der Erforschung der Wahrheit nachgekommen werden. Eine „mangelnde Aufklärung des Sachverhaltes" trägt der Wahrheitsfindung aber ebenso wenig bei und so besteht zwar kein Rechtsanspruch auf die

[143] RAMBACHER, Eheverfahren (s. Anm. 72), 1714.

[144] Vgl. GÜTTLER, Kirchliche Eherechtsordnung (s. Anm. 3), 73 f.

[145] Vgl. PONTIFICIA COMMISSIO CODICI IURIS CANONICI RECOGNOSCENDO, Coetus studii „De modo procedendi pro tutela iurium seu de processibus". Sessio VII, 14.-19.05.1979: Comm 11 (1979) 274-296, 277 f. – Übers.: LÜDICKE, MKCIC, c. 1703, Rdnr. 2 (Stand: November 1991).

Auflösung der Ehe wegen Nichtvollzugs – wie die Reformkommission mit Recht festgehalten hat –, wohl aber ein Recht auf Durchführung der Beweiserhebung[146]. Gerade die Konfrontierung eines Ehepartners mit den Aussagen des anderen Partners oder auch weiterer Zeugen ist für die Feststellung der objektiven Wahrheit nicht unerheblich[147]. Während die Norm des c. 1703 § 1 CIC/1983 folglich zwar nicht generell, aber so doch primär die Aktenoffenlegung ablehnt, wird diese mit c. 1598 CIC/1983 für die ordentlichen Streitverfahren gar eingefordert[148]. Diese Norm des ordentlichen Streitverfahrens nennt hierzu die Ausnahme des öffentlichen Wohls, bei deren Vorhandensein der Richter verfügen kann, einzelne Aktenstücke nicht offenzulegen, wobei das Verteidigungsrecht unbeeinträchtigt bleiben muss. Dieses Recht ist in der Norm des c. 1703 § 1 CIC/1983 klar eingeschränkt[149] und sollte mit Blick darauf, dass mit der Auflösung der nichtvollzogenen Ehe eine Personenstandsänderung beider Ehegatten einhergeht, stärker Berücksichtigung finden. Zudem bleibt an dieser Stelle mit Verweis auf die Norm des c. 1703 § 2 CIC/1983 unklar, wie eine Partei um jene Beweise – Urkunden, Zeugenaussagen, Glaubwürdigkeitszeugen und -zeugnisse – wissen kann, die erst auf ihren Antrag hin vorgelegt werden sollen[150].

5.2.4. Sachverständige

Den Sachverständigen kommt die grundsätzliche Aufgabe zu, Beweise zu stützen oder die Richtigkeit eines Sachverhaltes zu erkennen (c. 1574 CIC/1983). Ihr Dienst richtet sich nach dem Auftrag der Wahrheitsfindung. In Ehenichtigkeitsverfahren sind sie mitunter vorgeschrieben, so etwa beim Klagegrund der Impotenz oder des Konsensmangels wegen Geisteskrankheit (c. 1678 § 3 n.F. CIC/1983).

Auch im Nichtvollzugsverfahren soll der Untersuchungsführer einen Sachverständigen beteiligen. Mit Verweis auf c. 1560 § 2 CIC/1983 erwähnen die *Litterae circulares* zudem die Hinzunahme mehrerer Sachverständiger (Nr. 15). Aus der Norm des c. 1560 § 2 CIC/1983 wird ersichtlich, dass eine Gegenüberstellung von Zeugen dann von Nöten ist, wenn deren Aussagen voneinander abweichen. Durch den Verweis auf diese Norm bleibt allerdings unklar, ob mehrere Sachverständige im Falle unterschiedlicher Zeugen- oder Parteiaussagen eingesetzt werden sollen, oder wie Markus GÜTTLER es deutet, unterschiedliche Stellungnahmen von Sachverständigen dem Untersuchungsführer zukommen

---

[146] Vgl. LÜDICKE, MKCIC, c. 1703, Rdnr. 2 (Stand: November 1991).

[147] Vgl. STAMM, Erlangung der Dispens (s. Anm. 34), 81, Anm. 25.

[148] Vgl. GÜTTLER, Kirchliche Eherechtsordnung (s. Anm. 3), 84.

[149] Vgl. LÜDICKE, MKCIC, c. 1598, Rdnr. 2 (Stand: April 1990).

[150] Vgl. LÜDICKE, MKCIC, c. 1703, Rdnrn. 4 und 5 (Stand: November 1991).

gelassen werden müssen[151]. Mit Nr. 20 der *Litterae circulares*, die die Konsultierung eines Ober-Sachverständigen oder eines Obersten Sachverständigen normiert, scheint zugleich die zuvor bemängelte Unklarheit in Nr. 15 gelöst. Demnach werden in Nr. 20 Stellungnahmen eines Ober-Sachverständigen oder eines Obersten Sachverständigen gefordert, wenn sich die Sachverständigen uneins sind, sodass – wenn man nicht von einer normativen Doppelung ausgeht – in Nr. 15 mehrere Sachverständige immer dann gefordert werden, wenn Zeugen in ihren Aussagen erheblich voneinander abweichen.

Die Sachverständigen sind gehalten, deutlich zu machen, auf welche Weise sie Kenntnis über die zu untersuchende Person, Sache oder Örtlichkeit erlangt haben, wie sie dabei vorgegangen sind und worin sich die Begründung ihrer Stellungnahme maßgeblich zeigt (c. 1578 § 2 CIC/1983, Art. 210 § 2 DC). Hierzu sind ihnen gemäß c. 1577 § 2 CIC/1983 sämtliche Unterlagen zu überreichen, die sie zur Ausübung ihrer Aufgaben benötigen (v.a. Kopien der Verfahrensakten, Urkunden zur Prüfung ihrer Echtheit, ggf. Gespräche mit erkrankten Parteien oder Ärzten)[152].

Der in Nr. 12 der *Litterae circulares* geforderte Arzt wird bei der Befragung der Frau unter den nicht-physischen Argumenten aufgezählt, doch ist in diesem Zusammenhang nach dessen Funktion zu fragen. Soll er die Aussagen der Frau von der Sache her beurteilen und somit auch als Sachverständiger dienlich sein, wäre es gut daran gelegen, ihn auch diesem entsprechenden Abschnitt zuzuordnen[153]. Die Ehegatten können sich einer körperlichen Untersuchung unterziehen, sind hierzu aber nicht verpflichtet[154]. Mit erneuten Verweis auf das Dekret *Qua singulari* wird in Nr. 18 der *Litterae circulares* eine Untersuchung der Gatten vorgeschrieben, wenn dies der Feststellung der objektiven Wahrheit dienlich ist. Sie ist hingegen nicht notwendig, wenn aufgrund der nicht-physischen Argumente der volle Beweis – soweit man bei einem Nichtvollzug hinsichtlich der nicht-physischen Argumente von einem vollen Beweis sprechen kann – bereits gegeben ist (z.B. aus Partei- oder Zeugenaussage oder aufgrund der Tatsache, dass der Vollzug der Ehe wegen zeitlicher und örtlicher Begebenheiten gar nicht hätte stattfinden können). Schon hierin wird eine grundsätzliche Priorisierung der nicht-physischen Argumente deutlich. Die körperliche Untersuchung der Frau kann zudem unterbleiben, wenn aus der Untersuchung des Mannes der Nichtvollzug bereits bewiesen ist[155]. Auf eine Untersuchung sollte zudem auch

---

151   Vgl. GÜTTLER, Kirchliche Eherechtsordnung (s. Anm. 3), 79.

152   Vgl. LÜDICKE, MKCIC, c. 1577, Rdnr. 3 (Stand: April 1990).

153   Mit Verweis auf SACRA CONGREGATIO SANCTI OFFICII, Decretum *Qua singulari*, 12.06.1942: AAS 34 (1942) 200-202, Nr. 6.

154   Vgl. STAMM, Erlangung der Dispens (s. Anm. 34), 83, Anm. 30.

155   Vgl. RAMBACHER, Eheverfahren (s. Anm. 72), 1714.

dann verzichtet werden, wenn die Frau bereits außerhalb der Ehe Geschlechtsverkehr hatte oder die Parteien vor Eheabschluss miteinander verkehrt haben[156]. Ebenso möglich ist die Einreichung privat eingeholter medizinischer Untersuchungen, die jedoch der Billigung des Untersuchungsführers bedürfen[157]. Gemäß der Norm des c. 1575 i.V.m. c. 1581 CIC/1983 können bereits erstellte Gutachten oder private Sachverständige durch Zustimmung des Richters – bzw. des Untersuchungsführers – eingebracht werden. Sowohl die Einholung von bereits erstellten Gutachten als auch die privaten Sachverständigen, die jene dazu amtlich Beauftragten ersetzen, können eine Verfahrensbeschleunigung begünstigen[158].

5.3. Verfahrensabschluss

5.3.1. Normative Grundlage

Die Bitte um Auflösung der Ehe wegen Nichtvollzugs kann vordergründig durch zwei Fakten bestärkt werden: a) Die Parteien leben nicht oder nicht mehr zusammen und können dies nachweisen; b) die Parteien können den Nichtvollzug moralisch, demnach durch eidliche Aussagen ihrer selbst oder anderer Zeugen, beweisen, auch wenn dieses Faktum zugleich durch medizinische Untersuchungen gestärkt werden kann[159]. Nikolaus SCHÖCH sieht gar die getrennten Wohnsitze als Voraussetzung dafür an, das Nichtvollzugsverfahren beginnen zu lassen. Ein kirchliches Trennungsurteil oder ein staatliches Scheidungsurteil bilden, so SCHÖCH, allerdings keine Voraussetzung zur Verfahrensaufnahme[160].

Über die Tatsache des Nichtvollzug einer Ehe kann nur dann positiv entschieden werden, wenn ein gerechter und angemessener Grund vorliegt und ein mögliches Ärgernis ausgeschlossen werden kann (cc. 1698 § 1, 1704 § 1 CIC/1983)[161]. Über den Nichtvollzug der Ehe sowie über das Vorhandensein eines gerechten und angemessenen Grundes zur Auflösung der Ehe und den Ausschluss möglichen Ärgernisses hat der zuständige Diözesanbischof ein Votum zu erstellen, der sowohl den Bericht des Untersuchungsführers als auch die *Animadversiones* des Bandverteidigers berücksichtigt[162].

---

156 Vgl. GÜTTLER, Kirchliche Eherechtsordnung (s. Anm. 3), 82.

157 Vgl. CONGR. SACRAMENTIS, Litterae circulares (s. Anm. 21), Nr. 19.

158 Vgl. GÜTTLER, Kirchliche Eherechtsordnung (s. Anm. 3), 83.

159 Vgl. STAMM, Erlangung der Dispens (s. Anm. 34), 79.

160 Vgl. SCHÖCH, Aktualität des Verwaltungsverfahrens (s. Anm. 9), 584.

161 Vgl. CONGR. SACRAMENTIS, Litterae circulares (s. Anm. 21), Nrn. 7 und 23.

162 Vgl. ebd., Nrn. 11 und 22.

Ein *causa iusta* umfasst all jene Gründe, die weder rechts- noch sittenwidrig sind. Hinsichtlich der Erteilung einer Dispens liegt ein gerechter Grund vor, „wenn die Anwendung der allgemeinen Gesetzesnorm für den um die Dispens Bittenden in dessen konkreter Situation zu Unrecht, Schaden oder beträchtlichem Nachteil führen würde"[163]. Ein gerechter Grund für die Gewährung einer Dispens umfasst damit das Seelenheil des Bittenden, das durch eine anhaltende Situation gefährdet ist[164]. Mit Verweis auf c. 1142 CIC/1983 kann der Wunsch nach einer wirklichen Ehe – im Sinne einer gültig geschlossenen und vollzogenen Ehe – solch einen gerechten Grund widerspiegeln[165].

Die Angemessenheit eines Grundes hingegen bedenkt nicht nur die Konsequenzen rechtlichen Handelns für den Bittsteller, sondern versucht zugleich, allen direkt und indirekt Beteiligten gerecht zu werden[166]. Die Angemessenheit des Grundes soll damit auch das Ärgernis verhindern, das durch eine Auflösung entstehen könnte[167]. Das geltende Gesetzbuch der Lateinischen Kirche versteht Anna KRÄHE zufolge Ärgernis „als Reaktion auf Normüberschreitungen, Pflichtverstöße od. auch nicht eindeutige Handlungen im forum externum, aus denen eine bes. Störung für die kirchl. Gemeinschaft resultiert od. die im bes. Maß zu billigen sind"[168]. Die Beurteilung, ob dies vorliegt, obliegt der zuständigen kirchlichen Autorität „mittels Auslegung, Ergründung des Normzwecks u. unter Beachtung des Einzelfalls"[169]. Es ist hierin somit Pflicht des zuständigen Bischofs darauf zu achten, dass kein Ärgernis durch eine Auflösung der Ehe bei seinen Gläubigen auftreten kann[170]. Mit Blick auf das Nichtvollzugsverfahren soll demnach in einer Beurteilung festgestellt werden, ob ein Handeln oder Unterlassen zum Ärgernis bei Gläubigen führen könnte. Barbara ENGEL-RIES erwähnt diesbezüglich Nichtvollzugsverfahren von Ehen, aus denen Kinder durch künstliche Befruchtung hervorgegangen sind. Hierzu verweist sie auf ein Fallbeispiel, in welchem sich der zuständige Diözesanbischof für das Vorliegen eines gerechten und angemessenen Grundes ausgesprochen hat. Das bei der Römischen Rota zuständige Amt hat die Bittschrift aus Sorge um ein entstehendes Ärgernis jedoch zurückgewiesen und zugleich empfohlen, ein Nichtigkeitsverfahren auf der Grundlage des Klagegrundes der relativen Impotenz auf Seiten

---

163 SOCHA, MKCIC, c. 90, Rdnr. 4 (Stand: September 2016).

164 Vgl. STAMM, Erlangung der Dispens (s. Anm. 34), 79.

165 Vgl. GÜTTLER, Kirchliche Eherechtsordnung (s. Anm. 3), 56.

166 Vgl. SCHÖCH, Aktualität des Verwaltungsverfahrens (s. Anm. 9), 578.

167 Vgl. STAMM, Erlangung der Dispens (s. Anm. 34), 79.

168 KRÄHE, A., Art. Ärgernis – Katholisch: LKRR I, 240 f.

169 Ebd., 240.

170 Vgl. STAMM, Erlangung der Dispens (s. Anm. 34), 83, Anm. 32.

beider Partner (c. 1084 CIC/1983) zu führen[171]. ENGEL-RIES zufolge sei damit die moralische Bewertung künstlicher Befruchtung über die Ehe als solcher gestellt, in der es nie zum Vollzug gekommen ist und es somit keine physischleibliche Einheit gegeben haben kann[172]. Allerdings ist dem zu entgegnen, dass eine ungültig geschlossene Ehe – wegen absoluter oder relativer Unfähigkeit zum Beischlaf – weder vollzogen noch nichtvollzogen werden kann.

Auch wenn das Inkonsummationsverfahren kein gerichtliches Verfahren, sondern ein Verwaltungsverfahren darstellt, ist auch hierin die objektive Wahrheit mit moralischer Überzeugung zu suchen,[173] die eine Größe zwischen der absoluten Gewissheit und der Wahrscheinlichkeit bildet[174]. Gemäß der Norm des c. 1608 § 1 CIC/1983 ist die moralische Gewissheit der Richter bei jeder Urteilsfällung erforderlich. Wenn auch anzumerken ist, dass im Falle eines negativen Urteils der Richter nicht zwingend die moralische Gewissheit haben kann,[175] ist im Falle eines positiven Urteils jedoch vorauszusetzen, dass alle vernünftigen und begründeten Zweifel ausgeschlossen werden und die Beweisergebnisse zur Bildung einer moralischen Gewissheit überzeugen[176]. Die moralische Gewissheit muss folglich bei jener Entscheidung vorliegen, die zugunsten des Antragsstellers ausfällt[177]. Dies trifft demnach auch auf die Bitte um Auflösung der nichtvollzogenen Ehe zu, für deren Gewährung die moralische Gewissheit durch ein Verfahren im Sinne des c. 1608 § 2 CIC/1983 auf der Grundlage der Verfahrensakten, Urkunden und Gutachten gebildet wird.

---

[171] Vgl. ENGEL-RIES, Inkonsummationsverfahren (s. Anm. 83), 53 f. mit Hinweis auf ein Antwortschreiben des Amtes bei der Römischen Rota an die Ehegatten. Das Ehenichtigkeitsverfahren wurde positiv entschieden.

[172] Vgl. ebd., 55 f.

[173] Vgl. ebd., 50.

[174] Hinsichtlich des Vorliegens einer absoluten Gewissheit besteht absolut kein Zweifel bezüglich einer vorliegenden Tatsache. Zudem wird „das Nichtbestehen des Gegenteils" (HUBER, J., Die moralische Gewissheit des Richters [c. 1608 CIC/1983]: DPM 21/22 [2014/2015] 377-396, 380) nicht angenommen. Das Vorliegen einer Wahrscheinlichkeit oder Quasi-Gewissheit impliziert, dass nicht jeder Zweifel, der begründbar ist, ausgeschlossen werden kann. Zudem besteht eine begründete Furcht darin, unrecht zu haben. Während die absolute Gewissheit mit Blick auf den Nichtvollzug einer Ehe kaum festzustellen sein wird, kann die Quasi-Gewissheit als Grundlage für einen päpstlichen Gnadenakt hingegen wohl kaum herhalten.

[175] Vgl. LÜDICKE, MKCIC, c. 1608, Rdnr. 2 (Stand: April 1990).

[176] Vgl. LÜDICKE, MKCIC, c. 1606, Rdnr. 4 (Stand: April 1990).

[177] Vgl. HUBER, Die moralische Gewissheit (s. Anm. 174), 378.

5.3.2. Bericht des Untersuchungsführers[178]

Gemäß der Norm des c. 1704 § 1 CIC/1983 hat der Untersuchungsführer einen geeigneten Bericht (*relatio*) mit sämtlichen Akten an den zuständigen Diözesanbischof zu übersenden. Darin hat er die Tatsache des Nichtvollzugs als auch das Vorhandensein eines gerechten und angemessenen Grundes zur Erteilung des Gnadenerweises klar darzulegen[179]. Anzufragen ist, ob die *relatio* auch die subjektive Meinung des Untersuchungsführers in Form eines Votums inkludieren kann. Luigi CHIAPPETTA spricht sich dafür aus und verweist darauf, dass es keine gegenteilige geltende Norm zu dieser Auffassung gäbe, wenn zugleich auch die Konsultoren der Studiengruppe *De processibus* gegenteiliger Meinung gewesen seien[180].

5.3.3. Animadversiones

Bereits die Norm des c. 1432 CIC/1983 ordnet an, dass in Weihenichtigkeitssachen, Ehenichtigkeitssachen und Nichtvollzugsverfahren Bandverteidiger einzusetzen sind, die vernünftige Gründe vorbringen sollen, die gegen die Nichtigkeit oder Auflösung sprechen[181]. So kann er etwa Zweifel am Nichtvollzug oder Mängel eines gerechten und angemessenen Grundes zur Auflösung vorbringen, die jedoch vernünftig sein und der objektiven Wahrheitsfindung dienen sollen. Eine Stellungnahme gegen die Auflösung um jeden Preis oder unter Vorgabe falscher Tatsache ist selbstredend nicht angebracht[182]. Bestehen begründete und vernünftige Zweifel a) am Nichtvollzug; b) am Vorhandensein eines gerechten Grundes sowie c) am Ausschluss eines entstehenden Ärgernisses, hat der Band-

---

178 Die *Litterae circulares* übersetzen anders als der CIC/1983 den lateinischen Terminus *instructor* mit „Untersuchungsführer" ins Deutsche. Auf diese Weise wird nochmals deutlich, dass der Untersuchungsführer keinen richterlichen Part innerhalb einer Urteilsfällung einnimmt, sondern die gesamte Beweiserhebung als Voruntersuchung verantwortet und einen abschließenden Bericht an den zuständigen Diözesanbischof zukommen lässt; vgl. LÜDICKE, MKCIC, c. 1561, Rdnr. 3 (Stand: April 1990). An dieser Stelle sei zugleich an den „Vernehmungsrichter" (*auditor*) erinnert, der die prozessuale Beweiserherbung – meist in Streitverfahren – gemäß der ihm vorgelegten Fragen durchführt (vgl. LÜDICKE, MKCIC, c. 1561, Rdnr. 3 [Stand: April 1990]) und darin das Gericht entlastet, bei der Urteilsfindung allerdings nicht unmittelbar mitwirkt (c. 1428 §§ 1 und 3 CIC/1983); vgl. AYMANS / MÖRSDORF / MÜLLER, KanR IV (s. Anm. 56), 315. Dem zuvor Gesagten folgend wäre zu überlegen, ob hinsichtlich der Nichtvollzugsverfahren nicht besser vom *auditor* die Rede sein sollte.

179 Vgl. CONGR. SACRAMENTIS, Litterae circulares (s. Anm. 21), Nr. 21.

180 Vgl. CHIAPPETTA, Il Codice (s. Anm. 6), Nr. 5799 mit Verweis auf PCR, Sessio VII/1979 (s. Anm. 145), 278.

181 Vgl. CONGR. SACRAMENTIS, Litterae circulares (s. Anm. 21), Nr. 22.

182 Vgl. GÜTTLER, Kirchliche Eherechtsordnung (s. Anm. 3), 89 und LÜDICKE, MKCIC, c. 1432, Rdnr. 3 (Stand: März 1988).

verteidiger diese in seinen *animadversiones* zu berücksichtigen[183]. Eine Auflösung nichtvollzogener Ehen ist für die Öffentlichkeit oftmals nur schwer nachzuvollziehen, da sie die Ehe äußerlich als intakt betrachten. Aus diesem Grund gilt das öffentliche Wohl in einem Nichtvollzugsverfahren als besonders gefährdet. Der Ehebandverteidiger hat, um dieses Ärgernis vorzubeugen und zugleich das *bonum publicum* zu schützen, mögliche Mängel, die gegen die Auflösung und demnach für die Ehe sprechen, „in logischer und nachvollziehbarer Weise" aufzudecken und so zur Wahrheitsfindung beizutragen[184]. Auch soll er am beauftragen Gericht oder am Gericht der Diözese des beauftragten Priesters tätig sein[185]. Ist ein Ehenichtigkeitsverfahren bereits gerichtsanhängig, soll derselben Person diese Funktion übertragen werden[186].

5.3.4. Stellungnahme des Bischofs

Nach Abschluss des Beweiserhebungsverfahrens hat der zuständige Bischof ein Votum „zum wahren Sachverhalt sowohl über die Tatsache des Nichtvollzugs als auch über den gerechten Grund zur Dispenserteilung und über die Angemessenheit des Gnadenerweises" (c. 1704 § 1 CIC/1983) zu erstellen[187]. Das Gutachten geht daher zum einen der Tatsachenlage des Nichtvollzugs einer konkreten Ehe nach. Es soll konstatieren, ob der Nichtvollzug der Ehe objektiv und mit moralischer Gewissheit festgestellt werden kann. Der zum anderen festzustellende gerechte Grund zur Auflösung der Ehe umfasst meist das Heil der Seelen. So etwa stellt eine unheilbare Zerrüttung einen gerechten Grund zur Auflösung dar[188]. Hinsichtlich der Angemessenheit zur Dispensgewährung muss der zuständige Bischof der Frage nachgehen, ob ein Ärgernis durch die Auflösung der nichtvollzogenen Ehe zu befürchten wäre[189]. In seinem Votum hat er die Stellungnahme des Bandverteidigers einzubeziehen[190]. Es steht ihm frei, sich dem Bericht des Untersuchungsführers anzuschließen. Dies soll in den Akten vermerkt werden[191]. Sämtliche Akten, die Stellungnahme des Bandverteidigers und

---

183 Vgl. SCHÖCH, Aktualität des Verwaltungsverfahrens (s. Anm. 9), 588.

184 Vgl. GÜTTLER, Kirchliche Eherechtsordnung (s. Anm. 3), 67 und LÜDICKE, MKCIC, c. 1701, Rdnr. 2 (Stand: November 1991).

185 Vgl. LÜDICKE, MKCIC, c. 1701, Rdnr. 4 (Stand: November 1991).

186 Vgl. ebd., Rdnr. 3 (Stand: November 1991).

187 Vgl. CONGR. SACRAMENTIS, Litterae circulares (s. Anm. 21), Nr. 23 c.

188 Vgl. GÜTTLER, Kirchliche Eherechtsordnung (s. Anm. 3), 86 f.

189 Vgl. LÜDICKE, MKCIC; c. 1704, Rdnr. 3 (Stand: November 1991) mit Verweis auf PCR, Sessio VII/1979 (s. Anm. 145), 278 f.

190 Vgl. LÜDICKE, MKCIC, c. 1705, Rdnr. 2 (Stand: November 2012).

191 Vgl. SCHÖCH, Aktualität des Verwaltungsverfahrens (s. Anm. 9), 588.

das bischöfliche Votum müssen in dreifacher Ausfertigung dem Apostolischen Stuhl zugesandt werden[192]. Lehnt der Diözesanbischof die Bittschrift ab, kann sie verbessert eingereicht werden. In Folge einer erneuten Ablehnung steht es dem Antragssteller frei, Rekurs bei der Römischen Rota einzulegen[193].

Hat der angegangene Diözesanbischof das Verfahren einem Gericht oder einem Priester einer anderen Diözese anvertraut, muss er dennoch selbst das Votum erstellen (c. 1704 § 2 CIC/1983)[194]. In den Fällen, in denen gemäß c. 1678 § 4 n.F. CIC/1983 das Verwaltungsverfahren aus einem Ehenichtigkeitsverfahren hervorgegangen ist, muss das Gutachten vom Bischof des Regional- oder Inter-diözesangerichts erbracht werden, der jedoch zumindest hinsichtlich der Angemessenheit der Dispensgewährung den Diözesanbischof des Wohnsitzes des Antragstellers zunächst zu konsultieren hat (Art. 154 § 1 DC)[195]. Dem zuständigen Bischof obliegt es zudem, die Ausfertigung der Stellungnahme zu delegieren. Bevor er sie jedoch an die Römische Rota übersendet, muss er sie sich zu eigen machen[196].

5.3.5. Prüfung durch das Verwaltungsamt bei der Römischen Rota

Über das Vorliegen der Tatsache des Nichtvollzugs sowie eines gerechten Grundes zur Erteilung der Dispens urteilt ein bei der Römischen Rota eingerichtetes Amt, das vom Dekan der Rota geleitet wird[197]. Dieses ist in seiner Tätigkeit in Gänze an die zuvor analysierten Normen gebunden. Davide SALVATORI sieht mit Recht den Grund für die Tätigkeit des Amtes darin, den Papst bei der Gewährung der Bitte um Auflösung zu unterstützen[198].

Nachdem der beim Offizium eingegangene Fall registriert ist, gibt der Dekan der Römischen Rota die Verfahrensdurchführung statt. Hiernach erfolgt eine Überprüfung der eingereichten Unterlagen durch den Leiter des Amtes, wobei darauf zu achten sein wird, ob mögliche formale Fehler vorliegen (z.B. falsche Zuständigkeit auf diözesaner Ebene, mangelnder Nachweis relevanter Dokumente wie Sachverständigengutachten, fehlende Vorlage der Berichte des Untersuchungsführers, des Bandverteidiger sowie des Bischofs, mangelnde Vorlage der origi-

---

192 Vgl. RAMBACHER, Eheverfahren (s. Anm. 72), 1715.

193 Vgl. SCHÖCH, Aktualität des Verwaltungsverfahrens (s. Anm. 9), 584.

194 Vgl. CHIAPPETTA, Il Codice (s. Anm. 3), Nr. 5800.

195 Vgl. CONGR. SACRAMENTIS, Litterae circulares (s. Anm. 21), Nr. 23 b und CHIAPPETTA, Il Codice (s. Anm. 6), Nr. 5801.

196 Vgl. ebd., Nr. 23 a.

197 Vgl. FRANZISKUS, PraedEv (s. Anm. 2), Art. 201 § 3 und RAMBACHER, Eheverfahren (s. Anm. 72), 1715.

198 Vgl. SALVATORI, Competenza (s. Anm. 53), 274.

nalgetreuen Abschriften der Akten mit Siegel des Notars)[199]. Ebenso ist zu berücksichtigen, dass der Antrag begründet ist und keinen schwierigen Fall im
Sinne des c. 1699 § 2 CIC/1983 darstellt, der nicht bereits vor Beginn der Beweiserhebung auf diözesaner Ebene an den Apostolischen Stuhl herangetragen
wurde. Liegt ein solcher schwieriger – zuvor nicht eingereichter – Fall vor, hat
sich der Leiter des Amtes mit dem Dekan der Rota zu beraten. Der Vorgang
kann in diesen Fällen eingestellt werden[200]. Weisen die formalen Elemente hingegen Mängel auf, wird der zuständige Bischof um deren Behebung gebeten[201].
Nach diesem Verfahrensabschnitt lässt der Dekan der Rota die Unterlagen dem
Ehebandverteidiger zukommen, der innerhalb von 21 Tagen seine *Animadversiones* zu verfassen hat. Dieser hat sich erneut zu vergewissern, ob keine Verfah-
rens- und Sachmängel vorliegen. Nachdem der Dekan, der den Vorsitz der
Kommission führt, diese Stellungnahme erhalten hat, ernennt er die drei *Commissari deputati alla decisione,*[202] die an der Entscheidungsfindung beteiligt
sind. Die Tatsache der drei Kommissare ist kongruent zu dem in Streitsachen,
die das Band der Ehe betreffen, vorgeschriebenen Kollegialgericht gemäß
c. 1425 § 1 °1 CIC/1983 zu werten.

Im Fall von Uneinigkeit unter den drei Kommissaren wird ein viertes Gutachten
beantragt. Wird durch dieses eine dreiviertel Mehrheit erreicht, müssen die
Kommissare nicht erneut zusammentreten. Andersfalls kann der Fall zur
Prüfung an die Diözese zurückgegeben (c. 1705 § 2 CIC/1983) oder bei fehlender Hoffnung auf ausreichend neue Beweise eingestellt werden[203]. Im Falle
einer Ablehnung der Bitte um Auflösung durch den Apostolischen Stuhl hat der
Rechtskundige dann die Möglichkeit in sämtliche Akten – mit Ausnahme des
bischöflichen Votums – Einsicht zu nehmen und bei bisher ungenannten gewichtigen Gründen um ein neues Verfahren zu bitten (c. 1705 § 3 CIC/1983).
Dieses Vorgehen zeigt zum einen, dass der Rechtskundige in diesem Verfahrensabschnitt nicht einfach nur eine unterstützende und beratende, sondern eine

---

199 Vgl. ebd., 281-284.

200 Vgl. ebd., 284 f.

201 LA MORGIA, La dispensa (s. Anm. 23), 144.

202 Davide SALVATORI weist aus gutem Grund darauf hin, dass Struktur und Wesen des
Wirkens des Offiziums nahezu unverändert geblieben sind (Competenza [s. Anm. 53],
287, Anm. 37 mit Verweis auf SACRA CONGREGATIO DE DISCIPLINA SACRAMENTORUM,
Normae particulares de consultoribus ad tractandum de casibus „super rato",
28.10.1927: Congregatio de Cultu Divino Et Disciplina Sacramentorum [Hrsg.],
Collectanea documentorum ad causas pro dispensatione super „rato et non consummato" et a lege sacri coelibatus obtinenda, inde in Codice Iuris Canonici anni 1917. Città
del Vaticano 2004, 63-65, 64 f.)

203 Vgl. SALVATORI, Competenza (s. Anm. 53), 287-289; LA MORGIA spricht gar von der
Möglichkeit eines fünften Kommissionsmitgliedes (La dispensa [s. Anm. 23], 148).

bedeutsame Funktion wahrnehmen soll[204]. Fraglich bleibt an dieser Stelle jedoch, ob und wer in die Akten Einblick nehmen kann, wenn die bittstellende Partei keine Dienste eines Rechtskundigen in Anspruch genommen hat. Zum anderen wird hierin aber ebenso ersichtlich, dass es sich bei diesem Verfahren um einen wirklichen Gnadenakt handelt. Sind neue schwerwiegende Gründe zu erkennen und nachweisbar, sind neue *Animadversiones* durch den Bandverteidiger, ein neuer Bericht des Untersuchungsführers sowie ein neues bischöfliches Votum zu erstellen[205].

Im Falle einer positiven Entscheidung durch die Kommissare erstellt der Leiter des Amtes, der bei der Sitzung der Kommissare anwesend ist, eine Zusammenfassung zum Fall, die die gerechten Gründe sowie die Angemessenheit der Gewährung beinhaltet. Dieses Schriftstück wird dem Papst in einer Audienz vom Dekan zur Unterschrift und somit zur Gewährung der Bitte um Auflösung vorgelegt[206].

5.3.6. Gnadenerweis sui generis

5.3.6.1. Päpstliches Handeln als Vicarius Christi

Auch wenn sich die Ehegatten hinsichtlich der Bitte um Auflösung der nichtvollzogenen Ehe an den zuständigen Diözesanbischof wenden (c. 1699 § 1 CIC/1983), so ist das Bittschreiben dennoch an den Papst zu richten, der allein befugt ist, über diese Angelegenheit zu entscheiden (c. 1698 § 2 CIC/1983)[207]. Darüberhinausgehend besitzt jeder Gläubige gemäß c. 1417 CIC/1983 das Recht, sich in direkter Weise an den Papst zu wenden, der jedoch für gewöhnlich die Sache über das Staatssekretariat an die zuständigen Diözesen weiterleiten wird. Noch die Instruktion *Dispensationis Matrimonii* vom 07.03.1972 erwähnt diese Möglichkeit,[208] die in den kodikarischen und außerkodikarischen Normen zum Nichtvollzugsverfahren jedoch nicht mehr genannt wird.

Während c. 1698 § 2 CIC/1983 eindeutig normiert, dass allein der Papst die Dispens zur Auflösung einer nichtvollzogenen Ehe gewähren kann, ist auf Auffassungen in der Kodex-Reformdiskussion hinzuweisen, denen zufolge diese

---

[204] Vgl. STAMM, Erlangung der Dispens (s. Anm. 43), 82, Anm. 26.

[205] Vgl. SCHÖCH, Aktualität des Verwaltungsverfahrens (s. Anm. 9), 591.

[206] Vgl. SALVATORI, Competenza (s. Anm. 53), 292 und LA MORGIA, La dispensa (s. Anm. 23), 146.

[207] Vgl. CHIAPPETTA, Il Codice (s. Anm. 6), Nr. 5781.

[208] Vgl. SACRA CONGREGATIO DE DISCIPLINA SACRAMENTORUM, Instructio Dispensationis matrimonii, 07.03.1972: AAS 64 (1972) 244-252, 246, Nr. I b.

Vollmacht auch an Bischöfe übertragen werden könnte[209]. Die Konsultoren der Kodex-Reformkommission begründeten die Gewährung der Dispens durch den Papst gemäß c. 1698 § 2 CIC/1983 letztendlich aber damit, dass es „ohne Stellungnahme zum doktrinären Problem"[210] sinnvoller sei, dem Papst diese Kompetenz zuzuschreiben. Auch in der aktuellen Literatur gibt es Autoren, die diese Übertragung der Vollmacht an Bischöfe befürworten. So kritisiert Joaquín SEDANO beispielsweise das Vorgehen, die Dispenserteilung unabhängig von der Betrachtung der sakramentalen Realität der Ehe lediglich auf die Vollmacht des Papstes zu stützen. Wenn die nichtvollzogene Ehe nicht absolut unauflöslich sei, so SEDANO, wäre es inkonsequent, warum sie nur durch die Vollmacht des Papstes, aber nicht durch einen Akt der örtlichen Hierarchie aufgelöst werden könne[211]. Auch Barbara ENGEL-RIES zufolge sei es vordergründig der Bischof, der die pastorale Situation vor Ort sowie ein Ärgernis besser einschätzen könne. Eine Übertragung dieser Vollmacht an den Bischof sei aber nur vertretbar, so ENGEL-RIES, wenn die päpstliche Reservation durch positive Entscheidung des Gesetzgebers erfolgte und nicht auf einem *ius divinum naturale* gründe[212]. Wenn jedoch die Auflösung nichtvollzogener Ehen durch den Papst göttlichen Rechts ist und seiner Gewalt als Stellvertreter Christi entspringt, sei es unmöglich, diese Kompetenz an einen Bischof zu delegieren[213]. Papst PIUS XII. selbst hingegen bezeichnete diese dem Papst zukommende Vollmacht als *potestas ministerialis*[214]. Die Auflösung als Bezeichnung „der Dispens vom göttlichen Gesetz der Unauflöslichkeit der gültigen, aber nicht vollzogenen Ehe durch den Papst [vollzieht er] kraft seiner Vikarsgewalt"[215]. Diese Vikarsgewalt kommt ihm allein durch sein Handeln als Stellvertreter Christi auf Erden zu (c. 331 CIC/1983), durch das ihm im innerkirchlichen Verfassungsgefüge gemäß 333 § 1 CIC/1983 zugleich die *potestas ordinaria propria* übertragen ist. Der Papst handelt demnach als Stellvertreter selbst, auch wenn er sein Handeln im Namen Gottes vollzieht[216].

---

[209] Vgl. PCR, Sessio VII/1979 (s. Anm. 145), 278; zur Ablehnung dieses Vorschlags siehe ebd., 275.

[210] LÜDICKE, MKCIC, c. 1698, Rdnr. 1 (Stand: November 2012) mit Verweis auf PCR, Sessio VII/1979 (s. Anm. 145), 275.

[211] Vgl. SEDANO, Die päpstliche Dispens (s. Anm. 37), 99.

[212] Vgl. ENGEL-RIES, Inkonsummationsverfahren (s. Anm. 83), 56 f.

[213] Vgl. LLOBELL, Quaerit semper (s. Anm. 7), 166.

[214] Papst PIUS XII., Allocutio, 03.10.1941: AAS 33 (1941) 421-426, 425.

[215] SCHÖCH, Aktualität des Verwaltungsverfahrens (s. Anm. 9), 563.

[216] Vgl. CONDE, La coppia coniugale (s. Anm. 12), 285 und KAISER, Ehen (s. Anm. 3), 61 und LA MORGIA, La dispensa (s. Anm. 23), 160 f., die die Gnade in den theologischen Auftrag des Papstes einordnet: „Il vincolo è sciolto da Dio stesso, il Papa agisce facendo

5.3.6.2. Päpstlicher Gnadenerweis per Reskript

Von der Gewährung einer Dispens in Nichtvollzugsverfahren zu sprechen (cc. 1698 §§ 1 u. 2, 1699 § 1, 1704 § 1, 1706 CIC/1983),[217] stellt im fachlichen Sinne einen nicht korrekten Gebrauch dieses Terminus dar[218]. Die Dispens ist eine Lösung „von der verpflichtenden Kraft eines rein kirchlichen Rechtssatzes in einem besonderen Fall"[219] durch die zuständige kirchliche Autorität. Die Dispensgewährung ist ein hoheitlicher Verwaltungsakt und kommt gemäß c. 85 CIC/1983 all jenen zu, die ausführende Gewalt besitzen oder diese von Rechts wegen oder qua Delegation erhalten[220]. Voraussetzung zur Gewährung einer Dispens ist das Vorliegen eines gerechten und vernünftiges Grundes (c. 90 § 1 CIC/1983). Die Dispens befreit im konkreten Einzelfall (z.B. Befreiung von einem Ehehindernis für eine Person oder Dispens vom Fastengebot für einen bestimmten Personenkreis) von der Verpflichtung, die ein Gesetz mit sich bringt, ohne das Gesetz als solches zu ändern oder gar aufzuheben[221]. Hinsichtlich der Auflösung des Ehebandes in der Folge eines Nichtvollzugsverfahren stellt sich die Frage, von welchem Gesetz hierbei dispensiert werden könnte. Das bestehende Eheband ist im *ius divinum naturale* grundgelegt; von ihm kann nicht dispensiert werden. Vielmehr wird das Eheband wegen Nichtvollzugs durch einen Gnadenakt ganz eigener Art aufgelöst, auf den keinerlei Rechtsanspruch besteht. Auch deshalb ist es allein der Papst, der diesen Akt kraft seiner ihm zukommenden Vikarsgewalt ausüben kann. Die gültig geschlossene, aber nichtvollzogene Ehe wird folglich durch einen Gnadenakt aufgelöst, weil

---

le veci di Dio e dunque non può moralmente non accordare sotto le condizione fissate dallo stesso diritto divino, quel favore concesso da Dio quando la salvezza dell'anima non può essere altrimenti garantita, d'altra parte questo potere vicario è stato conferito al Papa, non come un privilegio personale, ma proprio come mezzo per assicurare la stessa salus animae. L'azione del Sommo Pontefice è la sola causa che effettua lo scioglimento di quel matrimonio, accogliendo la supplica di quei coniugi legati da quel vincolo, nessuno altro potrebbe invocare quella "grazia" senza aver ricevuto incarico dai coniugi stessi e tanto meno senza il loro consenso o almeno di uno di essi, anche se l'altro fosse contrario, neppure a loro insaputa, lo stesso Romano Pontefice potrebbe sciogliere il loro matrimonio se la supplica non viene presentata, infatti si configurerebbe il pericolo di violare il diritto naturale dei coniugi a rimanere tali per tutta la vita nonostante quel loro matrimonio non possa essere consumato".

217 Vgl. CONGR. SACRAMENTIS, Litterae circulares (s. Anm. 21), Nrn. 3, 4, 7, 23 b, 23 c und 25.

218 Vgl. RAMBACHER, Nichtigerklärung (s. Anm. 25), 1397.

219 AYMANS, W. / MÖRSDORF, K., Kanonisches Recht. Lehrbuch aufgrund des Codex Iuris Canonici. Bd. I: Einleitende Fragen und Allgemeine Normen. Paderborn u.a. [13]1991, 269.

220 Vgl. ebd., 274.

221 Vgl. ebd., 270.

menschlicher Wille und Fähigkeit gefehlt haben, um diese Ehe zu vollenden[222]. Folgerichtig definiert c. 862 CCEO dieses Vorgehen als Auflösung der nichtvollzogenen Ehe[223].

Entscheidet das Amt, dass der Nichtvollzug bewiesen ist und hinreichende – gerechte und angemessene – Gründe zur Auflösung der nichtvollzogenen Ehe vorliegen, obliegt es dem Papst, diesen Gnadenakt zu gewähren[224]. In dieser Entscheidung ist er vollkommen frei, auch wenn natürlich die damit einhergehende Verantwortung gegenüber einer gerechten und angemessenen Anwendung des kirchlichen Rechts sowie dem Heil der Seelen nicht außer Acht gelassen werden darf[225]. Gegen die Ablehnung durch den Papst sind keinerlei Rechtsmittel vorgesehen[226]. Gibt der Papst der Bitte statt, ergeht der päpstliche Auflösungsbescheid durch Reskript an den zuständigen Bischof, damit jener die Änderungen in das Ehebuch des Eheschließungsortes sowie in das Taufbuch eintragen und die Ehegatten über die Gewährung informieren kann (c. 1706 CIC/1983)[227]. In Analogie zur Norm des c. 1705 § 3 CIC/1983, der zufolge das Votum des Bischofs bei Ablehnung der Bitte um Auflösung durch den Apostolischen Stuhl nicht eingesehen werden kann, ist auch das Reskript ohne Votum oder Begründung an den zuständigen Bischof zu übermitteln. Im Falle einer Ablehnung hat jedoch, wie die Norm zugleich grundlegt, der Rechtskundige die Möglichkeit, in sämtliche Akten – mit Ausnahme des bischöflichen Votums – Einsicht zu nehmen und bei bisher ungenannten gewichtigen Gründen um ein neues Verfahren zu bitten (c. 1705 § 3 CIC/1983).

Durch das Reskript als schriftlich erlassener Verwaltungsakt durch die zuständige kirchliche Autorität wird auf der Grundlage eines Antrags dem Bittsteller der Gnadenerweis (*gratia*) der Auflösung der nichtvollzogenen Ehe gewährt (c. 59 § 1 CIC/1983)[228]. Das Reskript kann ohne jegliche Begründung zur Auflösung der Ehe ausgestellt werden[229]. Die Auflösung durch päpstlichen Gnadenakt gilt *ex nunc,* also gemäß c. 62 CIC/1983 in dem Augenblick, „in cui il

---

[222] Vgl. STAMM, Erlangung der Dispens (s. Anm. 34), 77.

[223] Vgl. RAMBACHER, Nichtigerklärung (s. Anm. 72), 1397.

[224] Vgl. ENGEL-RIES, Inkonsummationsverfahren (s. Anm. 83), 50.

[225] Vgl. SOCHA, MKCIC, c. 59, Rdnr. 8 (Stand: November 2015).

[226] Vgl. AYMANS / MÖRSDORF / MÜLLER, KanR IV (s. Anm. 56), 558.

[227] Vgl. LÜDICKE, MKCIC, c. 1706, Rdnrn. 2 und 3 (Stand: November 2012).

[228] Vgl. KALB, H., § 10 Verwaltungsakt und Verwaltungsverfahren: HdbKathKR[3], 163-182, 173.

[229] Vgl. STAMM, Erlangung der Dispens (s. Anm. 34), 78.

Romano Pontefice nell'udienza concessa al Prefetto della C. dei Sacramenti"[230] die Gnade gewährt.

In Analogie zu c. 1682 § 2 n.f. CIC/1983 sowie Art. 300 § 1 DC sind zum Schutz des Rechtsinstituts der Ehe gegebenenfalls ebenso erteilte Klauseln im Ehe- und Taufbuch einzutragen. Maria LA MORGIA hält zu Recht fest, dass ein mögliches Verbot, eine neue Ehe einzugehen, nicht nur eine Gewissensverpflichtung, sondern eine rechtliche Verpflichtung darstellt. Die Klauseln gelten folglich vom Momentan ihrer Mitteilung an und werden erst durch das Handeln der zuständigen Autorität aufgehoben[231]. Die *Litterae circulares* unterscheiden zwischen jenen Klauseln, die nur durch den Apostolischen Stuhl aufgehoben (Nr. 24) und denen, die durch den Diözesanbischof beseitigt werden können (Nr. 25). Mit Verweis auf die Instruktion *Dispensationis Matrimonii*[232] wird meist bei einer Ursache des Nichtvollzugs von geringer Bedeutung oder im Falle vorübergehender Eheuntauglichkeit eine *mens* erteilt, von der der zuständige Bischof befreien kann[233]. Zur Befreiung dieser Klausel hat sich dieser an die Vorgaben aus dem Reskript zu halten und vom Gatten entweder eine ärztliche Untersuchung einzufordern, die nachweist, dass er den ehelichen Pflichten nachkommen kann oder (*aut*) ein ernsthaftes Versprechen darüber zu verlangen, dass er die ehelichen Pflichten zu erfüllen bereit ist. Hierbei ist davon auszugehen, dass sich die Klausel nur auf den Ehegatten bezieht, aufgrund dessen die Ehe nichtvollzogen werden konnte. Die Aufhebung ist hingegen in solchen Fällen an den Apostolischen Stuhl gebunden, in denen der Nichtvollzug auf stärkeren physischen oder psychischen Problemen gründet und daher zu einer schwerwiegenden und dauerhaften Eheuntauglichkeit führt. In diesen Fällen wird ein *vetitum* erteilt[234].

Besteht die begründete Vermutung, dass die Ehe nichtig ist, wird unter dem päpstlichen Auflösungsbescheid qua Reskript zudem die Klausel „*ad cautelam super dubio nullitatis matrimonii*" hinzugefügt. Da wie bereits angeführt, eine nichtige Ehe weder vollzogen noch nichtvollzogen werden kann, kann folglich auch die Auflösung einer nichtvollzogenen Ehe nur unter der Bedingung gewährt werden, dass die Ehe zuvor gültig geschlossen worden ist[235]. Daneben ist eine Gewährung auch nur dann rechtmäßig, wenn es für sie einen gerechten und

---

230 CHIAPPETTA, Il Codice (s. Anm. 6), Nr. 5805.

231 Vgl. LA MORGIA, La dispensa (s. Anm. 23), 166.

232 Vgl. CONGR. DISCIPLINA SACRAMENTORUM, Instr. Dispensationis matrimonii (s. Anm. 208), 251, Nr. III a.

233 Vgl. STAMM, Erlangung der Dispens (s. Anm. 34), 84.

234 Vgl. CONGR. DISCIPLINA SACRAMENTORUM, Instr. Dispensationis matrimonii (s. Anm. 208), 251 f., Nr. III b.

235 Vgl. STAMM, Erlangung der Dispens (S. Anm. 34), 85.

angemessenen Grund gegeben hat. Aus diesen Gründen ist auch der päpstliche Gnadenakt nie endgültig. So ist eine nach der Gewährung geschlossene Ehe für nichtig zu erklären, wenn die erste Ehe tatsächlich geschlossen und auch vollzogen worden ist[236]. Aus Gründen der Rechtssicherheit und Beweisbarkeit sollte somit auch die Unwirksamkeit dieses Verwaltungsaktes der Gnadengewährung, der mit einem Gesetz – hier konkret mit c. 1141 CIC/1983 – in Widerspruch steht und folglich die durch das objektive Recht gesetzten Grenzen überschreitet, amtlich festgestellt werden (c. 38 CIC/1983).[237] Mit der Norm des c. 63 §§ 1 u. 2 CIC/1983 können das Verschweigen wahrer Tatsachen als auch die Angabe falscher Begebenheiten die Ungültigkeit des Reskripts bewirken. Gemäß § 1 ist das Reskript ungültig, wenn Angaben verschwiegen wurden (*subreptio*), die gemäß „dem Gesetz, dem Amtsbrauch und der kanonischen Gepflogenheit entsprechend zur Gültigkeit" erforderlich sind. Der Norm des c. 63 § 2 CIC/1983 zufolge besteht eine Ungültigkeit, wenn falsche Tatsachen angegeben wurden (*obreptio*), es sei denn, zumindest ein genannter Grund trifft für die erteilte Gewährung zu.[238] In diesen Fällen, in denen die Autorität „an der Wahrheit wichtiger Angaben [zweifelt], (...) wird sie es nicht unterlassen dürfen, geeignete Nachforschungen anzustellen"[239]. Hierbei ist vor allem die Prüfung der Glaubwürdigkeit des Widerrufs von Nöten. Beispielsweise können ärztliche Bescheinigungen zu Tage treten, die das Gegenteil beweisen. Das Amt bei der Römischen Rota hat dann die Glaubwürdigkeit der beiden unterschiedlichen Aussagen abzuschätzen[240]. Heinz-Meinolf Stamm sieht es gar als möglich an, dass der Gnadenakt rückgängig gemacht werden könne, wenn etwa „die Parteien wider alle Erwartung sich versöhnt, ihr Eheleben wieder aufgenommen und die Ehe vollzogen haben". Auch dies wird durch Reskript des Apostolischen Stuhls vollzogen, „das dem Bischof zugestellt wird, der es an die Parteien weiterleitet und dafür sorgt, daß in den entsprechenden Pfarrbüchern die Rückgängigmachung eingetragen wird"[241].

---

[236] Vgl. CONGR. DISCIPLINA SACRAMENTORUM, Instr. Dispensationis matrimonii (s. Anm. 208), 248, Nr. II f. und CHIAPPETTA, Il Codice (s. Anm. 6), Nr. 5806.

[237] AYMANS / MÖRSDORF, KanR I (s. Anm. 219), 250 und SOCHA, MKCIC, c. 63, Rdnr. 16 (Stand: November 2015) mit Verweis auf DERS., MKCIC, c. 38, Rdnr. 9 (Stand: Dezember 2013).

[238] Vgl. KALB, Verwaltungsakt und Verwaltungsverfahren (s. Anm. 228), 174.

[239] AYMANS / MÖRSDORF, KanR I (s. Anm. 219), 250.

[240] Vgl. SCHÖCH, Aktualität des Verwaltungsverfahrens (s. Anm. 9), 592.

[241] STAMM, Erlangung der Dispens (s. Anm. 34), 82, Anm. 27.

6. FAZIT

Die Beschreibung des Inkonsummationsverfahrens hat ergeben, dass mehrere zentrale Prinzipien seinen Hintergrund bilden:

Das Verfahren baut auf der grundsätzlichen Einsicht über die Unauflöslichkeit der gültigen und vollzogenen Ehe auf. Es konnte aufgezeigt werden, dass ebenjene Unauflöslichkeit eine Wesenseigenschaft der – sakramentalen wie nichtsakramentalen – Ehe darstellt, von der nicht leichtfertig abgesehen werden kann. Im Hintergrund steht hier die dogmatisch fundierte Differenzierung zwischen der Gültigkeit der Ehe durch den vor Zeugen bekundeten Konsens beider Ehepartner und ihrem Vollzug in körperlicher und geistiger Vereinigung, die beide im Horizont der Ganzhingabe gesehen werden müssen, für die die Ehe sakramentales Bild ist. Konsensaustausch und Vollzug schließen sich somit nicht aus, sondern bilden zwei Aspekte eines Ganzen. Der nichtvollzogene eheliche Akt stellt daher eine ernsthafte Einschränkung des Wesens der Ehe selbst dar, worin die Grundlage für die rechtliche Möglichkeit der Inkonsummation besteht.

Da nichtvollzogene Ehen zugleich jedoch gültig und damit im Raum kirchlicher Öffentlichkeit geschlossen wurden, kann die Inkonsummation nicht als ordentliches Verfahren im Sinn der cc. 1672-1673 n.F. CIC/1983 verstanden werden. Denn während Ehenichtigkeitsverfahren die Ungültigkeit einer Ehe feststellen und damit den Parteien zu ihrem Recht gem. c. 219 i.V.m. c. 1058 CIC/1983 verhelfen, kann die Auflösung gültiger Ehen aufgrund ihres Nichtvollzugs nur durch päpstlichen Gnadenakt erfolgen. Es zeigt sich hier eine grundsätzliche Abwägung zwischen dem Wohl der anfragenden Parteien und der möglichen Schädigung der gesamten kirchlichen *Communio*.

Vor diesem Hintergrund ist einsichtig, dass die Auflösung der nichtvollzogenen Ehe ein Gnadenakt des Papstes ist, der im Rahmen seiner *potestas ordinaria propria* hier als *vicarius Christi* handelt und im Rahmen seines Amtes um die Einheit der Kirche Sorge tragen muss, zugleich aber dem Diözesanbischof bei der Aufnahme des Verfahrens sowie der Beweisführung eine entscheidende Rolle zukommt. Die Perichorese von Teil- und Gesamtkirche bei der Bearbeitung der Nichtvollzugsverfahren spiegelt so nicht nur die *Communio*-Struktur der Kirche wider, sondern ist zugleich Ausdruck der doppelten Bedeutsamkeit der Inkonsummationsverfahren sowohl für die anfragenden Parteien, die in der jeweiligen Teilkirche beheimatet sind, aber auch für die kirchliche Öffentlichkeit als solche. Dieser Bedeutung wurde auch durch die Einrichtung des *Officium de processibus dispensationis super matrimonio rato et non consummato* bei (*apud*) der Rota Romana Sorge getragen.

Auch wenn die Bearbeitung von Bitten um die Auflösung der nicht vollzogenen Ehe formal keine Verfahren darstellen, sondern Verwaltungsakte sind, wurde deutlich, dass die die einzelnen Elemente einem ordentlichen Verfahren in weiten Teilen nachempfunden sind. In diesem Sinne konnte das Inkonsummationsverfahren in (1) die Verfahrenseinleitung, (2) die Durchführung der Beweiserhebung sowie (3) den Verfahrensabschluss gegliedert werden. In einem ersten Schritt ist in der Regel der Diözesanbischof des Wohnortes oder des Nebenwohnsitzes des Bittstellers für die Entgegennahme des Antrags, der Bemühung um Aussöhnung der Ehegatten und der Beweisaufnahme zuständig. Der zuständige Bischof benennt hierbei einen Untersuchungsführer, einen Ehebandverteidiger und einen Notar, während den Parteien das Recht offensteht, einen Rechtskundigen auszuwählen, der allerdings nicht mit dem Rechtsbeistand bei einem ordentlichen Verfahren zu verwechseln ist, da es sich bei Nichtvollzugsverfahren formal gesehen um Verwaltungsakte handelt. So ist ersterer etwa nicht befugt, an Vernehmungen durchzuführen oder nicht offengelegte Akten des Falls einzusehen. Die Beweiserhebung selbst ist hierbei grundsätzlich von der Suche nach *argumenta moralia* und *argumenta physica* durch Anhörungen, Zeugenaussagen und der Vernehmung von Sachverständigen geprägt, um eine Entscheidung mit notwendiger moralischer Gewissheit zu fällen, wobei offensichtlich wurde, dass der Gesetzgeber den *argumenta moralia* höheren Wert einräumt. Das Verfahren kann nur dann die diözesane Ebene verlassen und dem Papst vorgelegt werden, wenn eine *causa iusta* vorliegt und ein Ärgernis der Kirche und Öffentlichkeit ausgeschlossen werden kann. Daher prüft das bei der Römischen Rota angesiedelte Verwaltungsamt die zugesandten Dokumente. Sollte der Antrag positiv entschiedet werden, bittet der Dekan den Papst in einer Audienz um die Gewährung der Bitte um Auflösung. Eine solche Auflösung stellt dann einen Gnadenakt *sui generis* dar, auf den keinerlei Rechtsanspruch besteht. Der Anspruch des Gesetzgebers besteht demnach darin, Balance zwischen einer dreifachen Dualität zu halten: (1) Zwischen Gesamtkirche und Teilkirche, (2) zwischen dem Recht der Parteien auf ein *ordentliches* Verfahren und einer möglichen Schädigung der Gesamtkirche und (3) zwischen dem Anspruch auf ein ordentliches Verfahren und der Betonung, dass das Inkonsummationsverfahren nicht als Prozess, sondern als Verwaltungsakt zu begreifen sei.

Werden die hier zusammengetragenen Ergebnisse in diesem Lichte betrachtet, zeigt sich, dass dem Gesetzgeber diese Abwägung nicht immer gelingt:

Das Nichtvollzugsverfahren ist offensichtlich an die Normen des ordentlichen Streitverfahrens und speziell des Ehenichtigkeitsverfahrens angelehnt. Daher verwundert die Einführung von Unterscheidungen, die ebendiese Normen zu unterlaufen scheinen. Das gilt insbesondere für die Funktion des Rechtskundigen (c. 1705 § 3 CIC/1983) gegenüber eines wirklichen Rechtsbeistands nach Maßgabe von c. 1481 § 1 CIC/1983. Denn auch, wenn das Nichtvollzugsverfahren formal einen Verwaltungsakt darstellt, ist nicht zu leugnen, dass die Anforderungen an die beteiligten Parteien sehr ähnlich sind. Es ist daher nicht zu verstehen, dass ein Rechtsbeistand für die bittstellenden Parteien nicht ermöglicht wird; auch, da dem Rechtskundigen zugleich deutlich weniger Kompetenzen zukommen (vgl. c. 1677 § 1 n.F. CIC/1983). Die Sorge um die Bewahrung des Inkonsummationsprozesses als Bitte, die der Papst aus Gnade gewähren kann und für die kein Rechtsanspruch vorliegt, scheint auch dann gewährleistet zu sein, wenn dem Rechtskundigen und damit vermittelt auch den durch ihn vertretenden die gleichen Rechte zukommen wie dem Anwalt in ordentlichen Verfahren.

Eine ähnliche Frage stellt sich bei der Beziehung von Ehenichtigkeits- zu Nichtvollzugsverfahren, auf die bereits mehrfach hingewiesen wurde. Immer wieder wurde aus Gründen der Prozessökonomie wie der pastoralen Abwägung aufgrund der faktisch zügigeren Bearbeitung des Nichtvollzugsverfahrens darauf hingewiesen, dass letztere vor dem Beginn eines ordentlichen Nichtigkeitsverfahrens angeordnet werden könnten. Eine solche Sicht muss zumindest angefragt werden, kann doch eine nichtige Ehe weder vollzogen noch nicht vollzogen worden sein und ist ein Ehenichtigkeitsverfahren daher rein sachlogisch vorzuziehen. Ebenso ist diesbezüglich zu bedenkcn, dass derweil bereits das erste Urteil, welches die Ehenichtigkeit feststellt, seine Gültigkeit besitzt und somit ein zeitaufwendiges doppeltes übereinstimmendes Urteil nicht mehr erforderlich macht (c. 1679 n.F. CIC/1983). Darüber sind die Inkonsummationsverfahren primär der Wahrheitssuche verpflichtet; einer solchen ist auf dem ordentlichen Gerichtsweg besser nachzugehen als in den durch die genannten Einschränkungen limitierten Nichtvollzugsverfahren. Es ergeben sich damit drei weitere Anregungen: (1) Nichtigkeitsverfahren sollten Nichtvollzugsverfahren grundsätzlich vorgezogen werden, außer dann, wenn (a) ein reguläres Nichtigkeitsverfahren negativ entschieden wird oder (b) der Nichtvollzug offensichtlich vorliegt und somit auch ein kürzerer Verlauf zum Seelenheil der beteiligten Personen möglich ist. (2) Es wäre anzuregen, den Übergang zwischen Nichtvollzugs- und Ehenichtigkeitsverfahren, der nach den *Litterae circulares* möglich wäre, besser abzusichern. Es müssten hier Fragen der Zuständigkeit ebenso klarer definiert werden wie Fragen der Aktenweitergabe und der Einbeziehung der Parteien. Daher wäre schließlich auch aus diesen Gründen (3) eine weitere Angleichung des Nichtvollzugsverfahrens an das Ehenichtigkeitsverfahren zu empfehlen, was gerade auch Fragen der Offenlegung von Akten und der Rechte der Parteien berührt.

Mit diesen Bemerkungen kann auch das Nichtvollzugsverfahren sich aktualisierend auf seinen Kern zurückbesinnen: Der Sorge um die Unauflöslichkeit der gültigen und vollzogenen Ehe und damit auch um ihren Wert als Sakrament. Inkonsummationsverfahren sind in diesem Horizont zu begreifen: „den Gläubigen zu dienen durch einen Dienst, der ihnen hilft, die Wahrheit über ihre Ehe zu begreifen"[242].

---

242 Papst FRANZISKUS, Allocutio, 25.01.2024. Online verfügbar: https://www.vatican.va/content/francesco/de/speeches/2024/january/documents/20240125-inaugurazione-rota-romana.html (zuletzt eing. am 28.11.2024).

ABSTRACTS

Dt.: Das Inkonsummationsverfahren verdeutlicht, dass eine durch den Konsensaustausch gültig geschlossene Ehe ihre absolute Unauflöslichkeit erst durch den Vollzug erlangt. Eine nichtvollzogene Ehe kann daher aus Sorge um das Seelenheil durch den Papst aufgrund seiner Vollmacht als *vicarius Christi* mittels eines Gnadenaktes aufgelöst werden. Das Verfahren selbst stellt ein beispielhaftes Zusammenwirken zwischen der Universalkirche und den Teilkirchen dar, das sich in den einzelnen Verfahrensabschnitten widerspiegelt. Im vorliegenden Beitrag werden diese Abläufe nicht nur analysiert, sondern auch anhand der einschlägigen Normen überprüft.

Ital.: Il processo di dispensa del matrimonio rato e non consumato chiarisce che ogni matrimonio validamente contratto mediante lo scambio del consenso diventa indissolubile in modo assoluto solo con la sua consumazione. Pertanto un matrimonio non consumato può essere sciolto dal Papa attraverso un atto di grazia, esercitato a beneficio della salvezza delle anime, in virtù della sua autorità di *vicarius Christi*. La procedura di dispensa, nelle sue diverse fasi, si fonda su un'interazione armoniosa tra la Chiesa universale e quella particolare. Questo articolo non solo analizza tale interazione, ma la verifica anche alla luce delle norme applicabili.

DAS EHENICHTIGKEITSVERFAHREN IN FORM DES *PROCESSUS BREVIOR* VOR DEM BISCHOF VON ROM. RISIKEN UND MÖGLICHE LÖSUNGSWEGE

von Sebastian Marx

1. EINLEITUNG

Der Papst bedient sich in der Ausübung seines Amtes als Hirte der universalen Kirche (c. 331) der Römischen Kurie, „durch die [er] die Geschäfte der Gesamtkirche zu besorgen pflegt" (c. 360). Zu ihren Einrichtungen gehören neben den Dikasterien, Wirtschaftsorganen, Ämtern und weiteren mit ihr verbundenen Einrichtungen auch die Gerichtshöfe, die die geltende Apostolische Konstitution über die Römische Kurie *Praedicate Evangelium* vom 19.03.2022 als „Organe der Gerichtsbarkeit" (*organismi di giustizia*) bezeichnet[1]. Hierzu zählen das Gericht der Römischen Rota, das Oberste Gericht der Apostolischen Signatur sowie der päpstliche Gnadenhof der Apostolischen Paenitentiarie[2].

Als Inhaber der *plena et suprema potestas* in der Kirche (c. 332 § 1) ist der Papst der oberste kirchliche Richter. Es gibt keine irdische Instanz, die über ihm steht und über ihn richten kann: „Gegen ein Urteil oder ein Dekret des Papstes gibt es weder Berufung noch Beschwerde" (c. 333 § 3). Um sein richterliches Handeln zum Wohl der Kirche ausüben zu können, bedient sich der Papst der Organe der Gerichtsbarkeit, deren Dienst „eine der wesentlichsten Funktionen in der Regierung der Kirche"[3] darstellt. Als Gerichtsorgane sind sie Einrichtungen, die der Gerechtigkeit dienen und die sich der einleitenden Norm zu den Gerichtshöfen aus *Praedicate Evangelium*[4] entsprechend unter Berücksichtigung der kanonischen Billigkeit am Seelenheil als *suprema lex* (c. 1752) der Kirche

---

1 Vgl. Papst FRANZISKUS, Apostolische Konstitution *Praedicate Evangelium* über die Römische Kurie und ihren Dienst für die Kirche in der Welt, 19.03.2022: AAS 114 (2022) 375-455 (VApSt 236) (im Folgenden „PraedEv"), Cap. VI, Art. 189-204.

2 Vgl. PraedEv, Art. 189 § 2.

3 PraedEv, Art. 189 § 1.

4 Vgl. ebd.; vgl. zur Bedeutung dieser neuen Einleitungsnorm OTTER, J., Die Rota Romana in der neuen Kurienkonstitution Praedicate Evangelium: DPM 29 (2022) 211-226, hier 213.

orientieren müssen. Auf diese Weise stehen sie – wie der gesamte Hirtendienst des Papstes – im Dienst der heilbringenden Botschaft Jesu Christi.

Der Papst ist jedoch nicht nur Hirte der Gesamtkirche, sondern auch, wie sich aus dem ersten Halbsatz des c. 331 ergibt, Bischof der Kirche von Rom. Als solcher ist er zugleich bischöflicher Vorsteher der territorial verfassten Teilkirche der Diözese Rom und Hirte der ihr entsprechenden *portio populi Dei*[5]. Daher kann man der Diözese Rom eine besondere Stellung zusprechen, insofern ihr eigener Bischof eine herausragende Doppelfunktion innehat[6]. Als Ortsordinarius besitzt der Bischof von Rom gesetzgebende, ausführende und richterliche Gewalt (c. 391 § 1). Die richterliche Gewalt übt er hierbei auf der diözesanen Ebene durch eigene kirchliche Gerichte aus[7]. Für beide Bereiche, den diözesanen und den universalkirchlichen, ist der Papst als Bischof von Rom Gerichtsherr und damit auch erster und eigentlicher Richter.

Bereits aufgrund der bloßen Existenz einer eigenen Gerichtsbarkeit für die Diözese Rom, die ihren Dienst unabhängig von den Organen der Gerichtsbarkeit der Römischen Kurie und ihrem Dienst für die Leitung der Gesamtkirche leistet, lohnt sich eine kritische Auseinandersetzung mit diesbezüglichen Implikationen und daraus resultierenden Anfragen. Diese kumulieren insbesondere dann, wenn der Bischof von Rom persönlich richterlich tätig wird.

Der für die Lateinische Kirche durch Papst FRANZISKUS mit dem Motu Proprio *Mitis Iudex Dominus Iesus* vom 15.08.2015[8] eingeführte *processus matrimonialis brevior coram Episcopo* (cc. 1683-1687 n.F.) statuiert ein prägnantes Exempel des persönlichen richterlichen Handelns eines Diözesanbischofs[9].

---

5   Vgl. c. 369; vgl. AYMANS, W. / MÖRSDORF, K., Kanonisches Recht. Lehrbuch aufgrund des Codex Iuris Canonici. II. Bd.: Verfassungsrecht und Vereinigungsrecht. Paderborn u.a. [13]1997, 201.

6   Vgl. GATZ, E., Art. Rom, 3. Bistum: LThK[3] VIII, 1259; vgl. KRÄMER, P., Kirchenrecht II. Ortskirche – Gesamtkirche. (KStTh 24/2) Stuttgart u.a. 1993, 102.

7   Vgl. Papst FRANZISKUS, Apostolische Konstitution *In Ecclesiarum communione*, 06.01.2023: AAS 115 (2023) 7-29, Artt. 36-45. Für den Staat der Vatikanstadt als Teil der Diözese Rom gelten teils eigene Regelungen, vgl. hierzu ebd., Art. 9 sowie Papst JOHANNES PAUL II., Motu Proprio *Quo civium iura*, 21.11.1987: AAS 79 (1987) 1353-1355, Art. 1-8.

8   Papst FRANZISKUS, Motu Proprio *Mitis Iudex Dominus Iesus* über die Reform des kanonischen Verfahrens für Ehenichtigkeitserklärungen im Codex des Kanonischen Rechts, 15.08.2015: AAS 107 (2015) 958-970, dt. Übers.: AfkKR 184 (2015) 510-524 (im Folgenden „MIDI").

9   Für die katholischen Ostkirchen wurde – unter Beachtung der eigenen Traditionen der *Ecclesiae sui iuris* – ebenfalls das Kurzverfahren in Ehesachen vor dem Bischof eingeführt, vgl. Papst FRANZISKUS, Motu Proprio *Mitis et Misericors Iesus* quibus Canones Codicis Canonum Ecclesiarum Orientalium de causis ad matrimonii nullitatem declar-

Welche Besonderheiten ergeben sich für den Fall, dass ein solches Kurzverfahren *coram Pontifice* geführt wird? Welche Auswirkungen hat es, wenn ein Kurzverfahren in der Diözese Rom vor dem Kardinalvikar[10] geführt wird? Und schließlich: Kann der Rota Romana in diesem Themenkomplex eine Rolle zukommen?

2. DER PAPST ALS OBERSTER RICHTER DER KIRCHE

Wie einleitend festgestellt, besitzt der Papst kraft seines Amtes die höchste, volle, unmittelbare und universale ordentliche Gewalt, die er immer frei ausüben kann (c. 332 § 1). Mit dieser päpstlichen Höchstgewalt korrespondiert[11] die Tatsache, dass es keine kirchliche oder weltliche Instanz geben kann, die über dem Papst steht. Auf diesem Fundament ruht der aus einer langen (rechts-)geschichtlichen Tradition stammende Grundsatz, den c. 1404 statuiert: „Der Papst kann von niemandem vor Gericht gezogen werden" (*Prima Sedes a nemine iudicatur*). Diese primär dogmatisch begründete[12] Rechtsnorm steht im Kontext der außerordentlichen Gerichtsstände,[13] insofern der Papst aufgrund seines „primatialen Amtes keinen Gerichtsstand und somit keinen Richter auf Erden besitzt"[14]. Daher ist es nur folgerichtig, dass gegen ein Urteil oder ein Dekret des Papstes weder Berufung noch Beschwerde zulässig sind (c. 333 § 3). Mit Blick auf die Rechtssystematik des CIC/1983 ist festzustellen, dass dieser Grundsatz nicht nur im Kontext der verfassungsrechtlichen Stellung des Bischofs von Rom als Papst der Kirche Teil des geltenden Kirchenrechts ist, sondern überdies im VII. Buch über die Prozesse als c. 1629 n. 1 vor Augen steht: „Berufung kann nicht eingelegt werden gegen ein Urteil des Papstes oder der Apostolischen Signatur". Um die Normaussage zu unterstreichen, wird demjenigen, der versucht, sich gegen eine Maßnahme des Papstes an ein Ökumenisches Konzil oder an das Bischofskollegium zu wenden, eine Beugestrafe angedroht (c. 1366 n.F.).

---

andam reformantur, 15.08.2015: AAS 107 (2015) 946-957 (im Folgenden „MEMI") und die cc. 1369-1373 n.F. CCEO. Aufgrund der gebotenen Kürze wird in der vorliegenden Untersuchung nur auf den Lateinischen Rechtskreis eingegangen.

10 Vgl. GATZ, Art. Rom (s. Anm. 6), 1259.

11 Vgl. KOENIGER, A. M., Prima Sedes a nemine iudicatur: ders. (Hrsg.), Beiträge zur Geschichte des christlichen Altertums und der byzantinischen Literatur. (FG Albert EHRHARD). Bonn u.a. 1922, 273-300, hier 273.

12 Vgl. LÜDICKE, MKCIC, c. 1404, Rdnr. 1 (Stand: März 1988).

13 Vgl. AYMANS, W. / MÖRSDORF, K. / MÜLLER, L., Kanonisches Recht. Lehrbuch aufgrund des Codex Iuris Canonici. IV. Bd.: Vermögensrecht, Sanktionsrecht und Prozeßrecht. Paderborn u.a. [13]2013, 285.

14 Ebd.

Die auch als „Gelasianische Klausel"[15] bekannte Rechtsnorm des c. 1404[16] reicht in ihrer Entstehung zurück bis in das erste christliche Jahrtausend[17]. Eine ausdrückliche *Rechts*tradition des Grundsatzes lässt Klaus SCHATZ mit dem 9. Jahrhundert beginnen[18]. Aus rechtsgeschichtlicher Perspektive kann überdies festgestellt werden, dass als Quelle der geltenden Norm c. 1556 CIC/1917[19] angeführt wird. Diese Maßgabe des pio-benediktinischen Kodex kennt ihrerseits eine reichhaltige Fülle an Belegstellen, wobei neben Rechtsquellen aus dem *Corpus Iuris Canonici* auch weitere päpstliche und konziliare Dokumente genannt werden[20]. Eine dogmatische Fundierung neueren Datums lieferte indes das I. Vatikanische Konzil in seiner Dogmatischen Konstitution *Pastor Aeternus*, indem es den Grundsatz, demgemäß es niemandem erlaubt ist, ein päpstliches Urteil neu zu erörtern (*a nemine fore retractandum*) und über sein Urteil zu urteilen (*neque cuiquam de eius licere iudicare iudicio*),[21] ausdrücklich mit dem aus dem göttlichen Recht stammenden Primat des Papstes verband[22].

---

15 Die Bezeichnung beruht auf der Nennung des Grundsatzes in zwei Schreiben von Papst GELASIUS I. aus den Jahren 493 und 495, vgl. SCHATZ, K., Der päpstliche Primat. Seine Geschichte von den Ursprüngen bis zur Gegenwart. Würzburg 1990, 96.

16 Die Norm entspricht sachlich c. 1058 CCEO. Dort ist jedoch aufgrund der eigenen ostkirchlichen Tradition nicht von der *Prima Sedes*, sondern vom *Romanus Pontifex* die Rede. Der Einwand von Umberto BETTI im Zuge der Schlussredaktion zum CIC/1983, in c. 1404 nicht von der *Prima Sedes*, sondern von der *Sedes Apostolica* zu reden, wurde indes nicht aufgenommen, vgl. BETTI, U., Appunto sulla mia partecipazione alle revisione del CIC: Il processo di designazione dei Vescovi. (Utrumque Ius 27) Roma 1995, 28-45, hier 39 und 44; vgl. auch die entsprechende Anfrage eines Konsultors im Zuge der Kodexreform: PONTIFICIA COMMISSIO CODICI IURIS CANONICI RECOGNOSCENDO, Coetus „De Processibus". Sessio I, 24.-28.05.1966: Comm 38 (2006) 23-60, hier 36.

17 Vgl. SCHATZ, Der päpstliche Primat (s. Anm. 15), 95. Dort stellt der Autor fest: „In diesem Sinne hat der Satz speziell seit dem 1. Jahrhundert eine ungeheure Wirkung entfaltet".

18 Vgl. ebd., 96.

19 Die Quellenausgabe des CCEO verweist auf Papst PIUS XII., Motu Proprio *Sollicitudinem nostram,* 06.01.1950: AAS 42 (1950) 6-120, c. 14.

20 Vgl. die Quellenausgabe des CIC/1917. Mit Blick auf die rechtsgeschichtliche Genese der geltenden Norm des c. 1404 sollen die Belegstellen aus dem *Decretum Gratiani,* dem *Liber Sextus* sowie den *Extravagantes Communes* lediglich genannt werden: D. 21,4; 21,5; 21,7; 21,9; D. 96,7; 96,10-12; 96,15; C. 9,8,10; C. 9,8,13-17; C. 17,4,30; X 2,1,12; Extrav. comm. 1,8,1; vgl. hierzu auch MÖRSDORF, K., Lehrbuch des Kirchenrechts auf Grund des Codex Iuris Canonici. III. Bd.: Prozeß- und Strafrecht. Paderborn ^{10}1964, 38 f.

21 Vgl. CONCILIUM VATICANUM I, Constitutio Dogmatica prima de Ecclesia Christi *Pastor Aeternus:* ASS 6 (1870/1871) 40-47, lat./dt.: Hünermann, P. (Hrsg.), Kompendium der

Diese Verbindung stellt mitnichten eine Neuerung dar, sondern ist – wie bereits angedeutet – von einer langen Tradition geprägt. Ursprünglich für alle Bischöfe geltend, wurde der Rechtsgrundsatz des c. 1404 im Lauf der Geschichte „für den Episkopat im allgemeinen [sic!] außer Kurs gesetzt"[23]. Er behielt, wie Albert M. KOENIGER es ausdrückte, „für einen allein Wert und Bedeutung, für den Bischof von Rom. Das ist nur möglich gewesen, weil er bei ihm aufs tiefste verankert war in dessen Primat"[24]. An der Geltung des Grundsatzes hat sich im Lauf der Geschichte nichts geändert, auch nicht in den Zeiten der Anfechtung der päpstlichen Macht, wie sie etwa im Gefolge des aufstrebenden Konziliarismus als Resultat des Großen Abendländischen Schismas vor Augen trat. Im Gegenteil: Gerade dieser Umstand führte zum Verbot der Berufung an ein Konzil gegen ein päpstliches Urteil, die bis heute strafbewehrt ist[25].

Es steht somit fest, dass es aufgrund des päpstlichen Primats weder Berufung noch Beschwerde gegen ein päpstliches Urteil oder Dekret (*sententiam vel decretum*) geben und der Papst selbst von niemandem vor Gericht gezogen werden kann. Ihm steht es als oberster Richter frei, sich einzelne Prozesssachen zu reservieren, wie c. 1405 § 1 n. 4 feststellt[26]. Im Umkehrschluss steht es – und zwar ausdrücklich wegen des Primats (*ob primatum*) – „jedem Gläubigen frei, seine Streit- oder Strafsache (…) dem Heiligen Stuhl zur Entscheidung zu übergeben oder bei ihm einzubringen" (c. 1417 § 1)[27]. Aufgrund verschiedener Umstände, wie der hohen Aufgabenlast in der Leitung der Gesamtkirche und der zumindest zu vermutenden stärker ausgeprägten Fachkenntnis, verweist der Papst die entsprechenden Angelegenheiten „in der Regel (…) an das zuständige oder an ein anderes Gericht"[28]. Auf diese Weise kann sodann bereits das Gericht der Römischen Rota in diesen Komplex einbezogen werden, denn dieses

---

Glaubensbekenntnisse und kirchlichen Lehrentscheidungen. Freiburg i.Br. [45]2017, Rdnrn. 3050-3075, hier Cap. III, Abs. 5 (DH 3063). Das gesamte dritte Kapitel steht unter der der Überschrift „De vi et ratione primatus Romani Pontificis"; vgl. auch die Rezeption dessen in LG 25,3 und die *Nota Explicativa Praevia* zu LG, Nr. 4.

[22] Vgl. *Pastor Aeternus* (s. Anm. 21), Cap. III, Abs. 5 (DH 3063).

[23] KOENIGER, Prima Sedes (s. Anm. 11), 297.

[24] Ebd. (s. Anm. 11).

[25] Vgl. Papst PIUS II., Bulle *Exsecrabilis,* 18.01.1460, lat./dt.: Hünermann, P. (Hrsg.), Kompendium (s. Anm. 21), Rdnr. 1375; vgl. vertiefend hierzu BECKER, H.-J., Die Appellation vom Papst an ein Allgemeines Konzil. Historische Entwicklung und kanonistische Diskussion im späten Mittelalter und in der frühen Neuzeit. (FKRG 17) Köln u.a. 1988.

[26] Vgl. GÜTHOFF, E., § 109 Gerichtsverfassung und Gerichtsordnung: HdbKathKR[3], 1661-1672, hier 1662.

[27] Vgl. ebd. (s. Anm. 26).

[28] Ebd.

„urteilt in erster Instanz in allen Sachen, die der Papst diesem Gericht überwiesen hat"[29].

Generell gilt, dass sich der Papst den kurialen Organen der Gerichtsbarkeit in der Ausübung seines obersten Hirtenamtes in der Leitung der Gesamtkirche bedient[30]. Für den äußeren Bereich handeln also vornehmlich[31] das Gericht der Römischen Rota sowie das Oberste Gericht der Apostolischen Signatur für den Papst als oberster Richter der Kirche[32].

3. DIE GERICHTSBARKEIT DER DIÖZESE ROM

3.1. Grundlegendes

Von den Organen der Gerichtsbarkeit, denen *Praedicate Evangelium* rechtliche Grundlage verleiht und die im Dienst des Papstes als oberster Richter der Kirche stehen, ist die Diözesangerichtsbarkeit für die römische Teilkirche zu unterscheiden. In der Existenz beider gerichtlicher Ebenen zeigt sich in besonders augenscheinlicher Weise, dass der Bischof von Rom sowohl Haupt der Universalkirche als auch Ortsbischof der Diözese Rom ist. Peter KRÄMER drückt diese Besonderheit folgendermaßen aus: „Als Bischof, als Vorsteher einer bestimmten Teilkirche, hat der Papst zugleich eine gesamtkirchliche Funktion"[33]. Tatsächlich ist festzustellen, dass der Papst eben deshalb Papst ist, weil er Bischof von Rom ist – und nicht umgekehrt. Da der römische Bischofssitz durch den Apostel Petrus als dessen Erstinhaber untrennbar mit dem in der Kirche fortdauernden

---

29 PraedEv, Art. 203 § 1 n. 4; vgl. c. 1444 § 2; vgl. OTTER, Die Rota Romana (s. Anm. 4), 223.

30 Vgl. PraedEv, Art. 189 § 1.

31 Der päpstliche Gnadenhof der Apostolischen Paenitentiarie beschäftigt sich vornehmlich (aber nicht ausschließlich) mit Angelegenheiten des *forum internum*, vgl. PraedEv, Art. 190 § 1 und vertiefend MICHL, A., Die Apostolische Paenitentiarie. (AIC 59) Frankfurt a.M. 2020, 161-166; zur Bezeichnung als „Gnadenhof" vgl. SCHMITZ, H., § 32 Römische Kurie: HdbKathKR[3], 494-528, hier 512.

32 Vgl. GÜTHOFF, Gerichtsverfassung und Gerichtsordnung (s. Anm. 26), 1667.

33 KRÄMER, Kirchenrecht II (s. Anm. 6), 102. Auf die dadurch mögliche Verbindung des „Vikariat Rom", das die Aufgaben der Diözesankurie versieht, mit den Einrichtungen der Römischen Kurie weist bspw. FRANZISKUS, *In Ecclesiarum communione* (s. Anm. 7), Art. 8 § 2 hin: „La sua configurazione giuridica di Organo della Santa Sede lo rende soggetto alle norme del diritto canonico universale, nonché a quelle applicabili alle Istituzioni della Curia romana".

Petrusamt verbunden ist, ist der Inhaber des Bischofsstuhls von Rom zugleich Papst der Kirche[34].

Wenngleich diese doppelte Funktion des Bischofs von Rom vor einige zu diskutierende Herausforderungen stellt, ist sie keineswegs abzulehnen: „Diese Bindung der gesamtkirchlichen Funktion an eine Teilkirche ist keine zufällige oder gar mißlungene Konstruktion, sondern letzte Konsequenz aus der Lehre, daß die Kirche in und aus den vielen Teilkirchen besteht"[35]. In der konkreten Gestalt des römischen Bischofs, der zugleich Oberhaupt der Universalkirche und sichtbares Prinzip und Fundament ihrer Einheit[36] ist, wird das ekklesiologische Prinzip des *in quibus et ex quibus*[37] sichtbar und konkret.

Dem Bischof von Rom ist die *portio populi Dei* der römischen Teilkirche zu weiden anvertraut. Da er die richterliche Gewalt über diese Christgläubigen innehat, obliegt es ihm, Strukturen kirchlicher Gerichtsbarkeit für seine Diözese zu schaffen und zu unterhalten. Daher ist es nur folgerichtig und selbstverständlich auch gesetzeskonform, dass die Diözese Rom eigene diözesane Gerichtsstrukturen besitzt. Ihr Bestehen und eine grundsätzliche Zuständigkeitsbeschreibung fanden durch die Apostolische Konstitution *In Ecclesiarum communione* von Papst FRANZISKUS aus dem Jahr 2023 ihre neuerliche rechtsgültige Bestätigung. Dort wird festgestellt, dass für die Diözese Rom zwei Gerichtshöfe errichtet sind: der ordentliche Gerichtshof der Diözese Rom sowie das Interdiözesangericht der Region Latium als erstinstanzliches Gericht für Ehenichtigkeitssachen[38]. Das ordentliche Gericht der Diözese Rom und das Interdiözesan-

---

34 Vgl. AYMANS / MÖRSDORF, KanR II (s. Anm. 5), 201.

35 KRÄMER, Kirchenrecht II (s. Anm. 6), 102; ähnlich AYMANS / MÖRSDORF, KanR II (s. Anm. 5), 201.

36 Vgl. LG 23,1.

37 Vgl. ebd. iVm. c. 368.

38 FRANZISKUS, *In Ecclesiarum communione* (s. Anm. 7), Art. 36. Auf den Teil der Diözese Rom, der das Gebiet des Staates der Vatikanstadt umfasst, soll hier und im Folgenden nicht eingegangen werden. Auch dieser obliegt der Gerichtsherrschaft des römischen Bischofs als Teil der diözesanen Gerichtsbarkeit, vgl. hierzu JOHANNES PAUL II., *Quo civium iura* (s. Anm. 7), Art. 1: „In ea Romanae dioecesis parte, quae est in territorio Status Civitatis Vaticanae, tribunal ecclesiasticum primae instantiae constat ex Vicario iudiciali et iudicibus, necnon Promotore Iustitiae, Defensore Vinculi, Notario, quos omnes Summus Pontifex ad quinquennium nominat".

Der für die Diözese Rom eingesetzte Kardinalvikar gilt nicht als ordentlicher Richter für den Teil der Diözese auf dem Gebiet des Staates der Vatikanstadt, vgl. FRANZISKUS, *In Ecclesiarum communione* (s. Anm. 7), Art. 10: „Egli [sc. il Cardinale Vicario] è giudice ordinario della Diocesi di Roma. Il suo ministero non si estende alla Città del Vaticano". i.V.m. ebd., Art. 9 ergibt sich, dass die Diözesanen auf dem Gebiet des

gericht der Region Latium sind eigenständige (inter-)diözesane Gerichtshöfe und in keiner Weise Teil jener Organe der Gerichtsbarkeit, von denen *Praedicate Evangelium* handelt.

3.2. Das Interdiözesangericht der Region Latium

Hinsichtlich der Gerichtsverfassung und der konkreten Zuständigkeiten sind diese beiden Gerichtshöfe zu unterscheiden und jeweils eigens zu analysieren. Dies gilt im Besonderen mit Blick auf die verschiedenen Arten kirchlicher Ehenichtigkeitsverfahren und die jeweiligen Zuständigkeiten der Gerichtshöfe.

Gemäß c. 1423 § 1 können mehrere Diözesanbischöfe unter der Voraussetzung der Genehmigung durch den Apostolischen Stuhl ein gemeinsames Gericht erster Instanz einrichten. Durch § 2 derselben Norm ist es überdies möglich, diese gemeinsamen Gerichte nur für einzelne Arten von Prozesssachen einzurichten. Wird eine sachliche Kompetenzeinschränkung vorgenommen, so bleiben die einzelnen Diözesangerichte der beteiligten Diözesen zur Behandlung aller anderen Angelegenheiten bestehen[39].

Auf diesem kodikarischen Fundament ruht auch das Interdiözesangericht der Region Latium[40]. Es steht damit in der Traditionslinie der grundsätzlichen Option auf interdiözesane Gerichte, die der pio-benediktinische Kodex zwar noch nicht vorsah, die aber zu dessen Geltungszeit in Italien ihren Ursprung nahm[41]. Mit Blick auf die diesem Interdiözesangericht zugewiesenen Prozesssachen ist festzustellen, dass sich seine Zuständigkeit ausdrücklich nur auf die Behandlung der Ehenichtigkeitsverfahren beschränkt und näher hin auf die ordentlichen Verfahren in erster Instanz und die Verfahren aufgrund von Urkunden[42]. Damit verbindet sich, dass für alle übrigen Prozesssachen – sowohl im

---

Staates der Vatikanstadt dem Erzpriester der vatikanischen Basilika als Generalvikar für diesen Teil der Diözese Rom unterstehen.

39   Vgl. LÜDICKE, MKCIC, c. 1423, Rdnr. 3 (Stand: März 1988).

40   Dem Interdiözesangericht gehören die Diözesen Albano, Anagni-Alatri, Civita Castellana, Frascati, Frosinone-Veroli-Ferentino, Gaeta, Latina-Terracina-Sezze-Priverno, Ostia, Palestrina, Porto-Santa Rufina, Rom, Sabina-Poggio Mirteto, Sora-Cassino-Aquino-Pontecorvo, Tivoli, Velletri-Segni und Viterbo sowie die Gebietsabteien Montecassino, Subiaco und Santa Maria di Grottaferrata an, vgl. TRIBUNALE INTERDIOCESANO DI PRIMA ISTANZA PER LE CAUSE DI NULLITÀ DI MATRIMONIO, Regolamento, 25.03.2024, Proömium, online unter: https://www.diocesidiroma.it/tribunaleprimaistanza/wp-content/uploads/2024/05/Regolamento-Tribunale-Interdiocesano_2024_approvato.pdf (zuletzt abgerufen am 07.08.2024).

41   Vgl. LÜDICKE, MKCIC, c. 1423, Rdnr. 1 (Stand: November 1996).

42   Vgl. TRIBUNALE INTERDIOCESANO, Regolamento (s. Anm. 40), Proömium: „Il Tribunale Interdiocesano è competente a trattare in primo grado di giudizio le cause di nullità di

Bereich der Eheverfahren als auch hinsichtlich aller übrigen Angelegenheiten – keine Zuständigkeit des Interdiözesangerichts besteht und die eigenen Kompetenzen der Diözesangerichte und auch der Gerichte des Apostolischen Stuhls gemäß den geltenden Rechtsnormen erhalten bleiben[43].

Als Leiter (*moderator*) des Interdiözesangerichts wird der Kardinalvikar der Diözese Rom bestimmt, der aufgrund seiner *potestas ordinaria vicaria*, die er im Namen des Papstes ausübt, ordentlicher Richter (*giudice ordinario*) der römischen Teilkirche ist[44]. Folglich fungiert der Kardinalvikar im Namen des Papstes als Gerichtsherr, dem eigene Aufgaben zuteilwerden, wie bspw. die Vigilanz über das ordnungsgemäße und wirksame Handeln des Gerichts, das Vorlegen eines jährlichen Rechenschaftsberichts über den Haushalt des Gerichtshofs und der Statistiken[45].

Die richterliche Gewalt, die in Konsequenz des Dargestellten dem Kardinalvikar zuteilwird, übt er wiederum nicht persönlich, sondern gemäß c. 391 § 2 i.V.m. c. 1420 § 1 durch den Gerichtsvikar und die Richter aus[46]. Der Kandidatenvorschlag für das Amt des Gerichtsvikars wird durch den Kardinalvikar nach Zustimmung (*consenso*) der beteiligten Bischöfe dem Papst präsentiert, der diesen *ad quinquennium* ernennt oder aber ablehnt[47]. Ohne auf die weiteren Gerichtsämter einzugehen, wird an dieser Stelle bereits eine Besonderheit ersichtlich: Der Diözesanbischof ist selbst der Gerichtsherr, der mit *potestas ordinaria propria* ausgestattet ist und die Ausübung der ihm kraft Amtes zukommenden richterlichen Gewalt im Regelfall einem Gerichtsvikar überträgt. Der Kardinalvikar der Diözese Rom ist jedoch nicht deren Diözesanbischof und auch nicht Inhaber von eigenberechtigter, sondern von vikarieller Gewalt. Der eigentliche Gerichtsherr ist der Papst als Diözesanbischof von Rom.

Dem ekklesiologisch begründeten und verfassungsrechtlich statuierten Grundsatz folgend, demgemäß die richterliche Gewalt „dem Papst als oberstem Hirten der Gesamtkirche sowie dem Diözesanbischof als Oberhirten (*ordinarius*) seiner

---

matrimonio celebrati nella forma ordinaria e documentale delle Diocesi che accedono ad esso" mit Verweis auf FRANZISKUS, *In Ecclesiarum communione* (s. Anm. 7), Art. 44 § 1.

43 Vgl. FRANZISKUS, *In Ecclesiarum communione* (s. Anm. 7), Art. 43 §§ 1-2.

44 Vgl. ebd., Art. 37 § 1 i.V.m. TRIBUNALE INTERDIOCESANO, Regolamento (s. Anm. 40), Art. 1 § 1.

45 Vgl. TRIBUNALE INTERDIOCESANO, Regolamento (s. Anm. 40), Art. 1 § 3 nn. 1-3.

46 Vgl. ebd., Art. 2 § 1.

47 Vgl. ebd., i.V.m. Art. 1 § 3 n. 5. Auch zur Ernennung des stellvertretenden Gerichtsvikars und der Richter ist die vorausgehende Zustimmung (*previa approvazione*) des Papstes erforderlich, vgl. ebd., n. 6.

Diözese"[48] zukommt, verfügt der Kardinalvikar der Diözese Rom nicht aufgrund seines Amtes über *potestas iudicialis*. Derselbe Befund kann auch für General- und Bischofsvikare festgestellt werden (c. 479 § 1),[49] die den Diözesanbischof in der Leitung der Diözese unterstützen – entweder als Generalvikar mit Blick auf die gesamte Diözese (c. 475 § 1) oder als Bischofsvikar hinsichtlich eines personal, territorial oder sachlich genau umschriebenen Bereichs derselben (c. 476). Das geltende Recht kennt bezüglich des Generalvikars überdies die Maßgabe, dass der Gerichtsvikar aufgrund der notwendigen Unterscheidung von Administrativ- und Judizialgewalt[50] vom Generalvikar verschieden sein soll, „sofern nicht die geringe Größe einer Diözese oder der geringe Anfall an Gerichtssachen eine andere Regelung angeraten erscheinen lässt" (c. 1420 § 1).

Im Fall des Kardinalvikars für die Diözese Rom ist indes festzustellen, dass dieser nicht zugleich das Amt des Gerichtsvikars innchat – weder für das Interdiözesangericht der Region Latium noch für das Diözesangericht der Diözese Rom. Vielmehr resultiert die gleichzeitige Ausübung von ausführender und richterlicher Gewalt in seinem Falle dadurch, dass der Papst als Delegant ihm jene Aufgaben delegiert hat, die dem Gerichtsherrn zustehen und die dem verfassungsrechtlichen Prinzip folgend eigentlich dem Diözesanbischof zuteilwerden. Die Einrichtungen der Diözese, die in ihrem Gesamt das „Vikariat Rom" bilden, erfüllen unter Beachtung der genannten Besonderheiten die Funktionen einer gemeinrechtlich normierten Diözesankurie[51]. Innerhalb dieses Organismus besitzt der Kardinalvikar, der auch als Generalvikar (*vicario generale*) bezeichnet wird,[52] die ordentliche stellvertretende Gewalt zur Ausübung der Dienste des Lehrens, Heiligens und Leitens[53]. Diese Gewalt erstreckt sich neben dem Administrativbereich auch auf die Rechtsprechung, denn der Kardinalvikar ist „ordentlicher Richter der Diözese Rom"[54]. Diese umfassende Gewaltenübertragung kann sich indes nur mit der besonderen Natur der Diözese Rom und der herausragenden Rolle ihres Bischofs begründen. Tatsächlich stellt Papst FRANZISKUS fest: „L'esteso impegno che richiede il governo della Chiesa universale mi rende necessario un aiuto nella cura della Diocesi di Roma"[55].

---

48 AYMANS / MÖRSDORF / MÜLLER, KanR IV (s. Anm. 13), 294. Hervorhebung im Original.

49 Vgl. ebd., 295.

50 Vgl. ebd., 299.

51 Vgl. FRANZISKUS, *In Ecclesiarum communione* (s. Anm. 7), Art. 8 § 1.

52 Vgl. ebd., Art. 10.

53 Vgl. ebd.

54 Ebd.

55 Ebd.

Unabhängig davon, dass der Papst als oberster Gesetzgeber der Kirche die vorliegende Gewaltenübertragung auf den Kardinalvikar ohnehin hätte vornehmen können, da sie weder dem *ius divinum positivum* noch dem *ius divinum naturale* widerspricht, erscheint es auch sachlich notwendig, für die konkrete praktische Ausübung des Hirtendienstes an der römischen *portio populi Dei* einen anderen Bischof zu bestimmen. Hierbei ist stets zu beachten, dass der Papst seine ihm eigene kraft Amtes zukommende ortsbischöfliche Gewalt nicht ablegt, sodass sie ein anderer aufnehmen und ausüben könnte. Der Kardinalvikar handelt vikariell, d.h. stellvertretend im Namen des Papstes und aufgrund seines Auftrags[56]. Die ausgeübte Gewalt bleibt stets eigenberechtigte *potestas* des Bischofs von Rom. Dies wird auch durch die inhaltlich begründete und praxisrelevante Weisung verdeutlicht, der zufolge der Kardinalvikar den Papst regelmäßig sowie nötigenfalls über die „pastoralen Aktivitäten und das Leben der Diözese" zu informieren hat und keine „wichtigen oder über die ordentliche Verwaltung hinausgehenden Initiativen ergreifen darf", ohne diese zuvor mit dem Papst zu besprechen[57]. Auch für die Gerichtshöfe der Diözese Rom muss gelten, dass der eigentliche mit *potestas ordinaria propria* ausgestattete Gerichtsherr der Bischof von Rom selbst ist.

3.3. Das ordentliche Gericht der Diözese Rom

Diese grundsätzlichen Erwägungen gelten auch für das ordentliche Diözesangericht der Diözese Rom, dessen Moderator ebenfalls der Kardinalvikar ist[58]. Auch dieses Gericht besteht gemäß den gemeinrechtlichen Vorgaben[59] aus einem Gerichtsvikar, einer angemessenen Anzahl an stellvertretenden Gerichtsvikaren, Richtern, Kirchenanwälten, Ehebandverteidigern, einem Kanzler, Notaren und sonstigem Personal[60]. Der Kardinalvikar ist ebenso für das ordentliche Diözesangericht der Diözese Rom nicht zugleich Gerichtsvikar[61].

---

56 Vgl. FRANZISKUS, *In Ecclesiarum communione* (s. Anm. 7), Art. 10: „(…) che a mio nome e per mio mandato (…) esercita il ministero episcopale".

57 Vgl. ebd., Art. 11.

58 Vgl. ebd., Art. 37 § 1. Dort ist – ausgehend von Art. 26 – von den Tribunalen in der Pluralform (*i Tribunali*) die Rede, sodass diese Feststellung als logische Konsequenz resultiert.

59 Vgl. ebd., Art. 43 § 1. Dort wird explizit auf die cc. 1419-1437 verwiesen.

60 Vgl. ebd., Art. 38.

61 Diese Feststellung ergibt sich als logische Schlussfolgerung aus ebd., Art. 39 § 1. An dieser Stelle wird normiert, dass die Ernennung des Gerichtsvikars für das ordentliche Gericht der Diözese Rom auf Vorschlag des Kardinalvikars erfolgt.

Hinsichtlich der Zuständigkeiten ist das ordentliche Gericht der Diözese Rom vom Interdiözesangericht der Region Latium zu differenzieren, denn es behandelt „die Fälle, die der Codex dem Diözesangericht erster Instanz zuweist, mit Ausnahme der Ehenichtigkeitsfälle"[62]. Des Weiteren obliegen dem ordentlichen Diözesangericht die Heiligsprechungsverfahren unter Beachtung der besonderen universalrechtlichen Vorschriften, die Inkonsummationsverfahren sowie die Verfahren zur Auflösung des Ehebandes zugunsten des Glaubens[63]. Als ordentliches Appellationsgericht dient die Rota Romana[64].

Einerseits wird ausdrücklich normiert, dass sich die Zuständigkeit des Interdiözesangerichts der Region Latium auf alle Ehenichtigkeitsverfahren auf den Gebieten der dem Gericht angeschlossenen Teilkirchen erstreckt, die auf dem Weg des ordentlichen Verfahrens oder als Verfahren aufgrund von Urkunden behandelt werden. Andererseits wird ebenso deutlich formuliert, dass das ordentliche Gericht der Diözese Rom für all jene Prozesssachen zuständig ist, die ihm gemeinrechtlich als Diözesangericht erster Instanz zufallen, mit Ausnahme der Ehenichtigkeitsverfahren. Dieser Ausschluss kennt daher eine Eingrenzung: Das Ehenichtigkeitsverfahren in Form des *processus brevior* vor dem Bischof (cc. 1683-1687 n.F.). Dieser Verfahrenstyp wird nicht durch das Interdiözesangericht der Region Latium behandelt, wie sich aus dessen entsprechendem *Regolamento*[65] ergibt, sondern durch das gemäß c. 1672 n.F. jeweils zuständige Diözesangericht. Hierbei ist im Falle eines Interdiözesangerichts bei mehreren zuständigen Bischöfen „das Prinzip der Nähe zwischen Parteien und Richter"[66] zu beachten. Gänzlich untätig bleibt das Interdiözesangericht indes nicht, denn seinem Gerichtsvikar obliegen die nach MIDI geltenden Amtsaufgaben hinsichtlich des Kurzverfahrens[67].

Soll nun eine Ehesache unter Beachtung aller Rechtsvorschriften als *processus brevior coram Episcopo* behandelt werden und ist das Diözesangericht der Diözese Rom gemäß c. 1672 n.F. zuständig, so ergibt sich für diesen konkreten Fall die entscheidende Frage: Vor wem soll dieser Prozess nun stattfinden? Vor dem Kardinalvikar als dem „ordentlichen Richter" der Diözese? Oder doch vor dem eigentlichen und einzigen Bischof der Diözese Rom, der zugleich Papst der Kirche ist und dessen Urteile nicht angefochten werden können?

---

62 Vgl. FRANZISKUS, *In Ecclesiarum communione* (s. Anm. 7), Art. 43 § 1.

63 Vgl. ebd., Art. 43 § 2.

64 Vgl. ebd., Art. 43 § 3.

65 Vgl. TRIBUNALE INTERDIOCESANO, Regolamento (s. Anm. 40), Art. 19 § 1.

66 MIDI, Ratio procedendi, Art. 19.

67 Vgl. TRIBUNALE INTERDIOCESANO, Regolamento (s. Anm. 40), Art. 2 § 3 lit. b) i.V.m. Art. 20 § 1 und Art. 33.

4. DIE REFORM DES EHEPROZESSRECHTS DURCH *MITIS IUDEX DOMINUS IESUS*

4.1. Der Bischof selbst ist Richter

Die Einführung des *processus brevior coram Episcopo* ist, wie Nikolaus SCHÖCH bemerkt, „in der Gesetzgebung der Kirche neu und bedarf noch der Vertiefung durch die Kirchenrechtswissenschaft und die Rechtsprechung"[68]. Diesem Befund ist sich – auch fast zehn Jahre nach der Promulgation von MIDI – anzuschließen. Der Rechtstext selbst und die mit ihm verbundenen Ausführungen, teils offiziöser Natur, können aber bereits einen Aufschluss mit Blick auf die hier zugrundeliegende Fragestellung bieten. Dem Kurzverfahren liegt eine dogmatisch-ekklesiologische Feststellung zugrunde, die Papst FRANZISKUS als Drittes der fundamentalen Kriterien[69] seiner Reform der Ehenichtigkeitsverfahren durch MIDI voranstellt: „Der Bischof selbst ist Richter"[70]. Diese Feststellung wird ausdrücklich mit der Lehre des II. Vatikanischen Konzils verbunden und als ihre Umsetzung in die Praxis verstanden, wobei das eigentliche Novum nicht in der dogmatisch begründeten und verfassungsrechtlich verankerten[71] Einsicht zu finden ist, der zufolge der Bischof Richter für die ihm übertragene *portio populi Dei* ist. Vielmehr liegt das eigentlich Neue darin, dass der Bischof dazu aufgerufen wird, sein Richteramt in den Ehenichtigkeitsverfahren

---

[68] SCHÖCH, N., Der kürzere Prozess vor dem Diözesanbischof: DPM 23 (2016) 363-397, hier 394; vgl. auch DERS., Synopse der Veränderungen gegenüber dem bisher geltenden Eheprozessrecht: DPM 23 (2016) 325-361, hier 325 f., Nrn. 3, 4, 11; vgl. auch COCCO-PALMERIO, F., Commentary on the motu proprio of Pope Francis Mitis Iudex Dominus Iesus and Mitis et misericors Iesus of 15 august 2015: Dugan, P. M. / Navarro, L. / Caparros, E. (Hrsg.), The Reform Enacted by the m.p. Mitis Iudex. Montréal 2016, 3-30, hier 29.

[69] Diese insgesamt acht Kriterien galten ausdrücklich als Leitprinzipien dieser Gesetzgebung, vgl. MIDI, Proömium: „Quaedam enitent fundamentalia criteria quae opus reformationis rexerunt".

[70] Ebd., Fundamentale Kriterien, III: „Ipse Episcopus iudex". Der päpstliche Rat für die Gesetzestexte stellte klärend fest, dass mit *Episcopus* der Diözesanbischof sowie die ihm rechtlich gleichgestellten Teilkirchenvorsteher gemeint sind, nicht aber General- und Bischofsvikare oder höhere Obere von Ordensinstituten päpstlichen Rechts oder Gesellschaften des Apostolischen Lebens, vgl. PÄPSTLICHER RAT FÜR DIE GESETZESTEXTE, Responsum, 01.09.2017, Prot. Nr. 15983/2017, in englischer Sprache erschienen: Canon Law Society of America (Hrsg.), Roman Replies and CLSA Advisory Opinions (2018) 11 f.

[71] Vgl. c. 391 § 1.

persönlich auszuüben und es „nicht einfachhin den von ihm delegierten Ämtern der Kurie"[72] zu überlassen.

Diese Einschätzung erfährt Unterstützung durch die Ausführungen des durch die Römische Rota herausgegebenen Subsidium zur Anwendung von MIDI[73]. Indem das ordentliche Gericht des Apostolischen Stuhls eine derartige Anwendungshilfe bietet, kommt es seiner Aufgabe nach, die einheitliche Rechtsprechung der Kirche zu gewährleisten,[74] was eine Obliegenheit darstellt, die auch durch Papst FRANZISKUS im Kontext der Promulgation von MIDI eindeutig betont wurde[75]. In dieser Anwendungshilfe wird, ausgehend von der zentralen Stellung des Bischofs innerhalb des „Dienstes der Gerichtsbarkeit" (*servizio della giustizia*),[76] ausgeführt, dass der Bischof für seine Kirche als „Vater und Richter" Zeichen und Abbild Christi und der sakramentalen Gestalt der Kirche ist[77]. In der persönlichen Ausübung des Richteramtes bietet er daher ein Zeichen seiner sakramental grundgelegten Gewalt[78]. Diese bischöfliche Funktion wird mit Blick auf das Kurzverfahren konkretisiert: So ist es beispielsweise nicht die Aufgabe des Bischofs, den Streitpunkt festzulegen oder die Parteien und Zeugen zu laden. Vielmehr besteht seine Tätigkeit im Kernpunkt dessen, was richterliches Handeln charakterisiert: ein richterliches Urteil zu fällen – und

---

[72] MIDI, Fundamentale Kriterien, III. Gemeint ist an dieser Stelle die jeweilige Diözesankurie.

[73] TRIBUNALE APOSTOLICO DELLA ROTA ROMANA, Sussidio applicativo del Motu proprio Mitis Iudex Dominus Iesus. Città del Vaticano 2016.

[74] Vgl. PraedEv, Art. 200 § 1.

[75] Vgl. Papst FRANZISKUS, Reskript *L'entrata in vigore* über die Neuordnung des Eheprozessrechts, 07.12.2015: AAS 108 (2016) 5 f. mit Bezug zu Papst JOHANNES PAUL II., Apostolische Konstitution *Pastor Bonus* über die Römische Kurie, 28.06.1988: AAS 80 (1988) 841-912, dt. Übers.: Codex Iuris Canonici. Codex des kanonischen Rechtes. Lateinisch-deutsche Ausgabe, hrsg. im Auftrag der Deutschen Bischofskonferenz. Kevelaer [10]2021, 785-841 (im Folgenden „PastBon"), Art. 126 § 1, der PraedEv, Art. 200 § 1 entspricht, vgl. BADER, A.-M., Synopse der Apostolischen Konstitutionen über die Römische Kurie Pastor Bonus (1988) – Praedicate Evangelium (2022) vom 5. Juni 2022: Nomokanon. Web-Journal für Recht und Religion, online unter: https://www.nomokanon.de/index.php/nomokanon/article/view/211 (zuletzt abgerufen am 08.08.2024), hier 38.

[76] TRIBUNALE APOSTOLICO DELLA ROTA ROMANA, Sussidio (s. Anm. 73), 9.

[77] Vgl. ebd. (s. Anm. 73): „Il Vescovo nella sua Chiesa, come padre e giudice, è icona di Cristo-Sacramento".

[78] Vgl. ebd.,: „Pertanto egli *sia personalmente giudice*, dando un *segno* della potestà sacramentale". Hervorhebung im Original.

zwar in jenen Fällen, in denen „die Nichtigkeit des angefochtenen Ehebandes offenkundig erscheint" (*casi in cui la nullità è evidente*)[79].

Hierbei ist festzuhalten, dass das Kurzverfahren ausdrücklich einen „echten Prozess" darstellt und daher Begriffe wie „summarisch" oder „administrativ" zu vermeiden sind[80]. Es handelt sich in keiner Weise um ein Verwaltungshandeln, sondern um richterliches Handeln. Das Festhalten am Verfahrensweg sieht Bernd DENNEMARCK als Ausdruck eines „maximalen Schutzes des Ehebandes", da zwar „die Geschwindigkeit der Prozesse und eine gerechte Einfachheit befördert werden sollen, nicht aber die Nichtigkeit der Ehen"[81]. In der Tat bietet das gerichtliche Handeln, an dessen Ende ein richterliches Urteil steht, die größtmögliche rechtliche Gewissheit und Unabhängigkeit von allen im Angesicht der Prozesssache nicht relevanten Faktoren und Einflüssen mit dem Ziel der Förderung der Gerechtigkeit *ad bonum Ecclesiae* und *ad salutem animarum*. Das Recht führt zur Gerechtigkeit und ist, mit den Worten Papst BENEDIKTS XVI., „Bedingung der Liebe"[82]. Die kirchliche Gerichtsbarkeit wiederum „gehört wesentlich zur Rechtsordnung, weil sie zu deren Realisierung und Durchsetzung im Streitfalle erforderlich ist"[83]. Wird innerhalb eines Ehenichtigkeitsverfahrens also über das Bestehen eines angefochtenen Ehebandes verhandelt, so geschieht dies unter Beachtung der rechtlichen und tatsächlichen Umstände und unter Ausschluss aller nicht damit verbundenen Elemente[84]. Daher muss das Kurzverfahren Teil des Gerichtsweges sein und der Richter – auch und besonders der Bischof – muss eingedenk sein, dass „die Nächstenliebe auch am Gericht spürbar sein [muss], doch darf sie nicht die Objektivität des Richters beeinträchtigen (…). Der Richter darf nicht nur die Partner vor Augen haben, sondern vor allen

---

[79] TRIBUNALE APOSTOLICO DELLA ROTA ROMANA, Sussidio (s. Anm. 73), 9.

[80] Vgl. PINTO, P. V., Artikel „Papa Francesco rifonda il processo matrimoniale canonico": OssRom v. 09.09.2015, 7; vgl. hierzu auch PÄPSTLICHER RAT FÜR DIE GESETZESTEXTE, Responsum. 01.02.2018, Prot. Nr. 16132/2017, in englischer Sprache erschienen in: Canon Law Society of America (Hrsg.), Roman Replies and CLSA Advisory Opinions (2018) 21 f. mit der Klarstellung, dass die Parteien und Zeugen den allgemeinen Prozessregeln entsprechend anzuhören sind.

[81] DENNEMARCK, B., Der Diözesanbischof als „milder Richter"? Anmerkungen zum Motu Proprio Mitis Iudex Dominus Iesus: Graulich, M. / Meckel, T. / Pulte, M. (Hrsg.), Ius canonicum in communione christifidelium. (FS Heribert HALLERMANN). (KStKR 23) Paderborn 2016, 273-285, hier 275.

[82] Vgl. Papst BENEDIKT XVI., Littera ad sacrorum alumnos Sacerdotali exeunte Anno: AAS 102 (2010) 793-798, hier 796: „Il diritto è condizione dell'amore".

[83] LÜDICKE, K., Art. Gerichtsbarkeit, kirchliche bzw. religiöse – Katholisch: LKRR II, 242-244, hier 243.

[84] Vgl. DENNEMARCK, Milder Richter (s. Anm. 81), 278: „Im Eheverfahren geht es um das Ergründen eines objektiven Sachverhalts".

den Herrn der Gerechtigkeit und der Gnade, den Retter und Richter der Men-schen (...)"[85]. Diesem Auftrag dient der rechtlich klar strukturierte Prozess.

Ausgehend von der *mens legislatoris*, die das persönliche richterliche Handeln des Bischofs anstrebt, wird klargestellt, dass mit Blick auf das Kurzverfahren, das sich formell vom ordentlichen Gerichtsverfahren unterscheidet, einzig der Bischof selbst Richter im *processus brevior* ist[86]. Er garantiert das Prinzip der Unauflöslichkeit der Ehe, da er im Zuge seines Hirtendienstes in Gemeinschaft mit dem Papst Garant der Einheit in Glaube und Disziplin ist[87]. Wenngleich in der konkreten Umsetzung des Kurzverfahrens insbesondere dem Gerichtsvikar und dem Untersuchungsrichter[88] wichtige Rollen zukommen und diese einige prozessuale Handlungen übernehmen (Prüfung der Zuständigkeit und des Klageantrags, Streitpunktfestlegung, Beweiserhebung u.a.) und überdies der Diözesanbischof durch den Untersuchungsrichter sowie einen Beisitzer beraten wird (c. 1687 § 1 n.F.),[89] ist der Bischof selbst der einzige Richter[90]. Es ist sein mit dem Amt vermitteltes, frei auszuübendes und „angeborenes Recht" (*diritto nativo*), *personalmente*[91] als Richter tätig zu werden.

Da der Bischof selbst der einzige Richter im *processus brevior* ist, ist es auch er allein, der das Urteil spricht. Diese Kompetenz kommt dem Bischof exklusiv zu und kann, so das Subsidium der Rota Romana, ausdrücklich nicht an das Diöze-sangericht oder ein Interdiözesangericht delegiert werden[92]. Dies wird sowohl „theologisch-rechtlich" (*teologico-giuridico*) als auch „systematisch" (*sistemati-*

---

85 SCHÖCH, Synopse (s. Anm. 68), 358.

86 Vgl. PINTO, Papa Francesco rifonda il processo (s. Anm. 80), 7.: Il processo breviore „ha come Giudice unico lo stesso Vescovo".

87 Vgl. ebd.; vgl. auch COCCOPALMERIO, Commentary (s. Anm. 68), 19.

88 Der Gerichtsvikar kann, muss aber nicht zugleich der Untersuchungsrichter sein, vgl. MÜLLER, L., Das kirchliche Ehenichtigkeitsverfahren nach der Reform von 2015. (KanR, Ergänzungsband) Paderborn 2017, 43.

89 Vgl. ebd., 41-45.

90 Vgl. PINTO, Papa Francesco rifonda il processo (s. Anm. 80), 7. Dies gilt auch für Diö-zesen, in denen kein Gerichtsvikar eingesetzt ist oder in denen keine (geeignete) Person zu benennen ist, die den Diözesanbischof unterstützen könnte.

91 Vgl. PINTO, P. V., Artikel „La ‚mens' del Pontefice. Sulla riforma dei processi matri-moniali": OssRom v. 08.11.2015, 8; vgl. auch COCCOPALMERIO, Commentary (s. Anm. 68), 10: „The *motu proprio* (...) wishes to revive the personal exercise of judicial power by the diocesan bishop (...)", Hervorhebung im Original sowie ebd., 22: „(...) he personally is the one who is to give the sentence".

92 Vgl. TRIBUNALE APOSTOLICO DELLA ROTA ROMANA, Sussidio (s. Anm. 73), 40: „È il Vescovo diocesano che deve pronunziare la sentenza e tale competenza esclusiva non può essere delegata a un Tribunale diocesano o interdiocesano (...)".

co) begründet[93]. Die theologische Basis bildet das Kernanliegen der Reform, demzufolge der Bischof selbst zum Zeichen der Gerechtigkeit und zum Garanten gegen Rechtsmissbräuche werden soll.

Es wird verdeutlicht, dass die Berufungsmöglichkeit an den Metropoliten bzw. den Dekan der Römischen Rota nur bei einem Ersturteil durch den einzelnen Diözesanbischof bestehen kann, nicht aber bei einem Urteil durch ein Kollegialgericht[94]. Für die vorliegende Fragestellung relevant erscheint indes die Feststellung, dass der Diözesanbischof seine richterliche Gewalt im Zuge des *processus brevior coram Episcopo* auch nicht an einen anderen Einzelrichter delegieren darf[95]. Würde er dies tun – bspw. durch Delegation an den Gerichtsvikar – so bestünde als Resultat ein Kurzverfahren, das eindeutig nicht *coram Episcopo*, sondern *coram Vicario iudicialis* geführt würde. Ein solches Unterfangen liefe am Sinn der Reform gemäß dem Wortlaut des Motu Proprio selbst, der ihm zugrundeliegenden *mens legislatoris* und auch dem dazugehörigen Subsidium vorbei,[96] denn der Bischof ist – mit den Worten des ehemaligen Dekans der Rota Romana, Pio Vito PINTO – „die Seele des Kurzverfahrens" (*l'anima del processo breve*)[97].

4.2. Die notwendige moralische Gewissheit

Zur Feststellung der Nichtigkeit eines angefochtenen Ehebandes, d.h. zur Fällung eines affirmativen Urteils, ist nach geltendem Recht die moralische Gewissheit aufseiten des Richters erforderlich (c. 1608 § 1)[98]. Dass dieses Erfor-

---

[93] Vgl. TRIBUNALE APOSTOLICO DELLA ROTA ROMANA, Sussidio (s. Anm. 73), 40.

[94] Vgl. ebd.

[95] Vgl. COCCOPALMERIO, Commentary (s. Anm. 68), 22: „We might ask whether it is possible to delegate this activity. The answer is negative".

[96] Vgl. SCHÖCH, Der kürzere Prozess (s. Anm. 68), 370 sowie die Darstellung der kanonistischen Diskussion über die fragliche Delegierbarkeit ebd., 369 f.

[97] PINTO, Papa Francesco rifonda il processo (s. Anm. 80), 7; vgl. hierzu auch PÄPSTLICHER RAT FÜR DIE GESETZESTEXTE, Responsum, 01.09.2017 (s. Anm. 70).

[98] I.V.m. PÄPSTLICHER RAT FÜR DIE GESETZESTEXTE, Instruktion *Dignitas Connubii*, 25.01.2005: Comm 37 (2005) 11-92, dt. Übers.: LÜDICKE, K., „Dignitas Connubii". Die Eheprozeßordnung der katholischen Kirche. Text und Kommentar. (BzMK 42) Münster 2005 (im Folgenden „DignCon"), Art. 247 § 1. Es soll sich der Meinung angeschlossen werden, dass die Instruktion *Dignitas connubii* weiterhin außer in den Fällen Geltung beansprucht, in denen sie den Weisungen aus MIDI und MEMI widerspricht, vgl. auch den Hinweis bei FRANZISKUS, *L'entrata in vigore* (s. Anm. 75), Art. I: Die neuen Prozessregeln von MIDI und MEMI derogieren bzw. abrogieren alle entgegenstehenden Gesetze und Verfahrensregeln; vgl. MÜLLER, Das kirchliche Ehenichtigkeitsverfahren (s. Anm. 88), 10 f.

dernis auch im Kurzverfahren vor dem Bischof Geltung besitzt, wird an viel-
facher Stelle betont. Allen Erläuterungen voranzustellen ist c. 1687 § 1 n.F.,
der den Diözesanbischof nur dann dazu veranlasst, ein affirmatives Ehenichtigkeitsurteil auszusprechen, „wenn er die moralische Gewissheit über die Nichtigkeit
der Ehe erlangt" hat. Gewinnt er diese nicht, so ist die Prozesssache an den ordentlichen Verfahrensweg zu verweisen, sodass es in einem *processus brevior*
zu keiner negativen Sentenz durch den Diözesanbischof kommen kann. Das
Subsidium zur Anwendung von MIDI betont, dass aufgrund des persönlich ausgeübten Richteramts der Bischof allein die Verantwortung für die moralische
Gewissheit seines Urteils trägt[99]. Es steht folglich fest, dass der *processus brevior coram Episcopo* ein wirkliches Gerichtsverfahren ist und die Nichtigkeit
des angefochtenen Ehebandes nur dann festgestellt werden kann, wenn der richtende Bischof moralische Gewissheit aufgrund der Aussagen und sonstigen Beweismittel erlangt hat[100]. Das Urteil liegt, trotz der Betonung der pastoralen Natur der kirchlichen Gerichtsbarkeit und des Kurzverfahrens im Besonderen, nicht
im bloßen Ermessensspielraum des Diözesanbischofs[101].

Das Erfordernis der moralischen Gewissheit steht im Dienst des eigentlichen
Auftrags, der jedwedem Ehenichtigkeitsverfahren zugrunde liegt: die Suche
nach der Wahrheit hinsichtlich des Bestehens oder Nichtbestehens des angefochtenen Ehebandes[102]. Aus diesem Grund stellen die in Art. 14 § 1 der *Ratio
procedendi*[103] ausführlich dargestellten Umstände, die ein Kurzverfahren begründen können, keine eigenen oder gar neuen Nichtigkeitsgründe dar, derent-
wegen ein angefochtenes Eheband „automatisch" ungültig wäre[104]. Auch im

---

[99] Vgl. TRIBUNALE APOSTOLICO DELLA ROTA ROMANA, Sussidio (s. Anm. 73), 10 f.; vgl.
COCCOPALMERIO, Commentary (s. Anm. 68), 27 f.

[100] Vgl. TRIBUNALE APOSTOLICO DELLA ROTA ROMANA, Sussidio (s. Anm. 73), 12. Auch
hier gilt der Grundsatz *quod non est in actis, non est in mundo*, vgl. GÜTHOFF, Gericht-
verfassung und Gerichtsordnung (s. Anm. 26), 1672.

[101] Vgl. SCHÖCH, N., Berufung, Nichtigkeitsbeschwerde und Wiederaufnahme im kürzeren
Ehenichtigkeitsprozess gem. c. 1687 §§ 3-4 des Motu proprio Mitis Iudex Dominus Iesus unter Berücksichtigung der jüngsten Rechtsprechung der Römischen Rota: DPM 29
(2022) 93-136, hier 98.

[102] Vgl. COCCOPALMERIO, Commentary (s. Anm. 68), 4: „(...) the marriage nullity process
is a process *pro rei veritate*: for establishing the truth". Hervorhebung im Original.

[103] Vgl. MIDI, Ratio procedendi, Art. 14 § 1 i.V.m. TRIBUNALE APOSTOLICO DELLA ROTA
ROMANA, Sussidio (s. Anm. 73), 33 ff.

[104] Vgl. LÜDICKE, MKCIC, c. 1683, Rdnr. 6 (Stand: September 2016): „Mit dieser Auflistung werden sachliche und persönliche Umstände benannt", die ein Kurzverfahren begründen können; vgl. SCHÖCH, Der kürzere Prozess (s. Anm. 68), 364: Das Vorliegen
der Umstände „garantiert noch nicht die Anwendung des kürzeren Verfahrens, ge-

Kurzverfahren vor dem Bischof gilt der Grundsatz der Rechtsgunst der Ehe gemäß c. 1060, der in keinem Fall zu einer Vermutung der Ungültigkeit umgekehrt werden darf. Nicht die Gültigkeit des angefochtenen Ehebandes ist zu beweisen, sondern seine Ungültigkeit[105]. Diese „Wahrheit des heiligen Bandes"[106] wird durch den Gerichtsweg in größtmöglicher Weise sichergestellt.

Aus der aufscheinenden *mens legislatoris* wird ersichtlich, dass das Ehesakrament selbst und die Wahrheitsfindung über sein Bestehen im konkreten Einzelfall Fundament der Eheprozessrechtsreform aus dem Jahr 2015 war und dass diese Grundlage die gerichtliche Vorgehensweise nach wie vor bestimmt[107]. Wenngleich ein zügiger Prozesslauf, eine größere Nähe zwischen Gerichtsbarkeit und Gläubigen sowie eine damit einhergehende bessere Zugänglichkeit Anliegen dieser Neuordnung waren, stand nie eine Verwässerung der sakramentalen Würde der Ehe selbst als Ziel vor Augen. Vielmehr war es im Kontext des außerordentlichen Heiligen Jahres der Barmherzigkeit[108] ein Anliegen von Papst FRANZISKUS, diejenigen Gläubigen Gerechtigkeit und Barmherzigkeit verspüren zu lassen, deren Ehe gescheitert ist – und zwar durch das Aufspüren der „Wahrheit über das Eheband" (*verità del vincolo*)[109].

4.3. Das Recht zur Berufung

In diesem Zusammenhang ist auch das Berufungsrecht hervorzuheben, das für den *processus brevior coram Episcopo* mit c. 1687 § 3 n.F. festgestellt wird. Dieses kommt allen Prozessparteien zu, wozu neben den Nupturienten auch der Ehebandverteidiger zählt.[110] Trotz der zu erwartenden Seltenheit einer Berufung

---

schweige denn ein affirmatives Urteil. Diese beispielhafte Aufzählung darf nicht mit rechtlichen Vermutungen verwechselt werden".

105 Vgl. LÜDICKE, MKCIC, c. 1683, Rdnr. 6 (Stand: September 2016).

106 MIDI, Proömium; vgl. auch LÜDICKE, MKCIC, vor c. 1683, Rdnr. 2 (Stand: September 2016) m.w.N.

107 Vgl. JUNGBLUT, N., Prozessökonomie vs. Wahrheitsfindung!? Die Veränderungen des Ehenichtigkeitsprozesses durch das Motu Proprio Mitis Iudex Dominus Iesus: DPM 27/28 (2020/2021) 407-438.

108 Vgl. Papst FRANZISKUS, Verkündigungsbulle zum Außerordentlichen Jubiläum der Barmherzigkeit *Misericordiae vultus*, 11.04.2015: AAS 107 (2015) 399-420; vgl. MÜLLER, Das kirchliche Ehenichtigkeitsverfahren (s. Anm. 88), 1 f.

109 FRANZISKUS, *L'entrata in vigore* (s. Anm. 75), Proömium; vgl. auch MÜLLER, Das kirchliche Ehenichtigkeitsverfahren (s. Anm. 88), 7: Die Wahrheit ist „wichtiger (...) als das Interesse der Parteien an Rechtssicherheit".

110 Zum hier zugrundeliegenden Parteienbegriff vgl. LÜDICKE, MKCIC, c. 1687, Rdnr. 6 (Stand: Mai 2018) und MÜLLER, Das kirchliche Ehenichtigkeitsverfahren (s. Anm. 88), 41: „Die Beteiligung des Kirchenanwalts am abgekürzten Verfahren ist nicht möglich

gegen ein affirmatives Urteil durch den Diözesanbischof im Kurzverfahren[111] besteht dieses Recht fort[112] und wird im Zuge dieses Verfahrenstyps insbesondere durch den Ehebandverteidiger genutzt werden,[113] der seinerseits alles vorzubringen und darzulegen hat, was vernünftigerweise gegen die Nichtigkeit des angefochtenen Ehebandes ins Feld geführt werden kann (c. 1432).

Der Ehebandverteidiger vollzieht, wie auch der kirchliche Richter, seinen Dienst mit der Absicht, die Wahrheit über das angefochtene Eheband zu finden. Er ist „stets der Wahrheit verpflichtet, mit dem Ziel, das öffentliche Wohl der Kirche

---

(…)"; zur Möglichkeit der Berufung durch die Ehepartner vgl. COCCOPALMERIO, Commentary (s. Anm. 68), 29; zur Bedeutung des Ehebandverteidigers im *processus brevior* vgl. PÄPSTLICHER RAT FÜR DIE GESETZESTEXTE, Responsum, 24.01.2018, Prot. Nr. 15721/2017, in englischer Sprache erschienen: Canon Law Society of America (Hrsg.), Roman Replies and CLSA Advisory Opinions (2019) 18 f. Dort wird klargestellt, dass der Ehebandverteidiger zur Sitzung gem. c. 1685 n.F. zu laden ist und zusätzlich betont, dass der Diözesanbischof gem. c. 1687 § 1 n.F. sein Urteil erst nach Konsultation seiner *Animadversiones* fällen kann.

111 Vgl. REHAK, M., Das Recht und die Pflicht des Ehebandverteidigers zur Einlegung einer Berufung nach dem Motu Proprio Mitis Iudex: DPM 25/26 (2018/19) 185-227, hier 188; vgl. mit einem Blick in die gerichtliche Praxis SCHÖCH, Berufung, Nichtigkeitsbeschwerde und Wiederaufnahme (s. Anm. 101), 96 und hinsichtlich der theoretischen Umstände, die zu einer Berufung gegen ein affirmatives Urteil im Kurzverfahren durch die klagende Partei führen könnte ebd., 99. Dass beispielhaft zu nennende *Annuarium Statisticum Ecclesiae* für das Jahr 2021 listet bei weltweit abgeschlossenen 1.370 Kurzverfahren vor dem Bischof 68 zweitinstanzlich abgeschlossene Verfahren auf. Insgesamt 40.490 weltweit abgeschlossenen ordentlichen Eheverfahren stehen 1.683 abgeschlossene zweitinstanzliche Verfahren gegenüber. Diese absoluten Zahlen für die Universalkirche stehen in einem doch sehr ähnlichen Verhältnis zueinander (jeweils ca. 20:1), vgl. STAATSSEKRETARIAT, Annuarium Statisticum Ecclesiae 2021. Città del Vaticano 2023, 431 und 451. Weshalb gerade auf dem amerikanischen Kontinent (59), näher hin in Mexiko (49), derart viele Kurzverfahren zweitinstanzlich behandelt werden, kann an dieser Stelle nicht beantwortet werden (vgl. ebd., 444).

112 Vgl. SCHÖCH, Berufung, Nichtigkeitsbeschwerde und Wiederaufnahme (s. Anm. 101), 112: „Die Offenkundigkeit der Nichtigkeit (…) und die Übereinstimmung der Partner (…) erlauben eine Beschleunigung, nicht aber die Aufgabe der Grundelemente eines streitigen Prozesses" sowie ebd., 115: „Gegen das notwendigerweise affirmative bischöfliche Urteil im kürzeren Prozess erster Instanz stehen alle im CIC vorgesehenen Rechtsmittel zur Verfügung".

113 Darauf weisen einige Autoren hin, wie aus dem deutschsprachigen Bereich bspw. REHAK, Das Recht und die Pflicht des Ehebandverteidigers (s. Anm. 111); SCHÖCH, Berufung, Nichtigkeitsbeschwerde und Wiederaufnahme (s. Anm. 101); LIPPERT, S., Berufung in Eheverfahren. Quo vadis? Eine Bestandsaufnahme der Entwicklung des Berufungsverhaltens in Deutschland im Vergleich zur Weltkirche: DPM 27/28 (2020/21) 145-190; LÜDICKE, MKCIC, c. 1687, Rdnr. 6 (Stand: Mai 2018).

zu schützen"[114]. Dies gilt, wenngleich er als Verteidiger des Ehebandes niemals zugunsten der Nichtigkeit argumentieren dürfte[115]. Wenn er sich, sofern vernünftigerweise nichts gegen die Nichtigkeit einer Ehe anzuführen ist, „der Gerechtigkeit des Gerichts anvertraut" (*sese iustitiae tribunalis remittere potest*)[116], dann stellt dies ebenfalls einen Ausdruck des Vorrangs der Wahrheit dar, denn nur die Wahrheit schafft Gerechtigkeit. Sein Handeln vollzieht er stets „unbeschadet der Wahrheit der Sache" (*servata rei veritate*)[117]. Im Umkehrschluss aber ist es seine Pflicht, aufgrund eben dieser Wahrheit alles ins Feld zu führen, was vernünftigerweise gegen die Nichtigkeit einer Ehe spricht.

Die Einführung des Amtes durch Papst BENEDIKT XIV. im Jahr 1741 sollte dazu dienen, richterliche Fehlurteile bestmöglich zu verhindern[118]. Dies gilt auch heute, denn es ist, wie Martin REHAK feststellt, „die Aufgabe des Bandverteidigers, die Qualität der richterlichen Urteile zu sichern"[119]. Die Wahrheit über das angefochtene Eheband steht über der Autorität des richterlichen Urteils, da auch ein Richter sich irren kann. Die Berufung dient daher der Wahrheit und mit ihr der Gerechtigkeit, indem ein möglicherweise ungerechtes Urteil angefochten werden kann.

Für den Verfahrenstyp des *processus brevior coram Episcopo* ergibt sich die Besonderheit, dass der Ehebandverteidiger, sofern er gegen ein affirmatives Urteil Berufung einzulegen gedenkt, das Urteil des eigenen Bischofs anfechten würde, der der Gerichtsherr des Gerichtshofes ist, an dem er als Bandverteidiger tätig ist[120]. Zumindest denkbar wäre daher ein gewisser Vorbehalt aufseiten des Ehebandverteidigers, Berufung gegen das Urteil des Diözesanbischofs einzulegen. Allerdings wäre dieser Vorbehalt aus mehreren Gründen unberechtigt. Einerseits ist der Diözesanbischof als Richter der Wahrheit verpflichtet. Er vollzieht seinen Dienst im Sinne der Wahrheitssuche und kann ein affirmatives Urteil nur dann fällen, wenn er die moralische Gewissheit erlangt hat. Diese ist je-

---

[114] JÜNGER, V., Art. Ehebandverteidiger – Katholisch: LKRR I, 713 f., hier 713.

[115] Vgl. DignCon, Art. 56 § 5.

[116] Ebd.

[117] DignCon, Art. 56 § 3; vgl. auch LÜDICKE, Dignitas Connubii (s. Anm. 98), 76, Rdnr. 3 und REHAK, Das Recht und die Pflicht des Ehebandverteidigers (s. Anm. 111), 194 f. mit Bezug zu einer diesbezüglichen Klarstellung durch Papst PIUS XII., Ansprache an die Römische Rota, 01.10.1942: AAS 34 (1942) 338-343.

[118] Vgl. JÜNGER, Art. Ehebandverteidiger (s. Anm. 114), 713; vgl. MÜLLER, Das kirchliche Ehenichtigkeitsverfahren (s. Anm. 88), 74 f.; zur geschichtlichen Übersicht vgl. REHAK, Das Recht und die Pflicht des Ehebandverteidigers (s. Anm. 111), 191-197.

[119] REHAK, Das Recht und die Pflicht des Ehebandverteidigers (s. Anm. 111), 190.

[120] Vgl. hierzu ebd., 189. Bei Klerikern käme u.U. hinzu, dass der Gerichtsherr gleichzeitig der Inkardinationsoberhirte ist, dem bei der Weihe Gehorsam versprochen wurde.

doch nie eine absolute Gewissheit[121]. Es besteht stets die Möglichkeit, dass sich ein Richter – auch der Diözesanbischof – in seinem Urteil irren kann, denn: Die moralische Gewissheit lässt „die Möglichkeit des Gegenteils"[122] zu. Daher muss es auch die Option zur Berufung durch den Ehebandverteidiger gegen ein affirmatives Urteil des Diözesanbischofs geben, sofern er seinerseits vernünftige Zweifel vorbringen kann. Andererseits wäre es ein Ausdruck ungebührlichen Machtmissbrauchs, sollte ein Diözesanbischof in seiner Funktion als Gerichts- herr gegen einen Ehebandverteidiger seines Gerichtshofes vorgehen, weil dieser sein eigenes Urteil anzufechten gedenkt[123]. Vielmehr steht fest, dass das „Recht zur Berufung gegen den Diözesanbischof, der ihn [sc. den Ehebandverteidiger] ernannte, (...) vom Gesetzgeber garantiert"[124] wird.

Nikolaus SCHÖCH bemerkt in diesem Zusammenhang, dass gerade die Beru- fungsmöglichkeit des Ehebandverteidigers im Kurzverfahren „die Leitungs- vollmacht des Diözesanbischofs, der das Urteil fällte", nicht gefährdet, sondern vielmehr „der Berichtigung eventueller Irrtümer [dient] oder Missbräuche der bischöflichen Autorität" verhindert: „Die Möglichkeit zur Anfechtung des Ur- teils steht damit im Dienst der kirchlichen *Communio*, des Seelenheils und der Glaubwürdigkeit der bischöflichen Autorität, denn das bischöfliche Urteil ver- fügt nicht als solches über eine größere Überzeugungskraft und seine eventuelle Überprüfung kann eine ärgerniserregende und schmerzhafte Täuschung des in erster Instanz richtenden Diözesanbischofs korrigieren"[125].

Damit steht fest: Das kanonische Eheverfahren in Form des *processus brevior coram Episcopo* steht im Dienst der Suche nach der Wahrheit über ein ange-

---

121 Vgl. LÜDICKE, Dignitas Connubii (s. Anm. 98), 307, Rdnr. 3, der die moralische Ge- wissheit von „naturwissenschaftlicher Sicherheit" und „metaphysischer Gewißheit" ab- grenzt.

122 Ebd. (s. Anm. 98), ebenfalls mit Bezug zu PIUS XII., Ansprache an die Römische Rota, 01.10.1942 (s. Anm. 117).

123 Vgl. REHAK, Das Recht und die Pflicht des Ehebandverteidigers (s. Anm. 111), 189. Der Autor weist in diesem Kontext darauf hin, dass eine Abberufung des Ehebandver- teidigers durch den Gerichtsherrn durch c. 1436 § 2 zwar möglich, aber nur aus gerech- tem Grund zulässig ist. Wenngleich eine *iusta causa* den niedrigsten Grad der kano- nisch vorgeschriebenen Gründe darstellt, wäre eine Abberufung eines Ehebandver- teidigers aufgrund der Einlegung einer Berufung nicht rechtskonform, da die Appella- tion weder rechts- noch sittenwidrig ist; vgl. auch SCHÖCH, Berufung, Nichtigkeitsbe- schwerde und Wiederaufnahme (s. Anm. 101), 100: „Der Bandverteidiger muss sich bezüglich der Einlegung der Berufung auch dem Bischof gegenüber frei fühlen"; ebenso MÜLLER, Das kirchliche Ehenichtigkeitsverfahren (s. Anm. 88), 50.

124 SCHÖCH, Der kürzere Prozess (s. Anm. 68), 388.

125 SCHÖCH, Berufung, Nichtigkeitsbeschwerde und Wiederaufnahme (s. Anm. 101), 98. Hervorhebung im Original.

fochtenes Eheband. Ein gerechtes Urteil wiederum steht seinerseits im Dienst sowohl der Nupturienten, indem es Klarheit über ihren eigenen Lebensstand verschafft und somit zum Ausdruck der Nähe und Barmherzigkeit Christi wird als auch im Dienst des kirchlichen Gemeinwohls, da die Wahrheit über das fragliche Bestehen einer Ehe keine Privatangelegenheit der Eheleute darstellt[126]. Ein möglicherweise ungerechtes Urteil hingegen kann und muss[127] mitunter einer Überprüfung durch die höhere Instanz unterzogen werden, damit die Wahrheit gefunden und Gerechtigkeit geschaffen werden kann[128].

5. DER *PROCESSUS BREVIOR CORAM PONTIFICE*

5.1. Berufungsausschluss gegen ein päpstliches Urteil versus Recht zur Berufung

Mit den beiden dargestellten Themenkreisen verdichtet sich die Problematik eines Ehenichtigkeitsverfahrens in Form eines Kurzverfahrens vor dem Bischof von Rom: Wie verhalten sich der Berufungsausschluss gegen das Urteil des Papstes (c. 1629 n. 1) und das Recht zur Berufung (c. 1687 § 3 n.f.) zueinander?

Carl Christian SNETHLAGE stellt diesbezüglich fest, dass der Berufungsausschluss gegen ein päpstliches Urteil auch im Falle eines affirmativen Ehenichtigkeitsurteils durch den Bischof von Rom gilt und daher „der Bandverteidiger, der seine Bedenken gegen ein Urteil des Papstes im kürzeren Verfahren hat, (…) seiner Gewissenspflicht nicht nachkommen"[129] kann. Tatsächlich steht der Grundsatz des c. 333 § 3 i.V.m. cc. 1404 und 1629 n. 1 ausgehend von der Be-

---

126 Vgl. SCHÖCH, Synopse (s. Anm. 68), 326, demzufolge „das öffentliche Interesse an einer Klärung des Personenstands von Gläubigen" durch MIDI stärker betont wird; vgl. MÜLLER, Das kirchliche Ehenichtigkeitsverfahren (s. Anm. 88), 5 f. und 56.

127 Vgl. REHAK, Das Recht und die Pflicht des Ehebandverteidigers (s. Anm. 111), 194: Es besteht keine absolute Rechtspflicht zur Einlegung der Berufung durch den Ehebandverteidiger (wie durch c. 1987 CIC/1917), wohl aber eine Gewissenspflicht; vgl. auch BERGNER, H., Die Stellung des Defensor vinculi im kirchlichen Ehenichtigkeitsverfahren nach Inkrafttreten des MP Mitis Iudex. Betrachtungen aus Sicht der kirchlichen Gerichtspraxis: DPM 24 (2017) 164-174, hier 170 f.

128 Die Wahrheit wiegt folglich auch maximal stärker als die geforderte Geschwindigkeit eines Verfahrens, vgl. COCCOPALMERIO, Commentary (s. Anm. 68), 4; vgl. auch PÄPST- LICHER RAT FÜR DIE GESETZESTEXTE, Responsum, 24.01.2018 (s. Anm. 110). Dort wird abermals klargestellt, dass der *processus brevior* ein wirkliches Gerichtsverfahren darstellt und daher das Verteidigungsrecht zu wahren ist; vgl. hierzu auch den Beitrag von GERINGER, K.-T., Das Recht auf Verteidigung im kanonischen Ehenichtigkeitsverfahren: AfkKR 155 (1986) 428-442.

129 SNETHLAGE, C. C., Der Bischof als Richter: DPM 29 (2022) 137-170, hier 166.

gründung durch den Papstprimat und seiner lehramtlichen Festigung durch das I. Vatikanische Konzil als verbindliche Lehre der Kirche vor Augen. Spricht der Papst ein Urteil, so kann es gegen dieses keine Berufung oder sonstigen Mittel der Anfechtung geben.

Mit Blick auf die Natur des Berufungsrechts stellt Martin REHAK indes fest, dass die Frage, ob es sich hierbei um einen Bestandteil des *ius divinum naturale* handelt, „in der theologischen und kanonistischen Tradition unterschiedlich beantwortet"[130] wurde. Karl-Theodor GERINGER bemerkt, dass das Recht auf Verteidigung im Eheprozess als solches nicht nur zum Wesen eines Prozesses gehört, sondern überdies „eine Forderung der natürlichen Menschenrechte"[131] ist und dass die Rechtsmittel gegen Urteile als Instrumente eingeordnet werden können, durch die „das Widerspruchsrecht – und damit das Verteidigungsrecht – ausgeübt werden kann"[132]. Allerdings sind sie als Instrumente zur Ausübung nicht selbst Teil des Inhaltskerns des Verteidigungsrechts, der aufgrund seiner naturrechtlichen Verankerung als unabänderlich vorgegeben gelten muss. Die positivrechtlichen Einschränkungen der Berufungsmöglichkeit weisen selbst auf diese Tatsache hin[133]. Es existiert kein absolutes Recht auf das Einlegen einer Appellation.

In logischer Konsequenz bedeutet dies, dass gegen ein affirmatives Ehenichtigkeitsurteil zum Abschluss eines *processus brevior coram Pontifice* keine Berufung eingelegt werden kann, weder durch den Ehebandverteidiger, noch durch die übrigen Prozessparteien. Damit kann zwar eine auf dogmatischen Grundsätzen ruhende Rechtslage klargestellt, jedoch keine Antwort darauf geboten werden, wie sich eine Prozesspartei einem Ehenichtigkeitsurteil des Bischofs von Rom gegenüber verhalten könnte, das sie aus vernünftigen Gründen für ungerecht hält und aus Gewissensgründen einer zweitinstanzlichen Überprüfung überstellen möchte[134].

---

130 REHAK, Das Recht und die Pflicht des Ehebandverteidigers (s. Anm. 111), 198.

131 GERINGER, Das Recht auf Verteidigung (s. Anm. 128), 428.

132 Ebd., 439.

133 Vgl. REHAK, Das Recht und die Pflicht des Ehebandverteidigers (s. Anm. 111), 199 mit Anm. 40. Solche Einschränkungen nimmt der geltende Kodex bspw. in den cc. 333 § 3, 1460 § 2, 1629, 1649 § 2 und 1687 § 4 n.F. vor.

134 Vgl. hierzu MAY, G. / EGLER, A., Einführung in die kirchenrechtliche Methode. Regensburg 1986, 217: „Läßt sich zeigen, daß eine bestimmte Auslegung zu unerträglichen Folgen führt, ist sie ausgeschlossen". Der absolute Ausschluss der Berufungsmöglichkeit nach Abschluss eines *processus brevior coram Pontifice* kann durchaus als „unerträgliche Folge" charakterisiert werden.

5.2. Mögliche Lösungswege

Die Identität von römischem Bischofssitz und Petrusstuhl kann nicht aufgelöst werden[135]. Daher ist ein Lösungsweg auszuschließen, der das affirmative Ehenichtigkeitsurteil des Bischofs von Rom als ein rein diözesanbischöfliches Urteil bewerten würde, das nicht gleichzeitig durch den Papst der Universalkirche gefällt worden wäre und gegen das dann auch, wie gegen ein Ehenichtigkeitsurteil eines anderen Diözesanbischofs, Berufung möglich wäre. Gegen das affirmative Ehenichtigkeitsurteil des Bischofs von Rom ist aufgrund der Normen der cc. 333 § 3 und 1629 n. 1 keine Berufung möglich, da es sich stets um ein persönlich gefälltes Urteil des Papstes handelt.

Carl Christian SNETHLAGE schlägt als mögliche Lösung vor, dass der Ehebandverteidiger „seine Bedenken dem Papst persönlich vortragen"[136] könnte. Einerseits wäre der Papst darin frei, aufgrund der Einlassungen des Ehebandverteidigers die Ehesache einem erneuten Prozess zuzuleiten[137]. Hierbei wäre wohl an ein ordentliches Ehenichtigkeitsverfahren am päpstlichen Gericht der Rota Romana zu denken. Andererseits muss gegen diesen Lösungsweg eingewandt werden, dass ein persönliches Gespräch nicht den Erfordernissen eines geordneten Gerichtsprozesses entspricht. Der Gerichtsweg ist jedoch zum „größtmöglichen Schutz der Wahrheit des heiligen Bandes"[138] unbedingt vorgesehen und einzuhalten.

Die Praxis der Ehegerichtsbarkeit der Diözese Rom zeigt einen möglichen Lösungsweg, der zwar praktikabel erscheint, da er sowohl den Ausschluss einer Berufung gegen ein päpstliches Urteil als auch die Berufungsmöglichkeit gegen ein affirmatives Urteil im *processus brevior* wahren kann, aber dennoch nicht restlos überzeugt: das richterliche Handeln durch den Kardinalvikar für die Diözese Rom, der nicht der Papst ist, folglich kein päpstliches Urteil spricht und gegen dessen Urteil Berufung daher grundsätzlich möglich ist[139]. An dieser

---

135 Vgl. AYMANS / MÖRSDORF, KanR II (s. Anm. 5), 201; vgl. MARX, S., Episcopus emeritus Ecclesiae Romanae. Eine kanonistische und rechtshistorische Untersuchung des päpstlichen Amtsverzichts unter besonderer Berücksichtigung der Verzichtsleistung Papst Benedikts XVI. (KST 77) Berlin 2023, 221-235.

136 SNETHLAGE, Der Bischof als Richter (s. Anm. 129), 166.

137 Dieser Vorgang, der nur aufgrund des Jurisdiktionsprimats des Papstes möglich wäre, würde einer Wiederaufnahme des Verfahrens gleichen, von der c. 1681 n.F. i.V.m. c. 1644 handelt. Es wäre aus Gründen der Rechtssicherheit ratsam, wenn der Papst in einem solchen (wenngleich konstruierten) Szenario die Ehesache nur dann einer Wiederaufnahme überstellen würde, wenn durch den Ehebandverteidiger „neue und schwerwiegende (...) Argumente" vorgelegt wurden.

138 MIDI, Proömium.

139 Vgl. SNETHLAGE, Der Bischof als Richter (s. Anm. 129), 166.

Stelle stehen sich Praktikabilität und *mens legislatoris* scheinbar unversöhnlich gegenüber[140]. Es steht fest, dass ausgehend von der Lehre des II. Vatikanischen Konzils[141] und dem darauf fußenden Willen des Gesetzgebers der Diözesanbischof *personalmente* die exklusive Kompetenz innehat, im Kurzverfahren als Richter zu handeln[142]. Das persönliche Richterhandeln des Diözesanbischofs als Zeichen der sakramentalen und barmherzigen Gegenwart Christi ist das eigentliche Ziel des *processus brevior coram Episcopo*, das Kurzverfahren als solches ist Mittel zur Erreichung desselben[143].

Die Frage nach der Delegierbarkeit dieses richterlichen Handelns wurde als Rechtsfrage diskutiert, doch ist mit Nikolaus SCHÖCH darauf hinzuweisen, dass diese gerade wegen der *mens legislatoris* zu MIDI abzulehnen ist[144]. Gleichzeitig steht fest, dass der Papst seine richterliche Gewalt delegieren kann. Dies gilt bereits darum, da er der *Dominus Canonum*[145] ist. Außerdem formuliert c. 1442 ausdrücklich: Der Papst kann Recht sprechen „durch von ihm delegierte Richter" (*per iudices a se delegatos*). Erneut soll Nikolaus SCHÖCH konsultiert werden, der seine Ablehnung zur Delegation der richterlichen Gewalt für den *processus brevior* konkretisiert. Eine Delegation stünde dann der *mens legislatoris* entgegen, „wenn der Bischof seine Vollmacht ohne schwerwiegenden

---

140 Ludger MÜLLER äußert in einem anderem Zusammenhang eine Frage, die sachgemäß auch im hier gegebenen Kontext gestellt werden kann, vgl. MÜLLER, Das kirchliche Ehenichtigkeitsverfahren (s. Anm. 88), 21: „(...) kann aber eine pragmatische Lösung zulässig sein, die mit der Lehre des Zweiten Vatikanischen Konzils nicht zu vereinbaren ist?".

141 Vgl. MIDI, Fundamentale Kriterien, III

142 Vgl. ebd. i.V.m. TRIBUNALE APOSTOLICO DELLA ROTA ROMANA, Sussidio (s. Anm. 73), 40. Dass es sich um den Diözesanbischof und nicht um andere Inhaber der Bischofsweihe handelt, wurde bereits festgestellt; vgl. hierzu lediglich die Hinweise bei LÜDICKE, MKCIC, vor c. 1683, Rdnr. 3 (Stand: September 2016) sowie COCCOPALMERIO, Commentary (s. Anm. 68), 9 f.

143 Vgl. zu den Grundsätzen dieser teleologischen Auslegung MAY / EGLER, Einführung (s. Anm. 134), 215-217.

144 Vgl. SCHÖCH, Der kürzere Prozess (s. Anm. 68), 370; ähnlich DENNEMARCK, Milder Richter (s. Anm. 81), 283.

145 Vgl. COCCOPALMERIO, Commentary (s. Anm. 68), 22. Daher besteht auch ein Unterschied in der Beantwortung der Frage, ob ein Diözesanbischof das Richteramt im Kurzverfahren delegieren kann oder ob der Papst dies tun kann: The judicial power „is conferred to them [sc. judicial vicar and judges] by the Code itself, that is, by the Legislator himself, and certainly not by the diocesan bishop". Der Diözesanbischof von Rom ist als Papst gleichsam der universalkirchliche „Legislator".

Grund *ad universitatem causarum* delegieren würde"[146]. Könnte es sich bei den Folgen des Spezialfalls, bei dem der römische Bischof als Richter im Kurzverfahren urteilt, um einen „schwerwiegenden Grund" handeln? Dies ist wohl zu bejahen, allerdings nicht primär aus Gründen der Praktikabilität[147]. Vielmehr muss der Ausschluss der Berufungsmöglichkeit im Vordergrund stehen.

Es liegt in der Natur der Sache, dass sich der richtende Bischof in seinem Urteil irren kann[148]. Auch von ihm ist die moralische Gewissheit über die Nichtigkeit eines angefochtenen Ehebandes gefordert, die die Möglichkeit des Gegenteils zulässt. Ein irrender Richter aber fällt ein mitunter ungerechtes Urteil, das dem Kernanliegen jedes Ehenichtigkeitsprozesses entgegensteht: dem Finden der Wahrheit und der Verwirklichung der Gerechtigkeit. Auch in Anbetracht des Zieles des *processus brevior coram Episcopo* – der Begegnung der Gläubigen mit dem milden Richter Jesus Christus durch die Hand des richtenden Bischofs – ist der Wahrheitssuche der Vorrang einzuräumen. Wie gesehen, kommt insbesondere dem Ehebandverteidiger im *processus brevior coram Episcopo* die Aufgabe zu, gegen ein bischöfliches Urteil Berufung einzulegen, das er aufgrund vernünftiger Zweifel für falsch hält und daher die Sache einer erneuten Untersuchung überstellen möchte[149]. Nicht kodikarisch, wohl aber durch Dign-Con Art. 279 § 2 ist der Ehebandverteidiger in diesen Fällen aufgrund seines ihm eigenen Amtes sogar zur Berufung verpflichtet *(tenetur)*[150]. Die Wahrheits-

---

[146] SCHÖCH, Der kürzere Prozess (s. Anm. 68), 370. Hervorhebung im Original; vgl. auch die Auffassung bei PÄPSTLICHER RAT FÜR DIE GESETZESTEXTE, Responsum, 01.09.2017 (s. Anm. 70).

[147] Solche Ursachen, wie etwa die Arbeitsbelastung des Papstes in der Leitung der Gesamtkirche, die ihn am persönlichen richterlichen Handeln hindert, wären wohl eher als gerechter Grund, nicht aber als schwerwiegender Grund einzuordnen.

[148] Trotz der durch MIDI geforderten Unterstützung des Diözesanbischofs durch Untersuchungsrichter und Beisitzer (c. 1687 § 1 n.F.) hat er persönlich zur moralischen Gewissheit zu gelangen und kann sich nicht auf die etwaige Gewissheit seiner Berater berufen, vgl. SCHÖCH, Der kürzere Prozess (s. Anm. 68), 387; ähnlich DENNEMARCK, Milder Richter (s. Anm. 81), 284.

[149] Darüber hinaus ist selbstverständlich auch die Möglichkeit gegeben, dass die nichtklagende Partei Berufung einlegen kann, vgl. hierzu SCHÖCH, Der kürzere Prozess (s. Anm. 68), 373. Eine aktive Streitgenossenschaft ist, so SCHÖCH, nicht gefordert, sondern lediglich die Zustimmung zur Verfahrensart, vgl. ebd., 375. Handelt es sich jedoch um eine aktive Streitgenossenschaft beider Ehepartner, so ist die Aufgabe des Ehebandverteidigers umso gravierender, vgl. ebd., 379.

[150] Vgl. REHAK, Das Recht und die Pflicht des Ehebandverteidigers (s. Anm. 111), 217 f. Das Verb *teneri* drückt eine Rechtspflicht aus, vgl. hierzu bspw. cc. 11, 12 § 1, 127 § 3, 222 § 1, 395 § 1, 885 § 1 u.v.a. Im Dokumentenverfahren (zu denen der *processus brevior* freilich nicht zählt) ist der Ehebandverteidiger auch kodikarisch ausdrücklich verpflichtet, Berufung einzulegen, sofern er begründete Zweifel hat, vgl. c. 1689 § 1 n.F.:

findung über das fragliche Bestehen des angefochtenen Ehebandes besitzt Priorität in jedem Ehenichtigkeitsverfahren, auch in den Kurzverfahren vor dem Bischof und auch in denjenigen vor dem Bischof von Rom. Dies zu gewährleisten stellt aufgrund der unabänderlichen Geltung des c. 333 § 3 einen schwerwiegenden Grund dazu dar, dass der Papst seine richterliche Gewalt mit Blick auf den *processus brevior coram Episcopo* gemäß c. 1442 dauerhaft delegiert. Allerdings stellt er sich damit gegen die eigene Zielsetzung der Eheprozessrechtsreform durch MIDI, wenngleich er einen Dienst am höheren Gut der Eheprozesse leistet: an der Wahrheitssuche zur Herstellung der Gerechtigkeit – zum Wohl der einzelnen Gläubigen und der ganzen Kirche.

Der Kardinalvikar der Diözese Rom ist für diese der ordentliche Richter, der seine *potestas ordinaria vicaria* im Namen des Papstes ausübt[151]. Dies ist als Begründung dafür anzunehmen, dass er in Kurzverfahren als urteilender Richter in Erscheinung getreten ist[152]. Vollzieht er diese Aufgabe, so handelt er im Zuge der Urteilsfällung aber nicht dergestalt im Namen des Papstes, als dass er als Stellvertreter den „mutmaßlichen Willen des Vertretenen"[153] umsetzt. Er ist als Richter frei und unabhängig von jeder anderen Gewalt. Seine Instanzen sind das eigene Gewissen und Gott selbst, in deren Angesicht er zur moralischen Gewissheit gelangen kann, aber nicht muss. Daher ist ein solches affirmatives Ehenichtigkeitsurteil im *processus brevior* ein wirkliches Urteil des Kardinalvikars und nicht des Papstes.

Ausgehend von der *mens legislatoris*, die den Diözesanbischof selbst aufgrund seines Hirtendienstes an der ihm anvertrauten *portio populi Dei* als Richter im Kurzverfahren benennt, der durch sein richterliches Handeln ein Zeichen der Nähe und Barmherzigkeit Gottes darstellt, kann die grundsätzliche Richtertätigkeit des Kardinalvikars aus vornehmlich dogmatischen Gründen kritisch eingeordnet werden. Er ist nicht der Diözesanbischof der Diözese Rom. Doch gerade die Verbindung zwischen dem Diözesanbischof und der Diözese soll durch das

---

appellare debet. Zur Mehrdeutigkeit von *debere* vgl. Mörsdorf, K., Die Rechtssprache des Codex Juris Canonici. Eine kritische Untersuchung. (VGG.R 74) ND Paderborn 1967, 95 f. Wenngleich *debere* im Kontext irritierender Gesetze mehrdeutig erscheint, so weist der Gebrauch in c. 1689 § 1 n.F. kontextuell bedingt durchaus auf eine Rechtspflicht hin.

151 Vgl. Franziskus, *In Ecclesiarum communione* (s. Anm. 7), Art. 37 § 1; zur Grundlage der vikariellen Amtsgewalt vgl. Socha, H., MKCIC, c. 131, Rdnr. 11 (Stand: November 2017).

152 Vgl. Snethlage, Der Bischof als Richter (s. Anm. 129), 166 mit Anm. 109.

153 Aymans, W. / Mörsdorf, K., Kanonisches Recht. Lehrbuch aufgrund des Codex Iuris Canonici. I. Bd.: Einleitende Grundfragen und allgemeine Normen. Paderborn u.a. ^{13}1991, 441.

Kurzverfahren vor dem Bischof gestärkt werden und Ausdruck finden[154]. Durch die Einsetzung des Kardinalvikars als urteilender Richter im Kurzverfahren könnte bei den Gläubigen der Eindruck entstehen, dass dieser der Diözesanbischof wäre – und nicht der Papst[155]. Dieser Eindruck wäre aufgrund der besonderen Natur und der Identität von Petrusstuhl und römischem Bischofssitz fatal und würde überdies dem Anliegen von Papst FRANZISKUS selbst widersprechen, das dieser in der Apostolischen Konstitution *In Ecclesiarum communione* neuerlich verdeutlicht hat[156].

5.3. Die Rota Romana als Erste Instanz im Kurzverfahren?

Könnte man also an einen anderen Delegaten denken, der aus den angeführten Gründen im *processus brevior coram Episcopo* als urteilender Richter in Erscheinung träte? Nikolaus SCHÖCH merkt an, dass „kein kürzeres Verfahren in erster Instanz bei der Römischen Rota stattfinden wird"[157]. Tatsächlich ist dies ausgehend von den kodikarischen und außerkodikarischen Grundlagen des Eheprozessrechts sowie der Apostolischen Konstitution *Praedicate Evangelium* nicht vorgesehen.

Die grundsätzliche Möglichkeit der erstinstanzlichen Behandlung von Ehesachen durch die Rota Romana besteht indes durchaus und gemäß c. 1444 § 2 i.V.m. PraedEv Art. 203 § 1 n. 4 auch in jenen Fällen, die der Papst „von sich aus" (*sive motu proprio*) diesem Gericht überwiesen hat[158]. Allerdings bleibt zu wiederholen, dass die Römische Rota als päpstlicher Gerichtshof nicht das eigentlich zuständige Gericht zur Behandlung von Ehesachen im Kurzverfahren

---

154 Vgl. MIDI, Fundamentale Kriterien, III.

155 Die Problematik einer (möglicherweise länger andauernden) Vakanz des Amtes des Kardinalvikars für das Vikariat Rom soll an dieser Stelle lediglich genannt, nicht aber eigens analysiert werden, vgl. hierzu GALGANO, M., Artikel „Bistum Rom: Koordinator statt Kardinalvikar", 16.04.2024: Vatican-News, deutsche Ausgabe, online unter: https://www.vaticannews.va/de/vatikan/news/2024-04/bistum-rom-koordinator-statt-kardinalvikar-pesce-zentrum.html (zuletzt abgerufen am 03.09.2024).

156 Vgl. FRANZISKUS, *In Ecclesiarum communione* (s. Anm. 7), Proömium Nr. 1 f., wo Papst FRANZISKUS von „seinem bischöflichen Dienst" (*mio servizio episcopale*) am römischen Gottesvolk spricht; vgl. ferner ebd., Nr. 13, wo vom „eigenen Bischof" (*proprio Vescovo*) des römischen Gottesvolks die Rede ist; vgl. aus dem normativen Teil die Bestimmungen hinsichtlich des Kardinalvikars und des *Viceregente*, ebd., Art. 10-15, aus denen die vikarielle Aufgabe, im Namen des eigentlichen Bischofs von Rom zu handeln ersichtlich wird sowie beispielhaft Art. 21 § 2, in dem der Papst festlegt, dass er selbst dem *Collegio Episcopale* vorsteht und zu dessen Treffen einzuladen ist.

157 SCHÖCH, Der kürzere Prozess (s. Anm. 68), 392.

158 Vgl. MÜLLER, Das kirchliche Ehenichtigkeitsverfahren (s. Anm. 88), 15.

vor dem Bischof ist. In erster Linie ist sie das ordentliche Berufungsgericht des Apostolischen Stuhls[159]. Dabei muss sie, wie Stefan KILLERMANN bemerkt, für jeden Teil der Weltkirche die gleichen Aufgaben erfüllen, da sie im Dienst der päpstlichen Leitung der Gesamtkirche steht[160]. Mit Blick auf die Diözese Rom galt und gilt es daher, dass die Rota Romana keine Zuständigkeiten erlangen sollte, die zu einer Sonderstellung dieser Teilkirche führen würden[161].

Des Weiteren stellt sich die wesentliche Frage, wer in einem *processus brevior*, der an der Römischen Rota geführt würde, der Bischof wäre, der als urteilender Richter fungieren würde. Hierbei könnte man zunächst an den Dekan der Rota denken, wogegen aber mehrere Gründe ins Feld geführt werden können. So besteht einerseits keine Notwendigkeit dazu, dass der Dekan die Bischofsweihe empfangen haben muss[162]. Er könnte somit einem Kurzverfahren vor dem

---

159 Vgl. PraedEv, Art. 200 § 1; vgl. auch KILLERMANN, S., Die Rota Romana. Wesen und Wirken des päpstlichen Gerichtshofes im Wandel der Zeit. (AIC 46) Frankfurt a.M. u.a. 2²011, 348 f. mit Bezug zu PastBon.

160 Vgl. KILLERMANN, Die Rota Romana (s. Anm. 159), 363.

161 Vgl. ebd.: „Das kanonische Berufungssystem der Region Latium war so an das Gesamtrecht anzupassen, dass die Rota auch für dieses Territorium die gleiche Funktion wahrnahm wie für alle anderen". Daher wurde für die Kirchenregion Latium ein eigenes Berufungsgericht geschaffen, sodass die Berufung gegen erstinstanzliche Urteile des Interdiözesangerichts nicht ausschließlich an die Römische Rota möglich war, vgl. ebd., 364-366. Durch FRANZISKUS, *In Ecclesiarum communione* (s. Anm. 7), Art. 44 § 2 i.V.m. TRIBUNALE INTERDIOCESANO, Regolamento (s. Anm. 40), Proömium wird jedoch die Rota Romana als Berufungsgericht für das Interdiözesangericht festgelegt.

162 Vgl. PraedEv, Art. 201 § 2: „Dem Kollegium des Gerichts steht als *primus inter pares* der Dekan vor, der vom Papst aus den Reihen der Richter ausgewählt und auf fünf Jahre ernannt wird". Hervorhebung im Original; vgl. ROMANAE ROTAE TRIBUNALIS, Normae. 18.04.1994: AAS 86 (1994) 508-540, Art. 1 i.V.m. Art. 3 über die Voraussetzungen zum Richteramt an der Römischen Rota; vgl. HAERING, S., Die neue Ordnung der römischen Rota aus dem Jahr 1994. Anmerkungen zu ausgewählten Aspekten: DPM 2 (1995) 89-116, hier 107: „Er [sc. der Dekan] führt den Titel ‚Exzellenz', obgleich er in der Regel nicht (Titular)Bischof ist". Es gilt, was SCHÖCH, Berufung, Nichtigkeitsbeschwerde und Wiederaufnahme (s. Anm. 101), 95 feststellt: „Die Bischofsweihe ist unabdingbare Voraussetzung für die richterliche Tätigkeit im kürzeren Verfahren"; anderer Ansicht ist MÜLLER, Das kirchliche Ehenichtigkeitsverfahren (s. Anm. 88), 46 mit Blick auf priesterliche Vorsteher einer Teilkirche, dessen Meinung sich durch PÄPSTLICHER RAT FÜR DIE GESETZESTEXTE, Responsum, 01.09.2017 (s. Anm. 70) stützen lässt.

Dennoch ist sich an dieser Stelle aufgrund der sakramententheologischen Begründung des bischöflichen Richterhandelns, der ein Vorrang vor der ämterrechtlichen Grundlage eingeräumt werden muss, der Meinung von Nikolaus SCHÖCH anzuschließen; vgl. hierzu auch TRIBUNALE APOSTOLICO DELLA ROTA ROMANA, Sussidio (s. Anm. 73), 9; vgl. auch PINTO, Papa Francesco rifonda il processo (s. Anm. 80), 7.

Bischof nicht vorstehen. Andererseits würden sich, sofern er geweihter Bischof wäre, dieselben grundsätzlichen und bereits angesprochenen Probleme ergeben, die auch für den Kardinalvikar als urteilender Richter im *processus brevior* gelten und die letztlich in dem Faktum kulminieren, dass der Dekan der Römischen Rota auch nach empfangener Bischofsweihe nicht der Diözesanbischof der Diözese Rom ist. Zusätzlich muss davon ausgegangen werden, dass ein erstinstanzliches Eheverfahren am Gericht der Römischen Rota die Maximen der Nähe zwischen der Gerichtsbarkeit und den Gläubigen und der Geschwindigkeit der Prozesse[163] nicht befördern, sondern gegenteilig sogar behindern würde[164]. Die Prozessökonomie allerdings stellt gerade mit Blick auf diejenigen Gläubigen, die sich der kirchlichen Gerichtsbarkeit anvertrauen, ein wesentliches Argument dar. Je länger ein Eheverfahren andauert, umso länger bleiben die Eheleute und die kirchliche Öffentlichkeit in Ungewissheit über den Lebensstand.

Auch die Rota Romana ist als Organ der Gerichtsbarkeit im Gefüge der Römischen Kurie dem grundsätzlichen Anliegen der Kurienreform durch Papst FRANZISKUS unterworfen, das die gesamte Handlungsweise der kurialen Behörden bestimmen soll: an der Verkündigung des Evangeliums Jesu Christi mitzuwirken und die daraus erwachsende pastorale Zuwendung *ad salutem animarum* zu verwirklichen[165]. Darin besteht das eigentlich Neue durch die Kurienreform des Jahres 2022[166]. Eine Zuweisung der Eheverfahren in Form des *processus brevior coram Episcopo* an das Gericht der Rota Romana ist in Anbetracht aller formellen und materiellen Argumente nicht geboten und würde die fundamentale Zielsetzung dieses Gerichtshofes nicht fördern. Das Kurzverfahren ist auf der Ebene der Diözese angesiedelt, wozu die Tätigkeit des Diözesanbischofs als urteilender Richter den ersten und augenscheinlichsten Hinweis bietet.

Die Aufgabe der Römischen Rota im Kontext dieses Verfahrenstyps besteht vielmehr darin, für die Einheitlichkeit der Rechtsprechung zu sorgen und auf

---

163   Vgl. MIDI, Proömium.

164   Vgl. für den Zeitraum von 1984-2007 die Darstellung der stetig steigenden Zahlen von an der Rota anhängigen Verfahren bei KILLERMANN, Rota Romana (s. Anm. 159), 373-379. Bereits Papst PIUS X. betonte, dass Ehenichtigkeitsverfahren auf diözesaner Ebene stattfinden sollen – unter Wahrung der Möglichkeit der Appellation auch an den Apostolischen Stuhl, vgl. PINTO, Papa Francesco rifonda il processo (s. Anm. 80), 7; vgl. auch SCHÖCH, Der kürzere Prozess (s. Anm. 68), 385: „Sollte ein kürzeres Verfahren (…) sogar länger dauern als ein ordentliches Verfahren, so wäre dies ein Zeichen der mangelnden Effizienz (…)".

165   Vgl. PraedEv, Art. 189 § 1; vgl. OTTER, Die Rota Romana (s. Anm. 4), 211-213.

166   Vgl. OTTER, Die Rota Romana (s. Anm. 4), 225.

diese Weise einen Dienst an den Teilkirchen zu vollziehen[167]. Als Organ der Gerichtsbarkeit des Papstes ist auch die Rota Romana dazu aufgerufen, sich in den Dienst der Bischöfe zu stellen „in einer Weise, die [deren] Wesen entspricht"[168]. Hilfe leistet sie hierbei nicht nur durch die eigene Rechtsprechung (c. 19), sondern auch durch entsprechende Dokumente wie im hier zugrundeliegenden Kontext durch das Subsidium zur Anwendung von MIDI. Wenngleich das Subsidium keine authentische Interpretation darstellt, zu deren Abfassung das Dikasterium für die Gesetzestexte befugt wäre,[169] ist es eine Hilfe zur Rechtsanwendung durch jenen Gerichtshof, der tagtäglich Ehesachen behandelt[170]. Darin sowie in der möglichen zweitinstanzlichen Behandlung einer Ehesache besteht der Dienst der Rota Romana im Umfeld des *processus brevior coram Episcopo*.

6. AUSBLICK

Auf den ersten Blick möglich erscheinende Lösungswege sind bei näherer Betrachtung aus verschiedenen Gründen nicht praktikabel, um einerseits den Ausschluss der Berufung gegen ein päpstliches Urteil und andererseits das Recht der Parteien auf Berufung zu wahren. Wenngleich das vorliegende Problem zunächst einer rein akademischen Fragestellung ähnelt, weist es durchaus praktische Relevanz auf. Dies gilt bereits darum, da Kurzverfahren vor dem Bischof von Rom persönlich stattgefunden haben[171]. Sicher nicht angemessen erscheint die derzeitige Praxis der römischen Diözese, dass beide – sowohl der Papst als auch der Kardinalvikar – als Richter im *processus brevior* in Erscheinung tre-

---

167 Vgl. PraedEv, Art. 200 § 1; vgl. OTTER, Die Rota Romana (s. Anm. 4), 215. Ferner sei darauf verwiesen, dass der damalige Dekan der Rota Romana an der Entstehung von MIDI und MEMI beteiligt war, vgl. COCCOPALMERIO, Commentary (s. Anm. 68), 7.

168 PraedEv, Präambel, Nr. 8. Es ließen sich an dieser Stelle viele weitere Bestandteile der Apostolischen Konstitution nennen, die auf den Dienst der Römischen Kurie an den Teilkirchen hinweisen, wie bspw. PraedEv, Präambel, Nr. 3 f. und aus dem Bereich der Allgemeinen Normen die Art. 3, Art. 21 n. 4 sowie ausdrücklich die Art. 36-37 und ausgehend von den Besuchen *Ad-limina Apostolorum* die Art. 38-42.

169 Vgl. PraedEv, Art. 176; vgl. auch den Hinweis bei MÜLLER, Das kirchliche Ehenichtigkeitsverfahren (s. Anm. 88), 50 f.

170 Vgl. MÜLLER, Das kirchliche Ehenichtigkeitsverfahren (s. Anm. 88), 12.

171 Vgl. SNETHLAGE, Der Bischof als Richter (s. Anm. 129), 165 mit Anm. 108. Des Weiteren sei darauf verwiesen, dass von 249 im Jahr 2021 in Europa abgeschlossenen Kurzverfahren allein 133 in Italien stattgefunden haben, vgl. AnStatEccl/2021 (s. Anm. 111), 448 f.

ten[172]. Eine solche indifferente Vorgehensweise steht sicher nicht im Dienst einer fruchtbaren Verwirklichung der Eheprozessrechtsreform mit Blick auf das Kurzverfahren.

Im Rahmen der vorliegenden Untersuchung bleibt daher nur ein nennenswerter Ausweg aus dieser Situation zu konstatieren: Die Einleitung des *processus brevior coram Episcopo* sollte in der Diözese Rom generell unterbleiben, was der römische Bischof als Gesetzgeber und Gerichtsherr entsprechend anweisen sollte[173]. Zwar ist Ludger MÜLLER grundsätzlich darin zuzustimmen, dass der prinzipielle Verzicht „im Widerspruch zum geltenden Gesetzesrecht"[174] stünde, doch sprechen für den Spezialfall des Bischofs von Rom dennoch einige Argumente für eine solche Vorgehensweise.

Durch diesen Verzicht auf das eigene richterliche Handeln können die verschiedenen Aspekte gewahrt werden: Sowohl der Berufungsausschluss gegen ein päpstliches Urteil als auch die Möglichkeit zur Berufung durch die Parteien im dann zu führenden ordentlichen Ehenichtigkeitsverfahren bleiben bestehen. Auch wird einer Missdeutung von Amt und Aufgabe des Kardinalvikars vorgebeugt, denn dieser ist – trotz seiner vielfältigen Aufgaben zu Unterstützung und Hilfe in der Leitung der römischen Teilkirche sowie den damit verbundenen Vollmachten – nicht der Diözesanbischof der Diözese Rom.

Gegen den Einwand, auf diese Weise würde der *portio populi Dei* der Diözese Rom ein ganzer Verfahrenstyp mitsamt seiner theologischen Grundlage vorenthalten, kann eingewendet werden, dass der Kern des *processus brevior* ohnehin nur dann verwirklicht wäre, wenn der Bischof von Rom dem Verfahren vorstehen würde[175]. Der Diözesanbischof ist „die Seele des Kurzverfahrens"[176]. Durch das Einsetzen eines anderen urteilenden Bischofs im *processus brevior*

---

172 Vgl. SNETHLAGE, Der Bischof als Richter (s. Anm. 129), 165 f. mit den Anm. 108 und 109.

173 Dieser Ausschluss kann analog zur möglichen Reservation von Fällen durch den Diözesanbischof gemäß c. 1420 § 2 gesehen werden. Dass hier der Bischof von Rom selbst in die Pflicht genommen wird, trägt der Tatsache Rechnung, dass die Beurteilung über das Vorliegen der geforderten Umstände und die mögliche Einleitung des Kurzverfahrens dem Gerichtsvikar obliegen, dessen Entscheidung sich der Diözesanbischof nicht entziehen kann, vgl. MÜLLER, Das kirchliche Ehenichtigkeitsverfahren (s. Anm. 88), 39; vgl. auch DENNEMARCK, Milder Richter (s. Anm. 81), 283. Es wäre nur schwer vermittelbar, dass sich der Papst der Entscheidung des Gerichtsvikars nicht entziehen könnte.

174 MÜLLER, Das kirchliche Ehenichtigkeitsverfahren (s. Anm. 88), 36.

175 Daher spricht COCCOPALMERIO, Commentary (s. Anm. 68), 23 auch von einer „Art der Verpflichtung" (*sort of obligation*) des Diözesanbischofs zum *eigenen* richterlichen Handeln, die ein bloßes Recht übersteigt.

176 PINTO, Papa Francesco rifonda il processo (s. Anm. 80), 7.

wird dieser Verfahrenstyp seiner Seele beraubt und eines der fundamentalen Kriterien des Gesetzgebers ausgehöhlt[177]. Formell kann dem hinzugefügt werden, dass aufseiten der klagenden Partei kein Recht auf die Anwendung des Kurzverfahrens besteht[178]. Die Gläubigen haben zwar einen Anspruch darauf, dass ihre Angelegenheiten – sofern eine entsprechende Klage angenommen wird – auf dem Gerichtsweg geklärt werden[179]. Doch ist dieser Anspruch nicht auf einen speziellen Verfahrenstyp auszudehnen. Die Annahme eines Klageantrags und die Überstellung an das ordentliche Gerichtsverfahren anstelle des *processus brevior coram Episcopo* behindern nicht den Rechtsanspruch der Gläubigen[180].

Ferner ist darauf zu verweisen, dass beim Vorliegen einer konkurrierenden Zuständigkeit der grundsätzlich gleichwertigen (*aequipollentens*)[181] Gerichte (c. 1672 n.F.) sowie unter Wahrung des Prinzips der Nähe zwischen Richter und Parteien ein anderes Gericht und damit einhergehend ein anderer Diözesanbischof mit dem Vorsitz im *processus brevior* betraut werden könnte. Diese Vorgehensweise ist ausgehend von der *Ratio procedendi* zu MIDI ausdrücklich vorgesehen, sofern die Klage bei einem Interdiözesangericht – wie demjenigen der Region Latium – eingereicht wurde[182]. Die Ehenichtigkeitsverfahren sind in der überwältigenden Mehrheit der Fälle nicht dem Apostolischen Stuhl vorbehalten,[183] sodass c. 1672 n.F. auch dann Geltung beansprucht, wenn eines der möglicherweise zuständigen Gerichte das Diözesangericht der Diözese Rom ist. Eine primäre Zuständigkeit des römischen Diözesangerichts vor anderen Tribunalen lässt sich nicht daraus ableiten, dass sein Gerichtsherr der Bischof von

---

177 Vgl. LÜDICKE, MKCIC, vor c. 1683, Rdnr. 3 (Stand: September 2016): „Die Neuregelung geht also von der Erwartung aus, dass die amtliche Kompetenz des Diözesanbischofs den Wahrheitsanspruch des Ehenichtigkeitsverfahrens sichern werde", mit Bezug zu MIDI, Fundamentale Kriterien, IV.

178 Vgl. SCHÖCH, Der kürzere Prozess (s. Anm. 68), 364 und 380. Der Autor merkt an, dass gegen die Wahl des Verfahrenstyps keine Beschwerdemöglichkeit besteht; anderer Ansicht ist DENNEMARCK, Der milde Richter (s. Anm. 81), 284; die Frage lässt sich COCCO-PALMERIO, Commentary (s. Anm. 68), 25 unbeantwortet. Da in diesem Fall der Papst derjenige wäre, der das Kurzverfahren aus eigenem Antrieb persönlich ausschließt, wäre ein Rekurs gegen diese Entscheidung undenkbar (vgl. c. 1732).

179 Vgl. c. 221 § 1 i.V.m. cc. 1476 und 1674 § 1 n.F.

180 So spricht c. 1674 § 1 n.F. lediglich vom Klagerecht bei der Ehe, nicht aber vom Recht auf einen speziellen Verfahrenstyp.

181 Vgl. MIDI, Ratio procedendi, Art. 7 § 1.

182 Vgl. ebd., Art. 19.

183 Dem Apostolischen Stuhl sind gem. c. 1405 § 1 die Ehenichtigkeitsverfahren von Staatsoberhäuptern (n. 1) und all jene Fälle vorbehalten, die der Papst selbst an sich gezogen hat (n. 3).

Rom und damit der Papst der Kirche ist. Auch das Tribunal der Diözese Rom ist Diözesangericht und als solches nicht Teil der päpstlichen Gerichtsbarkeit im Gefüge der Römischen Kurie. Wenn jedoch die angefochtene Ehe auf dem Gebiet der Diözese Rom geschlossen wurde, beide Parteien in dieser ihren Wohnsitz führen, kein außerdiözesaner (Neben-)Wohnsitz besteht und zugleich kein anderes Gericht benannt werden kann, an dem „tatsächlich die meisten Beweise zu erheben" sind, so scheidet diese Möglichkeit aus.

Insgesamt ist Nikolaus SCHÖCH darin zuzustimmen, dass das Kurzverfahren „nicht die Regel, sondern die Ausnahme bei Vorliegen besonderer Voraussetzungen darstellt"[184]. Doch das Vorliegen der Umstände führt nicht automatisch zur Einleitung des Kurzverfahrens. Dies muss bereits darum gelten, da der Gerichtsvikar darüber zu befinden hat und in seinem Tun den nötigen Ermessensspielraum besitzen muss[185]. Die in MIDI aufgeführte und im Subsidium erläuterte Auflistung von Umständen ist weder abschließend noch ist sie als Darstellung von Automatismen einzuordnen. Die geforderte Nähe zwischen den Gläubigen und der kirchlichen Gerichtsbarkeit kann auch im ordentlichen Gerichtsverfahren hergestellt werden, zumal ohnehin gilt, dass im Kurzverfahren „keine direkte Begegnung zwischen dem Diözesanbischof und den Parteien"[186] vorgesehen ist. Auch die Geschwindigkeit eines ordentlichen Verfahrens muss nicht hinter derjenigen eines Kurzverfahrens zurückbleiben, da es ohnehin fraglich ist, ob ein *processus brevior* in praxi tatsächlich schneller vonstattengeht[187]. Auch hier gilt es, die erforderliche Prozessökonomie nicht zu missachten[188].

Letztlich leistet der Bischof von Rom durch seinen Verzicht auf das Kurzverfahren im Bereich seiner Diözese einen Dienst an jenem Gut, das im Fokus eines jeden Ehenichtigkeitsverfahrens steht: an der Wahrheit über das angefochtene Eheband. Gerade diese prozessuale Wahrheitssuche ist Ausdruck der Barmherzigkeit und Nächstenliebe, die Papst FRANZISKUS durch die Eheprozessrechtsre-

---

184 SCHÖCH, Der kürzere Prozess (s. Anm. 68), 394; ähnlich MÜLLER, Das kirchliche Ehenichtigkeitsverfahren (s. Anm. 88), 74.

185 Vgl. DENNEMARCK, Milder Richter (s. Anm. 81), 283; MÜLLER, Das kirchliche Ehenichtigkeitsverfahren (s. Anm. 88), 39; COCCOPALMERIO, Commentary (s. Anm. 68), 24 f.

186 SCHÖCH, Der kürzere Prozess (s. Anm. 68), 395.

187 Vgl. MÜLLER, Das kirchliche Ehenichtigkeitsverfahren (s. Anm. 88), 78; vgl. auch COCCOPALMERIO, Commentary (s. Anm. 68), 10, wonach es Papst FRANZISKUS *grundsätzlich* um leichtere Zugänglichkeit und Beschleunigung ging und nicht *ausschließlich* mit Blick auf den *processus brevior.*

188 Vgl. hierzu JUNGBLUT, Prozessökonomie vs. Wahrheitsfindung (s. Anm. 107), 407-438.

form stärken wollte[189]. Die Wahrung des Berufungsrechts durch den Verzicht auf das eigene richterliche Handeln kann diesen „Dienst der Gerechtigkeit und Liebe"[190] stärken und für die Gläubigen spürbar werden lassen, dass sie als *portio populi Dei* der Diözese Rom ein Vorbild für alle Teilkirchen in der Zeugenschaft für die Liebe Jesu Christi bilden[191]. Durch den letztlich vorgeschlagenen Lösungsweg käme der Gesetzgeber seiner Aufgabe nach, Gesetze nach ihrer Wirkung und Praktikabilität im Angesicht bestimmter Gegebenheiten zu überprüfen und so die Frage zu beantworten, ob ein *processus brevior coram Episcopo* „überall in derselben Weise sinnvoll oder gar möglich"[192] ist.

* * *

ABSTRACTS

Dt.: Der Papst ist Hirte der Gesamtkirche und Bischof von Rom. Für den diözesanen und den universalkirchlichen Bereich ist er Gerichtsherr und damit erster und eigentlicher Richter. Soll eine Ehesache als *processus brevior coram Episcopo* behandelt werden und ist das Diözesangericht der Diözese Rom zuständig, so ergibt sich für diesen konkreten Fall die entscheidende Frage: Vor wem soll dieser Prozess nun stattfinden? Vor dem Kardinalvikar als dem „ordentlichen Richter" der römischen Diözese? Oder doch vor dem eigentlichen und einzigen Bischof von Rom, der zugleich Papst der Kirche ist und dessen Urteile nicht angefochten werden können? Der vorliegende Beitrag versucht mögliche Lösungswege aufzuzeigen, die sowohl das Berufungsrecht der Parteien als auch den Berufungsausschluss gegen ein päpstliches Urteil wahren können.

---

189 Vgl. MÜLLER, Das kirchliche Ehenichtigkeitsverfahren (s. Anm. 88), 79, dem darin zuzustimmen ist, dass eine wirkliche Hilfe im Angesicht der Gefahr des Scheiterns einer Ehe „eine Verbesserung der Ehevorbereitung und der Ehepastoral" ist; vgl. hierzu auch MARX, S., Die kanonische Notwendigkeit der Ehevorbereitung nach c. 1063 CIC. Bestand, Möglichkeiten und Anmerkungen: DPM 27/28 (2020/21) 469-503.

190 Papst FRANZISKUS, Ansprache an die Teilnehmer eines Kurses, den das Gericht der Römischen Rota veranstaltet hat, 12.03.2016: AAS 108 (2016) 484 f., in dt. Sprache online unter: https://www.vatican.va/content/francesco/de/speeches/2016/march/documents/papa-francesco_20160312_corso-rota-romana.html (zuletzt abgerufen am 03.09.2024).

191 Vgl. FRANZISKUS, *In Ecclesiarum communione* (s. Anm. 7), Proömium, Nr. 4 sowie aus dem normativen Teil ebd., Art. 1.

192 MÜLLER, Das kirchliche Ehenichtigkeitsverfahren (s. Anm. 88), 80.

Ital.: Il Romano Pontefice è il Pastore della Chiesa universale e Vescovo di Roma. Per l'ambito ecclesiastico diocesano e universale, egli presiede il tribunale e egli è il primo giudice. Se una causa matrimoniale deve essere trattata come un *processus brevior coram Episcopo* ed è competente il tribunale diocesano della diocesi di Roma, per questo caso specifico si pone la domanda decisiva: davanti a chi deve svolgersi questo processo? Davanti al Cardinale Vicario come „giudice ordinario" della diocesi di Roma? Oppure davanti al vero e unico Vescovo di Roma, che è anche il Sommo Pontefice della Chiesa universale e le cui sentenze non possono essere contestate? Questo articolo cerca di mostrare possibili soluzioni che possano salvaguardare sia il diritto di appello delle parti sia l'esclusione dell'appello contro una sentenza papale.

C. EHE- UND PROZESSRECHTLICHE VERLAUTBARUNGEN

---

1. Dekret der Rota Romana vom 11.05.2022 c. Arokiaraj (Prot. Nr. 23.699 – B.Bis 54/2022) zur Nichtigkeit des Urteils und Zulassung der Berufung

Coram R.P.D. M. Xaverio Leone AROKIARAJ, Ponente

N.

NULLITATIS MATRIMONII; Prael.: NULL. SENT. et ADM. APP.

(H. – J.)

Prot. N. 23.699   B.Bis 54/2022

DECRETUM TURNI

Infrascripti Patres Auditores de Turno, die 11 maii 2022 in sede Huius Apostolici Tribunalis legitime coadunati ad solvendas praeliminares quaestiones: *An constet de nullitate sententiae Tribunalis Appellationis P. die 27 octobris 2017 latae; et quatenus affirmative, utrum admittenda sit appellatio partis conventae contra sententiam primi gradus die 21 martii 2016 latam*, sequens tulerunt decretum.

1. – **Facti species.** – Matrimonium de quo agitur celebraverunt die 30 aprilis 2005 in ecclesia Sancto R. dicata, intra fines civitatis et archidioecesis N., H., hac in causa pars actrix, die 21 augusti 1975 nata et J., conventus, die 21 decembris 1972 ortus, catholici ambo.

Vita coniugalis, una filia honestata, fere octo annos perduravit cum mulier e domo iugali discessit. Anno 2016 divortium civile partibus concessum est.

2. – Die 1 iunii 2014, mulier Tribunali N., competenti ratione contractus, supplicem obtulit libellum nullitatis suum accusans matrimonium ob incapacitatem assumendi obligationes matrimonii essentiales, ad mentem can.

1095, n. 3 ex parte viri conventi. Collegio constituto libelloque admisso, partibus rite citatis, aditum Tribunal die 11 augusti 2014 dubium concordavit iuxta petitum actricis. Instructa est causa per vadimonia partium et septem testium necnon per peritiam *super utramque partem* ex officio exaratam. Actis publicatis et causa conclusa, animadversionibus Defensoris vinculi acceptis, Iudices primae curae die 21 martii 2016 sententiam affirmativam tulerunt.

Convento in terminis appellante et causa ex officio transmissa coram Trib. App. P., ibi Iudicum Collegio efformato, praetermissa plane est phasis praeliminaris ad mentem can. 1680, § 2; caput, vero, incapacitatis assumendi onera coniuglia ex parte mulieris actricis additum est viro convento instante. Nulla suppletiva instructione habita, muliere actrice declarante „di non possedere nuovi elementi probatori (fatta eccezione per la copia della sentenza di divorzio)", die 27 octobris 2017 „ponderate le osservazioni del Difensore del Vincolo del Tribunale di Appello" [...], Iudices secundi gradus sententiam negativam ad utrumque caput tulerunt.

3. – Actrice appellante apud N. A. T., Turnus die 6 decembris 2018 constitutus est decreto Exc.mi P.D. Decani coram priore complorato Ponente, qui, voto praevio Tutoris vinculi adquisito, necnon voto Promotoris iustitiae qui animadvertit „in altero iudicii gradu patratas esse gravissimas processuales irregularitates [...] ob ius defensionis partium denegatum", decreto diei 25 maii 2020, adumbratas quaestiones praeliminares instituit, quas infrascriptus Ponens, in reconstituto Turno designatus, suo decreto diei 17 februarii 2022, novi terminis concessis pro memorialibus, iuxta formulam superius relatam definivit. Memorialibus igitur partium tum publicarum cum privatarum expensis, Patribus memoratas quaestiones praesenti decreto diluere contingit.

4. – **In iure et in facto.** – Norma renovati can. 1680 hoc statuit in § 2: „Terminis iure statutis ad appellationem eiusque prosecutionem elapsis atque actis iudicialibus a tribunali superioris instantiae receptis, constituatur collegium iudicum, designetur vinculi defensor et partes moneantur ut animadversiones, intra terminum praestitutum, proponant; quo termino transacto, si appellatio mere dilatoria evidenter appareat, tribunal collegiale, suo decreto, sententiam prioris instantiae confirmet"; denique in § 3: „Si appellatio admissa est, eodem modo quo in prima instantia, congrua congruis referendo, procedendum est".

Quid iuris autem, si phasis praeliminaris a tribunali appellationis omissa sit?

Certo certius ex omissione quaestionis praeliminaris ad normam can. 1680, § 2 instituendae non potest utique oriri nullitas subsequentis sententiae, ubi scilicet, recepta legitima appellatione adversus prioris gradus adfirmativam sententiam, tribunal appellationis ad appellationis processum „in contradictorio" celebrandum directe procedat. Nam facultas appellationem ad iudicium non admittendi, quo appellata confirmetur prioris gradus sententia, est *facultas*, quam lex tribunali confert, non vero aliquod ius parti actrici victrici – eo vel minus sub poena nullitatis – conlatum.

Appellationem ad iudicium admittendo – ubi appellata sententia in rem iudicatam vel quasi-iudicatam nondum transierit – nemini quidem infertur iniuria. Parti actrici victrici ius ad sententiam prioris gradus exsequendam tantummodo inutiliter transactis terminis pro appellando adquiritur, et partis succumbentis ius appellandi perfectius observatur cum appellatio ad iudicium admittatur. Defectus observantiae legis, quae quaestionem praeliminarem pertractari iubet, potest, ad summum, fundamentum praebere congruae inquisitioni in ambitu vigilantiae rectae administrationis iustitiae, sed nullo pacto adficere potest validitatem processus appellationis, in similibus.

Ceterum sublineandum est ulterius quaestionem praeliminarem, de qua in can. 1680 § 2, non esse iudicialem processum „in contradictorio", ita ut verbum fieri stricto sensu nequeat de „iure defensionis" deque eiusdem denegatione.

Eventuales igitur omissiones a tribunali superioris gradus hac in sede admissae „ius defensionis substantiale partium tangere non valent, attento quod pertractatio quaestionis praeliminaris de admissibilitate appellationis peragitur sine disceptatione in contradictorio partium, quia can. 1680, § 2 non praescribit commutationem animadversionum, nec agnoscit partibus ius adversas argumentationes cognoscendi et ius replicandi.

Decretum remissionis causae ad examen ordinarium naturam ordinatoriam retinet. Omissio vero huius decreti, et immediata, iuxta normas, celebratio ordinarii processus alterius gradus, per se, iuxta iurisprudentiam Rotae Romanae, nullitatem sententiae appellationis non gignit (cf. coram Funghini, decr. diei 12 iunii 1991, RRDecr., vol. IX, pp. 80-81, n. 2)" (coram Bunge, decr. diei 18 maii 2021, Harlemen.-Amstelodamen., B. 58/2021, n. 3).

Ideo omissio phasis praeliminaris ex can. 1680, § 2, etsi legis constituit inobservantiam in se haud commendabilem, nullitatem vero subsequentis sententiae nullimode parit, dummodo quidem in secundo (vel ulteriore) gradu cautiones contradictorii pro omnibus partibus in tuto sint positae ideoque earundem ius defensionis sartum tectum evaserit (cf. ad rem etiam G. Erlebach, *La nullità della sentenza giudiziale „ob ius defensionis denegatum" nella giurisprudenza rotale*, LEV, Città del Vaticano 1991, p. 209).

5. – Tribunal secundi iudicii gradus, notitia habita de appellatione viri conventi adversus sententiam adfirmativam primae curae, in terminis communicata ope telephonii die 2 augusti 2016 ac die 10 augusti 2016 per scripturam eiusdem instantis prosecuta, postquam eidem convento die 19 iulii 2016 ipsa decisio pro nullitate notificata erat [...], ad mentem can. 1680, § 2 vero

non egit, sed observationibus mulieris actricis „Replica" nuncupatis diei 22 decembris 2016 adversus decisionem prioris gradus cribratis, quibus sententia divortii civilis inter partes diei 28 aprilis 2016 producta est, instantiae pro ampliatione dubii ex parte viri conventi appellantis respondens, decreto die 29 decembris 2016 caput ad mentem can. 1095, n. 3 ex parte mulieris actricis tamquam in prima instantia disceptandum introduxit [...], implicite, vero, ad ordinarium examen secundi iudicii gradus causam remittens, sed nullam suppletivam instructionem iubens, attento quod: „Il convenuto, sebbene abbia indicato un nuovo capo di nullità, non ha presentato nuovi testi o nuove conclusioni" [...].

6. – Contendit mulier, sua in oppositione diei 6 ianuarii 2017, hoc modo sua iura conculcata esse: „Indicare in questa fase del processo dei capi differenti tra loro è per me inaccettabile [...]. La diseguaglianza tra i capi indicati nella formula del dubbio distrugge la regola principale della riforma di Papa Francesco [...] non posso accettare e non accetto un nuovo capo indicato nella formula del dubbio. Se fosse stato presentato un nuovo libello contenente un nuovo capo, se mi fosse stato permesso di prenderne visione e replicare ad esso, allora sarebbe stato possibile aggiungere un nuovo capo di nullità matrimoniale. Non ho ricevuto alcun libello [...]. Per via della mancata trasmissione del libello e la conseguente impossibilità di prenderne visione e replicare [...] gli atti del processo sono da considerarsi nulli" [...].

7. – Contra actricis autem flagitationes, Iudices P. in sententia explicaverunt quod: „Il Tribunale d'Appello ha il diritto di accogliere tale domanda [ampliationis scilicet dubii], l'attrice del resto già vi ha fatto riferimento nel suo primo scritto del 22.12.2016" [...], ubi reapse mulier eandem petitionem ex parte viri conventi de novo capite admittendo „alquanto curiosa" [...] iam dixerat, et concluserunt: „Pertanto la sua accusa [...] di trattamento impari delle parti e la richiesta di annullamento delle azioni processuali in quanto lei non avrebbe avuto la possibilità di prendere visione della domanda che presentava e motivava il nuovo capo di nullità, è totalmente insensata" [...].

8. – Ergo, praeter omissionem praeliminaris decreti ad ordinarium examen secundi iudicii gradus causam remittentis, substantialiter minime iura partium vulnerata dici possunt, cum utrique parti sive notitia de ampliatione dubii data sit sive facultas ut novas probationes induceret [...], quod non evenit tantummodo ob renuntiatum exercitium ex parte sive actricis sive viri conventi; proinde Tribunali nulla culpa impingi potest, attento quod ad normam cann. 1639, § 2 et 1640, in gradu appellationis phasis instructoria non est de essentia

processus, quam ob rem absentia instructionis suppletivae adduci nequit tamquam motivum nullitatis sententiae secundi gradus.

9. – Insuper, minime desunt [...] in casu „le osservazioni del Difensore del Vincolo del Tribunale d'Appello il quale si è richiamato alla posizione del Difensore di I Istanza categoricamente in difesa della validità del matrimonio" [...], ita ut processus in secundo iudicii gradu non per simulacrum tantum celebratus sit, uti probant sive emissio decreti actorum publicationis et conclusionis in causa [...], sive concessio utrique parti facultatis „di presentare possibili elementi di difesa" [...].

Concludi potest in gradu appellationis, omissione non obstante decreti remissionis causae ad ordinarium examen, iudicium pertractatum esse iuxta normas processus ordinarii, atque, attento exitu negativo decisionis secundae curae, in hoc tertio iudicii gradu, procedendum incunctanter esse ordinario tramite.

10. – Quibus omnibus in iure et in facto consideratis, infrascripti Patres de Turno propositis quaestionibus respondendum censuerunt uti respondent:

Ad primam: Non constare de nullitate sententiae Tribunalis Appellationis P. die 27 octobris 2017 latae; ad alteram: Non proponi.

Quod decretum omnibus interesse habentibus notificetur, ad omnes iuris effectus.

Romae, in sede Rotae Romanae Tribunalis, die 11 maii 2022.

Alexander ARELLANO CEDILLO, *Decanus*

Michaël Xaverius Leo AROKIARAJ, *Ponens*

David-Maria A. JAEGER

Verhandelt vor dem H. H. Michael Xavier Leo AROKIARAJ, Berichterstatter

Erzdiözese N.

Ehenichtigkeitssache; Vorfrage: Nichtigkeit des Urteils und Zulassung der Berufung

(H. – J.)[1]

Prot. Nr. 23.699   B.Bis 54/2022

DEKRET DES RICHTERKOLLEGS

Am 11.05.2022 haben sich die unterzeichnenden Herren Prälaten Auditoren des Kollegs am Sitz dieses Apostolischen Gerichts rechtmäßig versammelt, um auf die vorgerichtlichen Fragen zu antworten: *Ob die Nichtigkeit des Urteils des Berufungsgerichts P., welches am 27.10.2017 gefällt wurde, feststeht; und wenn ja, ob die Berufung der nichtklagenden Partei gegen das am 21.03.2016 erlassene Urteil erster Instanz zuzulassen sei* und erließen das folgende Dekret.

1. – **Sachverhalt.** – Die Ehe, um die es geht, wurde am 20.04.2005 in der dem Heiligen R. Geweihten Kirche, innerhalb der Grenzen der Stadt und der Erzdiözese N., zwischen H., in diesem Fall Antragstellerin, geboren am... und J., nichtklagende Partei, geboren am.... , beide katholisch, geschlossen.

Das eheliche Leben, durch die Geburt einer Tochter bereichert, dauerte acht Jahre, bis die Frau das eheliche Haus verließ. Im Jahr 2016 wurde den Parteien die zivile Scheidung gewährt.

2. – Am 01.06.2014, legte die Frau beim Gericht N., zuständig aufgrund des Vertrags, eine Klageschrift vor, und focht die Ehe wegen Nichtigkeit an aufgrund der Unfähigkeit, die wesentlichen ehelichen Pflichten zu übernehmen, gemäß c. 1095, Nr. 3, auf Seiten des nichtklagenden Mannes. Nach Ernennung des Richterkollegs und Annahme der Klageschrift sowie der rechtmäßigen Ladung beider Parteien, legte das angegangene Gericht am 11.08.2014 die Zweifelsformel gemäß dem Antrag der Klägerin fest. Die Beweisaufnahme erfolgte durch die Vernehmung der Parteien und sieben Zeugen sowie durch ein von Amts wegen erstelltes Sachverständigengutachten *über beide Parteien*. Nach der

---

1   Übersetzung des Dekrets der Rota Romana vom 11.05.2022 c. AROKIARAJ (Prot. Nr. 23.699 – B.Bis 54/2022) ins Deutsche durch Nikolaus SCHÖCH.

Offenlegung der Akten, dem Aktenschluss und dem Erhalt der Bemerkungen des Ehebandverteidigers, erließen die Richter erster Instanz am 21.03.2016 ein affirmatives Urteil.

Nachdem die nichtklagende Partei innerhalb der Fristen Berufung einlegte und die Sache von Amts wegen an das Berufungsgericht P. überwiesen wurde, und dort ein Richterkolleg ernannt worden war, wurde die Vorprüfung gemäß c. 1680 § 2 vollständig ausgelassen; der Nichtigkeitsgrund der Eheführungsunfähigkeit auf Seiten der klagenden Frau wurde jedoch auf Antrag des Nichtklägers hinzugefügt. Nachdem keine weitere Beweisaufnahme vorgenommen worden war und die Klägerin erklärt hatte „sie verfüge über keine weiteren Beweiselemente (mit Ausnahme einer Kopie des Scheidungsurteils)", erließen die Richter der zweiten Instanz am 27.10.2017 „nach Abwägung der Bemerkungen des Bandverteidigers des Berufungsgerichts" [...], ein negatives Urteil zu beiden Nichtigkeitsgründen.

3. – Nach Berufung der Klägerin an dieses Apostolische Gericht, wurde am 06.12.2018 mit Dekret seiner Exzellenz des Dekans vor dem vorausgehenden und betrauerten Berichterstatter, der nach Erhalt des vorausgehenden Votums des Bandverteidigers sowie des Kirchenanwalts bemerkt hatte, „in zweiter Instanz wurden sehr schwerwiegende prozessrechtliche Unregelmäßigkeiten begangen [...] wegen Verweigerung des Verteidigungsrechts", die umrissenen Vorfragen mit Dekret vom 25.05.2020 eröffnet, welche der unterzeichnende Berichterstatter, im neu zusammengesetzten Richterkolleg mit seinem Dekret vom 17.02.2022 nach Gewährung neuer Fristen für die Schriftsätze gemäß der oben genannten Formel entschied. Nach Abwägung der Schriftsätze sowohl der öffentlichen als auch privaten Parteien steht es den Vätern zu, die genannten Fragen mit dem vorliegenden Dekret zu lösen.

4. – **Rechtslage und Sachlage.** – Die Norm des neu gefassten c. 1680 bestimmt im § 2 Folgendes: „Sind die vom Recht für die Berufung und deren Verfolgung festgelegten Fristen abgelaufen und die Gerichtsakten beim Gericht der höheren Instanz eingegangen, ist ein Richterkollegium zu bilden, der Bandverteidiger zu bestellen, und es sind die Parteien aufzufordern, ihre Anmerkungen innerhalb einer gesetzten Frist vorzulegen; nach Ablauf dieser Frist hat das Kollegialgericht, wenn die Berufung offenkundig nur der Verzögerung zu dienen scheint, mit seinem Dekret das Urteil der vorigen Instanz zu bestätigen"; schließlich heißt es in § 3: „Wenn die Berufung zugelassen ist, ist in sinngemäßer Anwendung des Verfahrens der ersten Instanz vorzugehen".

Was sagt das Recht, wenn die Vorphase vom Berufungsgericht ausgelassen wurde?

Zweifellos kann aus der Auslassung der gemäß c. 1680 § 2 einzuleitenden Vorfrage nicht die Nichtigkeit des darauffolgenden Urteils folgen, d.h. wenn, nach Erhalt der rechtmäßigen Berufung gegen das affirmative Urteil der Vorinstanz, das Berufungsgericht direkt zum „streitig" zu führenden Berufungsverfahren übergeht. Denn die Berechtigung, zu einem Verfahren nicht zuzulassen, mit dem das Urteil der vorausgehenden Instanz bestätigt wird, ist eine *Berechtigung*, welche das Gesetz dem Gericht gewährt, nicht jedoch irgendein Recht, das der obsiegenden klagenden Partei – erst recht nicht unter Androhung der Nichtigkeit – gewährt wird.

Durch die Zulassung der Berufung zu einem Verfahren – sofern das Urteil in die Rechtskraft oder die vorläufige Rechtskraft noch nicht erwachsen ist – geschieht nämlich niemandem ein Unrecht. Von der obsiegenden klagenden Partei wird das Recht auf die Ausführung des Urteils der vorausgehenden Instanz lediglich nach nutzlos verstrichener Berufungsfrist erworben, und für die unterlegene Partei wird das Berufungsrecht beachtet, da die Berufung zum Verfahren angenommen wird. Die fehlende Beachtung des Gesetzes, welches anordnet, die Vorfrage zu behandeln, kann höchstens eine Grundlage für die entsprechende Untersuchung im Bereich der Aufsicht über die korrekte Gerichtsbarkeit bieten, doch kann sie auf keine Art und Weise die Gültigkeit des Berufungsverfahrens in ähnlichen Angelegenheiten beeinträchtigen.

Weiter ist zu unterstreichen, dass die darüberhinausgehende Vorfrage, von der in c. 1680 § 2 gehandelt wird, nicht ein „streitiges" Gerichtsverfahren ist, so dass von einer Verletzung des „Verteidigungsrechts" im engeren Sinne und von dessen Verweigerung keine Rede sein kann.

Daher können eventuelle Auslassungen vom Gericht höheren Grades, die vor der Römischen Rota zugegeben wurden, „das grundlegende Verteidigungsrecht der Parteien nicht berühren, angesichts dessen, dass die Behandlung der Vorfrage über die Zulässigkeit der Berufung durchgeführt wird, ohne eine streitige Erörterung durch die Parteien, da can. 1680, § 2 weder den Austausch der Bemerkungen vorschreibt noch den Parteien das Recht zugesteht, entgegengesetzte Argumentationen kennenzulernen und darauf zu erwidern.

Das Dekret der Zuweisung der Sache zum ordentlichen Verfahren hat einen ordnenden Charakter. Die Auslassung dieses Dekrets jedoch, und die unmittelbar folgende Durchführung des ordentlichen Verfahrens der zweiten Instanz gemäß der Normen bewirkt als solches gemäß der Rechtsprechung der Römischen Rota keineswegs die Nichtigkeit des Berufungsurteils (vgl. verhandelt vor Funghini, Dekret vom 12. Juni 1991, RRDecr., Bd. IX, pp. 80-81, Nr. 2)" (verhandelt vor BUNGE, Dekret vom 18.05.2021, Haarlem-Amsterdam, B. 58/2021, Nr. 3).

Die Auslassung der Vorfrage gemäß c. 1680 § 2 bewirkt jedoch, auch wenn sie eine als solche nicht zu empfehlende Nichtbeachtung des Gesetzes darstellt, keineswegs die Nichtigkeit des Urteils, sofern nämlich in zweiter (oder höherer) Instanz die Vorsichtsmaßregeln des streitigen Verfahrens für alle Parteien garantiert worden sind und sich daher deren Verteidigungsrecht wohlverwahrt und gedeckt entfaltete (vgl. dazu auch ERLEBACH, G., La nullità della sentenza giudiziale „ob ius defensionis denegatum" nella giurisprudenza rotale. Vatikanstadt 1991, 209).

5. – Das Gericht zweiter Instanz handelte jedoch nach Erhalt der Nachricht von der Berufung des nichtklagenden Mannes gegen das affirmative Urteil erster Instanz, welche fristgerecht per Telefon am 02.08.2016 mitgeteilt und am 10.08.2016 durch Schriftsatz desselben Antragstellers fortgesetzt wurde, nachdem demselben Nichtkläger am 19.07.2016 die Entscheidung für die Nichtigkeit mitgeteilt worden war [...], nicht gemäß c. 1680 § 2, sondern nach Abwägung der als „Replica" bezeichneten Bemerkungen der klagenden Frau vom 22.12. 2016 gegen die Entscheidung der vorausgehenden Instanz antwortete, in der das bürgerliche Scheidungsurteil zwischen den Parteien vom 28.04.2016 vorgelegt wurde, auf den Antrag zur Erweiterung der Zweifelsformel auf Seiten des nichtklagenden Mannes, der die Berufung einlegte, indem es mit Dekret vom 29.12. 2016 den Nichtigkeitsgrund gemäß c. 1095, Nr. 3 auf Seiten der klagenden Frau als ob in erster Instanz zu erörtern einführte [...], implizit jedoch die Sache zur ordentlichen Verhandlung in zweiter Instanz annahm. Es ordnete jedoch keine ergänzende Beweisaufnahme an, angesichts der Tatsache dass: „Der Nichtkläger, obwohl er einen neuen Nichtigkeitsgrund angab, weder neue Zeugen noch neue Schlussfolgerungen präsentierte" [...].

6. – Die Frau behauptet in ihrem Widerspruch vom 06.01.2017, dass auf diese Art und Weise ihre Rechte missachtet wurden: „In dieser Phase des Prozesses voneinander unterschiedene Nichtigkeitsgründe zu beantragen, ist für mich inakzeptabel […]. Die Verschiedenheit zwischen den angegebenen Klagegründen in der Zweifelsformel zerstört die wichtigste Regel der Reform von Papst Franziskus […]. Ich kann nicht akzeptieren und akzeptiere es nicht, dass ein neuer Klagegrund in die Zweifelsformel eingefügt wurde. Wenn eine neue Klageschrift vorgelegt worden wäre, welche einen neuen Nichtigkeitsgrund enthält, wenn es mir gestattet worden wäre, Einsicht zu nehmen und auf sie zu erwidern, dann wäre es möglich gewesen, einen neuen Nichtigkeitsgrund hinzuzufügen. Ich habe noch keine Klageschrift erhalten […]. Aufgrund der unterlassenen Übermittlung der Klageschrift und der daraus folgenden Unmöglichkeit, Einsicht zu nehmen und zu erwidern […] sind die Prozessakten für nichtig zu erachten" [...].

7. – Gegen die Forderungen der Klägerin erklärten die Richter von P. im Urteil, dass: „Das Berufungsgericht das Recht hat, einen solchen Antrag anzunehmen [d.h. der Erweiterung der Zweifelsformel]. Die Klägerin hat übrigens bereits in ihrem ersten Schriftsatz vom 22.12.2016 darauf Bezug genommen" [...], wo die Frau tatsächlich denselben Antrag von Seiten des nichtklagenden Mannes über den zuzulassenden neuen Klagegrund bereits „als irgendwie sonderbar" [...] bezeichnete, und schloss: „Daher ist Ihr Vorwurf [...] der ungleichen Behandlung der Parteien und der Antrag auf Aufhebung der prozessrechtlichen Klagen, insofern Sie nicht die Möglichkeit hatte, in den Antrag Einsicht zu nehmen, den er stellte und in dem er den neuen Klagegrund begründete, vollständig unsinnig" [...].

8. – Daher können, abgesehen von der Auslassung des vorausgehenden Dekrets, mit dem das Verfahren der ordentlichen Prüfung der zweiten Instanz zugeführt wurde, die Rechte der Parteien keineswegs als grundlegend verletzt bezeichnet werden, weil beiden Parteien sowohl die Erweiterung der Zweifelsformel mitgeteilt wurde als auch die Möglichkeit gewährt wurde, neue Beweise vorzulegen [...], was nicht nur wegen dem Verzicht auf die Ausübung sowohl von Seiten der Klägerin als auch dem Nichtkläger erfolgte; daher kann unter Beachtung der Norm der cc. 1639 § 2 und 1640 dem Gericht keine Schuld aufgedrängt werden, da in der Berufungsinstanz die Beweisaufnahme nicht zum Wesen des Prozesses gehört, weshalb das Fehlen einer zusätzlichen Beweisaufnahme nicht als Grund für die Nichtigkeit des Urteils der zweiten Instanz angeführt werden kann.

9. – Weiter fehlen im Fall nicht [...] „die Bemerkungen des Bandverteidigers des Berufungsgerichts, der auf die kategorisch zur Verteidigung der Gültigkeit der Ehe fixierte Position des Bandverteidigers der ersten Instanz Bezug genommen hat" [...], so dass der Prozess in der zweiten Instanz nicht nur zum Schein durchgeführt worden ist, was sowohl der Erlass des Dekrets der Aktenveröffentlichung als auch des Aktenschlusses [...] beweist, sowie die Gewährung der Möglichkeit an beide Partner „mögliche Elemente der Verteidigung vorzulegen" [...].

Es kann geschlossen werden, dass in der Berufungsinstanz trotz der Unterlassung des Dekrets der Annahme der Sache zur ordentlichen Untersuchung in weiterer Instanz, der Prozess gemäß den Normen für das ordentliche Verfahren und unter Beachtung des negativen Ausgangs der Entscheidung der zweiten Instanz durchgeführt worden ist, weshalb in dieser dritten Instanz des Prozesses ohne Zögern zur ordentlichen Untersuchung überzugehen ist.

10. Da also dies alles sowohl hinsichtlich der Rechts- als auch der Tatsachenlage erwogen worden ist, beschlossen die unterzeichneten Herren Prälaten-Auditoren, auf die vorgelegten Fragen zu antworten, so wie sie tatsächlich antworten:

Zur ersten: Die Nichtigkeit des Urteils des Berufungsgerichts P., welches am 27.10.2017 erlassen worden ist, steht nicht fest; zur zweiten: stellt sich nicht.

Dieses Dekret soll mit sämtlichen Rechtsfolgen allen bekannt gemacht werde, die es betrifft.

Gegeben zu Rom am Gericht der Römischen Rota, am 11.05.2022.

Alexander ARELLANO CEDILLO, *Dekan*

Michaël Xaverius Leo AROKIARAJ, *Berichterstatter*

David-Maria A. JAEGER

✳ ✳ ✳

2. Dekret der Rota Romana vom 10.05.2023 c. Arokiaraj (Prot. Nr. 24.889 – B. 73/2023) zur Nichtigkeit des Urteils und Zulassung der Berufung

Coram R. P. D. M. Xaverio Leone AROKIARAJ, Ponente

I.

NULLITATIS MATROMONII;

Prael.: ADM. APP.; Praeiud.: NULL. SENT.

(M. – C.)

Prot. N. 24.889   B. 73/2023

DECRETUM TURNI

Anno salutis 2023, die vero 10 maii, infrascripti Patres Auditores de Turno, in sede Huius Apostolici Fori legitime coadunati ad solvendam, in causa superius inscripta, praeiudicialem quaestionem: *An constet de nullitate sententiae a Tribunali I. die 25 ianuarii 2021 latae*, sequens ediderunt decretum.

1. – **Casus adumbratio.** – Partes in causa, M., actor, die 7 decembris 1961 natus et C., conventa, die 22 iulii 1963 orta, post annum relationis praematrimonialis, matrimonium die 22 septembris 1990 rite celebraverunt in ecclesia cathedrali A., S. dicata.

Vita matrimonialis, nativitate trium filiorum honestata, per quattuordecim annos duravit ast terminum habuit ob coniugum animorum dissociationem. Die 29 septembris 2004 divortium civile inter partes sancitum est.

2. – Die 11 februarii 2020 vir libellum exhibuit coram Tribunali I. primi gradus, utpote foro actoris, nullitatis suum matrimonium accusans; admissa petitione, formula dubii dein die 8 iunii 2020 ita est statuta: „Is there adequate evidence of the nullity of this marriage on the grounds of: Lack of Due Discretion on Petitioner – Lack of Due Discretion on Respondent" [...].

Instructione causae peracta, die 25 ianuarii 2021 sententia a Vicario iudiciali utpote iudice unico lata est pro nullitate ob incapacitatem adsumendi essentiales obligationes matrimoniales ex parte utriusque coniugis [...].

3. – Die 20 februarii 2021, mulier conventa iniustam tenens decisionem pro nullitate prolatam ad N. A. F. appellavit. Rotalis Turnus constitutus est ab Exc.mo P. D. Decano decreto diei 21 octobris 2022. R. D. Defensor vinculi N. F., voto die 9 novembris 2022 exhibito, quaestionem praeiudicialem de nullitate sententiae primi gradus suscitavit ob „magnam discrepantiam inter dispositivum decisionis ab ipso Iudice unico latae ad mentem can. 1095 n. 3 […] et formulam dubii die 8 iunii 2020 ad mentem can. 1095 n. 2 statutam" [...]. Cui exceptioni adhaesit R. D. Promotor iustitiae N. F. in voto diei 29 novembris 2022 [...].

Hisce prae oculis habitis, infrascriptus Ponens decreto diei 14 decembris 2022 quaestionem de nullitate sententiae primi gradus per memorialia solvendam esse decrevit [...]. Patronis designatis ex officio pro praeiudiciali tantum, ab iisdemque exhibitis memorialibus, sicut et a publicis Ministris, Patres de Turno praesenti decreto memoratam quaestionem aggrediuntur et diluunt.

4. – **In iure et in facto.** – Querela nullitatis est remedium ordinarium iuris contra sententiam, quae vitio nullitatis insanabilis vel sanabilis laborat. Quodnam vitium sit sanabile, quodnam vero insanabile, lege definitur (cf. cann. 1620 et 1622 respective). Lex decernit insanabile illud esse vitium nullitatis, quod oritur ex natura rei, sanabile vero quod soli partium utilitati officit. In isto secundo casu partes suo commodo renuntiare possunt, et nisi intra sat brevem terminum trium mensium sententiam nullam impugnent, vitium sanatur (cf. can. 1623), in priore, e contra, cum de bono publico agatur, terminus longior statuitur decem annorum ad querelam nullitatis proponendam, firma autem manente exceptionis perpetuitate (cf. can. 1621 coll. cum can. 1492, § 2).

Inter alia, ordinis iuridici quammaxime interest ut observetur *principium petitionis* („nemo iudex sine actore": cf. can. 1501) et *principium contradictorii*, cui arcte conectitur observantia *iuris defensionis*, quae utraque sunt recto iudiciali processui connaturalia. Correspondenter, inter hypotheses nullitatis insanabilis, hae duae exstant: si nempe „iudicium factum est sine iudiciali petitione, de qua in can. 1501 […]" et si „ius defensionis alterutri parti denegatum fuit" (can. 1620, nn. 4 et 7).

Memoretur oportet quod *causa petendi* est elementum identificans actionis, una cum *personis* seu partibus et *petito*. Causa petendi, ideo, quae generaliore sensu in processu matrimoniali identificatur cum capite nullitatis (haud praetermissis vero gravibus animadversionibus historicis et doctrinalibus propositis in G. Erlebach, *Il „caput" nelle cause di nullità matrimoniale. Abbozzo degli aspetti normativi e dottrinali*, in J. Kowal et J. Llobell [curantibus], *„Iustitia et iudicium". Studi di diritto matrimoniale e processuale canonico in onore di Antoni Stankiewicz*, vol. III, LEV, Città del Vaticano 2010, pp. 1752-1773, speciatim pp. 1761-1766), pendet essentialiter ab accusatione actoris, etsi quoddam relinquatur spatium iudici, in sede litis contestationis, ad eam in iuridice aptiorem formulam redigendam (speciatim ubi partes non sint technice defensae), iuxta nota brocharda „iura novit curia" et „da mihi factum, dabo tibi ius". Grave quidem est quod etiam nuper novatus can. 1676, § 5 adhuc statuat: „Formula dubii determinare debet quo capite vel quibus capitibus nuptiarum validitas impugnetur".

Semel vero statuta dubii formula, ideoque et firmato capite sub cuius lumine possibilis perpendatur matrimonii nullitas, non licet iudici – et quidem sub poena nullitatis – idem caput suo marte immutare, sed id facere debet, si et quatenus casus ferat, adamussim servatis condicionibus de quibus in can. 1514: „Controversiae termini semel statuti mutari valide nequeunt, nisi novo decreto, ex gravi causa, ad instantiam partis et auditis reliquis partibus earumque rationibus perpensis".

5. – De momento servandi nullitatis capitis inde a litis contestatione et per totum iudicii decursum, etiam sub lumine respectus iuris defensionis, scite scriptum est: „il diritto alla difesa può risultare anche gravemente menomato dal fatto che un oggetto giudiziale sia definitivo solo ad istruttoria conclusa o anche solo avanzata: le possibilità di difesa, soprattutto della parte convenuta, possono di fatto essere intaccate perché non ha potuto su quell'oggetto intervenire proponendo prove diverse o opponendosi adeguatamente nel corso dell' istruttoria. Risulterà in non pochi casi difficile per il giudice ‚leggere‘ le carte processuali, indirizzate nell'istruttoria alla ricerca di una determinata certezza morale, nell'ottica, in misura maggiore o minore, diversa, determinata dal nuovo capo introdotto ex officio. Diventerà facilmente necessario un supplemento di istruttoria, riconvocare alcuni testi o le parti, con tutte le conseguenze del caso" (G. P. Montini, *Alcune questioni in merito al can. 1514*, in *Periodica de re canonica* 92 [2003], pp. 350-351; cf. etiam G. Erlebach, art. cit., pp. 1764-1766).

Eo vel magis patet vulnus iuri defensionis illatum si caput nullitatis in ipsa definitiva sententia immutetur. Recte ad rem legitur in decreto coram Stankiewicz diei 4 iunii 1980: „Judex, qui suo arbitrio tempore proferendae sententiae causam petendi, id est caput nullitatis mutare audeat, haud dubie *jus defensionis* graviter laedit. Partes enim ius habent ut audiantur de mutatione causae petendi" (in *Il diritto ecclesiastico* 91 [1980], II, p. 195, n.13).

De facto enim in tali hypothesi iudex non modo *ultra petita*, idest *nemine actore* pronuntiat – quia illa nempe specifica actio, ab illa causa petendi identificata, a nemine est introducta –, sed etiam ius defensionis omnium partium, publicae et privatarum, conculcat, quoniam super illo determinato matrimonii nullitatis aspectu, ex quo pronuntiatur sententia, nequiverunt istae „dicere et contradicere", probationes nempe adducere et defensiones proponere. „Non essendoci l'accusa – optime commentatur doctrina –, non essendo in seguito stabilito l'oggetto della lite circa tutta la materia definita poi nella sentenza ,ultra petita', non può esservi luogo per una difesa di nessuna delle parti" (G. Erlebach, *La nullità della sentenza giudiziale „ob ius defensionis denegatum"* nella giurisprudenza rotale, Studi giuridici – 25, LEV, Città del Vaticano 1991, p. 290).

Profecto, uti alias commentati sumus, „ubi iudex praetendat suam creativam contributionem in sede decisionis afferre, seu in sententia ipsa, [...] quatenus statuat de quo nulla ex partibus rite animadvertere potuit, patenter ius partium defensionis conculcat" (coram infrascripto Ponente, decr. diei 16 aprilis 2008, RRDecr., vol. XXVI, p. 31, n. 4).

6. – Spectatis autem can. 1611, n. 1 („Sententia debet [...] definire controversiam coram tribunali agitatam, data singulis dubiis congrua responsione") et can. 1620, n. 8 („Sententia vitio insanabilis nullitatis laborat [...] si controversia ne ex parte quidem definita est"), fatendum est quod sententia ex alio tantum capite nullitatis matrimonii pronuntians, ab uno in dubii formula statuto, etiam in hanc postremam incurrit nullitatis hypothesim.

Scite ideo monet decretum coram Bruno diei 21 iulii 1995: „Si ideo iudex in ipso momento decisionis, scilicet in sententia edenda, formulam dubii decidendam suo marte mutare ac statuere praesumit, sententia, super capite vel super capitibus mutatis data, nullius momenti habenda est; deficit enim in casu iudicialis petitio et iudicium adversus aliquam partem conventam numquam institutum est (cf. can. 1501 et can. 1620, n. 4).

Insuper sententia vitio insanabili nullitatis laborat ex can. 1620 n. 7, quia partibus ius defensionis denegatum est; hae enim probationes afferre et contradictorium exercere non valuerunt, nec vinculi defensor suum munus explere potuit.

Denique si Iudex caput antea legitime concordatum prorsus dereliquit et solvere omisit, sententia ulteriori adhuc nullitate laborare dicenda est ex can. 1620 n. 8, quia controversia ne quidem ex parte definita est" (RRDecr., vol. XIII, p. 102, n. 7).

7. – Adnotare heic praestat quod incapacitas in can. 1095 declaratur tribus sub speciebus distinctis atque autonomis, formali distinctione posita inter eas quae quamlibet prohibet confusionem.

„Aliquando – docemur in decreto coram Erlebach diei 2 iulii 2009 – terminus ,caput nullitatis' sumitur sub specie iuris substantivi, uti norma iuridica in qua fundatur una vel alia figura specifica nullitatis matrimonii. Determinationes factae hac in re a Summo Legislatore in CIC, tit. VII, lib. IV, ,De matrimonio', quammaxime inserviunt certitudini iuris hac in re et magnum habent influxum in determinatione autonomiae singulorum capitum nullitatis. Ad Nostrum quod attinet casum, per distinctionem inter nn. 2 et 3 in can. 1095, Legislator suam fecit conclusionem ad quam pervenerat fere tota doctrina et iurisprudentia canonica de autonomia figurae incapacitatis assumendi essentiales matrimonii obligationes, distinctae a defectu discretionis iudicii. Ergo hodie defectus discretionis iudicii et incapacitas assumendi habendi sunt uti capita nullitatis distincta et autonoma, etsi sub quibusdam aspectibus connexa" (Bogoten., B. 94/2009, n. 4).

Exinde iamdudum edicere nacti sumus: „Nullitate affecta est sententia lata ex capite defectus discretionis iudicii, quando matrimonii nullitas invocata fuerat ex incapacitate assumendi onera coniugalia essentialia; argumentatio valet etiam e contrario" (coram infrascripto Ponente, decr. diei 16 aprilis 2008, cit., p. 31, n. 5).

8. – Nunc, in casu nostro, pacificum est sententiam primi gradus vitio insanabili nullitatis laborare vi can. 1620, nn. 4, 7 et 8, quia Iudex unicus momento proferendae sententiae obiectum iudicii, id est caput nullitatis, sua sponte mutans sententiam *ultra petita* emanavit et ita ius defensionis omnium partium denegavit, dubium causae primitus constitutum sine ulla responsione relinquens.

Iudex unicus primi gradus enim permutavit, in sententia die 25 ianuarii 2021 ferenda, caput nullitatis defectus discretionis iudicii in utraque parte ad mentem can. 1095 n. 2, in sessione pro litis contestatione rite statuto […], cum capite incapacitatis adsumendi essentiales obligationes matrimoniales ex parte utriusque coniugis […]. Caput istud numquam concordatum, neque a partibus expetitum est. Ne de mero errore materiali quidem agitur, quoniam ex sententiae textu clare evincitur argumentationem totam super capite diverso ab illo concordato vertere.

Ceterum etiam ex responsione praesentis Vicarii iudicialis Tribunalis I. die 22 novembris 2022 praebita, dum causa coram Rota ob appellationem mulieris conventae iam legitime pendebat, clare patet, permutationem capitis a Iudice unico tantummodo momento decisionis et sententiae exarationis factam esse, quod factum rationibus valetudinis tribuitur, statui nempe eiusdem Iudicis, iam emeriti, „of mental decline and dementia at the end of his service" […].

Quod ceterum, si probatum invicte evasisset, ulteriorem intulisset nullitatis *ex ipsa rei natura* rationem, Iudice nempe non sui compote sententiam pronuntiante; defectus enim sufficientis usus rationis iure naturali exercitium impedit muneris iudicialis, sicut et alius cuiusvis ecclesiastici officii.

9. – Exinde, ut resumamus, extra dubium ponitur sententiam affirmativam primi gradus super capite *incapacitatis assumendi onera coniugalia in utraque parte* latam, quod caput a nemine neque accusatum neque umquam concordatum atque disceptatum est, nullitate insanabili, cum ob iudicium sine iudiciali petitione factum (cf. cann. 1620, n. 4; 1501) tum ob defectum contradictorii et subsequentem iuris defensionis denegationem (cf. 1620, n. 7), tum demum ob mancam responsionem ad dubium in causa rite statutum (cf. can. 1620, n. 8) affectam esse.

Causa remittenda est ad primi gradus Tribunal quod ad apicem iuris se gerere velit.

10. – Quibus omnibus expositis et mature perpensis, infrascripti Patres Auditores de Turno, propositae praeiudiciali quaestioni respondendum esse censuerunt, sicut respondent:

Affirmative seu constare de nullitate sententiae Tribunalis I. diei 25 ianuarii 2021.

Quod decretum iusserunt notificari omnibus, quibus de iure, ad omnes iuris effectus.

Romae, in sede Rotae Romanae Tribunalis, die 10 maii 2023.

Michaël Xaverius Leo AROKIARAJ, *Ponens*

David-Maria A. JAEGER

Vitus Angelus TODISCO

Verhandelt vor dem H. H. Michael Xavier Leo AROKIARAJ, Berichterstatter

Diözese I.

Ehenichtigkeitssache; Vorfrage: Nichtigkeit des Urteils und Zulassung der Berufung

(M. – C.)[1]

Prot. N. 24.889   B. 73/2023

DEKRET DES RICHTERKOLLEGS

Im Jahr des Heiles 2023, und zwar am 10.05. haben sich die unterzeichnenden Herren Prälaten Auditoren des Kollegs am Sitz dieses Apostolischen Gerichts rechtmäßig versammelt, um in der oben angegebenen Sache die vorgerichtliche Frage zu entscheiden: *Ob die Nichtigkeit des Urteils des Berufungsgerichts I., welches am 25.01.2021 gefällt wurde, feststeht,* und erließen das folgende Dekret.

1. – **Sachverhalt.** – Die Parteien in der Sache, M., Kläger, geboren am 07.12.1961 und C., belangte Partei, geboren am 22.07.1963, schlossen nach einem Jahr vorehelicher Beziehung am 22.09.1990 rechtmäßig die Ehe in der S. geweihten Domkirche A.

Das Eheleben, durch die Geburt von drei Söhnen bereichert, dauerte vierzehn Jahre und endete wegen des Auseinandergehens der Einstellungen der Eheleute. Am 29.09.2004 wurde die zivile Scheidung der Partner ausgesprochen.

2. – Am 11.02.2020 legte der Mann die Klageschrift dem erstinstanzlichen Gericht I., dem Gerichtsstand des Klägers, vor, und klagte seine Ehe der Nichtigkeit an; nach Zulassung der Klageschrift, wurde die Zweifelsformel schließlich am 08.06.2020 folgendermaßen formuliert: „Is there adequate evidence of the nullity of this marriage on the grounds of: Lack of Due Discretion on Petitioner – Lack of Due Discretion on Respondent" [...].

Nach Beendigung der Beweisaufnahme erging am 25.01.2021 das Urteil des Gerichtsvikars als Einzelrichter zugunsten der Nichtigkeit wegen der Un-

---

1   Übersetzung des Dekrets der Rota Romana vom 10.05.2023 c. AROKIARAJ (Prot. Nr. 24.889 – B. 73/2023) ins Deutsche durch Nikolaus SCHÖCH.

fähigkeit, die wesentlichen ehelichen Verpflichtungen auf sich zu nehmen von Seiten beider Ehepartner [...].

3. – Am 20.02.2021 legte die belangte Frau, welche die zugunsten der Nichtigkeit ergangene Entscheidung für ungerecht hielt, Berufung an unser Apostolisches Gericht ein. Das Richterkolleg der Rota wurde von Seiner Exzellenz, dem Dekan, mit Dekret vom 21.10.2022 ernannt. Der hochwürdige Herr Bandverteidiger unseres Gerichts stellte in seinem am 09.11.2022 vorgelegten Votum die vorgerichtliche Frage nach der Nichtigkeit des Urteils der ersten Instanz „wegen der großen Diskrepanz zwischen dem Urteilsspruch, der vom Einzelrichter selbst im Sinne von can. 1095, Nr. 3 erlassen wurde [...] und der am 8. Juni 2020 im Sinne von can. 1095 Nr. 2 festgelegten Zweifelsformel" [...]. Dieser Einrede schloss sich der hochwürdige Kirchenanwalt unseres Gerichts in seinem Votum vom 29.11.2022 an [...].

Dies vor Augen habend, beschloss der unterzeichnende Berichterstatter mit Dekret vom 14.12.2022, die Frage nach der Nichtigkeit des Urteils der ersten Instanz durch Schriftsätze zu entscheiden [...]. Nachdem nur für die vorgerichtliche Frage Parteienanwälte von Amts wegen ernannt worden waren und nach Erhalt der von diesen vorgelegten Schriftsätze sowie auch jener von den das Gemeinwohl vor Augen habenden Amtsträgern, gehen die Väter des Richterkollegs mit dem vorliegenden Dekret die erwähnte Frage an und entscheiden sie.

4. – **Rechts- und Sachlage.** – Die Nichtigkeitsbeschwerde ist ein ordentliches Hilfsmittel gegen ein Urteil, welches an unheilbarer oder heilbarer Nichtigkeit leidet. Welcher Fehler heilbar, welcher hingegen nicht heilbar sein soll, wird vom Gesetz bestimmt (vgl. cc. 1620 und 1622). Das Gesetz legt fest, dass jener Nichtigkeitsgrund unheilbar sein soll, der aus der Natur der Sache hervorgeht, heilbar jedoch jener, der lediglich dem Nutzen der Parteien dient. In diesem zweiten Fall können die Parteien zu ihrem Nutzen verzichten, und, sofern sie das nichtige Urteil nicht innerhalb der ziemlich knappen Frist von drei Monaten anfechten, wird der Fehler geheilt (vgl. c. 1623); im ersten Fall hingegen wurde die längere Frist von zehn Jahren zur Vorlage der Nichtigkeitsbeschwerde festgelegt, unter Vorbehalt jedoch der Unbefristetheit der Einrede (vgl. c. 1621 in Verbindung mit c. 1492 § 2), weil es um das öffentliche Wohl geht.

Unter anderem liegt der Rechtsordnung sehr viel daran, dass das *principium petitionis* („nemo iudex sine actore": vgl. c. 1501) beachtet wird und das *principium contradictorii*, mit dem die Beachtung des *ius defensionis* sehr eng verbunden wird. Diese beiden gehören ganz natürlicherweise zum korrekten gerichtlichen Prozess. Entsprechend bestehen unter den Hypothesen der unheilbaren Nichtigkeit diese beiden: wenn nämlich „ein Prozeß ohne einen Klageantrag nach can. 1501 geführt [...]" und wenn „einer Partei das Verteidigungsrecht verweigert worden ist" (c. 1620, Nr. 4 u. 7).

Es sei daran erinnert, dass der Grund für die Klage (*causa petendi*), zusätzlich zu den Personen, d.h. den Parteien und dem Klagebegehren (*petitum*), ein Element ist, welches die Klage bestimmt. Der Grund für die Klage, der im allgemeineren Sinne im Eheprozess mit dem Klagegrund identifiziert wird (wobei jedoch die gewichtigen historischen und doktrinellen Anmerkungen, die von G. ERLEBACH vorgebracht wurden, nicht zu übersehen sind: Il „caput" nelle cause di nullità matrimoniale. Abbozzo degli aspetti normativi e dottrinali: Kowal, J. / Llobell, J. [Hrsg.], Iustitia et iudicium. Studi di diritto matrimoniale e processuale canonico in onore di Antoni Stankiewicz. Bd. III. Vatikanstadt 2010, 1752-1773, besonders 1761-1766), hängt wesentlich vom Klageantrag des Klägers ab, wenn auch dem Richter bei der Streitfestlegung ein kleiner Spielraum zugestanden wird, damit dieser in einer rechtlich passenderen Formulierung redigiert werden kann (besonders dort, wo die Parteien nicht qualifiziert verteidigt werden), gemäß dem bekannten Rechtsspruch „iura novit curia" und „da mihi factum, dabo tibi ius". Von Bedeutung ist nämlich, dass auch der erneuerte c. 1676 § 5 bis heute bestimmt: „Die Streitpunktformel muss festlegen, aus welchem Grund oder welchen Gründen die Gültigkeit der Ehe angefochten wird".

Wurde die Streitpunktformel einmal fixiert, und daher der Klagegrund festgelegt, im Lichte dessen die mögliche Nichtigkeit der Ehe bewertet wird, dann ist es dem Richter nicht gestattet – und zwar unter Androhung der Nichtigkeit – denselben Nichtigkeitsgrund aus eigenem Antrieb zu verändern, sondern er muss dies tun, sollte es der Fall erfordern, unter genauer Einhaltung der in c. 1514 genannten Bedingungen: „Gültig können die einmal festgelegten Streitpunkte nur aus schwerwiegendem Grund durch ein neues Dekret auf Antrag einer Partei und nach Anhören der übrigen Beteiligten und Abwägen ihrer Gründe geändert werden".

5. – Über die Wichtigkeit, den Nichtigkeitsgrund angefangen von der Streitfestlegung und für die gesamte Dauer des Prozesses beizubehalten, auch unter dem Blickwinkel der Respektierung des Verteidigungsrechts, wurde klugerweise geschrieben: „Das Verteidigungsrecht kann auch aufgrund der Tatsache als schwerwiegend beeinträchtigt erscheinen, dass ein Gegenstand des Verfahrens erst zum Zeitpunkt des Endes oder auch bei weitfortgeschrittener Beweisaufnahme endgültig wird: die Möglichkeiten zur Verteidigung, vor allem von Seiten der belangten Partei, können tatsächlich beeinträchtigt sein, weil sie zu jenem Objekt nicht durch Vorlage unterschiedlicher Beweise oder entsprechenden Widerstand im Laufe der Beweisaufnahme Stellung beziehen konnte. Es wird in nicht wenigen Fällen für den Richter schwierig werden, die Prozessakten

‚zu lesen', die bei der Beweisaufnahme zur Suche nach einer bestimmten mora-lischen Gewissheit in der Optik eines in größerem oder kleinerem Maß nicht gemäß dem von Amts wegen neu eingeführten Klagegrund ausgerichtet wurden. Leicht kann eine Beweisergänzung erforderlich werden, die erneute Ladung eines Zeugen oder der Parteien, mit allen Konsequenzen für den Fall" (MONTINI, G. P., Alcune questioni in merito al can. 1514: Periodica de re canonica 92 [2003] 350-351; vgl. auch ERLEBACH, zitierter Artikel, 1764-1766).

Umso deutlicher wird die dem Verteidigungsrecht zugefügte Wunde, wenn der Nichtigkeitsgrund im Endurteil selbst verändert wird. Richtigerweise liest man zur Sache im Dekret c. STANKIEWICZ vom 04.06.1980: „Der Richter, der willkürlich zum Zeitpunkt der Urteilsfällung die *causa petendi*, d.h. den Klagegrund zu ändern wagt, verletzt zweifellos schwerwiegend das *jus defensionis*. Denn die Parteien haben das Recht, dass sie auch über die Änderung der *causa petendi* gehört werden" (Il diritto ecclesiastico 91 [1980] II, 95, Nr.13).

Denn in der Tat urteilt der Richter in dieser Hypothese nicht nur *ultra petita*, d.h. ohne Kläger (*nemine actore*) – weil nämlich jene spezifische Klage, durch welche die *causa petendi* bestimmt wird, von niemandem eingeführt wur-de –, sondern er tritt auch das Verteidigungsrecht aller Parteien, öffentlicher und privater, mit den Füßen, weil diese über jenen bestimmten Aspekt der Ehenich-tigkeit, von dem ausgehend das Urteil gesprochen wird, nicht „dicere et contra-dicere" konnten, nämlich keine Beweise beibringen und Verteidigungen vor-schlagen konnten. „Da keine Klage vorliegt – so kommentiert die Lehre bestens –, da in der Folge das Streitobjekt nicht in Bezug auf die ganze Materie festgelegt wurde, die dann im Urteil ‚ultra petita' entschieden wurde, kann kein Platz für eine Verteidigung der Parteien bleiben" (ERLEBACH, G., La nullità della sentenza giudiziale „ob ius defensionis denegatum" nella giurisprudenza rotale. [Studi giuridici 25] Vatikanstadt 1991, 290).

Wahrlich, wie wir anderswo kommentiert haben, „wo der Richter vorgibt, seinen kreativen Beitrag zum Zeitpunkt der Entscheidung beibringen zu müssen, d.h. im Urteil selbst, […] insofern es etwas festlegt, worüber keine der Parteien irgendetwas rechtmäßig bemerken konnte, wurde offensichtlich das Vertei-digungsrecht der Parteien mißachtet" (vor dem unterzeichnenden Berichter-statter, Dekret vom 16.04.2008: RRDecr. XXVI, 31, n. 4).

6. – Unter Beachtung von c. 1611, Nr. 1 jedoch („Das Urteil muß: [...] über den vor Gericht verhandelten Rechtsstreit entscheiden, wobei auf die ein-zelnen Streitfragen eine entsprechende Antwort zu geben ist") und c. 1620, Nr. 8 („Ein Urteil leidet an unheilbarer Nichtigkeit, wenn: […] die strittige Sache nicht einmal teilweise entschieden worden ist"), muss zugegeben werden, dass ein Urteil, welches die Nichtigkeit der Ehe nur aus einem anderen Klagegrund

ausspricht als dem in der Streitpunktformel festgelegten, auch unter diese zuletzt genannte Nichtigkeitshypothese fällt.

Treffend mahnt deshalb das Dekret c. BRUNO vom 21.06.1995: „Wenn daher der Richter im Augenblick der Entscheidung selbst, d.h. beim Erlassen des Urteils, die zu entscheidende Streitpunktformel aus eigenem Antrieb zu verändern und festzulegen wagt, so ist das Urteil, in Bezug auf den veränderten Klagegrund oder die veränderten Klagegründe für bedeutungslos zu halten; denn es fehlt im Fall ein gerichtlicher Klageantrag und ein Prozess gegen irgendeine belangte Partei wurde nie eingeleitet (vgl. can. 1501 und can. 1620, Nr. 4).

Weiter leidet das Urteil an unheilbarer Nichtigkeit aus can. 1620, Nr. 7, weil den Parteien das Verteidigungsrecht verweigert worden ist; denn diese konnten keine Beweise beibringen und keinen Widerspruch leisten, noch konnte der Bandverteidiger seines Amtes walten.

Wenn schließlich der Richter den zuvor legitim vereinbarten Klagegrund vollständig aufgibt und zu entscheiden unterließ, dann sagt man, dass das Urteil unter einer weiteren Nichtigkeit aufgrund von can. 1620 Nr. 8 leidet, weil die Kontroverse nicht einmal teilweise entschieden ist" (RRDecr. XIII, 102, n. 7).

7. – Es empfiehlt sich, hier anzumerken, dass die Unfähigkeit in c. 1095 aus drei unterschiedlichen und autonomen Formen erklärt wird, nachdem eine formale Unterscheidung zwischen ihnen vorgenommen wurde, welche jegliche Art von Verwechselung verbietet.

„Manchmal – so werden wir im Dekret coram Erlebach vom 2. Juli 2009 belehrt – wird der Ausdruck ‚caput nullitatis' nach Art des materiellen Rechts als eine rechtliche Norm verstanden, in der die eine oder andere spezielle Art der Ehenichtigkeit gründet. Die in dieser Sache vom obersten Gesetzgeber im CIC, tit. VII, lib. IV, ‚De matrimonio' gemachten Bestimmungen dienen in höchstem Maß der Rechtssicherheit in dieser Angelegenheit und haben einen großen Einfluss bei der Definition der Autonomie der einzelnen Nichtigkeitsgründe. Was unseren Fall betrifft, so macht sich der Gesetzgeber durch die Unterscheidung zwischen den Nr. 2 und 3 in can. 1095 den Schluss zu eigen, zu dem fast die gesamte Lehre und kanonische Rechtsprechung in Bezug auf die Autonomie der Figur der Unfähigkeit zur Übernahme der wesentlichen ehelichen Verpflichtungen kam, welche von einem Mangel an Urteilsvermögen zu unterscheiden sind. Daher sind heute der Mangel an Urteilsvermögen und die Unfähigkeit, die wesentlichen ehelichen Verpflichtungen zu übernehmen, als unterschiedliche und autonome Nichtigkeitsgründe zu behandeln, obwohl sie unter manchen Aspekten miteinander verknüpft sind" (BOGOTEN., B. 94/2009, n. 4).

Folglich kommen wir seit langem zu dem Schluss: „Von der Nichtigkeit ist jenes Urteil betroffen, welches wegen eines Mangels an Urteilsvermögen erlassen wurde, wenn die Nichtigkeit der Ehe aus der Unfähigkeit behauptet worden war, die wesentlichen ehelichen Verpflichtungen zu übernehmen; die Argumentation gilt umgekehrt" (vor dem unterzeichnenden Berichterstatter, Dekret vom 16.04.2008, zitiert, 31, Nr. 5).

8. – Nun steht es in unserem Fall außer Zweifel, dass das Urteil erster Instanz an unheilbarer Nichtigkeit aufgrund von c. 1620, Nr. 4, 7 und 8 leidet, weil der Einzelrichter zum Zeitpunkt der Urteilsfällung das Streitobjekt, d.h. den Nichtigkeitsgrund, aus eigener Initiative änderte, ein Urteil *ultra petita* erließ und daher das Verteidigungsrecht aller Parteien verweigerte, und die zuerst festgelegte Zweifelsformel des Falles ohne eine Antwort ließ.

Denn der Einzelrichter erster Instanz tauschte in seinem am 25.01.2021 zu erlassenden Urteil den Nichtigkeitsgrund des mangelnden Urteilsvermögens auf beiden Seiten gemäß c. 1095, Nr. 2, der in der Sitzung zur Streitfestlegung fixiert worden war [...], gegen den Nichtigkeitsgrund der Unfähigkeit die wesentlichen ehelichen Verpflichtungen zu übernehmen auf Seiten beider Ehepartner aus [...]. Dieser Nichtigkeitsgrund wurde weder jemals vereinbart noch von den Parteien beantragt. Es handelt sich nicht einmal um einen rein materiellen Fehler, da aus dem Text des Urteils klar hervorgeht, dass sich die gesamte Argumentation um einen anderen Nichtigkeitsgrund als den vereinbarten dreht.

Außerdem geht auch aus der am 22.11.2022 gegebenen Antwort des derzeitigen Gerichtsvikars des Gerichts I., als der Fall wegen der Berufung der belangten Frau an die Rota bereits rechtmäßig anhängig war, klar hervor, dass es zum Austausch des Nichtigkeitsgrunds durch den Einzelrichter erst im Augenblick der Entscheidung und der Redaktion des Urteils kam. Diese Tatsache wurde gesundheitlichen Gründen zugeschrieben, dem Zustand nämlich desselben Richters, der bereits emeritiert „von geistigem Niedergang und mangelndem Vernunftgebrauch am Ende seines Dienstes" gezeichnet war [...].

Was übrigens, wenn es sich als unwiderlegbar bewiesen zeigen sollte, *ex ipsa rei natura* einen weiteren Grund für die Nichtigkeit mit sich bringen würde, dass nämlich das Urteil von einem Richter verkündet worden wäre, der nicht zurechnungsfähig war; denn der Mangel an einem ausreichenden Vernunftgebrauch verhindert gemäß dem Naturrecht die Ausübung des Richteramts sowie auch jeglichen sonstigen kirchlichen Amtes.

9. – Daher wird außer Zweifel gestellt, wie wir zusammenfassen, dass das affirmative Urteil der ersten Instanz zum Nichtigkeitsgrund *incapacitas assumendi onera coniugalia in utraque parte* erlassen wurde, einem Nichtigkeitsgrund, der weder von jemandem beantragt noch jemals vereinbart oder verhandelt worden ist, an unheilbarer Nichtigkeit leidet, da ein Prozess sowohl ohne Kontradiktorium und der daraus folgenden Verweigerung des Verteidigungsrechts (vgl. c. 1620, Nr. 7) als auch ohne einen Klageantrag (vgl.

cc. 1620, Nr. 4; 1501) und schließlich ohne Beantwortung der im Fall rechtmäßig formulierten Zweifelsformel geführt wurde (vgl. c. 1620, Nr. 8).

Der Fall ist an das Gericht der ersten Instanz zu verweisen, welches sich genau an das Recht halten sollte.

10. Da also dies alles sowohl hinsichtlich der Rechts- als auch der Tatsachenlage reiflich erwogen worden ist, beschlossen die unterzeichneten Herren Prälaten-Auditoren, auf die vorgelegte Frage zu antworten, so wie sie tatsächlich antworten:

Affirmativ, d.h. die Nichtigkeit des Urteils des Gerichts I., welches am 25.01.2021 erlassen worden ist, steht fest.

Dieses Dekret soll mit sämtlichen Rechtsfolgen allen bekannt gemacht werde, die es betrifft.

Gegeben zu Rom am Gericht der Römischen Rota, am 10.05.2023.

Michaël Xaverius Leo AROKIARAJ, *Berichterstatter*

David-Maria A. JAEGER

Vitus Angelus TODISCO

* * *

3. Ansprache Papst Franziskus' an die Römische Rota zur Eröffnung des Gerichtsjahres 2025 am 31.01.2025[1]

Liebe Prälaten-Auditoren!

Die Eröffnung des Gerichtsjahres des Gerichts der Römischen Rota gibt mir die Gelegenheit, meine Wertschätzung und meine Dankbarkeit für Ihre Arbeit zu erneuern. Ich grüße herzlich den hochwürdigsten Herrn Dekan und Sie alle, die Sie Ihren Dienst an diesem Gericht leisten.

In diesem Jahr jährt sich zum zehnten Mal der Erlass der beiden Motu Proprien *Mitis Iudex Dominus Iesus* und *Mitis et misericors Iesus*, mit denen ich das Verfahren zur Feststellung der Nichtigkeit der Ehe reformiert habe. Es scheint mir angebracht, diese traditionelle Gelegenheit der Begegnung mit Ihnen zu nutzen, um den Geist in Erinnerung zu rufen, der diese Reform durchdrungen hat, die von Ihnen mit Kompetenz und Fleiß zum Wohl aller Gläubigen angewandt wird. Die Notwendigkeit einer Änderung der Normen über das Ehenichtigkeitsverfahren war von den Synodenvätern in der außerordentlichen Generalversammlung [der Bischofssynode] von 2014 zum Ausdruck gebracht worden. Sie hatten die Forderung gestellt, die Verfahren zugänglicher und schneller zu gestalten[2]. Die Synodenväter brachten damit die Dringlichkeit zum Ausdruck, die pastorale Neuausrichtung der Strukturen zu vollenden, die bereits im Apostolischen Schreiben *Evangelii gaudium* erhofft worden war[3].

Diese Neuausrichtung musste notwendigerweise auch die Rechtspflege betreffen, damit sie bestmöglich auf jene reagieren kann, die sich an die Kirche wenden, um Klarheit über ihre eheliche Situation zu gewinnen[4].

Ich wollte, dass der Diözesanbischof im Zentrum der Reform steht. Ihm obliegt nämlich die Verantwortung für die Rechtspflege in seiner Diözese – sowohl als Garant für die Nähe des Gerichts und für die Aufsicht über dieses als auch als Richter, der *personaliter* in den Fällen entscheiden muss, in denen die Nichtigkeit offenkundig ist, das heißt durch den *processus brevior* als Ausdruck der Sorge um die *salus animarum*.

Daher habe ich dazu angeregt, die Tätigkeit der Gerichte in die diözesane Pastoral einzubinden, und ich habe die Bischöfe angewiesen, dafür zu sorgen, dass

---

1   Italienischer Originaltext: https://press.vatican.va/content/salastampa/it/bollettino/pubb lico/2025/01/31/0093/00188.html (Stand: 03.02.2025). Die Übersetzung in das Deutsche erfolgte durch Frau Anna-Maria BADER.

2   Vgl. *Relatio Synodi*, 18.10.2014, 48.

3   Vgl. Apostolisches Schreiben *Evangelii gaudium*, 27.

4   Vgl. Ansprache an die Römische Rota, 23.01.2015.

die Gläubigen über die Existenz dieses Verfahrens als mögliches Heilmittel für die Notlage, in der sie sich befinden, informiert werden. Es ist manchmal betrüblich festzustellen, dass die Gläubigen von dieser Möglichkeit nichts wissen. Zudem ist es wichtig, „dass die Kostenfreiheit der Verfahren sichergestellt werde und die Kirche [...] die unentgeltliche Liebe Christi sichtbar macht, durch die wir alle erlöst worden sind."[5]

Insbesondere zeigt sich die Fürsorge des Bischofs darin, dass er durch ein Gesetz die Errichtung eines Gerichts in seiner Diözese gewährleistet, das mit gut ausgebildeten Personen – Klerikern und Laien – ausgestattet ist, die für diese Aufgabe geeignet sind, und dass er sich vergewissert, dass diese ihre Arbeit mit Gerechtigkeit und Sorgfalt ausführen. Die Investition in die Ausbildung dieser Fachkräfte – auf wissenschaftlicher, menschlicher und geistlicher Ebene – kommt stets den Gläubigen zugute, die das Recht auf eine sorgfältige Prüfung ihrer Anträge haben, auch wenn sie eine negative Antwort erhalten sollten.

Die Reform wurde geleitet – und ihre Umsetzung muss geleitet werden – von der Sorge um das Heil der Seelen[6]. Wir sind herausgefordert durch den Schmerz und die Hoffnung so vieler Gläubiger, die Klarheit über die Wahrheit ihrer persönlichen Situation und folglich über die Möglichkeit einer vollen Teilnahme am sakramentalen Leben suchen. Für viele, die „eine unglückliche eheliche Erfahrung gemacht haben, stellt die Verifizierung von Gültigkeit oder Ungültigkeit der Ehe eine wichtige Möglichkeit dar; und diesen Menschen muss geholfen werden, damit sie diesen Weg wesentlich leichter gehen können"[7].

Die Normen, die die Verfahren regeln, müssen einige grundlegende Rechte und Prinzipien garantieren, vor allem das Verteidigungsrecht und die Rechtsvermutung zugunsten der Gültigkeit der Ehe. Das Ziel des Verfahrens ist nicht, „das Leben der Gläubigen unnötig zu verkomplizieren und ebensowenig ihre Streitlust anzufachen, sondern nur der Wahrheit zu dienen"[8].

Ich erinnere mich an das, was der heilige PAUL VI. sagte, nachdem er die durch das Motu Proprio *Causas matrimoniales* erfolgte Reform abgeschlossen hatte. Er stellte fest, dass „die Vereinfachungen [...], die bezüglich der Behandlung der Ehefälle eingeführt wurden, darauf abzielen, diese Praxis leichter zugänglich und damit pastoraler zu gestalten, ohne dass dies auf Kosten der Kriterien der Wahrheit und der Gerechtigkeit geht, an die ein Verfahren sich aufrichtiger-

---

5   *Mitis Iudex, Proömium*, VI.

6   Vgl. *Mitis Iudex, Proömium*.

7   Ansprache an die Teilnehmer eines vom Gericht der Römischen Rota veranstalteten Kurses, 12.03.2016.

8   BENEDIKT XVI., Ansprache an die Römische Rota, 28.06.2006.

weise halten muss, im Vertrauen darauf, dass die Verantwortung und Weisheit der Hirten auf religiöse und unmittelbare Weise gefordert werden"[9].

Auch durch die jüngste Reform sollte „keinesfalls die Nichtigkeit der Ehen befördert werden [...], sondern die Geschwindigkeit der Prozesse und nicht minder eine gerechte Einfachheit, damit nicht wegen der verspäteten Urteilsfindung das Herz der Gläubigen, welche die Klärung des eigenen Standes erwarten, lange von den Dunkeln des Zweifels bedrückt werden"[10]. Tatsächlich habe ich, um zu vermeiden, dass sich aufgrund zu komplexer Verfahren das Sprichwort „*summum ius summa iniuria*"[11] bewahrheitet, das Erfordernis einer doppelten übereinstimmenden Entscheidung abgeschafft und dazu ermutigt, die Fälle, in denen die Nichtigkeit [der Ehe] offenkundig ist, schneller zu entscheiden – mit dem Ziel des Wohls der Gläubigen und in dem Wunsch, Frieden in ihr Gewissen zu bringen. Es ist offensichtlich – aber ich möchte es hier noch einmal betonen –, dass die Reform in besonderer Weise Ihre Klugheit bei der Anwendung der Normen fordert. Und dies „verlangt zwei große Tugenden: die Klugheit und die Gerechtigkeit, die von der Liebe inspiriert sein müssen. Es gibt eine enge Verbindung zwischen Klugheit und Gerechtigkeit, denn die Ausübung der ,prudentia iuris' zielt auf die Erkenntnis dessen ab, was im konkreten Fall gerecht ist"[12].

Alle Beteiligten am Verfahren nähern sich der ehelichen und familiären Wirklichkeit mit Ehrfurcht, weil die Familie der lebendige Abglanz der Gemeinschaft der Liebe ist, die der dreieinige Gott ist[13]. Darüber hinaus haben die im Ehebund vereinten Ehegatten die Gabe der Unauflöslichkeit empfangen, die kein Ziel ist, das sie durch eigene Anstrengung erreichen müssen, und auch keine Einschränkung ihrer Freiheit, sondern ein Versprechen Gottes, dessen Treue jene der Menschen ermöglicht. Ihre Arbeit der Unterscheidung über das Vorhandensein oder Nichtvorhandensein einer gültigen Ehe ist ein Dienst an der *salus animarum*, da sie den Gläubigen ermöglicht, die Wahrheit ihrer persönlichen Wirklichkeit zu erkennen und anzunehmen. Tatsächlich ist „jedes gerechte Urteil über die Gültigkeit oder Nichtigkeit der Ehe [...] ein Beitrag zur Kultur der Unauflöslichkeit sowohl in der Kirche als auch in der Welt"[14].

Liebe Brüder, die Kirche vertraut Ihnen eine Aufgabe von großer Verantwortung, aber vor allem von großer Schönheit an: mitzuhelfen, zwischenmenschliche Beziehungen zu reinigen und wiederherzustellen. Der Jubiläumskontext, in dem wir uns befinden, erfüllt Ihre Arbeit mit Hoffnung, mit einer Hoffnung, die

---

9 Ansprache an die Römische Rota, 30.01.1975.
10 *Mitis Iudex, Proömium.*
11 CICERO, De Officiis I,10,33.
12 Ansprache an die Römische Rota, 25.01.2024.
13 Vgl. Nachsynodales Apostolisches Schreiben *Amoris Laetitia*, 11.
14 JOHANNES PAUL II., Ansprache an die Römische Rota, 29.01.2002.

nicht zugrunde gehen lässt (vgl. Röm 5,5). Ich rufe auf Sie alle, *peregrinantes in spem* [Pilger der Hoffnung], die Gnade einer freudigen Umkehr und das Licht herab, um die Gläubigen zu Christus zu begleiten, der der milde und barmherzige Richter ist. Ich segne Sie von Herzen und bitte Sie, für mich zu beten. Danke!

* * *

D. REZENSIONEN

1. ALTHAUS, RÜDIGER, *200 Begriffe zum Verfassungsrecht der römisch-katholischen Kirche.* St. Ottilien: EOS 2023. 746 S., ISBN 978-3-8306-8215-8. 49,95 EUR [D].

Das vorliegende Werk von Rüdiger ALTHAUS widmet sich in 200 Lexikonartikeln verschiedenen Grundbegriffen des kirchlichen Verfassungsrechts. In dieser Serie des Verlags hat der Verf. bereits Werke zum Heiligungsdienst und Sakramentenrecht, zum Vermögensrecht und zum Prozess- und Verfahrensrecht vorgelegt. Der Aufbau des vorliegenden Werks wird nach dem Prinzip eines Lexikons von in alphabetischer Reihenfolge sortierten Lemmata bestimmt. Da ein Autor alle Artikel verfasst hat, unterscheidet es sich in dieser Hinsicht von den facheinschlägigen Lexika, die stets eine Breite an Autorinnen und Autoren zu unterschiedlichen Lemmata zu Wort kommen lässt. Die Leserin bzw. der Leser darf hier zudem, wie aber auch der Titel klarstellt, keine lineare Einführung in das kirchliche Verfassungsrecht erwarten. Das Werk dient vielmehr der verlässlichen Information zu verschiedenen Begriffen des kirchlichen Verfassungsrechts. Auf einschlägige Quellen und Literatur wird in der Regel am Ende des Artikels verwiesen. Auf allgemeine einschlägige Standardwerke wie Handbücher und Lexika wird zu Beginn hingewiesen, sodass diese Verweise nicht mehr bei jedem Artikel eigens notwendig werden.

Die Auswahl der Lemmata ist stringent und systematisch vorgenommen worden, sodass viele Aspekte des kirchlichen Verfassungsrechts zur Erläuterung und zur Geltung kommen. Die Lemmata reichen von A wie „Akolyth" bis Z wie „Zentralkomitee der deutschen Katholiken". Die Lemmata sind auf allen Verfassungsebenen der Kirche, der Gesamtkirche, der Teilkirche und der Pfarrei angesiedelt. Zudem werden die Verbände von Teilkirchen auch berücksichtigt.

Sehr hilfreich für den Kreis der Nutzerinnen und Nutzer wird in vielen Lemmata auch die Rechtslage im Gebiet der Deutschen Bischofskonferenz dargestellt und gegebenenfalls auch der Österreichischen Bischofskonferenz oder der Schweizer Bischofskonferenz. Der Verf. konnte nach Promulgation und Inkrafttreten der Apostolischen Konstitution *Praedicate Evangelium* auch ausführlich die derzeitige aktuelle Rechtslage zur Römischen Kurie berücksichtigen. Zu Recht verweist der Verf. bezüglich des Ordensrecht auf den einschlägigen Band in der Serie des Verlages. Es ist dennoch hilfreich, dass er aus dem Vereinigungsrecht ein Lemma zum „Verein" vorsieht. Im Lemma „Gläubige" und im Lemma „Laie" wird auch auf die Kataloge der Rechte und Pflichten der Gläubigen und der Laien eingegangen. Da dies gegenüber dem CIC/1917 eine der wichtigsten Neuerungen im CIC/1983 darstellt, wäre gegebenenfalls ein eigenes Lemma zu den Rechten und Pflichten der Gläubigen als auch zu den Rechten und Pflichten der Laien passend gewesen.

Dem Werk ist ein Register beigegeben, das der Orientierung und dem Sucher-
folg der Leserin bzw. des Lesers hilft und die Artikel weisen in der Regel
weiterführende Literaturhinweise auf.

Das Werk ist auf seinen 746 Seiten hervorragend lektoriert. Die Leserin oder
den Leser erwartet ein sehr gutes und verlässliches Nachschlagewerk für den
Bereich des kirchlichen Verfassungsrechts und es wird insbesondere Personen
dienen, die noch nicht mit dem Verfassungsrecht vertraut sind und solide kompakte Informationen suchen.

Thomas MECKEL, Frankfurt a.M.

* * *

2. ARROBA CONDE, Manuel Jesús / RIONDINO, Michele, *Introduction to
Canon Law*. Milano: Mondadori Education 2019. 224 S., ISBN 978-88-
00-75006-6. 34,00 EUR [I].

Mit ihrer 2019 in erster Auflage erschienenen *Introduction to Canon Law* haben
die Autoren Manuel Jesús ARROBA CONDE und Michele RIONDINO ein Lehrbuch
vorgelegt, das in italienischer Sprache bereits drei Auflagen erlebt hat (vgl.
Introduzione al diritto canonico, 2015; ³2019). Es handelt sich um eine reine
Übersetzung, was besonders in jenen Passagen deutlich wird, in denen Beispiele
aus Italien beigezogen werden (vgl. S. 98 f., S. 102, S. 128, S. 162, S. 174). Die
Hauptzielgruppe sollen Studierende der Rechtswissenschaft wie auch der Theologie im englischsprachigen Raum sein, denen die Themen und die spezifischen
Konzepte des Kirchenrechts jedoch nicht nach Art eines Kommentars von Ein-
zelnormen, sondern in einem „general, selective, and synthetic approach"
(S. XIII) anhand ausgewählter Stoffe dargeboten werden und so gleichsam die
eigene Lektüre des „Kodex des Konzils" anleiten sollen. Dabei soll jeweils die
Person in der kirchlichen Gemeinschaft im Mittelpunkt stehen.

Das Buch umfasst neben Vorwort und Einführung (vgl. S. IX–XIV) sowie einem rund 40 Stichworte umfassenden Analytischen Index (S. 223 f.) insgesamt
elf Kapitel, die nach einer kapitelspezifischen Hinführung in zwischen vier und
zwölf Unterpunkte gegliedert sind und mit einer Auflistung der im Kapitel
zitierten bzw. referierten Literatur schließen. Stichwortartige Randglossen fas-
sen vielfach den Inhalt des jeweiligen Absatzes zusammen.

Das erste Kapitel (S. 1-15) reflektiert die Grundlage und die geschichtliche Entwicklung des Kirchenrechts. Dabei wird rechtstheologisch beim Missionsbefehl
des Auferstandenen angesetzt, der nicht nur die Befreiung von der Sklaverei des
(mosaischen) Gesetzes impliziere, sondern als dem gesamten Kirchenrecht zugrunde liegende *norma missionis* (vgl. S. 2; rondoartig erneut auf S. 54, S. 69 f.,
S. 106 f., S. 157, S. 163) aufgefasst wird, die als *norma fidei* und *norma communionis* die ekklesialen Grundvollzüge von Wort und Sakrament beinhaltet.
Die *norma missionis* dient nicht zuletzt dazu, das geltende Recht und seine
Funktionalität zu evaluieren. Die juristische Methode bleibe freilich für das Kir-

chenrecht deshalb unverzichtbar, weil nicht alle kirchenrechtlichen Normen heilsrelevant und sakramental sind. In einem kurzen Abriss der Geschichte des Kirchenrechts werden die spätantike Förderung der Kirche v.a. durch die Kaiser KONSTANTIN und THEODOSIUS, die Ära der karolingischen Renaissance, die Gregorianische Kirchenreform des 11. Jh., die Entstehung des mittelalterlichen *Corpus Iuris Canonici* nebst dessen Promulgation 1580 durch GREGOR XIII. sowie die Erarbeitung des *Codex Iuris Canonici* von 1917 als Meilensteine der Entwicklung benannt. Der Geburtsfehler des CIC/1917 habe darin bestanden, zu zentralistisch zu sein und zu wenig Innovation zu bieten. Im Gefolge des Zweiten Vatikanischen Konzils sei dem mittels der zehn Prinzipien für die Revision des Kodex entgegengesteuert worden. Die traditionelle und vom Konzil begrüßte Zusammenarbeit zwischen Kirche und Staat sei im Zeitalter der Globalisierung jedoch nicht mehr ausreichend und müsse durch die Zusammenarbeit der Kirche mit supranationalen Organisationen ergänzt werden.

Das zweite Kapitel (S. 16-47) widmet sich den Allgemeinen Normen, wobei in Anlehnung an die Gliederungsstruktur des Kodex im Einzelnen auf allgemeine Rechtsquellen (Gesetz, Gewohnheit, Allgemeindekrete, Instruktionen), individuelle Rechtsquellen (Dekrete und Verwaltungsbefehl für Einzelfälle, Reskript, Privileg, Dispens), das Recht der kanonischen Personen, die Lehre von den Rechtshandlungen und der Leitungsgewalt, sowie das Recht des Kirchenamts eingegangen wird. Dabei wird Gewohnheitsrecht als Ausdruck des *sensus fidelium* angesehen. Zur Frage der im Sinne von c. 29 passiv gesetzesfähigen Gemeinschaft wird auch auf jene (in der deutschen Kanonistik m.W. unbekannte) Ansicht hingewiesen, wonach damit nur jene Gemeinschaften gemeint seien, die einem Oberhirten mit Gesetzgebungsgewalt anvertraut sind (vgl. S. 20 f.). Die Auflösung der nichtvollzogenen Ehe wird unter den Obergriff der Dispens gefasst (vgl. S. 29). Ungeachtet des MP *Mitis iudex* aus dem Jahr 2015 findet sich die Notiz, dass die Apostolische Signatur vom Erfordernis der *duplex sententia conformis* in Ehesachen dispensieren könne (vgl. S. 30). Hinsichtlich der kirchlichen Leitungsgewalt wird zunächst die Teilhabe an den *tria munera* allen Getauften gleichermaßen zugeschrieben, wobei jedoch die *munera* aufgrund eines ontologischen Unterschieds zwischen Getauften (sic) und Geweihten in unterschiedlicher Rechtsstellung ausgeübt würden. Sofern für die Ausübung des *munus regendi* keine Weihegewalt erforderlich ist, können entsprechende Kirchenämter auch Laien übertragen werden (vgl. S. 38). Für ein Kirchenamt soll es darauf ankommen, dass der Amtsinhaber mit Bindungswirkung für den äußeren Bereich ordentliche Gewalt ausübt, so dass etwa Katechisten oder Gerichtsnotare kein Kirchenamt innehätten (vgl. S. 42).

Das dritte Kapitel (S. 48-68) handelt vom Volk Gottes und beleuchtet die einleitenden Kanones über die Christgläubigen, die Kataloge über die Rechte und Pflichten aller Gläubigen, der Laien und der Kleriker sowie das kanonische Vereinsrecht. Hinsichtlich des Gemeinstatuts der Gläubigen wird darauf hingewiesen, dass der Gesetzgeber bei der Schlussredaktion mit Bedacht die seit 1967 vorgesehene Sprechweise von „fundamentalen" Rechten gestrichen habe. Dies sei dem Ansatz geschuldet, eine Verwechslung mit staatlichem Verfassungsrecht zu vermeiden, da es sich nicht um erst vom Gesetzgeber gewährte Grundrechte handele, sondern um originär aus der Taufe erwachsende Rechte, die vom Gesetzgeber lediglich anerkannt werden (vgl. S. 51). Ordensleute (im Laienstand) sollen nicht zu den Adressaten des Katalogs der Rechte und Pflichten der Laien gemäß cc. 224-231 zählen (vgl. S. 56). Im Übrigen beträfen nur cc. 225, 227 alle Laien gleichermaßen, während die übrigen Kanones spezielle Situationen (Ehe, Elternschaft, Inhaberschaft von Ämtern und Diensten) zur Voraussetzung hätten (vgl. S. 57-59). In diesem Zusammenhang plädieren die Autoren für ein kanonisches Familienrecht, um die kirchliche Wertschätzung von Kindern besser zum Ausdruck zu bringen. Die Inkardination zähle zu den ältesten Rechtsinstituten des kanonischen Rechts, da sie ihre Wurzel im Prinzip der relativen Ordination habe (vgl. S. 62).

Im vierten Kapitel (S. 69-83) wird die hierarchische Verfassung der Kirche vorgestellt. Dazu wird in der gebotenen Kürze auf Grundsatzfragen, auf Papst und Bischofskollegium, die Organe der Partizipation auf der Ebene der Gesamtkirche sowie der Teilkirche, auf Teilkirchenverbände und auf das Recht der Pfarrei eingegangen. Mit der Strukturierung der Kirche als Gemeinschaft von Teilkirchen, in denen die Universalkirche existiert, gehe die Notwendigkeit der hierarchischen Ämter des Papstes für die Universalkirche und des Bischofs für die Teilkirche einher, die *in persona Christi* handeln und gemäß diesem Anspruch die Botschaft des Evangeliums über ihre privaten Interessen stellen (vgl. S. 70). Mit der – im Anschluss an eine Bemerkung aus der Dogmatischen Konstitution *Pastor Aeternus* des Ersten Vatikanischen Konzils (vgl. DH 3061) – in c. 333 § 1 getroffenen Feststellung, wonach die päpstliche Vollmacht die bischöfliche Vollmacht stärkt und schützt, stelle die kanonische Rechtsordnung dem Prinzip der Unmittelbarkeit der päpstlichen Jurisdiktion das Prinzip der Subsidiarität an die Seite (vgl. S. 72). Das Recht der Bischofswahl gemäß c. 377 wird als ein bloßes Präsentationsrecht aufgefasst (vgl. S. 78).

Das Recht des geweihten bzw. apostolischen Lebens, bei dem es im Gegensatz zu einem bloßen Vereinsrecht um den institutionellen Schutz des Charismas gehe, ist Thema des fünften Kapitels (S. 84-94). Für die typologische Unterscheidung von Religioseninstituten, Säkularinstituten und Gesellschaften des apostolischen Lebens wird darauf hingewiesen, dass für erstere die Trias aus öffentlichem Gelübde der evangelischen Räte, Leben in Gemeinschaft sowie Trennung von der Welt charakteristisch sei, die bei den andere beiden Typen des geweihten bzw. apostolischen Lebens nicht in gleicher Weise vorhanden sei (vgl. S. 87 f.). Kursorisch werden Themen wie Obere, Generalkapitel, Vermögensverwaltung, Noviziat sowie die Trennung vom Institut vorgestellt. Insgesamt seien ein normativer Pluralismus, die Verwirklichung von Einheit in Vielfalt sowie eine effektive Partizipation an der Leitung durch Ratsorgane für das Ordensleben kennzeichnend.

Im sechsten Kapitel (S. 94-105) wird die Lehraufgabe der Kirche thematisiert, wobei das gesamte Buch III des Kodex aus verschiedenen Dokumenten des Zweiten Vatikanischen Konzils schöpft und sich dadurch gegenüber dem Lehrrecht des CIC/1917, das dort ein Unterpunkt der Klerusausbildung war, als sehr innovativ erweist. Im Einzelnen wird in Anlehnung an die kodikarische Gliederung auf das Lehramt, den Dienst am Wort Gottes durch Predigt und Katechese, die katholische Erziehung, das kirchliche Hochschulrecht und die *Professio fidei* eingegangen. Zu den Gegenständen unfehlbaren päpstlichen Lehrens sollen nicht nur die Glaubens- und Sittenlehre, sondern auch „matters [...] closely related to them" (S. 95 f.) zählen. Ein Unterschied soll aus rein rechtlicher Perspektive nicht hinsichtlich der Anhänglichkeit bestehen, die von den Gläubigen in Bezug auf die verschiedenen Ausübungsweisen des Lehramts gefordert ist, sondern hinsichtlich des als Grundlage erforderlichen Glaubens (vgl. S. 96). In einem kurzen, aber pathetischen Abriss wird festgehalten, dass bis ins 16. Jh. alle Universitäten katholisch waren (vgl. S. 100 f.).

Um den kirchlichen Heiligungsdienst geht es im siebten Kapitel (S. 106-120). Nach allgemeinen Erwägungen zum *munus sanctificandi* werden die Grundnormen des Sakramentenrechts, die Sakramente der christlichen Initiation sowie die Sakramente der Buße, Krankensalbung und Weihe vorgestellt. Insgesamt handelt es sich um das Kapitel, bei dem die auswählende und synthetisierende Methode der Darstellung (vgl. S. XIII) sich besonders bemerkbar macht. Die Einlassung, dass bei Todesgefahr oder schwerer Notlage – also in Fällen des c. 844 § 4 – die in c. 844 § 3 zum interkonfessionellen Sakramentenempfang eröffnete Möglichkeit „further extended" (S. 110) sei, verschweigt die ekklesiologische Sinnspitze, dass nämlich die Ausweitung von „Kirchen" hin zu „kirchlichen Gemeinschaften" erfolgt. Die Bestimmung des c. 868 § 1 Nr. 2 könne nicht dahingehend ausgelegt werden, dass eine fehlende kirchliche Eheschließung der Eltern der Taufe ihres Kindes entgegensteht (vgl. S. 111).

Das achte Kapitel (S. 121-156) befasst sich mit dem kanonischen Eherecht und soll hier nachfolgend etwas ausführlicher vorgestellt werden. Die Autoren gehen zunächst auf das päpstliche Lehramt zu Ehe und Familie im 20. Jh. sowie auf die Bischofssynoden von 2014 und 2015 zur Familie nebst dem nachsynodalen Schreiben *Amoris Laetitia* ein, durch die in Sachen Ehe und Familie – die im Anschluss an CICERO, De officiis I,54 als die Keimzelle der Gesellschaft anzusehen sei (vgl. S. 122) – ein seit langer Zeit bestehender theologischer und rechtlicher Reduktionismus überwunden worden sei (vgl. S. 125). Bezüglich der Ehe als *consortium totius vitae* wird ausgeführt, dass die konziliare Definition der Ehe als „*intima communitatis vitae et amoris*", die Gegenstand des ehelichen Konsenses sei, einem personalen Eheverständnis den Weg geebnet habe (vgl. S. 126). Mit c. 1055 § 1 – der freilich auch den bereits aus c. 1012 § 1 CIC/1917 bekannten Lehrsatz tradiert, dass Christus die Ehe unter Getauften zur Würde des Sakraments erhoben habe – sei erstmals ein Rechtstext vorgelegt, der eine Definition der Ehe mit theologischer Konnotation biete (vgl. S. 127). Die in

c. 1056 genannten Wesenseigenschaften der Ehe seien vom Konzil von Trient dogmatisch definiert worden (vgl. ebd.). Unzutreffend ist die S. 128 aufgestellte Behauptung, gemäß c. 1141 sei eine Ehe, die sowohl gültig, d.h. sakramental geschlossen als auch vollzogen ist, unauflöslich, es sei denn die höchste kirchliche Autorität gewährte eine Ausnahme. Die nachfolgende Bemerkung zu cc. 1142, 1143 – „The cann. 1142 and 1143 indeed provide in fact that the Pontiff can dissolve both a *ratum* and *non-consummated* marriage validly contracted between two baptized persons, and a contracted marriage between two non-baptized (by virtue of the so-called ‚privilege of the faith')" – ist ungenau. Bezüglich der Ehezwecke wird erläutert, dass im geltenden Kodex das *bonum prolis* und das *bonum coniugum* gleiches Gewicht haben (vgl. S. 129). Der allgemeine, den Ausführungen zum Ehekonsens, den Ehehindernissen und der Eheschließungsform vorangestellte Abschnitt über den kanonischen Schutz von Ehe und Familie mündet in die Erwägung, dass dem Scheitern von Ehen ein Mangel an Intention und Vorbereitung zugrunde liege (vgl. S. 133).

Breiter Raum wird sodann dem Ehekonsens gewidmet, der in nicht weniger als drei Abschnitten behandelt wird. Als erstes wird der Schutz der Freiheit des Ehekonsenses und dessen Beeinträchtigung durch Zwang und schwere Furcht, durch Mangel an innerer Freiheit sowie durch arglistige Täuschung erörtert. Der Mangel an innerer Freiheit sei dadurch gekennzeichnet, dass der Nupturient sich selbst die Ehe aufzwingt, freilich nicht aus Liebe, sondern aufgrund einer aktuellen psychologischen Schwachheit (vgl. S. 135). Im Lichte der vom Konzil erneuerten Ehelehre sei das entscheidende Element in c. 1098 nicht der Irrtum, sondern die Arglist, weswegen – jedenfalls dann, wenn nicht eine dritte Person sondern der künftige Ehegatte relevante Informationen zurückhält – auch eine arglistige Täuschung durch Unterlassen möglich sei (vgl. S. 136). Als zweites wird die Notwendigkeit einer genuinen ehelichen Intentionalität verhandelt, die wiederum dann ungenügend sei, wenn durch Irrtum, Bedingung oder Ausschluss der Ehe bzw. eines ihrer Wesenselemente oder -eigenschaften ein Ehegatte nur in mangelhafter Weise bereit ist, sich auf den anderen Ehegatten einzulassen. Der tiefere Sinn der kanonischen Regelung des Eigenschaftsirrtums liege nicht darin, den irrenden Nupturienten zu schützen, sondern darin, Wert und Würde des anderen Ehegatten zu schützen, der andernfalls auf bestimmte Eigenschaften reduziert wäre (vgl. S. 137). Für Bedingungen sei kennzeichnend, dass dem Ehewillen etwas Unwesentliches hinzugefügt wird, während in Fällen des Ausschlusses vom Ehewillen etwas Wesentliches entfernt wird (vgl. S. 139). Ein Ausschluss der Sakramentalität der Ehe wird dem Bereich der Partialsimulationen zugeordnet (vgl. ebd.). Bezüglich Totalsimulationen wird darauf hingewiesen, dass dazu eine strikte Ablehnung der Ehe als Institution erforderlich sei, während in der Praxis viele Fälle in Wahrheit auf schwerer Furcht oder psychologischen Defekten im Sinne des c. 1095 beruhten (vgl. S. 140). Als drittes wird die Ehefähigkeit angesprochen, die einem Nupturienten infolge von mangelnder Vernunft, schwerem Mangel des Urteilsvermögens hinsichtlich wesentlicher

Verpflichtungen aus der Ehe, Eheführungsunfähigkeit oder Unwissenheit fehlen kann.

Im Recht der Ehehindernisse gehe es darum, die Ehe dadurch zu schützen, dass auf mögliche Hindernisse, die einer reifen Entscheidung für das Eheleben oder einer guten Eheführung entgegenstehen, aufmerksam gemacht wird (vgl. S. 147 f.). Bezüglich der außerordentlichen kanonischen Form der Eheschließung bleibt unerwähnt, dass für die Wahrung dieser Form grundsätzlich zwei Zeugen anwesend sein müssen (vgl. S. 152). Im abschließenden Abschnitt über die Trennung von Tisch und Bett nehmen Bemerkungen zur Mediation in Familiensachen, wie sie das kodikarische Prozessrecht bereits in cc. 1446 § 2, 1695 vorsehe, einen relativ breiten Raum ein (vgl. S. 153 f.).

Das kirchliche Vermögensrecht ist Thema des neunten Kapitels (S. 157-168). In sehr kompakter Weise wird zunächst das Konzept des Kirchenvermögens und die verschiedenen Weisen des Erwerbs kirchlicher Güter (Gaben, Spenden, Sammlungen, Steuern, letztwillige Verfügungen, fromme Stiftungen) sowie die Verwaltung von Kirchenvermögen (außerordentliche Verwaltung, ordentliche Verwaltung, Pflichten des Verwalters, Veräußerung) angesprochen. In weiteren Abschnitten geht es um die Ablösung des Benefizienwesens durch neue Konzepte der Finanzierung des Klerus (vgl. S. 162 f.) sowie recht ausführlich um die Maßnahmen, die unter Papst FRANZISKUS gegen Korruption und für Transparenz in der vatikanischen Finanzverwaltung eingeführt wurden (vgl. S. 163-168).

Das zehnte Kapitel (S. 169-187) gibt einen Überblick über das kirchliche Sanktionsrecht. Hinsichtlich der einleitenden Erwägungen zur Bedeutung der Strafe fällt auf, dass mit dem Pastoraltheologen Eugen WIESNET und dem Rechtswissenschaftler Klaus LÜDERSSEN auf zwei deutsche Autoren, deren Arbeiten auch ins Italienische übersetzt wurden, rekurriert wird. Der Sinn des kanonischen Strafrechts soll darin bestehen, die kirchliche Identität und das Gemeinwohl der Gläubigen zu schützen (vgl. S. 171). Hinsichtlich der kanonischen Strafzwecke soll die Wiederherstellung der Gerechtigkeit gleichsam die Spitze einer Pyramide bilden, deren Basis von den beiden anderen Strafzwecken gebildet wird (vgl. S. 177). Im Weiteren wird auf das Konzept des Delikts, die Arten des Strafens (Medizinal- und Sühnestrafe, Tat- und Spruchstrafe, vgl. S. 171-173), auf Strafgesetz und Strafgebot als Quellen des kanonischen Strafrechts (vgl. S. 173 f.), auf Vorsatz und Fahrlässigkeit als Grundlagen der Schuldzurechnung (vgl. S. 174-176) sowie auf die Anwendung der Strafen (vgl. S. 176-178) eingegangen. Nach einer kurzen Betrachtung zur Komplementarität von c. 221 § 3 und c. 1399 werden die einzelnen Titel des Besonderen Teils von Buch VI kurz vorgestellt (vgl. S. 179-182). Das Kapitel endet mit einer Darstellung der Päpstlichen Kommission zum Schutz Minderjähriger (S. 182-185).

Dem kanonischen Prozessrecht ist schließlich das elfte Kapitel (S. 188-221) gewidmet. Dort wird u.a. gelehrt, dass drei Arten des kanonischen Prozesses zu unterscheiden seien, nämlich das Streit-, das Straf- und das Verwaltungsverfahren (vgl. S. 190); dass Ehesachen gemäß c. 1671 ausschließlich dem kirchlichen Richter reserviert seien, während insoweit für kirchliche Strafsachen gemäß c. 1344 Nr. 2 i.V.m. c. 1341 die Reservation gemäß c. 1311 § 1 durchbrochen werden könne (vgl. S. 192); und dass den Parteiaussagen mit Blick auf die Systematik des Kodex eine moralische Überlegenheit gegenüber anderen Beweismitteln zukomme (vgl. S. 209). In vier Abschnitten werden die Gerichtsorganisation, die Zuständigkeiten des Papstes sowie der Apostolischen Gerichte, die Ämter des Richters sowie des weiteren Gerichtspersonals und die privaten Parteien sowie deren Anwälte bzw. Bevollmächtigte vorgestellt (vgl. S. 193-202). Beginnend mit Erwägungen zu allgemeinen disziplinären Aspekten der Prozessführung (Prozessöffentlichkeit, Amtsgeheimnis, Antrags- bzw. Offizialmaxime, Prozessdauer, vgl. S. 202 f.) werden anschließend die verschiedenen Phasen des Prozesses vorgestellt (Klageerhebung und Streitfestlegung, Beweisaufnahme, Urteil), wobei die Darstellung des kanonischen Beweisrechts breiten Raum einnimmt (vgl. S. 206-214). Ein kurzer Abriss zum Recht der Rechtsmittel rundet die Darstellung ab.

Im Buch haben sich einige (Übersetzungs-)Fehler und Versehen eingeschlichen: S. 20 müsste es im Zusammenhang mit der Derogation der Defektionsklauseln durch das MP *Omnium in mentem* richtig „derogation" statt „exception" heißen. S. 21 wird das italienische „… distinguere l'esistenza di una consuetudine … dall'acquisto di diritti … in forza della prescrizione …" sinnentstellend mit „to distinguish the existence of a custom … from the purchase of rights … by virtue of the statute of limitations" übersetzt. Das von PAUL VI. erlassene MP *De episcoporum muneribus* datiert von 1969, nicht 1996 (vgl. S. 28). Zum Thema Schadenersatz gemäß c. 128 wird mit Blick auf c. 1389 a.F. das italienische „colpose" (fahrlässig) mit „culpable" (strafbar, schulhaft) übersetzt (vgl. S. 37). S. 50 müsste es „1 Cor 1:9" heißen. Die Binde- und Lösegewalt der Apostel wäre der Schriftstelle Mt 18,18 und die des Petrus Mt 16,19 zuzuordnen, nicht umgekehrt (vgl. S. 73); der Fehler findet sich auch im italienischen Original. Angesichts der geprägten inhaltlichen Unterscheidung von „decision-making" und „decision-taking" erscheint in Bezug auf c. 343 die Übersetzung von „eccetto se il Papa decide di attribuire al Sinodo capacità decisionale" mit „except if the Pope decides to attribute decision-making power" (S. 75) ebenso verfehlt wie auf S. 215 die Übersetzung von „decreto decisorio" mit „decision making decree". S. 82 wird behauptet: „a parish is to be entrusted *in solidum* to a group of priests", was weder dem optionalen Charakter des c. 517 § 1 noch dem italienischen „si prevede l'affidamento *in solidum* di una parrocchia a un gruppo di sacerdoti" gerecht wird. Ohne theologische und rechtssprachliche Sachkunde wird bezüglich des Zelebranten der Eucharistiefeier aus der italienischen Notiz „che *ad validitatem* deve essere un sacerdote ordinato presbitero" die Einlassung „who must be a priest ordained a priest *ad validitatem*" (S. 112), während zur Beichtvollmacht der Ordensordinarien aus dem originalen „i superiori di un istituto religioso o di una società di vita apostolica clericali di diritto pontificio" ein unverständliches „superiors of a religious institute or a society of apostolic life clerics of pontificial rights" (S. 114) wird. Auf einer grammatikalischen Verwechslung beruht auf S. 118 die Behauptung, gemäß c. 1043 seien Gläubige verpflichtet, diejenigen Weihehindernisse „of which I am aware" zu offenbaren; italienisches Original: „dei quali sono a conoscenza". S. 126 muss es „*ius in corpus*" statt „*ius corpus*" heißen. Auf S. 150 wird aus der anscheinend ohne Wissen um die altkodikarische Unterscheidung von trennenden und verbietenden Ehehindernissen formulierten, aber in sich stimmigen Bemerkung: „Non è più considerato impedimento quello del matrimonio mixto, vale a dire, tra un cattolico e un battezzato acattolico, ritenuto comunque sacramento" die missverständliche Behauptung: „Mixed marriage is no longer considered an impediment, that is to say, a marriage between a Catholic and a non-Catholic baptized, it is considered in any case as a sacrament." Die Erwägung, dass sich die Fragen, warum Menschen Verbrechen begehen und welches die Grundlagen eines Rechts zur Bestrafung sind, angesichts des kirchlichen Selbstverständnisses einer freien Gefolgschaft der Gläubigen „pongono in maniera più accentuata rispetto al diritto della Chiesa", wird S. 169 mit einem unverständlichen „are placed in a more accentuated way than the law of the Church" wiedergegeben. S. 170 f. und S. 174 führt die Übersetzung der Wendungen „ordinamenti (giuridici) extracanonici" bzw. „sistemi giuridici extracanonici" mit „extra-juridical jurisdictions" bzw. „extra-juridical legal systems" dazu, dass der Sinn des gesamten Absatzes dunkel bleibt. Nicht der letzte Titel von Buch VI, sondern der letzte Titel des ersten Teils von Buch VI ist mit „Straferlass" überschrieben (vgl. S. 177). S. 179 wäre das italienische „dove si afferma" mit „where it is said" (statt „where it is says") wiederzugeben gewesen. Ebenso hätte man S. 181 im Zusammenhang mit der Erhöhung des Schutzalters durch die SST-Normen von 2010 das italienische „e non più di [anni] sedici" mit „and no longer of sixteen [years]" (statt „and no more than sixteen") übersetzen müssen. Offensichtlich verfehlt ist S. 192 die Wiedergabe der italienischen Wendung „non per questo viene meno il principio" mit „not for this reason does the principle". S. 202 liest man „prosecutor" statt „procurator". Selbst wenn es angängig sein sollte, im Italienischen in Bezug auf die besonderen Zuständigkeiten des Bischofs gemäß c. 1425 §§ 2-3 zu erklären, dass hier nicht der Gerichtsvikar, sondern der (Bischof als der) „giudice proprio" zuständig sei, ist eine Übersetzung dieses Ausdrucks mit „the judge himself" schlicht falsch. Im Zusammenhang mit der Aktenoffenlegung heißt „per completare le prove" nicht „to complete the tests" (S. 203). Mit Blick auf Parteierklärungen ist das italienische „le parti" nicht mit „the parts" (ebd.), sondern mit „the parties" zu übersetzen. Eine Urteilsnichtigkeit soll sich gemäß c. 1620 Nr. 4 dann ergeben, wenn ein Gericht „defines questions that are outside the question" (S. 215; im Original: „definisse questioni che esulano dalla domanda"). S. 218 war zum Thema der *res iudicata* das italienische „l'istituto del giudicato" nicht mit „the institution of judged" zu übersetzen. Für den Rezensenten ist die Vielzahl dieser Fehlübersetzungen unverständlich und erscheint mit Blick auf die Zielgruppe, die sich nicht die Mühe machen kann, das Gemeinte anhand des italienischen Originals zu rekonstruieren, unverantwortlich. Die behände im Vorwort hingeworfene Bemerkung: „we would like to apologize if the writing may come across at times as too wedded to the original language" ist als Entschuldigung unbehelflich.

Inhaltlich führt die *Introduction to Canon Law* sowohl die Möglichkeit als auch die Schwierigkeit vor Augen, die Komplexität des kodikarischen Rechts in eine kompakte, verständliche und hinsichtlich der Stoffe ausgewogene Darstellung zu packen. Ein direkt vergleichbares Werk in deutscher Sprache fehlt, aber findet sich am ehesten noch in den Teilen zur Rechtsgeschichte und zum Katholischen Kirchenrecht des Lehrbuchs *Kirchenrecht. Ein Studienbuch* von Heinrich DE WALL und Stefan MUCKEL, in dem allerdings das Prozessrecht nur inzident im Zusammenhang mit dem Eherecht angesprochen wird. Bisweilen ist der vorliegenden Darstellung von ARROBA CONDE und RIONDINO nicht zuletzt anhand der benutzten Literatur anzumerken, in welchem Kapitel welcher der beiden Koautoren diejenigen Fragen etwas weiter ausbreitet, zu denen er bereits anderweitig veröffentlicht hat. Für einen guten Überblick in der genannten Zielgruppe der (australischen) Theologie- und Jurastudierenden kann das Werk nach Bereinigung der entdeckten Fehler durchaus empfohlen werden. Um dem Anliegen, mit dem vorliegenden Werk das Kirchenrecht den Studierenden im englischsprachigen Raum nahezubringen, vollends gerecht zu werden, wäre vielleicht an geeigneter Stelle noch darauf zu reflektieren, dass – kühne These des Rezensenten – das kanonische Recht letztlich in einer kontinentaleuropäischen Rechtstradition steht, die Recht insbesondere als Gesetzesrecht und im Gegensatz zur angloamerikanischen Rechtstradition kaum als Richterrecht denkt.

Martin REHAK, München

* * *

3. BADER, Anna-Maria, *Das Ehehindernis der Freiheitsberaubung im Recht der katholischen Kirche*. (Kanonistische Reihe, Bd. 36) St. Ottilien: EOS Verlag 2023. 196 S., ISBN 978-3-8306-8203-5. 29,95 EUR [D].

Die anzuzeigende kanonistische Arbeit, die im Sommersemester 2023 am Klaus-Mörsdorf-Studium für Kanonistik der Ludwig-Maximilians-Universität München als Dissertation zur Erlangung des akademischen Grades eines Lizentiaten des kanonischen Rechts angenommen wurde, wendet sich einer Thematik zu, die im deutschsprachigen Raum geringe Relevanz zu haben scheint, die aber, wie die Untersuchung aufweist, weltkirchlich gesehen durchaus von Bedeutung ist. Es ist daher erfreulich, dass sich eine junge Wissenschaftlerin mit dem Ehehindernis der Freiheitsberaubung auseinandersetzt und dabei nicht nur auf die in den Gesetzbüchern für die römisch-katholische Kirche von 1917 und 1983 sowie im Gesetzbuch der katholischen Ostkirchen (CCEO) enthaltene Bestimmung und deren Entwicklung blickt, sondern auch Gründe für eine Beibehaltung eruiert sowie eine künftige Weiterentwicklung der betreffenden Bestimmung als einer weltweit aktuellen Problematik ins Auge fasst.

Nach einer kurzen Einleitung als erstem Kapitel und einigen hilfreichen rechtssprachlichen Vorbemerkungen zu dem in der Literatur oft unterschiedlich bezeichneten Begriff „Ehehindernis der Freiheitsberaubung" sowie zu den Begriffen „Entführung" und „Festhalten" und allgemeinen Vorbemerkungen zu den Ehehindernissen im zweiten Kapitel (S. 14-23) richtet sich im dritten Kapitel (S. 24-125) der Blick ausführlich auf das Ehehindernis der Freiheitsberaubung im Recht der lateinischen Kirche sowohl im *Codex Iuris Canonici* von 1917 (CIC/1917) als auch in der CIC-Reform sowie im nachfolgenden *Codex Iuris Canonici* von 1983 (CIC/1983), wobei für die beiden Gesetzbücher jeweils die Aspekte Rechtsgrundlage, Tatbestandsmerkmale, Wegfall des Ehehindernisses, Bewertung, Sinn und Zweck des Ehehindernisses, Rechtsnatur des Ehehindernisses und Dispensmöglichkeit, Abgrenzung des Ehehindernisses der Freiheitsberaubung von einer Eheschließung unter Furcht und Zwang (*vis ac metus*) als einem etwaigen Konsensmangel und mögliche Strafsanktionen, die mit dem Ehehindernis verbunden sein können, untersucht werden.

Wertvoll und interessant ist, dass sich die Verfasserin (Verf.) dem Ehehindernis der Freiheitsberaubung ausführlich und gründlich mit Blick auf die Reform des CIC/1917 zuwendet (S. 73-84 und Zusammenfassung S. 84 f.) und diese dabei in den Sessiones des *Coetus De Matrimonio*, im Schema *Documenti Pontificii quo disciplina canonica de sacramentis recognoscitur*, in den Sessiones des *Coetus De iure matrimoniali* (*Series Altera*), im Schema CIC/1980, in den Beratungen zum Schema CIC/1980 und im Schema CIC/1982 untersucht, wobei sie insbesondere anhand der Dokumente in den *Communicationes* zeigen kann, dass die grundsätzliche Frage jene der Beibehaltung des Ehehindernisses war, die positiv entschieden wurde, zudem jedoch vielfältige Änderungswünsche vorgebracht worden sind. In den Ausführungen zum CIC/1917 wird deutlich, dass das Ehehindernis der Freiheitsberaubung – zurückgehend auf das Konzil von Trient – gemäß c. 1074 CIC/1917 als trennendes Ehehindernis galt, kirchlichen Rechts war und deutlich von c. 1087 CIC/1917 (*vis ac metus*) im Sinne eines Konsensmangels sowie vom Straftatbestand des *raptus* abgegrenzt wurde (vgl. cc. 2353 f. CIC/1917) (S. 27-71 und Zusammenfassung S. 71-73). Entsprechend ausführlich und zutreffend sind die Ausführungen zur Rechtslage des CIC/1983 anhand der bereits für den CIC/1917 herangezogenen Kriterien (Rechtsgrundlage, Tatbestandsmerkmale usw.) (S. 86-123 und Zusammenfassung S. 123-125). Wenngleich das Hindernis theoretisch dispensierbar sei, sei eine Dispens in der Praxis in der Literatur umstritten und eigentlich zu verneinen (vgl. S. 108-117 und S. 124 f.).

Verf. beschränkt sich nicht nur auf die römisch-katholische Kirche, sondern untersucht und analysiert – zu Recht und für ihre weiteren Überlegungen durchaus erforderlich – zudem das Ehehindernisses der Freiheitsberaubung auch in der Rechtsordnung der katholischen Ostkirchen, wobei sie das Motu Proprio *Crebrae allatae* von 1949 (CA), die Entwicklungen bei der Reform dieser Bestimmung in den Sessiones des *Coetus VII De matrimonio*, im Schema *canonum de cultu divino et praesertim de sacramentis*, in der *Denua recognitio dello schema dei canoni sul culto divino e sacramenti*, im Schema *Codicis Iuris Canonici Orientalis* und in Le osservazioni dei Membri della Commissione alla „Schema Codicis Iuris Canonici Orientalis" e le risposte del „Coetus de expensione observationum" und damit die frühere Rechtsgrundlage, die Diskussionen und einzelnen Entwicklungsschritte vor allem anhand der Literatur und insbesondere der Texte in Nuntia (S. 126-137 und Zusammenfassung S. 137 f.) sowie schließlich das Ehehindernis der Freiheitsberaubung im Recht des CCEO nach dem gleichen Schema und den damit verbundenen Unterpunkten wie bereits beim Hindernis im CIC/1917 und im CIC/1983 (Rechtsgrundlage, Tatbestandsmerkmale usw.) (S. 138-152 und Zusammenfassung S. 153 f.). Verf. kann aufzeigen, dass zu Beginn der Beratungen über die Beibehaltung des Hindernisses aus c. 64 CA diskutiert wurde, dessen Aufhebung beschlossen wurde und erst in der *Denua recognitio* eine Wiederaufnahme erfolgt sei, wobei sich in dieser Fassung erstmals eine geschlechtsneutrale Formulierung (*persona*) gezeigt habe, die dann bewusst beibehalten wurde und sich als grundsätzliches Unterscheidungsmerkmal zwischen der lateinischen und der ostkirchlichen Rechtsordnung zeigt. Abgesehen von der geschlechtsneutralen Formulierung besteht „kein Unterschied zur Norm des CIC/1983", sodass das oben gesagte gilt und c. 806 CCEO „die beiden Figuren des Ehehindernisses als auch dessen Wegfall" regelt (S. 153). Anerkennenswert sind die Zusammenfassungen am Ende der jeweiligen Abschnitte, die den Ertrag sichern, sowie die nach der deskriptiv-chronologischen Darstellung im dritten und vierten Kapitel im fünften Kapitel (S. 155-167) erfolgende systematische Vergleichung der verschiedenen Rechtsordnungen im Hinblick auf das Ehehindernis der Freiheitsberaubung anhand zentraler Aspekte, näher unter den Aspekten c. 1074 CIC/1917 und c. 1089 CIC/1983, c. 1074 CIC/1917 und c. 64 CA, c. 64 CA und c. 806 CCEO sowie c. 1089 CIC/1983 und c. 806 CCEO.

Sonderfälle zum Ehehindernis der Freiheitsberaubung werden im sechsten Kapitel (S. 168-171) untersucht, wobei u.a. der Frage nachgegangen wird, wem das Hindernis anhaftet, und die Möglichkeit einer Eheschließung der entführten / festgehaltenen Person in der Situation der Entführung bzw. des Festhaltens mit einer Person, die nicht die entführende bzw. festhaltende Person ist, untersucht wird.

Im siebten Kapitel (S. 172-174) werden die Ergebnisse der Studie nicht nur zusammengefasst, sondern auch wertvolle Überlegungen zu einer künftigen Rechtsentwicklung angestellt. So scheint, wie Verf. zutreffend feststellt, die in den Reformen sowohl des CIC als auch des ostkirchlichen Rechts „getroffene Entscheidung zur Beibehaltung des Ehehindernisses der Freiheitsberaubung sowohl im CIC/1983 als auch im CCEO sachgerecht und gewiss berechtigt gewesen zu sein. Dieser Eindruck verstärkt sich noch vor dem Hintergrund der ebenfalls in allen Rechtsordnungen möglichen deutlichen Abgrenzung des Ehehindernisses vom Konsensmangel der Furcht bzw. des Zwangs, die besonders im vom Ehehindernis der Freiheitsberaubung umfassten Schutzraum besteht" (S. 172). Kritisch fragt sie, ob die in c. 1089 CIC/1983 vorgenommene Begrenzung auf eine entführte bzw. festgehaltene Frau „wirklich sachgerecht" ist und nicht die im CCEO enthaltene Regelung, dass Mann und Frau gleichermaßen vom Ehehindernis betroffen bzw. durch das Ehehindernis geschützt werden müssten, auch in den CIC aufgenommen werden müsste. Dadurch würde, wie sie zu Recht betont, der Schutzraum des Ehehindernisses der Freiheitsberaubung „sowohl im Hinblick auf den Schutz der persönlichen (Eheschließungs-)Freiheit der Nupturienten als auch im Hinblick auf den Schutz des Sakramentes der Ehe an sich" erweitert werden (S. 172 f.). Zu Recht wird wohl angedeutet, dass im Unterschied dazu jede andere Form der Tatbestandserweiterung des Ehehindernisses der Freiheitsberaubung auf jegliche Art von äußerer Freiheitsberaubung, wie sie zum Teil in der kanonistischen Literatur gefordert wurde bzw. wird, „differenziert" betrachtet sowie „nur behutsam, durchdacht und unter Vermeidung jeglicher die Gültigkeit des Ehesakraments verunklärender Gefahren" angegangen werden sollte (S. 174).

Die Arbeit zeichnet sich durch eine intensive Auseinandersetzung mit den einschlägigen Quellen sowie der vorhandenen Literatur aus und besticht durch die vorgenommene Rechtsvergleichung im Hinblick auf das Ehehindernis der Freiheitsberaubung in den entsprechenden Rechtsbestimmungen der römisch-katholischen Kirche und der katholischen Ostkirchen, dies in Abgrenzung zum Konsensmangel von Angst und Furcht und zu strafrechtlichen Bestimmungen. Sie hebt ein im deutschsprachigen Raum weithin nicht relevantes Ehehindernis wieder ins Licht und ist für alle an eherechtlichen Fragen interessierten und in der Wissenschaft, insbesondere in der Kanonistik, tätigen Personen sowie für alle, die das Eherecht in der kirchlichen Praxis und in den kirchlichen Gerichten anwenden müssen, eine besonders wertvolle und nützliche Empfehlung.

Wilhelm REES, Innsbruck

* * *

4. BERGMANN, Barbara / KÖHLER, Denis, *Rechtspsychologie*. (Grundriss der Psychologie, Bd. 17) Stuttgart: Kohlhammer 2. Aufl. 2024. 293 S., ISBN 978-3-17-042350-3. 38,00 EUR [D].

Dieses anwendungsorientierte Lehrbuch orientiert sich am gleichnamigen Bachelormodul des von der Deutschen Gesellschaft für Psychologie (DGPs) erarbeiteten Studiengangs Psychologie und stellt in den wichtigsten Tätigkeits- und Aufgabenfelder der Rechtspsychologie Grundwissen zur Verfügung. Die Neuauflage des Werks berücksichtigt den aktuellen Stand der Forschung. Dr. Barbara BERGMANN arbeitet als Wissenschaftliche Mitarbeiterin in der Abteilung für Sozial- und Rechtspsychologie der Universität Bonn, Prof. Dr. Denis KÖHLER lehrt u.a. Rechtspsychologie an der Hochschule Düsseldorf.

Gegenstand der Rechtspsychologie (im englischen Rechtsbereich *Legal Psychology* oder *Psychology and Law* genannt) ist „die Anwendung psychologischer Theorien, Methoden und Erkenntnisse auf Probleme des Rechtssystems" (S. 19). Als Oberbegriff vereinigt sie Fragestellungen der Kriminalpsychologie, also der Entstehung von dissozialem und kriminellem Verhalten samt Intervention und Prävention, mit psychologischen Fragestellungen im Bereich der Gerichtsbarkeit bzw. des Rechtswesens und der Rechtspflege, zusammengefasst unter dem Begriff der Forensischen Psychologie. Für Mitarbeiter*innen im kirchlichen Bereich, dessen Gerichtsbarkeit fast ausschließlich mit Nichtigkeitsprozessen und Strafverfahren zu tun hat, sind der Umgang mit straffällig gewordenen Menschen und ihrer Opfer, Fragen der Begutachtung und Glaubhaftigkeitsbeurteilung, der Aussage- und Zeugenpsychologie sicher am interessantesten. Darauf soll folgend nach einer knappen Vorstellung des Gesamtinhalts auch der Fokus der Besprechung liegen.

Der Aufbau jedes der 13 Kapitel des Studienbuchs folgt demselben Schema: Entfaltung der Thematik mit Definitionen, Beispielen, Grafiken und Schaubildern, Abschluss mit einer knappen Zusammenfassung, Literaturempfehlungen zur Vertiefung sowie Aufgaben zur Selbstüberprüfung. Nach einem Geleitwort der Herausgeber der Taschenbuchreihe (S. 5-7) lernt der Leser in Kap. 1 „Rechtspsychologie gestern und heute" (S. 15-33) den Gegenstandsbereich der Rechtspsychologie, deren Geschichte in Deutschland sowie ihre Einbindung in Studium und Weiterbildung kennen. In Kap. 2 „Kriminalpsychologie" (S. 34-79) wecken die Ausführungen zur „Sexualdelinquenz" (Motive und Theorien zur Entstehung von Sexualstraftaten) und den vielfältigen Formen von Persönlichkeitsstörungen das besondere Interesse des kirchlichen Gerichtspersonals, bevor dieses in den Kap. 3 bis 11 direkt auf Fragen der Forensischen Psychologie gelenkt wird.

Am häufigsten begegnen Fragestellungen der Forensischen Psychologie in juristischen Aspekten des staatlichen Familienrechts, der Glaubhaftigkeitsbeurteilung von Aussagen, der strafrechtlichen Verantwortlichkeit und Schuldfähigkeit von Straftätern*innen sowie der rechtspsychologischen Begutachtung, was die Gliederung der folgenden Abschnitte vorgibt. Kap. 3 „Forensische Psychologie: Definition, Fragestellungen und juristische Aspekte" (S. 80-91); Kap. 4 „Forensische Psychologie im Familienrecht" (S. 92-101); Kap. 5 „Forensische Psychologie der Aussage und der Glaubhaftigkeitsbeurteilung von Zeugenaussagen" (S. 102-112). Interessant, wenn auch kirchlich nicht einschlägig sind Kap. 6 „Identifizierung von Tatverdächtigen" (neu aufgenommen, S. 113-120) und Kap. 7 „Forensische Psychologie im Jugendgerichtsverfahren" (S. 121-135).

Die Überschrift „Forensische Psychologie im Strafverfahren (Schuldfähigkeit)" bringt zum Ausdruck, worum es in Kap. 8 geht (S. 136-148). Die Schuldfähigkeit muss auch der kirchliche Richter in jedem Strafverfahren beurteilen, wozu ihm die „rechtspsychologische Diagnostik" – ausgiebig entfaltet im gleichnamigen Kap. 10 – unverzichtbare Erkenntnisse bereitstellt. Welche Aspekte sprechen für eine verminderte Schuldfähigkeit oder gar für eine Schuldunfähigkeit? Tatgeschehen und Täter*in-Persönlichkeit müssen dabei ganzheitlich forensisch-psychologisch eingeschätzt werden, was gewiss nicht einfach ist.

Welch hohe Standards heute an einzelfalldiagnostische Überlegungen, psychologische Theorien und empirische Befunde angelegt werden, um zu einer fundierten Wahrscheinlichkeitsaussage über die zu erwartende Entwicklung von Straftäter*innen zu gelangen, erfährt man in Kap. 9 „Forensische Psychologie der Gefährlichkeitseinschätzung und der Prognosebeurteilung von Straftäterinnen" (S. 149-175). Personalverantwortliche sollten das im Hinterkopf haben, wenn sie z.B. über die weitere Verwendung von Missbrauchstäter*innen befinden müssen.

Rechtspsychologen bedienen sich sehr unterschiedlicher diagnostischer Informationsquellen, Erhebungsinstrumente, Testverfahren und Methoden, um die an sie gestellten Fragen beantworten zu können. Eine Auswahl (Aktenanalyse, Exploration, Interview, Verhaltensbeobachtung, Testverfahren zu Persönlichkeitsakzentuierungen und Interaktionsdiagnostik, Checklisten zur Einschätzung der Qualität eines Gutachtens, Tathergangsanalyse) stellen die Autoren in Kap. 10 „Rechtspsychologische Diagnostik" vor (S. 176-208). Hier kommt auch kurz der in Deutschland verbotene Einsatz des Polygraphen oder „Lügendetektors" zur Sprache.

Kap. 11 beschäftigt sich im logischen Anschluss daran mit der komplexen „Rechtspsychologische(n) Begutachtung" (S. 209-226), die auf kirchlicher Seite v.a. in den Bereichen der Beurteilung der Ehefähigkeit, der strafrechtlichen Schuldfähigkeit und der Glaubhaftigkeit von Aussagen begegnet. Der Ablauf des Gutachtensprozesses wird ebenso beleuchtet wie Aufbau und Struktur der schriftlichen Expertise. Sollen Qualitätsstandards eingehalten werden, braucht der Gutachter nicht nur ein fundiertes rechtspsychologisches Fachwissen, sondern muss auch über hohe psychosoziale Kompetenzen und Ressourcen verfügen. Das macht die Rechtspsychologie zu einem äußerst anspruchsvollen Anwendungsgebiet der Psychologie.

Abrundend beleuchten Kap. 12 die „Kriminalprävention" (S. 227-241) und Kap. 13 „Interventionen und Straftäterinnenbehandlung" (S. 242-259). Bewährte Präventionsangebote und –programme zu kennen, kann vorbeugend Unheil verhindern, die Orientierung an einem wissenschaftlich fundierten Interventionskonzept lässt sozusagen *post festum* einen höheren Therapieeffekt erwarten. Beides ist auch für den kirchlichen Bereich nicht uninteressant. Das „Schlusswort" in Kap. 14 beleuchtet für die Studierenden die beruflichen Perspektiven von Rechtspsychologen und Rechtspsychologinnen (S. 260-262), bevor Literatur- (S. 263-288) und Stichwortverzeichnis (S. 289-293) das Werk beschließen. Was ist kritisch anzumerken? Einige redaktionelle Schlampigkeiten in der Literaturverarbeitung trüben das ansonsten hervorragende Erscheinungsbild. Beispiele: Das *Lehrbuch Rechtspsychologie* von BLIESENER, T. u.a. (2023) wird mit wechselnden Herausgebern angeführt, mal mit Erwähnung der 2. Auflage, mal ohne; das angeblich „aktuelle Werk zur Glaubhaftigkeitsbegutachtung" (S. 82) von DECKERS & KÖHNKEN, *Die Erhebung und Bewertung von Zeugenaussagen im Strafprozess* (4. Aufl. 2021) fehlt im Literaturverzeichnis ebenso wie PFUNDMAIR, *Psychologie bei Gericht* (2020) und der gewiss aktuelle Beitrag von VOLBERT & STELLER, „Glaubhaftigkeit" (2023) im *Lehrbuch Rechtspsychologie* von BLIESENER; den Band *Familienrechtspsychologie* von DETTENBORN & WALTER gibt es 2002 und in 4. Aufl. 2022 – welche ist gemeint?; BEI SPORER & SAUERLAND (2023) muss die Seitenzahl korrekt lauten „S. 139-160"; bei VOLBERT / HUBER / JAKOB & KANNEGIEßER (2019) ist die erste Zeile zu streichen.

Das einführende Lehrbuch für Psychologie-Studierende vermittelt solides Grundlagenwissen, von dem auch Studierende anderer Fachrichtungen und Praktiker profitieren können. Es ermöglicht mit seiner hohen Informationsdichte bei gleichzeitig guter Lesbarkeit einen kompetenten Einblick in die angeschnittenen Thematiken.

Andreas WEISS, Eichstätt

* * *

5. FERRANTE, Mario, *Lezioni di diritto matrimoniale canonico*. Percorsi di studio (e casi peculiari) tra teoria, prassi ed esperienza forense. Milano: Wolters Kluwer 2023. 344 S., ISBN: 978-881-338-2315. 30,00 EUR [I].

Der Autor ist Professor an der juristischen Fakultät der Universität Palermo und lehrt kanonisches und Staatskirchenrecht; zugleich ist er Rotaanwalt. Ausweislich des Vorworts verfolgt er mit seinen „Lektionen" das Ziel, die komplexe Materie des kanonischen Eherechts „fesselnder" und „weniger unverdaulich" darzustellen, indem er die fachlichen Ausführungen durch praktische Erfahrungen aus vielen Jahren gerichtlichen Tätigkeit ergänzt. Das Werk richtet sich nicht nur an Studierende sondern an alle interessierten Personen, für welche ein „Fenster" zur unbekannten Welt der kirchlichen Ehenichtigkeitsverfahren geöffnet werden soll.

In der Überschrift zum ersten Kapitel kündigt der Verfasser an, mit einer „Prise" Ironie all das darzustellen, was der Leser „schon immer über die Ehenichtigkeit wissen wollte". Nach der Klärung der Frage, warum die Kirche eine Ehe nicht „annullieren" sondern lediglich deren Nichtigkeit feststellen kann, geht der Autor auf die Relevanz des Begriffs „Liebe" für das Eherecht ein. Obgleich in Folge der Lehren des II. Vatikanums die Ehe (auch) als *totius vitae consortium* angesehen wird, zu deren Wesenselementen das *bonum coniugum* gehört, handelt es sich bei der „Liebe" nicht um eine für das kanonische Eherecht relevante Begrifflichkeit. Unter dem Aspekt des *bonum coniugum* hält es der Autor für angebracht, im Rahmen der Rechtsprechung der fehlenden Fähigkeit eines Ehegatten zur sexuellen Befriedigung des anderen eine eheverungültigende Wirkung (!) beizumessen. Der Verfasser beschäftigt sich mit der Einordnung der Ehe als Vertrag, gibt hier einen kurzen historischen Abriss über die Zusammenführung von Elementen des römischen und germanischen Rechts und die unterschiedlichen Lehrmeinungen der Kanonisten (Schulen von Bologna und Paris). In einem weiteren Unterabschnitt behandelt er die kirchen- und zivilrechtliche Situation von Geschiedenen, die erneut zivil heiraten oder *more uxorio* mit einem anderen Partner zusammenleben. Während in Deutschland aufgrund der beiden separaten Rechtskreise die fehlende Relevanz einer staatlichen Scheidung für die kirchliche Ehe auf der Hand liegt, mag das in Italien existierende Rechtsinstitut des *matrimonio concordatario* für rechtliche Laien zu einer gewissen Verwirrung führen. Der Autor stellt die moraltheologische Einordnung und die rechtlichen Folgen einer derartigen neuen Beziehung dar und versucht, eine Harmonisierung der klassischen Lehre mit den neuen Ansätzen von Papst FRANZISKUS (*Amoris laetitia*) vorzunehmen. Eher überraschend befasst sich ein autobiographisch beeinflusster Unterabschnitt mit der Frage, „wie man Rotaanwalt wird". Hier findet der Leser einen Überblick über vier verschiedene Anwalts-Kategorien in der Praxis der kirchlichen Judikatur, den Anwalt an diözesanen Ehegerichten mit der Mindestanforderung des Lizentiats, den Rotaanwalt mit Doktorat und absolviertem *studium rotale*, den Kurien-Anwalt mit dem Tätigkeitsfeld auch vor der Apostolischen Signatur und schließlich den Anwalt des Heiligen Stuhls. Sodann beschäftigt sich der Verfasser, neuerlich mit teilweise autobiographischen Bezügen, mit der Frage, wie aus der Sicht des Anwalts die Nichtigkeit der Ehe festgestellt werden kann. Der folgende Unterabschnitt von etwas über 100 Seiten behandelt den eigentlichen Kern des Themas, die möglichen Gründe für eine Ehenichtigkeit. Der Autor geht zunächst auf die klassischen Ehehindernisse ein. Dabei werden im Rahmen der Erläuterungen – offenbar zur Veranschaulichung – zahlreiche Beispiele aus Geschichte, Film und Literatur angeführt. Unter der Überschrift „3D-Analyse des schicksalhaften ‚Ja' in der Kirche" werden im Anschluss die Konsensmängel behandelt. Der Verfasser geht davon aus, dass die körperliche Anziehung (Affektivität) später zu einem vertieften Kennenlernen (Intellekt) führt und dann der Wunsch zur Eheschließung (Wille) folgt, was zum Konsens führt. Der Autor beschäftigt sich zunächst relativ knapp mit c. 1095 nn. 1-3 CIC. In den Ausführungen zur Simulation verweist er auf den *actus positivus voluntatis* in Abgrenzung zum Irrtum und geht dann auf die prozessrechtliche Frage des Beweises einer Simulation ein. Hierbei werden u.a. das gerichtliche/außergerichtliche Geständnis, das Erfordernis und die Bedeutung von Zeugenaussagen (gerade auch nach der Reform des Eheprozessrechts 2015), die gesetzlichen Vorgaben zur Befragung von Zeugen und die Relevanz sonstiger Beweismittel beleuchtet. Schließlich befasst sich der Autor im Einzelnen mit der Totalsimulation sowie den verschiedenen Fällen der Partialsimulation, bevor auf die weiteren Konsensmängeln (fehlendes Mindestwissen, Irrtum, etc.) eingegangen wird. Alle Ausführungen werden durch Auszüge aus diversen päpstlichen Schreiben, päpstlichen Ansprachen an die Rota, Entscheidungen der Rota und rechtsgeschichtliche Anmerkungen abgerundet und vertieft. Eher versteckt gibt der Verfasser in einem weiteren Unterabschnitt einen Überblick über die historische Entwicklung der Eheschließungsform, um sich anschließend mit den Möglichkeiten zur Gültigmachung der Ehe zu beschäftigen. Schließlich geht der Autor auf die Funktion der Rota Romana im kanonischen Ehenichtigkeitsprozess, auf den 2015 neu eingeführten *processus brevior* sowie auf die Rechtsfolgen einer kirchlich festgestellten Ehenichtigkeit für den Bereich des italienischen staatlichen Rechts ein.

Das zweite Kapitel des Werks überschreibt der Autor mit „Die Realität übersteigt die Fantasie: Unglaubliche aber wahre Geschichten über den ganz normalen Wahnsinn einer Ehe". Hier vertieft der Autor auf weiteren 110 Seiten in knapp 30 Unterabschnitten, deren Struktur sich nicht ohne weiteres erschließt, jeweils zunächst die Theorie zu einzelnen Ehenichtigkeitsgründen, bevor er dann aus seiner Praxis jeweils einen oder mehrere Fälle anschaulich schildert und hieraus entsprechende Rückschlüsse zieht. Hier werden beispielsweise Fragen wie „Homosexualität und Impotenz", „Unfähigkeit zum Konsens und dämonische Besessenheit", „Ehe und sexuelle Perversionen", „Ehe und Pädophilie" behandelt.

In einem dritten Kapitel werden auf 20 Seiten Aphorismen und „grobe Schnitzer" von Mandanten und sonstigen Beteiligten kirchlicher Eheprozesse hintereinander aufgereiht („*Entschuldigung Herr Anwalt, wo befindet sich genau das eucharistische Gericht?*"). Ob dieses Kapitel zur Veranschaulichung beiträgt, mag der Leser entscheiden. In insgesamt vier Anhängen zu dem Werk räumt der Autor mit „*Fake News*" zur Ehenichtigkeit auf (z.B. dass Nachkommen eine Ehenichtigkeit ausschließen würden), gibt der Verfasser einen Überblick über die Phasen eines Annullierungsverfahrens von der Erstberatung bis hin zur Vollstreckbarkeit des Urteils und legt er schließlich Statistiken über die prozentuale Verteilung der einzelnen Klagegründe bei den kirchlichen Ehegerichten der Region Sizilien im Zeitraum von 1952 bis 2012 im Abstand von jeweils 20 Jahren vor. Das Werk endet mit einem ausführlichen Glossar italienischer kanonistischer Fachbegriffe.

Die Publikation fällt, soweit sie sich auch als Lehrbuch für Studierende versteht, in verschiedener Hinsicht „aus dem Rahmen". Dies betrifft zunächst den Umstand, dass sie eine immense Anzahl – geschätzt 100 – von Verweisen auf historische Ereignisse (jenseits der Rechtsgeschichte) sowie von Zitaten aus Literatur der Antike und der Moderne, aus Popsongs und aus Filmen enthält, die in ihrer schieren Menge den Leser irritieren können. Unüblich für ein Lehrbuch sind auch die teilweise schwer nachvollziehbare Gliederung in den Kapiteln 1 und 2, die bisweilen „reißerischen" Überschriften, die in Teilen langatmigen Ausführungen sowie der Umstand, dass in einem Anhang ein „Schnelltest" mit 28 Fragen vorgelegt wird, mit welchem der Leser Anhaltspunkte für die (Un-)Gültigkeit (s)einer Ehe erhalten soll. Zweifelsfrei gibt das Werk einen ersten Überblick sowohl über das kanonische Ehenichtigkeitsverfahren als auch über die einzelnen Nichtigkeitsgründe, die nachvollziehbar dargestellt werden. Positiv ist hervorzuheben, dass der Autor die Materie des prozessualen und des materiellen kanonischen Eherechts ineinandergreifend behandelt und dank seiner umfassenden forensischen Erfahrungen Beispiele gibt, welche tatbestandlichen Voraussetzungen einzelne Klagegründe haben und wie diese bewiesen werden können. Für Studierende mit Kenntnis der italienischen Sprache, welche sich an den genannten Eigenheiten nicht stören, vermittelt das Werk in Ergänzung zu den klassischen Lehrveranstaltungen interessante Einblicke in die Materie.

Christoph LERG, München

* * *

6. FRANCESCHI, Hector / SAMMASSIMO, Anna (Hrsg.), *Sinodalità e processo canonico.* **Atti del 52° Congresso Nazionale dell'ASCAI (San Remo 5-8 Sept. 2022). (Annales Doctrinae et Iurisprudentiae canonicae, Bd. 14) Vatikanstadt: Libreria Editrice Vaticana 2023. 209 S., ISBN 978-88-266-0832-7. Kein Preis.**

Der Band enthält die Akten des 52. Kongresses der Italienischen Gesellschaft für Kirchenrecht, der vom 05.09.-08.09.2022 in San Remo stattgefunden hat und sich mit dem Thema der Synodalität beschäftigte. Als Referenten wurden Kirchenrechtler mit unterschiedlichen Ämtern berufen: Richter, Anwälte, Professoren. Die Herausgeber gehen von der Überzeugung aus, dass der Begriff Synodalität alle Bereiche des kirchlichen Handelns des Volkes Gottes umfasst.

Das Eröffnungsreferat hielt der Dekan der Römischen Rota, Titularbischof Alejandro ARELLANO CEDILLO, unter dem Titel *L'agire sinodale nell'attività giudiziaria della Chiesa* über das synodale Handeln in der Gerichtsbarkeit der Kirche. Die richterliche Tätigkeit erfolgt in einem vielfältigen Dialog, angefangen von jenem mit der Theologie, welcher dazu dient, die ekklesiologischen Grundlagen der Synodalität der Kirche zu entdecken, die sich nicht auf das Mysterium der *Communio* und der Teilnahme aller an der Mission der Kirche als Leib Christi und universales Heilssakrament beschränkt, sondern auch ihre apostolische Natur umfasst, da sie auf dem Zeugnis und der Autorität Christi selbst aufbaut, welche er seinen Aposteln übertrug, die sich im Bischofskollegium unter dem Vorsitz des Nachfolgers Petri fortsetzt. Nach ARELLANO verlangt die Synodalität die Konversion der kirchlichen Strukturen, allen voran der kirchlichen Gerichte und ihrer Mitarbeiter, welche notwendigerweise in die ordentliche Seelsorge der Diözesen eingegliedert werden müssen, damit sie den ihnen eigenen gerichtlichen Dienst erfüllen. Das Gericht ist Teil der pastoralen

Mission des Diözesanbischofs als Antwort auf die Bedürfnisse der Gläubigen. Dadurch wird die unverzichtbar pastorale Natur des kanonischen Prozesses und des Gerichtsorgans, bei dem er abgewickelt wird, deutlich. Die neuen seelsorglichen Herausforderungen, die aus der tiefen kulturellen Krise hervorgehen, welcher Ehe und Familie ausgesetzt sind, verlangen, dass man ihnen mit pastoralen und zugleich missionarischen Antworten begegnet. Die Prozesse müssen zugleich Ausdruck der Gerechtigkeit und der Barmherzigkeit sein. Die Synodalität verlangt nach einer neuen Präsenz der Kirche, die näher an den Menschen ist, nach dem Vorbild des guten Samariters.

Ilaria ZUANAZZI, Professorin des kanonischen Rechts an der staatlichen Universität von Turin, stellt unter dem Titel *Il bonum familiae nel diritto della Chiesa* das Wohl der Familie als eines der Wesenselemente der Ehe dar. Sie betrachtet es als Grundaufgabe jeglicher kirchlichen Gemeinschaft, das *bonum familiae* zu schützen und zu fördern, damit sie ihre eigene Identität findet und ihre Aufgaben erfüllt. Die Familienseelsorge muss auf die tiefen Erwartungen der menschlichen Person antworten: auf ihre Würde und auf die volle Verwirklichung der Gegenseitigkeit. Es genügt nicht, Normen zu erlassen, sondern man muss Werte vorgeben, indem man auf das religiöse Bedürfnis antwortet, das heute auch in den am meisten säkularisierten Ländern verspürt wird. Das *bonum familiae* ist ein Gut für alle Glieder der Familie, welches das Wohl jedes Einzelnen umfasst, aber zugleich das Wohl des Einzelnen übersteigt und das Wohl der Verbindung zwischen den Personen einschließt. Die Familie schafft Verbindungen, welche für die persönliche und soziale Identität der Glieder grundlegend sind: Ehepartner, Vater, Mutter, Sohn oder Tochter, Bruder oder Schwester. Die Übernahme einer bestimmten familiären Identität bringt die Notwendigkeit mit sich, die entsprechenden Rollen zu erfüllen, welche für die Personen nicht einfach frei verfügbar sind, weil ihre korrekte und authentische Erfüllung Grundbedingung für die volle Verwirklichung des *bonum familiae* ist. Ein Ehepartner kann deshalb z.B. nicht Sohn und der Vater nicht Bruder sein.

Zu Recht weist ZUANAZZI darauf hin, dass auch nach der Verkündigung eines Trennungs- oder Nichtigkeitsurteils dem Partner und den Kindern gegenüber positive rechtliche Verpflichtungen aufrecht bleiben.

Abschließend zitiert ZUANAZZI die Rota-Ansprache von Papst FRANZISKUS vom 29.01.2021: „Es ist dringend notwendig, dass die Mitarbeiter des Bischofs – insbesondere der Gerichtsvikar, die Mitarbeiter der Familienpastoral und vor allem die Pfarrer – sich bemühen, jene Diakonie des Schutzes, der Fürsorge und der Begleitung des verlassenen Ehepartners und gegebenenfalls der Kinder auszuüben, die unter den Entscheidungen über die Ehenichtigkeit, auch wenn diese richtig und rechtmäßig sind, leiden".

Adolfo ZAMBON, Gerichtsvikar des Regionalgerichts für Venezien berichtet über die Auswirkungen digitaler Technologien auf die Arbeit kirchlicher Gerichte (*Il processo canonico di fronte alle nuove tecnologie*). Er geht dabei von den

Wirkungen aus, welche die Abhängigkeit von Internet und Informationstechnologien auf die psychische Ehefähigkeit mit sich bringt. Das Delikt der Pädopornografie, wie es in Art. 6 Nr. 2 der Normen über die reservierten Straftaten vom 11.10.2021 vorgesehen ist, wurde erst durch die Entwicklung der Informatik möglich. Ausführlich geht ZAMBON auf die Verwendung digitaler Beweismittel ein, wobei er angesichts der leichten Veränderbarkeit die Wichtigkeit des Zugriffs auf das originale Dokument, am besten im PDF-Format, betont. Digitale Inhalte müssen auf Papier übertragen werden, damit sie in der Zeit Bestand haben und unveränderbar werden. Vor allem bei Fotos gehen dadurch allerdings elektronische Zusatzinformationen etwa über Ort und Zeitpunkt der Aufnahme verloren. Eine weitere Anwendungsmöglichkeit neuer Technologien besteht in der digitalen Kommunikation mit den Parteien. ZAMBON schlägt vor, dass die Parteien postalisch geladen, doch dann aufgefordert werden, zu entscheiden, ob sie für die Zukunft Mitteilungen per E-Mail erhalten möchten. Vertrauliche Mitteilungen sollten ein Password zum Öffnen vorsehen und unveränderbar sein. Für die Veröffentlichung der Akten sieht ZAMBON die Möglichkeit eines *link* für Anwälte bzw. Parteien vor. Schließlich stellt er sich der heiklen Frage der Vernehmungen *online*. Die zu vernehmende Partei bzw. Zeuge sollten sich in das Büro des Anwalts begeben, um die Identität feststellen zu können. So könnte auch die Qualität der Internetverbindung und die Abwesenheit Dritter mit Ausnahme des Anwalts sichergestellt werden. Am Vernehmungsprotokoll soll die digitale Unterschrift angebracht werden, die *online* verifizierbar bleibt. ZAMBON gibt zu, dass das Fehlen der persönlichen Beziehung zwischen Vernehmungsrichter und Zeugen einen Einfluss auf dessen Antworten haben könnte. Eine Urteilssitzung *online* hält ZAMBON für mit cc. 1609 und 1455 § 2 unvereinbar. Die Hauptschwierigkeit liegt in der Geheimhaltung der Diskussion unter den Richtern und in der Unterschrift unterhalb des Urteilsspruchs.

Luigi SABBARESE handelt von der Auflösung der Ehe zugunsten des Glaubens in einer pluralistischen Gesellschaft (*Scioglimento del matrimonio in favorem fidei nella società pluralista*). Er legt die historische Entwicklung seit der Instruktion vom 01.05.1934 dar. Da SABBARESE selbst Mitglied der zuständigen Kommission am Dikasterium für den Glauben ist, verfügt er über eine reiche praktische Erfahrung. Er verweist auf die Notwendigkeit einer korrekten Interpretation der Anwendung des *Favor fidei* von c. 1150, der nach herrschender Lehre nur auf Verwaltungsverfahren zur Eheauflösung zugunsten des Glaubens, nicht jedoch auf Ehenichtigkeitsverfahren angewandt werden kann. SABBARESE verteidigt die Vollmacht des Papstes, vom Gesetz der Unauflöslichkeit auch Ungetaufte zu dispensieren. Die Grenze der päpstlichen Autorität liegt in der Unmöglichkeit der Auflösung von sakramentalen und vollzogenen Ehen.

Hector FRANCESCHI analysiert die Entwicklung der Beziehung zwischen Simulation und Eheunfähigkeit in der Erfahrung der kirchlichen Gerichte (*L'evoluzione del rapporto tra simulazione e incapacità nell'esperienza dei tribunali ecclesiastici*). Er geht von einer Studie von Cormac BURKE aus dem Jahr 1999 aus, die aufzeigt, dass vor dem Zweiten Vatikanischen Konzil in den USA nur zwei Prozent der Ehenichtigkeitserklärungen aus psychischen Gründen erfolgten, nach dem Zweiten Vatikanischen Konzil jedoch 99%. Während die verschiedenen Formen der Simulation vor dem Konzil den wichtigsten Nichtigkeitsgrund darstellten, sind diese nach dem Konzil zumindest in Nordamerika nahezu vollständig verschwunden. Nach dieser Einleitung analysiert FRANCESCHI jene Entscheidungen der Römischen Rota zwischen 2009 und 2016, bei denen sowohl die psychische Eheunfähigkeit (c. 1095 Nr. 2 oder 3) als auch eine Form der Simulation, meist Ausschluss der Unauflöslichkeit oder der Nachkommenschaft, als Nichtigkeitsgrund genannt wurden. FRANCESCHI analysiert die Zweifelsformel, die meist zuerst die psychische Eheunfähigkeit und erst im Anschluss daran die jeweilige Art der Simulation nannte. Traditionell wurde diese nur hilfsweise (*subordinate*) vereinbart, was dazu führte, dass im Urteilsspruch häufig bei Feststehen der psychischen Unfähigkeit auf die Prüfung der Simulation im Urteil verzichtet wurde. FRANCESCHI stellt ausführlich das Urteil *coram* ERLEBACH vom 31.05.2011 (Sent. 98/2011) vor, welches die Nichtigkeit der Ehe sowohl aufgrund fehlenden Urteilsvermögens und psychischer Eheführungsunfähigkeit als auch aufgrund des Ausschlusses der Unauflöslichkeit durch positiven Willensakt auf Seiten der Klägerin entschied. FRANCESCHI kritisiert die überzogene Zahl an Nichtigkeitserklärungen aus psychischen Gründen und meint, dass es durchaus psychologische Defizite gibt, welche die Person nicht eheunfähig machen, aber dennoch eine *causa simulandi* darstellen.

Es folgt die Analyse des Rota-Richters Francesco VISCOME über das Verhältnis zwischen implizitem Ausschluss und willensbestimmendem Irrtum gemäß der jüngsten Rota-Judikatur (*Il rapporto tra 'esclusione implicita' ed 'errore determinante la volontà' nella recente giurisprudenza rotale*). Die implizite Simulation zeigt sich nicht so sehr in den Meinungsäußerungen des simulierenden Partners als vielmehr durch eine Serie von Verhaltensweisen, welche den Ausschluss deutlich machen. Eine Beschränkung der ehelichen Akte ausschließlich auf den Verkehr mit Verhütungsmitteln macht den impliziten Ausschluss der Nachkommenschaft deutlich. Der Übergang vom *error pervicax* gemäß c. 1099 zum Ausschluss muss in jedem einzelnen Fall nachgewiesen werden. Eine besonders intensive Verliebtheit macht eine Trauung ohne Ausschluss auch für jenen möglich, der bezüglich der Unauflöslichkeit der Ehe irrt. VISCOME bietet dann einen Überblick über die 20 zwischen 2000 bis 2021 erlassenen Rota-Urteile zum Verhältnis von willensbestimmendem Irrtum und Ausschluss der Unauflöslichkeit bzw. Ausschluss der Nachkommenschaft.

Es folgt der Beitrag von Anna SAMMASSIMO zum Sachverständigengutachten im kürzeren Prozess (*La prova peritale e il processo brevior*). Art. 14 § 2 der *Ratio procedendi* des Motu proprio *Mitis Iudex Dominus Iesus* sieht vor, dass zu den Dokumenten, welche der Klageschrift beigelegt werden, auch ärztliche Dokumente und Krankengeschichten zählen, die ein Sachverständigengutachten von Amts wegen überflüssig machen. Dazu gehört nach SAMMASSIMO auch ein privates Gutachten. Ein Sachverständigengutachten von Amts wegen, das erst eingeholt werden muss, hält sie als mit dem kürzeren Prozess für unvereinbar. Nach Überlegungen zum Begriff Synodalität kommt die Autorin zum Schluss, die synodalen Aspekte in ihrer Thematik bestünden darin, dass 1) der Sachverständige im Normalfall dem Gottesvolk angehört; 2) er im Prozess dem Richter eine technische Einschätzung bietet; 3) als *cooperator veritatis* dem Richter zur Wahrheitsfindung erforderliche Informationen liefert und damit zur *Salus animarum* als letztem Ziel kirchlichen Handelns beiträgt.

José Luis DOMINGO handelt in seinem Beitrag *L'applicazione del MIDI in Francia* von den Erfahrungen bei der Anwendung des Motu proprio *Mitis Iudex Dominus Iesus* in Frankreich, wo sein In-Kraft-Treten im Gegensatz zu Italien zu keinen nennenswerten Veränderungen der Gerichtsorganisation führte. Metz und Straßburg blieben die einzigen Diözesangerichte in Frankreich. Die Erweiterung der Zuständigkeitstitel erleichtert die Behandlung von Ehenichtigkeitssachen von Migranten. Die Abschaffung der obligatorischen zweiten Instanz wurde in Frankreich als sehr positiv aufgenommen. Nur gegen 9% der erstinstanzlichen Urteile wird Berufung eingelegt. Der Beitrag für die Verfahrenskosten liegt zwischen 500 und 1500 Euro. Die Anwälte arbeiten ehrenamtlich. Beim interdiözesanen Gericht von Marseille erhalten sie eine Aufwandsentschädigung von 183 Euro. Der Autor bemerkt, dass der *processus brevior* zunehmend seltener wird: von 4, 42% sank er auf 2,41%.

Der Psychiater Cesare Maria CORNACCHIA schreibt unter dem Titel *Inquadramento diagnostico in psichiatria e ripercussioni sul processo di nullità del matrimonio* vom psychiatrischen Standpunkt aus über die drei Arten der Beschreibung psychischer Krankheiten und Störungen und die entsprechenden Klassifizierungshandbücher. Er stellt fest, dass sich die junge Generation stark verändert hat und vielfach über eine schwache Identität verfügt. Das „Ich" ist bei der jungen Generation kaum ausgeprägt, woraus die Unfähigkeit zur Verbindlichkeit in den zwischenmenschlichen Beziehungen folgt.

Alessia GULLO handelt in ihrem Beitrag unter dem Titel *Il ruolo dell'avvocato nei processi canonici* von ihren Erfahrungen als Anwältin bei italienischen kirchlichen Gerichten sowie Verwaltungsorganen und Gerichten des Apostolischen Stuhls. Um den Beitrag zu verstehen, muss man sich vor Augen halten, dass es in Italien unvergleichlich mehr kirchliche Anwälte gibt als in anderen Ländern der Welt, weshalb sie auch darauf Wert legen kann, dass sie noch stärker als bisher in möglichst alle Arten von Verfahren einbezogen werden und dies als Ausdruck von Synodalität versteht. Synodalität bedeutet nach GULLO, dass der Anwalt zwischen dem Gottesvolk und der Hierarchie vermittelt.

Der letzte Beitrag ist der einzige aus dem Bereich des Staatskirchenrechts. Er stellt Entscheidungen des italienischen Kassationsgerichtshofs zur Delibation kirchlicher Urteile vor. Nicht möglich ist die Anerkennung eines kirchlichen Nichtigkeitsurteils, wenn es auf Beweisen beruht, die gegenüber den Parteien geheim gehalten wurden (vgl. c. 1598 § 1). Das Urteil Nr. 16379 von 2014 stellt fest, dass nach zumindest drei Jahren ehelichen Zusammenlebens in der konkordatären Ehe das Hindernis des italienischen *ordre public* für die Delibation entsteht. Unterschieden wird dabei zwischen der Trauung als *matrimonio atto* und der Ehe als gelebter Beziehung (*matrimonio-rapporto*). Das Urteil Nr. 18429 von 2022 stellt fest, dass im Bereich der Delibation der kanonischen Ehenichtigkeitserklärungen konkordatär geschlossener Ehen der Schutz des guten Glaubens und des schuldlosen Anvertrauens ein Hindernis des *ordre public* zur Delibation einer kirchlichen Ehenichtigkeitserklärung aufgrund der Mentalreservation darstellt. Die Anerkennung wäre hingegen möglich, wenn die Mentalreservation mit einem Minimum an Sorgfalt durch den anderen Partner erkennbar gewesen wäre. In Bezug auf die Unterhaltsansprüche stellte das Urteil Nr. 11553 von 2018 fest, dass nach Beendigung der bürgerlichen Wirkungen einer konkordatär geschlossenen Ehe die im Scheidungsurteil festgestellten Unterhaltsansprüche auch dann aufrecht bleiben, wenn darauf die bürgerliche Anerkennung des kirchlichen Ehenichtigkeitsurteils folgt. Die im Trennungsurteil vorgesehenen Unterhaltsansprüche hingegen enden mit der Delibation des kirchlichen Ehenichtigkeitsurteils. Es können jene Verpflichtungen nicht als fortbestehend betrachtet werden, welche gerichtlich festgestellt wurden als die Lebensgemeinschaft bereits beendet, das Eheband aber vor dem staatlichen Gericht als noch bestehend galt.

Alle Referate der Kongressakten wurden von den Referenten nach dem Kongress mit einem kritischen Apparat versehen und mit den Ergebnissen aus den Debatten am Kongress vervollständigt. Druckfehler gibt es Dank der sorgfältigen Korrektur der Druckfahnen kaum. Bei verschiedenen Themen fällt es schwer, einen Bezug zum Thema „Synodalität" herzustellen. Viele Autoren nahmen sich gar nicht die Mühe, in ihrem Referat das vage Schlagwort „Synodalität" zu verwenden, während andere versuchten, kurz darauf Bezug zu nehmen, ohne ihr Verständnis des Begriffes genauer zu klären. Der Nutzen des Bandes liegt daher wohl kaum in der Synodalität als solcher, sondern in den einzelnen Beiträgen zu sehr unterschiedlichen, aber zweifellos aktuellen Themen des Ehe- und Prozessrechts. Die Vielfalt der Tätigkeitsbereiche der Autoren, Frauen und Männer, die als Lehrende an juristischen Fakultäten, als Anwälte oder Richter an kirchlichen Gerichten, in der psychiatrischen Praxis oder am italienischen Kassationsgerichtshof tätig sind, spiegelt sich in der unterschiedlichen Thematik der einzelnen Beiträge wieder. Umgekehrt verleiht sie dem Band eine große Aktualität und dient, wie der jährliche Kongress der Italienischen Gesellschaft für Kirchenrecht, der Fortbildung vor allem der Mitarbeiter kirchlicher Gerichte, bischöflicher Ordinariate und kirchlicher Rechtsanwälte.

Nikolaus SCHÖCH, Rom

* **

7. GAGLIANO, Calogera Liliana, *L'organizzazione giudiziaria nella Chiesa.* Analisi dei cambiamenti organizzativi introdotti dal „Mitis Iudex Dominus Iesus" con particolare riferimento alla situazione italiana (Pontificia Università della Santa Croce: Facoltà di diritto canonico, Dissertationes, Bd. 67) Rom: Edizioni Santa Croce 2023. 437 S., ISBN 979-12-5482-158-9. Kein Preis.

In den fünf Kapiteln dieser an der Päpstlichen Universität vom Heiligen Kreuz in Rom zur Erlangung des Doktorgrades eingereichten und nun vollständig veröffentlichten Dissertation geht es der Autorin darum, die wichtigsten Veränderungen nachzuzeichnen, welche die Organisation der kirchlichen Gerichte Italiens seit dem In-Kraft-Treten des Motu proprio *Mitis Iudex Dominus Iesus* (=MIDI) am 08.12.2015 betrafen.

Im ersten Kapitel geht GAGLIANO von der richterlichen Gewalt und deren Aktionsradius aus. Sie vergleicht die Normen von MIDI bezüglich der Kompetenz mit jenen des CIC/1983. MIDI erleichtert die Teilnahme der Parteien durch die Reduktion von vier auf drei Kompetenztitel, die Aufgabe des jahrhundertealten Grundsatzes des *actor sequitur forum rei* und die Erweiterung des Gerichtsstands des Klägers auf den Nebenwohnsitz. Das Erfordernis der Anhörung der belangten Partei durch den Gerichtsvikar ihres Wohnsitzes zur Vermeidung von Missbräuchen und Willkür bei der Wahl des Gerichtsstandes wurde aufgegeben. Die Autorin hebt die Ambivalenz dieser Vereinfachungen hervor: einerseits wird die Einbringung der Klageschrift erleichtert, weil das Gericht des Haupt- oder Nebenwohnsitzes des Klägers immer zuständig ist. Andererseits kann diese Erweiterung dazu führen, dass Schwierigkeiten der belangten Partei, am Prozess teilzunehmen, unberücksichtigt bleiben, nicht zuletzt deshalb, da das in Art. 7 § 1 *Ratio procedendi* zu MIDI genannte Prinzip der Nähe zwischen Richter und Parteien nur als Empfehlung formuliert ist.

Das zweite Kapitel beschäftigt sich mit der Entwicklung der erstinstanzlichen Gerichtsbarkeit im Gebiet der Italienischen Bischofskonferenz zwischen dem 08.12.2015 und dem 12.06.2023, dem Ende der Arbeit an der Dissertation. GAGLIANO beginnt mit der von MIDI vorgeschlagenen Einführung einer pastoralen Voruntersuchung (*Ratio procedendi*, Artt. 1-5), welche eine pastorale Begleitung von Paaren in der Krise sowie die Prüfung der Voraussetzungen für die eventuelle Einleitung eines Ehenichtigkeitsverfahrens vorsieht und damit über die rein kirchenrechtliche Beratung gemäß Art. 113 § 1 der Instruktion *Dignitas Connubii* hinausgeht. Nur wenige italienische Diözesen – nach GAGLIANO 42 von insgesamt 227 – folgten dem Modell von MIDI. Die Herausgabe eines *Vademecum* durch die Bischofskonferenz, welches an die Erfordernisse der einzelnen Diözesen angepasst werden könnte, wäre hilfreich. MIDI ermöglicht die Ernennung eines Einzelrichters erster Instanz ohne vorausgehende Genehmigung durch die Bischofskonferenz, wie sie c. 1425 § 4 nach wie vor für andere Fälle als Ehenichtigkeit verlangt.

In Italien erklärte das Reskript von Papst FRANZISKUS gemäß dem Motu proprio *Qua cura* von PAPST PIUS XI. vom 08.12.1938, welches die Gerichtsorganisation für ganz Italien bis zu MIDI verbindlich regelte, als nicht mehr gültig, ohne dass die durch es errichteten Regionalgerichte aufgehoben wären. Die Autorin berichtet von der Errichtung von 22 Diözesangerichten mit Kompetenz für Ehenichtigkeit seit 2015, wobei es eigentlich um eine Kompetenzerweiterung auf Ehenichtigkeitssachen ging, da auch vor 2015 neben den interdiözesanen Gerichten in den einzelnen italienischen Diözesen Diözesangerichte existierten, die allerdings ein Schattendasein führten, da sich ihre Tätigkeit auf seltene Strafsachen und einzelne Verwaltungsverfahren zur Auflösung der Ehe wegen Nichtvollzug oder zugunsten des Glaubens beschränkte. Seit 2015 erhielten 20 interdiözesane Gerichte einen neuen Namen. Bei einigen davon wurde der Zuständigkeitsbereich durch das Ausscheiden einzelner Diözesen verkleinert, während nur drei interdiözesane Gerichte ihren Namen unverändert beibehielten und auch die Gerichtsorganisation in keinster Weise veränderten. Die meisten Diözesangerichte mit Kompetenz auch in Ehenichtigkeitssachen befinden sich in Sizilien. Der Grund für die verbliebenen oder neu errichteten interdiözesanen Gerichte in anderen Teilen Italiens liegt vor allem im Mangel an qualifiziertem Personal.

Als problematisch betrachtet die Autorin die Beauftragung eines Gerichts außerhalb des Jurisdiktionsbereichs des Diözesanbischofs gemäß c. 1673 § 2. Zu Recht betont GAGLIANO unter Verweis auf cc. 1691 § 3; 1445 § 3 n. 2 und Art. 198, n. 4 von *Praedicate Evangelium* das Erfordernis der Kompetenzerweiterung durch die Apostolische Signatur, vor allem dann, wenn sie nicht im Einzelfall, sondern auf Dauer erfolgen sollte.

Das dritte Kapitel untersucht die interne Organisation der Gerichte mit ihren Ämtern, ausgehend von der Rolle des Diözesanbischofs. Etwas ungenau ist die Behauptung, Papst FRANZISKUS habe in seiner Ansprache vom 25.11.2017 zwei Bedingungen für die Gültigkeit der Ausübung des Richteramts im kürzeren Prozess gestellt: die Bischofsweihe und das Leitungsamt für eine Gemeinschaft von Gläubigen (S. 231). Dabei wurde übersehen, dass es nicht um irgendeine Gemeinschaft von Gläubigen, sondern darum geht, dass er Leiter einer Teilkirche ist, was durch den im Text der Ansprache in Klammern gemachten Hinweis auf c. 381 § 2 klar zum Ausdruck kommt. Neben den Diözesanbischöfen können nur jene Bischöfe ein Urteil im kürzeren Prozess fällen, die eine Diözese oder eine ihr nach c. 368 gleichgestellte Teilkirche leiten, d.h. eine Gebietsprälatur, eine Gebietsabtei, ein Apostolisches Vikariat, eine Apostolische Präfektur oder eine auf Dauer errichtete Apostolische Administratur.

MIDI legt die gesamte einleitende Phase des Nichtigkeitsprozesses bis zur Festlegung der Zweifelsformel in die Hand des Gerichtsvikars. Sie beklagt, dass die Rolle der beigeordneten Gerichtsvikare durch MIDI nicht genauer geklärt wurde, obwohl ihnen bei großen Gerichten eine entscheidende Rolle zur Beschleunigung der Ehenichtigkeitsprozesse zukommen könnte. Hätte die Autorin auf c. 1426 § 2 verwiesen, der durch MIDI keineswegs außer Kraft gesetzt wurde, wäre klar, dass der Gerichtsvikar dem beigeordneten Gerichtsvikar im Kollegialgericht den Vorsitz anvertrauen kann.

Für die Beweisaufnahme hält GAGLIANO einen Vernehmungsrichter gemäß c. 1428 §§ 1-2 ohne Lizentiat oder Doktorat im kanonischen Recht nicht für ausreichend. Die Möglichkeit, ein Kollegialgericht durch einen Kleriker und zwei Laien ohne Genehmigung der Bischofskonferenz zu bilden (vgl. c. 1673 § 3 MIDI) wird als Chance zur Ernennung einer größeren Zahl von Richterkollegien und damit zu einer Beschleunigung der Verfahren gesehen.

Im vierten Kapitel legt GAGLIANO die durch MIDI eingeführten Neuerungen für die sonstigen Ämter am Kirchengericht, konkret den Kirchenanwalt, den Bandverteidiger, die Notare sowie die vom Gericht entlohnten Parteibeistände (*patroni stabiles*), dar. Im Gegensatz zu Vertrauensanwälten sind sie für die Parteien kostenlos und entsprechen damit besser dem Wunsch des Gesetzgebers, wonach die Ehenichtigkeitsprozesse möglichst kostenlos sein sollten.

MIDI erweiterte auch die Verantwortung des Bandverteidigers, dem die Klageschrift nach ihrer Annahme mitgeteilt wird und der sich zur Frage der Wahl der Prozessart und der Streitformel schriftlich äußern kann. Zu Recht betont GAGLIANO seine besondere Rolle im kürzeren Prozess, bei dem er angesichts der Streitgenossenschaft zwischen beiden Parteien in die Opposition geht und damit die Natur des Ehenichtigkeitsprozesses als Streitprozess garantiert. GAGLIANO bedauert, dass die Italienische Bischofskonferenz die Mindestzahl der vom Gericht entlohnten Parteibeistände von zwei auf einen pro Gericht reduzierte.

Zu Recht kritisiert die Autorin die Praxis der Römischen Rota, alle Fälle gratis zu behandeln. Die Bitte um eine freiwillige Spende nach Abschluss des Verfahrens führt nämlich zu keinem nennenswerten Beitrag zur Finanzierung der Gerichte und vernachlässigt auch die unterschiedlichen Möglichkeiten wohlhabender und in Not befindlicher Parteien. Die Verfahrenskosten an der Römischen Rota müssen daher großteils vom Vatikan getragen werden.

Das fünfte Kapitel handelt von der Gerichtsorganisation in der Berufungsinstanz und den von MIDI durch die Abschaffung der obligatorischen zweiten Instanz zur Erlangung eines vollstreckbaren Nichtigkeitsurteils verursachten Auswirkungen auf das System der Anfechtungen. Aus cc. 1691 § 3 sowie 1438-1439 und Art. 198, Nr. 5 von *Praedicate Evangelium* leitet GAGLIANO ab, dass zur Errichtung eines interdiözesanen Berufungsgerichts weiterhin die Approbation durch die Apostolische Signatur erforderlich ist. Dies gilt ebenso für die Wahl des Berufungsgerichts durch den Diözesanbischof, der keiner Kirchenprovinz angehört, sondern dem Apostolischen Stuhl unmittelbar unterstellt ist. Nicht mehr erforderlich ist das in c. 1439 § 1 erwähnte Erfordernis der Zustimmung der Bischofskonferenz.

Im kürzeren Verfahren gilt die Zuständigkeit des Metropoliten für die Abweisung der Berufung *mere dilatoria* sowie die Zuständigkeit seines Gerichts für den Prozess in der Berufungsinstanz. Entscheidet hingegen der Metropolit in erster Instanz einen Fall aus seiner Erzdiözese, so kommt die Entscheidung über die Zulassung oder die Ablehnung der Berufung dem Suffraganbischof der ältesten Diözese der Metropolie zu. Dies führte zur teilweise bis heute ungelösten Problematik, dass in nicht wenigen italienischen Diözesen die erforderlichen Urkunden zur Bestimmung der ältesten Suffragandiözese fehlen. GAGLIANO beklagt nicht nur den Mangel an diesbezüglichen Informationen, sondern auch das Fehlen der von der Italienischen Bischofskonferenz für ganz Italien angekündigten Liste.

Im Falle der Zulassung der Berufung durch den Diözesanbischof der ältesten Suffragandiözese bleibt noch das Problem, dasjenige Gericht ausfindig zu machen, welches im Falle der Zulassung der Berufung das ordentliche Berufungsverfahren durchführt. Art. 198, Nr. 5 von *Praedicate Evangelium* bestätigt die Kompetenz der Apostolischen Signatur für die Approbation von Berufungsgerichten.

GAGLIANO erklärt die Aufhebung des zweitinstanzlichen Gerichts für Latium mit der geringen Zahl an Fällen in der Berufungsinstanz, die jetzt an der Römischen Rota durchgeführt werden.

Für Nichtigkeitsbeschwerden, die mit einem Antrag auf Wiederaufnahme verbunden sind, ist gemäß c. 1681 das drittinstanzliche Gericht zuständig. Nur für die Rota gilt das Verbot der Zulassung von Anträgen um Wiederaufnahme, nachdem zumindest eine der Parteien eine neue kanonische Ehe eingegangen ist. Schwieriger ist die Frage nach der Zuständigkeit für die Nichtigkeitsbeschwerde im *processus brevior*. Wird sie mit der Berufung verbunden, so ist das Berufungsgericht zuständig. C. 1681 ersetzt das in c. 1644 genannte Berufungsgericht durch das Gericht dritter Instanz, also im Normalfall die Römische Rota. Viele Autoren interpretieren c. 1681 auch in Bezug auf das Dokumentenverfahren und den *processus brevior* in diese Richtung.

Im *processus brevior* kommt dem Bandverteidiger eine besondere Rolle zu, da er vermutlich der einzige ist, der die Berufung einlegt, was eine genaue Kenntnis des Prozessrechts und eine von den Richtern unabhängige Stellung voraussetzt.

Der Grundsatz der Kostenlosigkeit löst nicht die Frage nach der notwendigen Bezahlung für die Mitarbeiter der Gerichte sowie dem Honorar der Anwälte und Sachverständigen. MIDI überlässt die Thematik der Bischofskonferenz. Diese erließ im Jahr 2018 diesbezügliche Normen, in denen sie die Verteilung der Zuschüsse und die Beteiligung der Parteien an den Verfahrenskosten regelt.

Nicht stimmig ist die auf S. 384 gemachte Behauptung, es hätte in Italien nur einmal eine Berufung gegen das Urteil eines Bischofs im kürzeren Verfahren gegeben, nämlich im Jahr 2022 in Kalabrien. Dabei übersah die Autorin zumindest jene Fälle, in denen der Dekan der Römischen Rota Berufungen gegen Ehenichtigkeitsurteile von italienischen Diözesanbischöfen zuließ oder als *mere dilatoria* ablehnte. Es wäre besser gewesen, sie hätte sich auf die Aussage beschränkt, nur von einer Berufung Kenntnis zu haben.

Im Anhang finden sich vierzehn Tabellen mit Listen von für Ehenichtigkeitssachen in Italien zuständigen Gerichten einschließlich der Änderungen im Gefolge von MIDI: die Tabelle 1 enthält die Liste der Regionalgerichte, welche mit dem Motu proprio *Qua cura* von 1938 für jede kirchliche Region eingeführt wurden. Tabellen 2-8 handeln von den Gerichten erster Instanz, die seit MIDI errichtet wurden, während die Tabellen 9-11 den Gerichten der zweiten Instanz gewidmet sind. Die Tabelle 12 enthält eine Karte der kirchlichen Regionen. Die Tabelle 13 versucht eine Liste der älteren Suffragane zu erstellen, welche von der Bischofskonferenz versprochen, jedoch noch nie vorgelegt wurde. Tabelle 14 enthält die Veränderungen in der Region Latium zwischen 1938 und 2023 unter besonderer Berücksichtigung des Vikariats Rom, wo der Papst Diözesanbischof ist.

Der Autorin gelang es, Druckfehler fast vollständig auszumerzen. Sie schrieb in einem gut verständlichen, aber dennoch rechtsprachlich präzisen Italienisch. In der Bibliografie wird die an vielen Römischen Universitäten im Bereich des kanonischen Rechts festzustellende Praxis deutlich, dass sich das Literaturverzeichnis abgesehen von in lateinischer Sprache verfassten Quellen auf Veröffentlichungen in italienischer, spanischer und englischer Sprache beschränkt. Dies verdeutlicht die innerhalb der katholischen Kirche feststellbare Entwicklung, wonach drei Sprachen, und zwar Englisch, Spanisch und Italienisch, immer mehr dominieren. Andererseits muss anerkannt werden, dass es der Autorin trotz einzelner Ungenauigkeiten bei schwer feststellbaren empirischen Daten gelungen ist, einen Überblick über die Auswirkungen von MIDI auf die Gerichtsorganisation im Gebiet der Italienischen Bischofskonferenz zu bieten, wo es trotz der seit Papst PAUL VI. schrittweise erfolgenden Reduktion der Teilkirchen mit 227 eine im Vergleich zu anderen Ländern sehr hohe Zahl von Diözesen gibt, die sich seit dem Motu proprio *Qua cura* Papst PIUS XI. vom 08.12.1938 bis zum In-Kraft-Treten von MIDI am 08.12.2015 einer sowohl den Diözesanbischöfen als auch der Bischofskonferenz entzogenen stabilen Organisation für Ehenichtigkeitssachen erfreuten. Nach dem Autor dieser Rezension, der selbst Mitglied der Redaktionskommission für MIDI war, war es die vom Gesetzgeber den Bischöfen selbst in Erinnerung gebrachte Verantwortung für die Gerichtsbarkeit, welche seit 2015 nicht zuletzt im Gefolge der ermutigenden Haltung von Papst FRANZISKUS durch deren Initiative zu Veränderungen der Gerichtsorganisation in Italien führte. Der Großteil davon beschränkte sich auf Süd- und Mittelitalien. Dass Papst FRANZISKUS die Entwicklung des Gerichtswesens in Italien mit besonderer Aufmerksamkeit verfolgt, wurde aus der Bestellung einer Päpstlichen Kommission zur Überprüfung und Anwendung von MIDI am 17.12.2021 deutlich. Die ausführliche Dissertation von GAGLIANO bietet nicht nur einen Überblick über die Wirkungsgeschichte von MIDI in Italien, sondern regt auch zur verbesserten Anwendung der in MIDI vorgesehenen neuen Möglichkeiten für den Ehenichtigkeitsprozess und zur Anpassung der Gerichtsorganisation auch außerhalb Italiens an.

Nikolaus SCHÖCH, Rom

* * *

8. HAHN, Judith, *The Sacraments of the Law and the Law of the Sacraments*. Cambridge: Cambridge University Press 2023. 290 S., ISBN 978-1-009-33016-9. 85,00 GBP.

Judith HAHN, Professorin für Kirchenrecht an der Katholisch-Theologischen Fakultät der Rheinischen Friedrich-Wilhelms-Universität Bonn, befasst sich in ihren Publikationen wiederholt mit Fragen, die über die reine Rechtsdogmatik hinausgehen. In ihrem 2023 erschienenen Werk *The Sacraments of the Law and the Law of the Sacraments* behandelt sie die intrinsische Verwobenheit von Sakramentalität und Recht. Ein fundamentaler Gedanke dabei ist, dass Sakramente sowohl geistliche als auch rechtliche Veränderungen bewirken. Sie vermitteln nicht nur Gnade, sondern meist auch Rechte und Pflichten. Im Gegenzug ist auch bei Rechtsakten das Phänomen Sakramentalität bzw. eine sakramentale Funktionsweise zu beobachten, da auch Rechtshandlungen wie Richtersprüche, Einzelverwaltungsakte oder Gesetzgebungsakte allein durch ihren rechtlich formalisierten quasi-sakramentalen Vollzug eine neue rechtliche Wirklichkeit oder einen neuen rechtlichen Status bewirken.

Die Autorin legt in der Einführung („Introduction", S. 1-13) dar, in ihrem Werk von drei Thesen auszugehen: 1. Recht nutzt Sakramentalität, um Veränderungen der Rechtslage zu bewirken (S. 3). 2. Die Kirche nutzt Recht für den Zugang ihrer Mitglieder zur sakramentalen Gnade (S. 3). 3. Die Kirche nutzt Sakramentalität, um ihren Mitgliedern nicht nur Zugang zur Gnade, sondern auch zum Recht zu geben, insofern durch Sakramente Rechte und Pflichten vermittelt werden (S. 5). Vor diesem Hintergrund sind Sakramente als *sacro-legal symbols* zu verstehen: „They are sacro-legal symbols that simultaneously signify and effectuate spiritual and legal realities" (S. 5). HAHN geht es nicht um eine Juridifizierung der Sakramente wie etwa bei Wilhelm BERTRAMS, sondern um eine korrekte Erfassung des multifunktionalen Phänomens Sakramentalität (vgl. S. 5-9), mit dem Aufweis, dass sich die geistliche und die rechtliche Funktion von Sakramentalität nicht widersprechen (S. 12). Ihre Arbeit fokussiert sich daher nicht auf das Sakramentenrecht selbst, sondern auf Fragen, die diesem vorangehen: „Why regulate the sacraments? What do sacraments have in common with legal signs and symbols? How can we conceive of sacramental symbols as having spiritual *and* legal effects without devaluing their spiritual meaning?" (S. 12).

Im ersten Kapitel („Sacraments in Law and Religion", S. 14-72) geht es um die Entwicklung der Begriffe „Sakrament" und „Symbol" und ihre Anwendung auf die christlichen Sakramente sowie auf Rechtshandlungen. Dabei wird auch der Begriff des „Magischen" näher erörtert, welcher in rechtlichen Debatten häufig zur Bezeichnung der quasi-sakramentalen Wirkweise des Rechts gebraucht wird (S. 51), aber auch auf die kirchlichen Sakramente angewandt werden könne: „if we define magic as a relationship which links a cause and its effects in a way which cannot be explained fully by human reason, then it becomes evident that this is a phenomenon which we perceive to be at work in the same way within sacraments and, more precisely, in legal and religious sacraments alike" (S. 58).

Nachdem der Begriff des Rituals bereits im ersten Kapitel aufgetaucht ist (vgl. S. 63-71), beschäftigt sich das zweite Kapitel („The Ritual Frame of Sacraments", S. 73-131) mit dem Wesen von Ritualen und betrachtet Sakramentalität vor diesem Hintergrund. Ritualisierung wird dabei – im Gefolge v.a. von Catherine BELL – weniger unter den Aspekten der Formalisierung, Fixierung oder Wiederholung, sondern mehr unter dem Gesichtspunkt der Abgrenzung verstanden. Demnach geht es bei Ritualen um eine Abgrenzung von herkömmlichen Alltagshandlungen mittels des Gebrauchs von Symbolen sowie um eine Überordnung des rituell abgegrenzten Heiligen über das Profan-Weltliche. Die kirchlichen Sakramente lassen sich in verschiedener Hinsicht mit der Phänomenologie des Rituellen abgleichen: „As rituals performed by authorised persons under certain circumstances in accordance with certain procedures, canonical rituals are highly concerned with their correct performance to achieve their sacramental effects. However, in doing so they also produce other social effects, as they turn mere participation into consent and even commitment. By assigning persons and things their specific places, ritual creates authority by allocating certain participants at the top of the hierarchy" (S. 131).

Das dritte Kapitel („Sacramental Change in Status", S. 132-162) behandelt aus der Perspektive bestimmter Ritualarten die geistlichen und rechtlichen Veränderungen durch die Feier von Sakramenten und quasi-sakramentalen Handlungen. Die rituelle Funktion der Sakramente kann beschrieben werden mit den Kategorien von „magical rites, rites of passage, rites of status conferral and deferral, purification rites, and rites of celebration, commemoration, and intensification" (S. 161). Die Taufe kann etwa verstanden werden als Übergangs-, Reinigungs-, Weihe- und Feierritus sowie als Ritus einer Statusübertragung. Das Weihe- und Ehesakrament sowie die Ordensprofess und Jungfrauenweihe werden beschrieben als Riten einer geistlich-rechtlichen Veränderung und einer Statusveränderung sowie als Übergangs- und Weiheriten. Die Firmung lasse sich am besten verstehen als Ritus einer Statuserneuerung, die Eucharistie als Übergangs-, Gedenk-, Feier-, Intensivierungs-, Tausch- und Opferritus. Das Bußsakrament und die Krankensalbung seien v.a. Reinigungs- und Heilungsriten, und auch bei gerichtlichen Strafurteilen gehe es um den Aspekt der Heilung durch die Wiederherstellung der Gerechtigkeit. Im Bußsakrament und in Ritua-

len des Straferlasses finde sich auch die Eigenschaft eines Wiederherstellungs-
ritus. Und auch andere rechtliche Akte können als Rituale verstanden werden,
wie etwa die Todeserklärung oder die Exkommunikation als *rituals of unmaking
personhood* (S. 162).

Das vierte und letzte Kapitel („Sacraments as Speech Acts", S. 163-259) ist am
umfangreichsten und betrachtet die Sakramente aus der Sicht der Sprechakt-
theorie (vgl. S. 163-188), welche im Recht ein typisches Anwendungsfeld findet
(vgl. S. 188-205), aber ebenso einen Verständnisschlüssel für die Sakramente
liefern kann (vgl. S. 205-256). Die von John L. AUSTIN entwickelte Sprechakt-
theorie beschäftigt sich mit sprachlichen Äußerungen (Illokutionen), die nicht
allein die Wirklichkeit beschreiben, sondern diese durch ihren Vollzug selbst
verändern. Vor diesem Hintergrund ist es ein aufschlussreiches Unterfangen, „to
interpret sacraments with the help of speech act theory as acts which constitute
certain effects based on conventional procedures including the uttering of certain
words by proper persons under certain circumstances" (S. 256). Rechtliche Erklärungen wie Richtersprüche, Verträge oder Vermächtnisse haben Auswirkungen auf die rechtliche Lage durch entsprechende Deklaration und stützen sich
auf Staat oder Religion als außersprachlichen Grundlagen. In ähnlicher Weise
bezeichnen und bewirken die Sakramente der Kirche Gnade und rechtliche Folgen durch deklarative Sprache, wobei sie sich auf die Kirche, ihre Lehre und
Normen als außersprachliche Grundlagen stützen. Wie bei anderen Sprechakten
bedarf es für das korrekte Funktionieren der kirchlichen Sakramente jeweils bestimmter Worte (hier verstanden als die vollständige sakramentale Zeichenhand-
lung), Personen und Umstände. HAHN gesteht aber auch zu, dass manche Aspekte des kirchlichen Sakramentenverständnisses von der klassischen Sprechakt-
theorie nicht abgedeckt werden, etwa das genaue Verständnis der Wirkursäch-
lichkeit der Sakramente, die Transzendenz und Entzogenheit ihrer geistlichen
Wirkung und die Bedeutung der Intention bei der Sakramentenspendung (vgl.
S. 258 f.).

Den Schlussteil des Buches („Conclusion", S. 260-269) nutzt die Autorin, um
anhand ihrer Ergebnisse über das Verhältnis von Religion und Recht sowie über
die Bedeutung rechtlichen Denkens für Religion und Theologie zu reflektieren.
Dabei stellt sie nochmals heraus, dass die Sakramente der Kirche neben der
geistlichen natürlicherweise eine rechtliche Seite haben, dass sich beides nicht
widerspricht, sondern vielmehr ergänzt. mit einem abschließenden Beispiel von
forensic prayers, in denen sich der Betende in gerichtlicher Sprache an Gott
wendet, versucht HAHN noch einmal klarzumachen: „religion and the law draw
their power from the same source: from sacramental performatives which constitute the basis of all social acts" (S. 269). Abgesehen von nützlichen *Summaries*
zu den einzelnen Kapiteln (vgl. S. 72, 130 f., 161 f., 256-259), gibt es am Ende
des Buches ein Literatur- (S. 271-285) sowie ein hilfreiches Personen- und
Sachverzeichnis (S. 287-290). Weitere vertiefende Überlegungen der Autorin
zum Thema finden sich neuerdings in: HAHN, J., Sacraments of the Law.

Discovering Common Ground of Law and Religion: Oxford Journal of Law and Religion 2024, 00, 1-18, at: https://doi.org/10.1093/ojlr/rwae006.

Es ist HAHN´s Verdienst, mit ihrem Werk wertvolle Metareflexionen über den intrinsischen Rechtsbezug der Sakramente der Kirche zu bieten. Dass Sakramente nicht nur geistliche, sondern auch rechtliche Wirkungen haben, ist für Vertraute kein Novum. Neu ist vielmehr die Betrachtung des Rechts aus sakramentaler Perspektive sowie die Kontextualisierung von Sakramentalität und Recht mit Ritual- und Sprechakttheorien. Trotz der positiven Vielzahl an zitierten Autoren wurde seitens Oliver WRIGHT kritisiert, dass im besprochenen Werk manche Autoren eine noch tiefere Lektüre und Vorstellung verdient hätten, insbesondere Giorgio AGAMBEN und Karl RAHNER. Vermutlich gäbe es darüber hinaus weitere interessante Bezugspunkte, wie etwa Anthony THISELTON und Nicholas WOLTERSTORFF (vgl. die Rezension: Heythrop Journal 65 [2024] 332 f.), doch mindert das nicht den Wert der Arbeit. Das gilt ebenso hinsichtlich Fragen, die einer weiteren Vertiefung bedürften, wie etwa der Rolle Gottes in der Kausalität der Sakramente. Da gerade der *character indelebilis* bei Taufe, Firmung und Weihe und das *vinculum matrimonii* beim Ehesakrament besondere rechtliche Folgen implizieren, wären auch hierzu vertiefende Reflexionen interessant gewesen. Von Benjamin EARL OP wurden manche *occasional surprising errors* in HAHN´S Buch angemerkt (vgl. die Rezension: Ecclesiastical Law Journal 26 [2024] 340-342), doch fallen auch diese nicht weiter ins Gewicht. Judith HAHN hat mit *The Sacraments of the Law and the Law of the Sacraments* eine aufschlussreiche Erörterung über die innere Verwobenheit von Recht und Sakramentalität vorgelegt, welche die Phänomenologie der kirchlichen Sakramente mit anderen wissenschaftlichen Disziplinen in verdienstvoller Weise ins Gespräch bringt und damit zugleich einen Beitrag zur theoretischen Grundlegung des kirchlichen Sakramentenrechts leistet.

Josef OTTER, Leuven

* * *

9. MIŠKOVSKÝ, Marek, *La potestà del vescovo diocesano di sanare il matrimonio civile di due cattolici*. Lo sviluppo della prassi sanatoria nelle diocesi della Repubblica Ceca e della Slovacchia. (Thesis ad Doctoratum in Iure Canonico totaliter edita) Roma: Hesperion 2023. 430 S., ISBN 978-80-88353-23-2. Kein Preis.

Der Autor promovierte an der Päpstlichen Universität vom Heiligen Kreuz, Fakultät für Kirchenrecht, und verteidigte seine Dissertation im Juni 2021. Diese wurde im Jahr 2023 veröffentlicht.

Das Hauptziel des Autors war es, die *sanatio in radice* im Fall zweier zivil verheirateter Katholiken vorzustellen, die Grenzen der Sanierungsbefugnis des Diözesanbischofs zu untersuchen und konkret zu analysieren, wie er sie in der Praxis anwendet. Auf diese Weise wollte der Autor die verschiedenen Fragen bezüglich der Stellung der Zivilehe in der kanonischen Rechtsordnung und der Befugnis, sie für gültig zu erklären, behandeln.

Die vorliegende Arbeit gliedert sich in drei Teile und sechs Kapitel. Zu Beginn des ersten Kapitels untersucht der Verfasser zunächst die mögliche Anerkennung einer in einer anderen Rechtsordnung vorgenommenen Rechtshandlung und prüft die Lehre von der Rechtshandlung selbst, wobei er die Rolle des Willens bei der Entstehung des Rechtsakts und seine wesentlichen Voraussetzungen hervorhob und abschließend die Definition und die begriffliche Unterscheidung der Ungültigkeit von Rechtsakten in Erinnerung rief. Unter dem Aspekt eines Rechtsaktes wurde dann die Ehe untersucht. Der Autor versucht, das Wesen der Ehe und die Mittel zu ihrem Ausdruck in der Rechtssphäre zu definieren, d.h. den Wert der ehelichen Zustimmung als Rechtsakt und die Rolle der kanonischen Eheform. Im zweiten Kapitel analysierte der Autor dann die Nichtigkeit der Ehe, die möglichen Gründe für die Nichtigkeit, insbesondere die Ungültigkeit wegen dem Formmangel, wobei er sich auf die Zivilehe und ihren möglichen Wert im kanonischen System konzentrierte.

Der zweite Teil ist in drei Kapitel unterteilt. Im dritten Kapitel (dem ersten des zweiten Teils) befasst sich die Studie mit der Zweckmäßigkeit der Ehekonvalidation, den Voraussetzungen für diese, den Möglichkeiten, die das kirchliche Gesetz bietet, und den Voraussetzungen für die Durchführbarkeit der Konvalidation. Behandelt wurde sodann die Grundlage der Zivilehe, der *consensus naturaliter sufficiens,* der den gemeinsamen wesentlichen Kern des daher im kanonischen System anerkannten Ehevertrags darstellt. Im vierten Kapitel bleibt der Autor bei der *sanatio in radice* als speziellem Konvalidationssmittel stehen und denkt über die Möglichkeit einer automatischen Konvalidation nach. Im fünften Kapitel sucht der Autor nach einer Antwort auf die zweite eingangs gestellte Frage, nämlich welche Befugnis der Diözesanbischof hat, eine Ehe zu sanieren, die im Falle der zivilen Eheschließung zweier Katholiken mangels der vorgeschriebenen Form nichtig ist.

Der dritte und letzte Abschnitt deckt sich mit dem sechsten Kapitel. Er ist der Erforschung der Praxis in den tschechischen und slowakischen Diözesen bei der Gewährung der *sanatio in radice* gewidmet, wobei der Schwerpunkt auf der Bedeutung dieser Heilung in der Wurzel im Verhältnis zum Umfang aller gewährten Sanationsakte liegt. Der Autor fasst seine Recherchen in den Archiven der Diözesankurien der tschechischen und slowakischen Diözesen über die Gewährung der *sanatio in radice* zusammen und analysiert den prozentualen Anteil der einzelnen unterschiedlichen Sanationsarten.

Der Autor hat seine praktischen Nachforschungen in den vier Kirchenprovinzen der ehemaligen Tschechoslowakei in Zusammenarbeit mit den Bischofskurien durchgeführt, um die Frage beantworten zu können, ob und in welcher Anzahl seit dem Inkrafttreten des CIC/1983 bis 2015 (Ende der Untersuchung) die Sanation der zivilen Eher zweier Katholiken von einem Diözesanbischof gewährt wurde. Auf der Grundlage der Untersuchung der Sanationsdekrete in den 16 Diözesen von Böhmen, Mähren, Schlesien und der Slowakei konnte der Autor feststellen, dass die Bischöfe Sanationen von zivilen Ehen zweier Katholiken gewähren und dass diese, mit leichten Schwankungen (Tschechische Rep. 55 %, Slowakische Rep. 42 %), im Durchschnitt etwa die Hälfte der Gesamtzahl der *sanatio in radice* ausmachen. Die Ergebnisse zeigen eine Tendenz, dieses Instrument nicht nur als außerordentliches Mittel einzusetzen. In den Dekreten, so der Autor, fehlte die Begründung für die Gewährung nicht selten ganz, ein anderes Mal erschien sie recht lapidar. Die Entscheidung des Bischofs, die Sanation erst zu erteilen, nachdem die Antragsteller fünf Jahre zusammen gelebt haben, wertet der Autor als die praktische Sorge des Bischofs um die Einhaltung der kanonischen Eheform seitens seiner Gläubigen.

Das rezensierte Buch enthält ein umfangreiches Quellen- und Literaturverzeichnis sowie Tabellen mit statistischen Daten und Farbkarten der Diözesen in der Tschechischen und Slowakischen Republik. Es ist schade, dass der Autor die griechisch-katholische Kirche, die vor allem in der Ostslowakei einen nicht unbedeutenden Teil der Gläubigen ausmacht, nicht in seine Untersuchung einbezogen hat (zum Zeitpunkt der Untersuchung des Autors lag die Zahl der slowakischen griechischen Katholiken bei über 200.000, d.h. bei fast 4 % der slowakischen Bevölkerung, während die römisch-katholische Kirche 3,7 Millionen Menschen zählt, d.h. 69 % der Bevölkerung). Trotz des Umfangs und der Gründlichkeit der Untersuchung sowie der theoretischen Einführung stellt sich dem Rezensenten die grundsätzliche Frage nach dem Sinn und Zweck eines solchen Unterfangens. Das Eherecht war und ist Gegenstand zahlloser kirchenrechtlicher Abhandlungen und das rezensierte Buch bringt außer der Erforschung der Sanationspraxis der tschechischen und slowakischen Kirche nichts Neues auf den Tisch. Neues und bisher Unbekanntes findet der Leser nur im sechsten Kapitel auf den Seiten 331 bis 367, was aber einen relativ kleinen Teil des Buches ausmacht. Hier stellt der Autor dem Leser zunächst eine kurze Geschichte der katholischen Kirche in den böhmischen Ländern und der Slowakei vor und führt ihn in die Stellung der kanonischen Ehe im Rahmen der staatlichen Gesetzgebung ein. Statistiken über die Sanierung und ihre Analyse werden vom Autor am Ende erörtert. Der Rezensent verfehlt jedoch den Sinn und die Bedeutung einer solchen Untersuchung. Ferner hat der Rezensent (der wie der Autor des Buches tschechischer Nationalität ist und Einblick in die tschechische Kirche hat) auch keine Informationen darüber, dass die Statistiken und ihre Analyse im tschechischen und slowakischen kirchlichen Umfeld überhaupt bekannt sind und, wenn ja, dass sie irgendeine Auswirkung auf die pastorale Praxis haben würden – und er fragt sich selbst, welche Auswirkungen sie haben sollten. Viel wichtiger wäre es, die Beweggründe der Sanierungswilligen zu untersuchen, aber das wäre eine Aufgabe eher für Religionssoziologen. Nichtsdestotrotz sollte das rezensierte Buch in seiner jetzigen Form in die Bibliotheken der tschechischen und slowakischen Kirchengerichte aufgenommen werden und zur Veranschaulichung der Praxis der Sanierungsgewährung in diesen mitteleuropäischen Ländern dienen.

Jiří DVOŘÁČEK, Trier

* * *

10. NEDUNGATT, George / RUYSSEN, Georges-Henri, *A Guide to the Eastern Code*. A Commentary on the Code of Canons of the Eastern Churches. (Pontificio Instituto Orientale: Kanonika, Bd. 10) Roma: Valore Italiano 2. Aufl. 2020. 1181 S., ISBN 978-88-97789-74-1. 65,00 EUR [I].

Die erste Auflage des rezensierten Bandes hat sich seit ihrem Erscheinen im Jahr 2002 so gut verkauft, dass sie zum absoluten Bestseller der Reihe *Kanonika* geworden ist. Da die erste Auflage schon lange vergriffen ist und die Änderungen, die der Oberste Gesetzgeber seither am Gesetzbuch der katholischen Ostkirchen vorgenommen hat, sowie die aktuelle Praxis der Römischen Kurie berücksichtigt werden müssen, hat sich der neue Herausgeber der Reihe *Kanonika*, Georges-Henri RUYSSEN SJ, entschieden, eine neue, überarbeitete Auflage des rezensierten Werkes sowohl in gedruckter als auch in digitaler Form als E-Book zu veröffentlichen. Es wurde beschlossen, die Kommentare mit den (damals) neuesten Änderungen zu aktualisieren und die ursprüngliche Bibliographie am Ende jedes Titels zu erweitern.

Der Text der zweiten Auflage wurde daher durch die folgenden Dokumente aktualisiert: das MP *Quaerit Semper* vom 30.08.2011, das die Apostolische Konstitution *Pastor Bonus* ändert; die Apostolische Konstitution *Veritatis Gaudium* vom 29.08.2011 über die kirchlichen Universitäten und Fakultäten; Dokument der Kongregation für die Orientalischen Kirchen *Pontificia Praecepta de Clero Uxorato Orientali* vom 14.06.2014 und das MP *Mitis et Misericors Iesus* vom 15.08.2015, mit dem Papst FRANZISKUS das Eheverfahrensrecht im CCEO reformiert hat. Nicht zu vergessen ist die Erläuterung des Päpstlichen Rates für Gesetzestexte vom 08.12.2011 über die Auslegung von c. 1 CCEO. Darüber hinaus sind weitere Dokumente zu berücksichtigen, die das Verhältnis zwischen CIC und CCEO betreffen, wie die Instruktion *Dignitas Connubii* vom 25.01.2005, das MP *Omnium in Mentem* vom 26.10.2009 und insbesondere das MP *De Concordia inter Codices* vom 15.09.2016, das einige Widersprüche zwischen einigen CIC-Kanones und ihren Pendants im CCEO harmonisiert. Schade ist nur, dass dieser rezensierte Band von *Kanonika 10* zu früh erschienen ist; so konnte er die jüngste, recht grundlegende Änderung des Strafrechts der Ostkirchen nicht berücksichtigen, welche Papst FRANZISKUS in einem Apostolischen Schreiben in Form eines MP *Vocare peccatores* am 20.03.2023 verkündet hat.

Der Herausgeber der *Kanonika*-Reihe beschloss, sich zunächst an die noch lebenden Autoren der Originalkommentare der ersten Ausgabe zu wenden und dann auch eine neue Generation östlicher Kanonisten einzuladen, zumeist

Schüler der CCEO-Autoren und oft ehemalige Studenten des Päpstlichen Orientalischen Instituts (PIO) in Rom. Insgesamt haben also 38 Autoren, sowohl östliche als auch westliche Kanonisten, zu diesem Buch beigetragen.

Die zweite Auflage des vorliegenden Buches ist ähnlich aufgebaut wie die erste Auflage: Am Anfang steht ein „Prolegomena" mit allgemeinen Abkürzungen, bibliographischen Abkürzungen, Redaktionsmethode und Hinweisen zum Gebrauch. Es folgt die Ansprache zur Vorstellung des CCEO durch JOHANNES PAUL II. und ein Vorwort von Ivan ŽUŽEK SJ, dann eine 20-seitige „Historische Einführung", die den Leser in die Geschichte der östlichen Kodifikationen bis zum Vorgänger des gegenwärtigen östlichen Gesetzbuches, dem CICO (*Codex Iuris Canonici Orientalis*), einführt, der zwischen 1949 und 1957 in Form von vier Motu Proprio *(Crebrae allatae sunt, Sollicitudinem Nostram, Postquam Apostolicis Litteris und Cleri sanctitati)* veröffentlicht wurde, und macht den Leser mit der Vorbereitung und Entwicklung des neuen CCEO vertraut. Der nächste Teil besteht aus den Leitlinien für die Revision des Gesetzbuches für die orientalischen Kirchen, wie sie in *Nuntia 3* (1976) veröffentlicht wurden. Es folgen Erläuterungen zunächst zu den einleitenden Kanones 1-6 des CCEO und dann zu den einzelnen Titeln – in der gleichen Weise, wie der CCEO aufgebaut ist. Es handelt sich also nicht um einen klassischen Kommentar der einzelnen Kanones, sondern um eine Reihe von umfassenden systematischen Abhandlungen zu den einzelnen Titeln. Dieser Ansatz ermöglicht somit einen tieferen Einblick in die Materie und ihr Verständnis im Kontext. Am Ende eines jeden Kommentars zum jeweiligen Titel findet sich ein (meist sehr umfangreiches) Literaturverzeichnis. Am Ende des Buches, nach dem letzten Kommentar zu Titel 30, ist ein Aufsatz über den Vergleich zwischen dem CCEO und dem CIC angefügt, gefolgt von einem Text über die Quellen des östlichen Gesetzbuches. Schließlich sind noch zwei Konkordanzen beigefügt, zunächst eine Liste der CICO-Kanones (die vier Motu Proprio) und ihrer entsprechenden CCEO-Pendants, und dann eine Tabelle der Kanones von CCEO-CIC.

Das vorliegende Buch war und ist – wie bereits das Vorwort der ersten Auflage betont – in erster Linie für Studenten gedacht. Das ist auch der Grund, warum sich die Redakteure weiterhin für einen einzigen Band entschieden haben, um dessen Umfang und Preis nicht übermäßig zu erhöhen. Dennoch werden auch Kanonisten in diesem Band einen hervorragenden systematischen Kommentar finden. Vor allem für lateinische Kanonisten ist er eine sehr nützliche Hilfe zum Verständnis der verschiedenen Institute des östlichen Kodex und des Zusammenhangs mit dem Kodex der lateinischen Kirche; sie finden hier auch ein grundlegendes und aktuelles Verzeichnis der Literatur zum katholischen Ostkirchenrecht.

Der größte Beitrag des vorliegenden Buches besteht darin, dass der Leser in einem einzigen – wenn auch sehr umfangreichen – Band sowohl einen systematischen Kommentar als auch eine Konkordanz (nicht nur mit dem CIC, sondern auch mit dem CICO), eine vergleichende Studie zwischen dem CCEO und dem CIC, sowie eine kurze historische Einführung in das gesamte Ostkirchenrecht findet. Es handelt sich um eine in ihrer Art einzigartige und (mit Ausnahme des kürzlich überarbeiteten Titels 27 über die strafrechtlichen Sanktionen) aktuelle Publikation, die in der Bibliothek eines jeden Kanonisten nicht fehlen sollte.

Jiří DVOŘÁČEK, Trier

* * *

11. OTTER, Josef / WALSER, Markus (Hrsg.), *Iustitia et ius.* **Festschrift für Elmar Güthoff. St. Ottilien: EOS Verlag 2023. 800 S., ISBN 978-3-8306-8210-3. 49,95 EUR [D].**

Die beiden Herausgeber, Josef OTTER und Markus WALSER, nahmen zwanzig Jahre Lehrtätigkeit von Prof. Dr. Dr. Elmar GÜTHOFF als Ordinarius an der Ludwig-Maximilians-Universität München und als Fachvertreter für Kirchenrecht an der Universität Augsburg sowie die dreißigste Wiederkehr und Auflage von *De Processibus matrimonialibus* im Jahr 2023 zum Anlass, dem verdienten Jubilar die anzuzeigende, XIX und 775 Seiten umfassende Festschrift zu widmen. Bereits der gewählte Titel *Iustitia et ius* bringt die Schwerpunktsetzungen GÜTHOFFS in seiner zwanzigjährigen Tätigkeit als Lehrstuhlinhaber für Kirchenrecht unter besonderer Berücksichtigung von Ehe-, Prozess- und Strafrecht sowie Staatskirchenrecht an der LMU München zum Ausdruck. Rechtsprechung, die im kanonischen Recht und in der kirchlichen Praxis überwiegend Prozesse bezüglich der Gültigkeit von Ehen und Straffälle anbelangt, muss der Gerechtigkeit dienen. Gleichfalls ruht das Staatskirchenrecht auf Recht und Gerechtigkeit und baut darauf auf.

Speziell diesen von GÜTHOFF vertretenen Bereichen Ehe-, Prozess- Straf- und Staatskirchenrecht sind die vielseitigen, fundierten Beiträge der Festschrift von 34 namhaften Expertinnen und Experten, näher Freunden, Schülerinnen und Schülern sowie Weggefährten, in deutscher, italienischer, spanischer und englischer Sprache gewidmet, die auch die weit über München und Augsburg hinausgehende Anerkennung GÜTHOFFS und seine vielfältigen nationalen und internationalen Kontakte zum Ausdruck bringen.

Rezensionen in DPM setzen gewöhnlich den Schwerpunkt auf ehe- und eheprozessrechtliche Themen. Da die Festschrift auch zum 30-Jahr-Jubiläum der Tagung sowie der Publikation und ferner der Geehrte Veranstalter bzw. Herausgeber ist, sollen alle Beiträge in den Blick genommen werden, wenngleich sie nicht umfassend gewürdigt werden können. Es werden jedoch zumindest die Autorinnnen und Autoren sowie die behandelte Thematik angeführt. Näher umfasst der erste Abschnitt „Eherecht" den Beitrag „Elternschaft nach Trennung der Eheleute – Rechtliche Handhaben im antiken Rom und in der Moderne", wobei Christoph BECKER aus dem Vergleich der römischen Quelle mit dem modernen Regelwerk aufzeigen kann, dass Antike und Gegenwart in der Pflege des

Familienlebens „gleichermaßen der Selbsthilfe den Rechtsweg" entgegensetzen und die von ULPIAN näher geschilderte Lösung „bereits manchen Gedanken modernen deutschen Familienrechts mitsamt europäischen und internationalen Vorschriften für grenzüberschreitende Fälle" enthält. José FERNÁNDEZ SAN ROMÁN LC wendet sich in seinem Beitrag „Los debates sobre la aplicación del vicio del consentimiento de vis et metus a los no católicos (can. 1103) nicht nur den diesbezüglichen Auseinandersetzungen bezüglich der Anwendung des c. 1103 CIC/1983, sondern auch der unveröffentlichten authentischen Interpretation vom 23.04.1987 und deren Entstehung zu, Jean Olivier NKE ONGONO der „Relevance of the body in canonical marriage", wobei er zunächst der Frage nachgeht, was die christliche Ehe konstituiert, sodann sich nicht nur mit dem Körper aus heutiger Sicht, sondern auch mit dessen Phänomenologie unter besonderer Berücksichtigung der Philosophie Maurice MERLEAU-PONTY's und der Theologie des Leibes von Papst JOHANNES PAUL II. auseinandersetzt und schließlich den Blick auf die beiden Kodizes richtet. Alessandro RECCHIA macht in seinem Beitrag „Matrimonio, impotenza e magia" Anmerkungen zur Causa 33, questio 1 des *Decretum Gratiani*. Stefano TESTA BAPPENHEIM setzt sich in seinem in italienischer Sprache abgefassten Beitrag „Matrimonio canonico, discriminazione religiosa e laicità dello Stato: il caso dell'India" mit der kanonischen Ehe unter dem Blickwinkel von religiöser Diskriminierung und säkularem Staat in Indien aufgrund aktueller Rechtsprechung auseinander, Philipp THULL unter der Überschrift „Brauchen wir das Aufgebot noch? Kirchenrechtliche Überlegungen zu einem überkommenen Rechtsinstitut" mit dessen Notwendigkeit in der Gegenwart, wobei Verfasser mit Blick auf den Bedeutungsverlust, die zunehmende Relevanz des Datenschutzes und die Abschaffung im zivilen Eherecht dieses „letztlich für verzichtbar" hält.

Im zweiten Abschnitt „Prozessrecht" hält Matthias AMBROS unter der Überschrift „Die kirchliche Gerichtsbarkeit zwischen örtlicher Nähe und Professionalität" neben der im Motu Proprio *Mitis iudex Dominus Iesus* für die kirchliche Rechtspflege im Ehenichtigkeitsverfahren geforderten örtlichen Nähe auch die Ergänzung dieses Prinzips „durch den Grundsatz der Professionalität" für erforderlich. Joachim EDER geht prozessrechtlichen Aspekten bei der Normsetzung im kirchlichen Arbeitsrecht, Johannes FÜRNKRANZ einigen Kriterien als Entscheidungshilfe für die Wahl des Verfahrensweges im Fall der Auflösung der Ehe aufgrund päpstlicher Vollmacht, Maurizio MARTINELLI in seinem italienischsprachigen Beitrag „La certezza morale del giudice ecclesiastico. Profili deontologici" der Frage nach der moralischen Gewissheit des Richters unter ethischer Perspektive nach. Ausführlich und kritisch setzt sich Karl-Heinz SELGE unter der Überschrift „Können Ehenichtigkeitsprozesse schaden? Plädoyer für eine Qualitätsoffensive Ehejudikatur" mit der Ansprache von Papst FRANZISKUS vom 18.02.2023 an die Teilnehmer eines vom Gericht der Römischen Rota veranstalteten Lehrgangs auseinander, in der der Papst für das Prinzip der Synodalität auch mit Blick auf die Rechtsanwendung plädiert, wobei

nach SELGE durchaus zutreffend „die auf dem Spiel stehenden Güter bei treuer
Normenbefolgung im Blick zu behalten und bequeme rechtspositivistische
Lösungen zu vermeiden" seien. Näher wird die konkrete Umsetzung in der Praxis aufgewiesen. Szabolcs Anzelm SZUROMI OPraem gibt in seinem Beitrag
„The role of the miracle in the historical development of the canonisation process" einen wertvollen Überblick über dieses Erfordernis und dessen Entwicklung vom 2. Jahrhundert bis zur derzeit geltenden Regelung. Andreas WEISS
überprüft unter der Thematik „Wie langsam darf der kirchliche Richter sein?
Zum Rechtsschutz gegen überlange Gerichtsverfahren im kirchlichen Ehenichtigkeitsprozess" die Effizienz des Rechtsschutzes gegen zu lang dauernde Ehenichtigkeitsverfahren und unterbreitet dazu einen kommentierten Gesetzesvor-
schlag. Klaus ZELLER nimmt schließlich in diesem zweiten Abschnitt der Festschrift zum Prozessrecht „Kodikarische und außerkodikarische Bestimmungen
über die Zulassung des Verteidigers in kirchlichen Strafsachen" in den Blick
und stellt insbesondere heraus, dass nach Novellierung der *Delicta-graviora*-
Gesetzgebung im Jahr 2021 „nunmehr auch katholische Laien beiderlei Ge-
schlechts mit Doktorat oder Lizentiat im kanonischen Recht als Rechtsbeistände
in Strafsachen tätig werden [können], ohne dass zuvor um eine Dispens in Rom
angesucht werden müsste".

Den dritten, zahlenmäßig die meisten Beiträge umfassenden Abschnitt „Strafrecht" eröffnet Manfred BAUER mit seinem Beitrag „Das Vademecum des Dikasteriums für die Glaubenslehre zu einigen Fragen in den Verfahren zur Behandlung von Fällen sexuellen Missbrauchs Minderjähriger durch Kleriker", mit
dem er diesem Text insbesondere im deutschsprachigen Bereich jene Aufmerksamkeit verschaffen möchte, „die er wirklich verdient". Nicolaus U. BUHLMANN
CanReg beleuchtet unter der Überschrift „Die res poenalia im Eigenrecht des
Souveränen Malteser-Ritterordens" sowohl die Ordensgeschichte als auch die
Quellen des Ordensrechts sowie insbesondere jene Passagen von Verfassung
und Kodex nach deren Revidierung durch ein außerordentliches Generalkapitel
vom 28.-30.04.1997, die das Disziplinar- und Strafrecht behandeln, sowie die
aktuell geltende Version dieser beiden Dokumente vom 03.09.2022. Stephan
HECHT befasst sich mit der Strafrechtstheorie und der kirchlichen Strafgewalt
bei Francisco SUÁREZ SJ (1548-1617), Noach HECKEL OSB aktuell mit der
„Missachtung vermögensrechtlicher Beispruchsrechte im kanonischen und weltlichen Recht". Dabei verweist er insbesondere auf die „Divergenz zwischen kanonischem und zivilen Recht", wobei seit der jüngsten Strafrechtsreform dieser
Rechtsverstoß in der Kirche strafbewehrt ist und sich die Autorität ggf. zusätzlich „auch vor dem weltlichen Strafgericht verantworten" muss. Stefan IHLI befasst sich im überaus umfangreichen Beitrag mit der „Reform des ostkirchlichen
Strafrechts im synoptischen Vergleich mit dem lateinischen" und zeigt anhand
einer vollständigen und erstmaligen Synopse zu CCEO/1990, CCEO/2023,
CIC/1983, Schema 2011 Libri VI CIC und CIC/2022, „dass das Strafrecht des
CCEO bei seiner nur punktuellen Novelle nicht vollständig an das Strafrecht des

CIC angeglichen wurde", dies insbesondere im Allgemeinen Teil. Marc J. KALISCH wendet sich dem „Klerikalismus im kirchlichen Strafrecht" zu, wobei vor allem nach einer Begriffsklärung die cc. 1378, 1398, 1395 § 3 und 1385 CIC in den Blick genommen werden. Sabine KONRAD und Franziska SEILER beschäftigen sich in dem gemeinsam verfassten Beitrag mit dem „Begriff der physischen Gewalt im kirchlichen und weltlichen Strafrecht", näher mit einer rechtsgeschichtlichen Hinführung, dem Tatbestandsmerkmal im geltenden Recht (vgl. c. 1370 CIC/1983), dem Begriff der physischen Gewalt sowie dem Gewaltbegriff im deutschen Strafrecht. Severin J. LEDERHILGER OPraem wendet sich mit seinem Beitrag zur „Entlassung ipso facto aus einem Ordensinstitut auf Grund unrechtmäßiger Abwesenheit (can. 694 § 1 Nr. 3 CIC)", die durch das Motu Proprio *Communis vita* von Papst FRANZISKUS im Jahr 2019 gegenüber der bisherigen Regelung geändert wurde, einer aktuellen Thematik aus dem Ordensrecht, Andrea MICHL den „Aufenthaltsbeschränkungen im kanonischen Recht und Möglichkeiten ihrer Anwendung" zu, die sowohl gemäß CIC als auch CCEO als Kirchenstrafe, als Vorsichtsmaßnahme oder als mögliches Strafsicherungsmittel verhängt werden können und insbesondere im Kontext des sexuellen Missbrauchs an Minderjährigen „ein hilfreiches Mittel zur Prävention von Straftaten und zum Schutz potentiell gefährdeter Personen" darstellen. Helmuth PREE nimmt die Voruntersuchung im kirchlichen Strafrecht in den Blick. Miguel M. F. REPETTO ROLÓN greift in seinem in spanischer Sprache verfassten Beitrag „El remedio penal de vigilancia y la responsabilidad de las Diócesis por los delitos de abuso en contra de personas vulnerables cometidos por sus clérigos" den Aspekt der Überwachung und die geforderte Verantwortung der jeweiligen Diözese (vgl. c. 1339 § 5 CIC/1983) mit Blick auf sexuellen Missbrauch schutzbedürftiger Personen auf, Markus WALSER, „Kriterien der Strafzumessung bei Sexualdelikten in kirchlichen Strafverfahren", wobei er sowohl die Rechtslage als auch verfahrensrechtliche Probleme bei kirchlichen Strafprozessen und Verwaltungsstrafverfahren sowie Beispiele aus der gerichtlichen Praxis in den Mittelpunkt stellt, Andrea ZAPPULLA schließlich unter der Überschrift „Per ‚una Giustizia alta e altra'" das Paradigma der restaurativen Justiz und der Strafmediation im kanonischen Recht.

Der vierte und letzte Abschnitt der GÜTHOFF gewidmeten Festschrift wendet sich dem Staatskirchenrecht zu. Friedrich BECHINA FSO beleuchtet in seinem Beitrag „Der Apostolische Stuhl und die katholischen Bildungseinrichtungen nach Praedicate Evangelium" nicht nur Kontexte, Grundlagen und Grundfragen, sondern vergleicht auch den neuen Text und die damit verbundenen Änderungen mit der vorgängigen Konstitution *Pastor bonus*. Klar zeigt sich, „was sich durch die neue Apostolische Konstitution Praedicate Evangelium für das Dikasterium für die Kultur und die Bildung im Blick auf das Verhältnis des Heiligen Stuhls zu den Bildungseinrichtungen der Kirche in aller Welt geändert hat". In seinem Beitrag „Das Transparenzregister: Ein Beitrag zum Dialog der Europäischen Union mit den Religionsgemeinschaften und unter diesen?" setzt Burkhard J.

BERKMANN „zwei jüngere Entwicklungen des EU-Rechts" in Beziehung, nämlich den Kirchenartikel des Vertrags von Lissabon, der die EU zu einem Dialog mit den Religions- und Weltanschauungsgemeinschaften verpflichtet, und das Europäische Transparenzregister, in das sich alle Interessensvertretungen eintragen müssen, die mit EU-Organen in Kontakt treten, und analysiert sowohl die Entwicklung der Rechtsgrundlagen als auch die tatsächlichen Einträge im Transparenzregister, wobei sich für ihn „nur ein geringer Zusammenhang" feststellen lässt. Bernd EICHOLT stellt in seinem Beitrag „Die als öffentlich-rechtliche Körperschaften verfassten Religionsgesellschaften im Staat" zunächst den geschichtlichen Hintergrund und Inhalt dieses Status dar und setzt sich anschließend kritisch mit den Planungen der deutschen Bundesregierung „zur Ablösung der Staatsleistungen sowie zu einer verbesserten Repräsentanz der Kirchen und Religionsgemeinschaften, insbesondere muslimischer Gemeinden" auseinander. Andreas E. GRASSMANN greift das Thema „Katholische Theologie im österreichischen Hochschulwesen" auf und bietet damit einen (rechtlichen) „Überblick über die theologischen Studienorte im tertiären österreichischen Bildungswesen". Da „die öffentlichen katholisch-theologischen Fakultäten gemäß dem Wortlaut von Art. V § 1 Abs. 1 Konkordat 1933/34 einer der beiden Orte der wissenschaftlichen Ausbildung des österreichischen Klerus sind", gibt er zu bedenken, dass „das Studium der Fachtheologie im Studienangebot dieser Institutionen perspektivisch nicht in den Hintergrund geraten" sollte. Karlheinz KONRAD verweist in seinem Beitrag „Wer darf sich katholisch nennen? Der Schutz des Namensrechts der katholischen Kirche im Spiegel des Staatskirchenrechts" auf Konfliktlagen, beleuchtet die Aussagen des CIC/1983, den zivilrechtlichen Schutz des Rechts am eigenen Namen sowie den staatskirchenrechtlichen Rahmen, letztendlich unter dem Aspekt, dass die Regelungen des BGB im Licht der Religionsfreiheit und des kirchlichen Selbstbestimmungsrechts unter Beachtung des staatlichen Neutralitätsgebots, des Grundsatzes der Parität sowie der Toleranz auszulegen sind. Josef OTTER kann schließlich unter der Überschrift „Bestandsgarantie der staatlichen Katholisch-Theologischen Fakultäten in Bayern" – jedweden Sparplänen und Infragestellungen zum Trotz – aufweisen, dass die staatlichen Katholisch-Theologischen Fakultäten in Bayern hinsichtlich ihres Bestands und ihrer Ausstattung anhand des einschlägigen Verfassungs- und Staatskirchenvertragsrechts eine solide rechtliche Absicherung genießen, wobei insbesondere das Bayerische Konkordat und seine Entwicklungsstufen näher in den Blick genommen werden und ein Ausblick auf die Zukunft vorgenommen wird.

Grußworte und ein detailliertes Personenregister runden die Festschrift ab. Sie wendet sich in äußerst fundierten Beiträgen sowohl Grundlagen und der Geschichte als auch neueren Fragen und Änderungen des Rechts der katholischen Kirche mit Blick auf ihr Ehe-, Prozess- und Strafrecht sowie des Staatskirchenrechts zu und ist für alle, die sich für kanonisches Recht sowie das Staatskirchenrecht interessieren, eine Fundgrube und Horizonterweiterung, für diejenigen, die sich speziell mit Fragen des Ehe-, Prozess- und Strafrechts sowie mit Fragen des Staatskirchenrechts befassen bzw. beschäftigen müssen, ein absolutes *Must have*.

Wilhelm REES, Universität Innsbruck

* * *

12. SANTORO, Raffaele / PALUMBO, Paolo / GRAVINO, Federico, *Diritto canonico digitale*. Neapel: Editoriale Scientifica 2024. 462 S., ISBN 979-12-5976-995-4. 32,00 EUR [I].

Die in den letzten Jahren immer weiter um sich greifende Digitalisierung macht auch vor den Handlungsfeldern der Kirche nicht halt. Vor diesem Hintergrund haben Raffaele SANTORO, *Professore associato* für Kirchen- und Staatskirchenrecht an der Università degli Studi della Campania Luigi Vanvitelli, Paolo PALUMBO, *Professore associato* für Kirchen- und Staatskirchenrecht an der Università Giustino Fortunato, und Federico GRAVINO, *Assegnista di Ricerca* an der Università degli Studi di Firenze und *Professore a contratto* für Staatskirchenrecht an der Università degli Studi della Campania Luigi Vanvitelli, ein Handbuch über digitales kanonisches Recht herausgegeben.

Die Publikation nimmt sich – ohne Anspruch auf erschöpfende Behandlung der Thematik – vor, die Auswirkungen der digitalen Technologien in ihren vielfältigen Erscheinungs- und Ausdrucksformen auf die Rechtsordnung der katholischen Kirche zu untersuchen („il Volume […] si propone di analizzare i riflessi delle tecnologie digitali, nelle loro molteplici articolazioni ed espressioni, sull'ordinamento giuridico della Chiesa cattolica, attraversando tutti i Libri che compongono il *Codex Juris Canonici*, quale sforzo di ‚tradurre in linguaggio canonistico' la rivoluzione digitale" – S. XI).

Das großteils von PALUMBO verantwortete erste Kapitel („Il diritto canonico nell'era digitale", S. 1-67) enthält im ersten Unterpunkt („Perché un diritto canonico digitale?") eine allgemeine Einführung in die Aktualität der Thematik, im zweiten Unterpunkt („Chiesa cattolica e strumenti della comunicazione sociale: evangelizzazione della cultura e inculturazione della fede") einen Überblick über Kernaussagen kirchlicher Dokumente zu sozialen Kommunikationsmitteln (beginnend mit der Enzyklika *Divini Illius Magistri* von 1929), im dritten Unterpunkt („Chiesa cattolica, *internet* e ambiente digitale: il legame indissolubile tra innovazione tecnologica e *missio ad gentes*") einen Überblick über positive und zugleich kritische Stellungnahmen und die Nutzung des Internets durch die Kirche seit der Jahrtausendwende, im vierten Unterpunkt („Sinodalità digitale") Überlegungen zur Nutzung digitaler Technologien für synodale Prozesse innerhalb der Kirche, und im fünften und letzten Unterpunkt („Creare interazioni: le frontiere digitali della *salus animarum*") Gedanken zur Nutzbarkeit der digitalen Welt aus einer umfassend-heilsbezogenen Sicht.

Im von SANTORO verantworteten zweiten Kapitel („Chiesa cattolica e intelligenza artificiale: le frontiere digitali del dialogo interreligioso", S. 69-95) geht es um Fragen zu einem ethisch verantwortbaren Umgang mit personenbezogenen Daten durch künstliche Intelligenz („Chiesa cattolica, intelligenza artificiale e sviluppo umano integrale nel continente digitale") und die Entwicklung einer *algoretica* (also einer digitalen Ethik), wofür es bereits verschiedene Initiativen gibt, insbesondere den *Rome Call for AI Ethics* („Intelligenza artificiale e bene commune: la *Rome Call for AI Ethics*"). Es folgen Überlegungen zur Notwendigkeit des Umweltschutzes angesichts des hohen Energieverbrauchs und Bedarfs an natürlichen Ressourcen für digitale Technologien („Tecnologie digitali, tutela del creato e dinamiche di attuazione della transizione ecologica") und ein Überblick über die Beteiligung anderer Konfessionen und Religionsgemeinschaften am Dialog über digitale Ethik („Intelligenza artificiale, algoretica e nuovi paradigmi del dialogo interreligioso").

Erste genuin kanonistische Fragen werden im von GRAVINO verantworteten dritten Kapitel („Leggi ecclesiastiche e pubblicazione digitale. Le nuove frontiere della promulgazione nel diritto canonico", S. 97-118) behandelt. Zum Thema der digitalen Publikation kirchlicher Gesetze gibt es zuerst eine rechtshistorische Einleitung in die Entwicklung der Promulgationsweise („L'istituto della promulgazione nel diritto canonico: dalla *promulgatio legis* di tradizione romanistica *al* Codex Juris Canonici *del 1917*"), gefolgt von einer Analyse der aktuellen Rechtslage zur Gesetzespromulgation im CIC/1983 („La promulgazione delle leggi nel vigente Codice di diritto canonico") und einer Erörterung der Möglichkeiten digitaler Gesetzespromulgation auch auf partikularer Ebene („La pubblicazione *online* delle leggi canoniche e le iniziative delle Conferenze episcopali"). GRAVINO weist schließlich auf sowohl die Vorteile als auch die möglichen Herausforderungen einer digitalen Gesetzespromulgation hin und plädiert in jedem Fall für eine Überarbeitung des c. 8 § 1 CIC/1983 („Le nuove frontiere digitali della promulgazione tra potenzialità e zone grigie").

Das vierte Kapitel behandelt das umfangreiche Thema des Schutzes religionsbezogener Daten („*Web* e *privacy* religiosa: la tutela del diritto alla riservatezza tra diritto civile, diritto canonico e diritto vaticano", S. 119-163) und geht im ersten Unterpunkt („I dati sensibili tra ordinamento civile ed esigenze confessionali") auf die Entwicklung der zivilrechtlichen Vorgaben in der EU ein, im zweiten Unterpunkt („Lo statuto giuridico dei dati sensibili religiosi nel Regolamento europeo 2016/679: la configurazione di nuovo diritto alla *privacy* religiosa?") auf die näheren Bestimmungen der Datenschutz-Grundverordnung des Europäischen Parlaments von 2016, im dritten Unterpunkt („Il ,corpus completo di norme' (art. 91, par. 1, GDPR) nell'ordinamento canonico tra can. 220 e Decreto Generale C.E.I. 2018") auf kirchliche Vorgaben zum Datenschutz und Maßnahmen zu seiner Gewährleistung seitens verschiedener Bischofskonferenzen, und im vierten Unterpunkt („Chiesa cattolica, *digital society* e *accountability*: prassi applicative da una mappatura dei siti *web* delle diocesi italiane") auf verschiedene Grade in der Umsetzung datenschutzrechtlicher Vorgaben auf Websites italienischer Diözesen und Pfarreien. Den ersten vier von GRAVINO verantworteten Unterpunkten folgen zwei weitere – aus der Feder von SANTORO – über die neue Allgemeine Datenschutzverordnung des Vatikanstaats vom 30.04.2024 („La protezione dei dati sensibili nello Stato della Città del Vaticano") sowie über die Gewährleistung des Datenschutzes bei religiösen Apps („Tutela della *privacy* e *app* religiose").

Das fünfte Kapitel („La funzione di insegnare e la sfida dell'inculturazione nel continente digitale", S. 165-229) beschäftigt sich mit dem Verkündigungsdienst der Kirche in digitalem Kontext und stammt hauptsächlich aus der Hand von PALUMBO (GRAVINO hat beim zweiten Unterpunkt mitgearbeitet, von SANTORO stammt der vierte Unterpunkt). Nach einer kurzen Einführung – auch mit Hinweis auf die ökumenische Relevanz der Thematik – („Andate ,in tutti i mondi' e predicate il Vangelo") folgen Überlegungen zu den Verkündigungsformen von Predigt und Katechese im Internet („Predicazioni *online* e catechesi digitali: nuovi profili del *munus docendi*") sowie zur Mission und Evangelisierung im digitalen Raum („Missionari ed evangelizzatori digitali"). Im vierten Unterpunkt („Missione digitale nella vita consacrata") geht es um den richtigen Umgang mit digitalen Medien im – insbesondere kontemplativen – Ordensleben, im fünften Unterpunkt um die Nutzung digitaler Medien im Kontext der Pfarrei („Missione digitale nelle parrocchie"), im sechsten Unterpunkt („Formazione integrale della persona ed educazione digitale") um die Erziehung zu einem richtigen Umgang mit digitalen Medien, im siebten Unterpunkt („Scuola cattolica e università: le opportunità dalla formazione a distanza") um Fernunterricht im Schul- und Hochschulwesen – mit besonderem Blick auf die Situation seit der Corona-Krise und Dokumente des Bildungsdikasteriums –, und schließlich im achten und letzten Unterpunkt („Dai libri ai contenuti digitali: interpretazione evolutiva dei cann. 822-832") um Möglichkeiten der Qualitätssicherung bezüglich der katholischen Identität digitaler glaubensbezogener Inhalte.

Im fünften Kapitel („Prospettive digitali del *munus sanctificandi*", S. 231-283) werden Fragen des Heiligungsdienstes der Kirche im Zusammenhang mit der Digitalisierung behandelt (die Punkte 6.1 und 6.2 stammen von PALUMBO, 6.3 und 6.6 von PALUMBO und GRAVINO, 6.4 und 6.7 von GRAVINO, und 6.5 von SANTORO). Der erste Unterpunkt („Esercizio del culto *online*: le nuove frontiere del diritto liturgico post-pandemia") erinnert an die Durchführung digitaler Gottesdienstformate während der Corona-Krise, der zweite Unterpunkt („Celebrazioni in *streaming*: verso una liturgia digitale?") verweist auf einige Fragen hinsichtlich der (dauerhaften) digitalen Teilnahme an Gottesdiensten und ihres Wertes, der dritte Unterpunkt („Sacramenti in rete") vertieft diese Überlegungen und streift kurz die Frage der Erfüllung der Sonntagspflicht durch die digitale Teilnahme an einer Eucharistiefeier. Im vierten Unterpunkt („Segni e luoghi dei sacramenti tra disciplina giuridica e amministrazione ,a distanza'") wird einzeln nachgezeichnet, inwiefern eine digitale Sakramentenspendung unmöglich ist, insbesondere bei Taufe, Firmung, Krankensalbung und Weihe. Hinsichtlich der Eucharistie wird ebenfalls die Unmöglichkeit einer Fernkonsekration herausgestellt, aber eine Mitnahme der Heiligen Kommunion nach Hause und ihr eigenständiger Empfang im Laufe einer digitalen Eucharistiefeier für möglich gehalten (vgl. S. 252 f.), wobei an eine solche Praxis verschiedene Anfragen zu stellen wären. Bezüglich des Bußsakraments wird trotz mancher entgegenstehender Initiativen die Position der Kirche herausgestellt, dass seine Spendung im digitalen Raum unerlaubt und wohl auch ungültig ist (vgl. S. 253-259). Die Spendung des Ehesakraments wird in diesem Unterpunkt nicht behandelt, doch gibt es eine Reflexion zur (Un-)Möglichkeit einer digitalen Eheschließung im zehnten Kapitel auf S. 403-407. Unbeschadet der Grenzen des digitalen Raums für die Sakramentenspendung wird auf die Möglichkeit einer digitalen Führung der entsprechenden Archive (z.B. Tauf- oder Ehebuch) hingewiesen (vgl. S. 261 f.). Im fünften Unterpunkt („Giubileo, indulgenze e ‚digiuno digitale'") geht es um die Möglichkeit, im Jubiläumsjahr 2025 bei schwierigen Umständen (z.B. Krankheit, Alter, Klausur) die vorgesehenen Jubiläums-Ablässe auch von zu Hause aus zu gewinnen und auch ein digitales Fasten als Bußwerk zu üben. Im sechsten Unterpunkt („Benedizioni, esorcismi e *app* per la liturgia delle ore: prospettive digitali dei sacramentali") geht es um die Möglichkeit, einen Segen auf digitalem Weg zu spenden bzw. zu empfangen (im Ausnahmefall auch ein Befreiungsgebet) und das Stundengebet der Kirche über Apps zu beten, im siebten und letzten Unterpunkt („Le esequie ecclesiastiche nel *cyberspace*") um die digitale Übertragung von Beerdigungen und Trauerfeiern. Möglicherweise hätten im fünften Kapitel manche Unterpunkte zusammengelegt werden können.

Das siebte Kapitel („Chiesa cattolica, economia digitale e criptovalute", S. 285-301) wurde in den Unterpunkten 7.1, 7.2, 7.4 von GRAVINO und in 7.3 von SANTORO verantwortet. Es setzt sich mit Kryptowährungen auseinander und führt im ersten Unterpunkt („*FinTech* e Chiesa cattolica: prospettazione di nuovi scenari tra *POS*, *e-wallet* e *Holycoin*") in die Frage der Akzeptanz und Verwendbarkeit von Kryptowährungen durch die katholische Kirche ein. Im zweiten Unterpunkt („Le criptovalute alla prova dell'etica economica cattolica") folgen kurze Überlegungen aus Sicht der katholischen Wirtschaftsethik zur Eignung von Kryptowährungen für das Ziel einer inklusiven Wirtschaft, und im dritten Unterpunkt („Criptovalute e trasparenza finanziaria nello Stato della Città del Vaticano") eine Vorstellung der Maßnahmen der Vatikanstadt gegen Wirtschaftskriminalität mit dem kontrastierenden Hinweis auf die fehlende Transparenz bei Kryptowährungen. Im vierten Unterpunkt („Inquinamento da criptovalute: una nuova ipotesi di peccato ecologico?") wird auf den hohen Energiebedarf für eine einzige *bitcoin*-Transaktion hingewiesen (2.100 kWh – vgl. S. 297) und auf die damit einhergehende Spannung zum Anliegen des Umweltschutzes.

Im achten Kapitel („Il diritto penale canonico nella società digitale", S. 303-348) geht es um Fragen des kirchlichen Strafrechts gegen im digitalen Kontext verübte Delikte (die Unterpunkte 8.2, 8.4-8.6 stammen von GRAVINO, 8.3 von

PALUMBO und 8.1 von allen drei Autoren). Der erste Unterpunkt („Violazioni esterne della legge o del precetto penale: prospettive digitali nell´applicazione del can. 1321 §2") führt in verschiedene mögliche Straftaten im digitalen Umfeld ein (*delitti digitali stricto sensu*: z.b. die Straftaten der cc. 1368, 1386 § 3, 1398 § 1 n. 2; *delitti digitali lato sensu*: die im digitalen Kontext verübten Straftaten der cc. 1364 f., 1371 § 4, 1372, 1373, 1378, 1386, 1389, 1390 f., 1398 § 1 n. 3; *delitti digitali diffuso sensu*: Straftaten, deren Ärgernis erregender Charakter durch Verbreitung im Internet potenziert wird) und verweist auf die besonderen Umstände, die in der Strafverfolgung digitaler Delikte zu berücksichtigen sind (z.b. Tatzeitpunkt und -umstände, Zuständigkeit des Gerichts, Zurechenbarkeit des Delikts, Mittäterschaft, Strafsicherungsmittel, Schadensersatz). In den weiteren Unterpunkten geht es um die Strafverfolgung von im digitalen Kontext verübten Straftaten gegen den Glauben („Apostasia, eresia e scisma in rete: consumazione digitale dei delitti *contra fidem* e l´unità della Chiesa"), gegen die cc. 1368 und 1372 CIC/1983 („La tutela della fede cattolica e della libertà della Chiesa nell´infosfera"), gegen das Päpstliche Geheimnis („La violazione dell´obbligo del segreto pontificio"), gegen das Beichtgeheimnis („La violazione del sigillo sacramentale tra registrazione, divulgazione e mezzi di communicazione sociale"), gegen den guten Ruf oder anderweitig gegen die Wahrheit („*Fake news, web*, e lesione della buona fama: prospettive di tutela dal diritto canonico").

Das neunte, von PALUMBO verantwortete Kapitel („La tutela penale dei minori nell´ambiente digitale", S. 349-390) beschäftigt sich mit dem Schutz von Minderjährigen im digitalen Umfeld. Der erste Unterpunkt („La tutela penale dei minori e l´ambiente digitale: la risposta della Chiesa") führt (mit besonders langen Sätzen – vgl. S. 350-354) in die Aktualität und Wichtigkeit der Thematik ein, der zweite („Un diritto canonico ‚a misura' di minore") beschäftigt sich mit der Rechtsstellung von Minderjährigen im kanonischen Recht und deren notwendiger Reflexion, der dritte („Una trasformazione dell´ordinamento giuridico canonico ancora in evoluzione") zeichnet die Entwicklung der strafrechtlichen Normen bezüglich des sexuellen Missbrauchs Minderjähriger nach und hebt die Notwendigkeit der Strafverfolgung hervor. Im vierten Unterpunkt („Protezione del minore e rilevanza del digitale") geht es um die Straftatbestände bei Sexualdelikten gegen Minderjährige, insbesondere im digitalen Zusammenhang, sowie um die Meldepflichten im Falle einer Kenntnisnahme von solche Delikten, und im fünften und letzten Unterpunkt („Prevenzione ed educazione per la tutela dei minori nel mondo digitale: l´impegno della Chiesa in Italia") um Initiativen und Dokumente seitens der Bischöfe Italiens zum Schutz Minderjähriger durch Prävention und Erziehung.

Das zehnte und letzte Kapitel („Matrimonio e processo di nullità nell´età digitale", S. 391-448) ist dem Thema Ehe und Ehenichtigkeitsverfahren im digitalen Zeitalter gewidmet und verdient bei DPM besondere Aufmerksamkeit (die Unterpunkte 10.1, 10.2, 10.4, 10.7, 10.8 stammen von PALUMBO, 10.5 von GRAVI-

NO, 10.6 von SANTORO, und 10.3 von SANTORO und PALUMBO). Im ersten Unterpunkt („Famiglia ‚digitale' e *cyberfamiglia*") wird die in der heutigen Zeit wachsende exklusive Pflege interpersonaler und auch familiärer Beziehungen über digitalen Weg problematisiert. Der zweite Unterpunkt („*Internet* e *social network*: ‚conoscenza' delle coppie e celebrazione del matrimonio") reflektiert die Problematik, wenn Brautpaare in zunehmender Häufigkeit – neben dem digitalen Kennenlernen (immerhin ca. ein Drittel bei allen Paaren, vgl. S. 396) – ihre Beziehung überwiegend digital pflegen und in der Verlobungszeit entsprechend wenig Raum für Begegnung und Austausch in der realen Welt besteht. Solche Umstände sind für eine gültige Eheschließung nicht förderlich (insofern z.B. sich hinter der exklusiven digitalen Bekanntschaftspflege Anzeichen für die Tatbestände des c. 1095 nn. 2-3 CIC/1983 verbergen können, oder eine zu geringe reale Vertrautheit Scheidungsvorbehalte begünstigen kann). Ebenso geht es in diesem Punkt um die Unmöglichkeit einer digitalen Eheschließung aus katholischer Perspektive (vgl. S. 403-405), wobei dieser Punkt noch tieferer Reflexionen bedürfte, insofern die physische Anwesenheit beider Nupturienten c. 1104 CIC/1983 zufolge ja nicht absolut zwingend scheint. Der dritte Unterpunkt („Dipendenza da *internet* e nullità matrimoniale") geht auf verschiedene Arten von Internetsucht und ihre möglichen Auswirkungen auf die Gültigkeit von Eheschließungen ein (v.a. bezüglich c. 1095 nn. 2-3, aber auch bezüglich cc. 1101 § 2, 1098 CIC/1983). Im vierten Unterpunkt („Nuove tecnologie e mezzi di prova ‚digitale' nel processo di nullità matrimoniale") geht es um die immer wichtiger werdenden Beweismittel digitaler Provenienz, ihre Verwendbarkeit in Eheverfahren, die Art und Erlaubtheit ihrer Beschaffung und die Verifizierbarkeit ihrer Authentizität. Der fünfte Unterpunkt („La prova peritale nel diritto processuale canonico") erklärt allgemein Aufgabe, Einsatz und Beurteilung des Sachverständigenbeweises, während der sechste Unterpunkt („*(segue)* Il ruolo del perito informatico forense") die Wichtigkeit professioneller digitaler Forensik nicht nur in Straffällen, sondern auch bei Eheverfahren hervorhebt. Der siebte Unterpunkt („Verso il processo canonico telematico") behandelt die Digitalisierung von Gerichtsakten sowie die digitale Abhaltung von gerichtlichen Vernehmungen und Sitzungen und plädiert insgesamt für eine diesbezügliche Offenheit. Der achte und letzte Unterpunkt („Notificazione digitale degli atti giudiziari") handelt – unter Bezugnahme auf ein Rota-Urteil vom 14.07.2023 c. VISCOME – schließlich von der Möglichkeit, den Parteien Gerichtsakten und insbesondere Urteile digital zuzustellen.

Beim „Diritto Canonico Digitale" handelt es sich um ein relativ neues, in seiner Relevanz weiter wachsendes Forschungsfeld der Kanonistik, das bislang (insbesondere im deutschen Sprachraum) nur vereinzelt und v.a. unter einzelnen Aspekten Aufmerksamkeit erhalten hat. SANTORO, PALUMBO und GRAVINO kommt das Verdienst zu, mit ihrer Publikation eine wertvolle und facettenreiche Einführung in dieses Themenfeld zu bieten. Die behandelten Bereiche und Punkte können selbstverständlich weiter vertieft werden. Abschließende Reflexionen zur weiteren Zukunft des Themen- und Forschungsfeldes bzw. ein einfaches Schlusswort oder Fazit fehlen leider. Es werden insgesamt viele Spezialinformationen zum Umgang mit Digitalisierung im kirchlichen Kontext Italiens geboten, der deutsche Sprachraum steht verständlicherweise nicht im Fokus. Mit Blick auf die Vielzahl an Literaturverweisen im Laufe der einzelnen Kapitel und Unterpunkte mag man das Fehlen eines Literaturverzeichnisses bedauern, da es gerade in einem Einführungswerk von Interesse sein kann, einen Überblick über die vorhandene einschlägige Literatur zu erhalten. Alles in allem ist das Werk von SANTORO, PALUMBO und GRAVINO dennoch bestens geeignet, sich näher mit dem Themenfeld Kirchenrecht und Digitalisierung vertraut zu machen.

Josef OTTER, Leuven

* * *

13. SCICLUNA, Charles J. / WIJLENS, Miriam (Hrsg.), *Rights of Alleged Victims in Penal Proceedings*. Provisions in Canon Law and the Criminal Law of Different Legal Systems. (Edition Seehaus [PLUS] Resozialisierung, Opferschutz, Restaurative Justice, Bd. 2) Baden-Baden: Nomos 2023. 343 S., ISBN 978-3-7560-0037-1. 84,00 EUR [D].

Im Dezember 2021 organisierte die Päpstliche Kommission zum Schutz von Minderjährigen in Rom ein Seminar zum Thema: „Rechte von mutmaßlichen Opfern in Strafverfahren. Bestimmungen im Kirchenrecht und im Strafrecht verschiedener Rechtssysteme". Die Beiträge und Erträge dieses Seminars wurden von den Herausgebern SCICLUNA und WIJLENS in einem Sammelband zusammengefasst, der an dieser Stelle besprochen wird. Der Band versammelt 15 Einzelbeiträge, die sich dem Opferschutz im kirchlichen und weltlichen Strafrecht zuwenden. Daher wird diese Besprechung etwas länger ausfallen, um der Anlage des Bandes wenigstens annähernd gerecht zu werden.

Die Rechte von minderjährigen Missbrauchsopfern finden in der Literatur über kirchliche und staatliche Strafverfahren zunehmend Beachtung. Sie werden für den Bereich des staatlichen Rechts in internationalen Standards festgehalten und in nationalen Rechtssystemen rezipiert und weiterentwickelt. Das Buch zeigt neben diesen Standards in vier Studien die Bestimmungen von insgesamt neun Ländern auf und regt in den abschließenden zwei Beiträgen Verbesserungen in den kanonischen Strafverfahren der römisch-katholischen Kirche an.

In ihrem einleitenden Beitrag gibt die Erfurter Kanonistin Myriam WIJLENS einen Überblick über die Anlage des Expertenseminars in Rom, das durch den Bericht einer betroffenen Person eingeleitet wurde und so in besonderer Weise die wissenschaftliche und rechtspraktische Erörterung dieses Themas „geerdet" hat. Ziel des Buches ist es nicht nur die unterschiedlichen Facetten des Themas zu beleuchten, sondern auch Konsequenzen aus den Erörterungen zu ziehen und *de lege ferenda* zu empfehlen.

Der erste substantiell inhaltliche Aufschlag erfolgt sodann im Beitrag von Gianpaolo MONTINI, Professor für Kanonisches Prozessrecht an der kirchenrechtlichen Fakultät der Gregoriana. Er umreißt die Rechte der mutmaßlichen Opfer im kanonischen Prozessrecht, die er auf drei Ebenen zusammenfasst: der Beteiligung im ordentlichen kanonischen Prozess gem. c. 1596 § 1 als Nebenkläger, den Möglichkeiten und Grenzen des Eingreifens in das Verwaltungsstrafverfahren und schließlich der im Strafprozess geltend gemachten Schadensersatzklage gem. c. 1729 § 1. Diese Beteiligung sieht der Verfasser auch für den Fall des Verwaltungsstrafverfahrens als eröffnet an, allerdings nur dann, wenn der entstandene Schaden so evident ist, das ist keine eigene Beweiserhebung bedarf. Der Beitrag kritisiert zurückhaltend auch die beschränkten Beteiligungsmöglichkeiten im kanonischen Strafprozess. In den, dem Rezensenten bekannten Fällen, ist es allerdings äußerst selten, dass Betroffene in kirchlichen Strafverfahren mehr als nur Zeugen sind. Das mag auch an der Unkenntnis liegen, welche Rechte diesen Personen eigentlich zustehen, sowie an der Tatsache, dass sie von den Gerichten nicht aktiv über ihre Beteiligungsmöglichkeiten informiert werden. Fraglich ist zudem, ob c. 1596 § 1 in Strafprozessen einschlägig ist, da hier gem. c. 1721 § 1 ausschließlich der Kirchenanwalt als Anklageinstanz vorgesehen ist. Zudem bleibt in dem Beitrag unberücksichtigt, dass der kanonische Schadensersatzprozess weitgehend ins Leere läuft, weil selbst der gerichtlich geltend gemachte Anspruch nicht zwangsweise durchgesetzt werden kann. Dazu bedürfte es eines klagbaren Titels, der im Bereich des weltlichen Rechts vollstreckt werden könnte. Das ist zumindest im deutschen Recht nicht vorgesehen.

Fabián SALVIOLI, Professor für Internationales Recht und Menschenrechte an der Universität von La Plata, wendet sich dem Thema zu: „Die Rechte der Opfer: internationale Standards und die Notwendigkeit für einen ganzheitlichen Ansatz". Der Artikel unterstreicht die Bedeutung eines ganzheitlichen Ansatzes zur angemessenen Behandlung von Rechtsverletzungen, die im Rahmen religiöser Institutionen an Minderjährigen begangen werden. Er hebt hervor, dass die grundsätzliche Verpflichtung besteht, die Menschenrechte der Opfer auch in den kirchenrechtlichen Prozessen hinreichend und sicher zu gewährleisten. Er vertritt die Auffassung, dass nicht nur Staaten, sondern auch Organisationen (wie die Kirche) verpflichtet sind, diese Rechte auf höchst effektive Weise in ihren Verfahrensweisen zu schützen. Es geht vor allem darum, dass die Opfer und ihre rechtlichen Vertreter das Recht der umfassenden Beteiligung in diesem Verfahren haben. Das gilt für jede Phase des Verfahrens, wobei darauf zu achten ist, dass es dabei nicht zu Reviktimisierungen kommt. Der Verfasser fordert, dass Institutionen auch im Bereich ihrer eigenen Jurisdiktion darauf zu achten haben, dass durch diese Verfahren keine schwerwiegenden Menschenrechtsverletzungen stattfinden, sondern die Menschenrechte der Opfer wirksam geschützt werden. Dazu gehören wirksame Sanktionen, vollständige Heilung der Konsequenzen aus den Verbrechen, sowie eine effektive Präventionsarbeit, die die Rückfallgefahr deutlich mindert.

Liza MISCALA-JORDA, philippinische Juristin und Anwältin für Kinder- und Frauenrechte, referiert über die Rechte mutmaßlicher Opfer im philippinischen Strafprozessrecht. In der Darstellung der nationalen Rechtslage geht es der Verfasserin darum, einen Beitrag zur Rechtsentwicklung in der Kirche zu leisten. Sie beschreibt das weitreichende und vergleichsweise umfassende Instrumentarium vorprozessualer, prozessualer und nachprozessualer Elemente, die den Kinder- und Opferschutz im philippinischen Recht abbilden. Einen Weg für die Weiterentwicklung sieht die Verfasserin darin, dass die Institutionen Staat und Kirche im Bereich des Kinder- und Opferschutzes immer mehr Hand in Hand arbeiten sollten und dies unter Achtung der jeweiligen Autonomie der beiden Entitäten zu geschehen habe. In diesem Zusammenhang spricht sie sich für die Errichtung einer unabhängigen laikalen Institution aus, die auf der Ebene der Universalkirche direkt an den Papst berichten möge. Diese Institution sollte sodann regionale Geschäftsstellen auf der Ebene jeder Bischofskonferenz und Büros in jeder Diözese haben, um zum Schutz von Kindern und Jugendlichen möglichst einheitlich und konsequent vorgehen zu können. Dabei sind die Zwecke der Institution mehrdimensional, psychologisch, sozial, spirituell und auch juristisch, um den Kindern und ihren Familien bei der Verarbeitung des erlittenen Leids zu helfen.

An diesen Beitrag schließt sich eine australische Perspektive an, die von Jane GOODMAN-DELAHUNTY, Professorin für Rechtswissenschaft an der University of Newcastle in Australia, und Nicholas COWDERY, Adj. Professor für Rechtswissenschaft und früher Oberstaatsanwalt von New South Wales, vorgestellt wird. Der Beitrag trägt den durchaus beanspruchenden Titel: „Rechte von Überlebenden von Kindesmissbrauch in australischen Strafprozessen". Der Beitrag führt zunächst in das australische *Case Law* System ein, um dann die Rechtsentwicklung der letzten Jahre im Hinblick auf eine Verbesserung des Rechtsschutzes für die Opfer darzulegen. Hier wird deutlich, dass es dem australischen Gesetzgeber vor allem darum ging, die Belastungen und Retraumatisierungen der Opfer durch die Verfahren zu minimieren. Geschildert werden auch die verbesserten Entschädigungsregelungen und die Leistungen für erlittenes Leid. Die Autoren sind der Auffassung, dass die beispielgebenden Regelungen aus Australien auch für das Strafprozessrecht im kanonischen Recht beispielgebend sein können. Dem wird man hinsichtlich mancher Aspekte sicherlich zustimmen können. Bei der Frage von Entschädigungsleistungen ist allerdings aufgrund der mangelnden Durchsetzbarkeit dieser Ansprüche in kanonischen Verfahren eine gewisse Skepsis geboten. Hier bleibt letztlich die moralische Inanspruchnahme zur Leistungspflicht das schärfste Schwert der Öffentlichkeit, wenn es schon an einer juristischen Erzwingbarkeit mangelt.

Mary GRAW LEARY, Professorin für Rechtswissenschaft an der Catholic University of America, referiert zum Thema: „Ein Rahmen für die Rechte von Opfern von Straftaten in den USA". Schon zu Beginn Ihres Beitrags macht die Autorin deutlich, dass sich die katholische Kirche gegenwärtig in einer ähnlichen Lage wie die Vereinigten Staaten in den 1960er Jahren befinden mit Blick auf die Rechte von Opfern von Straftaten. Opferschutz war damals in den USA und ist heute in der katholischen Kirche immer noch im Rechtssystem nicht implementiert, so die These der Autorin. Im Laufe der Jahrzehnte hat die USA ihr Rechtssystem verbessert. Im Beitrag werden die Rechtsentwicklungen dargestellt. Insbesondere weist sie auf die Probleme der Traumatisierung und Retraumatisierung im Kontext der juristischen Aufarbeitung dieser Fälle hin. Nach Auffassung der Autoren besteht das Hauptproblem darin, dass eine absolute Unfähigkeit bestehe, die Menschenwürde der Opfer und deren Verletzung uneingeschränkt anzuerkennen. Diese Perspektive müsse das Rechtssystem aufnehmen, um sich nicht weiterhin dem Vorwurf der Heuchelei auszusetzen. In ihrem Beitrag formuliert die Autorin 10 Kriterien, die als Minimum erfüllt sein müssen, um eine akzeptable und glaubwürdige Rechtsprechung zu gewährleisten. Die USA haben diese in Recht gegossen. Bei der Kirche steht eine vergleichbare Rezeption noch aus.

Der folgende Beitrag von Jorge CARDONA, Professor für Internationales Recht an der Universität von Valencia, wechselt über in das kontinentaleuropäisch normativ geprägte Rechtssystem. Er erläutert darin detailreich die Rechte von mutmaßlichen Opfern im Strafprozessrecht Spaniens. Aus den dort implementierten Normen zur Beteiligung von Opfern an Strafprozessen leitet er vier grundlegende Opferrechte ab, die auch im kanonischen Recht Geltung haben sollten. Dabei geht es um das Recht auf Schutz der Privatsphäre in allen Phasen des Prozesses, das Recht auf umfassende Information über den Prozesslauf, das Recht auf Unterstützung, Hilfe und Fürsorge, sowie schließlich das Recht auf aktive Beteiligung im Strafprozess. Gerade dieses letzte Recht dürfte darauf abzielen, dass es nicht allein darauf ankommen kann, dass das mutmaßliche Opfer als Nebenkläger in den Prozess eintritt oder eine inzidente Schadensersatzklage anstrengt.

In der spanisch geprägten Rechtstradition bleibend, beschreibt María Inés FRANCK, Mitglied und Sekretärin des Pastoralrates in ihrem Aufsatz über die „Rechte von mutmaßlichen Opfern in Strafprozessen in Argentinien und der gegenwärtigen Opferrechte im kanonischen Recht" die dortige staatliche und kirchliche rechtliche Situation. Sie macht darauf aufmerksam, dass die argentinische Gesetzgebung durch Übernahme der Opferperspektive in ihrem Rechtssystem einen Wechsel in der juristischen Logik vollzogen hat, der die rechtliche Position von Opfern im argentinischen Recht nachhaltig gestärkt hat. Mit Blick auf die päpstliche Gesetzgebung seit 2019 erkennt die Verfasserin erste Ansätze dafür, dass sich auch die Kirche stetig darum bemüht, den Opferschutz in ihrem eigenen Rechtssystem zu implementieren. Allerdings resümiert sie, dass die Kirche immer noch vor der Herausforderung steht, dem Opferschutz mehr Raum zu geben, um sich nicht vorwerfen lassen zu müssen, in dieser Hinsicht nichts zu tun. Es sei eine zentrale Aufgabe der katholischen Kirche, sich insbesondere des

Schutzes der am meisten Verletzbaren anzunehmen. Mit Schadensersatz und geschwisterlicher Begleitung allein ist es nicht getan, resümiert sie zutreffend.

Frankreich ist als das Land bekannt, das zuerst das weitgehend unsystematisch gesammelte Recht seiner Zeit einer umfassenden Kodifikation zugeführt hat. Aus dieser Perspektive berichtet Raphaele PARIZOT, Professor für Strafrecht an der Universität von Paris Nanterre, über die „Opferrechte im französischen Strafprozessrecht". Im Hintergrund steht der Bericht der Unabhängigen Kommission über sexuellen Missbrauch in der Kirche in Frankreich von 2021. Der Autor stellt heraus, dass das französische Strafprozessrecht sich in besonderer Weise der Opfer annimmt. Opfer werden informiert, unterstützt, geschützt, in die Prozesse einbezogen und sie werden entschädigt. Dabei richtet das französische Strafprozessrecht ein besonderes Augenmerk auf die Minderjährigen. Das drückt sich zum Beispiel darin aus, dass Minderjährige, sobald ein Prozess beginnt, auf medizinische und psychologische Weise immer daraufhin untersucht werden, welcher Art und in welchem Maße die Verletzung stattgefunden hat und was erforderlich ist, um eine angemessene Behandlung und Unterstützung zu gewährleisten. Der Autor enthält sich in seinem Beitrag aber einer Beurteilung, ob und in welchem Rahmen Aspekte der französischen Rechtsordnung auch in das kanonische Recht übernommen werden könnten.

Livia POMODORO, em. Professorin und frühere Präsidentin des Jugendgerichts in Mailand, weist in ihrem Beitrag auf die Unterschiede bezüglich der Rechte von Opfern in staatlichen Strafprozessen in Italien im Vergleich zum kanonischen Recht hin. Das besondere Augenmerk liegt hier bei den Fällen sexuellen und psychologischen Missbrauchs an Kindern und anderen vulnerablen Personen. Mit Blick auf die Vielfalt und die unterschiedliche Abgrenzbarkeit nichtphysischer Gewalteinwirkungen, ist der von der Verfasserin gewählte Begriff gegenüber jenem der spirituellen / geistlichen Gewalt vorzuziehen. Mit Blick auf das kirchliche Recht fokussiert die Verfasserin ihren Beitrag auf die Erzdiözese Mailand, die eine Reihe von Maßnahmen zum Schutz der genannten Personen auf der Ebene des ortskirchlichen Rechts aufgesetzt hat. Sie sieht in diesem Ansatz einen gemeinsamen Prozess von Staat und Kirche zum besseren Schutz vor jeglicher Art von Missbrauch.

Frauke ROSTALSKI, Professorin für Straf- und Strafprozessrecht an der Universität zu Köln und Mitglied des Deutschen Ethikrates, stellt die Bedingungen des deutschen Strafprozessrechts zum Tagungsthema vor. Sie betont die wichtige Rolle, die die StPO den Opfern im Strafprozess beimisst. Das ist allerdings auch einer entsprechenden gesellschaftlichen Sensibilisierung geschuldet, die die Strafprozessrechtsentwicklung in Deutschland diesbezüglich vorangebracht hat. Insbesondere die geschützte Wahrnehmung der Rechte minderjähriger Personen ist hier von Bedeutung, indem er / sie sich durch einen Sprecher rechtlich vertreten lassen kann, ohne selbst im öffentlichen Verfahren präsent sein zu müssen. Die StPO enthält zugleich eine Reihe von Vorschriften, die Minderjährige bei der Wahrnehmung ihrer prozessualen Rechte ebenso schützen, wie im Zuge ihrer Funktionen als Zeugen und Nebenkläger. In ihrem Fazit kommt die Verfasserin zu dem Urteil, dass die Weiterentwicklung der Opferrechte, insbesondere von und für Minderjährige, auch den Bereich der Strafverfolgung wegen unerlaubter Beihilfe zu Sexualstraftaten erheblich verbessert hat. Sie sieht die deutsche Rechtsentwicklung als Vorbild gebend für andere Rechtsordnungen.

Der folgende Beitrag schildert die rechtliche Lage im polnischen Recht bezüglich des sexuellen Missbrauchs an Minderjährigen. Malgorzata SKÓRZEWSKA-AMBERG, Professorin für Theorie, Philosophie und Geschichte des Rechts an der Kozminski Universität in Warschau gibt einen Überblick über das polnische Strafprozessrecht mit besonderem Fokus auf das Tagungsthema. Sie stellt die rechtlichen Rahmenbedingungen der Beteiligung von Opfern als Zeugen und anderen minderjährigen Zeugen und deren Begleitung durch Ombudspersonen im Verfahren dar, insbesondere mit Blick auf die prozessuale Befragung der Opfer. Die Autorin spricht sich besonders für die Bedeutung der Öffentlichkeit der Verfahren und der Straffestsetzung aus, um so Transparenz in der Rechtsprechung zu gewährleisten. Dabei müssen die berechtigen Schutzinteressen der Minderjährigen ausreichend gewahrt sein, z.B. dass die Zeugenanhörung nicht in Gegenwart der mutmaßlichen Täter erfolgt, und die Minderjährigen begleitet werden durch Fachpersonen, die diese so gut wie möglich vor einer Retraumatisierung bewahren.

Aus rechtspraktischer Perspektive berichtet sodann der Bischof von Altoona-Johnstown (USA), Mark L. BARTCHAK, über die Stellung der Missbrauchsopfer im kanonischen Strafprozess. Er stellt die rechtlich unbefriedigende Lage im kanonischen Recht heraus und macht auf die Leitlinien und Normen aufmerksam, die von der Päpstlichen Kinderschutzkommission im Dezember 2021 veröffentlicht worden sind. Ziel muss es auch in kirchlichen Verfahren sein, die Opfer im Verlauf der kirchlichen Strafprozesse nicht zu retraumatisieren. Dazu hält er es im Anschluss an MONTINI für erforderlich, dass ein entsprechendes *Vademecum* zum kanonischen Strafprozess auf den Weg gebracht wird. Ob das *Vademecum* der Kongregation für die Glaubenslehre von 2022 diese Aspekte hinreichend erfasst, steht dahin. Daher fordert BARTCHAK, dass die Opfer auch aus kirchlicher Perspektive einer im Recht abgesicherten Begleitung bedürfen. Hier identifiziert er eine beachtliche Regelungslücke im Vergleich zum US-amerikanischen Recht, das er unter diesem Aspekt zusammenfassend präsentiert. Aufgrund der besonderen Bedeutung der Opfer für die Beweissicherung im kanonischen Prozess, plädiert auch dieser Autor für eine Rezeption der weltlichen Strafrechtsstandards durch das kirchliche Recht.

In einem nächsten Schritt stellt Aidan MCGRATH OFM Anforderungen vor, die aus dem Bereich der Rechtspraxis an die Beteiligung von Opfern in kanonischen Strafprozessen zu stellen sind. Der Leitgedanke seiner Ausführungen stammt aus dem Apostolischen Schreiben *Vos estis lux mundi*. Den Opfern sei stets mit

Würde und Respekt zu begegnen. Das kann viel bedeuten. Im Unterschied zu anderen Vortragenden dieser Tagung ist MCGRATH der Ansicht, dass der kanonische Prozess auch heute schon eine gewisse Opferbeteiligung möglich ist. Für das orientalische Recht verweist er dazu auf c. 1477 § 1 CCEO, der allerdings keine Parallele im CIC aufweist. Fraglich scheint, ob eine analoge Anwendung im lateinischen Recht ohne weiteres möglich ist, wenn der Gesetzgeber es seit 1990 versäumt hat, diese Regelungslücke zu schließen. Resümierend stellt auch dieser Autor fest, dass die Kirche in diesem Rechtsbereich noch viel von anderen Rechtsordnungen lernen kann (und muss, darf man hinzufügen).

Den Band beschließt Erzbischof SCICLUNA mit einigen kirchenrechtlichen Reflexionen über die Einsichten, die bei dieser Tagung gewonnen werden konnten. Einige Forderungen sind ihm wichtig: der Schutz der Opferrechte durch einen eigenen Prokurator, ein spezielles Training für alle, die in solchen Prozessen tätig sind, ein fortgesetzter Austausch zwischen den unterschiedlichen Rechtssystemen sowie schließlich die Bildung einer *Task force* für die Weiterentwicklung des kirchlichen Rechts, sowie die Bereitstellung einer rechtlich belastbaren Instruktion zur Durchführung dieser Verfahren. Ergänzend stellt er es als notwendig heraus, dass die Rechtsprechung in diesen Fällen zumindest für alle mit den Verfahren betrauten Personen transparent gemacht werden muss. Das gelte auch für die römische Rechtsprechung. Diese Forderung ist zu unterstützen. Bisher, wenn auch von vielen Expertinnen und Experten vorgeschlagen, ist sie leider verhallt.

Es bleibt daher zu hoffen, dass dieses ertragreiche und interessante Buch auch dort zur Kenntnis genommen und rezipiert wird, wo *de lege ferenda* Entscheidungen getroffen werden. Für Kanonistinnen und Kanonisten, die sich zunehmend mit dem kirchlichen Straf- und Strafprozessrecht befassen, ist der vorgelegte Band eine Bereicherung.

Matthias PULTE, Mainz

* * *

14. UHLE, Arnd / WOLF, Judith (Hrsg.), *Kirchliches und staatliches Strafrecht*. (Essener Gespräche zum Thema Staat und Kirche, Bd. 59) Münster: Aschendorff 2024. 180 S., ISBN 978-3-402-10588-7. 32,90 EUR [D].

Die „Essener Gespräche zum Thema Staat und Kirche" sind eine seit rund 60 Jahren etablierte Einrichtung, in der Experten des weltlichen wie des kirchlichen (katholischen bzw. evangelischen) Rechts sich zu staatskirchenrechtlich relevanten Fragen im wissenschaftlichen Diskurs austauschen. Der vorliegende Sammelband publiziert die 2024 gehaltenen Referate.

Fälle sexuellen Missbrauchs Minderjähriger (durch Kleriker) haben dem Ansehen der (katholischen) Kirche nachhaltig geschadet. Die Behandlung solcher Delikte kommt sowohl dem weltlichen als auch dem kirchlichen Strafrecht zu,

das lange Zeit nur auf den Schutz der Institution blickte, nicht aber auf die Betroffenen. Indes kennt das weltliche (und auch das kirchliche) Recht die Verjährung, so dass nach geraumer Zeit eine strafrechtliche Verfolgung aus Gründen des Rechtsfriedens unterbleibt; das Dikasterium für die Glaubenslehre hebt
jedoch für den kirchlichen Bereich die bereits eingetretene Verjährung in der
Regel auf, so dass auch Jahrzehnte zurückliegende Fälle behandelt werden
(müssen), was gravierende Schwierigkeiten u.a. hinsichtlich der Erhebung be-
lastbarer Beweise mit sich bringt. Zudem stellt die Anwendung des kirchlichen
Straf(prozess)rechts (Durchführung einer kanonischen Voruntersuchung, eines
administrativen Strafverfahrens bzw. eines gerichtlichen Strafprozesses) Ordinarien und kirchliche Gerichten vor eine große Herausforderung: Es fehlt nicht nur
an einer gediegenen Praxis. Vielmehr steht die Erwartung der Opfer oftmals in
Spannung zu der zu wahrenden Unschuldsvermutung (c. 1321 § 1 CIC). Sicher
kann „Kirche" auch hinsichtlich der Grenzen des Strafrechts vom „Staat" lernen.

In seiner „Eröffnung der Tagung" (S. 1-5) zeigt Franz-Josef OVERBECK, Bischof
von Essen, die Relevanz des kirchlichen Strafrechts in Anbetracht von Fällen
sexuellen Missbrauchs und die damit verbundene Herausforderung für die katholische Kirche auf. – Arnd UHLE erinnert in seiner „Einführung in die Tagung"
(S. 7-13) an das Anhalten der Debatte auch nach der Reform des katholischen
Strafrechts durch Papst FRANZISKUS, ob dieses weiterhin nur die Institution
schütze oder den Opfern hinreichend Rechnung trage. Das evangelische Kirchenrecht kenne kein eigenes Strafrecht, weil ein solches mit dem evangelischen
Bekenntnis unvereinbar sei, wohl aber ein Disziplinarrecht, das im Falle von
Amtspflichtverletzungen Anwendung finde. In der Anwendung des staatlichen
Strafrechts zeigten sich nicht unerhebliche Unsicherheiten, „in welchem Bereich
religiös konnotierter gesellschaftlicher Konflikte der Einsatz des Strafrechts verfassungsrechtlich zu rechtfertigen und verfassungspolitisch zu empfehlen ist"
(S. 12-13).

Stephan DUSIL zeichnet „Verflechtungen kirchlichen und staatlichen Strafrechts
aus historischer Perspektive" nach (S. 14-33, Leitsätze S. 34-35). Sowohl die
frühmittelalterliche *Lex Ribuaria* als auch das gut 100 Jahre spätere *Paeniten-
tiale additivum Ps.-Bedae-Egberti* ahndeten z.B. eine Tötung nach dem sozialen
Status des Opfers; dabei sei es um eine materielle Entschädigung für das verübte
Unrecht gegangen, wobei Richter wie Priester gleichsam als Moderator zwischen den Parteien bzw. Pönitent und Gott agierten. Erst im 12. Jh. entstehe mit
der hoheitlichen Bestrafung eines Täters (z.B. mit Leibesstrafen) ein eigent-
liches „Straf"recht. Der Anspruch, Normübertretungen nicht ungesühnt zu lassen, habe in der Kirche zu einer genauen Regelung der Strafverfahren (v.a. Offizialmaxime, streng normiertes Beweisrecht) sowie einer hierarchischen Staffe-
lung der Gerichte (an der Spitze die des Hl. Stuhles) geführt, was das weltliche
Recht erst viel später rezipiert habe. Die theologische Unterscheidung von *crimen* (Verbrechen) und *peccatum* (Sünde) habe u.a. Auswirkung hinsichtlich der
Zurechenbarkeit von Straftaten gehabt. Am Ende der Entwicklungslinien stün-

den mit dem kirchlichen und dem weltlichen zwei Strafrechtssysteme, die auch heute nicht vollständig voneinander abgekoppelt seien, sondern sich berührten und beeinflussten.

Sabine KONRAD überblickt, ausgehend von einem Beispiel (Vandalismus in einer Kirche; ob ein Lektionar eine *res sacra* [so S. 39] ist, sei hier nicht vertieft), „Möglichkeiten und Grenzen des kirchlichen Straf- und Sanktionsrechts – Die Perspektive des kanonischen Rechts" (S. 36-58, Leitsätze S. 59-60) und zeigt die Möglichkeiten und Grenzen der Kirche zur Ahndung von Straftaten auf. Manche Delikte beträfen allein das kirchliche Strafrecht, andere zudem das weltliche. Sie problematisiert den unbestimmten Rechtsbegriff *iusta poena* sowie die Grundsätze *nulla poena sine lege* und *nulla poena sine culpa*, benennt die unterschiedlichen Typen der Sühne- und der Beugestrafen, wendet sich den Strafzwecken zu, stellt einige Straftatbestände vor sowie die Verhängung (und Durchsetzbarkeit) von Strafen.

Christoph THIELE geht auf „Möglichkeiten und Grenzen des kirchlichen Straf- und Sanktionsrechts – Die Perspektive des evangelischen Kirchenrechts" (S. 61-76, Leitsätze S. 77-79) ein: Trotz Fehlens eines Strafrechts bleibe Fehlverhalten nicht sanktionslos, was er im Blick auf die Lehrbeanstandung gegen eine ordinierte Person, die Kirchenzucht gegen jedwedes Kirchenmitglied – der Ausschluss vom Abendmahl sei heute theologisch umstritten – sowie auf das Sanktionsrecht bei Verfehlungen von privatrechtlich und öffentlich-rechtlich Beschäftigten (Disziplinargesetz, Pfarrdienstgesetz) skizziert. Zudem blickt er auf die Gewaltschutzrichtlinie der EKD von 2019 und auf die Schwierigkeit, dass die Aufarbeitung und sanktionsrechtliche Ahndung von Fällen sexualisierter Gewalt im Spannungsfeld der Erwartung Betroffener und den Grenzen des Disziplinar- und auch des Datenschutzrechts stünden.

Manfred BAUER zeichnet in seinem Beitrag „Der sexuelle Missbrauch als Bewährungsprobe für das kirchliche Straf- und Sanktionsrecht" (S. 80-105, Leitsätze S. 106-107) nach einführenden Erwägungen zu Terminologien die Entwicklung der entsprechenden gesamtkirchlichen Gesetzgebung nach, ausgehend von biblischen und frühkirchlichen Texten über das Mittelalter und frühneuzeitlichen Anordnungen (v.a. Papst BENEDIKT XIV., Apostolische Konstitution *Sacramentum poenitentiae* von 1741) sowie die Instruktion *Crimen sollicitationis* von 1922 bzw. 1962 bis hin zum CIC/1983, den Regelungen des Motu proprio *Sacramentorum sanctitatis tutela* von 2001, weiteren Maßnahmen von Papst FRANZISKUS sowie verschiedene Rechtsänderungen bis in die Gegenwart

Alexander IGNOR erläutert „Das Verhältnis von kirchlichem und staatlichem Strafrecht" (S. 108-121, Leitsätze S. 122-124), einige Straftaten spiegelten das katholische Verständnis von Kirche als Heilsgemeinschaft wider, andere ähnelten weltlichen Straftatbeständen. Das kirchliche Strafrecht kenne ein weites richterliches Ermessen, das darauf ziele, den Täter möglichst wieder in die Gemeinschaft zu integrieren – Besserungs- bzw. Beugestrafen sowie Tatstrafen seien ein Proprium kanonischen Rechtes –, während der generalpräventive Gedanke eher fremd sei. Problematisiert wird die Selbstständigkeit des kirchlichen Strafrechts gegenüber dem staatlichen, wenn ein Täter eine auch für das staatliche Recht relevante Straftat begeht. Eine Schwierigkeit ergebe sich durch die Beschränkung staatlicher Strafverfolgung bei Verstößen gegen innerkirchliches Recht (illustriert am Beispiel des Finanzskandals im Bistum Limburg: Prozesshindernis wegen eines sog. *Befassungsverbots*), was nach den Grenzen des Selbstbestimmungsrechts der Religionsgesellschaften (Art. 137 Abs. 3 WRV) fragen lasse.

Martin HEGER unterscheidet in seinem Vortrag „Religiös motivierter ziviler Ungehorsam und staatliches Strafrecht" (S. 126-139, Leitsätze S. 140-141) zunächst einen religiösen Gewissenstäter von einem politisch motivierten Überzeugungstäter, um dann verschiedene Formen des Ungehorsams aufzuzeigen. Nachfolgend widmet er sich konkreten Fallkonstellationen: seelsorgliches Handeln *contra legem* (ein Asylbewerber wirkt außerhalb des ihm zugewiesenen Aufenthaltsbezirkes), Kirchenasyl, Klimaaktionen zum Schutz der Schöpfung, die Ersatzdienstverweigerung durch Zeugen Jehovas, „Gehsteigbelästigung" Schwangerer vor Beratungsstellen für Schwangerschaftsabbrüche sowie die Volksverhetzung eines Pastors in seiner Predigt. In einem säkularen Staat müsse an sich dessen Rechtsordnung gegenüber religiösen Verpflichtungen Vorrang genießen, doch könne die Religionsfreiheit gemäß Art. 4 GG dazu in Spannung stehen. So wäre in Fällen, in denen allein staatliches Recht, nicht aber Interessen Dritter verletzt würden, ausnahmsweise eine staatliche Duldung denkbar.

Barbara ROX referiert über den „Schutz von Religion und Religionsgemeinschaften durch das staatliche Strafrecht" (S. 142-162, Leitsätze S. 163-164). Angesichts abnehmender Relevanz von Religion und Kirche in der Gesellschaft stelle sich die Frage der Angemessenheit staatlichen Schutzes. Das Konfliktspektrum reiche von (verbalen) Respektlosigkeiten, den Grundbedingungen freier Religionsausübung bis zu gewaltsamen Ausbrüchen. Es folgen Überblicke der einschlägigen Straftatbestände des Strafgesetzbuches sowie historischer Entwicklungslinien, insbesondere in Bezug auf die Gotteslästerung, um dann aktuelle Fälle zu skizzieren (u.a. Störung der Weihnachtsmesse 2013 im Kölner Dom durch eine Femen-Aktivistin, Liegestützen eines Kunststudenten auf dem Altar einer Kirche, Störung des öffentlichen Friedens durch einen religionsfeindlichen Aufkleber auf dem Auto, Beschimpfung einer Religionsgemeinschaft). Die Rechtsprechung zeige eine große Unsicherheit und Unberechenbarkeit, resultierend aus der Grundrechtskollision zwischen Religions- und Meinungsbzw. Kunstfreiheit sowie dem öffentlichen Frieden als Schutzgut.

Das angefügte „Verzeichnis der Referenten" (S. 165-167) enthält ausführliche biographische Angaben zu den Vortragenden, das „Sachwort-" (S. 168-175) und das „Personenregister" (S. 176-180) erschließen den Band.

Auch wenn die Aufarbeitung von Fällen sexuellen Missbrauches motivierend für die Themenwahl gewesen sein mag, bleibt das Spektrum zumeist nicht auf diese beschränkt. Dem kirchlichen Strafrecht dürfte in Anbetracht der Reform von Papst FRANZISKUS in Zukunft größere (rechtstheoretische und praktische) Aufmerksamkeit im Blick auf andere Straftaten (z.b. betreffend Vermögensverwaltung oder Amtsmissbrauch) zukommen, wobei sich zugleich die Grenzen von Strafen und des Strafrechts zeigen werden. Der zu rezensierende Sammelband gewährt Einblick in Entwicklungen und Materien des weltlichen und katholischen Strafrechts bzw. des evangelischen Disziplinarrechts und zeigt eine Reihe gegenwärtiger Diskussionen und Fragestellungen auf. Obwohl die einzelnen Beiträge aufgrund der Komplexität der jeweiligen Thematiken diese nur kurz anzureißen vermögen, weiten sie den Horizont für Gemeinsamkeiten und Unterschiede im weltlichen und kirchlichen Recht. Die Leitsätze zu jedem Beitrag enthalten konzentrierte Informationen; die nachfolgenden Diskussionen im Plenum werden leider nicht mehr dokumentiert.

Rüdiger ALTHAUS, Paderborn

* * *

MITARBEITERVERZEICHNIS*

ALTHAUS, Rüdiger, Dr.theol.habil., Lic.iur.can., Professor für Kirchenrecht an der Theologischen Fakultät Paderborn; Vizeoffizial des Erzbistums Paderborn; Lehrbeauftragter am Institut für Kanonisches Recht der Universität Münster

BADER, Anna-Maria, Dr.theol., Dr.iur.can., Wissenschaftliche Mitarbeiterin am Lehrstuhl für Kirchenrecht, insbesondere Verwaltungsrecht, Verkündigungs- und Sakramentenrecht, Vermögensrecht sowie Kirchliche Rechtsgeschichte am Klaus-Mörsdorf-Studium für Kanonistik der Universität München sowie am Fach Kirchenrecht an der Katholisch-Theologischen Fakultät der Universität Augsburg; Ehebandverteidigerin am Konsistorium Augsburg und am Metropolitangericht Bamberg

BERKMANN, Burkhard Josef, Dr.theol.habil., Dr.iur., Lic.iur.can., Mag.phil., Professor für Kirchenrecht, insbesondere für Theologische Grundlegung des Kirchenrechts, Allgemeine Normen und Verfassungsrecht sowie für Orientalisches Kirchenrecht am Klaus-Mörsdorf-Studium für Kanonistik der Universität München

BIER, Georg, Dr.theol.habil., Lic.iur.can., Professor für Kirchenrecht und Kirchliche Rechtsgeschichte a.D. an der Theologischen Fakultät der Universität Freiburg

BIZARRO SERRA MENDES, João Pedro, Dr.iur.can., Professor am Instituto Superior de Direito Canónico der Katholischen Universität Portugal

DVOŘÁČEK, Jiří, Dr.iur.can.habil., Mag.theol., Mag.iur., Wissenschaftlicher Assistent am Lehrstuhl für Kirchenrecht an der Theologischen Fakultät Trier; Privatdozent an der Theologischen Fakultät der Katholischen Universität Eichstätt-Ingolstadt; Dozent für Kirchenrecht an der Theologischen Fakultät der Palacký Universität Olmütz; Richter am Metropolitangericht Prag

GIARNIERI, Enrico, Dr.iur.can.habil., Notar am Höchstgericht der Apostolischen Signatur; Rechtsanwalt in Italien

GIEBERMANN, Cäcilia, Dr.med., Lic.iur.can., Dipl.-Theol., Richterin am Offizialat Köln

GRASSMANN, Andreas E., Dr.theol.habil., Lic.iur.can., Professor für Kirchenrecht an der Fakultät für Theologie der Katholischen Privat-Universität Linz

GÜTHOFF, Elmar, Dr.iur.can.habil., Dr.theol., Professor für Kirchenrecht, insbesondere für Ehe-, Prozess- und Strafrecht sowie Staatskirchenrecht am Klaus-

---

* Angeführt werden die Mitarbeiterinnen und Mitarbeiter mit namentlich gekennzeichneten Beiträgen des Bandes 32 (2025) nach dem Stand vom 25.01.2025.

Mörsdorf-Studium für Kanonistik und Dekan der Katholisch-Theologischen Fakultät der Universität München; Fachvertreter Kirchenrecht an der Katholisch-Theologischen Fakultät der Universität Augsburg; Ehebandverteidiger und Kirchenanwalt am Konsistorium Augsburg

JUNGBLUT, Nina, Dr.theol., M.Ed., Wissenschaftliche Mitarbeiterin am Lehrstuhl für Kirchenrecht, Religionsrecht und kirchliche Rechtsgeschichte und Kanzlerin der Kölner Hochschule für Katholische Theologie

KALISCH, Marc Johannes, Dr.theol., Lic.iur.can., Leiter der Stabsstelle Kirchenrecht des Bistums Eichstätt

KONRAD, Sabine, Dr.theol., Lic.iur.can., Professorin für Kirchenrecht an der Katholisch-Theologischen Fakultät der Universität Innsbruck; Richterin am Konsistorium Augsburg

LERG, Christoph, Dipl.-Theol., Lic.iur.can., Rechtsanwalt

MARX, Sebastian, Dr.theol., Wissenschaftlicher Mitarbeiter am Lehrstuhl für Kirchenrecht, Religionsrecht und kirchliche Rechtsgeschichte der Kölner Hochschule für Katholische Theologie

MECKEL, Thomas, Dr.theol.habil., Lic.iur.can., Professor für Kirchenrecht, Religionsrecht und kirchliche Rechtsgeschichte an der Philosophisch-Theologischen Hochschule Sankt Georgen Frankfurt a.M.

MICHL, Andrea, Dr.theol., Dr.iur.can., Wissenschaftliche Mitarbeiterin am Lehrstuhl für Kirchenrecht, insbesondere für Ehe-, Prozess- und Strafrecht sowie Staatskirchenrecht am Klaus-Mörsdorf-Studium für Kanonistik der Universität München; Lehrbeauftragte für Kirchenrecht an der Katholisch-Theologischen Fakultät der Universität Salzburg

NKE ONGONO, Jean-Olivier, Dr.iur.can., Mag.theol., M.A., Juniorprofessor für Globale Kirchenleitung an der Katholisch-Theologischen Fakultät der Universität München

OTTER, Josef, Dr.theol., Dr.iur.can., Professor für Kirchenrecht an der Kirchenrechtlichen Fakultät der Katholischen Universität Löwen; Diözesanrichter am Offizialat Vaduz.

PULTE, Matthias, Dr.phil.habil., Lic.iur.can., Dipl.-Theol., Professor für Kirchenrecht, Kirchliche Rechtsgeschichte und Staatskirchenrecht an der Katholisch-Theologischen Fakultät der Universität Mainz; Diözesanrichter an den Offizialaten Köln und Mainz

REES, Wilhelm, Dr.theol.habil., Professor für Kirchenrecht a.D. an der Katholisch-Theologischen Fakultät der Universität Innsbruck

REHAK, Martin, Dr.iur.can.habil., Dipl.-Theol., Ass.iur., Professor für Kirchenrecht, insbesondere Verwaltungsrecht, Verkündigungs- und Sakramentenrecht,

Vermögensrecht sowie Kirchliche Rechtsgeschichte am Klaus-Mörsdorf-Studium für Kanonistik der Universität München

SABBARESE, Luigi CS, Dr.iur.can., Professor für Kirchenrecht an der Pontificia Facoltà Teologica dell'Italia Meridionale (Sezione S. Tommaso d'Aquino) Neapel; am Päpstlichen Orientalischen Institut und an der Päpstlichen Universität Gregoriana in Rom; Konsultor des Dikasteriums für die Institute des geweihten Lebens und die Gesellschaften des Apostolischen Lebens; Referent an der Apostolischen Signatur; Gerichtsvikar am kirchlichen Gericht des Vikariats der Vatikanstadt; Referent für den Schutz von Minderjährigen im Vatikan

SCHÖCH, Nikolaus OFM, Dr.theol.habil., Dr.iur.can., Ehebandverteidiger am Höchsten Gericht der Apostolischen Signatur; Professor für Kirchenrecht an der Fakultät für Kanonisches Recht der Universität Antonianum in Rom

SELGE, Karl-Heinz, Dr.theol.habil., Lic.iur.can., Richter am Offizialat Paderborn

WEISS, Andreas, Dr.theol.habil., Dr.iur.can., Professor für Kirchenrecht und Kirchliche Rechtsgeschichte a.D. an der Theologischen Fakultät der Katholischen Universität Eichstätt-Ingolstadt; Richter am Offizialat Rottenburg; Kirchenanwalt am Offizialat Eichstätt

REDAKTION UND LEKTORAT

ARNDT, Rayko, Ass.iur., Justitiar der Allgemeinen Ortskrankenkasse Sachsen-Anhalt, Magdeburg

LA VELLA, Chiara, Dott.ssa, Mitarbeiterin am Lehrstuhl für Kirchenrecht, insbesondere für Ehe-, Prozess- und Strafrecht sowie Staatskirchenrecht am Klaus-Mörsdorf-Studium für Kanonistik der Universität München